글로벌리즘과 지방정부

국립중앙도서관 출판시도서목록(CIP)

글로벌리즘과 지방정부
Globalism & local government
양기호 지음
서울 : 논형, 2010(논형학술 ; 053)
ISBN 978-89-6357-107-2
94340 : ₩25000

세계화[世界化]
지방화[地方化]

359-KDC5
352-DDC21   CIP2010004344

글로벌리즘과 지방정부

양기호 지음

논형

글로벌리즘과 지방정부

지은이 양기호

초판 1쇄 발행 2010년 12월 20일
초판 2쇄 발행 2011년 9월 30일

펴낸곳 논형
펴낸이 소재두
편   집 소재천 · 김은하

등록번호 제2003-000019호
등록일자 2003년 3월 5일
주   소 서울시 관악구 성현동 7-77 한림토이프라자 6층
전   화 02-887-3561
팩   스 02-887-6690
ISBN   978-89-6357-107-2(94340)
값   25,000원

이 도서의 국립중앙도서관 출판시도서목록(CIP)은
e-CIP 홈페이지(http://www.nl.go.kr/ecip)에서 이용하실 수 있습니다.(CIP제어번호:)

서 문

『글로벌리즘과 지방정부』는 세계화와 지방화가 상호작용하는 시간과 공간에 나타난 이론과 현상에 대하여 필자 나름대로 분석하고 평가한 글을 모은 책이다. 그것은 지방정부의 글로벌 도시로의 전환, 국제통상과 협력, 지역관광 활성화, 그리고 외국인 친화적인 도시만들기, 다문화정책과 시책프로그램 등의 다양한 모습으로 나타난다. 사실, 그동안 "글로벌시대에 있어서 지방정부의 지속가능한 성장전략"은 필자에게 있어서 중요한 화두이자 학문적인 숙제이었다. 1995년 김영삼 정부의 세계화선언 시점에서 중견국가 한국이 글로벌 국가로 전환해가는 과정을 목격하면서, 새로운 변화에 적극적으로 적응하고자 애쓰는 지방정부와 공무원, 연구자들의 모습은 인상적이었다.

21세기들어 글로벌리즘이 급속도로 확산되는 와중에서 지방정부가 국제교류에서 국제통상협력으로, 더 나아가 지방외교로 진화해가는 과정 역시 압축적이고 단기적인 성장변화를 보여주는 것이었다. 한국의 지방정부는 1990년대 세계화선언 초기에 국제교류와 자매결연 증가에서 벗어나, 지금은 21세기 지방외교의 주체로서 활약하고 있으며 글로벌 국제기구를 주도해가는 등, 눈에 띄게 달라진 모습을 보여주고 있다. 지역내 거주 외국인들이 늘어나면서 다문화현상이 증가하는 현장에 서서, 중앙정부의 다문화정책을 받아들여 독자적인 프로그램을 제공하

5

면서 이문화를 포용해 온 성과는 모범적인 사례가 되고 있다.

일본에서 유학중, 일본 지방정부의 국제교류 정책을 연구한 경험을 바탕으로 삼아 한국에서도 유행하기 시작한 지방의 국제화는 자연스럽게 필자에게 연구와 강의 주제가 되었다. 지금은 전국시도지사협의회 국제화지원실로 업무가 이관되었지만, 당시 활발하게 지방의 국제화업무를 지원하던 한국지방자치단체국제화재단의 추천으로 다양한 국제회의와 지방 공무원회의, 전국각지의 공무원연수원 등에서 강의기회를 가지면서 이론과 현장의 연구성과를 흡수할 수 있었던 것은 이 책을 쓰게 된 자양분이 되었다.

2005년이후 외국인이 빠른 속도로 늘어나고 중앙정부의 다문화정책이 시작되면서 필자의 관심사는 지방외교뿐만 아니라, 글로벌리즘의 주요현상인 다문화현상으로 확장되었다. 세계화의 파도에 노출된 지방정부는 경쟁력강화를 위하여 국제통상능력의 제고뿐만 아니라, 외국인재와 자본을 수용하고, 외국인 인권이 보장된 다문화 거주환경을 갖추어야 한다는 것은 극히 당연한 일이다. 이후 다문화관련 학회와 지자체에서 다문화에 대한 논문발표와 연찬회, 그리고 지방도시에서 자문역할을 맡아가면서 지방의 세계화에 조금이나마 일조할 수 있었던 것도 필자로서는 적지않은 보람이었다.

그런 의미에서 이 책은 연구와 현장에서 많은 분들의 도움을 받아서 겨우 만들어진 조그만 성과물이다. 특히, 한국지방자치학회와 한국다문화학회, 현대일본학회, 국토연구원의 학술지와 학술대회, 국내외 세미나와 국제회의에서 이미 발표된 내용을 수정, 편집하여 책으로 만들어낸 것이다. 지금까지 모든 점에서 역부족인 필자를 지방의 세계화와 다문화현장에서 강의하고 논문을 발표할 수 있도록 지도편달해주신 모든 분들께 감사드리지 않을 수 없다. 또한, 지방외교와 다문화정책에 관심을 가진 연구자와 대학(원)생, 현장에서 일하는 공무원과 시민단체 관계자 등, 이론면이나, 실제면에서 쉽게 활용할 수 있는 책자를 찾는 분들에게 이 책이 조금이라도 도움이 된다면 더할 나위 없이 기쁘고 고마운 일이다.

책을 마무리하면서 감사드려야 할 분들의 모습이 주마등처럼 스쳐 지나간다. 필자의 연구과정에 지도편달을 아끼지 않으신 지방의 국제화 연구자와 일선 현장

6

에서 근무하시는 많은 분들, 어려운 출판사정에도 불구하고 전문도서로서 만들어 주신 논형의 소재두 사장님과 편집자 여러분, 한국지방자치학회와 한국국제정치학회 임원, 한국지자체국제화재단 자문위원, 한국다문화학회와 현대일본학회 임원, (사)한일미래포럼 운영위원 등의 활동을 하면서 알게 된 다양한 분야의 국내외 연구자와 공무원, 언론인, 시민단체 활동가, 이주민들과 만남은 생각할수록 소중한 인연이 아닐 수 없다. 이 자리를 빌어서 다시한번 진심으로 감사드리고자 한다.

또한 이 책을 2010년도 한국지방자치학회 학술상 수상작으로 선정해주신 심사위원들에게 큰 감사를 드리고 싶다. 필자에게 큰 영광이 아닐 수 없다.

마지막으로 필자의 연구활동을 오로지 희생과 인내로 뒷바라지 해준 아내 이은숙, 두 딸 진경, 지수에게 고마운 마음을 담아 바치고자 한다.

2010년 11월
운중천 옆 寓居에서
양 기 호 드림

9

06 다문화정책과 지방정부

1

세계화와 지방정부

1 세계화와 지방정부

1. 세계화와 지방정부

세계화는 문자 그대로 지역적인 현상이 세계적인 현상으로 전환하고 있음을 의미하며, 국가와 사회의 다양한 기능이 국경을 넘어 중첩되면서 하나의 단위체로 수렴되는 과정을 말한다.[1] 세계화의 흐름은 교통과 통신의 발달로 인적, 물적이동이 증가하고, 민족과 국경의 경계가 낮아져 제도와 법률, 문화가 글로벌 공공영역에서 상호침투하는 것으로 나타난다. 세계화는 때때로 금융, 자본, 생산, 노동, 서비스가 전세계적으로 확산되는 경제적인 글로벌 현상을 의미하는 경우가 많으며, 국가경제가 유럽연합(EU), 아세안(ASEAN)이나 북미자유무역협정(NAFTA)

---

[1] 글로벌라이제이션(Globalization) 현상을 굳이 한국어로 표현하자면 세계화, 지구화, 글로벌화, 국제화 등이 있다. 세계화와 함께 자주 사용되는 국제화는 Internationalization의 번역으로 일본에서 글로벌화와 함께 빈번히 사용되고 있다. 세계화-지방화의 합성어인 Glocalization(Globalization과 Localization의 합성어)을 '세방화'라고 표현하는 학자들도 있다. 최근에는 세계화를 개념화하려는 의도에서 Globalization이나 Glocalization 대신에 globality라는 용어를 외국에서 사용하는 경우도 있으나, 보편적 용어로 자리잡기까지는 상당한 시간이 걸릴 것이다.

등, 지역단위 기구로 통합되는 일련의 과정을 포함한다.[2]

세계화와 국제화는 비슷하면서도 약간 다른 차이성을 보여주고 있다. 세계화(Globalization)는 지구를 하나의 통합된 광역체계내지 시스템으로 간주하여 국가간 경계가 사라지고, 글로벌기구, 국가와 사회, 시민단체, 개인단위마저 주체로 한 복합적이고 다층적인 교섭현상과 중첩성을 강조하고 있다. 이에 비하여 국제화(Internationalization)는 인적, 물적 이동의 증가, 교통과 정보의 증가로 인하여 국가 대 국가, 지방 대 지방, 시민 대 시민간의 교섭과 접촉이 늘어나고 무역과 통상이 증대하는 것을 의미한다. 국제화는 어디까지나 국가, 지방, 시민간이라는 기존의 주권국가 개념을 전제로 하고 있다.

국제화는 국경, 제도, 의식의 역할이 아직까지 중요하나, 세계화는 탈국경, 탈국민, 탈국가에서 출발하여 글로벌 제도나 세계시민 의식을 지향하고 있다. 지구화는 개발, 환경, 금융, 이민 등에서 나타나는 지구적인 현상, 즉, 지구촌이 하나의 유기체로 연계되어가는 과정을 중시하고 있다. 일본은 1980년대 중반 국제화를, 한국은 1990년대 중반 세계화를 각각 중앙정부의 글로벌 담론으로 설정하였다.

세계화 찬성론자들은 선진국과 개발도상국을 가리지 않고 성장과 번영의 견인차로서 세계화현상을 높이 평가해 왔다. 무역자유화와 관세철폐로 교역과 통상이 자유롭게 이루어지고, 자본의 국제이동이 거의 무제한적으로 이루어지면서 각지에서 투자와 고용, 수출입증대로 인한 경제성장이 진행되고 있다. 세계화를 지지하는 사람들은 세계화만이 세계경제가 성장할 수 있는 길이며, 절대빈곤을 해결할 수 있다고 본다. 세계화는 선진국에게 보다 넓은 시장과 생산입지를 제공하고, 개발도상국의 경제성장과 빈곤해결에 크게 기여한다.[3]

---

2) 세계화(Globalization)의 어원은 몇 가지 설이 있다. 이탈리아 자동차산업의 대외수출 확대현상을 표현하면서 처음으로 등장했다는 주장과 또는 레빗이 학술논문에서 처음으로 사용했다는 것이다.(Theodore Levitt. "The Globalization of Markets" *Harvard Business Review*(May/June 1983, Vol 61). 이 논문에서 레빗 교수는 기술이 소비자의 선호도를 일치시키고 세계경제를 통합하면서 글로벌시장으로 바뀌고 있음을 지적하고 있다.("What is needed is a confident global imagination that sees the world as a single marketplace entity, with technology driving consumers the same goals")
3) 김준현, [경제적 세계화와 빈곤문제, 그리고 국가](집문당, 2008), 16항.

반면, 세계화 반대론자들은 정치경제 체제의 통합과 분리과정에서 일어나는 불안정성과 위기부담, 빈부격차 확대와 국내외 범죄증가, 경제적인 탐닉과 인문주의 위기, 환경악화와 대기오염, 문화이해와 갈등의 중첩성을 강조한다.[4] 새로운 기술개발과 시장개방이 고용을 감소시키고 실업자와 비정규직을 양산하여 사회계층간 소득불평등을 확대시켜 빈곤문제를 야기한 것은 전형적인 사례이다. 1999년 2월 미국의 시애틀에서 열릴 예정이었던 세계무역기구(WTO) 총회는 세계 각국에서 모여든 10만여 명이 넘는 운동가들의 반대시위로 무산되었다. 세계화가 더 이상 학계와 금융계내부의 논쟁거리가 아닌 지구규모에서 시민생활을 위협하는 투쟁의 대상이 되어버린 생생한 현장이었다.

2008년 하반기 들어 미국발 금융위기가 국제경제에 미친 영향은 세계화현상이 유발한 매우 심각하고 부정적인 단면이었다. 글로벌리즘이 만들어낸 세계시스템이 국경과 체제를 넘어서 유럽과 아시아를 비롯한 각국의 경제위기를 유발함으로써 기업도산, 실업증가와 경기불황으로 이어진 것은 충격적인 일이었다. 세계화가 '민주주의와 삶의 질에 대한 공격'으로 간주된 것도 이상한 일이 아니다. 성급한 규제완화에 힘입어 금융산업은 지난 10년간 폭발적으로 성장하면서 비대해졌고, 점차 세계를 묶거나 관리하는 네트워크는 국제기구도, 국가헤게모니도, 팝송문화도 아닌 다국적 은행, 보험회사, 그리고 투자회사와 같은 금융기관들이 대신 자리를 차지해가고 있다.[5] 미국은행과 글로벌 네트워크가 야기한 금융위기는 세계화에 대한 오래된 찬반논쟁이 다시한번 재연되는 계기를 제공하고 있다.[6]

그러나, 세계화는 불가역(不可逆)적인 특징을 지니고 있으며, 엄청난 금융위기에도 불구하고 글로벌화의 시계바늘을 되돌릴 수 없다는 것은 분명한 사실이다.

---

4) Alex Perry, *Falling off the edge: Travels through the Dark heart of Globalization* (Blumsberry, 2008)
5) Hans Peter Martin and Harald Schumann 강수돌 역 [세계화의 덫](영림카디널, 2009), 105항.
6) Matthew Continetti, "The Pros lose to the Cons" *The Weekly Standard*(Washington, Oct. 13 2008) Dani Rodrik. "Sense and Nonsense in the Globalization Debate" *Foreign Policy* (Summer 1997); David Dollar and Paul Collier, *Globalization, Growth, and Poverty: Building an Inclusive World Economy* (England: Oxford University Press, 2002); Michel Chossudovsky. *The Globalization of Poverty: Impact of IMF and World Bank Reforms* (Zed Books Ltd., 1998)

금융기업의 도덕적 해이(Moral Hazard)에 대한 반성, 다국간 거래가 이루어지는 자본과 무역의 안전도 제고, 세계시장의 내재적인 문제점을 극복하고, 금융, 에너지, 환경을 결합시켜 지속가능한 세계화를 촉진시킬 수 있는 대안이 요구되고 있다.[7] 각국은 글로벌 금융위기 이후, 대규모 공공투자를 통하여 기업도산을 방지하고 고용창출 정책을 도입함으로써 일정한 성과를 거두고 있다.

돌이켜보면, 1997년 동아시아에 확산된 금융위기 역시 세계화의 급작스런 부작용으로 말미암아 각국정부가 적지 않은 시련을 겪어야 했던 사건이었다. 1997년 외환위기가 발생하면서 한국, 타이, 인도네시아를 비롯한 나라들은 기업도산과 실업해고의 힘든 고통을 겪으면서, 공공개혁을 추진하여 글로벌경제에 적응하라는 국제통화기금(IMF)의 요구와 압력을 수용하여야 했다. 한편으로 부도위기를 경험한 이들 국가는 선진국 중심의 자유무역과 금융체제 개방 주장에 의구심을 느끼게 되었다. 10여년이 지난 2008년 미국발 금융위기의 발생은 유럽과 아시아를 포함한 전세계적인 경제위기를 유발하면서 세계화의 잠복된 위험성을 다시한번 실감케 하고 있다.

세계화가 내포한 긍정적이고 부정적인 양면성을 전제로 한다면, 그것이 필연적으로 동반하는 현상을 다음 몇 가지 범주로 나누어 볼 수 있다. 첫째, 세계경제의 융합과 연계가 심화되어 무역량과 무역파트너 증가, 직접투자를 포함한 자본의 국제적 이동이 뚜렷해졌다. 1993년부터 2006년까지 국내총생산 중 무역이 차지하는 비중은 OECD국가평균 9%이상 증가하였다. 유럽연합에서는 무려 13%나 늘어났고, 룩셈부르크는 무역비중이 국내총생산의 60%, 헝가리는 48%에 달했다. 2006년 수치상 OECD각국의 대외 직접투자는 총액 1,800억달러를 넘어섰다. 금융자본의 세계화와 생산거점의 빈번한 이동으로 다국적기업에 의한 세계경제 지배력이 강화되었다. 교통수단의 발달로 항공과 해운을 비롯한 물류이동이 증가하고 네트워크가 확산되었다. 인터넷, 통신위성, 휴대폰 등 시간과 공간을 뛰어넘는 의사소통 영역이 확대되고, 지적재산권과 지구적 표준에 대한 경쟁이 격화되었다.

---

7) Robert Zoellick, "A New kind of globalization", *Newsweek* (Dec.31 2008)

둘째, 냉전이후 동서진영간 정치적 이데올로기의 대립이 사라지면서 국제질서는 다극화되었고, 복합적이고 중층적인 모습으로 변하고 있다. 초국경적인 국제교류가 활발해지고 글로벌 국제기구의 등장과 역내통합 움직임, 정치주체의 다양화로 국제연합(UN)과 유럽연합(EU), 세계무역기구(WTO), 아세안(ASEAN) 등 국제기구가 국제적인 정책결정을 통하여 국내 정치경제에 영향을 미치는 사례가 증가하였다. 지역연합은 경제통합으로 이어지면서 북미자유무역협정(NAFTA), 아세안자유무역지대(AFTA), 남미관세동맹(MERCOSUR) 등이 탄생하였다. 한국은 촛불시위로 국가적인 논쟁거리가 되었던 한미FTA 추진에 이어 동북아지역내 한중일 FTA를 검토하고 있다. 국민국가를 넘어서서 군축평화, 환경문제, 식량지원, 동물보호 분야 등에서 17,000여개가 넘는 범세계적인 NGO나 시민단체의 활동이 글로벌 영역에 영향을 미치고 있다.

셋째, 문화교류 또는 문명간 대립이 현저해졌다. 유학과 이주, 관광과 방문, 국제결혼 등으로 문화교류는 훨씬 증가하였다. 문명간의 대립과 갈등은 미국내 신보수주의자들을 중심으로 한 네오콘의 등장과 미국의 이라크침공, 이슬람권내 반미정서 확산과 알카에다에 의한 9·11테러 발생, 러시아와 중국의 내셔널리즘 고조, 세계각지에서 국지적인 분쟁의 빈발로 이어지고 있다. 동시에 국제적인 문화의 교환과 공유, 일본과 한국문화가 동아시아의 공공재로 인식되고 있으며, 인적이동에 따른 다문화사회의 형성과 이에 따른 갈등과 공존, 21세기형 관광빅뱅으로 급증하는 해외여행과 이민자증가로 국제교류가 일상화되고 있다. 글로벌경제 현상과 이문화교류의 증대는 소통수단으로서 공용어인 영어에 대한 관심을 높이고 있다.

넷째, 보건, 환경, 재해, 식품 등 다영역에 걸쳐서 사회문제에 대한 관심이 높아졌다. 지구환경 문제가 공동의 과제로 등장하면서 대규모재난, 지구온난화, 환경파괴, 대기오염 등의 주제는 국제회의에서 빈번하게 다루어지는 주요 이슈가 되었다. 세계는 미국 뉴올리언즈에서 대량사상자를 낸 카트리나 태풍과 수만명이 사망한 중국의 쓰촨성지진, 인도네시아 반다아체를 덮친 대규모 해일(Tsunami), 카리브해 아이티국가에서 일어난 대지진과 같은 뉴스에 놀라면서 세계각지에서

그림 1-1 세계화와 지방화의 연계

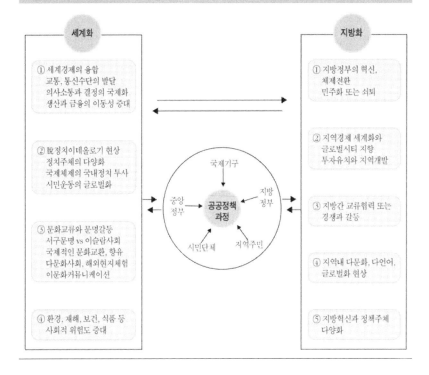

매년처럼 발생하는 자연재해에 공포감을 느끼고 있다. 조류독감(AI)과 구제역, 급성호흡기 증후군(SARS)의 확산, 광우병 발생 등으로 식품안전과 경기침체에 민감해진 세계각국의 모습은 더 이상 낯설지 않다.

　세계화는 지방화와 병행하면서, 지방의 변화를 세계가 수용하거나 세계가 지방에 직, 간접적인 영향을 미치면서 밀접한 상호관계를 맺고 있다. 이것을 세방화(世邦化) 또는 글로컬라이제이션(Glocalization)이라고 부르기도 한다. 지방은 세계화의 파도에 노출되면서 자생적으로, 혹은 외압에 적응하기 위하여 자기변환을 모색하게 된다. 글로벌 현상은 국제기구, 국가단위와 로컬단위, 시민단체를 비롯한 다양한 정치적 주체로 구성되어 있다. 지구상에 존재하는 237개 국가뿐만 아니라, 수천, 수만개에 이르는 지방단위간, 국가단위간, 지역연합간, 국제기구와 시민단체간 네트워크와 거기서 빚어지는 헤아릴 수 없는 교차점으로 이루어지고 있다.

세계화속의 지방화는 주체가 다양해지고 상호간 의사소통이 활발해지면서 다층적 거버넌스를 요구하게 된다. 세계화와 지방화는 지방분권과 권력분산, 수평적이고 국제적인 네트워크의 확대, 민주적 연계성과 혁신적인 정책, 시장중심적인 리더십을 요구하면서 진행되어 간다. 다층적 거버넌스 구조 속에서 공공문제의 해결은 때때로 지역연합이나 세계기구, 중앙정부, 지방정부가 별다른 진입장벽없이 자유롭게 발언하거나 참가하는 열린 정치적 과정을 거치기도 한다.[8] 세계화와 지방화를 묶어서 세방화(Glocalization)라고 부르는 이유는 양자간 관계가 매우 밀접하며 상호연관되고 있기 때문이다.

지방의 국제화, 세계화는 지방정부가 주체가 되어 실행하는 국가간의 인적, 물적 교류와 정보의 교환이라고 볼 수 있다. 지방의 세계화 목표는 선진국의 발달된 행정과 제도의 도입, 지역산업과 경제발전, 지방공무원과 지역주민의 국제화인식과 국제이해의 함양, 국제교류와 협력증진, 국제적 정보수집이라고 할 수 있다.[9] 더 나아가서, 지방정부와 시민단체의 개발도상국 지원과 인재교육, 행정·환경·관광·물류·통상, 광역권 등의 분야에 있어서 지방국제기구나 국제회의를 통한 글로벌 무대에서 활동과 국제홍보까지 포함하는 등, 지방의 국제화는 지자체의 국제교류, 국제협력, 국제통상을 포함한 지방외교의 영역으로 전개되어 가고 있다. 세계화와 지방화의 연계, 중앙정부와 지방정부의 정책대응, 지역사회의 역할과 기대의 상호관계를 도표화하면 [그림1-1]과 같다.

21세기에 접어들어 세계화와 지방화의 흐름에 대응하고자 동아시아 각국은 국가경쟁력 제고를 위한 자기혁신과 내부개혁에 노력하고 있다. 중앙정부 주도의 사고방식과 관행, 제도에서 탈피하여 지방의 활력을 살려나가고, 더 나아가 폐쇄적인 경제구조와 시민의식에서 벗어나 세계도시로의 도약을 모색하고 있다. 이들 두 가지 과제에 대한 각국정부의 대응은 한국에 있어서 세계화와 지방화, 중국

---

8) 이종수, "지방의 세계화현상에 대한 이론적 조망". [지방의 국제화](2004)
9) 길병옥, "광역자치단체의 세계화정책 추진 문제점과 발전방향: 다면중첩형 세계화전략을 위한 소고"[한독사회과학논총]14(1)(2004. 여름), 294항.

의 개혁과 개방, 일본에서 국제화와 지방의 시대라는 정치적 슬로건으로 요약되었다. 지방자치에 관심많은 글로벌 리더나 지방정부의 단체장이 즐겨 사용하는 "글로벌한 시각으로 사고하고 지방수준에서 행동한다"(think globally, act locally)는 표어는 마치 세계화와 지방화의 표어처럼 유행하였다.

돌이켜보면, 1990년대이후 진행되어 온 세계화, 지방화의 흐름은 동아시아에 있어서 중앙정부의 내부개혁에 멈추지 않고, 지방정부가 권력주체로 대두하면서 자기결정에 따른 성장발전을 촉구하는 방향으로 추동해 왔다고 평가할 수 있다. 세계화는 한편으로 초국가적인 행위자를 등장시키면서, 동시에 중앙에서 지방으로, 상위정부에서 하위정부로의 권력이전(Devolution of Power)과 횡적 권력분산을 촉진해 왔다(정정길, 1996:132). 정보통신기술의 발전으로 지방정부가 전세계를 상대로 네트워크를 구축할 수 있게 되면서, 생산, 금융, 노동시장의 세계화로 지방정부가 독자적인 국제교류와 통상협력, 글로벌전략을 모색할 수 있게 되었다.

2000년대이후 세계 각국은 선진국, 신흥국 가릴 것 없이 재편되는 세계경제의 주도권을 잡기 위해 광역경제권 경쟁력 강화 정책을 앞 다퉈 내놓고 있다. 버락 오바마(Barack Obama) 미국 대통령은 대도시권 국가 정책(Metro Nation Policy)을 새로운 국토개발 정책으로 선택했다. 유럽에서는 프랑스와 영국을 중심으로 '그랑파리(대파리)' 프로젝트, '런던 플랜' 등 수도권의 글로벌 경쟁력을 키우려는 행보가 발 빠르다. 중국도 주장강삼각주(광둥성 일대), 장강삼각주(상해 일대), 징진탕(베이징-텐진-탕산) 등 10곳 안팎의 광역경제권에서 제2단계 개혁을 먼저 시험한다는 '선행선시(先行先試)' 전략에 따라 기존 체제를 뛰어넘는 각종 정책실험이 진행되고 있다.

1980년대 이후 지구촌의 핵심 화두는 국가경쟁력에서, 도시경쟁력으로 확장되어 도시경쟁력이 국가경쟁력보다 중요하다는 인식이 점점 늘고 있다. 미국 외교전문지 Foreign Policy에 따르면, 도시의 역할이 커지면서 도시국가가 번성했던 중세에 비견되는 신중세시대가 도래할 것이라 전망했다. 오늘날 40개 주요 도시권역이 세계 경제활동의 3분의 2, 혁신의 90%를 차지하는데 이런 현상이 더욱 강화되어 국가보다 도시가 세계를 이끌어간다는 지적이다. 도시경쟁력은 국가경쟁력을 대변하지만 역할과 기능면에서 더욱 큰 비중을 차지한다(동아일보 기획 보도 〈메가시티 미래의 경쟁력〉[2009.06]).

글로벌화가 진전되면 될수록 국가간 경쟁보다는 대도시를 중심으로 하는 광역 경제권간 경쟁체제로 전환되고 있다. 또한, 지역경제를 활성화시키는 데 있어서 대도시를 중심으로 하는 자율적인 광역경제권 형성과 그것을 바탕으로 다른 글로 벌 도시지역과의 네트워크 형성의 중요성이 증대하고 있다. 도시간 경쟁과 협력 은 글로벌화의 진전도에 따라 그 양상을 달리하고 있는데, 유럽의 경우, EU의 형 성으로 분권화된 도시는 국가라는 틀을 깨고, 스스로 '경쟁적 행위자'로서 등장하 여, 광역화된 자유시장 속에서 다른 도시와 직접 경쟁하고 있다.[10]

공간촉진(place promotion) 전략은 경제의 글로벌화와 자본의 초국가적 이동 에 따른 전 지구적 현상이며, 성장지향 전략을 추구하는 대부분의 도시들에서 공 통적으로 나타난다. 이른바 공간촉진, 혹은 공간마케팅(place marketing) 전략은 해당지역에 경제적 투자나 외래 관광객의 유치를 목적으로 인프라 등 환경적 여 건(built environment)을 개선하거나 지역의 정체성과 이미지 제고를 통해 도시 공간의 브랜드 파워(brand power)와 경쟁력을 강화하는 것을 말한다.[11]

중국은 외자유치와 대량생산을 통한 10%대의 높은 경제성장을 향유해 왔으며, 2008년 금융위기이후 내수확대와 사회인프라 구축, 개방체제의 정비와 연안−내 륙간 불균형 발전을 해소하고자 노력하고 있다. 이미 상해(上海)나 칭타오(青島), 다롄(大連)을 비롯한 중국의 연안도시는 글로벌시티(Global City)로서 손색없는 모습을 보여주고 있다. 한국은 김대중, 노무현정부 10년간 지방분권 로드맵과 지 방분권추진법을 통하여 꾸준히 지방자치를 활성화시키고자 노력해 왔다.

이명박정부는 광역권 논의를 재개하면서 수도권, 충청권, 호남권, 대구 · 경북 권, 부산 · 경남지역의 동남권, 강원도와 제주도를 포함한 5+2 광역경제권 구상을 중심으로 지방경쟁력 강화를 염두에 두었다. 일본은 우정민영화와 연금제도 개

---

10) 금성근, "동북아도시간 협력 현황 및 전망-부산권과 후쿠오카권을 중심으로"(2008), 부 산발전연구원.
11) T. Hall and P. Hubbard eds., *The Entrepreneurial City* (John Wiley: Chichester, 1998).

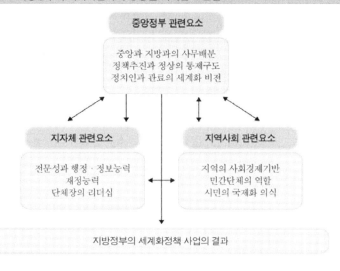

그림 1-2 지방정부의 세계화전략에 영향을 미치는 요인군

출처: 길병옥, "광역자치단체 세계화정책 추진문제점과 발전방향", 298항을 수정, 편집하였음.

선, 지방분권을 주축으로 구조개혁을 확산시켜 왔다. 지방분권추진법을 제정하여 기관위임사무를 폐지하고 지방재정 강화를 위하여 국고보조금 삭감, 지방교부세 개혁, 국세의 지방세 이양을 담은 삼위일체 개혁을 추진해오고 있다. 규모확대를 통한 지방경쟁력 강화를 목표로 지자체를 1천개이하로 줄이는 시정촌(市町村) 합병이 진행되고 있다.

　　한중일에 있어서 중앙정부와 지방정부에 공통된 주요 과제였던 국제화, 세계화의 추진전략은 중앙과 지방간 권한배분과 지방정부의 자율성, 정치가의 세계화 비전과 강력한 추진의지, 그리고 이에 대응하는 지방단체장의 리더십, 관료제의 국제화능력과 재정투자, 지역사회의 국제인프라 수준, 그리고 대학과 기업 등의 민간단체와 시민들의 국제화의식이 글로벌전략의 성공에 적지 않은 영향을 미치게 된다([그림 1-2] 참조). 한국과 일본, 중국이 나름대로 세계화와 국제화성과를 거둔 것은 사실이나 국가별, 지역별로 국제화지수의 편차가 존재하는 것을 부인할 수 없다.

　　지방분권과 동시에 진행된 지방정부의 국제화는 지난 수십년간 동북아지역에 있어서 상호교류와 이해증진에 크게 기여해 왔다. 지방정부의 국제교류가 시작된 1980년대 이래 한국, 일본, 중국은 대외개방과 이문화의 수용을 추진해 왔다. 동북아각국에서 유행처럼 확산된 국제화, 세계화의 목적은 국제화에 대한 의식제고, 지방정부의 성장발전, 도시브랜드제고, 지역경제의 활성화, 다자간 협의를 통하여 국경을 넘은 지방정부간 협력을 들 수 있다. 한중일 각국의 국제화는 그동안 폐쇄적인 의식과 제도에 젖어있던 지방정부의 변화를 촉구하면서 지역경제 활성화와 글로벌 시티 형성을 통해 국가경쟁력을 높이기 위한 목표를 설정하고 있었다.

2. 세계화담론의 기원

세계화와 정보화의 파도가 밀려오기 시작한 1990년대이후 한국과 중국, 일본은 각각 세계화와 지방화, 개혁과 개방, 국제화와 지방의 시대라는 새로운 비전을 제시하였다. 한중일 3국에 공통된 세계화와 지방화는 그동안 폐쇄적인 국가주의 의식과 제도에 젖어있었던 동북아 각국의 공공부문을 개혁하는 구조전환의 측면, 그리고 지역경제를 활성화시켜 국가경쟁력을 높이기 위한 탄탄한 하부구조 형성이라는 지역개발의 측면을 동시에 내포하고 있었다. 정보화, 세계화의 급격한 도래는 이들 국가의 내적 변화를 추동하면서 필연적으로 중앙정부가 지방의 국제화를 선도하는 환경을 제공했다고 볼 수 있다.

1990년대 중반 글로벌화 현상은 한국정부로 하여금 심각한 위기감을 느끼게 하였다. 21세기를 앞두고 세계는 문명사적인 대전환의 도전에 직면하고 있으며, 정치적으로 민주화, 기술적으로 정보화, 사회경제적으로 탈산업화, 그리고 문화적으로 탈근대로 표현되는 지각변동이 진행되고 있었다(서진영, 1998:9). 냉전의 종결과 사회주의 체제 붕괴로, 지구촌 각지에서 정치적으로는 자유민주주의, 경제적으로는 시장경제가 침투하게 되었다. 인터넷과 휴대폰으로 상징되는 정보화, 교통수단과 하이테크 기술의 발달, 경제성장과 소득증가에 힘입어 국가간 인적, 물적 교류가 보다 활발해지고, 국제정치에서 주요 액터인 국가간 경계는 희박

▶ 표 1-1 5대 광역시 세계화예산(1997)

구분	총예산(천원)	세계화사업추진비(천원)	비율(%)
전국합계	22,546,900,000	53,651,807	0.24
광역시합계	9,637,100,000	45,964,895	0.48
부산광역시	3,125,400,000	15,830,337	0.51
대구광역시	2,409,000,000	21,480,000	0.89
인천광역시	2,010,500,000	8,258,558	0.41
광주광역시	1,141,400,000	211,000	0.02
대전광역시	950,800,000	185,000	0.02

주: 1997년 통계임으로 울산광역시는 제외됨. 전국합계는 서울을 제외한 수치임.
출처: 김병준, "세계화를 위한 중앙과 지방정부 및 민간의 역할"
(한국지자체국제화재단[지방의 국제화], 1999, 107항.)

해져 모든 세계가 하나의 거대한 지구촌 공동체로 변화하였다.

국제무대에서 전통적인 행위주체인 민족국가(Nation-State)의 역할이 축소되면서 "벼랑에 선 국가"가 인구에 회자되었다. 기업이나 지역과 같은 소규모 단위체들이 국경을 초월하여 세계무대에 진출하는 세력재편이 전개되고, 자본과 상품의 이동, 정보와 지식의 국내유통과 국제이동간 차이가 현저하게 줄어들었다(김진현, 1995:17). 경제적 의미에서 국경의 개념은 희미해지고 국가경제의 영역 자체가 광역화되었다. 선진국 기업들은 동일한 상품을 보다 저렴한 비용으로 제조 가능한 개발도상국으로 생산기지를 옮기면서, 각국정부는 외국의 자본과 기술을 유치하기 위한 노력을 강화하였다(한국개발연구원, 1994:7).

베를린장벽의 붕괴와 냉전의 종결, 정보통신의 발달과 무역장벽의 해소로 각 국정부의 주요 관심은 국가경쟁력 제고에 집중되었다. 눈앞에서 벌어지고 있는 새롭고도 엄청난 변화인 세계화, 정보화, 무역전쟁의 현실은 한국 국가엘리트들의 위기감을 고조시키면서 그대로 국내개혁의 동인(動因)이 되어 국가전략으로 투사되었다. 김영삼정부는 개발도상국 수준에 머물러 있던 국내의식과 관행, 제도와 질서에서 벗어나서 선진한국, 일류한국을 추진하였다. 1995년 10월 김영삼 대통령은 세기적인 대전환 과정에서 살아남기 위한 국가의 총체적인 대응책으로서 '세계화선언'을 제창하였다.

세계무역기구(WTO)의 출범과 함께 국가간 무한경쟁이 가속화되면서 "세계화"는 한국의 미래를 향한 생존전략으로 인식되었다. 세계화선언은 한국이 현재의 중진국 수준에서 뛰어올라 21세기 일류국가로 나가기 위하여 의식과 제도, 관행을 세계적인 수준으로 개혁해 나가는 작업이었다. 1994년 7월 광역시도가 공동으로 재원을 출연하여 한국지방자치단체국제화재단을 설치하고, 1995년 1월 민관공동으로 구성된 세계화추진위원회를 구성하였다. 중앙정부는 전국적으로 광역시도에 국제통상협력실을 설치하고 지방정부의 세계화전략수립과 추진방침을 수시로 내려보냈다. [표 1-1]에서와 같이 1997년들어 지방정부의 세계화예산은 536.5억원, 광역시합계만 해도 459.6억원에 달했다. 대구광역시는 세계화예산비율이 전체예산의 0.89%에 달하여 1%수준에 육박하고 있었다.

세계화선언은 김영삼정부에 있어서 최대의 국정지표이자 지상의 정책목표로 설정되었다. 세계화의 흐름에 부응하고자 한국정부는 상당한 논쟁을 거쳐 1995년 세계무역기구(WTO)에 가입한데 이어 잇따라 1996년 10월 경제협력개발기구(OECD)에 가입하였다. 국내정치와 행정, 기업과 일반국민에 이르기까지 기존의 폐쇄적이고 구태의연한 낡은 의식과 관행에서 벗어나 세계 어느 국가에서나 통용될 수 있는 세련된 시민규범을 정착시키는 작업이 요구되었다.

김영삼대통령의 시드니(Sydney)구상에서 출발한 한국의 세계화선언은 지방자치와 함께 지방정부의 경쟁력강화에 중점을 두고 있었다. 세계무역기구(WTO)의 출범과 함께 시작된 국경없는 무역전쟁이 현실화되면서 김영삼정부를 주도해온 엘리트들은 국가경쟁력 강화를 지상명제로 삼지 않을 수 없었다.[12] 지방자치의 전면실시는 민주화의 토대로서, 민주주의 학교로서 전제하에 이루어졌으나, 동시에 종합적인 국가경쟁력 향상을 뒷받침하고 지지하는 강력한 하부토대의 구축으로 간주되었다.

---

12) 정부와 여당이 얼마나 국가경쟁력 주장에 공감하고 있었는가에 대해서는 김용훈(1994.8), 「국가경쟁력, 그 신화와 실체」『지방자치』등을 참조. 당시 주요일간지의 국가경쟁력 관련기사 빈도는 90%에 육박하여 거의 매일 기사화될 정도였다(김용훈, 1994.8:14).

국가간 무역전쟁의 후방에 남아 정책집행과 소비주체로만 취급받아 왔던 지방정부가 중앙정부와 함께 총체적인 국가경쟁력을 상승시키는 든든한 동반자로 새로이 부각되었다. 심지어 정부일각에서는 세계시장이라는 완전경쟁체제하에서 지방정부의 자생력을 기르기 위하여 연방제를 도입하자는 발상마저 나왔다. 중앙정부는 지방정부가 하루빨리 지역개발을 추진하고 통상능력을 강화하기를 기대하였으며, 지방분권보다도 지역경제 활성화, 국제교류보다는 국제통상 등의 용어가 중요한 담론으로 인식되었다.

한국의 세계화담론은 일본에서 1980년대 내내 풍미하였던 '국제화' 개념과 대비되는 상징적인 용어가 되었다. 1987년 OECD 과학기술각료회의 보고서는 기존의 개별국가경제가 상호연관성, 특히 경제적 상호의존성을 지니게 되는 현상을 '국제화'로 정의하고, 국제화의 현상으로 상품의 수출입, 해외직접 투자(Foreign Direct Investment)를 중심으로 한 자본유출과 도입, 기술 및 인력의 국가간 이동, 국가간 정보교환 등을 지적하고 있다(박용태, 1995:55).

일본의 경우, 초기에는 경제의 국제화가 주요한 의미로 받아들여졌으나, 점차 일본이 국제공헌을 통하여 국제적 지위를 높여 나가는 전략으로 인식이 바뀌었고, 더 나아가 늘어나는 외국인노동자와 결혼이민자, 유학생을 수용하여, 폐쇄적인 일본사회를 개방하고 이문화에 대한 이해도를 높이는 것으로 의미가 확대되어 갔다. 1990년대 중반들어 일본의 광역단체인 도도부현(都道府縣)은 국제교류과를 설치하고 국제교류협회를 발족시키는 등, 본격적인 국제화사업을 전개하기 시작하였다.[13]

한국의 세계화는 근본정신에 있어서 개방주의, 합리주의, 자유주의적 국제협력에 바탕을 두고 있다는 점에서 일단 일본의 국제화와 유사성을 지니고 있었다. 그러나 국제화가 국가 대 국가의 관계이며 전술한 바와 같이 경제적 측면이 강조된 개념이라면, 세계화는 기업과 기업, 민간과 민간, 지방과 지방 등 여러 차원에서, 또 정치, 경제, 사회, 문화 등 모든 부문을 다 포함한 총체적 차원이라는 의미에

---

13) 毛受俊浩, "グローバル時代の自治体の國際化戰略への提言" 靜岡總合硏究所. SRI. (2009.12), 5항.

서 국제화보다 상위개념이라 할 수 있다.

세계화가 한국의 미래전략을 발전, 승화시켜 21세기 세계적인 중심국가로 자리잡기 위한 설계라면, 지방화는 세계화를 내실화하고 지역경쟁력과 주민의 '삶의 질'을 높이기 위한 내용이자 전략이었다. 국가의 경계가 사라지고 있는 지금, 국내가 아닌 세계무대를 상대로 하여 경쟁력을 가질 수 있도록 기업과 시민사회, 지방정부가 대응력을 길러가야 한다는 것은 두말할 나위도 없다. 이제는 지역단위가 직접 국제교류의 단위가 되어, 시(市)단위 지방정부가 해외의 모범도시와 교류하는 가운데 경제적, 문화적 수준을 높여 나가야 한다는 것이다(김진현, 1995:17).

김영삼정부의 주요엘리트들 사이에 공감되던 경쟁력논리는 미국 하버드대학 마이클 포터(M. Porter) 교수의 국가경쟁력이론을 바탕으로 한 것이었다. 경제단위가 국가를 넘어 국제단위로 급속히 전개되는 1980년대 초반, 국가와 기업경쟁력을 최초로 이론화했다고 평가받는 마이클 포터 교수는 기업이 속한 환경, 즉 산업구조가 국제경쟁력(Global Competitiveness)을 결정한다는 신이론을 제기하였다.[14] 지금까지 유능한 기업가(Entrepruneur)가 기업의 성패를 좌우한다는 전통적인 경영학에 대하여, 그는 거꾸로 기업가가 아닌 기업을 둘러싼 환경요소가 기업의 발전여부를 결정한다는 새로운 논리를 제안하였다. 즉 기업을 둘러싼 환경으로서 업체간 경쟁이 중요하며, 국내경쟁을 유발하는 클러스터의 집적과 인프라의 구축 여부, 국제경쟁보다 국내경쟁이 기업경쟁력을 결정짓는 변수라는 것이다. 예컨대 세계적으로 명성이 높은 이탈리아 신발산업의 경쟁력은 신발만을 생산하는 수많은 중소기업간에 사활을 건 경쟁이 빚어낸 산물이다.[15]

---

14) Michael Porter(1980). *Competitive Strategy: Techniques for Analyzing Industries and Competitors* (NewYork: The Fress Press), Michael Porter(1990) *The Competitive Advantage of Nations* (NewYork: The Fress Press), 그리고 조선일보, 1996.5.3보도 등을 참고할 것.
15) 세계화선언은 국가경쟁력강화를 위한 지방분권과 경쟁환경 조성에 역점을 두었다. 마이클 포터(M. Porter)는 지역 간 치열한 경쟁이 최고의 경쟁력을 낳는다고 주장하였다. 그에 따르면, 이탈리아 밀라노의 디자인산업은 엄청난 현지경쟁이 일어난 산물로 보고 있다. 인구 160만의 이탈리아 밀라노시는 조지 아르마니, 베르사체, 페라가모 등의 디자인회사가 집적되어 있다. 4만개이상의 중소가구기업, 수천개가 넘는 중소디자인 회사의 치열한 경쟁결과, 밀라노에서 세계최고의 경쟁력을 지닌 디자인회사들이 탄생할 수 있었다는 것이다. 이러한 논리가 당시 한국

이와 같은 관점은 총체적인 국가경쟁력 강화를 위한 지방정부의 경쟁력강화 논리에도 그대로 적용될 수 있다. 지방정부의 경쟁력은 바로 지방간의 치열한 경영전략에서 비롯된다. 지방간의 건전한 경쟁여건을 조성하는 것이 국가경쟁력 강화에 있어서 필수조건이다. 국가나 중앙이 모든 것을 결정하고 지방은 단순히 사무를 집행하는 전위부대의 개념에 묶여 있는 한, 활력은 기대할 수 없고 지방간 경쟁이 일어날 리 만무한 것이다. 형해화된 지방자치는 지방에서 숨 쉬고 자라는 역동적인 잠재력을 불러 일으켜 세계화시대에서 살아남을 수 있는 강한 지방정부를 육성하지 못한다. 이를 극복하기 위해서는 지방정부에 그 규모와 능력에 어울리는 자율성이 주어지고 새로운 정책을 기획, 입안하여 실시할 수 있는 제도가 마련되어야 한다. 그리고 국가의 하부토대로서 지방정부의 경쟁력을 배양함으로써 총체적인 국가경쟁력의 강화로 이어질 수 있다. 이러한 인식은 김영삼정부내 주요 인사의 발언에서도 극명히 드러나고 있다.

"이제 행정도 경쟁을 벌이는 시대에 접어들었다. 경쟁력은 경쟁없이 생길 수 없다. ……각 지방이 기업환경 개선을 위해 경쟁을 벌일 수 있는 제도적 장치를 제공해야 한다. 이를 위하여 중앙에 집중된 권한은 지방으로 분권화해야 한다."(강경식, 1994:33)

지방정부의 경쟁력강화 논리는 갓 출범한 한국의 지방자치에서도 우선적인 정책목표로 인식되었으며, 주요 단체장의 발언에서도 자주 인용되었다.

"저는 '일등경기 일류한국'을 제시한 바 있는데 이것은 지방의 세계화라 할 수 있습니다. 일등경기는 지방화시대를 맞이하여 경기도가 경제제일, 환경우선, 문화근본이라는 방침아래 모든 분야에 있어서 한국에서 가장 모범적이고 선진적인 지방정부의 모델을 이룩하고자 하는 것입니다. … 따라서 지방정부가 넘어야 할 세계화의 파고를 극복하지 못할 경우, 현재 거론되고 있는 21세기 한국의 비전은 달성할 수 없습니다. 따라서 작금의 위기를 극복하기 위하여 지방의 세계화가 구상되고 추진되어야 하겠습니다."(이인제, 1995: 8~9).

의 국가경쟁력 강화를 위한 지방분권으로 투영되었다.

지방정부의 경쟁력강화 논리는 작은 국가론이 대두하고 있는 가운데 지방정부가 중앙정부를 보완하면서 국내외에서 보다 중요한 활동의 단위, 경쟁의 주체로서 부상하고 있는 현상과 맞물려 있었다. 경제영역과 활동주체가 다양해지면서, 새롭게 형성되는 공공권력의 재편성에 대비하여 각국은 정부조직 재편을 시도하고 있고, 지방정부의 역할은 대부분의 국가에 있어서 중요성을 더해가는 추세이다. 세계화이후 주요 선진국을 포함한 OECD국가들에 있어서 정치권력과 행정체제의 변화를 분석한 내슈홀드(Naschold)는 공공부문의 중심이 중앙정부로부터 지방정부로 이동하는 현상이 나타난다고 지적하고 있다(이종수, 1998:182).

　이것은 지방의 세계화에 있어서 분권화가 필수불가결한 조건이라는 것을 의미한다. 다시 말해서 지방의 규모와 능력에 어울리는 자율성이 주어지고 새로운 정책을 기획, 입안하여 실시할 수 있는 자율성이 보장되어야 한다. 그리고 이들 지방정부간 선의의 경쟁을 통하여 국가의 하부구조를 튼튼히 하는 것이 요구된다. 분권화의 의미에는 지역경영의 결정권을 중앙에서 지방으로 이전하는 지방분권의 의미와 함께, 공공부문의 기능과 활동을 민간부문으로 이양하는 민관거버넌스의 의미도 포함한다. 따라서 지방화를 포함한 분권화는 국가기능의 공적인, 그리고 사적인 기능의 분담을 통해서 국가경영의 민주적이고 능률적인 대응능력 강화를 포함하고 있다(박응격, 1998:3). 세계화는 한국의 지방정부에 지방분권과 지방경쟁력 강화라는 두 가지 과제를 부여했다고 할 수 있다.

　그러나, 세계화선언이후 한국정부의 국가개혁과 개방체제로의 전환은 속도조절 실패와 단기간 무역적자의 급증으로 1997년 12월 외환위기를 맞이하게 되었다. 세계화, 지방화의 정책이념은 매우 적절하고 바람직했지만, 구체적인 실천방안의 내용과 개혁속도는 이를 뒷받침하지 못하였다. 세계화는 중앙과 지방을 불문하고 정치, 행정, 경제, 문화, 사회의 모든 부문에서 뼈를 깎는 고통과 과감한 실천이 요구되는 것임에도 불구하고, 대부분의 정부관계자와 국민들은 그것을 감내하려 하지 않았다. 기업들의 구조조정이 제대로 진행되지 않고 기술혁신이 더디어지면서 이미 경쟁력을 잃고 있던 한국은 단기간 500억달러가 넘는 대규모 무역적자를 기록하였다. 세계화가 그저 외국을 알아야 한다는 것으로 인식되면서, 해외여행과 유학, 무분별한 해외연수 등이 유행하였다. 그 결과 1,500억 달러가 넘는 외채부담을 이기지 못하고 국제통화기금(IMF)의 관리하에 놓이는, 한국전쟁 이후 최대의 국난을 맞이하게 되었다.

외환위기에 직면한 한국은 1997년 12월 김대중정부로의 정권교체와 함께 국제통화기금(IMF)의 관리하에 빠른 속도로 국내개혁을 진행하였다. 개혁목표는 국가경제를 운용해 오던 공공기관의 개혁과 혁신, 정부의 보호나 관리에 길들어져 온 시중은행과 금융권의 자생력을 다시 키움으로서 기업경쟁력 강화를 유도하는 데 중점이 두어졌다. 정치가와 관료, 기업인들간 유착관계가 경제위기를 초래하거나 국가기관의 도덕적인 위신을 추락시켜 국민과 정부간의 괴리감을 확대시켰다는 반성에서 전후체제를 지탱해 왔던 구태의연한 정치ㆍ행정제도를 개혁하고자 노력하였다.

관리중심의 사고방식에 젖어서 변화를 기피해 왔던 관청과 국영기업은 외부인재를 수혈하기 용이하도록 개방제 임용시스템을 도입하거나, 일선공무원과 노동조합의 심각한 반대와 반발에 부딪치면서까지 정부로부터 분리시키는 민영화가 추진되었다. 새롭게 변한 국내외 환경에 대응할 수 있도록 21세기형 인재를 길러내는 교육체제의 개혁은 장기적인 시각에서 볼 때에 필수적인 것이었다. 정보통신과 문화사업에 대한 정부지원이 대대적으로 이루어지고, 남북한간에 2000년 6월 남북정상회담을 비롯하여 남북한의 지방간 협력과 민간교류가 활성화되었다.

장기불황에 빠진 일본에서는 지방재정이 악화되면서 지역경영, 시정촌합병, 지역활성화가 중요과제로 대두하였다. 다가올 소자화와 고령화사회에 위기감을 느끼면서, 사회의 활력을 재생시키고 재정건전화를 위한 의료보험과 연금제도의 개혁도 잇달아 이루어졌다. 중국은 1978~2000년간 연평균 9.5%의 경제성장률을 기록하면서 세계의 공장으로 자리잡아갔다. 또한, 중앙과 지방의 제도개혁, 부정부패 척결, 도시정부의 세계화를 추진하였다. 동아시아 각국의 혁신은 구체적인 개혁안, 여론의 지지, 정치적 다수파의 형성이 필수적이었는데, 가끔 이 세 박자가 일치하면서 성공하거나, 또는 한 요소가 부분적으로 결여되거나, 부적절한 시기와 방법론으로 도중에 좌절되기도 하였다.

3. 지방정부의 국제협력

　1995년 국정목표로 설정된 세계화선언에 따라 한국정부는 지방의 세계화를 통하여 국정이념을 실현하고자 하였다. 지방의 세계화는 두 가지 구체적인 목표를 제시하고 있었다. 첫째, 지방정부가 지역사회의 제도와 관행을 국제적 기준에 맞게 정비해 나가는 것이며, 둘째, 지방정부가 추진주체가 되어 지역의 개성 창출, 지역경제의 대외개방, 국제교류 활성화, 지역기업의 국제경쟁력을 향상시킴으로써 지역경제의 발전과 주민복지를 증진시키는 것이다(한국개발연구원, 1994:9). 지방의 세계화는 "지방정부가 주체가 되어 외국의 중앙·지방정부와 물자, 인력, 정보의 상호교환을 통하여 국제적 환경변화에 능동적으로 대처할 수 있도록 개방된 시민의식을 함양하고, 이를 바탕으로 지역경쟁력 강화와 지역경제 활성화를 도모하고자 하는 활동"으로 정의되었다(한국지방행정연구원, 1996:3).

　지방의 세계화를 위한 구체적인 추진방향을 보면, ① 공무원과 주민의 세계화 의식고취와 대응자세를 구축하는 '의식과 행태의 세계화', ② 각종 불합리한 규제와 제도를 완화, 철폐하여 각 부문의 행정을 세계적 수준으로 끌어올리려는 '행정과 제도의 세계화', ③ 지역공간과 환경조성을 통하여 주민과 외국인의 삶의 질 향상을 도모하는 '지역의 세계화', ④ 지방의 자율적 경제활동을 최대한 보장, 지원하여 지역경제를 활성화시키고자 하는 '지역경제의 세계화' 4개 항목을 정해서 청와대와 중앙부처가 지방정부에 지침을 시달하였다.

　세계화선언은 지방정부의 국제교류와 통상협력의 본격적인 도래를 알리는 신호탄이었다. 전국 16개 광역시도별로 국제통상협력실이 신설되고 전문인력이 충원되어 국제교류와 국제통상이 지방의 세계화를 위한 중점정책으로 설정되었다. 외환위기후에도 이러한 흐름은 더욱 강화되어 한국의 지방정부는 외자유치와 통상협력을 강화하는 추세에 있으며, 국제통상과 외자유치를 담당하는 전담조직을 16개시도에서 대부분 설치하고 있다. 또한, 기업유치를 위하여 투자진흥관실을 운영하고 해외사무소를 운영하는 등, 지역단위 통상협력체제를 강화하고 있다.

　한국의 지방정부가 추진해온 국제통상협력 관련 주요사업을 살펴보면, ① 국

▸표 1-2 6대광역시 국제통상협력실 구성(길병옥, 302항)

구분	세계화추진 주무부서
부산광역시	경제진흥국, 국제통상과, 경제정책계, 동산기획계, 시장개척계
대구광역시	경제산업국, 국제협력과, 국제교류계, 투자유치계, 통산지원계
인천광역시	경제통산국, 국제통상과, 국제협력계, 교류통산계, 수출진흥계
광주광역시	경제통상국, 통상협력과, 국제교류계, 투자유치계, 통상진흥계
대전광역시	경제과학국, 국제협력과, 국제협력계, 국제기구계, 통상지원계
울산광역시	경제통상국, 경제통상과, 경제정책계, 투자유치계, 통상교류계

주: 부산, 대구 및 인천광역시는 2000년 광주, 대전 및 울산 광역시는 2001년 기준.
자료: 각 광역시, 『시정백서』.

제교류 활성화를 위한 지자체간 국제교류 확대, 해외교민관리 지원, 민간교류 지원, ② 지역기업의 해외수출 촉진을 위한 해외시장개척단 파견, 국제박람회 참가, 중소기업 수출인프라 확충, 외국바이어 초청 수출상담회, ③ 외국인 투자유치를 위하여 외국인투자상담실 개설, 투자환경 홍보책자 개발, 투자유치 프로젝트 개발사업 추진 등으로 크게 나누어진다.

　한국의 지방정부간 국제교류는 1990년부터 증가하기 시작하여 1995년 10월현재, 광역단체가 64개의 외국지방정부와 교류협정을 체결하였으며 이 가운데 일본은 11개현, 중국은 10개성에 이르고 있었다. 시군구의 경우 전체 141개 교류지역 가운데 일본이 43개 지역, 중국은 24개 지역으로 특히 일본, 중국과의 교류가 현저히 증가하였다. 민선단체장이 취임한 이래 교류지역이 급증하여 1999년 4월, 현재 광역단체는 106개지역, 기초단체는 238개 지역으로 5년만에 거의 2배 가까운 증가세를 보였다.

　2005년 3월에는 광역단체 134개 지역, 기초단체 317개 지역, 합계 44개 국가내 451개 지역으로 늘어났다. 중국지역과의 교류가 129개로 가장 많으며, 미국은 82개 지역으로 2위, 일본은 78개 지역으로 3위를 차지하고 있다. 이들 3개국가내 지방정부와의 교류는 289개 지역에 달하여 전체 지방간 국제교류지역의 63%, 거의 3분의 2를 차지하고 있다. 여기서 알 수 있듯이 한국지방정부의 국제교류는 아직까지 중국, 미국, 일본이라는 전통적으로 그간 정치, 경제, 사회면에서 한국과 깊은 연관을 맺어온 주변국가에 주로 집중되고 있다. 최근들어 지방정부의 국제교류는 더욱 증가하면서 2008년말현재 16개 광역단체가 279개 외국지자체와, 213개 기초단체가 762개 외국지자체와 협정을 체결하였다. 세계 63개국내 1041개 지방정부와 교류함으로써 지방의 국제화는 양적인 면에서 일정한 성과를 거두었다고 할 수 있다.

21세기들어 흥미로운 변화는 지금까지 제2차대전 이후 한국과 정치, 경제, 군사적으로 깊은 관계를 맺고 있던 미국과 일본에 주로 치중되었던 국제교류가 점차 중국과 러시아 등, 과거 공산권 국가와 동북아지역을 포함한 유라시아 대륙권으로 확대되고 있다는 것이다. 미국과 일본지역이 146개 지역인데 비하여, 중국과 러시아는 137개지역으로 거의 비슷한 수준에 육박하고 있다. 국제정치적인 측면에서 냉전체제가 해소되고 남북화해가 진전되면서 그 효과가 동북아지역 지방정부의 국제교류에 반영되고 있다고 할 수 있다.

경기도의 사례는 이러한 변화를 잘 보여주고 있다. 경기도는 국제통상협력실 내에 국제협력담당관을 설치하여 국제협력기능을 크게 강화하였다. 남아프리카 공화국 하우텡주(Gauteng州)와의 자매결연, 영국 북잉글랜드주와 우호교류추진, 일본 가나가와현(神奈川縣)과의 자매결연 5주년을 기념하여 경기도와 가나가와현간 단체장회담 등이 이루어져 상당한 성과를 거두었다. 1998년도 국제통상협력실의 주요업무 방침을 보면, ① 세계 주요거점별 협력네트워크 구축, ② 자매결연 교류의향서 지역과 자매결연 체결, ③ 지방정부간 상호협의를 통해 초청을 늘리고, ④ 지역별 여건과 특성에 맞추어 교류협력 사업전개 등으로 되어 있다.

특히 교류지역을 선진행정기술 전수지역, 경제협력 중심지역, 지역거점육성 중점지역으로 나누는 등, 그 동안의 성과를 특성화시켜 나간 것도 주목할 만하다. 예를 들면, 국제교류지역 가운데 경제협력 중심지역으로 미국의 유타주와 버지니아주, 중국 랴오닝성과 광동성, 스페인 카탈루냐주, 베트남의 하타이성, 기타 영국의 지자체 등, 각국 지방정부와 활발한 교류와 통상을 추진하였다. 동시에, 중점지역을 지정하여 다자간 교류협력 기반을 구축하고자 시도하고 있다(경기도국제협력실 주요업무계획, 1998).

1997년 고통스런 외환위기의 경험은 중앙과 지방정부의 도시혁신과 경쟁력강화를 더욱 추진하게 하는 중요한 계기로 작동하였다. 특히 외환위기를 극복하고 지역경제 재생과 고용창출을 위하여 외자유치에 노력이 집중되었다. 대부분의 광역시도에서 국제통상을 최우선순위로 설정하고 도시개발과 국제인프라 구축을 강조하였다. 노무현정부에 들어와 지방분권과 균형발전이 강조되면서 행정수도 이전과 지역혁신, 지역내 삶의 질 제고와 사회문화시설 기반투자, 도시개혁과 경쟁력 강화가 일상적인 용어로 자리잡게 되었다. 대도시집중과 성장과정에서 동북아도시간 경쟁이 치열해지면서 중국 상해(上海), 일본 오사카(大阪), 한국 부산 등의 지방정부가 자기혁신을 통한 성장전략을 본격적으로 모색하였다.16) 광주·전남지역의 도시비전에서도 알 수 있듯이, 한국의 지방정부는 세계화, 정보화, 지방화의 흐름속에서 새로운 발전전략을 추구하였다.17)

1995년이후 지속되어온 지방의 세계화는 글로벌 경쟁력강화라는 새로운 형태로 진화하고 있다. 국가와 도시간 경계를 넘어 금융자유화와 자본이동이 일상화된 21세기들어 각국 지방정부의 관심사는 도시의 성장전략과 외자유치에 집중되고 있다. 이미 미국이나 영국 등, 선진국의 도시발전론자들은 세계화(going global)를 지역성장 전략으로 파악하고 도시재개발, 대기업본사와 기업유치18), 국제공항 신설 또는 증설, 초국가화(transnational)와 글로벌네트워크 형성, 세계화를 위한 인재육성 등을 추구해 왔다.

각국의 지방정부는 자본과 기술의 세계적인 네트워크에 참가하고, 도시성장을 위하여 외부자원을 자기지역에 유치하고, 국제금융과 물류거점의 허브도시를 지향하고 있다. 외국자본의 유치는 세계화의 거대한 힘을 조절하면서 지역외부의

---

16) 박재욱외, "동북아도시의 성장전략과 거버넌스 비교연구: 부산·오사카·상해를 중심으로", 『한국과 국제정치』 제22권 3호(2006, 가을), pp.175~216.
17) 광주광역시, 「광주비전 2010」(2006), 전라남도 「2006년도주요업무시행계획」(2006) 등을 참조.
18) 인구 5만인 전남 장성군의 경우, 군수와 공무원이 하나가 되어 11년간 삼성전자, LG전자 등, 76개기업을 유치하였고, 각종대회 상금만 106억원을 벌어들였다(「중앙일보」, 2006.11.13자 보도).

자본과 기술을 끌어들일 수 있는 지방의 독자적인 제도역량 형성(institutional ca-pability building)에 따라 결정된다.[19] 글로벌 경쟁 속에 뛰어든 대도시로 부산광역시, 인천광역시, 광주광역시, 경상북도와 전라남도 등을 들 수 있으며, 울산광역시를 비롯한 대부분의 광역단체에서 글로벌 발전전략을 모색하고 있다.

4. 국제교류에서 지방외교로

세계화와 지방화는 21세기를 맞는 현대국가에 있어서 여전히 중요한 미래의 화두(話頭)라고 할 수 있다. 한국에서 지방의 세계화는 점차 발전하면서 지방외교로 진화하고 있다. 지방정부는 국제교류와 국제통상에서 한발 더 나아간 '지방외교'를 재개념화하고 실천하는 단계로 접어들고 있는 것으로 보인다. 그러나 아직까지 지방외교라는 개념은 공무원과 전문가사이에 수용되고 정착된 단어는 아니다. 유럽에서도 지방외교는 1960년대이후 겨우 개화한 개념이며, 따라서 뒤늦게 출발한 한국의 경우, 지방외교의 개념과 비전, 체계화는 아직 일천한 상태인 점을 부인할 수 없다.

외교정책은 행정학의 뿌리인 독일 관방학에서 당연히 지방정부가 아닌 국가기능으로 설정되었고, 지방자치가 제도화된 이후에도 외교권은 국가사무로 기정사실화되어 온 것이 사실이다. 이러한 인식이 변하기 시작한 것은 제2차세계대전 이후 선진국들간 인적, 물적 왕래가 늘어나면서 국가간 관계를 저변에서 떠받쳐주는 지방정부의 역할이 커지면서부터였다. 지방정부간 또는 주민간의 교류활성화가 결과적으로 국익에 기여하고, 국제적인 평화정착에도 결정적으로 기여하는 토대로서 재평가되고 나서이었다.

지방외교의 초기단계인 국제교류는 전후 미국시민이 황폐해진 유럽도시를 지원하기 위하여 도시별로 자매결연을 맺은 것이 기원이었다. 1960년대에 들어와 미국에서 국제교류의 범위를 전세계로 확대하고자 하는 시민운동이 왕성해지고

---

19) 조명래, "해외자본유치를 위한 영국의 지방제도역량", 『지역사회개발연구』 제24집1호 (1999.6), p.212.

'People to People Program'(시민에서 시민으로 국제교류 프로그램)을 기본으로 하는 국제도시간 자매결연이 빠른 속도로 증가하였다. 또한 유럽 내에서도 국가 권력이 주도한 전쟁에서 엄청난 피해를 겪은 뒤, 그 상처를 치유하고자 프랑스와 독일의 지방정부, 영국과 프랑스의 지방정부가 상호이해와 민간교류, 역내 협력 체제 구축을 위하여 적극적인 지방외교를 전개하였다. 유럽지방정부간 연대와 협력은 향후 유럽각국의 중앙정부가 모여서 하나의 공동체를 구축한 유럽연합 형성을 위한 기초가 되었다.

1963년 독일의 프리드리히(C. J. Friedrich)경은 시민운동의 주체로서 지방정부에 주목하면서, 도시간 연대야 말로 유럽평화와 유럽통합을 이끌어 낼 수 있는 중심축이라고 강조하였다. 이로부터 "지방외교" 또는 "풀뿌리 외교정책"이라는 개념이 처음으로 등장하게 된다. 지방외교에 대한 국내법상의 합법성 제기, 지방 정부간 자매결연이 "준국가적인 국제법 행위"로 인정될 수 있는가라는 의문에도 불구하고, 풀뿌리 민주주의로서 지방자치와 지방의 국제화가 연결됨으로써 전략적 차원에서 "지방외교"가 등장하였다. 지방자치를 통상 민주주의의 학교 또는 풀뿌리 민주주의라고 부르고 있거니와, 이때 "풀뿌리"의 의미는 본질적으로 사회적인 기반조성운동을 의미하고, 이를 원용하여 전후 유럽평화를 확보하기 위한 유럽통합 전략으로서 작동한 것이 본격적인 지방외교의 시작이었다.[20]

국경을 넘는 지역간 연대가 기반이 되면서 1957년 유럽경제공동체가 설립되었고 이후 유럽연합(EU)으로 발전과 통합을 거듭하여 2007년 현재 무려 27개국이 가입한 상태이다. 유럽통합을 지탱하는 유럽의회, 기축통화로서 유로(Euro)의 정착, 70%가 넘는 역내 무역비중, 이주노동의 급증은 지방정부가 전개해 온 국제교류의 역할이 얼마나 중요한가를 말해주고 있다. 특히 1990년대들어 유럽연합과 세계무역기구(WTO) 출범 등 지역통합이 늘어나면서 국가중심의 고정관념은 해체되고 지방정부와 국제기구가 관여하는 세계적인 활동에 관심이 집중되었다.

주요 선진국들은 지방차원의 도시간 연대, 즉 지방의 세계화를 국가전략으로 적극 도입하고 있다. 여기서 중요한 것은 지방분권과 함께 "국가"를 초월하는 국

---

20) 심익섭편저, 『한국지방정부 외교론』(서울: 오름, 2006), 35~37항.

제적 연대성(Solidarity)이 21세기 세계화의 표상이 되고 있다는 것이다. 21세기형 지방외교의 이슈는 과거 국제교류의 전통적인 목표였던 평화증진이나 문화교류 등에 머물지 않고, 국제교류와 통상협력에 있어서 경제적 보완과 기술협력, 생활환경과 지역사회복지 차원의 협조, 중앙정부와 지방정부간 공동협력 등으로 확대되고 있다. 서유럽국가의 중앙정부나 외교부처들은 더 이상 외교정책을 중앙정부가 독점하지 않고 지방정부가 수행하는 지방외교를 적극 활용함으로써 지방의 국제화를 통한 국익을 도모하고 있다.

지방정부의 외교정책은 그동안 중앙정부의 외교정책보다 하위 단위에 머물러 있었던 지방간 국제협력(MIC: Municipal International Cooperation) 수준에서 벗어나 점차 조직화, 체계화, 네트워크화되면서 정책의 개념과 범위, 국제화시책의 입안과 집행에 대한 관심이 높아지고 있다. 통상협력과 지역활성화가 가장 중요한 목표인 것은 사실이지만, 동시에 환경보호, 사회개발, 개발원조, 인권보장, 긴장해소 등 세계발전(Global Development)을 국제협력 개념 가운데 포함해가고 있다.[21] 지방정부간 국제협력은 단순한 지방정부의 국제교류에서 벗어나 세계적인 진보와 발전(Global Progress and Development)을 지향하는 지방외교로 성장하고 있다고 평가할 수 있다.[22]

1970년대들어 독일, 프랑스, 영국 등 유럽의 주요 지방정부들은 사회개발이나 재정지원 프로젝트 등의 개발원조를 통하여 개발도상국과의 협력체제를 구축하기 시작하였다. 예컨대 1976년에 독일 브레멘(Bremen)시와 인도 푼(Pune)시는 아동복지와 바이오가스에 대한 협약을 맺었고, 1979년이후 브레멘–푼시의 도시결속 포럼(City Solidarity Forum between Bremen and Pune)을 통해 장애아동 지원과 극빈자 거주환경 개선, 농촌지역 개발에 이르기까지 협력범위를 확대하였다. 영국의 템사이드(Tamside)시는 1983년 짐바브웨 무타르(Mutare)에 전문가를 파견하여 지방의원들과 공무원들을 대상으로 한 프로그램 훈련을 실시하였다. 네덜란드 유트레히트(Utrecht)시와 니카라과 레온(Leon)시간에 맺어진 교류

---

21) 특히 안성호, "지방자치외교의 영역과 진로" 논문을 참조.
22) 안성호, 위의 논문.

협정도 개발원조형에 해당한다. 이들간의 협력관계는 1984년 파견된 네덜란드의 자원봉사자가 만든 시민단체인 유트레히트-레온재단에 의하여 지속되고 있다.[23]

프랑스자치단체연합(AFCCRE)은 1951년 설립된 후 보다 광역대에 걸친 민간 교류 활성화에 기여함과 아울러, 국제교류에 관한 정보를 제공하고, 자매결연 알선, 행정정보를 공개함으로써 지금까지 2,500개가 넘는 회원단체의 호응을 얻고 있다. 1990년 국제지방환경선도협의회(ICLEI)가 설립되어 300여개 지방정부가 가입하고 있으며, 지방의제21 선도사업(Local Agenda 21 Initiative)과 기후보호 도시캠페인을 벌인 바 있다. 1991년 기존 지방국제기구가 통합해서 설립한 세계지방정부연합(IULA)은 환경의 질, 인간건강, 생물과 문화의 다양성 등의 가치를 지방정부 운영 전반에 걸쳐서 반영할 것을 촉구하는 "환경, 보건과 생활방식"에 관한 선언을 채택하였다. 서구유럽과 미국, 일본 지방정부의 국제교류 정책가운데 환경보호가 가장 중요한 항목 중 하나로 여겨질 정도이다.

동북아 3개국 가운데 국제화의 이론과 경험이 비교적 잘 축적된 일본의 가나가와현(神奈川縣)에서도 지방외교의 가능성을 엿볼 수 있다. 지방의 국제화는 일본의 혁신자치체를 떠받치는 중요한 정책이념 가운데 하나로 자리잡았다. 국제가 아닌 '민제외교(民際外交)'의 개념은 일본에서 처음으로 만들어졌는데, 민제외교의 등장은 가나가와현 나가스 카즈지(長州一二)지사가 선거공약으로 내세운 [新 가나가와선언]에서 시작되었다. 가나가와현은 일본에서 가장 먼저 1976년에 국제교류과를 신설하였고, 민간외교단체로서 가나가와현 국제교류협회를 설립하는 등, 시민교류를 활성화시키기 위한 기반시설을 정비하였다.

1978년 제시된 [新가나가와계획]은 1981년부터 1년반에 걸쳐서 개정작업이 이루어져 민제외교는 보다 구체화되고 중점사업이 되었다. 1982년 지방의 시대 심포지움에서 나가스지사는 '민제외교의 시민화를 더 한층 추진한다', '民際가 國際를 바꾸도록 한다'는 점을 강조하면서 지방정부의 외교역량을 높여야 한다는 요지의 강연을 하였다. 또한 1983년 지사선거에서도 세계로 열린 국제문화현 가나

---

23) 임양재, [지역공동체 형성과 지방정부 국제협력: EU와 동아시아사례를 중심으로](대전대학교 박사학위논문, 2006), 62~67항.

가와를 선언하고, 新가나가와 계획의 1983년도 개정안에서 민제외교를 시민간 교류, 기업간 교류, 지방간 교류로 정의하여 한 단계 높은 정책군으로 발전시켰다. 1984년의 비핵선언(非核宣言), 내향적인 국제화 정책, 경제협력과 국제쇼난마을(國際湘南村) 등의 개별프로젝트를 통하여 민제외교는 도정전반에 걸친 정책으로서 자리잡기 시작하였다.[24]

2000년 개정된 [新가나가와 국제정책추진계획]에는 외국인에 대한 생활지원과 시민단체의 국제교류를 지원하는 주요시책이 포함되어 있다. 한국의 광역시에 해당하는 일본 정령(政令)지정도시의 경우, 지방외교의 주요내용으로 국제공헌, 환경문제, 지역국제화와 교류증진, 기술협력 등이 주요 시책으로 담겨 있다. 국제교류와 지방외교정책으로 인하여 지역주민과 공무원들이 국제협력에 대한 인지도가 높아진 것, 외국지방정부와 국제협력을 통한 개발도상국 지원, 동북아 지방정부간 국제연대 강화가 그동안의 성과로 나타나고 있다.

한국지방정부의 국제교류도 이제 단순한 시책수준에서 벗어나서 점차 지방외교로 발전하고 있다. 아직까지 국제화 재정과 업무조직, 법률과 조례면에서 제도화가 미흡한 것은 사실이지만 발전가능성은 매우 높고, 부분적이고 단계적이지만 지방외교가 상당한 성과를 거두고 있다. 지방외교는 외향적인 국제화정책으로서 국제교류, 국제협력, 국제통상, 국제기구, 내향적 국제화정책으로서 외국인 친화적인 도시인프라 구축, 거주외국인을 위한 다문화시책 등을 포함한다.[25] 국제교류와 지방외교의 목적은 주민국제화, 도시국제화, 통상협력 활성화, 지방국제기구 역할을 포함하고 있다. 그리고 초기단계인 국제화의 인식제고에서 점차 더 나아가, 국제교류와 도시국제화, 국제통상협력의 활성화, 최종적으로 지방정부간 국제기구 참가, 설립, 운영에 이르게 된다.

지방외교를 유형별로 나누어 목적을 살펴보면, 먼저 지역국제화를 위한 지역주민의 국제이해를 높이는 것이 필요하다. 지방정부는 여건과 환경면에서 글로벌화의 수준이 중앙정부보다 낮거나 뒤떨어지기 쉽고, 따라서 국제기준의 이해,

---

24) 양기호, 『일본지방정부의 정책과정』 제6장을 참조.
25) 박경국, "한국지방외교정책의 발전방향", 108항.

▸ 표 1-3 지방외교 유형별 목적

구 분	목 적
주민국제화	국제기준(international standards)에 대한 이해, 시민의식 개혁 주민의 국제화수준 함양과 국제협력 공감대 형성 해외연수, 견학, 시찰 등을 통한 견문과 시야 확대 등
국제교류와 도시국제화	발전된 선진행정과 제도, 우수사례 도입 지역간의 상호 협력체제 강화 도시국제화 기반 조성, 글로벌시티 지향 다문화시책을 통한 외국인 친화도시 만들기
통상협력 활성화	지역산업과 경제를 자극하여 지역경제 활성화 도모 외국인 경제활동 지원, 우수기술과 해외자본 유치 등 글로벌, 로컬범위에서 지방통상외교체제 수립
개발도상국지원	개발도상국 지방정부에 인적, 물적 지원 지역개발, 기술이전, 지방판 ODA실시 재난, 재해시에 의료진과 대학봉사단 파견 저개발국 공무원초청 개발행정 교육, 어학교육, 농어촌연수
지방정부간 국제기구 역할	공동관심사(환경, 보건, 안전, 개발, 인권 등)협의와 상호협력 국가외교의 보완과 실무협의 증진 등 국제기구 가입과 국제적 연대활동 증대 동북아지역간 지방외교체제의 확립 세계지방정부연합, 지방정부 동북아연합 참가운영 동아시아지역통합 촉진을 위한 지방정부간 공동연대

인천발전연구원, 7항을 재구성.

세계시민 의식을 배양해갈 필요가 있다. 지방외교를 지지하는 요인으로 주민의 국제화의식은 매우 중요하다. 해외연수, 견학, 시찰 등을 통한 견문을 넓히고 세계적으로 시야를 확대해가야 한다.

두 번째, 국제교류와 도시국제화이다. 국제교류는 전세계 지방정부와 교류하면서 상호간 학습과 교류기회를 늘려나가면서 지방외교의 초석을 쌓아가는 과정이다. 글로벌시티를 만들기 위한 외향적, 내향적 국제화를 추진하면서 지방외교를 부분적으로 실천해 간다. 국제교류과정에서 지방의 아이덴티티를 발신하거나 수신하는 쌍방향교류가 전형적인 사례이다. 또한, 국제화도시로서 인프라를 구축하여 외국인 친화적인 도시로 성장해갈 필요가 있다.

세 번째, 통상협력 활성화는 지역산업과 경제성장을 위한 적극적인 경쟁력 강화유형이다. 외국자본을 유치하고 지역기업이 해외에 투자하거나 수출기반을 갖추어감으로서 지역경쟁력의 실체를 만들어가는 작업이다. 글로벌, 로컬범위에서 지방정부의 통상협력이 조직과 재원을 통하여 체제를 갖추어가야 하는 단계이다. 특히 1997년 외환위기이후 지방정부는 외자유치를 통한 고용창출, 지역산업 수출지원을 위하여 대거 조직을 재편하였다. 지방의회나 시민단체간 국제교류가 구체적인 성과없이 외유성행사에 치우치고 있다는 비판은 그대로 남아 있으며, 실질적인 통상협력을 통한 지역개발을 요구하는 여론도 의식하지 않을 수 없다.

네 번째, 선진국과 개발도상국간 지방정부의 자매결연은 세계적인 남북문제를 해결하기 위한 하나의 수단이라고 해도 과언이 아니다. 선진국의 지방정부는 개발도상국 지방정부에 다양한 인적, 물적 지원을 집행해야 할 도덕적 의무를 지니고 있다. 지역개발과 기술이전, 지방판 해외개발원조(Local ODA) 기금 실시, 재난이나 재해시에 의료진과 대학봉사단 파견, 저개발국 공무원을 초청하여 개발행정 교육, 어학교육, 농어촌연수를 실시하는 것 등은 대표적인 사례이다.

다섯 번째, 지방외교의 가장 진화된 형태로서 지방국제기구에 참여하거나 운영하는 단계이다. 중앙정부 못지않게 국제영역의 이슈를 체계적으로 다루면서 도시개발, 행정교류, 보건환경, 재난방지, 개발원조, 민주주의 증진, 인권보장, 갈등해소, 지역협력 등에 대한 국제협의체를 구성하고, 국가외교를 보완하면서 지방간 공동과제를 해결해가는 과정이다. 통합기구로서 새로 출범한 세계지방정부연합(UCLG)에 참가하여 글로벌 이슈를 논의하고 로컬수준에서 역내통합, 글로벌협력을 도출해가는 단계이기도 하다. 장기적인 측면에서 동아시아의 지역통합을 위한 기초단계로서 지방정부간 국제연대를 형성하면서 유럽연합의 가능성을 아시아에서 모색하는 것이 지방외교의 목적이 된다. [표 1-3]은 지방외교의 유형별, 단계별 목적을 정리한 내용이다.

2

지방외교의 이론과 사례

2 지방외교의 이론과 사례

1. 지방외교의 실제

1) 지방외교의 실제

한국 지방정부의 국제교류와 통상협력은 지방외교로 진화하고 있다고 평가받을 정도로 눈부신 성장을 거듭해 왔다. 외국지자체와 교류협정체결 숫자의 증가는 그것을 말해주고 있다. 지방정부가 국제교류와 협력을 추진하는 가장 보편적인 방법은 국제도시간 자매결연과 우호교류이다. 자매결연(Sisterhood Relation)과 우호교류(Friendly Exchange)는 외국지자체와의 정식 협정을 통하여 상호 공동관심사에 대한 긴밀한 협력을 모색하는 것이다. 행정, 민간, 문화, 경제, 청소년 등 각 분야에서 친선과 공동발전을 도모해가는 일반적인 국제교류 활동이라고 볼 수 있다. 크게 나누어 공무원과 민간교류, 문화스포츠를 포함한 우호교류, 통상무역과 기술협력을 포함한 통상협력을 들 수 있다.

지방정부간 교류협정 체결방식은 자매결연과 우호교류로 나누어진다. 자매결

▶ 표 2-1 교류협정 전체통계(2008)

지 역	구 분	협정체결 대상지역		지자체별 소계
		외국국가	외국도시	
합 계	광 역(16)	50	279	63개국 1041개 도시
	기 초(213)	49	762	
서울 특별시	광 역	25	30	33개국 135개 도시
	기 초(25)	22	105	
부산 광역시	광 역	17	23	19개국 56개 도시
	기 초(15)	7	33	
대구 광역시	광 역	9	13	11개국 26개 도시
	기 초(6)	4	13	
인천 광역시	광 역	13	23	17개국 56개 도시
	기 초(10)	8	33	
광주 광역시	광 역	7	9	8개국 16개 도시
	기 초(5)	2	7	
대전 광역시	광 역	17	21	18개국 29개 도시
	기 초(5)	2	8	
울산 광역시	광 역	8	13	8개국 24개 도시
	기 초(5)	3	11	
경기도	광 역	19	26	35개국 178개 도시
	기 초(30)	31	152	
강원도	광 역	13	18	18개국 83개 도시
	기 초(17)	11	65	
충청북도	광 역	11	18	13개국 48개 도시
	기 초(12)	6	30	
충청남도	광 역	11	19	16개국 70개 도시
	기 초(15)	8	51	
전라북도	광 역	3	7	7개국 45개 도시
	기 초(12)	7	38	
전라남도	광 역	12	26	22개국 99개 도시
	기 초(20)	16	73	
경상북도	광 역	10	11	19개국 64개 도시
	기 초(15)	13	53	
경상남도	광 역	10	12	16개국 82개 도시
	기 초(19)	13	70	
제주도	광 역	9	10	10개국 30개 도시
	기 초(0)	4	20	

▶ 표 2-2 자매결연 통계

지역	구분	협정체결 대상지역		지자체별 소계
		외국국가	외국도시	
합 계	광 역(16)	38	153	51개국 549개 도시
	기 초(170)	37	396	
서울특별시	광 역	20	22	25개국 84개 도시
	기 초(24)	15	62	
부산광역시	광 역	17	20	17개국 34개 도시
	기 초(11)	4	14	
대구광역시	광 역	8	8	9개국 13개 도시
	기 초(5)	3	5	
인천광역시	광 역	10	14	10개국 18개 도시
	기 초(4)	2	4	
광주광역시	광 역	5	5	5개국 8개 도시
	기 초(3)	1	3	
대전광역시	광 역	10	10	11개국 15개 도시
	기 초(4)	2	5	
울산광역시	광 역	8	9	8개국 11개 도시
	기 초(2)	2	2	
경기도	광 역	14	16	27개국 103개 도시
	기 초(28)	24	87	
강원도	광 역	6	6	11개국 37개 도시
	기 초(11)	10	31	
충청북도	광 역	6	7	8개국 18개 도시
	기 초(7)	5	11	
충청남도	광 역	6	6	9개국 28개 도시
	기 초(12)	5	22	
전라북도	광 역	2	3	6개국 22개 도시
	기 초(10)	6	19	
전라남도	광 역	2	3	10개국 34개 도시
	기 초(16)	10	31	
경상북도	광 역	9	9	16개국 44개 도시
	기 초(14)	11	35	
경상남도	광 역	10	10	14개국 55개 도시
	기 초(17)	11	45	
제주도	광 역	5	5	7개국 25개 도시
	기 초	0	20	

연은 전분야에 걸친 협력과 지방의회의 동의가 필요한 것이며, 우호교류는 의회 동의없이 분야별 협력이 가능한 방식이다. 2008년말 현재 16개 광역단체가 279개 외국지자체와, 213개 기초단체가 762개 외국지자체와 협정을 체결하였다. 국내 광역과 기초단체가 교류중인 해외지자체 숫자는 무려 63개국 1041개(2008)에 이르고 있다. 이들 통계는 독일의 6,406개(2005)에 비하면 많이 떨어지지만, 지자체 숫자나 인구규모를 감안한다면 미국의 1,400개(1995), 일본의 1,562개(2007)에 크게 뒤지지 않을 정도이다.

[표 2-1] 한국지방정부의 교류협정 전체통계를 살펴보면, 경기도와 도내 지자체가 가장 많은 35개국 178개 지자체와 협정을 체결하였으며, 이 가운데 기초단체는 31개국 152개 도시와 협정을 맺고 있다. 서울특별시는 관내 지자체를 합쳐서 33개국 135개 도시와 교류협정을 체결하고 있으며, 이 가운데 기초단체는 22개국 105개 도시와 교류하고 있다. 서울특별시와 경기도를 제외하면 숫자상으로 볼 때에 전라남도와 도내 지자체가 22개국 99개 도시와, 이어서 강원도와 경상남도내 관내 지자체가 각각 18개국 83개 도시, 16개국 82개 도시와 교류협정을 맺고 있다. 수도권외에 전라남도와 경상남도, 강원도 등에서 국제교류협력이 활발하게 추진되어 왔음을 알 수 있다.

충청남도와 도내지자체가 13개국 70개, 경상북도가 19개국 64개, 인천광역시가 17개국 56개, 충청북도가 13개국 48개지자체와 교류협정을 체결하여 활발하게 진행해오고 있다. 상대적으로 자매결연 협정숫자가 적은 지역은 대부분 수도권외 광역시로 제주도가 10개국 30개지자체, 대전광역시와 관내 지자체가 18개국가 29개, 대구광역시 11개국 26개, 울산광역시 8개국 24개, 광주광역시 8개국 16개 지자체와 협정을 체결하였다. 기초단체만 본다면, 경기도는 31개국 152개 지역과 교류하고 있으며, 서울특별시가 22개국 105개 지역과 교류하는 반면, 울산광역시내 기초단체 11개, 대전광역시내 기초단체 8개, 광주광역시내 기초단체 7개로 차이가 크다. 물론 교류협정 체결숫자와 교류빈도가 반드시 일치하지 않으며, 교류빈도와 성과가 또한 반드시 일치하는 것도 아니다. 다만, 교류체결 숫자가 많으면 많을수록 교류지역의 확대를 지향한다는 것으로 평가할 수 있으며, 당

▶ 표 2-3 우호교류 통계

지역	구 분	협정체결 대상지역		지자체별 소계
		국 가	외국도시	
합계	광 역(16)	36	126	49개국 491개 도시
	기 초(159)	33	365	
서울	광 역	8	8	19개국 51개 도시
	기 초(19)	13	38	
부산	광 역	1	2	5개국 22개 도시
	기 초(12)	4	17	
대구	광 역	2	5	4개국 13개 도시
	기 초(6)	1	7	
인천	광 역	4	8	12개국 38개 도시
	기 초(9)	8	29	
광주	광 역	3	4	4개국 8개 도시
	기 초(3)	2	4	
대전	광 역	8	10	9개국 14개 도시
	기 초(3)	1	3	
울산	광 역	2	4	2개국 13개 도시
	기 초(4)	2	9	
경기	광 역	7	7	22개국 74개 도시
	기 초(20)	19	66	
강원	광 역	10	10	13개국 46개 도시
	기 초(15)	5	31	
충북	광 역	4	8	8개국 30개 도시
	기 초(10)	4	15	
충남	광 역	6	9	13개국 42개 도시
	기 초(12)	6	26	
전북	광 역	2	4	4개국 23개 도시
	기 초(10)	4	17	
전남	광 역	10	19	17개국 65개 도시
	기 초(15)	9	37	
경북	광 역	1	1	6개국 20개 도시
	기 초(8)	5	15	
경남	광 역	2	2	7개국 27개 도시
	기 초(12)	7	25	
제주도	광 역	4	4	5개국 5개 도시
	기 초(0)	0	0	

▶ 표 2-4 대륙별 교류협정통계

구분	계	아시아		유럽		북미		남미		대양주		아프리카	
		개수	비율 (%)	개수	비율 (%)	개수	비율 (%)	개수	비율 (%)	개수	비율 (%)	개수	비율 (%)
계	1041 (100%)	698	67%	128	12%	139	13%	40	4%	24	2%	12	1%
자매결연	549 (100%)	285	52%	61	11%	91	16%	26	5%	17	3%	8	1%
우호교류	492 (100%)	413	84%	67	13%	48	9%	14	3%	7	2%	4	1%

▶ 표 2-5 주요국가별 교류협정통계

구분	계	중국	미국	일본	러시아	베트남	인도네시아	호주	몽골	캐나다	기타 (52국)
계	1041	431	130	151	36	27	14	19	21	16	171
자매결연	549	157	91	73	17	15	11	15	8	8	104
우호교류	492	274	39	78	19	12	3	4	13	8	67

연히 교류협력에 소요되는 조직과 예산규모가 크다는 것은 당연하다.

[표 2-2]와 [표 2-3]은 자매결연과 우호교류별로 각각 나누어 통계정리한 것이다. 자매결연은 51개국 549개 도시와 우호교류는 49개국 491개 도시와 협정을 체결하고 있다. 자매결연은 광역단체가 38개 국가 153개 도시와, 기초단체는 37개 국가 396개 도시와 맺고 있다. 우호교류는 광역단체가 36개 국가 126개 도시와 기초단체는 33개 국가 365개 도시와 체결한 상태이다. 광역단체나 기초단체 모두 자매결연이 우호교류보다 약간 많으나 별로 차이가 없다고 하겠다.

[표 2-4]는 대륙별 교류협정 통계인데 자매결연과 우호교류를 합친 숫자이다. 아시아지역은 주로 중국과 일본지역이 많은 698개로 전체에서 차지하는 비중이 거의 2/3를 넘어서 67%에 달하고 있다. 이어서 주로 미국과 캐나다가 많은 북미지역은 139개로 13%에 이르고 있다. 유럽지역이 128개로 12%, 나머지 남미와 대양주, 아프리카는 모두 합쳐서 7%에 못 미치고 있다. 따라서 아시아와 북미지역을

▶ 표 2-6   시기별 교류협정통계

구분	계	1960년대		1970년대		1980년대		1990년대		2000년이후	
		개수	비율	개수	비율	개수	비율	개수	비율	개수	비율
계	1041(100%)	12	1%	17	2%	63	6%	370	36%	579	56%
광역단체	279(100%)	6	2%	6	2%	23	8%	107	38%	137	49%
기초단체	762(100%)	6	0%	11	1%	40	5%	263	34%	442	58%

▶ 표 2-7   우호교류 경유 자매결연 체결

구분		전체 체결건수	우호교류 경유	비 율 (%)
계		501	74	14.7
광역		148	11	7.4
기초		353	63	17.8
	시	218	28	12.8
	군	59	25	42.3
	구	86	10	11.6

합치면 거의 79%에 이르러 대부분 중국, 일본, 미국 등지와 교류협정 지역에 집중되고 있음을 알 수 있다. 특히 아시아지역은 상대적으로 우호교류가 많고, 북미지역은 상대적으로 자매결연 비율이 더 높다.

[표 2-5]는 보다 구체적으로 국가별로 나누어 교류협정 통계를 살펴본 것이다. 중국이 가장 많은 431개 지역, 이어서 일본이 140개 지역, 미국이 130개 지역, 러시아가 36개 지역, 베트남이 27개 지자체로 배열되고 있어서 대부분 지리적으로 가깝거나 상호관계가 밀접한 지역이 다수를 차지하고 있음을 알 수 있다. 특히 중국은 430개 지역이 넘어서 전체지역의 41%에 달하고 있으며, 일본은 140개 지역으로 중국과 일본을 합치면 절반을 넘는 55%를 차지하고 있다. 특기할 만한 점은 중국이 우호교류가 상대적으로 많은 반면, 일본은 자매결연이 약간 많고 미국은 압도적으로 자매결연이 더 많다.

[표 2-6]은 시기별 교류협정을 체결한 숫자로 1980년대 63개에서 1990년대 370

▸ 표 2-8 교류협정체결 비율

구 분	지자체 수	자매결연과 우호교류		자매결연		우호교류		미체결단체	
		개수	비율%	개수	비율%	개수	비율%	개수	비율%
계	246	118	48%	59	23%	50	20%	21	9%
광역	16	18	100%	-	-	-	-	-	-
기초	230	102	44%	57	25%	50	22%	21	9%
시	75	53	70%	15	20%	5	7%	2	3%
군	86	20	23%	22	26%	28	33%	16	18%
구	69	29	42%	20	29%	17	25%	3	4%

▸ 표 2-9 교류협정 체결동기와 배경

합 계	계	특정인사 소개	상대방 제의	공동사업 경험축적	관련기관 알선	이벤트 개최	기타
계	945	274	267	99	166	12	127
광역	253	48	87	40	13	6	59
기초	692	226	180	59	153	6	68
시	369	126	85	38	87	1	32
군	144	49	37	9	34	3	12
구	179	51	58	12	32	2	24

개로 무려 6배정도 급증하였으며, 2000년이후 579개로 전체의 56%를 차지할 정도로 빠른 속도로 증가하고 있다. 광역단체나 기초단체 모두 절반 이상이 2000년이후 교류협정을 체결하였다. 1990년대 중반 세계화선언이후 지방정부의 국제교류는 빠른 속도로 증가하면서 이것이 21세기에 들어서도 연속되고 있다는 것으로 풀이할 수 있다. 또한, 1980년대는 대부분 자매결연인 반면, 1990년대는 우호교류가 늘어났고, 2000년이후에는 우호교류가 자매결연의 거의 2배에 이르고 있다. 이것은 초기에 자매결연 위주의 국제교류협정은 점차 복수 지자체와 협정을 체결하면서 의회동의를 필요로 하지 않고 보다 용이하게 협정을 체결할 수 있는 우호교류 방식을 택하거나 분야별 교류를 선호하고 있음을 알 수 있다.

▶ 표 2-10 국제교류 빈도

구 분		합 계	실적없음	1~5회	6~9회	10회 이상
계		945	213	473	144	169
광역		253	53	120	38	42
기초		692	160	353	106	127
	시	369	74	187	64	98
	군	144	38	80	14	10
	구	179	48	86	28	19

[표 2-7]은 전체 체결건수 가운데 우호교류를 경유하여 자매결연을 맺은 비율이다. 전체비율은 14.7%로 대부분의 지방정부가 우호교류를 경유하지 않고 자매결연을 맺거나 우호교류에 그치고 있다는 것이다. 흥미로운 점은 광역단체의 경우는 겨우 7.4%에 그치고 있는 반면, 기초단체는 17.8%로 약간 높고, 특히 군(郡)에서 42.3%로 매우 높은 편이다. 광역단체의 경우는 우호교류없이 바로 자매결연을 맺는 경우가 대부분이며, 군(郡)은 사전에 우호교류를 맺고 나서 본격적인 자매결연을 맺는 경우가 많은 것으로 이해할 수 있다.

[표 2-8]은 자매결연과 우호교류를 체결한 지방정부의 비율로 전체적으로 자매결연과 우호교류를 모두 맺고 있는 지자체는 48%, 자매결연이 23%, 우호교류는 20%이며, 아직 전혀 외국과 교류협정이 없는 미체결단체도 21개로 9%에 이르고 있다. 광역단체의 경우는 100% 외국지자체와 교류관계를 맺고 있으며, 기초단체인 시와 구의 경우 거의 100%에 달하고 있다. 그러나 군(郡)은 아직까지 우호교류의 비율이 높고 미체결단체도 16개소로 전체 군청의 18%에 이른다. 따라서 광역시도가 지원하면서 주로 농촌지역인 군단위에서 국제교류를 더욱 확대시켜가야 할 것으로 보인다.

[표 2-9]는 국제교류협정 체결의 동기와 배경이다. 빈도가 높은 순서대로 나열하면, 특정인사의 소개 〉 상대방 제의 〉 관련기관 알선 〉 공동사업의 경험축적 〉 이벤트 개최이다. 광역단체의 경우는 상대방이 제의한 경우가 가장 많은 반면, 기초단체의 경우 특정인사의 소개가 가장 많다. 광역단체일수록 공식적인 과정

▸ 표 2-11 지자체별 교류빈도

구 분		교류지역수	총사업 건수	평균 건수
계		945	4,664	4.93
광역		253	1,397	5.52
기초		692	3,267	4.72
	시	369	1,990	5.39
	군	144	613	4.25
	구	179	664	3.70

▸ 표 2-12 사업유형별 교류빈도

구 분		합계	인적교류	문화교류	체육교류	상징사업	경제교류	기타교류
계		4,664	2,362	684	374	119	551	574
광역		1,397	564	196	126	26	203	282
기초		3,267	1,798	488	248	93	348	292
	시	1,990	1,038	346	175	57	206	168
	군	613	418	68	27	6	41	53
	구	664	342	74	46	30	101	71

▸ 표 2-13 국제협력 활성화요인(10회이상 지역)

구 분		합 계	단체장 의지	특성화된 교류사업	지역사회 관심도	민간단체 요 청	지역경제 기 여	기 타
계		169	54	66	10	14	15	10
광역		42	3	28	3	3	2	3
기초		127	51	38	7	11	13	7
	시	98	36	29	6	11	10	6
	군	10	7	3	0	0	0	0
	구	19	8	6	1	0	3	1

을 거쳐서 교류에 이르는 반면, 기초단체일수록 영향력이 있는 특정인사가 소개
하여 교류로 이어지는 경우가 많다. 광역단체가 보다 공식적이고 안정적인 반면,

▶ 표 2-14 국제협력 부진요인(무실적지역)

구 분		합 계	상호발전성 등 검토 불충분	원거리 등 지리적요인	단기목적 (엑스포 등)	특정인사 의존	상대방 소극적자세	기 타
계		213	49	70	10	10	52	22
광역		53	5	19	7	3	18	1
기초		160	44	51	3	7	34	21
	시	74	16	27	0	2	18	11
	군	38	13	13	2	2	4	4
	구	48	15	11	1	3	12	6

기초단체일수록 비공식적인 절차로 시작되기 쉽다.

[표 2-10] 국제교류 빈도는 상당부분 생략된 매우 중요한 안건만 기록한 것으로 예상된다. 말하자면, 다양한 교류형태가운데 대표적인 사례만 응답한 경우이다. 이에 따르면, 지방정부의 국제교류 빈도는 연간 1~5회가 가장 많고, 실적이 전혀 없는 경우가 두 번째이다. 이어서 10회 이상이거나 6~9회이다. 이는 국제교류와 통상협력이 빈번하거나 전혀 없는 양극화현상이 뚜렷이 나타나고 있다는 것을 의미한다. 특히, 기초단체로 인구규모가 작은 군이나 자치구에서 10회 이상 비율은 크게 낮아진다. 다음 [표 2-11]에서 지자체별 교류빈도를 보아도 광역단체가 가장 많고 이어서 시 〉 군 〉 구 순서로 낮아진다. 인구와 재정규모가 클수록 교류빈도는 비례하여 높은 편이다.

사업유형별 교류빈도를 [표 2-12]에서 보면, 인적교류가 가장 많고 이어서 통상협력 〉 문화교류 〉 체육교류〉 상징사업 순서이다. 광역단체는 주로 통상협력에 치중한 반면, 기초단체는 인적교류나 문화교류에 치중하는 경향이 높다. 특히 군의 경우는 교류의 초기단계로 대부분 인적교류에 편중되어 있다. [표 2-13] 국제교류 활성화요인으로 가장 중요한 것은 특성화된 교류사업과 이어서 단체장의 의지와 관심이다. 특성화된 교류사업은 지속적으로 상호간 이익이 되며 이것은 양자를 잇는 중요한 가교가 된다. 단체장의 관심은 예산과 조직, 활동량에 큰 영향을 미치며, 실제로 지자체간 격차가 발생하는 주요한 요인이기도 하다.

▸ 표 2-15 교류부진지역 실적(2005년이전 평균)

구 분		합계	체결 후 무실적	1회	2회	3회 이상
계		213	65	71	28	49
광역		53	19	17	3	14
기초		160	46	54	25	35
	시	74	22	21	10	21
	군	38	17	15	3	3
	구	48	7	18	12	11

▸ 표 2-16 교류부진지역 향후계획

구 분		합 계	계획없음	교류재개 의견조회	교류재개 예정	기 타
계		213	75	60	58	20
광역		53	2	22	26	3
기초		160	73	38	32	17
	시	74	29	17	23	5
	군	38	19	13	3	3
	구	48	25	8	6	9

[표 2-14] 국제교류의 부진요인으로서 빈도가 가장 높은 것은, 지나치게 거리가 멀어서 상호교류가 어려운 형편이거나 처음에 전략적인 선택이 아닌 소개형식으로 시작되어 협정만 체결하고 실질적인 교류는 중단된 상태 등이다. 또한 상대방의 소극적 자세도 여기에 한몫하게 되어 결국 상호간 무관심으로 이어진다. 광역단체의 경우는 지리적 요인과 상대방의 소극적인 자세가 높은 빈도를 보이고 있으며, 기초단체는 지리적 요인과 상호발전성 등 사전검토가 부족한 데서 기인하고 있다. 따라서 교류파트너를 찾을 때에 사전에 치밀한 조사가 필요하며, 양자간 상호관심과 보완성이 필수적이라는 것을 알 수 있다.

[표 2-15] 교류부진지역의 실적을 보면, 체결후 전혀 실적이 없는 곳은 65개, 1회인 곳이 71개, 2회가 28개로 나타나고 있다. [표 2-16]에서 보면, 앞으로 교류재

▸ 표 2-17 연도별 국제협력 예산

(단위: 백만원)

구 분		계	2006년	2007년
합 계		56,581	27,487	29,094
광 역		19,999	10,102	9,897
기 초		36,581	17,385	19,197
	시	22,058	10,549	11,509
	군	8,131	3,749	4,382
	구	6,394	3,088	3,306

개를 위한 계획이 없는 곳이 75개, 의견조회가 60개, 교류재개 예정이 58개이다. 마지막으로 [표 2-17] 국제교류활동을 추진하는데 있어서 가장 중요한 부분인 연도별 국제교류 예산을 살펴보면, 2006년 약 274억에서 2007년 약 290억으로 약간 증가하였다. 광역단체가 약 101억에서 약 98억으로 감소하였으나, 기초단체는 약 173억에서 약 191억으로 증가하였다.

2) 지방외교의 아시아현상

한국 지방외교의 아시아현상이 두드러지고 있다. 아시아현상은 동북아와 동남아지역간 국제교류와 통상협력, 아시아문화 이해와 한국문화의 아시아발신, 지역축제 등 국제행사에서 아시아대회 지향, 아시아출신 외국인노동자와 결혼이민자를 위한 다문화시책 등을 포함한다. 1990년대가 세계화선언과 함께 지방의 국제화가 개화한 시기라면, 2000년대는 지방정부의 국제협력이 아시아지역에로 확대되고 심화된 시기라 할 수 있다. 한류붐에서와 같은 아시아적 공공재가 단순한 지리적 개념을 넘어서 다원적인 확산과정을 띠고 있는 것은 대표적인 사례이다. 다양한 언어, 민족, 종교의 공생과 갈등, 대도시의 성장과 빈곤계층의 급증, 대도시와 대자연이 공존하는 아시아 개념의 다층성, 다문화성은 아시아의 역동성이 일궈낸 '아시아 신세기'에 대한 관심을 집중시키고 있다.[1]

56

그림 2-1 아시아지역과의 교류증가 현황

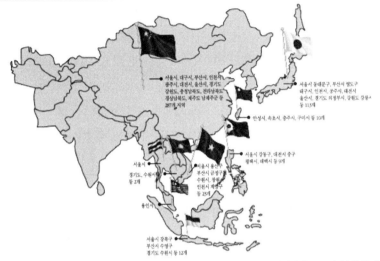

자료제공:한국지방자치단체국제화재단(2007년 10월 현재)

냉전이후 1990년대들어 노태우정부의 북방정책을 통한 중국과 러시아와 수교, 외환위기이후 동아시아 협력체제의 모색, 향후 아시아지역간 FTA체결에 대한 관심이 높아지면서 아시아에로 국제인식과 지역협력의 지평이 확대되어 왔다. 특히 일본과 중국, 동남아지역 등, 범아시아권에서 일어난 한류문화붐, 경제회복과 지속적인 성장에 힘입은 한국의 국제적 위상 제고, 동북아시대론을 통한 한중일 경제협력 증대, 동남아지역에 대한 한국기업의 현지투자와 관광객증가, 외국인 노동자와 결혼이민자의 국내유입은 아시아에 대한 관심을 크게 높이는 계기가 되었다. [그림 2-1]은 한국지방정부와 아시아지역간 교류증가를 대상국가와 교류단체별로 표시한 것이다.

2002~2007년간 노무현대통령 재임중 참여정부의 동북아지역구상은 경제발전과 국토개발의 중심축인 수도권과 동남권을 아우르면서 서남권을 포함한 지역균형개발에 초점을 맞추고 있었다. 인천, 광양, 부산 등을 자유무역지대로 지정하여 동북아금융, 물류와 연구개발 거점을 조성함으로써 한국경제의 성장동력을 마

---

1) 강상중외, 이강민외 번역 전8권 [아시아신세기](한울, 2007년)을 참조.

런하고 동북아중심지로 육성한다는 계획이었다. 동북아협력체제의 모색은 2008년 미국발 금융위기에도 불구하고 추진되고 있다. 한중일 3국은 미국발 금융위기가 동북아시아에 미치는 영향을 최소화하기 위하여 동아시아 금융안정을 위한 네트워크를 구축하고자 노력하고 있다.[2] 한중일 3국은 약 800억달러 규모의 아시아판 국제통화기금을 추진하고 있으며, 2009년 1월 한중일 정상회담에서 한-중과 한-일간 각각 300억달러 통화스와프 협정을 체결하였다.

앞으로도 지방정부의 국제화와 아시아현상은 지속될 것이다. 근대화=서구화의 등식에서 탈피하면서 아시아지역간 교류와 상통을 가져올 아시아의 아시아화 현상, 지역개발과 지방분권의 흐름이 아시아권 지방정부의 성장욕구를 자극하고, 아시아의 성장이 이어지면서 인적, 물적 교류를 통한 지역활성화와 문화관광교류증가, 각국간 자유무역협정 체결로 투자와 교역증대가 뚜렷하게 나타나고 있다. 국제공항과 지방항만 등, 물류인프라 정비는 도시의 국제화를 촉진하고, 아시아 지방정부간 국제협력을 가속할 추동력으로 작용하고 있다.

지방정부의 국제협력도 빠른 속도로 발전해 왔다. 전국 지방정부의 국제교류는 대부분 아시아지역과의 교류로 구성되어 있다고 해도 과언이 아니다. 2008년 현재, 아시아지역은 주로 중국과 일본지역을 포함한 698개로, 전체에서 차지하는 비중이 거의 2/3을 넘어서 67%에 달하고 있다. 특히 중국은 단독으로 431개지역에 달하여 전체지역의 41%에 달하고 있으며, 일본은 151개지역으로 중국과 일본을 합치면 절반을 넘는 56%를 차지하고 있다. 이밖에도 러시아 극동지역 26개, 몽골 21개, 동남아지역 63개 지방정부와 자매결연 또는 우호협력 관계를 맺고 있다. 아시아교류는 약 700개지역에 달하여 전체 교류지역의 3분의 2에 달하고 있다. 실제로, 교류의 양과 질을 따지면 그 비중은 훨씬 높을 것이다.

아시아지역내 지방 국제교류를 동북아지역과 동남아지역으로 나누어 보자. 동북아지역은 중국, 일본, 러시아, 몽골 등을 포함한다. 중국과 일본은 지방정부

---

2) 경제적 지역주의 측면에서 본다면 동아시아는 다른 지역에 비해서 한참 뒤쳐진 지역이다. 이미 체결된 162개의 지역무역협정 중에서 동아시아 국가들이 참여하고 있는 것은 9개의 FTA, 5개의 특혜협정, 9개의 서비스협정이 전부이다. 동아시아국가들간 FTA는 일본-싱가포르간 성과가 유일하다.

의 국제교류와 통상협력에 있어서 양적, 질적 측면에서 큰 비중을 차지하고 있다. 지리적인 인접성, 교통편에서 유리한 접근성, 문화적인 친밀감이 높다. 중국과 일본과는 국제교류에서 통상협력으로, 관관교류에서 민간교류로, 양자간 교류에서 다자간 교류로 발전하고 있다. 러시아는 세계최고 수준의 교육제도와 세계3위 외환보유고를 자랑하고 있으며, 한러간 교역은 매년 20~30% 이상 증가세를 보이고 있다. 1990년 한-러 수교후 지자체교류가 시작되어 1991년 7월 서울시와 모스크바시간 자매결연이 맺어졌다. 2012년 극동지방 블라디보스톡시에서 열릴 예정인 아시아태평양경제협력체(APEC) 회의를 앞두고 한러 지방간 국제교류를 더욱 활성화시킬 필요가 있다.

지방외교의 아시아현상은 일찌감치 한일해협권, 환동해권, 환황해권 등, 다자간 해양네트워크에서 시작되었다. 동북아지방정부연합, 환동해권 지방정부 지사·성장회의, 환동해권 거점도시회의, 한일해협연안 시·도지사회의, 한중일지방정부 교류회의 등은 동북아 지방정부간 국제협력과 지리적 경제권의 형성을 촉진하고, 다자간 협의를 통한 국제연대를 모색케하고 있다. 환동해권지역 산업클러스터 구축, 광역권 개발계획 수립과 공동프로젝트 추진, 거점지역간 운송네트워크 구축, 교통과 물류체계 구축이 주요 관심사로 등장하고 있다.

다만, 한국과 이들 지역간 국제교류가 아직까지 활성화되지 못한 부분도 존재한다. 중국연안과 일본지자체와의 교류는 활발하지만, 러시아 극동과 중국 내륙지역은 아직 그렇지 못하다. 투자활성화, 에너지협력, 중소기업 제품 수출을 통한 교역증진에 관심을 가지고 있으나 구체적인 성과는 부족하다. 민간교류에 있어서도 스포츠, 문화, 청소년 교류 등이 미진한데, 그 원인은 역시 재정부족, 상호간 낮은 관심을 들 수 있다. 인적, 물적 교류에 대한 기대감에도 불구하고 경제인프라와 산업구조, 기술력과 자본규모가 상대적으로 열악한 실정이다.

동남아지역의 경우, 수도권과 영남권에서 교류가 활발하다. 한국지방정부는 베트남 30개, 필리핀 19개, 인도네시아 14개, 대만 10개, 인도 6개, 캄보디아 3개, 타이 3개, 말레이시아 2개 지역과 교류하고 있다. 통상협력이 활발하고 결혼이민자가 많은 베트남이 30개로 가장 많고, 이어서 투자교역과 관광협력면에서 기대가 높은 필리핀이 19개, 동남아의 중심국가인 인도네시아가 14개, 냉전기 우방이었던 대만이 10개 등으로 이루어져 있다.

경상북도의 국제화전략은 동남아시아 지방정부를 대상으로 한 좋은 사례이다. 경상북도는 새마을운동을 세계화하는 전략의 일환으로 동남아지역 공무원과 지역리더를 초청하여 연수를 실시하였다. 농업기술원 영농기술, 농기계 조작요령 연수, 새마을운동 현장체험, 새마을지도자 홈스테이, 도내 주요 문화유적과 산업시설 시찰 프로그램으로 구성되어 있다. 강원도는 러시아 연해주 지역의 고려인들을 대상으로 한 조국문화 전파사업을 전개하여 한글강사를 파견하였다. 교육기자재 지원사업, 고려인 청소년초청 홈스테이 등도 계획하고 있다. 강원도 태백시도 필리핀 바기오와 고원지대 특성을 살려 교류를 추진해 왔다.

동남아지역과의 국제교류는 날로 발전하고 확대되는 지방의 세계화를 상징하고 있다. 특히 베트남과 국제교류가 나름대로 활발한 성과를 거두고 있다. 2007년 9월 충청북도는 베트남 푸옌성 인민위원회 청사에서 우호교류 협정식을 가졌다. 문화예술, 경제, 교육, 언어, 농업, 관광 등 다양한 분야로 확대해 각 분야별 우호협력 활동을 전개할 계획으로 있다. 대전광역시도 베트남 빈증성을 방문하여 경제발전과 문화교류를 위해 협력하기로 합의하였다. 경주시청의 경우 베트남 중부에 위치한 역사도시 후에시와 자매결연을 체결하여 후에시 공무원 2명이 방한하여 직원연수를 받았다.

그러나, 동북아지역에 비하여 동남아지역간 국제협력은 상대적으로 크게 뒤떨어져 있다. 베트남의 경우, 경제협력과 민간교류에 있어서 아직 만족할만한 수준이 아니다. 인도네시아와 국제교류는 대부분 광역단체간 교류협력이 중심으로 되어 있다. 동남아의 자원부국인 인도네시아에 거점을 마련한다는 측면에서 광역단체가 상징적으로 자매결연을 추진했을 가능성이 높다. 아시아지역의 다양한 언어와 문화를 이해하고 있는 지방공무원이 부족한 점, 단기성 교류에 그치거나 경제협력을 도출해내지 못하고 있는 점, 아직 민간네트워크를 구축하지 못한 점 등은 아시아교류의 문제점이자 향후 과제로 남아있다.

인도네시아, 베트남, 필리핀 등지의 지방정부는 여전히 국민소득이 낮고, 항공료 부담으로 인하여 현지공무원이나 기업인들이 한국을 공식 방문하는 것이 쉽지 않다. 그러다보니 한국에서 현지를 자주 방문하는 일방교류로 흐르는 경우가 많다. 앞으로 지방정부에서 충분한 국제화예산을 확보함으로써 상대지역의 공무원이나 민간인을 초청하고, 스포츠와 문화교류, 청소년교류사업이 각 분야에서 균형있게 전개될 수 있도록 노력해가야 한다. 아시아는 지방의 국제화를 상징하는 담론이 되고 있다. 아시아인식의 지리적 확장, 아시아지역의 다층성과 다양성의 발견, 경제성장과 무한한 부존자원, 문화와 지적 교류가 가져올 풍요로움은 지방정부의 국제교류가 추구하는 모든 것들을 담아낼 것이다. 아시아지역의 국제협력은 동북아에서 동남아로, 관관교류에서 민간교류로, 국제교류에서 통상협력으로 진화하고 있다. 이를 더욱 발전시키기 위하여 필요한 몇 가지 대안을 검토할 필요가 있다.

첫째 지역전문가 양성이다. 교류지역 언어를 구사하면서 현지사정에 밝은 공무원이 1명 이상 있어야 한다. 국제교류 담당자의 근무기간이 평균 1-2년으로 지나치게 짧은 것은 문제점이다. 전문가를 양성하기 위하여 1년 이상 외국에 연수를 보내는 것은 좋은 방법이다. 동시에 현지 한국인을 코디네이터로 활용하고자 명예영사로 임명하여 교류업무를 위임하는 것도 바람직하다. 상대지역 공무원을 초청하여 한국전문가로 양성하는 것도 병행해야 한다.

둘째, 전시성, 일회성 교류에서 벗어나 실익중심의 경제통상협력을 추진해야 한다. 아시아지역은 경제성장과 자원보유국으로 잠재력이 큰 나라가 대부분이다. 러시아만 해도 세계3위 외환보유국이자 세계11위 국민총생산으로 이미 한국을 제친 상태이다. 한러간 교역규모도 매년 급증하고 있다. 동남아지역은 중국과 일본기업의 선점경쟁이 치열한 지역이다. 한국과 아세안 자유무역협정(FTA)을 감안하면 지방정부가 적극적인 통상협력에 나서야 한다. 다만, 한국과 다른 경제제도와 기업문화 등을 고려하여 면밀한 사전준비가 필요함은 두말할 나위가 없다.

셋째, 아직 익숙하지 않은 아시아각국과 장기적인 교류면에서 기초적인 네트워크를 구축할 필요가 있다. 한-베트남, 한-필리핀, 한-러협회 등을 설치하여 기업인과 전문가, 공무원, 결혼이민자가 모여서 정보를 교환하거나 논의할 공간이 마련되어야 한다. 상대지역에서 경험을 쌓고 한국도 알릴 수 있는 공무원파견과 초청, 기업시찰, 새마을운동 연수 등의 기회를 제공하여, 한국기업과 문화를 수용할 수 있는 조직과 환경을 만들어가야 한다. 아시아지역과 연계통로인 지방항만이나 국제공항 접근로도 아울러 높여가야 할 것이다.

3) 동북아 지방외교의 현황

한국지방정부의 아시아현상을 주도하는 것은 역시 한중일 지방정부간 국제교류와 통상협력이라고 할 수 있다. 한국과 중국, 한국과 일본, 일본과 중국간 교류빈도와 밀도는 동북아지역 지방외교의 가장 중요한 부분을 구성하고 있다. 양자간 교류는 한-중, 한-일, 일-중간 교류가 있으며, 다자간 교류는 한중일 3개국의 지방정부가 공동으로 참가하는 경우이다. 한-중교류는 최근 한-일교류를 압도할 만큼 활발해지면서 지방의 국제화에서 차지하는 영향력도 매우 크다. 한-일교류는 상호신뢰와 시민교류면에서 가장 모범적이다. 일-중간 국제교류는 교류에서 협력으로 나아가고 있다. 한중일을 잇는 다자간 협력도 활발하다. 서울-베이징-도쿄간 BESETO협력은 전형적인 사례이다. 1996년 8월 시작된 한국의 경기도-일본 가나가와현-중국 랴오닝성 간 동북아지방정부의 3자간 공동협력은 격년제로 열리고 있다.

먼저 양자간 국제교류를 살펴보자. 한-일 지방정부간 교류는 1968년 울산시가 일본 야마구치(山口)현 하기(萩)시와 자매결연을 맺은 이래, 2008년말 통계상으로 한국지자체는 151개 일본지방정부와 교류를 실시하고 있다. 한일 간 지방정부의 국제교류는 완전히 뿌리를 내리면서 인적교류를 비롯한 상호방문과 홈스테이, 스포츠문화, 통상협력이 일상적인 풍경으로 자리잡게 되었다. 한일 지방간 교류는 40여년의 전통이 축적되면서 상호간에 느끼는 동질감이 매우 높은 수준이며, 가장 내용이 풍부하고 실질적인 효과를 거두고 있다. 미국이나 유럽은 제도나 문화가 달라서 영어연수나 선진행정 학습에 그치는 경우가 적지 않은데 비하여, 일

그림 2-2 일본지자체의 자매결연 증가추이(1989~2007)

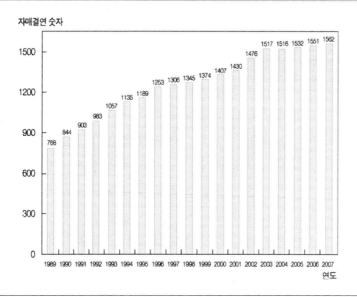

자매결연 숫자

본과의 교류는 상호호혜적인 측면이 강해서 신뢰축적이 빠른 속도로 이루어지고 있다.

일본 지방도시의 국제교류도 [그림 2-2] 자매결연 증가추이(1989~2007)에서 알 수 있듯이 눈에 띠게 증가해 왔다. 1989년 해외교류지역 768개에서 약 18년뒤 인 2007년 1562개로 거의 2배 가까이 늘어났다. 일본과 중국 지방정부간 교류협 력은 미국에 이어 가장 중요한 국제교류로 2008년말 현재, 일본의 34개 도도부현 (都道府縣)과 297개 시정촌(市町村) 등, 331개의 지방정부가 중국과 자매결연을 맺고 있다. 1973년 고베(神戶)시와 중국의 텐진(天津)시간 자매결연을 시작으로, 특히 중국내 황해안지역의 지방정부가 일본과의 교류를 적극적으로 추진하여 다 수 중국도시가 각자 복수의 일본도시와 우호교류를 개시하게 되었다. 최근에는 굳이 자매결연의 형식을 빌리지 않더라도 분야별 상호협력관계를 유지하는 사례 가 늘고 있다. 이제 일－중간 지방교류는 단순히 형식적인 교류에서 탈피하여 실 질적인 경제협력과 공동사업을 추진하는 단계에 접어들고 있다. 농업, 공업, 상업, 의료, 보건 등, 국제교류와 경제협력 사업이 구체적으로 전개되고 있어서 동북아지역내에 한-중-일 지방간 국제교류의 토대가 마련되었다고 해도 과언이 아니다.

한-중간 지방정부의 국제교류도 급속도로 성장해 왔다. 1992년 한·중수교이후 양국간 경제교류와 상호협력은 빠른 속도로 늘어나 이제 중국은 한국의 최대 무역파트너로 성장하였다. 중국은 적극적으로 국내시장을 개방하고 자본주의 시장경제 도입과 외자유치를 통하여 국내체제를 개혁해 왔다. 중국은 개혁, 개방정책이래 한국과 일본의 해외투자를 유치하기 위하여 한-중-일 지방간 국제교류를 크게 확대해 왔다. 중국은 중앙정부와 지방정부가 마찬가지로 3개국가운데 지방교류에 가장 높은 관심을 보이고 있다.

한-중간 지방정부의 우호교류는 1992년 11월 전남 목포시와 강소성 연운항시가 첫 번째로 자매결연을 맺은 이후 교류도시가 크게 늘었으며, 2008년 현재 한중간 국제교류협정은 431개에 달하고 있다. 지방정부 숫자로 본다면, 한국의 246개, 일본은 1,725개인데 비하여 중국은 현(縣)급 이상 지방정부가 2,862개에 이르고 있다. 따라서 한중 지방정부간 교류협력을 더 확대시켜 나갈 여지가 남아 있다.

그동안 한국지자체에서 K2H(Korea Heart to Heart)연수를 받은 중국공무원은 현재 연수중인 40명과 이미 연수후 중국내 21개성에서 근무하는 148명의 중국공무원이 있으며, 이것은 적지않은 한국전문가가 중국에서 활동하고 있다는 것을 의미한다.[3] 한국 지방공무원 중에서도 중국전문가가 늘어나면서 가교역할을 맡는 공무원들이 점차 늘어나고 있다. 그러나 앞으로 예상되는 중국과의 교류증대를 생각하면 태부족한 실정이며, 현지연수를 통하여 인재를 길러나가는 것이 지방의 국제화에 필요하고 적합한 방법이다.

2005년 8월 산둥성 칭타오시 청소년 교류단과 대구광역시의 대구외국어고등학교 학생들과의 교류, 경상남도 남해군 소재 남해전문대학과 호남성 익양시 소재 호남성시학원과의 학술교류협력과 같이 교육분야에 있어서 한중교류도 늘어나고 있다. 또한, 경기도 고양시 소재 한국국제전시장(KINTEX)과 중국남부 광저

---

3) 한중지방정부 교류회의(2006.11)[한중지방정부 교류회의 자료집] 참조.

우국제전시장(CECF)과의 전시산업 발전을 위한 업무협약(MOU)체결, 충청남도와 산둥성간의 관광교류 협약체결 등, 지역산업적 특성을 고려한 교류도 주목할 만하다.

특히, 인천 국제공항과 지방공항에서 중국행 국제항공편이 증설되면서 양국간 교류가 더욱 수월해지고 있다. 예를 들면, 경기도와 중국 랴오닝성 교류에서는 지방공단 설치를 비롯한 양국간 경제투자 교류, 공무원 상호교환이 빈번히 이루어지고 있다. 중국과의 교류가 가장 활발한 인천광역시도 중국내 7개 도시와 국제교류와 통상협력을 전개하고 있으며 경제, 문화, 체육, 관광교류가 일상적인 풍경으로 정착되고 있다.

매년 한중일 지방정부가 모이는 한중일 지방정부교류회의는 각국에서 지방의 국제화 담당기관인 한국의 지방자치단체국제화재단(KLAFIR), 일본의 지자체국제화협회(CLAIR), 중국의 인민대외우호협회 외사판공실이 공동으로 주최하는 동북아지방정부의 국제회의이다. 2008년 11월 한국 전라남도 영암군에서, 2009년 8월에는 중국 장춘시에서 열리는 등, 한중일의 지방도시를 순회하면서 회의가 개최되고 있다. 2009년 8월 제11회 한중일 지방정부 교류회의는 장춘시에서 한중일 지방단체장과 관계공무원, 국제화 유관기관 직원 등, 총 300여명이 참석한 가운데 개최되었다. 2011년 8월에도 전라북도에서 동회의가 개최되었다.

한중일 지방정부 교류회의는 3개국 지방정부의 단체장들이 모여서 상호의견 교환, 협력방안 모색, 관광상품전, 지역 알리기 등의 내용으로 꾸며진다. 필자는 2005년 9월 강원도에서 열린 제7회 한중일 지방정부 교류회의에 참석한 적이 있는데 사실상 각 지역의 홍보전시회와 같은 느낌이었다. 또한, 모든 회의에 한국어 〉중국어 〉일본어 등으로 한·중·일 3개국 단체장의 발언을 순차통역하다 보면 상당한 시간이 걸리는 등, 개선해야 할 부분이 있었다. 아직 본격적인 협력체제가 구축되지 않은 것이 가장 큰 문제점으로 2009년 11차 회의에서 울산시 박맹우 시장이 실질적인 교류를 위해 행정기관뿐만 아니라 지역내 많은 민간단체인 대학, 상공회의소, 산업기관 등이 함께 연계관계를 맺어 복합적 협력체제를 구축해야 한다는 주장은 매우 적절한 것이었다.[4]

한중일을 잇는 다자간 국제회의는 매우 많으나 대표적인 지방정부의 국제교류로 서울-베이징-도쿄를 잇는 베세토(BESETO)회의와 경기도-랴오닝성-가나가와현간 동북아 지방정부 협력을 들 수 있다. 베세토(BESETO)회의는 1993년 10월 일본 도쿄에서 개최된 세계수도시장회의에서 당시 이원종 서울특별시장이 21세기 동북아시아 3국이 세계경제의 중심지역이 될 것이니, 이에 대비해 동북아 수도교류회의를 설치하자고 주장하면서 처음 제기되었다. 베세토(BESETO)는 중국의 베이징(Beijing), 한국의 서울(Seoul), 일본의 도쿄(Tokyo), 즉 한중일 3개국 수도의 영문 앞음절을 딴 합성어이다.

베세토회의가 제창된 뒤 이듬해부터 3개국 연극교류 행사인 베세토 연극제가 매년 3국을 번갈아가며 열리고 있으며, 2002년부터 3국이 공동으로 참여하는 베세토 오페라단이 구성되어 각국을 순회하며 공연하고 있다. 그 밖에 2002년 한일 월드컵축구대회 이후 생긴 베세토 축구리그를 비롯해 베세토 배구대회, 베세토문화 비교축제가 있고, 2003년 말에는 베세토 농업포럼이 결성되는 등 문화 · 예술 · 스포츠 · 농업 등 각 분야에서 베세토 벨트 형성을 위한 계기가 마련되고 있다.

베세토회랑은 일방주의적 문제해결이 아닌 도시간 연계를 통하여 상호 교류, 협력, 발전한다는 논리에서 출발하여 한중일 3국의 수도가 가진 역사적 유산과 문화적 전통의 경험을 공유하는 방식으로 구축되고 있다. 한중일 수도로서 3개 도시간 네트워크는 공식적인 외교경로를 보완하는 비공식적 소통과 교류의 경로를 제공하며, 각자의 문화와 경제에 대한 이해를 높여서 궁극적으로 동북아시민의 복지를 향상시킬 수 있다. 베세토회랑에는 교통회랑, 지식회랑, 도시간 네트워크의 요소가 필요하다.[5]

대표적인 동북아지자체 회의로서 경기도-가나가와현-랴오닝성 국제회의를 들 수 있다. 경기도-가나가와현은 한국과 일본에서 각각 수도권지역에 위치한 지방정부로 30여년 가까운 교류협력을 축적해 왔다. 일본 가나가와현은 중국 랴오

---

4) 연합뉴스 2009년 8월 6일자 보도를 참조.
5) 김원배 외, "베세토 비즈니스 회랑의 구축"[국토논단](2007), 99항.

그림 2-3 경기도-랴오닝성-가나가와현간 동북아지방정부 교류협력

2006년 11월 일본 가나가와현에서 개최된 제6회 3지역 우호교류회의에서 제6회
우호교류합의서, 경제교류 촉진에 관한 각서, 관광교류촉진에 관한 각서를 체결했다

쉬웨이구어(許衛國) 랴오닝성 상무부성장, 마쓰자와 시게후미(松澤成文)
가나가와현지사, 김문수(金文洙) 경기도 지사

닝성과 매우 오랜 교류관계를 유지해 왔는데 이를 계기로 경기도-가나가와현-
랴오닝성 다자간 국제교류로 발전한 것이다. 2006년 11월 일본 가나가와현에서

열린 제6회 한중일 3개 지역 우호교류회의에 단체장들이 모여서 우호교류합의서, 경제교류와 관광교류 촉진 각서에 각각 서명하였다([그림 2-3] 참조).

(1) 한-일 지자체외교

아시아지역에서도 한·일 지방정부간 국제교류협력은 양적, 질적 내용면에서 가장 밀도가 높다. 자매결연이 73건, 우호교류가 78건으로 151개 이상의 교류협정으로 한일지자체는 상호간 연계되고 있다. 한국의 지방정부는 대부분 지역별로 골고루 나뉘어져 일본과 교류관계를 맺고 있다. 이에 비하여 일본내 교류지역은 도쿄 수도권, 규슈(九州)지방과 쥬고쿠(中國)지방, 환동해권, 홋카이도(北海道)지방을 중심으로 분포되어 있다. 한국지자체의 약 61%에 비하여, 일본지자체의 약 8%만이 한일 양국 간 자매결연 또는 우호교류를 진행하고 있다.

한국과 일본지자체 간 교류협정을 맺은 시기별로 분류하면, 1960년대 2건, 1970년대 9건, 1980년대 19건, 1990년대 48건, 2000년~2007년간 35건으로 나타나 있다. 1990년대 세계화선언이 나온 시기에 가장 많은 교류관계를 맺었으며, 현재까지 교류협정의 7할 이상이 1990년대이후 맺은 셈이다. 한국지자체가 해외지역과 맺은 교류협정의 9할 이상이 1990년대들어, 특히 절반이상이 2000년이후 맺은 것을 감안하면 한일간 협정체결의 증가속도는 중국보다 떨어진다. 가장 중요한 것은 일본내 교류붐의 저하나 재정악화 등을 들 수 있지만 한일 간 해묵은 갈등소재인 독도영유권분쟁, 왜곡된 역사교과서 채택으로 민간교류가 중단된 경우도 있다.

한일 간에는 지리적인 인접성, 교통면에서 수월한 접근성, 언어와 문화면에서 친밀감이 매우 높은 편이다. 한국과 인접한 규슈(九州)지역은 韓日 간 직항편이 있는 국제공항만 6개나 설치되어 있다. 한일양국의 지방간 교류는 국제교류에서 통상협력으로, 관관교류에서 민간교류로, 양자간 교류에서 아래 [표 2-18]은 2004-2006년간 한일지자체 교류현황의 내용을 분류, 정리한 것이다. 전체적으로 교류횟수는 광역단체가 역시 가장 많은 빈도를 보이고 있으며, 기초단체는 상대적으로 교류빈도의 격차가 심한 편이다. 공무원교류가 가장 많은 것은 사실이나, 문화

▶ 표 2-18 한일지자체 교류실태(2004~2006)

번호	국내 지자체	일본 교류도시	도시 한자명	교류 횟수	공무원 교류	민간 교류	문화 스포츠 교류	청소년 교류	경제 교류	교류 연인원	축제 횟수
1	서울특별시	도쿄도	東京都	54	41	0	11	2	0	352	0
2	서울 동대문구	도쿄도 도시마구	東京都 豊島區	6	1	2	0	3	0	95	0
3	서울 강북구	도야마현 다테야마정	富山縣 立山町	7	6	1	0	0	0	40	0
4	서울 서대문구	도쿄도 스미다구	東京都 墨田區	4	1	0	0	3	0	167	0
5	서울 강서구	홋카이도 오타루시	北海道 小樽市	2	2	0	0	0	0	104	0
6	서울 영등포구	오사카부 기시와다시	大阪府 岸和田市	15	8	0	6	1	0	209	0
7	서울 동작구	아이치현 다하라시	愛知縣 田原市	0	0	0	0	0	0	0	0
8	서울 서초구	도쿄도 스기나미구	東京都 杉並區	답변없음							
9	부산광역시	야마구치현 시모노세키시	山口縣 下關市	36	22	3	4	5	2	608	0
10	부산 영도구	나가사키현 쓰시마시	長崎縣 對馬市	답변없음							
11	부산 연제구	사가현 사가시	佐賀縣 佐賀市	8	1	2	0	5	0	230	0
12	대구광역시	히로시마현 히로시마시	廣島縣 廣島市	24	0	0	7	7	10	1213	4
13	인천광역시	후쿠오카현 기타큐슈시	福岡縣 北九州市	8	2	1	3	1	1	231	2
14	인천 중구	지바현 나리타시	千葉縣 成田市	6	2	0	4	0	0	148	1
15	광주광역시	미야기현 센다이시	宮城縣 仙台市	17	5	5	6	0	1	215	0
16	대전광역시	시마네현 오다시	島根縣 大田市	0	0	0	0	0	0	0	0
17	울산광역시	니가타현 니가타시	新潟縣 新潟市	9	3	1	0	5	0	320	1

번호	국내 지자체	일본 교류도시	도시 한자명	교류 횟수	공무원 교류	민간 교류	문화 스포츠 교류	청소년 교류	경제 교류	교류 연인원	축제 횟수
18	울산광역시	야마구치현 하기시	山口縣 萩市								
19	경기도	가나가와현	神奈川縣	답변없음							
20	경기 수원시	홋카이도 아사히카와시	北海道 旭川市	16	3	2	5	3	3	483	0
21	경기 의정부시	니가타현 시바타시	新潟縣 新發田市	6	0	3	0	3	0	629	0
22	경기 안양시	아이치현 고마키시	愛知縣 小牧市	22	10	2	6	4	0	245	1
23	경기 안양시	사이타마현 도코로자와시	埼玉縣 所澤市								
24	경기 오산시	사이타마현 히다카시	埼玉縣 日高市	9	2	0	7	0	0	104	0
25	경기 시흥시	도쿄도 하치오지시	東京都 八王子市	2	2	0	0	0	0	34	0
26	경기 군포시	가나가와현 아쓰기시	神奈川縣 厚木市	답변없음							
27	경기 의왕시	지바현 기미쓰시	千葉縣 君津市	답변없음							
28	경기 파주시	가나가와현 하다노시	神奈川縣 秦野市	17	13	3	0	1	0	212	2
29	경기 이천시	아이치현 세토시	愛知縣 瀨戶市	20	8	6	0	6	0	346	1
30	경기 이천시	시가현 고카시	滋賀縣 甲賀市								
31	경기 포천시	야마나시현 호쿠토시	山梨縣 北杜市	답변없음							
32	경기 여주군	니가타현 쓰난정	新潟縣 津南町	답변없음							
33	경기 여주군	사가현 가미미네정	佐賀縣 上峰町								
34	강원도	도야마현	富山縣	64	25	9	17	12	1	865	1

번호	국내 지자체	일본 교류도시	도시 한자명	교류 횟수	공무원 교류	민간 교류	문화 스포츠 교류	청소년 교류	경제 교류	교류 연인원	축제 횟수
35	강원도	돗토리현	鳥取縣								
36	강원 춘천시	나가노현 히가시 치쿠마군	長野縣 東筑摩郡								
37	강원 춘천시	야마구치현 호후시	山口縣 防府市				답변없음				
38	강원 춘천시	기후현 가카미하라시	岐阜縣 各務原市								
39	강원 강릉시	사이타마현 지치부시	埼玉縣 秩父市	8	3	0	3	2	0	112	2
40	강원 동해시	후쿠이현 쓰루가시	福井縣 敦賀市	12	9	2	0	1	0	390	3
41	강원 속초시	도야마현 뉴젠정	富山縣 入善町								
42	강원 속초시	돗토리현 요나고시	鳥取縣 米子市	13	6	0	3	4	0	276	1
43	강원 속초시	사카이 미나토시	境港市								
44	강원 삼척시	후쿠오카현 간다정	福岡縣 神田町								
45	강원 삼척시	홋카이도 아카비라시	北海島 赤平市	12	0	0	10	2	0	139	0
46	강원 삼척시	도야마현 구로베시	富山縣 黑部市								
47	강원 횡성군	돗토리현 야즈정	鳥取縣 八頭町	22	15	1	0	6	0	199	0
48	강원 평창군	도야마현 도가촌	富山縣 利賀村				답변없음				
49	강원 화천군	돗토리현 구라요시시	鳥取縣 倉吉市	4	1	1	0	2	0	69	0
50	강원 양구군	돗토리현 치즈정	鳥取縣 智頭町	17	5	0	9	3	0	154	2
51	강원 양양군	니가타현 무라카미시	新潟縣 村上市	8	2	3	0	3	0	202	2

번호	국내 지자체	일본 교류도시	도시 한자명	교류 횟수	공무원 교류	민간 교류	문화 스포츠 교류	청소년 교류	경제 교류	교류 연인원	축제 횟수
52	강원 양양군	아오모리현 롯카쇼촌	青森縣 大所村								
53	강원 양양군	돗도리현 다이센정	取鳴縣 大山町								
54	충청북도	야마나시현	山梨縣	27	5	7	3	12	0	333	0
55	충북 청주시	구마모토현 기쿠치시	熊本縣 菊池市	17	7	7	0	3	0	308	2
56	충북 청주시	돗토리현 돗토리시	鳥取縣 鳥取市								
57	충북 충주시	도쿄도 무사시노시	東京都 武藏野市	4	4	0	0	0	0	53	1
58	충북 충주시	가나가와현 유가와라정	神奈川縣 湯河原町								
59	충북 청원군	구마모토현 기쿠치시	熊本縣 菊池市	답변없음							
60	충북 보은군	미야자키현 다카오카정	宮崎縣 高岡町	4	0	0	0	4	0	46	0
61	충북 옥천군	아오모리현 고노헤정	青森縣 五戸町	8	3	2	0	3	0	158	1
62	충청남도	구마모토현	熊本縣	80	42	11	12	15	0	1729	0
63	충남 공주시	구마모토현 나고미정	熊本縣 和水町	21	5	11	2	3	0	397	2
64	충남 공주시	시가현 모리야마시	滋賀縣 守山市								
65	충남 공주시	야마구치현 야마구치시	山口縣 山口市								
66	충남 보령시	가나가와현 후지사와시	神奈川縣 藤澤市	15	6	4	2	3	0	139	3
67	충남 서산시	나라현 텐리시	奈良縣 天理市	10	5	1	1	3	0	77	0
68	충남 부여군	나라현 아스카촌	奈良縣 明日香村	2	1	0	1	0	0	13	1
69	전라북도	이시카와현	石川縣	51	23	11	11	6	0	598	0
70	전라북도	가고시마현	鹿兒島縣								
71	전북 전주시	이시카와현	石川縣	70	20	32	10	8	0	1113	6

번호	국내 지자체	일본 교류도시	도시 한자명	교류 횟수	공무원 교류	민간 교류	문화 스포츠 교류	청소년 교류	경제 교류	교류 연인원	축제 횟수
72	전북 김제시	가나자와시	金澤市	4	0	1	2	1	0	84	0
		구마모토현 기쿠치시	熊本縣 菊池市								
73	전북 순창군	가고시마현 가와나베정	鹿兒島縣 川辺町	5	0	0	2	3	0	141	1
74	전남 목포시	고치현 고치시	高知縣 高知市	0	0	0	0	0	0	0	0
75	전남 목포시	오이타현 벳부시	大分縣 別府市								
76	전남 여수시	사가현 가라쓰시	佐賀縣 唐津市	16	8	5	0	3	0	148	1
77	전남 나주시	돗토리현 구라요시시	鳥取縣 倉吉市	11	3	4	1	3	0	135	1
78	전남 고흥군	사가현 가시마시	佐賀縣 鹿島市	2	0	0	2	0	0	38	1
79	경북 포항시	히로시마현 후쿠야마시	廣島縣 福山市	8	4	2	0	2	0	229	0
80	경북 경주시	나라현 나라시	奈良縣 奈良市	88	41	3	33	11	0	1663	5
81	경북 경주시	후쿠이현 오바마시	福井縣 小浜市								
82	경북 경주시	사가현 간자키시	滋賀縣 神埼市								
83	경북 경주시	오이타현 우사시	大分縣 宇佐市								
84	경북 김천시	이시카현 나나오시	石川縣 七尾市	답변없음							
85	경북 안동시	야마가타현 사가에시	山形縣 寒河江市	8	2	0	4	2	0	222	1
86	경북 구미시	시가현 오쓰시	滋賀縣 大津氏	7	2	1	4	0	0	84	0
87	경북 영천시	아오모리현 구로이시시	青森縣 黑石市	6	2	2	1	0	1	91	0
88	경북 경산시	교토부 조요시	京都府 城陽市	6	1	2	0	3	0	141	0

번호	국내 지자체	일본 교류도시	도시 한자명	교류 횟수	공무 원 교류	민간 교류	문화 스포 츠 교류	청소년 교류	경제 교류	교류 연인 원	축제 횟수
89	경북 영덕군	후쿠이현 에치젠정	福井縣 越前町	답변없음							
90	경북 청도군	가고시마현 도쿠노시마 3개정	鹿兒島縣 德之島 3町	답변없음							
91	경북 울진군	돗토리현 고토우라정	鳥取縣 琴浦町	답변없음							
92	경상남도	야마구치현	山口縣	답변없음							
93	경남 창원시	기후현 오가키시	岐阜縣 大垣市	14	1	4	0	9	0	322	0
94	경남 마산시	효고현 히메지시	兵庫道 姫路市	10	1	2	1	6	0	125	1
95	경남 진주시	홋카이도 기타미시	北海道 北見市	22	12	0	9	1	0	202	2
96	경남 진주시	마쓰에시	松江市								
97	경남 진해시	히로시마현 구레시	廣島縣 吳市	30	19	0	8	3	0	457	0
98	경남 통영시	오카야마현 다마노시	岡山縣 玉野市	2	1	1	0	0	0	11	0
99	경남 통영시	사이타마현 사야마시	埼玉縣 狹山市								
100	경남 사천시	히로시마현 미요시시	廣島縣 三次市	3	1	0	0	2	0	107	0
101	경남 김해시	후쿠오카현 무나카타시	福岡縣 宗像市	32	10	5	12	5	0	509	2
102	경남 밀양시	오카야마현 세토우치시	岡山縣 瀨戶內市	19	6	0	12	1	0	254	4
103	경남 밀양시	시마네현 야스기시	島根縣 安來市								
104	경남 밀양시	시가현 오미하치만시	滋賀縣 近江八幡 市								
105	경남 양산시	아키타현 유리혼조시	秋田縣 由利本莊 市	1	0	0	0	1	0	16	0

번호	국내 지자체	일본 교류도시	도시 한자명	교류 횟수	공무원 교류	민간 교류	문화 스포츠 교류	청소년 교류	경제 교류	교류 연인원	축제 횟수
106	경남 남해군	가고시마현 오쿠치시	鹿兒島縣 大口市	4	0	3	0	1	0	38	0
107	경남 합천군	가가와현 미토요시	香川縣 三豊市	12	4	1	4	3	0	206	2
108	제주도	시즈오카현	靜岡縣	29	8	6	7	6	2	1290	2
109	제주 제주시	와카야마현 와카야마시	和歌山縣 和歌山市	14	5	1	8	0	0	177	2
110	제주 서귀포시	사가현 가라쓰시	佐賀縣 唐津市	답변없음							
111	서귀포시	이바라키현 가시마시	茨城縣 鹿島市	답변없음							
112	제주 북제주군	효고현 산다시	兵庫道 三田市	답변없음							
113	제주 남제주군	와카야마현 기노카와시	和歌山縣 紀の川市	답변없음							

출처: 한일문화교류회의. [한일지방정부간 교류실태조사서](2007.03)에서 정리

스포츠교류, 청소년교류, 민간교류도 나름대로 높은 편이며, 2004년 한류붐의 고조와 함께 전반적으로 관관교류에서 민간교류, 문화교류가 상승세를 보이고 있다고 평가할 수 있다.

2007년 3월중 전국지자체를 대상으로 설문조사를 실시하여 회답을 받은 내용을 바탕으로 정리하면, 총 교류 횟수가 2004~2006년간 1,110회에 달하며, 이 가운데 공무원교류가 450회로 40.5%, 민간교류가 176회로, 15.9%, 그리고 문화·스포츠교류가 253회로 22.8%, 청소년교류가 210회로 18.9% 이며, 경제교류는 21회로 1.9%에 그치고 있다. 이것은 민간+문화·스포츠+청소년교류가 거의 6할에 가까운 58%에 달하며, 앞으로 관광교류로 이어질 가능성이 높다는 점에서 매우 긍정적인 수치로 볼 수 있다. 경제교류는 실제로 더 많을 것으로 예상되나 실무 담당부서가 달라서 의외로 적게 나타난 것으로 보인다.[6]

한일 간 지방외교의 특징은 중앙정부간 정치적 갈등에 노출되기 쉽다는 것이

6) 한일문화교류회의. [한일지방정부간 교류실태 조사서] (서울, 2007.3.)

▶ 표 2-19 한일지방정부간 교류동향 통계(2005.3.1. 현재)

구분	총계	자매결연 파기	교류 잠정 중단	항의서한	입장 표명 요구	행사 취소	검토중 기타 조치
총계	39	2	8	9	2	4	14
광역	9	2 경북 대전	1 강원	2 울산 전북			4 인천, 대구 광주, 충북
기초	30		7 횡성 춘천 충주 고흥 통영 남해 영월	7 이천 서산 목포 밀양 제주서귀포 남제주	2 청주 보은	4 안양 의정부 경주 진주	10 부산연제구 포천, 옥천 안동, 김천 영천, 마산 부산중구 부산영도구 천안

다. 2005년 3월 일본 시마네현(島根縣)의 독도문제 도발과 교과서왜곡으로 인하여 한일관계가 악화되면서 양국의 지방정부간 국제교류도 위축되었다. 영토를 둘러싼 한일 간 외교갈등은 노무현 대통령의 '외교전쟁도 불사한다'는 강경발언으로 확산되었으며, 지방정부 간 갈등과 대립으로 번졌다. 경상북도는 시마네현과의 교류협정을 파기하였으며 아직까지 복원되지 않고 있다. [표 2-19]를 보면 알 수 있듯이, 독도문제로 한일 지자체간 국제교류가 영향을 받아서 자매결연 파기 2건, 교류 잠정중단 8건, 항의서한 발송 9건, 교류행사 취소 4건으로 나타났다.

한일간 고질적인 외교 갈등이 불거지자 국내 지자체는 일본의 도발적인 행동에 대하여 단호히 대처하자는 입장과, 독도문제는 중앙정부간 외교문제로 풀면서 지방교류와 분리하자는 입장으로 나뉘었다. 전자는 교류협정을 파기하거나 경상남도의회에서 쓰시마를 한국영토 조례안을 제정한데서 알 수 있듯이 강력대응 내지 맞대응하자는 주장이었다. 후자는 정치외교적인 갈등에도 불구하고 한일 간 통상협력과 문화교류를 지속하고, 지방정부는 민간교류를 통해 상호이해를 도모하며, 실익을 추구하자는 입장이었다. 광역단체는 자체적인 기준을 가지고 대응한 반면, 기초단체는 중앙정부와 광역단체의 동향을 주시하면서 대응하는 경향이 현저하게 나타났다.

경상북도와 시마네현(島根縣), 대전광역시와 일본 오타시(大田市)가 자매결연을 파기하였고 강원도와 돗토리현(取鳥縣), 전라남도 고흥시가 사가현(佐賀縣) 가시마시(鹿島市)와 교류를 잠정 중단하는 등, 한국의 39개 지자체가 교류중단, 항의서한 발송, 초청취소 등의 대일 강경조치를 취하였다. 이는 당시 한국과 일본의 지방간 교류협정 단체의 약 절반에 해당하는 것으로 적지않은 영향을 미쳤다고 볼 수 있다. 다만, 일본지자체의 반응은 소극적으로 영토문제와 교과서왜곡이 한국에서만큼 큰 이슈가 되지 못하였다. 대부분 양국 지방간 국제교류는 계속되어야 한다는 것이었으며, 청소년 교류, 문화교류 등 교육적이고 비정치적인 분야의 교류나 이벤트가 중지되는 것에 대한 아쉬움을 표명하였다.[7]

한일양국의 중앙정부간 외교갈등이 지방정부에로 비화한 상황은 중국 지방정부의 차분한 대응과 상호 대조적인 것이었다. 중국의 경우 지방정부가 중앙정부의 통제를 받는다는 것을 전제로 하더라도, 일본의 신사참배, 역사왜곡을 둘러싼 중앙정부간 갈등에 상관없이 일-중 지방정부간 국제교류는 오히려 더 활발해지고 있다. 중앙정부간 심각한 대립에도 불구하고 지방간 교류를 고수하는 중국의 대응은 한일지방간 갈등에 시사점을 던져주었다.

다행히도 2006년이후 일부지역을 제외하고 한일지자체 국제교류가 거의 대부분 회복되어 정상적으로 국제교류를 유지, 발전시키고 있다. 단지, 일본 지방정부의 재정악화, 시정촌합병, 단체장의 관심저하 등으로 약간 답보상태에 있으나, 한일관계는 상호간 문화교류, 관광방문 등으로 연계가 높아지고 있다고 보는 것이 정확하다. 지방외교의 내용으로 보아도 교류협정 숫자가 많은 중국보다도, 실제로 양과 질을 동시에 따지자면 일본과의 교류밀도가 더욱 높은 것으로 보인다.

(2) 한-중 지방외교

한국과 중국간 국제교류는 1992년 양국간 국교수립이래 비교적 짧은 시간내에

---

7) 한국지방자치단체국제화재단. [내부자료](2005.6).

급성장하였다. 한중 양국은 수교이후 통상협력, 문화관광, 스포츠예술, 학술교육, 신문방송, 출판전시에 이르기까지 헤아릴 수 없는 다양한 분야에서 교류를 확대해가고 있다.[8) 한중간 교역규모는 2009년들어 2천억달러에 육박하고 있는데, 이것은 수교당시 50억달러에서 16년만에 무려 40배로 증가한 것이다. 1992년 당시 불과 13만명에 머물던 양국간 인적교류는 2005년 425만명에 달해 무려 47배가 까운 성장세를 보였다. 2005년 8월 한국인 방문객은 중국에 있어서 최대의 관광객 송출국이 되어 일본을 추월하였다. 2008년에는 글로벌 금융위기에도 불구하고, 한국 → 중국 396만명, 중국 → 한국 약 100만명으로 양국간 교류 500만명에 달하고 있다. 또한, 중국거주 한국인만 100만명을 넘어서는 등, 한중간 인적교류는 빠른 속도록 팽창하고 있다.

한 · 중 지방정부간 국제교류는 1992년 11월 전남 목포시와 중국 강소성 연운항시간에 처음으로 자매결연이 체결된 이래, 1994년에는 경주시와 기업 관계자가 시안시를 방문하여 우호협정을 맺는 등, 양국간 교류는 매우 활성화되었다. 1998년 단년도 자매결연 숫자만 본다면 수교후 6년도 채 안되어 한중간 교류협정 숫자가 90개에 이르렀는데, 이것은 당시 약 60개에 머물러 있던 미국과 일본을 훨씬 능가한 수치였다. 2008년말현재 한 · 중 지자체간에 무려 431개에 이르는 교류협정이 맺어진 상태이다.

중국내 현(縣)급 이상 지방정부는 2,862개나 있는데 이들은 외자유치를 위해 외국과 자매결연을 적극적으로 추진하였고, 한국도 대중국투자와 통상확대를 위하여 교류협정 체결에 긍정적이었다. 특히 2000년이후 교류협정 체결숫자의 대부분이 한-중 지자체간 맺어진 것으로 지방의 국제화를 견인한 주역이었다고 말할 수 있다. 중국의 지자체가 한국의 10배가 훨씬 넘는 2,862개에 달하고 있는데다 지금까지 교류지역은 대부분 연안도시에 몰려 있어서 앞으로도 교류확대의 가능성이 매우 높다. 특히, 중국내 내륙지방은 한국과 교류를 원하는 지역이 많이 남아 있다. 일본의 지자체 숫자가 1,725개이고, 재정악화로 국제교류에 소극적인 현실을 감안하면, 아직도 중국 지방정부와의 교류확대 가능성이 더 높은 편이라고

---

8) 김도희, "한중문화교류의 현황과 사회적 영향" [현대중국연구](2008) 제9집2호, 316항.

볼 수 있다.

한-중간 지방외교는 지방정부의 국제협력에 커다란 비중을 차지하고 있을 뿐만 아니라, 교류형태가 주로 자본투자와 통상협력에 집중되어 지금까지 일반행정이나 민간교류에 머물고 있던 지방정부의 국제교류를 한 단계 개선시켰다고 평가될 정도이다.9) 일본이나 미국에 비하여 한 · 중 지방정부간 국제교류는 양적으로나 질적으로 가장 다양하고 풍부한 교류내용을 보이고 있다. 특히 한중 양국도시가 상호간 투자유치와 통상무역으로 시장경제를 견인하면서 활기차고 발전지향적인 양자, 다자간 교류가 활발하게 이루어지고 있다.

한-중 지방간 국제교류는 431개에 이르며, 광역단체에서 중국의 64개 지방정부와, 기초단체에서 267개의 지방정부와 자매결연 또는 우호교류 협정을 체결하고 있다. 이는 국내 지자체평균 1.75개로 각 지자체마다 중국내 약 2개 도시와 교류를 진행하고 있는 셈이다. 광역단체는 평균 4개의 중국도시와 협정을 맺고 있다. 특히, 대부분 2000년이후 본격적인 한-중 양국간 통상협력의 증가와 함께 지방외교도 활성화되고 있다는 것을 알 수 있다. [표 2-20] 한-중간 광역단체 교류협정 현황(2008년말 현재)을 보면 알 수 있듯이, 2008년의 경우, 단 1년 동안 광역단체가운데 강원도-쟝쑤성, 충청북도-지린성, 충청남도-쓰촨성, 충청남도-상해시, 전라남도-충칭시간에 자매결연 또는 우호협정을 맺었다.

광역단체별로 보면 가장 많은 곳이 전라남도로 9개, 인천광역시, 충청남도, 충청북도가 각각 7개, 경기도가 5개 지역과 협정을 체결하였다. 이들 지역은 대부분 황해안지역에 위치한 지자체로 서해안을 두고 상호 인접해 있다는 지리적인 이점을 살려서 중국과의 교류를 본격적으로 추진하고 있다. 이어서, 부산, 대구, 광주, 대전광역시가 각각 3개 지역과 맺었다. 구체적인 사례로서 [표 2-20]을 보면 알 수 있듯이, 서울특별시-베이징시, 인천광역시-다롄시, 칭타오시, 단동시, 충칭시, 톈진시, 산둥성, 엔타이시 7개 지역, 경기도-톈진시, 랴오닝성, 허베이성, 산둥성, 광둥성 5개 지역, 부산광역시-상해시, 센젠시, 톈진시 등 3개 지역, 광주광역시-광조우시, 우한시, 센양시 3개 지역, 대전광역시-난징시, 우한시, 센양시 3개 지

9) 김철홍(2002), "한 · 중지방정부간 국제교류 활성화방안" [정치 · 정보연구]5(1),66항

▶ 표 2-20 한-중간 광역단체 교류협정 현황(2008년말 현재)

광역단체	중국교류지역
서울특별시(1)	베이징시(1993.10)
부산광역시(3)	상해시(1993.8), 셴젠시(2000.5), 텐진시(2000.11)
대구광역시(3)	칭타오시(1993.12), 닝보시(2001.1), 옌청시(2003.12)
인천광역시(7)	다롄시(1994.4), 칭타오시(1995.9), 단동시(1995.9), 텐진시(1993.12), 산동성(2004.12), 옌타이시(2007.3), 충칭시(2007.6)
광주광역시(3)	광조우시(1996.10), 우한시(2007.9), 셴양시(2007.9)
대전광역시(3)	난징시(1994.11), 셴양시(2003.3), 우한시(2006.11)
울산광역시(4)	장춘시(1994.3), 광조우시(2000.3), 옌타이시(2001.1), 우시시(2006.8)
경기도(5)	랴오닝성(1993.10), 산동성(2000.4), 광둥성(2003.10), 텐진시(2008.3), 허베이성(2008.10)
강원도(3)	지린성(1994.6), 랴오닝성(1996.12), 쟝쑤성(2008.10)
충청북도(7)	헤이룽쟝성(1996.9), 다롄시(1999.1), 내몽골자치구(1999.1), 산동성(2002.1), 후베이성(2006.9), 광시쟝주 자치구(2007.11), 지린성(2008.4)
충청남도(7)	허베이성(1994.10), 산동성(1995.10), 연변조선족자치구(2002.4), 지린성(2004.9), 쟝쑤성(2005.9), 쓰촨성(2008.9), 상해시(2008.11)
전라북도(3)	쟝쑤성(1994.10), 상해시(2003.4), 산동성(2006.11)
전라남도(9)	쟝쑤성(1996.4), 산동성(1996.4), 상해시(1996.4), 산시성(2007.11), 후난성(1997.6), 저쟝성(1998.5), 장시성(2004.4), 쓰촨성(2004.4), 충칭시(2008.9)
경상북도(2)	허난성(1995.10), 닝샤휘족자치구(2004.9)
경상남도(2)	랴오닝성(2000.9), 산동성(2003.9)
제주도(2)	하이난성(1995.10), 다롄시(2001.3)

역, 울산광역시-광조우시, 장춘시, 엔타이시, 우시시 4개 지역 등이다.

중국지방정부와의 국제교류가 지닌 또 하나의 특징은 미국이나 일본에 비하여 국내 지자체가 경쟁적으로 자매결연을 추진하여 각각 교류하고 있다는 것이다. 한국지자체가 1개국 1도시 기준에 구애받지 않고, 중국과의 자매결연 도시를 확대하여 전체적인 교류협정 체결숫자가 늘어난 셈이다. 예를 들면, 한국과 가까운 산둥성은 인천광역시, 경기도, 충청북도, 충청남도, 전라북도, 전라남도 6개 지역과 동시에 협정을 맺었다. 상해시는 부산, 충청남도, 전라북도, 전라남도의 4개 지역과 협정을 맺고 있다. 랴오닝성도 경기도에 이어, 강원도, 경상남도와 자매결연을 맺었다. 칭타오시는 대구광역시, 인천광역시와, 우한시는 광주광역시, 대전광역시와 각각 교류관계를 가지고 있다.

2002년부터 한국지방자치단체국제화재단 주최로 한중교류를 촉진하기 위하여 정기적으로 한·중지방정부 교류회의가 열리고 있다. 이것은 중국내 한국지자체 관계자와 중국의 대외인민우호협회 관계자가 매년 1회씩 만나서 교류현황을 점검하고 발전방향을 모색하는 자리이다. 한국지방자치단체국제화재단에서 추진해온 한중간 지방공무원 K2H(Korea Heart to Heart) 교류사업은 양국간 국제교류를 활성화시킬 인재를 양성하는데 기여하고 있다. 2006년 11월 현재 단기 6개월연수로 한국에서 근무중인 중국공무원이 40명이며, 이미 한국지자체 근무를 마치고 중국에 귀국하여 활동중인 수료생도 21개성 148명에 달하고 있다.[10]

광역단체로 중국과의 교류에 가장 많은 노력을 집중하고 있는 곳은 역시 인천광역시이다. 역사적으로 중국과의 인연이 깊고, 인적, 물적 교류가 가장 빈번한 곳도 인천이다. 인천은 개화기 중국인과 중국문화가 처음으로 들어온 곳으로 인천 차이나타운은 120년이 넘는 역사를 자랑하고 있다. 인천광역시는 중국내 7개 도시와 교류협정을 체결하고 20개 이상의 도시와 경제, 문화, 예술, 체육 등 다양한 분야에서 교류실적을 쌓고 있다. 자매도시인 랴오닝성 단동시에는 인천내 지역기업이 중국현지에 투자할 수 있도록 산업단지를 조성하였으며, 텐진시, 엔타이시, 다렌시와는 공무원 상호파견 연수사업을 진행하고 있다.

인천광역시는 2002년부터 인천-중국의 날 문화축제를 개최하여 인천에서 중국문화를 대표할 수 있는 지방축제를 초청하고 화교자본을 유치하고자 노력하고 있다. 공연행사로 중국예술단 초청공연, 국제 사자춤대회, 정통 소림무술 공연, 체험행사로서 중국 전통공예와 의상체험, 중국어학당, 그밖에 참여행사로서 자

---

10) 한중지방정부교류회의. [회의자료집](2006.11), 2항.

장면 빨리먹기 대회, 재한 중국인 장기자랑, 전시행사로 중국전통 물산전, 한중기업 교류전 등을 개최하고 있다. 여기에는 텐진시, 충칭시, 셴양시, 다롄시, 단동시, 지난시를 비롯하여 14개도시와 칭타오시 무술단, 윈난성 해외교류단, 중국 소림무술단 등이 참석하고 있다.[11]

1996년 충청북도는 헤이룽장성과 교류를 맺었고, 하얼빈시와 부천시, 치치하얼시와 고양시가 자매결연을 맺고 있다. 헤이룽장성에는 45만명이 넘는 조선족이 한중간 민간교류에 적극적인 중개역을 맡고 있다. 경상북도 영천과 중국 가이펑시, 충청북도 제천시와 중국 장쑤시는 각각 한약재를 통한 교류협력을 전개하고 있다. 부산광역시는 상해시에, 강원도, 울산시, 전주시는 장춘시에 현지사무소를 두고 교역을 강화해가고 있다. 중국 저장성 자싱시와 강원도 강릉시는 1999년 5월 자매결연을 체결하여 상호간 공무원파견, 투자유치를 비롯한 통상협력, 문화, 교육, 위생 등 다양한 분야에서 교류를 넓히고 있다. 중앙정부간 대표적인 교류행사로 '2007년 한중교류의 해'에서 100여건의 이벤트를 개최하는 중앙과 지방에서 한중 교류는 더욱 활발해지고 있다.

2006년 8월 산동성 칭타오시 청소년교류단과 대구광역시 대구외국어고교 학생들간의 청소년교류, 경남 남해군 소재 남해전문대학과 허난성 익양시 소재 허난성시학원간 대학학술교류 협정과 같은 교육기관간 국제교류도 늘어나고 있다. 경기도 고양시 소재 한국국제전시장(KINTEX)과 중국 광저우 국제전시장(CECF)과의 전시산업 발전을 위한 업무협약 체결 등, 다양한 분야에서 한중간 분야별 교류가 확대되어 왔다.

지방도시간 교류활성화사례로 경주와 시안시간 교류를 들 수 있다. 시안시 관계자는 경주에서 개최하는 신라문화제에 매년 참가하고 있으며, 경주세계문화박람회에 시안시의 공예품을 전시하여 큰 관심을 모았다. 2002년 1월 경주시대표단이 서안을 방문하여 경주술과 떡 축제 설명회를 개최하였다. 2002년 9월에는 경주시장이 우호대표단 117명을 이끌고 시안시에서 중국 시안시, 한국 경주시, 일본 나라시 공동으로 체육교류대회와 관광소개 행사를 개최한 바 있다. 2004년 우

---

11) 한중지방정부교류회의. [회의자료집](2006.11), 41항.

▸ 표 2-21 최근 한러 간 무역현황(한-러 20년간 교역 동향추이)

(단위: 백만달러)

연도	대러수출	대러수입	수출+수입
2009	4,194	5,789	9,983
2008	9,748	8,340	18,088
2005	3,864	3,937	7,801
2000	788	2,058	2,846
1998	1,114	999	2,113
1997	1,768	1,532	3,300
1995	1,416	1,893	3,309
1992	118	75	193
1991 이전	통계없음		

자료원: KOTIS통계

호협력 10주년을 맞이하여 시안시의 시장, 경제무역 대표단, 예술단과 음식문화
단, 관광촉진단이 경주를 방문하여 투자설명회를 하기도 하였다. 시안시와 경주
시는 공무원교류뿐만 아니라 민간교류도 활발하여 경주시 시민단체와 중학생들
이 서안을 방문하는 등, 문화체험도 확산되고 있다.[12]

(3) 한-러 지방국제교류

1990년 수교후 한-러 지자체간 국제교류가 시작되어 1991년 7월 서울-모스크
바 자매결연을 시작으로, 경기도-모스크바주, 대구-상트페테르부르그, 부산-
상트페테르부르그와 블라디보스톡, 제주도-사할린, 강원도-연해주와 사하공화
국, 경상북도-이루크츠크주, 충청남도-아무르주 등이 자매결연이나 우호교류
협정을 맺었다. 이어서 노보시비르스크-대전광역시와 전라남도, 옴스크-진주,
바니노-여수간에 교류협정이 체결되었고, 롯데백화점 모스크바 진출, LG전자가
가전공장에 투자하였다. 연해주 대외무역에서 한국과의 교역량이 20% 이상을 차

---

12) 한중지방정부교류회의. [회의자료집](2006.11), 15항.

그림 2-4 한 · 러 교역현황

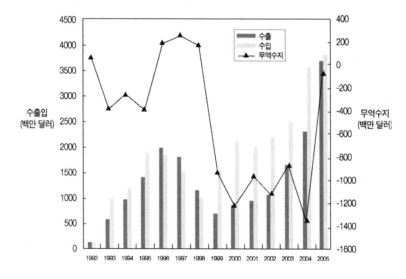

자료: 한국무역협회 KOTIS

지하여, 2006년 연해주-한국간 무역량은 극동지역-한국간 교역의 절반을 차지하는 6.6억달러에 달하였다. 특히, 2012년 블라디보스톡 APEC정상회담을 앞두고 한러간 교역이 더욱 증가할 것으로 예상된다.

한국과 러시아간 국제교류 내용을 살펴보면, 44%가 국내 민간인사의 주선으로 교류를 시작하였는데, 이 숫자는 정부나 공공기관 추천 28%, 러시아측 제안 28%보다 높은 편이다. 한-러간 지방외교는 문화교류가 77%, 지역경제와 시장개척 23%로 나타났다. 지금까지 소기성과를 거둔 것이 39%, 답보상태인 경우가 39%, 활발한 교류에 비해 성과가 부족한 것이 22%이다. 지방간 국제교류의 부진요인으로 첫째 한국담당자의 잦은 교체로 인한 업무 연속성 저하, 둘째 러시아의 자국기업 보호가 심하여 기업진출 여건이 복잡하고 인허가 과정이 오래 걸리는 것 등을 들 수 있다.

한국과 러시아간 통상교역은 단기간 동안에 비약적으로 증가되고 확대되어 왔다. 특히 2000년대 들어 양국간 교역량은 크게 늘어나 2005년 증가율이 67%,

2006년에는 28%에 이르는 등, 한국에게 러시아는 매년 가장 빠르게 교역량이 늘어나는 국가가 되었다. 그 결과 2006년 한·러간 교역규모는 98억 달러를 기록하고, 2007년 100억 달러, 2008년 180억달러를 넘어섰다. 러시아는 한국에 있어서 10위 수출시장, 14위 수입시장으로 부상하였다([그림 2-4]를 참조할 것).

한국과 러시아간 무역의 특징은 양국간 교역구조의 보완성이다. 한국은 러시아에 완제품을 수출하고 러시아는 철강, 금속제품이나 천연자원을 수출하는 보완적인 구조가 두드러진다. 한국은 90% 이상 제조업상품을 러시아에 수출하는데, 이 가운데 자동차, 기계·전기·전자, 플라스틱·고무가 거의 70%에 달하고 있다. 반면, 러시아로부터의 수입은 철강, 석유·석탄, 비철금속 등 산업원료와 지하자원이 대부분이며, 이어서 수산물이 뒤를 잇고 있다.[13] 1992년부터 2005년간 한러교역 현황을 보다 구체적인 그림으로 나타내면 [그림 2-4]와 같다.

한·러 간 빠른 무역량 증가에도 불구하고 러시아와의 통상협력은 여러 가지 문제점을 내포하고 있다. 아직까지 취약한 러시아의 제조업, 거대 국영기업이 독점하는 경제구조, 수도권과 극동지역간 불균형 상태의 국토발전, 게다가 러시아의 정치적 불안정과 마피아 활동, 특히 극동지역에서 인구감소율이 1.4%로 높아지는 등, 외국에서 직접투자를 기피하는 몇 가지 요인이 잠재하고 있다. 2005년 11월 한-러 양국의 통상장관은 [경제통상을 위한 행동계획]에 합의한 바 있으나, 1997년 한국의 경제위기, 2008년 미국발 금융위기 등으로 대러시아 직접투자가 지지부진한 상태이다.

앞으로 한-러 지방정부간 교류협력의 발전을 도모하기 위해서는 중앙정부간 공감대를 더욱 더 형성해갈 필요가 있으며, 지방정부가 적극적, 주체적으로 나서야 한다는 지적이 제기되고 있다. 이를 위한 주도역할과 이니셔티브는 러시아보다 한국지방정부가 먼저 제안해야 한다는 것이다. 중소기업과 소비재판매, 식품, 부품, 목재, 수산물자원, 영농분야, 아이디어상품 판매와 관광객 유치에 적극적으로 나설 필요가 있는 점은 자주 지적되나, 한국내 중소기업에 있어서 러시아에 대한 정보와 경험이 크게 부족하여 현지진출이 쉽지 않다. 더구나 러시아의 노동비

---

13) 양선모 [한러자치단체 교류협력활성화 세미나 보고서](2007.10.04), 4항.

용 상승으로 중국이나 베트남과 투자환경이 양호하지 않은 점도 대러투자를 주저케하는 요인으로 작용하고 있다.

러시아의 성장잠재력과 풍부한 천연자원은 한국정부와 지자체의 관심을 끌고 있다. 2007년 7월 러시아를 방문하여 우랄지역에 거점을 확보한 포항시는 이를 바탕으로 포스코를 비롯한 지역기업의 러시아 진출과 영일만항 물동량 확보에 박차를 가하고자 노력하고 있다. 포항시는 러시아 우랄지역 예카체린부르그시를 비롯하여 연해변경주 블라디보스톡시와 본격적인 통상협력을 시도하고자 노력하고 있다.

포항시는 예카체린부르그시와 교류협력을 위한 결연의향서를 체결한데 이어, 포항 영일만항과 러시아 블라디보스톡항과의 상호 협력을 위한 협력의향서를 교환하는 등, 러시아 통상협력을 강화하고 있다. 포항시장의 러시아 방문은 지하자원을 보유한 국제교역 거점도시와의 지속적인 교류사업 진행, 영일만항의 물동량 확보를 위한 러시아 최대선사와의 협의체제 기반구축 등, 포항시의 다각적인 대외경제협력과 실질적인 통상협력 증진에 도움이 되었다. 포항시는 앞으로도 국제거점도시로서 포항시 건설을 위한 통상외교를 추진할 예정이다.

경상남도와 하바로프스크시는 오랜 교류협력의 경험을 축적하고 있다. 1996년 자매결연이후 양국 지방정부는 행정, 문화, 체육, 경제 등 다양한 분야에서 교류를 추진해 왔으며, 매년 상호 교류사업을 논의하는 실무회의를 정례화하고 있다. 또한, 하바로프스크주 국제협력 실무직원을 초청 연수시키고 있으며, 한국어교육과 지역문화 체험을 유도하고 있다. 1999년이후 매년 20명이상의 청소년 대표단을 상호 교환방문하고 있으며, 2001년이후 매년 양지역 관광사업 종사자간 팸투어도 실시하고 있다. 그러나, 지난 10여년간 40회 이상의 대부분교류가 인적교류를 중심으로 진행해 온 점, 청소년, 관광교류를 제외하고는 단발성 교류로 끝난 점, 통상협력이 부족한 점, 실무담당 직원의 빈번한 교체로 인하여 경상남도는 재직평균 1년, 하바로프스크주는 평균 5년으로 노우하우가 축적되지 않고 있다.[14)]

---

14) 한국지방자치단체국제화재단 [지방의 국제화](2007.11)

4) 지방국제화 지원기구

지방외교를 지원하는 단체는 각국별로 설립되어 있다. 주요국가 사례를 보면, 미국의 전미국제도시협회(ICMA: International City/County Management Association), 영국 지방정부국제사무국(LGIB: Local Government International Bureau), 호주지방정부연합(ALGA: Australian Local Government Association), 중국 대외인민우호협회(CPAFFC: The Chinese People Association for Friendship with Foreign Countries), 일본 자치체국제화협회(CLAIR: Council of Local Authorities for International Relations), 한국에는 지방의 국제화를 지원하는 한국지방자치단체국제화재단(KLAFIR, 1994~2009), 현재의 전국시도지사협의회 국제화지원실(2010~)이 있다. 여기서는 동북아 지방정부간 국제교류를 지원하는 대표적인 단체로서 한국과 일본의 두 개 단체를 각각 소개하기로 한다.

(1) 한국 전국시도지사협의회 국제화지원실

한국시도지사협의회 국제화지원실은 1994년 6월에 설립되어 활약해 온 한국지방자치단체국제화재단의 업무를 인수하여 2010년부터 본격적인 활동에 들어갔다. 원래 한국지방자치국제화재단은 설립초기 전국의 지방정부가 재원을 공동출연해 설립한 것이었다. 1995년 일본 도쿄와 미국 뉴욕사무소를 개설, 다음해 5월에 프랑스 파리사무소도 개소하는 등, 베이징, 시드니에 사무소가 있으며, 싱가포르에 주재관을 파견하였다. 주요기능은 지방정부의 국제화 전략 기획·조사와 연구, 지방정부 국제화 촉진을 위한 해외연수와 교육프로그램 운영, 외국의 지방행정 제도 조사·연구와 정보자료 수집과 제공, 지방정부의 국제교류와 협력사업의 지원과 알선, 지방의 국제화촉진을 위한 사업추진 등이었다.

한국지방자치단체국제화재단은 국제교류 협력증진, 국제화인력 양성, 국제화 기반 조성, 국제화 종합정보 관리, 다문화사회지원, 해외사무소 운영 등을 주요 업무로 전개하였다. 재단의 실적을 살펴보면, 온라인사무국에서 통번역, 국제교류, 해외연수와 정보제공 등이며, 통번역 연도별 지원실적은 2005년 2,404건에서

▸ 표 2-22 국제화지원실 부서별 주요업무

구 분	교류지원부	국제협력부
주 요 업 무	온라인 서비스센터운영 지방정부 통번역서비스지원 지방정부 국제화사업 컨설팅 해외 우수정책사례집 발간 지방공무원 외국어능력 개발사업 지방정부 국제관계 워크숍 국제화심의회 운영 등 행정지원	외국지방공무원 초청연수사업 한중일 지방정부교류회의 개최 UCLG 등 각종 국제회의 참가 해외 자문위원 운영 해외 유관기관과 네트워크 구축 주한외국공관 네트워크 구축 지방공무원 해외연수 재외공관 직무파견 관련사항

2008년 5,448건으로 두 배 이상 증가하였다. 자매결연이나 우호교류 추진시 방법, 과정, 절차 정보를 제공하는 지원실적도 2005년 120건에서 2008년 274건으로 늘어났다. 해외출장과 연수는 2005년 281건에서 2008년 479건으로, 해외정보 제공도 2005년 516건에서 2008년 728건으로 늘어났다.

지방의 국제화지원 기능은 2009년 상반기 정부의 공기업선진화 정책의 일환으로 한국지방자치단체국제화재단이 전국시도지사협의회로 흡수·통합되었으며, 국제화지원 업무가 이관되었다. 전국시도지사협의회 국제화지원실은 지자체의 국제교류와 협력업무를 효율적으로 지원하기 위하여 다음과 같은 조직과 업무로 구성되어 있다.

한편, 지방의 국제화를 활성화시키기 위하여, 전국시도지사협의회는 16개시도와 외교통상부간 인사교류 프로그램을 추진하였다. 이것은 국제관계 자문대사를 전임계약직으로 채용하여 해당시도의 국제업무 총괄을 맡기는 대신, 외교통상부에 지방공무원을 1명씩 특채하여 외교부1년, 재외공관2년 근무를 통해 지방외교관으로 육성한다는 것이다.[15]

국제화재단의 업무로서 현재 시도지사협의회로 업무가 이관된 것들 가운데 몇 가지를 들 수 있다. 대표적인 것으로, 한중일 3국의 지방정부간 교류회의는 21세기 동북아시대를 맞이하여 한중일 지자체간 교류협력 네트워크를 구축하고 우수

---

15) 김진아(2010.01), "전국시도지사협의회, 지방정부 국제화사업 총괄"(전국시도지사협의회[시도뉴스레터], 14~16항).

사례를 소개하여 상호이해를 심화시키는 모임이다. 1999년부터 매년 8~9월에 개최해오고 있으며, 한국의 한국지방자치단체국제화재단, 중국의 중국국제우호성시연합회, 일본의 일본자치체국제화협회 공동주최로 개최장소는 한중일 3국을 번갈아서 회의를 열고 있다. 주요 주제는 교류협력 증진방안, 지역경제활성화, 동북아화합과 공동발전 등이 관심사로 되고 있다.

한국지방자치단체국제화재단의 주요 업무를 중심으로 국제화 지원내용을 살펴보자. 국제화인재양성을 위하여 외국어전문가 양성프로그램, 외국어스피치대회, 국제교류전문가 교육프로그램, 해외단기연수, 글로벌 정책연수 등을 실시하였다. 특히 아직까지 국제교류 기반이 약한 기초단체 공무원가운데 외국어별 통역가능자를 양성할 목적으로 어학우수자를 선발하여 외국의 교육기관에서 현지연수를 실시하였다. 글로벌 정책연수단은 각 주제를 선정하여 해외 우수사례를 경험하는 계기로 활용하고, 국제화기반 조성과 국제화 종합정보관리, 해외사무소 운영 등, 다양한 업무를 추진하였다.

국제화재단 스스로가 주체가 되어 전미 국제자매도시연합(SCI), 이스라엘 자치단체연합(ULAL), 호주 지방정부연합(ALGA), 멕시코 도시연합(AMMAC), 브라질 지방행정연구소(IBMA), 필리핀 국제자매결연연합(PHISTA) 등과 상호협력 양해각서를 체결하였다. 국제화재단은 최근들어 내향적 국제화라는 명칭으로 시작된 다문화시책에 대해서도 상당한 노력을 기울여 왔다. 국제화재단은 한국의 급속한 다문화사회 진입에 따른 전방위적 대응을 촉구하기 위하여 2005년부터 내향적 국제화사업을 주요 추진과제로 설정하여 다양한 시책을 추진하였다.

주요 시책 추진현황을 살펴보면, 2005년 10월들어 외국인에 대한 친화적 환경조성을 위한 내향적국제화 추진계획을 수립하고, 추진계획의 핵심과제로 다문화 수용여건 개선을 선정하였다. 2006년 2월에는 국제교류 관계관 연찬회에서 주요 의제로 설정하고, 관련 특강과 시책 추진방향에 대하여 토론회를 진행하였다. 같은 해에는 부산광역시, 경기도청, 광주광역시, 경기도 안산시 등을 대상으로 지자체의 우수사례를 수집하고 홍보하였다. 또한, 국제화재단의 홈페이지내 내향적 국제화에 대한 정보를 제공하기 위하여 콘텐츠를 구축하였고, 2007년에는 다문

그림 2-5 개발도상국 공무원초청 한국연수 사진

화시대에 대비한 국제화 워크숍을 개최하여 21세기 다문화시대를 향한 바람직한 내향적 국제화 발전전략을 검토하였다.

2007년부터 다문화관련 지자체 컨설팅을 실시하여 2007년 4회, 2008년 2회에 걸쳐 실시하였다. 또한, 외국인 생활안내를 위한 표준안을 제작하고, 영어, 중국어, 일어, 베트남어, 태국어, 인도네시아어, 몽골어 등 7개국어로 번역 제작하여 각 지자체에 배포하였다. 2007년 9월에는 지방의 국제화 포럼으로 성공적인 내향적 국제화 추진을 위한 지방정부의 역할을 설정하고 우수지자체 사례에 대하여 발표와 시상을 하였다. 매월 발간되는 [월간 지방의 국제화]에 거주 외국인관련 콘텐츠를 연재하여 외국인이 살기 좋은 지자체를 찾아서, 외국인이 즐겨찾는 관광명소, 다민족 한가족 Happy together 등을 주제로 연재하였다.

2008년 6월에는 전국 결혼이민자 정착 우수사례발표회를 개최하여 16개 시도에 16명 결혼이민자를 대상으로 친정방문 또는 초청 기회를 부여하였다. 앞으로도 지방정부의 적극적인 다문화사회 대응을 촉구하고 장려하기 위하여 다문화 공동체 대상(大賞) 시책을 추진하고자 검토중이다. 또한, 거주외국인 지원시책 가

▶ 표 2-23　K2H 프로그램 일정표

구 분	일 정				
	09.04.15(월)	09.04.24(금)	09.04.24(금)	8~9월	09.10.14(수)
연수생 입국	■				
사전교육 실시(10일)	■	■			
워크숍 실시(2박3일)				■	
초청지자체 자체연수			■	■	

▶ 표 2-24　K2H 프로그램 기관별 역할분담

구분(시기)	업무분장	주요 내용
재 단 (4.15~24)	입국 영접과 사전교육 (10일)	■ 강　의: 한국의 역사, 문화, 지방행정제도 　　　기초 한국어 교육 강좌(초급/중급 분반수업) 　　　연수생활시 유의사항 등 ■ 현장학습: 기업체시찰과 우수 행정지자체 견학 　　　문화유적지 시찰, 한국문화체험 지원
지자체 (4.24~)	연수실시	■ 매월 연수활동비 지급 ■ 연수추진시 애로사항 상담과 지원 ■ 최종보고서 접수(연수종료 3주전)

이드북을 제작하여 정부와 민간에서 추진 중인 다양한 지원사업을 총정리하여 지자체와 거주외국인들이 유용하게 활용할 수 있도록 발간하여 배포하였다.

　한국지방자치단체국제화재단은 지방의 국제화 대표기관, 국제교류 노하우축적, 국내외 네트워크, 변화와 발전의 기대라는 강점에 비하여, 인재구성이 다양하여 결속력 부족, 소규모이며 다지역에 분포한 인적자원, 다원적이고 유동적인 조직구성, 국제화 수요증가로 업무과중, 내부인력 자원개발 미흡, 지자체전입금 감소 등이라는 단점이 있었다. 국제화사업의 업그레이드, 기금운영 등 안정과 혁신추구, 조직비전에 대한 합의, 조직역량 개발, 해외사무소 확대 등이 필요한 시점이었다. 이에 따라 국제화재단은 중앙정부 방침으로 2009년 12월 해산되었으며 전국시도지사협의회로 업무와 조직이 이관되었다.

　지방의 국제화를 상징하는 대표적인 사업으로 또 하나 외국공무원의 한국연수

▶ 표 2-25 일본자치체국제화협회 주요업무

국제교류 협력	국제이해와 교육사업	자원봉사 등록제도
	외국어강좌 개최	자원봉사자 육성
	해외파견	시정촌협회와 연계사업
	인재초청	민간교류단체 지원
	해외교포 지원	조사연구와 제언
	국제협력 사업	인쇄물 발행
	국제교류 사업	
외국인주민 지원	일본어강좌 개최	유학생 지원
	상담업무	외국인주민의 자립과 시정참여
	통역파견	기 타
	외국인자녀 지도	

를 들 수 있다. 국제교류 협력증진은 외국의 지방공무원을 초청하여 한국의 지방 행정 현장에서 연수를 실시함으로써 앞으로 양 지역간 교류현장에서 중심적인 역 할을 담당할 인재를 육성하는 작업이다. 공공기관 연수는 개발도상국의 공무원, 의원, 또는 시민단체들이 선진국의 일정분야를 중점적으로 견학연수하면서 벤치 마킹하는 것이며, 국제화재단은 특히 이 분야에서 나름대로 중요한 역할을 하였 다. 한국의 발전된 행정경험을 습득하기 위하여 중앙공무원연수원이나 지방공무 원연수원, 그리고 지자체 업무현장에서 행정관리의 노하우를 배우는 것이다.

국내에서는 국제협력단(KOICA)에서 개발도상국 공무원이 행정연수를 받거 나, 중국과 동남아 공무원의 지자체연수(K2H)가 대표적인 사례이다. K2H(Korea Heart to Heart) 프로그램은 구체적인 예를 들면, 2009년 4월 15일~10월 14일(6개 월간), 47명(8개국)을 대상으로 실시하는 것으로, 외국지자체 소속공무원, 연령 40세미만 원칙, 한국어 또는 영어가능자로 국제화재단과 연수생을 초청한 지자 체에서 주관하고 있다. 위의 [표 2-22], [표 2-23]은 K2H 프로그램 일정표의 주요 일 정과 담당기관별 업무를 나타낸 것이다. 그리고 [그림 2-5]는 외국공무원들이 K2H 한국연수시 입국후 사전교육을 받고 있는 모습이다.

▶ 표 2-26 일본지방정부 자매결연 현황(2009.11)

구 분	자매결연 체결	자매도시	복수 자매도시
도도부현	129	40	31
시	1133	536	304
구	38	21	11
정	251	211	37
촌	33	35	3
합계	1584	843	386

(2) 일본 자치체국제화협회

일본자치체국제화협회(CLAIR: Council of Local Authorities for International Relations)는 지방의 국제화를 지원하기 위하여 지자체의 공동조직으로서 1988년 7월 설립되었다. 일본의 자치체국제화협회는 전국의 47개 광역단체에 국제교류협회가 있고, 도쿄에 본부가 설치되어 있다는 점이 한국과 다르다. 한국의 경우, 광역단체에 국제교류협회나 국제교류센터가 있는 곳이 늘어나고 있으나, 아직 설치되어 있지 않은 곳도 있고 기초단체에 찾아보기 어렵다. 이에 비하여, 일본은 전국의 광역단체와 중소도시에는 거의 대부분 국제교류협회가 있다는 점에서 인프라가 잘 구축되어 있다. 일본자치체국제화협회도 한국과 마찬가지로 뉴욕, 런던, 파리, 싱가포르, 서울, 시드니, 베이징 7개 해외사무소를 두고 있다.

일본자치체국제화협회의 조직은 회장과 부회장, 이사회, 전무이사, 상무이사, 사무국장, 총무부, 교류정보부, 지원협력부, 업무부, 해외사무소, 전국지부로 구성되어 있다. 사무집행 부서인 교류정보부내에 교류친선과, 국제정보과, 지원협력부내에 다문화공생과, 국제협력과가 각각 설치되어 있다. [표 2-24]에서 나타난 바와 같이, 국제화협회의 주요 업무는 국제교류협력과 외국인주민 지원이다. 국제교류협력은 국제이해와 교육사업, 외국어강좌, 외국인재 초청, 자원봉사제도 지원, 시정촌협회와 연계협력 등이다. 외국인주민 지원은 다문화공생으로 일본어강좌, 외국인상담과 외국인자녀 지도, 통역과 상담 등으로 이루어져 있다.

일본의 지방외교는 '교류에서 협력으로'라는 슬로건아래 다양한 국제교류협력 사업을 전개해 오고 있다. 외국의 지방공무원을 초청하여 행정노하우, 기술습득을 지원하는 자치체직원 협력교류사업, 지자체가 실시하는 선구적인 국제협력사업을 모델사업으로 인정하여 널리 사업성과를 소개하고 촉진하는 국제협력 모델사업, 전문기술이나 지식을 가진 지자체직원을 개발도상국에 보내는 전문가파견사업, 국제교류협회와 시민단체가 공동으로 국제협력을 추진하는 시민국제플라자 등이 있다.

일본의 지방외교 성과도 한국과 마찬가지로 단기간에 큰 성과를 거두었다고 할 수 있다. [표 2-26] 일본지방정부 자매결연 현황을 보면 알 수 있듯이, 2009년 11월말 현재 자매우호도시 현황은 복수 교류지역까지 포함하면, 약 1,600여개에 이른다. 지자체규모로 본다면 시(市)가 가장 많은 1,133개, 정(町) 251개, 도도부현 129개, 구(區) 38개, 촌(村) 33개로 분포되어 합계 1,584개에 이르고 있다. 한도시가 외국지자체와 복수로 자매협정을 맺은 곳도 386개소에 달한다. 일본도시의 지방외교 활동은 상대적으로 활발한 편이며, 47개의 도도부현이 129개 지역과 맺고 있어 평균 2.7개 지역과 교류를 전개하고 있다.

한국과 달리 일본의 국제화협회는 지방외교를 지원하는 업무와 함께 외국청년 초청사업(JET: The Japan Exchange and Teaching Programme)이라는 구체적인 프로그램을 가지고 있다. JET 프로그램은 국제교류활동에 종사하는 국제교류원(CIR), 중고교에서 외국어지도하는 조교(ALT), 지역스포츠 국제교류원(SEA) 등의 선발과 배치가 포함된다. JET프로그램은 외국어교육 충실, 지역의 국제화 추진을 위한 사업으로 1987년 시작되었다. 2009년현재 22년 동안 참가자는 38개국에서 온 4,682명에 이르고 있다. 각국별 분야별 JET프로그램 초청자 통계를 보면 [표 2-26]과 같다.

최근들어 일본자치체국제화협회는 다문화공생 사업지원에 많은 관심을 기울이고 있다. 매달 발행되는 자치체국제화포럼 월간지에서 다양한 다문화 우수사례와 정보를 게재하고 있다. 한국의 지방정부국제화재단이 주로 국제교류협력에 초점을 맞추고 다문화를 비교적 적게 다루고 있는 데 비하여, 일본의 지자체국제

▸ 표 2-27 JET프로그램 초청자 통계

대상국	CIR	ALT	SEA	합계
미 국	109	2571	1	2681
캐나다	31	498	0	529
영 국	12	428	0	440
호 주	26	249	1	276
뉴질랜드	14	194	0	208
남아프리카공화국	0	99	0	99
아일랜드	2	76	0	78
중 국	63	10	2	75
한 국	53	3	3	59
싱가포르	2	48	0	50
자메이카	0	46	0	46
트리니다드 토바고	0	23	0	23
인 도	2	17	0	19
브라질	17	0	0	17
러시아	8	1	0	9
기 타	45	25	3	82
총 계	384	4288	10	4682

화협회는 국제교류에서 다문화공생으로 비중이 더 높아져가고 있다는 인상을 주고 있을 정도이다. 외국인이 입국후 일본생활에 적응하기까지 외국인등록이나 재류자격 등 입국절차, 외국인이 겪는 결혼, 이혼, 상속, 귀화, 불법체재에 이르는 다양한 문제에 대하여 지방의 국제교류협회가 정기적인 상담이나 일본어교실을 개최하여 대응하고 있다.

이를 지원하기 위한 우수사례 발굴, 민간단체 지원, 다문화공생 네트워크 구축, 다문화 매뉴얼 개발, 다문화 자녀교육, 일본문화 소개 등을 추진해오고 있다. 국제화협회 조직내에 다문화공생과가 설치되어 있는 것도 많은 관심을 반영하는 것

▶ 표 2-28   다문화공생 연수프로그램

교육과정	연수기간(1주일이내)	지원내용
다문화공생 지도사 양성과정	제1회: 5월 중순, 6월 하순 제2회: 11월 중순	연수비 교재비 교통비
다문화공생 지도사 심화과정	2010년 3월 2일간	연수비 교통비
다문화공생 지역형성 과정	제1회: 8월말 제2회: 2010년 2월초	연수비 교재비 교통비
외국인 아동지원 세미나	7월중 1개월	연수비 교통비
외국인 재해지원 과정	12월중 3일	연수비 교통비

이다. 이를 위한 프로그램으로서 외국인과 관련된 제도나 과제에 대한 이해를 심화시키고, 다문화공생 사회에 대응하기 위한 지식 습득, 관련부서와 조정능력, 기획이나 입안능력을 향상시키기 위하여 전국시정촌국제문화연수소(JIAM)와 공동으로 다문화공생 연수제를 실시하고 있다. 구체적인 수강내용을 살펴보면 위의 [표 2-28]과 같다.

5) 소결

1995년 세계화선언이래 지금까지 단기간내에 지방정부의 국제교류와 통상협력이 압축성장을 달성한 것은 분명한 사실이다. 다만, 국제교류의 증가와 함께 인적, 물적 교류의 급증에도 불구하고, 그 실상이 어떠한가에 대하여 재검토할 필요가 있다. 지방간 국제교류협력이 나름대로 독자적인 논리와 체계성을 가지고 추진되고 있는가, 물량증가가 내실의 충실을 보장하고 있는가를 진지하게 숙고할 시점에 와 있는 것이다. 필자가 조사한 바에 따르면, 1995년 세계화선언이래 십수년이 지난 오늘날, 지방정부간 국제통상교류는 왕성한 활동과 성과에도 불구하고 일정한 한계에 부닥친 것으로 보인다.

첫째, 애당초 중앙정부가 추구했던 지방정부간 국제통상교류는 여러 가지 이유로 실질적인 효과를 거두지 못하고 있다. 한-일, 한-중 지방정부 상호간에 빈번하게 투자설명회를 열거나, 현지에서 지역물산전을 개최하여도 투자유치와 거래실적은 기대했던 만큼 높지 못하다. 지방정부의 경제통상협력이 큰 성과를 거두지 못하고 있는 것이다. 아직까지 무역과 통상은 중앙정부의 분야라는 인식이 강하고 지방정부는 주로 관내 중소기업을 대상으로 수출지원과 시장개척단 파견 등의 업무에 매달리다보니 중앙정부에 비하여 가시적인 성과를 크게 거두지 못하는 태생적인 한계를 안고 있다.

또 다른 이유로 자매결연 도시의 선정에 있어서 단기, 중기, 장기적인 전략이 부재한 탓도 무시할 수 없다. 자매교류 지역선정이 단순히 몇몇 고위층 인사들의 소개로 시작되거나 양도시간 인연, 지역적인 유사성으로 정해지는 경우가 적지 않다. 부산광역시와 일본 야마구치현(山口縣) 등은 상호간 인구규모나 산업분포의 불균형으로 인하여 활발한 통상교류를 기대하기 어려운 실정이다. 강원도의 경우 돗토리현(鳥取縣)과 자매교류를 실시하고 있으나, 도내 기초단체들이 지나치게 광역단체에 의존하여 돗토리현내 기초단체와 집중적으로 교류하는 곳도 적지 않다. 장기적으로 보아서 일본내 교류지역이 편중되면서 다양한 일본문화와 접하는데 장애요인이 될 우려도 있다.

둘째, 한중일 지방정부간 교류가 유감스럽게도 대부분 관-관교류에서 크게 벗어나지 못하고 있다. 아직까지 한국지방정부의 국제교류는 행정교류가 지나치게 많은 편이다. 전체적으로 417건 가운데 247건을 차지하여 약 60%에 달한다. 관-관교류라는 비판에서 전혀 자유롭지 못한 셈이다. 앞으로 당분간 목표치를 절반 이하인 50%이하로 낮추도록 하고 상대적으로 민-민교류를 확대하는 방향으로 추진해가야 한다. 단체장이나 지방의원의 방문, 공무원 상호교류가 주된 인적 교류이며, 민간단체나 청소년 교류는 장기적으로 지속되지 못하고 있는 형편이다. 따라서 민간단체간 교류, 시민간 교류를 확대하면서 자연스럽게 한-중-일 3국의 시민들이 동북아공동의 문제에 의견을 나눌 장을 보다 많이 제공할 필요가 있다.

이를 위하여 어떤 절차와 방법론이 필요한가가 본격적으로 논의되어야 한다.

글로벌 금융위기를 맞이하여 한국이나 일본은 지방재정이 빠르게 악화되고 있으며, 중국은 아직 재정부족으로 국제교류에 충분한 예산을 지원할 수 있는 상황이 마련되고 있지 못하다. 게다가, 지방간 상호교류의 방법이 대부분 비슷비슷하면서 새로운 방식을 개발해내지 못하고 속도도 느린데다 한계에 도달한 상태이다. 또한 국제교류를 선도해야 할 지방단체장과 지방의원은 자주 바뀌며, 과장이상 공무원들의 평균 재임기간은 2년이하로 국제적인 인맥구축을 기대하기 어려운 실정이다. 동시에 독자적인 지방외교를 추진하기 어려운 기초단체에 대한 광역시도의 국제협력에 대한 지원도 매우 부족한 형편이다. 이러한 현실을 극복하고 앞으로 국제교류가 체계성을 지니면서 실무담당자들이 적극 활용될 수 있는 국제화전략의 장단기계획을 수립해나갈 것이 요구된다.

셋째, 국제교류의 진정한 의미는 대외교류와 통상 뿐만이 아니라, 그 과정을 통해서 지역주민들의 국제적인 의식을 높이는데 있다는 점이 충분히 인식되지 못하고 있다. 국제화, 세계화로 대변되는 국제교류가 지향하는 목표가 결국은 지역주민의 국제화의식 제고라는 점을 잊어서는 안된다. 문화의 차이를 인정하고 서로 다른 이문화에 호감을 느끼면서 수용하는 자세를 형성하는 것이 국제교류의 장기적인 목표이다. 국제화는 국가의 백년대계로서 한국의 생존전략이며, 국제교류는 이를 위해 지역민들을 교육시켜나가는 과정이기도 하다.

중국과 일본의 경우, 초기부터 국제화가 민관협력내지 투자유치를 바탕으로 출발하고 있는 데 비하여, 한국의 관주도 통상협력 발상은 이제 바뀌어야 할 시점에 와 있다. 하루빨리 민-관-재 협력하에 국제교류협회를 만드는 작업이 시급하다고 하겠다. 각종 단체, 변호사회, 여성단체, 초중고 대학 등 교육기관간 교류를 지원한 대구광역시의 사례는 좋은 모델이 될 수 있다. 미국 지방도시의 경우에도 민간위원회가 국제교류를 주도하는 경우가 허다하다. 일본도 대부분 지방정부에 설치된 국제교류협회가 민간교류를 주도하여 관-민교류가 균형을 갖추고 있는 점을 배울 필요가 있다. 국제교류가 지금까지 점대 점 교류에서 면대 면 교류로, 더 나아가 입체적인 교류로 승화되도록 노력해야 한다는 점을 지적하고 싶다.

마지막으로, 한국과 같이 중앙집권의 경향이 짙은 국가에서는 특히 지방의 국제화를 위하여 중앙정부의 지원이 필수적이다. 광역단체는 자립적인 국제교류와 통상협력이 가능한 곳이 많지만, 기초단체는 인력과 재원이 부족하여 외국지자체와의 교류협력을 추진하기에는 어려움이 적지 않다. 따라서 한국시도지사협의회 국제화지원실이나 일본의 자치체국제화협회, 중국의 대외우호협회는 나름대로 중요한 역할을 맡고 있다. 다만, 장기적인 업무목표로서 주요업무의 특성화가 있어야 조직의 발전을 기대할 수 있다. 실제로 각시도별로 광역단체는 중앙정부의 도움 없이도 독립적인 업무추진이 가능한데다, 시군구의 경우에도 지방공무원 연수시설에서 전문가교육이 가능하다. 따라서, 광역단체의 국제화업무 조정지원, 기초단체와 민간기구를 대상으로 중앙정부가 담당할 국제화기능 수행이 바람직하다고 볼 수 있다.

2. 국제협력 평가와 의식조사

1) 지방간 국제교류의 전개

지방화와 국제화가 상호 보완되면서 새로운 국제교류의 흐름이 생겨나고 있는 오늘날, 그 중심주체로 등장해 온 지방정부간 국제교류가 많은 관심을 끌고 있는 것은 당연하다. 국제교류는 지방정부의 자매결연을 통한 국제협력과 국제통상에서 출발하여, 도시정비와 인적 지원을 통한 외국인, 외국문화와의 교류촉진으로 나아가며, 세계시민으로서 외국인을 포용하여 행정서비스를 지역주민과 마찬가지로 향유하고, 외국인과 교류할 수 있는 글로벌의식을 함양하는 것이다.

1980년대이후 한국, 일본, 중국의 동아시아 국가들이 국제화나 세계화를 추진한 것은 유럽선진국 등과 비교해 볼 때, 아직까지 미숙한 국민들의 국제화의식, 제도적 부족을 보완하여 세계국가로 발돋움하고자 하는 의지를 강력하게 표명한 것이었다. 한국도 선진국들의 모임인 경제협력개발기구(OECD)에 가입할 정도로 커진 국력에 어울리는 선진제도와 문물, 그리고 의식과 관행을 도입할 필요를 느졌다. 또한, 수많은 외국인들이 결혼이주민으로 국내에 정착하거나 코리언드림을 실현하고자 산업노동자로 들어오면서 자연스레 국내외 외국문화와의 공존을 모색해야 할 시점에 와 있다.

이것이 바로 최근 10년간 한국의 지방자치에서 국제화와 세계화가 유행하게 된 배경이자 문제의식이라고 할 수 있다. 그 결과 수많은 기초단체가 외국 지방정부와 자매결연을 통하여 선진제도를 배우거나, 민간교류를 추진하면서 홈스테이, 상호방문을 하는 등 주민과 공무원의 국제화수준을 높여가고 있다. 광역단체에서는 이느 정도 교류가 무르익으면 주로 국제통상과 무역을 강조하여 상호 호혜적이고 실질적인 교류를 추진하고 있다.

국제교류와 함께 중앙정부가 보다 더 중점을 두었던 것은 국제통상협력이었다. 세계무역기구(WTO)의 출범과 함께 국경 없는 경제전쟁에서 지자체의 실질적인 경제적 자생력을 기르기 위한 육성책의 하나로서 국제통상이 강조되었다. 세계화정책이 전개되면서 광역시도의 세계화는 나름대로 상당한 성과를 거두었다. 전국 16개시도에 국제통상협력실이 설치되어 세계 수십개국의 광역단체와 자매결연을 맺고 있으며, 지역내 통상지원을 위한 제도적인 장치와 실무지식에 대한 노우하우도 축적되고 있다. 광역단체에서 적게는 10여명, 많게는 수십명의 실무공무원들이 국제교류와 국제통상을 담당하고 있어, 지방의 세계화는 국제교류와 통상면에서 압축성장을 달성한 상당한 성공작으로 평가할 수 있다.

한국 지방정부의 국제교류 성과를 가늠하는 자매결연과 우호교류의 수적 증가를 살펴보자. 2008년말 현재 광역단체는 279개 지역, 기초단체는 762개 지역, 합계 63개 국가내 1,041개 지역의 해외도시와 교류하고 있다. 이것은 세계화선언과 국제교류가 본격화된 1995년 216개 지역과 비교하여 수적으로 거의 4배 이상 증가한 셈이다. 광역단체는 1980년대부터, 시군구 기초단체의 자매결연만 본다면, 1994년 이후 본격화하였다. 이 가운데 중국지역과의 교류가 129개로 가장 많으며, 미국은 81개 지역으로 2위, 일본은 79개 지역으로 3위를 차지하고 있다. 이들 3개국가내 지방정부와의 교류는 289개 지역에 달하여 전체 지방간 국제교류지역의 65%, 거의 3분의 2를 차지하고 있다. 여기서 알 수 있듯이 한국지방정부의 국제교류는 아직까지 중국, 미국, 일본이라는 전통적으로 그간 정치, 경제, 사회면에서 한국과 깊은 연관을 맺어온 주변국가에 주로 집중되고 있다.

국제화는 이제 더 이상 중앙정부의 독점물도, 광역단체의 전담업무도 아니다. 자치행정의 최소단위인 시군구도 세계화의 파도에 그대로 노출되면서 적극적인 대응전략을 요구받고 있다. 자본과 생산의 다국적화로 지방정부가 국제화 주체로 등장하면서 지방의 개방성과 통상경쟁력, 외국문화 수용능력이 국제화의 척도로 인식되게 되었다. 지역 또는 지방의 자체 브랜드가 중요한 경쟁력 지표로 떠오르면서 한국에서만 매년 630여개가 넘게 열리고 있는 지역축제나 일본의 1촌1품 운동에서와 같은 내고장 알리기가 유행하고 있다. 지역경제 활성화에 많은 도움이 될 뿐만 아니라, 지역주민의 공동체의식을 높여주고, 열악한 지방재정을 조금이라도 보완하고, 지방선거에서 단체장이 쉽게 업적으로 손꼽을 수 있다는 점 등이 다양한 지방이벤트가 성행하게 된 주요 배경이다.

국제통상과 교류협력은 1995년부터 시작된 광역단체의 새로운 조직설치와 인력배치로 많은 성과를 거두었으나 아직까지 기초단체에로 크게 확산되지 못하고 있다. 물론 기초단체도 국제화의 성과면에서는 나름대로 상당한 진전을 이룩하였으나, 국제화의 수준차이가 큰데다 소규모 지자체일수록 국제교류와 통상협력 면에서 성과가 미미한 실정이다. 광역단체에는 국제통상협력실이 일괄적으로 설치되고 인력면에서 크게 보강된 반면, 아직까지 기초단체에 국제교류과내지 국제교류계가 설치된 곳이 매우 부족하다. 그나마 2005년현재, 국제교류계이상의 조직이 있는 곳은 강릉시청 대외협력담당관실, 안양시청 국제협력과, 마산시청 경제통상과, 구미시청 투자통상과, 경주시청 국제교류계, 춘천시청 국제교류계, 서울시 영등포구 국제지원과 등이 있다. 그 밖의 지자체는 대부분 기획실 내지 총무과에서 1-2명의 직원이 전담하고 있는 실정이다. 말하자면 기초단체는 지방의 세계화라는 흐름에 적극적으로 나설 여건이 갖추어지지 못한 곳이 적지 않다. 일본의 경우, 30만도시라면 국제과가 설치되거나 평균 7명의 직원이 근무하여 자매도시 담당, 지역내 외국인 담당, 민간경제교류 담당으로 나누어 업무를 분장하고 있는데 비하여 한국의 국제화조직은 아직까지 열악한 실정이다.

세계화, 국제화는 국제교류와 통상을 의미하는 것보다 더 큰 포괄적인 개념이다. 세계화, 국제화는 그저 외국과의 교류를 통해서 얻어지는 것이 아니다. 국제교류의 궁극적인 목표는 지역주민의 외국문화에 대한 이해도를 높이는 것이다. 여기서 스스로의 문화수준을 더한층 세련시키고 지방간 교류를 통해 국제 시민사회의 새로운 무대를 만들어가는 것이 목표이다. 지역관내에 살고 있는 거주 외국인들을 위한 생활안내 매뉴얼을 작성 배포하고, 외국인 자원봉사자를 모집하여 관내 교육청과 협의후 초·중고교에 파견함으로써 외국어 교육을 진작하고 외국문화이해를 돕는 것도 가능하다. 다문화 또는 내향적 국제화가 바로 그것이다. 지역주민의 국제화 마인드를 고양하는 것은 국제화의 백년대계이며, JAPAN WEEK, CHINA WEEK 등 기간을 설정하여 유학생과 외국인 근로자 등, 정주형 외국인에 대한 배려와 동시에 활용이 필요한 시점에 와 있다.

따라서 국제화의 평가는 그저 외국과의 자매결연 숫자나 수출과 투자유치 등, 통상경제면의 성과에 의존할 성질의 것은 아니다. 국제화는 단지 외국지방정부와 통상교류를 통해서 얻어지는 것이 아니다. 예산과 인력이 소요되는 외국과의 자매결연뿐만 아니라 지역관내에 살고 있는 거주 외국인들과 지역주민들이 상호교류할 수 있는 기반을 제공하는 것도 중요한 국제교류가운데 하나이다. 이를 위하여 지방정부는 먼저 지역내 민간단체와 외국 자매도시내 민간단체를 이어주는 가교역할을 해낼 것이 요구된다.

지방교류의 목표는 관-관교류에서 벗어나 지역내 민간단체와 외국도시내 민간단체간 자매결연에까지 저변을 확대시키는 것이다. 이를 위하여 각종 시민단체, 변호사회, 여성단체, 초중고 대학 등 교육기관간 교류를 지원한 대구광역시의 사례는 좋은 모델이 될 수 있다. 미국 지방도시의 경우, 민간위원회가 자매교류를 주도하는 경우가 허다하다. 일본도 대부분의 지자체에 설치된 국제교류협회가 교류를 주도하여 민-관교류가 균형을 갖추고 있다. 미국에서 소위 TRACK2라고 불리우는 민간인그룹의 역할, 일본의 방대한 NGO단체가 국제교류에 있어서 지역이 가진 국제화파워의 원천이 되고 있다. 자매결연 체결후에는 1단계로서 관-관교류, 2단계로서 민간단체간 교류, 3단계에는 생활자간 교류가 가능하게끔 구체적인 단계별 액션플랜이 요구된다. 단순한 국제교류가 아닌 체계화된 국제정책으로의 자리매김이 필요한 이유이다. 국제화의 평가는 가시적인 성과에 머무르는 것이 아니고 관청과 민간 교류의 균형, 질과 양 모든 면에서 객관적으로 이루어져야 한다.

중앙정부가 국제화의 기치를 내세운 일본에서는 1980년대부터 지방정부와 지역기업이 공동으로 기금을 출연하여 민관협력기구인 국제교류협회를 설립하여 운영해왔다. 국제교류협회의 주요 업무는 국제교류와 관련하여 활동중인 민간 NGO단체간 연계네트워크를 만들고, 교류에 관한 정보제공, 교류활동 지원을 위한 환경정비, 강연회나 연수회의 개최, 홈스테이 교류실시 등으로, 관주도의 국제통상에서 벗어나 민간과 시민단체의 국제교류 활동을 지원하는 것이 주요 역할이었다. 국제교류협회는 지방정부가 추진하는 국제화와 NGO단체가 추진하는 국제화를 조화시켜 나가는 조정자 역할을 떠맡고 있다.

선진각국에서는 지방정부의 공동운영이라는 거버넌스(Governance)의 원리가 지방간 국제교류에 그대로 적용되어, 지방정부가 시민단체에 협력을 제의하는 추세이다. 대체로 민간단체는 구체적인 교류활동에 대한 노하우가 풍부한 반면 재원과 조직이 빈약하다. 지방정부는 인적·물적 자원을 가지고 있으나 노하우는 부족한 편이다. 따라서 양 기관별 특성을 조화시키고 협력을 도모할 뿐만 아니라, 시너지 효과를 거두기 위해서는 지자체마다 국제교류협회를 설립할 것이 기대되고 있다.

이렇게 볼 때 국제화는 다양한 측면에서 고려되고 그 성과에 대한 평가가 이루어져야 한다. 국제교류의 목적은 주민의 국제화마인드 제고, 도시의 국제화기반 정비, 지역경제 활성화, 지방정부간 공동협력을 통한 민제외교, 국제인재의 육성 등이 포함된다. 따라서 지방정부의 국제교류는 무엇보다도 장기적으로 내다보아야 한다. 단기적인 성과에 급급하지 말고 민간단체와 주민의 국제화의식 고양이 보다 중요하다. 국제화는 자원없는 소국인 한국에게 있어서 생존전략이며, 국제교류는 이를 위하여 지역민들을 교육시켜나가는 과정이기도 하다. 이문화에 대한 이해를 깊게 하고 문화의 다양성을 수용하면서 동북아공동체 시대가 도래했음을 인식시켜 다음 세대가 준비할 수 있도록 일깨워주는 작업이기도 하다. 그리고 바로 이러한 측면에서 각 지자체의 국제화 수준이 어느 정도에 도달하고 있는가가 평가되어야 한다고 본다.

2) 국제화수준 평가분석을 위한 모형탐색

국제화에 대한 도시별 수준을 평가하기 위해서는 먼저 국제화정책을 추진하기 위한 정책체계가 제대로 잡혀있는가 하는 것이 파악되어야 한다. 지방정부에서 장기발전계획 또는 당해연도 사업계획 가운데, 국제화정책의 체계와 프로그램이 제대로 갖추어져 있어야 한다는 것이다. 정책작성의 설계과정에 있어서 기초설계는 정책구상 아래서 정책의 목표, 기본방침, 기본계획, 사업주체가 명기된 것이다. 구체설계는 정책의 실시방법과 시기, 담당부서 등 실시계획의 개별사항이 확정되고, 행정조직에 있어서 각 실국간 조정이 이루어져 집행계획이 확정된 것으로 단년도 사업계획안이 된다. 정책체계안에는 기본계획에 해당하는 것에서부터 점차 구체화되어, 실시계획의 수준에서 각 사업마다 계획안이 수행되는 것이 일반적이다.

정책체계의 포괄범위는 다층적인 것이지만, 정책(policy) → 시책(program) → 사업(project)으로 구체화되는 경우가 많다. 그러나 유감스럽게도 아직까지 한국의 지방정부는 장기계획안을 체계적으로 수립한 곳은 많지 않으며, 대부분 단년도 사업계획으로 조직과 예산을 운용하고 있는 곳이 적지 않다. 따라서 앞으로는 국제화정책에 대한 장기목표와 실시계획, 단년도 시행안이 정합성을 지니면서 세워져야 할 것으로 본다. 계획목표와 성과의 결과물을 비교하면서 비로소 국제화수준의 평가가 제대로 이루어질 수 있다는 것은 명백한 사실이다.

실제로 국제교류의 업무는 국제교류 주무부서 뿐만 아니라 다른 부서와 상당 부분 겹치거나 조정이 필요한 경우가 대부분이며, 더 나아가 조례제정이 요구되는 경우도 있다. 청내에서 관련부서가 하나로 모인 국제교류추진위원회가 구성되어야 비로소 국제화시책의 종합적인 기획, 조정에 관한 업무, 국제화에 대응한 지역만들기의 구체적인 방법, 인권의식의 고양과 상호이해를 심화하기 위한 시책 추진, 지역의 국제화에 관한 조사연구 등이 가능해진다. 아울러, 국제화수준의 평가를 위한 배경면에서 국제화의 흐름이 지방정부에 미칠 영향, 선진사례에서 본 국제화촉진의 방법, 현재 지방정부가 안고 있는 국제화의 문제점, 앞으로의 정책 방향 등이 검토될 필요가 있다.

중기시책으로는 국제교류거점의 정비, 국제화 관련자원의 효율적인 이용, 국제화 마인드의 양성, 국제화추진 주체의 확립, 교류환경의 정비 등이 있다. 구체적인 사업내용을 살펴보면, 국제화 마인드의 양성에는 심포지엄, 국제회의 등 이벤트를 개최하고, 귀국자녀와 유학생 교육, 직원의 해외연수, 스포츠문화 교류 등, 인적 교류를 촉진하는 것 등이 포함된다. 또한 국제화 관련 기관을 네트워크화하고, 국내외 통상정보의 수집과 제공, 국제교류 추진기관을 설치하는 것도 필요하다.

국제화에 대응한 지역만들기 사업을 보면, 외국인에 대한 정보제공을 위한 상담전화 설치, 영어와 일본어, 중국어로 된 생활정보지 발행 등이 포함되어 있다. 또한 국제화에 대응한 도로정비를 위하여 로마자를 병기한 도로표지 설치, 국제교류회관이나 국제교류센터를 설치할 것이 요구된다. 다문화시책은 외국과의 국제교류에 못지않게 중요하다. 지역주민으로서 외국인들은 살아있는 이문화이다. 이들과의 공존이 국제화의 척도라고 하여도 과언이 아니다. 지역관내에 살고 있는 거주외국인들이 있다면 이들을 위한 외국인생활안내서를 작성 배포하고 있는가 여부도 국제화의 평가척도에 들어가야 된다.

세계화시대에 사는 한국으로서는 지방정부가 지역주민의 국제이해도를 높이는데 힘쓰고 있는가가 중요한 평가척도 가운데 하나이다. 관민이 협력하여 외국이나 외국어에 대한 학습을 장려하고 민간교류를 확대함으로써 국제정세에 대한 안목을 높이는 것이 시군구청에서 해야 할 필수적인 행정과제 가운데 하나이다. 특히, 아직까지 일반주민의 국제화도가 낮은 지역에서는 관청과 지방공무원이 앞장서서 지역주민의 국제화 마인드제고를 위한 이벤트나 모임을 활성화시키기 위하여 얼마나 노력하고 있는가가 평가항목가운데 하나를 차지하게 된다. 아울러 기초단체의 국제교류 평가에 있어서 감안되어야 할 점은 행정의 수비범위이다. 한정된 권한, 재원, 통역조차 부족한 인력으로 외국어능력, 풍부한 교류경험, 국제무역에 관한 지식과 정보를 갖추어야 지자체의 국제통상이 비로소 가능해지는데 기초단체에 이러한 기능을 기대하기 쉽지 않다.

국제화수준 평가를 위한 개별 분야로서 국제교류, 국제통상, 주민국제화, 외국인대책으로 나누어 볼 수 있다. 구체적인 국제교류의 기준항목으로서 얼마나 다양한 국가와 교류하고 있는가, 구체적인 자매결연 단체의 숫자 등이 일단 중요하다. 그러나 실제로 자매결연만 맺어놓고 실질적인 교류가 전혀 없는 경우도 가끔 나타난다. 따라서 교류건수와 교류내용도 포함되어야 한다. 국제화를 추진할 조직체로서 국제화담당 부서가 설치되어 있는가 여부, 국제화를 위한 교류예산과 조직수준을 포함시킬 필요가 있다. 뿐만 아니라, 허다한 교류가 관-관교류에 머물러 있어서 각 지자체에서 점차 민-민교류로 이전되고 있는가 여부를 파악하기 위하여 문화·관광교류, 청소년교류, 스포츠·체육교류 등도 변수로 고려하여야 한다.

광역단체에서는 국제통상 분야를 강조하고 있어서 나름대로 교류보다는 통상 면에 가중치가 부여되어야 하는 것은 두말할 나위도 없다. 아마도 광역단체의 가장 중요한 평가항목은 국제통상일 것이다. 그 이유는 먼저 애당초 세계화선언이 지방정부의 국제통상력 강화를 목표로 하였고 이에 따라 광역단체에 일괄적으로 국제통상협력실이 설치되었기 때문이다. 또 다른 이유는 기초단체가 지역주민에 밀착된 행정관청으로서 지역주민의 국제교류와 국제화마인드 제고, 외국인대책에 더 집중하기 쉽고 또 그럴 가능성이 높기 때문이다.

광역단체의 국제통상협력 평가는 지역내 기업의 대외수출 실적, 외국인 투자유치 실적, 시장개척단 파견건수와 숫자, 투자설명회개최횟수, 외국과의 직행 항공로개설 여부가 중요한 평가항목이다. 그러나 문제는 대외수출과 외국인 투자유치에 있어서 지방관청의 행정수비 범위가 지나치게 좁다는 것이다. 1990년대만 해도 지방에 소재한 대기업은 권한과 재원을 지닌 중앙부처와 조정을 원하지, 굳이 지방관청에 행정민원을 요청하거나 상호협의하여 대외수출 또는 외자유치를 하려고 하지 않았다. 요즘에도 지방정부의 주요 정책대상은 관내 중소기업을 지원하여 외국에 수출하거나 지방공단에 외국자본을 유치하는 경향이 강하다. 따라서 기초단체와 광역단체가 제시하는 데이터에 근거하여 국제통상면에서 각 지자체의 국제화수준과 능력을 정확하게 평가하기란 그리 쉬운 일이 아니다. 다만, 지방정부의 대기업유치 노력이 전국적으로 확산되면서 제조업 거점의 지역분산이 촉진되어온 것은 최근의 성과라고 평가할 수 있다.

또 하나 주민의 국제화수준은 일반적으로 국제화평가에 있어서 지나치기 쉬운 항목가운데 하나이다. 한국의 국제화흐름은 가시적인 통상교류 실적이나 자매결연 지역의 수적 증가에만 관심을 두고 있으며, 장기적이면서도 그 성과가 쉽게 드러나지 않는 지역주민의 국제화마인드 제고는 예산과 업무의 우선순위에서 밀려나기 십상이다. 지방의회에서 감사를 받거나 단체장의 행정실적에 포함되지 않는 것이라면, 단기적인 성과에 급급하는 행정조직의 생리상 적극적인 추진 대상사업으로 인정받지 못한다.

그러나 국제화는 지역주민 의식의 국제화를 통한 국제적인 관행과 제도의 수용과정이다. 따라서, 당연히 가장 높은 가치를 인정받아 지역주민의 국제화여부가 평가되어야 한다. 이를 측정하기는 쉬운 일이 아니나, 우선, 숫자로 나타낼 수 있는 지표에는 주민내 여권소지자 비율, 외국여행 경험자비율과 횟수, 지역관내 외국인방문객 숫자, 주민의 외국인접촉빈도, 외국문화나 외국어 이해도, 국제교류관련 민간NGO단체 숫자와 활동내용 등이 포함된다.

다문화정책이 주요 관심사로 등장하면서 지방정부의 외국인대책도 국제화성과의 주요 평가지수로 인정받고 있다. 궁극적으로 외국과의 교류와 이해, 무역을 통해서 생존할 수밖에 없는 자원소국인 한국으로서 외국인 수용이나 외국인재 유치는 불가피하며, 세계각국에서 통용될 수 있는 관행과 제도, 법률을 정착시켜야 성숙된 시민과 국가로서 인정받을 수 있기 때문이다. 아직도 빈번히 일어나는 외국인노동자에 대한 폭행과 임금체불 등은 인권보장의 수준문제를 떠나서 한국의 국제화수준을 저하시키고 있다.

이러한 현상은 지난 1990년대 내내 지방의 국제화가 자매결연지역 숫자 늘리기, 중소기업 수출지원과 해외자본 유치만을 지상과제로 삼으면서 국제화의 단기 목표에 치중한 결과, 필연적으로 발생한 국제화의 반대편 그늘에 다름 아니다. 따라서 앞으로는 외국인이 한국에서 뿌리내리고 공존할 수 있는 이문화수용을 위한 다문화대책을 본격적으로 추진해가야 한다. 중앙정부의 정책주도, 지방정부의 시책실시로 외국인대책은 점차 뿌리내리고 있으나 여전히 시급한 과제이며, 아직까지 정착되어 있지 않다.

가까운 일본은 외국인이 살기편한 지역만들기를 위하여 다양한 시책을 펴고 있다. 먼저, 생활정보의 제공과 상담기능의 충실을 위하여 다양한 정보자료를 만들어 외국인 등록시에 배포하고 있다. 외국인을 위한 생활편리장을 만들거나 세이프티 가이드로서 방재와 구급용 안내책자 배부, 외국어를 위한 무료 의료진단, 지역타운 뉴스를 외국어판으로 제작하기, 외국인 상담창구를 설치하여 운영하고 있다. 외국어표지를 정비하여 외국인친화적인 도시를 만들고, 알기쉬운 그림문자와 사인표기, 도로표지나 주거표시, 공공시설 등의 안내판에 외국어병기, 공공교통 기관의 외국어 안내충실, 종합관광안내판이나 공원안내를 정비하고 있다. 또한 외국인의 요망과 생활실태를 파악하고 그 결과가 시책에 반영되도록 하고 있다. 단체장과 외국인주민과의 간담회, 외국인의 생활체험을 듣는 모임, 심의회나 위원회에 외국인 주민의 참가, 지역내 외국인을 대상으로 의식조사까지 실시하고 있다.

이 뿐만 아니라, 지역내 일상생활의 불안을 해소하기 위하여 주변이웃들과 교류할 수 있도록 일본어강좌를 개설하고 외국인을 위한 야학개설, 외국인이 각종 제도나 시설을 이용할 수 있도록 외국어 안내물을 작성하고, 국민보험과 연금, 복지제도, 쓰레기배출, 교육, 문화, 스포츠시설의 이용, 각종신청서에 이르기까지 외국어를 병기하고 있다.

또한, 지역외국인과 주민간 상호이해를 심화하기 위하여 계발, 학습기회를 설정하고 강좌와 강연회, 외국인을 대상으로 한 생애학습을 실시하고 있다. 이미 1990년대 중반에 일본자치성(현재의 총무성)에서 집행한 인구10만명당 국제화 예산은 약 1600만엔 정도를 적정예산으로 산정하고 있었다. 위의 내용을 종합하

여 외국인대책의 평가를 위한 기준데이터를 들자면 관내외국인숫자, 외국인산업
연수생 숫자, 외국인유학생 숫자, 외국인책자발행 여부, 외국인상담건수, 한국어
교실 개설여부 등이 있다.

3) 국제화수준 평가결과 I : 광역자치단체

지방정부의 국제화수준을 평가하려면 처음부터 광역단체와 기초단체로 나누
어 실시하는 것이 바람직하다. 광역단체라고 해도 서울특별시나 경기도 vs 충청
북도나 제주도간에는 전체인구, 도내총생산 등에서 큰 차이가 있지만 국제통상실
이 실국단위로 일괄적으로 배치되어 있다는 점, 인력과 조직면에서 기초단체보다
훨씬 규모가 크다는 것은 공통점이다. 따라서 당연히 광역단체와 기초단체간에
는 국제화수준과 성과면에서 많은 격차가 생기지 않을 수 없으며, 이번 평가에서
처음부터 별도로 나누어 분석하였다.

단, 짧은 시간내에 평가항목들을 모두 포함하여 하나씩 정밀하게 데이터를 수
집하는 것은 매우 어려웠으며, 각 지자체별로 이것을 조사하기란 수개월이상의
시간이 소요되므로 이번 평가에서는 간략한 방식으로 조사하였다. 246개에 달하
는 광역과 기초단체에서 정확한 자료를 수집하는 것은 불가능하며, 실제로 지역
내 수출액이나 투자유치액이 지방정부가 독자적으로 한 것인지, 도내 대기업이
지방정부와 관계없이 수출하거나 투자한 것인지는 가려내기가 쉽지 않은 측면이
있다. 지역주민의 외국어와 외국문화 이해도 등은 매우 중요한 항목임에도 불구
하고 수치로 쉽게 나타낼 수 없는 것이 사실이다.

따라서 앞으로 이런 방대한 데이터를 수집하여 보다 완전하게 지방정부의 국
제화 수준을 평가할 수 있어야 하리라 본다. 동시에 각 지방정부의 국제화수준이
어떤 외부 요인에 의하여 영향받는가를 밝혀내는 작업도 필요하다. 단체장의 국
제화의식, 공무원들의 국제화 인지도, 지방재정력, 지역주민 1인당 총생산, 도내
기업의 수출입통계 등이 국제화수준에 미치는 영향을 살펴볼 필요가 있다.

이 글에서 사용한 조사데이터는 한국지방자치단체국제화재단[16]에서 2004년

▸ 표 2-29 광역단체별 국제교류실적

광역자치단체	교류지역	행정교류	민간교류	경제교류	합 계
서울시	18	36	0	0	36
부산광역시	16	17	1	1	19
대구광역시	8	8	9	2	19
인천광역시	9	33	10	9	52
광주광역시	5	24	19	5	48
대전광역시	9	4	9	2	15
울산광역시	8	14	5	2	21
경기도	14	11	2	0	13
강원도	5	26	47	4	77
충청북도	5	2	2	0	4
충청남도	6	16	5	1	22
전라북도	4	6	4	4	14
전라남도	3	10	3	4	17
경상북도	7	16	6	0	22
경상남도	10	16	6	2	24
제주도	4	8	2	1	11
합 계	131	247	130	37	417

7월 펴낸 [지방정부 국제자매결연현황 2004]에 근거하였다. 이 책은 재단설립이래 처음으로 각 지방정부의 교류현황을 모아낸 것으로 지자체의 자매결연 현황과, 체결시기별, 대상국가별 자매결연 현황을 나누어 분석하여 매우 알기쉽게 정리한 책이다. 이 책을 보면, 2003년도 1년간 광역과 기초단체의 교류활동을 상당부분 파악할 수 있다. 그 가운데 이번 평가는 교류지자체의 숫자와 교류건수, 교류내용만을 평가항목으로 해서 이루어졌다. 앞으로 국제화수준 평가항목에서 나온모든 변수들을 모아서 가중치를 부여하고 정확한 데이터를 산입하여 평가할 것은

---

16) 2010년 1월 한국지방자치단체국제화재단은 전국시도지사협의회 국제화지원실로 재편되었다.

나중의 과제로 삼기로 하고, 이번 평가는 단년도, 교류내역별 단순평가임을 미리 전제로 해 둔다.

필자가 임의대로 분류한 기준항목은 행정교류, 민간교류, 경제교류이다. 행정은 공무원연수나 협정서를 체결하는 것, 학생은 청소년 홈스테이 교류 등이며, 문화는 미술전과 공연, 우호는 지자체간 상호방문과 업무협의, 민간은 민간단체교류이며, 그 밖에 회의나 스포츠교류이다. 이것을 좀더 간소화하여 행정, 민간, 경제교류 세 가지로 나누었다. 행정교류에는 행정, 우호, 회의, 파견 등이 포함되며, 민간교류는 민간, 문화, 스포츠, 학생, 기술, 학술회의, 체육 등을, 경제교류에는 경제, 관광홍보, 우호홍보, 농업 등의 항목을 모아서 따로따로 통계처리하였다([표 2-28] 참조). 우선 단순숫자로 볼 때 교류지역이 가장 많은 곳은 서울특별시로 18개 지역, 이어서 부산광역시가 16개 지역, 경기도가 14개 지역과 교류하고 있다. 가장 적은 곳은 전라남도 3개 지역, 제주도와 전라북도가 각각 4개 지역이며, 강원도, 충청북도, 광주광역시가 5개 지역과 교류하고 있다. 따라서 서울시, 부산광역시, 경기도가 교류단체가 많은 곳, 전라남도와 제주도, 전라북도가 교류단체가 적은 광역단체라고 할 수 있다.

2003년도 단년도 통계상으로 보았을 때, 교류건수가 가장 많은 곳은 교류지역이 5개에 불과한 강원도로 77건에 이른다. 행정교류가 26건, 민간교류가 47건, 경제교류가 4건으로 다른 지자체의 실적을 훨씬 윗돌고 있다. 다만 전체적으로 공통된 사실은 교류실적이 우수한 지자체일수록 민간교류가 많아지면서 전체 실적을 끌어올리고 있다는 점이다. 민간교류가 활발해지면서 전체 교류내용이 풍부해진다는 점은 관-관교류가 거의 60%를 차지하고 있는 현실에서 매우 시사적이다. 특히, 강원도의 민간교류는 매우 활발하여 전체 광역단체 민-민교류의 3분의 1을 차지할 정도여서 인상적이었다. 서울특별시는 교류지역은 가장 다양하나, 거의 100% 행정교류에 머물러 있어서 민간교류의 촉진이 과제로 남아있다.

강원도는 2003년 교류건수 77건 가운데 행정교류가 26건, 민간교류가 47건, 경제교류가 4건으로 다른 지자체의 실적을 훨씬 윗돌고 있다. 교류내용을 보아도 민간교류가 절반을 넘어서 이미 행정교류에서 벗어나 다양한 민간교류로 이어지고 있음을 알 수 있다. 예를 들면, 중국 지린성(吉林省) 청년연합회 대표단이 강원도를 방문하거나 강원도 여성대표단이 지린성을 방문한 바 있다. 일본 돗토리현(鳥取縣)에 강원 도립대학 대표단이 방문하였고, 러시아 블라디보스톡시(Vladivostok)로부터 동북아 지방정부 대학생을 초청하여 연수를 실시하였다.

두 번째로 국제교류가 활발한 곳은 인천광역시로 52건이며, 행정교류가 33건, 민간교류가 10건, 경제교류가 9건이다. 인천광역시는 최근 중국과의 교류를 활발하게 펼치면서 경제교류, 행정교류에 이어 민간교류도 나름대로 활발하다는 것을 알 수 있다. 그러나 인천시 의회대표단이 미국의 알래스카주 앵커리지시를 방문하거나 베트남의 하이퐁 인민위원회 부위원장이 인천시민의 날 참가차 방문한 것 등, 상대적으로 행정교류가 많은 편이다. 광주광역시도 교류지역이 적은데 비하여 국제교류가 활발하다. 광주광역시는 일본의 센다이시(仙臺市)와 교류에 매우 적극적으로, 48건 가운데 18건이 센다이시와의 교류에 집중되어 있다. 특히 관-관교류에서 벗어나 민간교류로 옮겨지고 있다. 광주광역시의 시민단체가 센다이시의 환경시설을 시찰하거나 광주광역시의 김치축제에 센다이시의 여성경제인들이 방문하였다. 중국 광동성 광저우시(廣州市) 조천로소학교와 광주광역시 일곡초등학교와 자매결연을 맺거나 광저우시 부녀연합회 주석일행이 광주광역시를 방문하기도 하였다.

따라서 교류지역의 숫자와 그 교류내용의 질이 반드시 일치하지 않는다는 것을 알 수 있다. 서울특별시의 경우, 교류지역은 가장 많으나 36건 전체가 모두 행정교류에 국한되고 있어서 민간교류나 경제교류가 거의 없다. 몽골의 울란바토르 시장 방문단이 서울을 방문하거나 미국 샌프란시스코시에 시정홍보 기법과 홍보매체 실태조사단을 보내어 교류한 것 등으로 구성되어 있다. 행정교류만을 본다면 서울특별시가 가장 많고 이어서 인천광역시, 강원도, 광주광역시 등의 순서이다. 아직까지 한국지방정부의 국제교류는 행정교류가 지나치게 많은 편이다. 전체적으로 417건 가운데 247건으로 60%에 달한다. 관-관교류라는 비판에서 전혀 자유롭지 못한 셈이다. 앞으로 당분간 목표치를 절반이하인 50%이하로 낮추도록 하고 상대적으로 민-민교류를 확대하는 방향으로 추진하는 것이 바람직한 것으로 보인다.

　민간교류가 가장 활발한 곳은 강원도로 47건이며, 이어서 광주광역시가 19건이다. 이들 두개 광역단체는 공통점이 있는데 교류지역이 상대적으로 적은데 비하여 교류내용과 실적은 매우 우수하다는 것이다. 다시 말해서 교류건수가 많은 가장 큰 이유는 민간교류가 많아지면서 전체 실적을 끌어올리고 있다는 점이다. 역시 민간교류가 활발해지면서 전체 교류내용이 풍부해진다는 점은 매우 시사적이다. 강원도의 민간 국제교류는 전체 광역단체 민간교류의 3분의 1을 차지하고 있어서 인상적이다.

　충청북도의 경우, 중국 헤이룽장성(黑龍江省), 일본의 야마나시현(山梨縣)과 교류하고 있으나 단지 교류내역이 4건에 그치고 있다. 이것은 강원도의 77건과 비교하면 거의 20분의 1에 불과하다. 내륙에 위치한 충청북도는 관광협력이나 국제교류에 관심이 덜할 수밖에 없으나 그럼에도 불구하고 국제교류에의 노력이 부족하다는 느낌이 든다. 중국의 공무원 상호파견 실시, 충청북도에서 병원교류 실무대표단을 헤이룽장성에 파견한 것 외에 일본 야마나시현과 공무원, 유학생을 상호파견하고 있는 정도이다.

　충청남도의 경우는 일본 구마모토현(熊本縣)과의 교류에 집중되어 있다. 매달 1~2번씩 양측 대표단이나 민간단체가 상호 왕래하고 있어 매우 활발하다. 여성정책에 대한 공동연구 협의나 충남지역 테니스동호회 친선경기 개최, 한일서예전 개최, 충청남도에서 구마모토 DAY행사와 기모노 패션쇼를 개최하는 등, 다채로운 교류를 전개하고 있다. 다만, 이것은 전체교류건수 가운데 일본지역과의 교류가 대부분을 차지하고 있어서 교류지역이 다변화될 필요가 있다. 물론, 중국 허베이성(河北省) 투자설명단이 한국을 방문하거나 충청남도 의회교류실무단이 허베이성을 방문하고 있다. 또한, 호주 사우스 오스트레일리아주(South Australia)와도 교류를 하고 있기는 하나 아직까지 일본측과의 교류가 상대적으로 많다.

　광역단체는 국제통상이 우선시됨에도 불구하고 경제교류가 매우 적은 편이다. 이것은 조사보고서를 제출한 부서가 교류담당부서일 가능성도 있어서 단정하기 어려우나, 경제교류가 활발하지 못하다는 지적은 피할 수 없을 것으로 보인다. 전체적으로 교류실적이 가장 부진한 곳은 충청북도 4건이며, 상대적으로 높은 곳은 제주도 11건, 경기도 13건, 전라북도 14건이다. 통계상 자료가 충분히 갖추어지지 않고 제대로 보고가 이루어지지 않아서 지면상으로만 실적을 평가하는 것은 약간의 위험부담이 있으나, 그럼에도 불구하고 공식적인 통계로 볼때 아직까지 한국 광역단체의 교류는 행정교류 위주, 경제교류 부족이라는 인상을 지우기 어려운 것이 사실이다.

단순데이터를 통한 평가에서 벗어나 보다 실감나게 각 지역별로 국제통상의 현황을 살펴보자. 경상남도는 사업체수가 2002년 12월말 기준으로 총 203,569개로서 도소매와 음식점업이 51.1%, 기타 서비스업 23.3%, 광업과 제조업이 11.2% 순이다. 종사자수는 955,479명이며, 이 가운데 광업과 제조업 종사자가 33.8%로 제일 많다. 지역내 총생산(GRDP)은 39조 9,115억원으로 서울, 경기에 이어 3번째 규모이다. 경상남도는 2003년 12월 기준으로 수출 192.4달러, 수입 113.5억달러로 78.8억달러의 무역흑자를 기록하였다. 수출은 전년대비 11% 증가하였으며, 특히, 무역수지는 전체흑자액 약 150억달러 가운데 52.6%를 차지하였다. 외자유치 실적도 12개사 6.5억달러에 달하여, 투자유치를 통한 지역경제 활성화에 나름대로 성공을 거두고 있다.

2003년도 추진실적으로 시장개척단 파견건수와 숫자를 살펴보면, 해외시장개척단 파견 7회, 국제박람회 참가 15회를 기록하였다. 여기에는 총 218개 업체가 참가하였으며, 수출상담액은 7.7억달러에 달하였다. 투자설명회는 아시아 지역에서 독자 개최가 6회이며, 중앙정부와 합동으로 4회 개최하여 부품과 소재산업을 유치하고자 하였고, 구미지역에서는 항공산업과 자동차산업을 유치하고자 하였다. 현재 도내 마산과 일본 시모노세키(下關)간에 직항로가 개설되어 화물선이 운항되고 있다.

경상남도에는 국제교류관련 민간NGO단체 301개가 활동하고 있다. 2003년 12월말 현재 불법체류자를 제외한 부산과 마산의 출입국관리사무소에 등록된 경상남도 거주 외국인 등록현황은 23,033명이다. 경상남도내에 등록된 외국인노동자는 19.4%에 해당하는 4,473명이다. 이 가운데 중국국적이 1,086명으로 제일 많고, 이어서 인도네시아 608명, 우즈베키스탄 514명, 베트남 471명, 필리핀 441명, 카자흐스탄 431명, 기타 402명 순이다.

경상북도는 85개 지역에 369개업체가 참가한 시장개척단을 파견하였으며, 국제무역박람회에 37개국 246개업체가 참가하였다. 해외바이어초청 수출상담회에도 80개국 472명의 외국인 바이어가 참가하였다. 경상북도는 동북아지방정부연합(NEAR)의 상설사무국 유치에 성공하였으며, 포항~청진간 직항로 개설, 포항~나진간을 연결하는 동해 중부선 등을 추진할 계획이다. 경상북도는 외국인을 위한 안내책자를 발행하고 한국어교실도 개설중이다. 전라남도는 한국바스프 공장을 여수에 유치하였으며, 나주시에 한국쓰리엠 공장을 유치하는데 성공하였다.

전라북도는 1.5억원 예산으로 시장개척단을 7회 파견하였으며, 국제박람회에도 8회 참가하였다. 전라북도는 국제교류관련 민간 NGO단체의 활동이 활발하여 다양한 NGO사업이 전개되고 있다. 먼저, 국외 NGO단체 장기연수에 참가하거나 교육기관에 연수하고, 주제별 단기국외 테마연수로서 해외 NGO와의 네트워크를 구축하였다. 또한, 해외봉사단을 파견하는데 있어서 도내 대학병원과 연계하여 실시하고 있다. 국제교류추진위원회를 3회 개최하였으며, 소요예산은 7천8백만원이었다.

4) 국제화수준 평가결과 Ⅱ: 기초자치단체

다음으로 기초단체에 있어서 국제화수준을 평가하기로 한다. 전술하였다시피, 기초지자체는 국제교류과가 설치된 곳도 있거니와 거의 국제교류활동이 전무에 가까운 곳도 없지 않다. 이것은 기초단체에 있어서 국제교류활동의 격차가 매우 크다는 것을 의미한다. 실제로 안양시 등은 국제협력과를 두고 활발한 교류활동을 전개하고 있는데 비하여, 다른 지역은 자매결연을 아직까지 맺지 않았거나 이제야 한 두 군데 시작하는 곳도 적지 않다. 조사데이터는 광역단체의 경우와 마찬가지로 한국지방자치단체국제화재단에서 펴낸 [지방정부 국제자매결연현황

▶ 표 2-30   교류빈도별 기초자치단체 실적(2003년)

교류빈도	해당 기초단체(무순)
31건이상	경주시
26~30건	평택시
21~25건	안양시, 부천시, 춘천시, 여수시, 김해시
16~20건	수원시, 청주시, 군산시
11~15건	인천부평구, 남양주시, 포천시, 동해시, 양양군, 천안시 전주시, 구미시, 진해시, 밀양시, 제주시, 북제주군
6~10건	성북구, 영등포구, 강남구, 강동구, 부산서구, 인천중구, 대전서구 울산남구, 의정부시, 안산시, 구리시, 오산시, 시흥시, 군포시, 용인시 파주시, 화성시, 광주시, 원주시, 강릉시, 양구군, 인제군, 충주시 진천군, 공주시, 익산시, 목포시, 나주시, 광양시 포항시, 경산시, 창원시, 마산시, 통영시
1~5건	종로구, 중구, 용산구, 광진구, 동대문구, 중랑구, 강북구 도봉구 노원구, 은평구, 서대문구, 마포구, 양천구, 강서구 구로구, 금천구 관악구, 서초구, 송파구, 부산동구, 부산영도구, 부산부산진구 부산동래구, 부산북구 부산해운대구, 부산금정구, 부산강서구 부산연제구 부산수영구, 부산기장군, 대구중구, 대구동구 대구수성구 대구달서군, 대구달성군, 인천동구, 인천남구, 인천연수구 인천남동구, 인천서구, 인천강화군, 광주동구, 광주서구 광주북구 광주광산구, 대전동구, 대전대덕구, 울산북구 울산울주군, 성남시, 광명시, 동두천시, 고양시, 과천시 의왕시, 하남시, 이천시, 안성시, 김포시, 여주군, 태백시 속초시, 삼척시, 홍천군, 횡성군, 평창군, 정선군, 철원군 화천군, 고성군, 제천시, 보은군, 옥천군, 영동군, 음성군 보령시, 아산시, 서산시, 논산시, 금산군, 홍성군, 예산군 태안군, 당진군, 정읍시, 남원시, 김제시, 고창군, 임실군 완주군, 순창군, 곡성군, 구례군, 고흥군, 보성군, 화순군 강진군, 영암군, 완도군, 신안군, 김천시, 안동시, 영주군 영천시, 상주시, 의성군, 영덕군, 청도군, 고령군, 봉화군 울진군, 전주시, 거제시, 양산시, 의령군, 창령군, 남해군 함양군, 거창군, 합천군, 서귀포시, 남제주군
합계	184개 시군구

2004]에 근거하였다. 2003년도 1년간 기초단체의 교류활동을 외국지방정부의 숫자와 교류건수, 교류내용만을 주요 평가대상으로 하여 실시하였다. 기초단체의

교류지역 숫자는 대부분 1~3군데 정도로 별로 큰 의미가 없다.

230개 시군구 기초단체가운데 보고나 실적이 없었던 46개 단체를 제외하고 약 184개 기초단체를 대상으로 해서 행정교류, 민간교류, 경제교류로 나누어 살펴보았다. 전체 교류건수를 합치고, 교류활동이 활발한 순으로 나누어 분류하면 다음과 같다. 2003년도 1년간 가장 교류가 활발했던 지역은 경주시로 무려 34건에 달했는데 거의 열흘에 한건씩 교류가 오가는 등 다채로운 민간, 행정교류가 이루어졌다고 할 수 있다. 상당부분의 자치단체가 교류활동이 1건에 그친 지역도 적지 않은 것을 생각하면 매우 높은 성과라고 할 수 있다. 교류내역을 보면 행정교류가 18건, 민간교류가 15건, 경제교류가 1건으로 나타나 있다.

[표 2-29]에서와 같이 각 도시별로 살펴보면, 경주시가 31건으로 가장 많고 이어서 평택시가 28건으로 뒤를 잇고 있다. 안양시, 부천시, 춘천시, 여수시, 김해시가 21건 이상의 교류실적을 자랑하고 있다. 경주시는 관광도시라서 국제교류가 활발한 것은 당연하다고 생각되지만, 인구가 상대적으로 적은 춘천시, 여수시, 김해시의 교류실적이 높은 것은 해당 자치단체가 국제교류에 대하여 많은 노력과 열성을 지녔다고 긍정적으로 평가하지 않을 수 없다. 경주시에 이어 두 번째로 교류가 활발했던 평택시는 행정교류가 15건으로 일본 아오모리시(青森市), 중국의 칭타오시(青島市), 산둥성의 르자오시(日照市) 등 일본, 중국지역과 다양하게 교류를 전개하고 있어서, 역시 교류지역이 상대적으로 많은 곳이 교류건수도 높아지는 비례현상을 보이고 있다.

안양시는 일본 도코로자와시(所澤市), 미국 캘리포니아주 가든그로브시(Garden Grove City)와 고교생 홈스테이, 국제우호위원회 상호방문, 안양시 시립 소년소녀합창단이 도코로자와시를 방문하는 등, 다양한 지역과 활발한 교류를 전개하고 있다. 춘천시의 경우, 일본 호후시(防府市)와 민간교류가 다양하여 일본 중학생대표단이 춘천시를 방문하거나, 스포츠면에서 볼링동호회간 교류, 육상교환경기를 상호교환하면서 실시하고 있다. 중국과는 다롄시(大連市)의 실무자들이 상호방문하여 행정교류가 진행중이다. 여수시는 일본 가라쓰시(唐津市)와 한중일 3국 바둑대회 대표단을 초청하였고, 남미에까지 교류를 확장하여 멕시코 케레타로시(Queretaro City)시가 여수국제청소년 축제에 청소년공연단을 파견하였다. 여수시는 중국 항저우시(杭州市)와 교류하여 양측 상공회의소가 자매결연을 맺고자 방문하였고, 항저우시에 여수시 공무원을 연수차 보내고 있다.

중규모 도시로서 안양시나 여수시의 사례를 보면 독자성을 가지고 세계 여러 나라의 도시와 교류를 추진하여 국제도시로서 손색이 없을 정도이다. 그동안의 지방간 교류가 축적되면서 행정교류가 발전하여 시민교류, 사회단체간 교류에까지 폭넓게 확장시키고 있는 곳도 있다. 반면, 상당수 지방도시의 경우 아직까지 국제교류의 폭이 1개 도시 또는 2개 도시에 그쳐서 교류영역이 좁은 편이다. 가까운 일본지역조차 전국 230개 기초단체가운데 자매결연을 맺고 있는 곳은 기초단체의 약 4분의 1에 그치고 있다. 또 자매결연을 맺어도 단체장의 무관심으로 그저 공무원 교류에 머무르거나 지방의회가 현지시찰을 하는 정도에서 크게 발전하지 못한 곳도 적지 않다. 말하자면, 기초단체의 경우 국제교류나 세계화의 성과면에서 그 격차가 매우 크다는 것을 지적할 수 있다. 업무성과로 본다면, 우수단체와 비우수단체로 확연히 구분될 정도로 그 성과가 큰 차이를 드러낸다.

지방의 시군구 기초단체는 서울이나 부산처럼 바로 대한민국의 상징물로서 널리 알려진 자체 브랜드를 갖춘 곳이 아니다. 그렇다고 광역시도의 국제통상협력실에서 추진하고 있듯이, 통상교류 중심의 지자체간 무역거래, 외국기업의 지역내 대규모 투자유치, 지방 산업공단 조성 등을 시도하기에는 권한, 재원, 인적 자원이 태부족한 곳이다. 지방중도시에서는 지역산물의 특성화, 지역축제나 관광이벤트를 통한 외국인 관광객 유치, 지역주민의 국제화의식을 높이는 것 등이 국제교류의 주요 사업들이다. 대부분 두 세 군데 외국지자체와 교류하면서 아직까지 관-관교류가 중심이 되고 있다. 예를 들면 전통문화도시인 강릉시도 비슷한 환경에 놓여있다. 현재 일본 지치부시(秩父市, 1983년), 중국 자싱시(嘉興市, 1999년), 미국 테네시주 차타누가시(Chattanooga, 2003년), 중국 후베이성 징조우시(2004년)와 자매결연을 맺고 있으며, 앞으로도 미국, 러시아, 유럽 등지로 교류도시를 늘리고자 노력하고 있다.

그렇다면, 아직까지 외국지방도시와 전혀 국제교류를 맺고 있지 않는 지역에서 다양한 국가의 지방도시와 빈번한 교류를 맺어 국제통상면에서까지 일정한 성과를 거두고 있는 도시에 이르기까지 격차가 커진 이유는 무엇일까. 그것은 국제교류를 통한 세계화에의 관심차이가 일차적인 원인이라 할 수 있다. 강릉시의 경우, 강원도가 환동해권 지방정부 국제교류에 큰 관심을 가지고 있는데다 강릉시 자체가 관광도시인 관계로 국제적인 지방축제 개최에 관심을 가지면서 자연스레 국제화에 눈을 돌리게 되었다. 또한 이천시의 경우도 도자기산지로서 일본과 중국의 유명한 도자기도시와 자매결연을 통하여 상호 기술과 정보를 교환하고 국제적인 도자기 축제로 승화시키는데 실질적인 도움을 받을 수 있었다.

이에 비하여 사실상 인구규모가 적고 지방에 소재한 지방정부가 세계화의 동력을 스스로 추구하기란 그리 쉬운 일이 아니다. 우선 당장 급한 필요성을 느끼지 못하고 수년간 예산을 들여서 추진하여도 손에 잡히는 성과를 거두기가 쉽지 않기 때문이다. 그러다보니 아직까지 외국지방정부와 우호교류나 자매결연을 맺지 않았거나 맺어도 형식적인 문서에 그칠 뿐 교류내용이 빈약한 곳도 적지 않다. 요컨대 국제교류에 대하여 단체장이 꾸준한 관심을 보이거나 지역기업 수출지원, 선진국의 행정경험에 대한 학습의욕 등, 지방공무원들이 실질적으로 필요성을 느껴야 비로소 국제교류를 추진할 수 있는 추동력이 관청내부에서 생겨나는 것이다.

종합적으로 살펴보면 국제교류가 활발한 도시는 중국, 일본 지역과 빈번히 교류하고 있으며, 다양한 관-관 민-민교류의 채널을 확보하였다. 미국, 남미 등지와 원거리 지역 자매도시와도 내실있는 교류를 전개하고 있다. 반면에 역시 교류가 활발하지 못한 지역은 교류지역이 절대숫자로 볼 때 1~2군데에 불과하고 그나마 관-관교류에 머물러 민간교류를 촉진하지 못한 것이 교류실적이 부진한 요인이라고 할 수 있다. [표 2-3]은 구체적인 기초단체별 행정, 민간, 경제교류의 내역을 수치화한 것이다.

사실상, 기초단체에서 교류대상지역의 선정은 행정, 민간, 경제교류의 내용을 결정짓는 중요한 계기가 된다고 할 수 있다. 자매결연지역이 나름대로 타당성을 지니고 비슷한 조건을 가진 지역은 교류가 활발한 반면, 단기적인 안목에서 협정

▸ 표 2-31 기초자치단체별 국제교류 실적(2003년)

기초단체	행정교류	민간교류	경제교류	합계
서울특별시				
종로구	3	0	0	3
중구	3	2	0	5
용산구	1	0	0	1
광진구	1	1	0	2
동대문구	0	0	1	1
중랑구	3	0	0	3
성북구	5	0	5	10
강북구	3	0	0	3
도봉구	1	0	0	1
노원구	1	0	0	1
은평구	2	0	1	3
서대문구	2	1	0	3·
마포구	1	0	0	1
양천구	1	1	0	2
강서구	3	0	0	3
구로구	5	0	0	5
금천구	2	0	0	2
영등포구	4	1	1	6
관악구	3	0	1	4
서초구	1	2	1	4
강남구	3	2	1	6
송파구	3	0	0	3
강동구	6	4	0	10
부산광역시				
서구	6	0	0	6
동구	1	0	0	1

기초단체	행정교류	민간교류	경제교류	합계
영도구	1	2	0	3
부산진구	1	0	2	3
동래구	1	0	0	1
북구	1	0	0	1
해운대구	2	0	0	2
금정구	0	1	0	1
강서구	2	0	0	2
연제구	2	3	0	5
수영구	2	0	2	4
기장군	1	0	0	1
대구광역시				
중구	1	0	0	1
동구	2	0	0	2
수성구	1	0	0	1
달서구	2	0	0	2
달성군	2	0	0	2
인천광역시				
중구	3	1	4	8
동구	0	0	1	1
남구	2	0	3	5
연수구	2	0	0	2
남동구	2	1	2	5
부평구	5	2	4	11
서구	3	0	0	3
강화군	1	4	0	5
광주광역시				
동구	2	1	1	4
서구	3	0	0	3

기초단체	행정교류	민간교류	경제교류	합계
북구	1	0	1	2
광산구	3	0	0	3
대전광역시				
동구	2	0	0	2
서구	1	3	3	7
대덕구	1	0	0	1
울산광역시				
남구	4	1	1	6
북구	1	0	0	1
울주군	3	0	2	5
경기도				
수원시	9	6	1	16
성남시	1	2	1	4
의정부시	5	1	0	6
안양시	13	6	0	22
부천시	18	10	0	28
광명시	3	1	0	4
평택시	15	12	1	28
동두천시	0	0	1	1
안산시	6	1	0	7
고양시	2	2	0	4
과천시	1	1	0	2
구리시	6	0	0	6
남양주시	10	3	0	13
오산시	6	3	1	10
시흥시	5	1	0	6
군포시	5	3	0	8
의왕시	2	0	0	2

기초단체	행정교류	민간교류	경제교류	합계
하남시	3	0	1	4
용인시	8	2	0	10
파주시	6	1	2	9
이천시	3	1	0	4
안성시	2	2	0	4
김포시	1	1	2	4
여주군	1	1	0	2
화성시	10	0	0	10
광주시	7	3	0	10
포천시	4	4	3	11
강원도				
춘천시	12	11	0	23
원주시	3	3	1	7
강릉시	8	0	0	8
동해시	9	5	0	14
태백시	1	0	0	1
속초시	1	2	1	4
삼척시	3	1	0	4
홍천군	1	0	0	1
횡성군	1	3	1	5
평창군	0	3	0	3
정선군	1	0	0	1
철원군	0	1	0	1
화천군	1	3	0	4
양구군	4	5	0	9
인제군	5	3	0	8
고성군	0	3	0	3
양양군	8	4	0	12

기초단체	행정교류	민간교류	경제교류	합계
충청북도				
청주시	13	6	1	20
충주시	5	3	0	8
제천시	3	1	1	5
보은군	1	2	0	3
옥천군	0	3	0	3
영동군	3	1	0	4
진천군	1	5	0	6
음성군	3	0	2	5
충청남도				
천안시	8	2	4	14
공주시	5	3	0	8
보령시	3	1	0	4
아산시	0	1	1	2
서산시	2	2	0	4
논산시	2	0	2	4
금산군	3	2	0	5
홍성군	3	0	0	3
예산군	1	0	0	1
태안군	1	0	1	2
당진군	3	0	0	3
전라북도				
전주시	2	8	3	13
군산시	5	5	7	17
익산시	3	5	1	9
정읍시	2	2	0	4
남원시	2	1	2	5
김제시	0	1	0	1

124

기초단체	행정교류	민간교류	경제교류	합계
고창군	1	0	0	1
완주군	1	0	0	1
임실군	1	0	0	1
순창군	1	1	0	2
전라남도				
여수시	13	13	1	27
목포시	5	2	0	7
나주시	3	2	1	6
광양시	6	3	1	10
곡성군	1	0	0	1
구례군	4	0	0	4
고흥군	2	0	0	2
보성군	4	0	0	4
화순군	1	0	0	1
강진군	1	0	0	1
영암군	4	0	0	4
완도군	3	0	1	4
진도군	3	0	0	3
신안군	1	0	0	1
경상북도				
포항시	3	3	2	8
경주시	18	15	1	34
김천시	3	1	0	4
안동시	4	0	0	4
구미시	7	4	0	11
영주군	4	1	0	5
영천시	3	1	0	4
상주시	3	0	0	3

기초단체	행정교류	민간교류	경제교류	합계
경산시	2	3	2	7
의성군	2	0	1	3
영덕군	1	0	0	1
청도군	1	0	0	1
고령군	2	0	0	2
봉화군	2	0	0	2
울진군	2	0	0	2
경상남도				
창원시	4	4	0	8
마산시	4	3	2	9
전주시	1	4	0	5
진해시	8	3	2	13
통영시	4	5	1	10
김해시	9	13	0	22
밀양시	5	6	0	11
거제시	2	0	0	2
양산시	0	1	0	1
의령군	1	1	0	2
창령군	3	2	0	5
남해군	0	4	0	4
함양군	1	0	0	1
거창군	0	1	0	1
합천군	2	3	0	5
제주도				
제주시	10	4	2	16
서귀포시	1	1	1	3
북제주군	2	7	4	13
남제주군	3	0	0	3

을 맺은 곳은 교류가 부진해질 가능성이 매우 높다. 자매도시 선정의 중요성에도 불구하고 지금까지 매우 자의적으로, 무계획적으로 이루어진 곳도 있어서 다음과 같은 점에 주의하면서 선정할 필요가 있다고 본다. 첫째, 다양한 도시를 검토해야 하나, 일단 한국의 다른 도시와 자매결연을 맺고 있는 도시는 제외한다. 1국 1도시 원칙은 사라졌지만, 역시 서로 마찬가지로 1개의 도시에 국제교류의 에너지를 집중하는 것이 바람직하기 때문이다. 다만, 한국의 지방정부가 246개인 반면, 일본의 경우 2009년 현재 1,725개에 달하므로 지방정부의 숫자면에서 무려 한국 : 일본 = 1 : 7 정도의 격차가 존재한다. 따라서 한국의 경우는 일본의 몇 개 지방정부와 자매결연을 맺어도 큰 문제가 없다고 본다. 중국의 경우, 인구규모차이가 많이 나서 굳이 한국도시의 인구규모에 맞출 필요는 없다.

둘째, 각 지방정부가 목표로 하는 장기비전을 고려하여야 한다. 예를 들어 기초 단체에서 나름대로 전통도시, 관광도시, 산업도시, 수도권 등의 특성을 가지고 있다면, 상대지역도 상당한 공통점을 지니거나 아니면 반대의 특징으로 보완성을 지녀야 한다. 한국의 도자기도시와 유사한 중국의 도자기도시, 한국의 내륙부 도시라면 반대로 일본의 해안도시와 같은 경우이다. 또는 전통과 근대의 조화를 위하여 옛향기 가득한 전통유산과 도심재개발을 병행발전시키고자 한다면, 이에 합당하고 어울릴 수 있는 도시를 선정할 필요가 있다. 그래야 선진국의 산업기술이나 도심재개발 추진방식을 학습할 기회가 생겨난다.

셋째, 한국측 도시주민의 정서와 잘 교감이 맞는 외국지역을 선정하고 도시규모나 자연조건, 역사와 산업면에서 공통성과 유사점이 존재하며, 미래에 발전가능성이 높은 도시를 추출해내야 한다. 시민간 교류가 공공기관간 교류보다 중요하다. 민간기업, 사회단체, 초중고생과 일반시민들이 공감대를 느끼면서 교류가 능한 도시인가 여부는 나름대로 중요한 고려대상이 되어야 한다. 심각한 도시간 불균형은 교류에 있어서 적지않은 부담감으로 작용하므로 피해야 한다. 중국의 경우, 한국방문 요구빈도가 매우 높으므로 이 점을 잘 생각해야 한다.

넷째, 자매결연은 영속하는 것으로 상호도시간 활발한 시민교류가 이루어져야 한다. 그런 의미에서 교통이 편리한 것이 매우 중요하다. 일본이나 중국의 경우,

그림 2-6 세계화정책 단계별 추진주체의 역할

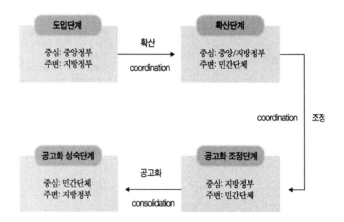

출처: 길병옥, "광역자치단체의 세계화정책 추진 문제점과 발전방향: 다면중첩형
세계화전략 위한 소고" [한독사회과학논총]14(1) (2004.여름), 312항.

인근에 한국과의 국제교통편이 있는가를 확인할 필요가 있다. 공항과 철도의 연
결이 잘 정비되어있는가가 판단기준이 될 수 있다. 우선 가기 쉽고 오기 쉬운 지역
이 역시 교류가 활발해지게 마련이다. 광역시도에서 수많은 외국의 지방정부와
자매결연을 맺고나서 실질적인 교류가 전혀 없는 지역이 한 두 군데가 아니라는
사실을 명심해야 한다.

다섯째, 지금까지 자매결연을 전제로 직접적인, 또는 간접적인 교류성과가 있
거나, 지인의 소개를 받은 도시가 자매결연을 맺을 가능성이 높다. 그러나 약간의
교류성과가 축적되었다고 해서 바로 자매결연을 맺을 수 있는 것은 아니다. 우선
분야별 협정체결도 가능하므로 포괄적인 일괄협정보다는 구속력이 약하면서 상
대방을 탐색할 수 있는 우호교류가 유용한 대안이 될 수 있다. 일본이나 미국의 지
방정부는 오랫동안 우호교류를 활발히 진행시키면서도 자매결연을 맺는 데에는
매우 신중한 경우를 자주 보게 된다.

마지막으로 자매결연을 체결하는데 있어서 관계 기관이나 사회단체의 지지와
협력을 얻을 수 있는 곳이어야 한다. 그것은 상대방 도시의 선정과정이 다양한 분
야의 전문가들의 자문을 얻는 등, 여론의 수렴과정을 거쳐야 한다는 것을 의미한

다. 관공서가 자매결연을 맺는 중요한 이유는 민간단체의 국제화에 공헌하기 위한 것이라는 점을 잊어서는 안된다. 이 과정을 생략할 경우에 자매결연은 그저 형식적인 공문서 한 장에 지나지 않게 될 우려가 상존한다. 관-관교류가 아닌 민-민교류가 자매결연의 궁극적인 목적이다.

이와 같은 과정을 도표화한 것이 [그림 2-6]에 나타난 세계화정책 내지 국제교류에 있어서 단계별 추진주체의 변화모델이다. 도입단계에서 중앙정부 주도는 확산단계에서 중앙과 지방정부, 공고화단계에서 지방정부가, 그리고 성숙단계에서 민간단체가 주도하는 것이 바람직하다.

이상에서 국제화의 진정한 개념은 무엇인가, 국제협력과 교류, 민간교류를 통한 지역주민의 국제화, 외국인대책을 포함한 지방정부의 전체적인 국제도시로서의 도약과 국제인 양성으로서 국제교류정책이 체계적으로 수립되어야 함을 제안하였다. 또한 이러한 정책체계와 다양한 평가방식을 가지고 지방정부의 국제화 수준이 관찰되어야 한다고 지적하였다.

앞에서 예시한 바와 같이 국제교류면에서 자매결연 외국자치단체 숫자, 교류건수, 교류내용 등, 국제통상분야에서 지역내기업 대외수출 실적, 외국인투자유치 실적, 시장개척단 파견건수와 숫자 등, 그리고 주민국제화분야에서 외국문화(외국어)이해도, 국제교류관련 민간NGO단체 숫자와 활동 등이, 외국인대책 분야에서 관내외국인숫자, 외국인책자발행, 외국인상담건수, 한국어교실 개설여부 등이 기준항목으로서 평가를 위한 카테고리로서 설정되어야 할 것으로 보인다. 이미 한국지방자체단체국제화재단은 13개분야 53개항목에서 자치단체가 독자적으로 국제화평가를 가늠할 수 있는 국제화수준 진단시스템을 제공하고 있다.[17]

---

17) 한국지방자치단체국제화재단 http://www.klafir.or.kr/klafir/legacy/poll/overview.jsp 참고

5) 국제교류 의식조사

그런데 정작 국제협력을 담당하는 지방공무원들의 의식은 어떨까. 필자는 한일문화교류회의(홈페이지는 www.kjcec.or.kr)의 의뢰를 받아 한일지자체간 교류실태를 조사한 바 있다. 주지하다시피, 김대중정부의 일본 문화개방으로 한일간 문화교류는 급격히 확대일로를 걸어왔다. 일본 국내에서는 한국영화와 드라마, 한국음식이 각광을 받으면서 한국에 대한 관심이 빠른 속도로 높아지고 있다. 다만, 양국간 유학생과 관광객, 비즈니스 교류의 증가에도 불구하고 내실있는 민간교류가 부족한 현실이라는 것은 부인할 수 없다. 진정으로 한일 양국 국민의 상호이해를 증대시킬 민간교류를 활성화시키기 위해서는 각 지역간 교류가 그 물꼬를 터줄 것으로 기대되며, 한일 지방교류의 진정한 의미가 있다.

그렇다면 광역단체 공무원들의 국제화의식은 어느 정도일까. 필자는 [표 2-32]와 같이 2002년도에 각 시도의 국제통상협력 담당자들을 대상으로 설문조사를 실시하였는바, 광역단체의 경우, 14개 지역이 답변하여 전체 16개 시도 가운데 87.5%가 설문에 참가하였다. 그 결과, 대부분의 공무원이 국제교류에 적극적이며, 오히려 시군구보다 훨씬 국제화에 대한 인식도와 필요성을 강하게 느끼고 있다는 것을 알 수 있다. 물론 시군구도 국제화흐름에 적극적인 지지를 보내고 있다. 전국적으로 국제통상실이 설치되면서 자연스레 광역단체에서 통상교류를 강조하는 한편, 시군구는 문화예술 교류나 인적 교류가 주류를 이루고 있는데서 나타난 것으로 볼 수 있다.

2002년 현재, 행정자치부의 승인을 얻어 일본과 교류협정을 체결한 한국의 지자체는 광역단체가 13개, 기초단체가 58개로 전부 71개 지역이다. [표 2-32]는 일본지자체와의 교류 유무에 관계없이 설문조사에 응답한 145개 국내지자체의 국제교류담당 공무원들의 답변에 바탕하여 이들 지방공무원들의 의식을 조사한 것이다. 그 결과를 보면, 많은 지방공무원들이 국제교류, 또는 지역간 문화교류를 넓은 의미에서 파악하고 있는 점을 알 수 있다. 국제교류란 외국과 인적, 물적교류를 자유롭게 한다는 응답이 55%를 차지하고 있다.

▶ 표 2-32 광역단체 국제교류통상 의식조사

1. "국제교류"란 어떤 의미로 이해하고 계십니까?	① 지자체간 관-관교류 중심이다	2	1.4%
	② 관관교류중심에 민간교류 포함	43	29.7%
	③ 외국과 인적 · 물적 교류	80	55.2%
	④ 마음을 열고 외국문화 수용	19	13.1%
	무응답	1	0.7%
2. 국제교류에 대해 일반공무원은 얼마나 관심을 갖고 있다고 생각하십니까?	① 전혀 관심이 없다	3	2.1%
	② 별로 관심이 없다	27	18.6%
	③ 그저 그렇다	48	33.1%
	④ 관심이 있는 편이다	65	44.8%
	⑤ 매우 관심이 있다	2	1.4%
3. 국제교류에 대하여 지자체는 어떻게 대응해야 한다고 보십니까?	① 시기상조로 소극적인 대응	1	0.7%
	② 중앙정부 지도에 따라 대응	0	0%
	③ 인력과 재원한계내에서 대응	44	30.3%
	④ 적극적으로 교류활동 확대	100	69%
4. 지방의 국제교류에서 가장 중요한 주체는 다음 중 어느 것이라고 생각하십니까? (중요한 順으로 1,2,3,4,5로 대답해 주십시오)	① 지자체 집행부	566	27%
	② 지방의회	323	15.4%
	③ 민간단체	502	24%
	④ 지역기업	409	19.5%
	⑤ 지역주민	293	14%
5. 국제교류에 대한 지자체의 대응은 어떠하다고 보십니까?	① 매우 부족하다	17	11.7%
	② 약간 부족한 편이다	51	35.2%
	③ 그저 그렇다	27	18.6%
	④ 약간 적극적으로 대응하고 있다	38	26.2%
	⑤ 매우 적극적으로 대응하고 있다	12	8.3%
6. 지자체가 국제교류를 추진하는데 있어 가장 큰 장애요인은 무엇이라고 생각하십니까? (장애정도가 큰	① 지자체의 자율성 미약	274	21.6%
	② 지자체 내부의 대응능력 미흡	340	26.8%
	③ 지역주민의 관심 부족	284	22.4%

順으로 1,2,3,4로 대답하여 주십시오)	④ 국제교류를 위한 제도와 시설부족	370	29.2%
7. 국제교류를 위하여 중앙정부에서 시급히 해결해 주어야 할 사항은 무엇이라고 보십니까? (중요한 順으로 1,2,3,4로 대답해 주십시오)	① 중앙과 지방간 업무이양	183	13.9%
	② 지자체의 재원확충을 위한 지원	378	28.7%
	③ 지자체 국제교류 기구시설 마련	390	29.6%
	④ 지방공무원의 국제교류 수행능력 의식수준 제고	366	27.8%
8. 현재 국제교류 담당부서에 대한 귀하의 의견은?	① 축소하는 것이 바람직하다	1	0.7%
	② 현행대로 적당	17	11.7%
	③ 확대 개편해야	120	82.8%
	④ 잘 모르겠다	4	2.8%
	무응답	3	2.1%
9. 지자체가 국제교류를 추진하는 데 있어 가장 중점을 두어야 할 사업분야는 어느 것이라고 생각하십니까? (중요한 順으로 1,2,3,4,5,6으로 대답해 주십시오)	① 자치행정 분야	531	18%
	② 보사환경행정 분야	424	14.4%
	③ 농림행정 분야	364	12.4%
	④ 상공행정 분야	659	22.4%
	⑤ 건설행정 분야	283	9.6%
	⑥ 문화예술 분야	685	23.3%
10. 국제교류를 위한 인재육성방법으로 가장 적절한 것은 무엇이라고 생각하십니까?	① 지자체에서 자체적으로 선발·육성	56	38.6%
	② 중앙정부를 통한 인력충원	18	12.4%
	③ 외부전문가 영입	32	22.1%
	④ 지방대학과 기업체에 위탁	22	15.2%
	무응답	17	11.7%

　국제교류에 대한 공무원들의 관심이 어떤 수준인가라는 질문에 대하여 관심이 있다는 응답이 46%를 차지한다. 이는 외국인과 접촉할 기회가 상대적으로 빈약한 지방공무원들이 예상보다 많은 관심을 지니고 있다는 것을 나타내고 있다. 따라서 이들 가운데 절반은 현재 지자체의 국제교류가 아직까지 대응부족이라 생각하며, 거의 대부분이 국제교류 관련부서가 지금보다 대폭 확대되어야 한다는데

동의하고 있다.

한편, 우선순위별 가중치를 주어서 점수를 부여한 결과, 일본과의 교류에 종사하는 지방공무원은 국제교류를 담당하는 주역으로서 지방정부, 지방의회, 민간단체, 지역기업 등이 다양하게 참여해야 한다고 느끼고 있었다. 어느 한쪽만 지역간 교류를 독점할 필요가 없으며, 관민 공동으로 참가하는 열린 교류가 바람직하다고 인식하고 있다. 국제교류의 장애요인으로는 지방정부의 자율성 미약, 지역주민의 관심부족, 제도와 시설부족 등을 고루 들고 있으며, 이를 극복하기 위하여 지방정부의 재원, 시설, 제도상의 자율성이 보다 확대되어야한다고 보고 있다.

지방정부가 국제교류를 추진하는 데 있어 가장 중점을 두어야 할 사업분야는 어느 것이라고 생각하십니까라는 질문에 대하여 가장 높은 점수를 얻은 것은 문화·예술분야로 23.3%를 차지하고 있다. 이어서 국제통상으로 22.4%, 3위는 지자체간 공무원과 지방의원들의 교류로 18%를 차지하고 있다. 문화예술 분야가 가장 높은 점수를 얻은 것은 지자체간 교류가 어디까지나 스포츠, 예술, 문화, 학술교류 등, 민간교류를 지원하는 것이 중요하다고 느끼는 점을 보여주고 있다. 동시에, 지방공무원들은 국제통상을 우선시하고 있다. 단순히 인적 교류에 그쳐서는 안되고 자치단체 상호간에 경제적인 효과를 가져오는 통상교류를 의식적으로 강조하고 있다.

한편, 교류 상대지역인 일본 지자체의 반응은 무척이나 좋은 편이다. 양 단체간 교류에 있어서 일본측의 응답이 적극적이라는 비율은 무려 44.8%에 이르고 있다. 이것은 앞으로 양국간 교류의 전망이 대단히 밝다는 점을 나타내는 고무적인 수치라 평가할 수 있다. 일본내에서 한국에 대한 관심이 높아져가고, 동아시아국가 가운데서도 생활문화나 삶의 질 수준이 비슷한 한국에 친근감을 느끼는 것은 지극히 당연한 현상이며, 이러한 배경이 일본측의 호의적인 반응을 유발하고 있다고 하겠다. 현재 일본과의 국제교류에서 가장 활발한 2개 분야는 역시 문화예술과 스포츠가 27%로 1위, 인적 교류가 21.2%로 2위이다. 전체적으로 보아 일본과의 교류는 문화예술 분야와 인적 교류가 활발하며, 상호간 적극적인 의욕이 뒷받침되어 그 전망이 매우 밝다는 것을 알 수 있다.

한편, 광역단체와 기초단체로 나누어 담당공무원들의 의식을 살펴보았다. 광역단체의 담당공무원은 대부분 국제교류에 적극적이며, 오히려 시군구보다 훨씬 국제화에 대한 필요성을 강하게 느끼고 있다. 물론 시군구의 공무원도 국제화흐름에 적극적인 지지를 보내고 있다. 일본과의 교류시 중점분야로 광역시도의 실무자는 경제교류를 중시한데 비하여(32.1%), 시군구는 문화예술을 강조하고 있어서(26.7%), 국제교류 분야별로 강조점의 차이가 약간씩 드러나는 것을 알 수 있다. 아마도 이것은 전국적으로 국제통상실이 설치되면서 자연스레 광역단체에서 통상교류를 강조하는 한편, 시군구는 문화예술 교류나 인적 교류가 주류를 이루고 있는데서 나타난 것으로 볼 수 있다. 그럼에도 불구하고 지자체의 규모에 따른 인식도 차이는 크게 드러나지 않았다.

먼저 국제교류의 의미에 대하여 외국과의 인적, 물적교류라는 응답이 55.2%로 가장 많고, 이어서 관-관교류 중심에 민간교류 포함이 29.7%이다. 이것은 아직까지 국제교류를 공무원교류로 보는 인식이 강하다는 것을 말해준다. 국제교류에 관심이 있다는 응답은 46.2%로 절반 이상의 공무원이 관심이 있다고 볼 수 있다. 또한, 국제교류에 지방정부가 적극적으로 나서야 한다는 응답이 69%로 국제화지향에 대한 합의가 형성되고 있음을 알 수 있다. 국제교류의 장애요인으로 국제교류 인프라 부족, 지자체의 대응능력 부족, 지역주민의 관심부족 등을 들고 있다. 따라서, 중앙정부의 국제교류 제도시설 지원, 재정확충을 위한 중앙정부의 역할, 국제화된 지방공무원의 육성 등을 기대하고 있다.

앞으로 국제교류 담당기구의 역할이나 조직을 확대해야 한다는 응답이 매우 높고, 경제협력과 문화예술교류, 공무원 행정교류에 많은 관심을 쏟아야 하며, 국제교류 인재를 육성하기 위하여 지자체내부에서 선발하거나, 외부전문가 영입도 필요하며, 지방대학과 지역기업과 공동으로 거버넌스를 구축할 필요성을 제기하고 있다.

지금까지 담당공무원의 의식조사를 통하여 지자체간 국제교류를 다시한번 되짚어보았다. 특히 월드컵의 한일공동개최를 계기로 일본지역과의 교류를 담당하는 지방공무원들에 대한 의식조사를 중심으로 살펴보았다. 이 글은 일본지역과의 교류만을 대상으로 설명한 것이나 국제교류에 대한 일반공무원들의 인식, 국제교류에서 느끼는 문제점과 향후 대응방향 등은 전체적으로 공통된 측면을 밝혀 주고 있다고 할 수 있다.

마지막으로 몇 가지 느낀 점을 지적하자면, 국제교류에 대한 지방공무원의 높은 관심을 담아낼 수 있는 그릇이 필요하다는 것이다. 외국어교육이나 해외파견 등, 다양한 방법이 적절히 제시되어야 하며, 국제교류를 위한 제도와 시설이 확충되고 지방정부의 자율성이 보다 확대되어야 할 것이다. 또 하나 중요한 점은 어떻게 지역주민이 국제교류에 능동적으로 참가하도록 이끌어낼 것인가 하는 점이다. 당분간 지방정부와 지역기업이 앞장서는 것은 불가피하나, 지역주민들이 주체가 된 민간교류와 조화를 이룰 수 있도록 배려하여야 할 것이다. 국제화에 대한 지역주민의 잠재적인 의욕과 지지에 뒷받침된 지방간 교류야말로 가장 튼튼하고 오래가며, 그 내용도 충실하리라 것은, 단순하지만 분명한 사실이기 때문이다.

3

광역단체의 국제통상협력

3 CHAPTER
광역단체의 국제통상협력

1. 광역단체의 국제통상협력

1) 광역단체의 세계화기반

　광역단체의 세계화기반은 세계화조직과 재정규모, 국제공항과 도로교통, 그

▶ 표 3-1 광역시세계화 기반비교(수출입항목 포함, 2005년 현재)

구분	인구지표	경제지표				시설지표		사회문화지표		지수합계
	외국인비율	생산자서비스	외국인투자	해외투자	수출입	정보지설	전시시설	외국인학교	국제교류	
서 울	100	100	100	100	100	100	100	100	100	900
부 산	35	27	6	7	24	94	33	26	35	287
대 구	41	17	2	1	9	93	33	16	19	231
인 천	88	13	9	4	49	100	0	5	34	302
광 주	35	11	1	3	22	102	33	5	11	223
대 전	41	10	1	2	7	98	33	5	16	213
울 산	59	6	1	1	153	108	0	11	12	351
경 기	106	51	27	65	179	102	33	37	125	725

▸ 표 3-2 광역단체 국제교류지수(2005년)

구분	구분	결연대상		소계		지수
		외국국가	외국도시	국가	도시	
서울	광역(1)	20	22	29	105	100
	기초(25)	21	83			
부산	광역(1)	17	18	18	38	36
	기초(12)	6	20			
대구	광역(1)	9	13	10	21	20
	기초(6)	3	8			
인천	광역(1)	9	16	9	37	35
	기초(10)	4	21			
광주	광역(1)	7	7	7	12	11
	기초(4)	1	5			
대전	광역(1)	10	10	11	17	16
	기초(5)	2	7			
울산	광역(1)	8	12	8	13	12
	기초(1)	1	1			
경기	광역(1)	17	21	31	135	129
	기초(30)	27	114			

리고 컨벤션센터와 대형호텔, 허브도시기능과 정보통신, 연구개발기능, 국제교류협회와 해외교류지원단체 유무 등을 포함한다. 동북아는 물론 세계 각 지역별로 도시간경쟁이 치열해지는 오늘날, 세계화기반은 한국의 광역단체가 글로벌시티로서 생존여부를 결정짓는 필수적인 기초체력에 해당한다. 세계화기반은 지방도시가 국제통상과 교류협력을 추진하여 글로벌도시로서 도약할 수 있는가를 결정짓는 국제인프라에 다름 아니다.

[표 3-1]을 보면 알 수 있듯이, 2005년현재, 수출입항목을 포함한 주요 대도시의 세계화기반을 평가하면, 경제지표, 시설지표, 사회문화지표로 나누어서 수치화

▶ 표 3-3 한국 시도별 국제통상 예산현황(2001년 우리나라 시·도의 국제통상관련 부문별 예산현황)

(단위: 백만원)

시·도	국제통산예산액 (일반회계총예산액)	국제통상/ 총예산비율	주요 편성내역		
서울	6,686(8,123,554)	0.082%	국제교류 3,068	경상:1,484	사업: 1,584
			무역진흥 1,306	경상: -	사업: 1,306
			투자진흥 2,312	경상: 841	사업: 1,471
부산	19,125(2,134,277)	0.896%	투자통상 1,400	경상: 629	사업: 17,691
			해외사무소 운영 17,725	경상: 771	사업: 34
대구	11,192(1,350,400)	0.829%	국제교류 327	경상: 290	사업: 37
			투자유치 10,242	경상: 1,276	사업: 8,966
			통상진흥 623	경상: 8	사업: 615
인천	3,158(1,612,704)	0.196%	국제교류 2,315	경상: 1,091	사업: 1,224
			투자진흥 843	경상: 579	사업: 264
광주	781(918,545)	0.085%	통상협력 781	경상: 482	사업: 299
대전	2,626(822,537)	0.319%	투자 1,716	경상: 1,692	사업: 44
			서울사무소 305	경상: 303	사업: 2
			국제협력 605	경상: 368	사업: 237
울산	1,468(604,107)	0.243%	경제정책(투자) 632	경상: 188	사업: 444
			통상교류 420	경상: 135	사업: 215
			서울사무소 416	경상: 284	사업: 132
경기	11,138(3,923,561)	0.284%	투자진흥 2,970	경상: 1,807	사업: 1,163
			교류협력 4,962	경상: 1,413	사업: 3,549
			무역진흥 3,207	경상: 649	사업: 2,558
강원	2,100(1,136,379)	0.185%	국제교류 1,050	경상: 996	사업: 54
			통상협력 784	경상: 374	사업: 410
			투자유치 266	경상: 132	사업: 134
충남	5,140(1,756,854)	0.293%	국제통상	경상: 430	사업: 4710
전북	24,170(1,423,998) * 월드컵경기장 건립비 포함	1.697%	통상기획 583	경상 : 75	사업: 508
			투자지원 491	경상: 21	사업: 470
전남	2,484(1,730,005)	0.144%	투자유치 1,953	경상: 13	사업: 1,940
			국제교류 1,656	경상: 1650	사업: 6
경북	1,632(1,760,440)	0.093%	국제행사지원 19,487	경상: 307	사업: 19,180
			통상협력 2,484	경상: 523	사업: 1,961
경남	8,583(1,946,012)	0.441%	국제통상진흥 1,632	경상: 852	사업: 780
			투자유치 5,217	경상: 516	사업: 4,701
충북	587(913,200)	0.064%	통상협력 3,366	경상: 1,227	사업: 2,139
			국제통상 587	경상: 386	사업: 201

주: 민간이전은 사업비에, 인건비와 예비비는 경상비에 포함하였음.
자료: 충청북도, "2001년 국제통상관련 타시,도 조사보고서"

한 결과, 서울을 각 항목별 100기준으로 하여 종합점수를 산정하면, 서울이 900, 경기 725, 울산이 351, 인천이 223, 부산이 287 등에 해당한다. 울산이 특히 높은 것은 수출입항목이 포함되었기 때문이다. 서울과 경기 등 수도권이 압도적인 우위를 차지하고 있으나, 국제화인프라가 대도시별로 빠르게 정비되고 있어서 조만간 순위가 바뀔 가능성이 매우 높다.[1]

광역단체의 국제교류에 한정하여 지수별로 통계를 살펴본 것이 [표 3-2] 광역단체 국제교류지수(2005년)이다. 각 도시가 외국지자체와 맺은 자매결연이나 우호교류협정을 합산하고나서 서울특별시를 기준치 100으로 했을 때에, 경기도가 129로 유일하게 서울을 뛰어넘어 국제교류 지수가 가장 높은 편이다. 경기도와 서울특별시에 이어서, 한참이나 뒤쳐져서 부산과 인천이 각각 36, 35로 뒤를 잇고 있으며, 울산과 광주광역시가 상대적으로 낮은 편이다.

그렇다면, 광역단체의 통상협력을 위한 인프라는 어느 정도일까. 광역단체의 국제화는 국제통상과 외자유치로 인식될 정도로 그 비중이 매우 높다. 국제통상은 실제로 국제화를 내실있게 추진하고 가시적인 성과를 얻는다는 점에서 지방정부에 있어서 매우 필요한 분야가 아닐 수 없다. 김영삼정부의 세계화선언은 국경 없는 무역전쟁에서 살아남기 위하여 국제교류보다도 국제통상을 중시한 것이었다. 1995년 광역시도에 일괄적으로 국제통상협력실이 설치되어 각 시도에서 수출지원과 외자유치를 추진한 것도 이같은 맥락에서였다. 특히 1997년 외환위기가 도래하면서 대부분의 광역시도의 국제화는 획일적으로 국제통상을 중시하는 조직체계로 전환되었다.

국내 광역시도의 2005년도 지방외교 관련예산은 총예산대비 평균 1.01%로 나타났는데, 1995년 260억원 0.18%에서 5배 이상 증가한 비율로, 프랑스의 0.5%, 스페인의 0.7%에 비하여 상대적으로 높은 편이다. 16개시도의 국제화예산총액은 약 4,502억원에 달하며, 총418명의 전담인력이 국제통상협력 업무에 종사할 정도로 그 행정영역이 확대되어 왔다. 그럼에도 불구하고, 지역마다 격차가 심하

---

1) 이하 1. 광역단체의 세계화기반에서 광역단체별 비교정리는 필자가 국제화자문위원으로 있는 울산시청과 울산발전연구원의 자료를 인용한 것임.

▶ 표 3-4 광역시도별 국제교류조직과 예산(2005)

광역시도	전담조직	인력	예산(단위 백만원, %)
부산광역시	문화관광국 국제협력과 경제진흥실 투자유치과 경제진흥실 산업입지과 5개팀조직	35명 (계약직 7명포함)	국제화예산 923백만원 총예산대비비율 0.03%
대구광역시	경제산업국 국제협력과 5개팀조직	21명 (계약직 6명포함)	국제화예산 3,194백만원 총예산대비비율 0.13%
인천광역시	국제협력관 경제통상국 기업지원과 5개팀조직	35명 (계약직 8명포함)	국제화예산 15,367백만원 총예산대비비율 0.76%
광주광역시	경제통상국 경제통상과 2개팀 조직	35명 (계약직 7명포함)	국제화예산 3,812백만원 총예산대비비율 0.28%
대전광역시	투자통상본부 국제통상팀	19명 (계약직 5명포함)	국제화예산 1,207백만원 총예산대비비율 0.10%
울산광역시	경제통상국 경제정책과 1개팀 조직	6명 (계약직 4명포함)	국제화예산 2,504백만원 총예산대비비율 0.23%
경기도	경제투자관리실 국제통상과 5개팀조직, 투지진흥과 5개팀조직	50명 (계약직 8명포함)	국제화예산 110,900백만원 총예산대비비율 1.57%
충청북도	경제통상국 국제통상과 6개팀조직	23명 (계약직 5명포함)	국제화예산 3,656백만원 총예산대비비율 0.28%
충청남도	경제통상국 국제통상과 5개팀조직	30명 (계약직 4명포함)	국제화예산 5,662백만원 총예산대비비율 0.28%

심익섭 편저, 『한국지방정부 외교론』(오름, 2006년) 제4장을 참조.

▸ 표 3-5　시도별 국제협력·통상조직 및 인원(2007. 02현재)

광역 단체	담당과 (국제협력+통상 직원/과 정원)	담당계 (직원수)
서 울	국제협력과(26/27)	국제통상(10), 교류지원(5), 미주·구주(5), 아시아(6)
부 산	투자통상과(4/20)	기업유치(6), 외자유치(6), 경제자유구역지원(3), 통상진흥(4)
대 구	국제협력과(26/27)	국제협력(12), 국제교류(9), 국제회의(5)
대 구	기업지원본부 국제통상팀(23/37)	통상지원(9), 국제교류(6), 전시산업(4), 컨벤션산업(4), 투자유치 1·2·3·협력관(14)
인 천	국제협력관실(18/22)	국제협력(7), 구미교류(5), 중국교류(4), 국제관계자문대사실(2), 투자협력(3)
인 천	기업지원과(5/28)	기업지원(6), 공업지원(7), 노사협력(6), 수출진흥(5), 단동지원(3)
광 주	투자유치기획단(7/TFT)	투자통상진흥(7), 외국기업유치(4), 국내기업유치(3)
광 주	도시마케팅본부 마케팅기획팀(4/14)	전략마케팅(7), 이미지제고(3), 국제협력(4)
대 전	투자통상본부 국제통상팀(12/15)	국제기획(6), 국제교류(3), 국제통상(3), WTA사무국(4) ※ 비전임 2(기획)
울 산	경제정책과내 6명	담당(1), 통상(2), 국제교류(3)
경 기	국제통상과(24/24)	교류통상(6), 해외마케팅(4), 무역기반조성(3), 전시컨벤션(4), 국제협력(7)
강 원	국제협력관실내 국제협력 11명	국제기획(6), 국제협력(5) 등
강 원	기업지원과내 통상관련 7명	수출지원(3), 판로지원(4) 등
충 북	경제투자본부 통상외교팀(17/17)	국제기획(6), 아시아담당(4), 미주담당(4), 통상지원(3)
충 남	국제통상과(29/30)	국제기획(6), 국제교류(7), 통상진흥(4), 투자유치(5), 중국지원(4), 뉴욕등 무역관(3)
전 북	대외협력과내 국제협력 5명	국제협력(5) 등
전 북	기업지원과내 통상지원 5명	통상지원(5) 등
전 남	기업통상과(17/29)	경제정책(6), 통상지원(6), 국제교류(6), 농수산물 수출(5), 상거래소비(5)
경 북	통상외교팀(18/19)	국제협력(6), 국제교류(6), 통상진흥(5)
경 남	국제통상과(18/26)	통상지원(5), 시장개척(6), 국제협력(7), 산업이벤트팀(7)
제 주	평화정책과내 교류협력 6명	교류협력(6) 등
제 주	기업지원과내 판로지원 6명	판로지원(6) 등

여 국제통상협력을 위한 광역시도의 조직과 예산은 매우 다양하다.

2001년 시점에서 시도별 국제통상 조직과 예산을 정리한 것이 [표 3-3]이다. 각 시도별 격차는 적지 않으나 전라북도가 전체예산가운데 국제화예산이 차지하는 비중이 1.7%로 가장 높은 편이다. 각 시도마다 차이는 있으나 충청북도 0.06%에서 전라북도 1.7%에 이르기까지 표준편차도 매우 큰 편이다. 국제교류, 통상협력, 투자유치 등의 과단위가 눈에 띠며, 통상협력을 위한 국제교류가 중시되고 있는 형편이다.

2001년과 2005년, 2007년을 비교하면 국제화조직의 변화가 명료하게 드러난다. 2005년의 경우에는 경제산업국이나 경제통상국으로 편제되어 있다. 국제화조직은 경제와 통상을 위주로 하는 국단위 조직으로 바뀐 것이다. 국제협력보다는 국제통상이 우선된 조직으로 경제통상과 업무가 주요업무로 설정되고, 국제교류는 병렬적인 조직이거나 후방지원조직으로 남게 되었다.

그러다가 2007년에 들어서면 국제화조직은 전문적인 통상과 투자중심의 본부조직으로 재편되었다. [표 3-5] 시도별 국제협력·통상조직과 인원(2007.02현재)은 그러한 변화를 잘 보여주고 있다. 새롭게 투자유치기획단이나 투자유치본부를 상위조직으로 한 투자통상팀이나 기업지원실 등이 배치되어 있다. 이것은 초기 획일적인 국제통상협력실 조직에서 벗어나 외환위기를 거치면서 점차 국단위로 확대, 개편되었고, 2007년이후 투자유치와 통상협력을 전문적으로 담당하는 본부조직으로 체계화되어가는 과정이라고 볼 수 있다. 도시마켓팅본부, 기업지원본부 등 보다 다양하고 종합적인 도시경쟁력 강화차원에서 국제통상협력이 평가되면서 다층적인 발전과정을 그리고 있다고도 분석할 수 있다.

한편, 각시도별 세계화기반에 해당하는 국제화인프라를 살펴보기로 하자. 여기서는 국제화를 수용할 수 있는 기본인프라로서 전시컨벤션센터의 운영현황, 광역시도별 국제교류센터의 설치 운영, 그리고 해외협력위원 운영실태를 소개하고자 한다. [표 3-6]에서와 같이, 2007년 2월 현재 전시컨벤션센터의 운영현황을 살펴보면, 서울시에 코엑스, 학여울전시관, 농협 aT센터, 일산 킨텍스 4개소가 설치되어 있다. 광주 김대중 컨벤션센터, 대전 코트렉스, 부산에 벡스코시설, 대구 엑

▶ 표 3-6 전시컨벤션센터 운영현황(2007.02: 현재)

전시장명	개장 년도	운영기관	건립비 (억원)	시 설 규 모			가동 률
				부지면적	연면적	전시장면적	
COEX (서울 삼성동) 지상5층/지하5층	'88. 9	COEX	7,714 (무역협회)	106,612㎡ (32,306평)	1,028,758.5㎡ (311,745평)	36,027㎡ (10,917평)	75.4
SETEC (서울 학여울) 지상1층	'99. 5	KOTRA	54 (전액국비)	31,000㎡ (9,378평)	11,019㎡ (3,339평)	7,948㎡ (2,408평)	63.6
KOTREX (대전 유성구) 지상1층	'95. 5	KOTRA	98 (전액국비)	29,195㎡ (8,832평)	6,199㎡ (1,878평)	4,200㎡ (1,272평)	55.0
EXCO (대구 산격동) 지하4층/지상5층	'01. 4	(주)대구전시 컨벤션센터	1,740 (국비 820)	20,862㎡ (6,310평)	87,293.8㎡ (26,407평)	11,616㎡ (3,520평)	72.0
BEXCO (부산 해운대) 지하1층/지상5층	'01. 9	(주)부산전시 컨벤션센터	1,600 (국비 500)	134,608㎡ (40,719평)	92,761.44㎡ (28,110평)	33,183㎡ (10,037평)	51.0
aT Center (서울 양재동) 지하3층/ 지상15층	'02. 11	농산물 유통공사 (COEX위탁)	773 (국비 268)	18,810㎡ (5,690평)	58,294㎡ (17,633평)	8,047㎡ (2,438평)	44.7
ICC JEJU (제주시 서귀포) 지상7층/지하21	'03. 3	(주)제주국제 컨벤션센터	1,806 (국비 450)	54,876㎡ (16,600평)	62,126㎡ (18,793평)	2,585㎡ (782평)	36.0
KINTEX (경기 고양시) 지하1층/지상3층	'05. 4	KINTEX(주)	2,315 (국비 500)	237,790㎡ (71,931평)	130,634㎡ (39,253평)	53,541㎡ (16,196평)	-
김대중컨벤션 센터 (광주 치평동) 지하1층/지상4층	'05. 9	김대중 컨벤션센터 (지방공사)	771 (국비 434)	53,301.9㎡ (16,123평)	39,558㎡ (11,966평)	10,800㎡ (3,267평)	-
CECO 창원컨벤션센터 지상6층	'05. 9	경남창원시 (COEX위탁)	730 (국비 200)	108,660㎡ (32,869평)	41,232㎡ (12,473평)	7,827㎡ (2,368평)	-

▶ 표 3-7 광역단체 국제교류센터 설립과 운영

구 분	부산광역시	인천광역시
정식명칭	부산광역시국제교류재단 (2006. 2. 28 개소)	인천광역시국제교류센터 (2005. 10월 개소)
운영형태	비영리재단법인	비영리재단법인
설립근거	『부산광역시 국제교류재단 설립과 운영 조례』 제정으로 설립과 출연근거 마련	『인천광역시 국제교류센터 설립과 운영 조례』 제정으로 설립과 출연근거 마련

조 직	■ 이 사 장 : 부산시장
	■ 대표이사 : 이권상
	■ 이사회구성 : 임원16명(이사14, 감사2)
	■ 재단조직 : 2개팀 1센터
	■ 인원현황 : 11명
	  - 사무처장 1
	  - 교류협력팀 4(팀장 1, 직원3)
	  - 외국인지원팀 4(팀장 1, 직원 3)
	  - 한 · 러 협력센터 2(센터장 1, 직원1)
	  ※ 사무처장 : 계약직 가급 상당/연봉
	    5천만원
	    팀장 : 6 · 7급 공무원 파견
	    직원 : 계약직 라급 상당/연봉 3천만원
		■ 이사장 : 인천시장
		■ 대표이사 : 최경보
		■ 이사회구성 : 임원 10명(이사9, 감사1)
		■ 재단조직 : 1대표이사 4팀
		■ 인원현황 : 15명
		  - 국제협력팀 3(팀장 1, 직원2)
		  - 교류1팀 3(팀장 1, 직원 2)
		  - 교류2팀 3(팀장 1, 직원2)
		  - 기획운영팀 5(팀장1, 직원4)

2007
년도
예산
	■ 총 10억원(시 출연금)
	  - 사업예산 : 339,200천원(33.9%)
	  - 경상예산 : 510,800천원(51.1%)
	  - 예비비, 적립금 : 150,000천원(15%)
		■ 총 20억6천만원(시 출연금)
		  - 사업예산 : 1,272,692천원(61.7%)
		  - 경상예산 : 641,171천원(31.12%)
		  - 예비비, 적립금 : 146,137천원(7%)

위 치
면 적
사무실
	■ 소재 : 부산시청 신청사내(1층)
	■ 면적 : 150평 정도(홍보관 50평 포함)
	■ 구성 : 사무실, 외국인지원센터, 영접
	  실, 회의실, 홍보관
		■ 소재 : 인천시청
		  - 임대료 233백만원
		■ 면적 : 106평
		■ 구성 : 사무실, 영접실, 회의실

주요사업	■ 교류협력 활동
	  - 자매도시간 교류 · 협력 사업
	  - 시민 글로벌 에티켓 강좌 개설
	  - 시민 자원봉사 프로그램 운영
	■ 외국인 지원활동
	  - 외국인참여프로그램 및 외국인
	    커뮤니티지원
	■ 외국인지원센터
	  - 정보공유마당, 사이버룸, 도서실 및
	    회의실
		■ 대외협력
		  - 국제회의 기구 유치 지원
		  - 남북교류협력 사업 지원
		  - 홈스테이 등 자원봉사자 육성
		■ 국제교류
		  - 자매 · 우호도시간 교류지원
		  - 시민대상 국제이해 프로그램 운영
		  - 외국인, 재외동포 지원사업 등
		■ 정보제공
		  - 다국어 홈페이지 운영,
		    국제교류 관련 정보
		    데이터 베이스 구축 · 운영

146

구 분	대전광역시	광주광역시
정식명칭	대전광역시 국제교류센터 (2005. 7월 개소)	(사)광주국제교류센터 (1999. 5. 3)
운영형태	민간단체 위탁	비영리 민간단체 보조
설립근거	『대전광역시 국제교류센터 설립과 운영조례』 제정으로 설립과 운영 규정 마련	『비영리민간단체지원법과 시행령』에 의한 보조금 지원
조 직	■ 수탁단체 - 단체명 : (사)국제교류문화원 - 대 표 : 김진배 - 위탁기간 : 3년(2005.6.~2008.5.) - 활동 내용 · 청소년 상호방문교류 프로그램 · 자매도시 청소년 어울림 마당 · 시민국제화 교류 연수사업전개 (일본오다 청소년 교류사업 등) ■ 인원현황 : 전임 3명, 비전임 2명 - 상담소장(1명) : 1,500천원/월 - 직 원(2명) : 1,200천원/월 - 자원봉사 : 매일 2명씩 근무	■ 이사장 : 윤장현(YMCA 재단이사장) ■ 이 사 : 30명 ■ 소 장 : 신경구(전남대 교수) ■ 근무인력 - 7명(상근 3명, 비상근 4명) - 자원활동자 : 42명 ■ 월보수 - 소 장 : 자원봉사 - 상 근 : 150만원 - 비상근 : 50만원
2007년 예산	■ 총 1억8백만원(시 위탁보조금) - 사업예산 : 29,794천원(28%) - 경상예산 : 78,376천원(72%)	■ 2006년 사업비 : 1억6천만원 - 광주시 보조금 : 3천만원 · 2007년 : 6천7백만원 편성 * 회원 : 320명(5천~30천원/월회비)
위 치 면 적 사무실	■ 소재 : 구 대전일보 빌딩 3~4층 ■ 면적 : 156평 3층(52평), 4층(104평) ■ 구성 : 사무실, 영접실, 상담실, 자료 실, 문화교실, 휴게실 등	■ 소재 : 동구 금남로 전일빌딩 ■ 면적 : 68평 정도 ■ 구성 : 사무실, 상담실, 자료실 등
주요사업	■ 생활민원 서비스 제공 ■ 외국인에 대한 정보제공 ■ 인터넷 카페와 자료실운용 ■ 외국인 만남의 장소 제공/ 외국인지 원 프로그램 운영 ■ 외국인근로자 취업상담과 병원이용 안내 등	■ 월간 광주 News 발행 ■ 한국어학당 운영 ■ 외국인생활상담 ■ 교류음악회, 문화답사, 국제인권탐방 등 * 매년 광주 외국인의 날 행사개최

스코, 창원시의 컨벤션센터, 제주 컨벤션센터를 들 수 있다. 말하자면, 서울에 4개

대형시설이 집중되어 있고, 강원지역을 제외하면 지역별로 1개소가 배치되어 있

는 셈이다. 전체 규모로 따지자면, 서울의 전시시설이 너무나 방대하여 부산을 제외하면 수도권과 지방간 격차가 너무나 크다는 것을 알 수 있다.

[표 3-7] 광역단체 국제교류센터 설립과 운영현황을 살펴보면, 서울, 부산, 인천, 대전, 광주에 설치되어 있다. 서울은 서울글로벌센터가 있고 지역마다 5개소에 브랜치가 설치되어 있다. 부산과 인천, 대전이 각각 국제교류재단이나 국제교류센터를 설립하였으며, 광주광역시는 민간단체가 (사)국제교류센터를 운영하며, 지자체가 예산을 지원하는 아웃소싱 형태를 띠고 있다. 민간단체인 광주광역시 국제교류센터가 가장 먼저 1999년 설립된 반면, 나머지 도시에서는 비교적 최근인 2005년 또는 2006년에 설립되었다.

담당인력은 인천시가 가장 많은 15명, 부산시가 11명, 그리고 광주시가 7명, 대전시가 5명으로 되어 있다. 부산시와 인천시는 지자체에서 재원을 만들어 설립한 비영리재단법인인데 비하여 광주와 대전은 외부 민간단체에 업무위탁을 하고 있다. 부산과 인천의 국제교류재단은 국제교류와 외국인지원센터를 겸하고 있는데 비하여, 광주와 대전은 단지 민간단체가 외국인생활을 지원하거나 정보제공과 상담활동을 주요 업무로 하고 있어서 대조적이다. 요컨대, 지자체산하 국제교류재단은 주로 국제교류협력의 보완기관 역할을 중시하는데 비하여 지방정부에서 업무위탁을 받아 활동하는 민간단체의 역할은 지역내 외국인을 위한 다문화행정의 기능을 수행하고 있다고 하겠다.

[표 3-8] 광역시도의 해외협력위원은 외국과의 교류에 있어서 중요한 현지 코디네이터 역할을 하는 가교이다. 평생동안 광역 시도청과 시군구청을 오가는 지방공무원들이 해외경험이 부족하거나 현지사정에 어두운 것은 당연한 일이고, 더구나 외국어를 능통하게 구사하는 것은 기대하기 어렵다. 따라서, 현지교민들을 해외협력위원으로 위촉함으로써 외국지자체와 자매결연, 공무원이나 기업인의 현지출장시 지원, 문화교류와 청소년 홈스테이 등에 있어서 중개알선을 의뢰할 수 있어서 매우 유용한 존재이다.

대부분의 시도들은 외교통상부 출신의 본부공무원을 국제관계 자문대사로 임명하고 제도를 운영하고 있다. 국제외교의 경험이나 노하우, 네트워크가 아직 부

▶ 표 3-8 광역시도 해외협력위원 운영 현황

시·도별	인원수	지 원 내 용	비고(명칭)
서 울	×	×	
부 산	17	활동비 실비 지원	통상자문관
대 구	13	활동비 실비 지원	해외자문관
인 천	12	활동비, 국내체제비 지원	해외자문관
광 주	5	활동비 200 $ /월	해외명예무역주재관
대 전	31	활동비 ×, 고향방문의 날 초청 항공료·체제비 지원/3년	해외협력위원
울 산	4	활동비 실비 지원	명예자문관
경 기	×	×	
강 원	31	×	명예협력관
충 북	85	활동비 실비 지원	국제자문관
충 남	50	×	명예국제자문관
전 북	20	×	국제교류자문관
전 남	×	×	해외자문관
경 북	70	자체회비로 협의회 운영	경북명예자문관
경 남	9	×	통상자문관
제 주	9	×	투자유치자문관

족한 시도에서는 국제교류의 외연확대와 국제전문가로서 역할을 기대하게 된다.
2010년 1월들어 충청남도는 국제관계자문대사에 전 주아르헨티나 대사를 지낸
외무공무원을 영입한 바 있다. 충청남도가 추진하는 해외교류사업과 투자유치활
동에서 일정한 역할을 요청하는 것이다. 자문대사는 시도지사의 브레인으로서
지사주재 정례회의에 참석하게 되며, 국제통상실이나 국제협력관의 업무를 계선
조직의 일부로서 지원하게 된다.

이밖에도 현지교민을 명예대사, 해외자문관, 통상자문관, 해외협력위원들로
위촉하여 국제교류와 투자유치에 활용하는 경우가 일반적이다. 가장 숫자가 많
은 충북도의 85명에서 상대적으로 적은 광주나 울산, 그리고 아예 두지 않고 있는

경기도와 전라남도를 들 수 있다. 부산, 대구, 울산, 충북 등은 활동비를 실비로 지원하고 있다. 인천광역시는 활동비와 국내체재비를, 광주광역시는 매월 200달러, 대전시는 초청시 항공료와 체재비지원 등으로 운영현황은 도시사정에 따라 다양한 편이다.

2) 광역단체 대표사례

(1) 서울시청의 세계화전략

이제 각 대도시별로 국제교류와 통상협력 현황을 살펴보기로 하자. 2009년말 현재 서울시청의 국제교류협력 담당조직은 투자기획관 산하에 국제협력 담당관과 관광진흥 담당관이 있으며, 국제통상팀, 교류지원팀, 미주구주팀, 아시아팀으로 나누어져 있다. 서울시는 9개의 국제기구, 22개의 자매도시, 14개의 우호협력 도시와 활발한 도시 간 교류를 전개하고 있다. 조순시장, 고건시장, 이명박시장 재임중까지 자매결연이 매우 적극적으로 체결되었고, 오세훈 시장은 외국도시와 활발한 우호협력을 추진하였다. 2006년 오세훈시장은 이탈리아 밀라노, 벨라루스 민스크 등의 도시, 그리고 주로 중국도시와 우호협정을 맺는 성과를 거두었다.

서울특별시의 국제교류는 다양한 분야별 국제회의 주최나 공무원교류 등에 치중되고 있어서 BESETO 등의 동북아 서울-도쿄-베이징 간 3자교류 등 특별한 경우를 제외하면 그다지 활발하지 않다. 국제기구도 9개 단체에 평회원으로서 가입해 있을 뿐, 서울시가 회장, 또는 부회장으로 주도하는 국제기구는 눈에 띄지 않는다. 지방자치가 실시되면서 직선제로 선출된 조순시장은 베트남 하노이시나 폴란드 바르샤바시 등 4개도시와 자매결연을 맺었다. 이어서 서울시장을 지냈던 고건시장은 4년 임기동안 지자체간 국제교류에 큰 관심을 보이지 않았으나, 대통령 선거에 출마하려던 이명박 시장은 미국 워싱턴D.C.나 타이 방콕시 등과 자매결연을 맺는 등, 비교적 해외지자체와의 교류에 적극적이었다. 오세훈 시장은 자매도시를 늘리는 것 보다는 실질적인 협력을 기대할 수 있는 우호협력도시 증가에 관심을 두었다.

▶ 표 3-9 서울특별 자매도시 현황

번호	도시명	국가명	결연일자	인구(만명)	재직시장
1	타이페이	대 만	1968년 3월	264	김현옥
2	앙카라	터 키	1971년 8월	369	양택식
3	호눌룰루	미 국	1973년 10월	87	양택식
4	샌프란시스코	미 국	1976년 5월	74	구자춘
5	상파울로	브라질	1977년 4월	1700	구자춘
6	보고타	콜롬비아	1982년 6월	800	김성배
7	자카르타	인도네시아	1984년 7월	940	염보현
8	도쿄	일 본	1988년 9월	1207	김용래
9	모스크바	러시아	1991년 7월	864	이해원
10	뉴사우스웨일즈	호 주	1991년 11월	634	이해원
11	파리	프랑스	1991년 11월	220	이해원
12	멕시코시티	멕시코	1992년 10월	860	이상배
13	베이징	중 국	1993년 10월	1423	이원종
14	울란바토르	몽 골	1995년 10월	90	조 순
15	하노이	베트남	1996년 5월	270	조 순
16	바르샤바	폴란드	1996년 6월	165	조 순
17	카이로	이집트	1997년 4월	1600	조 순
18	로마	이탈리아	2000년 11월	280	고 건
19	아스타나	카자흐스탄	2004년 11월	300	이명박
20	워싱턴D.C.	미 국	2006년 3월	179	이명박
21	아테네	그리스	2006년 5월	450	이명박
22	방콕	타 이	2006년 6월	1568	이명박

서울특별시는 그동안 공무원의 국제화교육에 중점을 두고 세계화와 국제화를 추진해 왔다. 2004년 11월 현재, 서울시의 국제인력 인프라구축을 위한 해외연수 현황(1970~2004.11)을 살펴보면 다음과 같다. 1년 이상 장기연수는 250명, 6개월 이하 단기연수는 77명으로 전체 327명에 달한다. 분야별로는 도시행정 89명, 재

무행정 25명, 환경관리 39명, 교통관리 29명, 보건복지 30명, 산업경제 15명, 문화예술 12명, 도시계획 30명, 건설기술 25명, 기타 33명 등으로 나타나고 있다. 직급별로는 2급 2명, 3급 22명, 4급 59명, 5급 145명, 6급 43명, 7급 56명 등으로 주로 4,5,6급에 집중되고 있음을 알 수 있다.

사실상 그동안 서울시의 국제화는 주로 공무원 연수를 통한 국제화교육과 자매도시 교류, 그리고 통상협력 등에 치중되면서 민간교류가 가장 부족한 것이 큰 문제점으로 나타나고 있다. 서울시의 국제교류가운데 민간부문은 대부분 거주외국인을 위한 다문화지원에 집중되고 있다. 세계도시로 탈바꿈하고자 노력하는 서울시의 국제화는 공무원 국제화교육, 프로젝트별 대형인프라와 외국인 거주환경 개선에 집중되거나, 통상협력에 대부분 예산이 집중되면서 시민없는 국제화의 모순점이 명백히 드러나고 있다. 따라서, 서울시의 국제교류 비전을 다시한번 완전하게 재검토할 시기에 와있다고 하겠다.

디자인수도, 환경회의 등 굵직한 국제회의를 서울시에 유치하는 것은 긍정적으로 평가할 수 있으나 어디까지나 1회성 행사임을 주지할 필요가 있다. 앞으로 서울시내 유관기관, 시민단체 등이 국제화 네트워크를 구축하기 위하여 서울시가 후원하는 국제시민연대를 추진해가야 한다. 서울-베이징-도쿄간 도시연대도 도시정부가 주도하는 부정기적인 대화망에 그치고 있으며, 그나마 원활하게 작동되고 있지 않다. 따라서 전반적인 시민주도로 추진되는 국제화를 전제로, 강력한 인적 네트워크 허브를 자랑하는 세계도시 서울을 만들기 위한 시정전반의 국제화업무 재검토가 매우 시급한 과제라고 할 수 있다.

한편, [표 3-10]과 같이 2003년 서울시 자매도시 교류사업의 용도별 예산내역으로는 서울시의회 우호대표단 경비가 27%, 선진분야 벤치마킹 20%, 시정현안 연구 20%, 자매도시 협정과 우호협력 체결 20%, 기타 10%, 양도시 협의사업 3% 등으로 나타나고 있다. 서울시의 국제교류는 초기에 관 대 관 교류 중심에서 벗어나 민간교류가 활성화되고 있다고 평가할 수 있으나, 자매도시 교류사업 분야에서 예산용도별로 살펴보면, 민간예산은 거의 없으며, 대부분 시의회와 공무원을 위한 예산으로 사용되고 있어서 재검토할 필요가 있다.

▶ 표 3-10 2003년 서울시 국제교류 사업분야

(단위: 백만원)

교류분야	교류사업	예산	비율
자매도시교류	자매도시교류	666	15.6%
	우호협력도시 체결		
행정교류	해외도시 네트워크 운영	80	1.9%
	외국공무원 초청연수		
	국제회의 참가		
문화민간교류	국제전시회 주최	479	11.2%
	지구촌 한마당 축제		
	외국인 시정모니터링제 운영		
	서울거주 외국인 지원		
통상경제교류	해외전시 박람회 참가지원	2,741	64%
	해외통상, 투자유치 사절단 파견		
	해외도시 기술교류 지원		
	수출능력 배양사업		
	외국인 투자활성화 지원		
기타교류	해외주재관 운영	313	7.3%
	해외주재관 국외연수		
	해외현장 리포트 발간		

  2003년도 서울시의 국제교류 예산을 분석해 보면, 통상교류에 27.4억원이 투입되어 64%이상을 차지하고 있어서 해외 투자유치, 국내기업의 해외수출 지원에 2/3이상의 재원이 사용되고 있음을 알 수 있다. 자매도시 교류에 6.6억원 15.6%, 다문화사업에 4.8억원 11.2% 등이 지출되고 있다. 서울시도 주로 통상협력에 치우치면서 동시에 거주외국인을 지원하기 위한 사업에 상당한 노력을 하고 있다고 판단된다.

  서울시의 홈페이지에는 시장, 공무원의 해외방문, 외국원수나 단체장의 서울방문, 자매도시 국제교류단의 서울방문 등의 경우에 대응하는 매뉴얼 등이 작성되어 게시되어 있다. 단체장간 교류는 필요한 경우에 이루어지고 있으나 서울시와 일본 도쿄도의 단체장 교류는 일본 이시하라 신타로(石原愼太郎) 도쿄도지사의 반한적인 언행으로 의례적인 교류만 있을 뿐이다. 2008년 이시하라 지사가 회의참석차 서울시를 방문하여 청와대 대통령주최 만찬에 참석하였으나 헤드테이블을 배정받지 못하여 다음날 귀국해 버렸다는 일화가 있다. 역사문제로 인하여 한일지자체간 교류뿐만 아니라 단체장간 인적 교류도 영향을 받고 있다는 것을 알 수 있다.

서울시는 대도시답게 지방의 국제화에 수반되는 의전사항에 대하여 구체적인 매뉴얼을 작성하여 홈페이지에 게재하고 있다. 약간 내용이 길지만 도움이 될 것으로 보고 상당부분을 그대로 인용하기로 한다. 다음 내용은 자매도시 시장의 서울방문시 순서와 내용을 절차에 따라 정리한 것이다.

① 초청 검토보고: 자매도시 시장의 서울시 방문은 서울시장의 공식초청에 의해 이루어지거나, 방문도시측에서 먼저 방문의사를 표명해 오는 경우도 있다. 이때에는 초청목적과 기간, 주요일정 등에 대하여 검토를 한 후 시장에게 보고한다.

② 초청장 발송: 시장보고 후 초청의사가 결정되면 상대도시에 공식 초청의사를 담은 서한을 발송한다. 초청장은 도쿄도와 베이징시는 관례에 따라 한자를 혼용한 한글로 작성하고, 그 외의 도시는 영문으로 작성한다. 초청장은 서울시장의 친서형식을 취한다.

③ 방문허락 통보: 검토보고 후 외국 국가원수의 서울시 방문이 허락되면, 환영의사를 외교통상부를 경유하여 방문국에 통보한다.

④ 영접 기본계획 수립: 초청의사 결정후 실질적인 준비를 위하여 영접 기본계획서를 작성하여 시장결재를 얻는다. 영접 기본계획서에는 방문목적, 방문시기(기간), 방문단, 주요일정 및 행사, 예산에 대한 내용은 포함한다.

⑤ 영접준비와 일정 협의: 초청의사 결정후 자매도시와 체재비 부담조건, 숙박지, 차량지원, 경찰선도, 주요일정 등에 대해 협의한다. 체재비 부담은 상호주의 원칙에 의거하여 우리시가 부담하는 경우와 초청도시에서 부담하는 경우가 있는

데, 초청도시에서 부담할 경우 부담하는 원칙을 명확히 결정한다. 숙박지는 체재비를 초청도시에서 부담할 경우는 초청도시에서 준비하는 것이 관례이며 우리시가 부담할 경우는 우리측에서 직접 예약하거나 재외 한국공관을 통하여 예약한다.

총무과(차량계)와 협의하여 서울시 의전차량과 수행원, 수하물을 위한 차량을 지원한다. 서울시 차량지원이 어려울 경우에는 임차한다. 서울 체류일정중 경찰선도가 필요할 경우에는 일시, 장소 등을 결정하여 경찰청과 협의하여 지원받는다. 주요일정에 대해서는 자매도시와 협의하여 주요행사의 일시, 장소, 참석자 등에 대해 상호의견을 교환하여 결정한다.

⑥ 준비사항 목록표 작성: 영접준비를 차질없이 진행하기 위하여 준비해야 될 사항과 시기, 그리고 준비된 사항과 준비할 사항을 표시하는 목록을 작성하여 준비하는 과정에서 수시로 확인한다.

⑦ 영접 세부일정 작성: 영접일정을 확인하고 의전업무에 참고하기 위하여 세부일정을 소책자 형식으로 작성한다. 책자의 내용은 방문개요, 방문 주요일정과 세부일정 (별도일정포함), 참고자료 등으로 구성한다. 방문개요에는 방문목적, 방문기간, 방문단, 숙소 등을 기술한다.

주요일정에는 서울 도착, 주요인사 예방, 주요행사, 서울 출발 등 서울에서의 주요일정을 기술한다. 세부일정은 자매도시와 협의하여 가능한 자세하게 기술하되, 출국일부터 귀국일까지 매일 일정을 시간별로 상세히 작성한다.

별도일정은 시장 부인이 함께 방문하여 시장과 일정을 달리하여 활동하는 경우 또는 서울시 일정이 아닌 타기관 주관의 일정이 있는 경우에 타기관과 협의하여 작성한다. 참고자료는 자매도시현황, 자매도시 시장약력, 서울시와의 관계, 주요연락처 등을 기술한다.

⑧ 숙소호텔과 행사장 예약: 세부일정(안)이 결정되면 숙소호텔과 행사장 (오찬 또는 만찬장소 등)에 대한 예약을 한다. 숙소호텔 예약은 서울시측에서 비용부담을 하는 경우에 서울시에서 예약을 하지만, 방문도시에서 비용을 부담하는 경우에는 방문도시가 하는 것이 관례이다.

(2) 인천광역시의 글로벌 시티 지향

인천광역시의 국제화

인천광역시는 한국지방의 국제화에 있어서 매우 중요한 위치를 차지하고 있다. 인천광역시는 중국을 대상으로 일찌감치 적극적인 국제화전략을 펼치면서 10여개가 넘는 중국지방정부와 교류를 전개해 왔다. 그러나 인천광역시의 국제교류와 통상협력이 주로 중국에 치우쳐 있는 점, 보다 글로벌한 시각에서 동아시아 도시와의 연계가 부족한 점, 인천공항의 허브기능, 송도신도시 등 다양한 잠재력과 가능성을 보유하고 있음에도 불구하고 인천시가 주도하는 국제기구가 하나도 없는 점 등은 앞으로 인천시의 국제화전략에서 극복해가야 할 점이다. 인천광역시는 한국지방의 국제화를 선도할 수 있는 역량과 위치를 점유하고 있으며, 송도신도시의 개발과 함께 글로벌 시티로 성장할 것으로 기대하고 있다.

인천광역시의 인구는 264.5만명으로 서울, 부산에 이어서 3위에 이르고 있다. 외국인도 중국인을 중심으로 다양한 국적출신의 4.7만명이 거주하고 있다. 앞으로도 송도신도시 등 도심공간이 확대됨으로서 2020년에 약 350만명으로 증가할 것으로 예상된다. 인천의 지역총생산은 37.7조원으로 전국의 4.6%를 차지하고 있으며, 2007년도 재정규모는 약 5조원에 달하고 있다. 2006년도 1인당 생산액은 16,368달러이며, 인천시의 2007년도 수출은 192억달러에 달하고 있다.[2]

인천광역시는 어제도 오늘도 한국지방정부의 국제통상협력을 주도하고 있다고 해도 과언이 아니다. 지리적으로 보아도 인천은 비행시간으로 3.5시간 반경내 인구 100만명 이상의 도시 51개가 입지하고 있으며, 중국경제의 급성장과 대북 경제협력의 이점을 가장 잘 활용할 수 있는 전략적 위치에 소재해 있다. 인천광역시는 국제화물 세계2위, 국제여객 세계 10위로 아시아 지역의 전략적 중추공항으로 성장한 인천국제공항과, Sea & Air 복합운송체계를 구축하고 있는 인천국제항을 기반으로 동북아의 물류·비즈니스 허브시티로 자리잡아가고 있다. 또한, 카페리를 통해 중국의 10개 연안도시와 연결되고 있어서 한국과 중국을 연결하는 거

---

2) 이하 장윤정, [인천의 해외도시와의 국제협력] (인천발전연구원, 2008)의 논문을 바탕으로 정리하였음.

그림 3-1 인천광역시의 단계별 발전목표

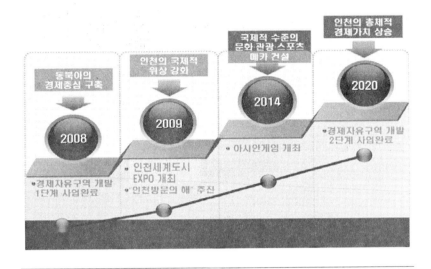

점이 되고 있다(장윤정, 2008).

인천광역시는 세계일류 명품도시 인천건설을 비전으로 하여 동북아의 중심도시 건설, 도시공간의 재창조, 정주여건 개선과 자립형 복지, 도시브랜드 세계화를 정책목표로 활발한 시정개혁을 추진해오고 있다. [그림 3-1]과 같이 단계별 발전목표로는 2014년 아시안게임을 통하여 국제수준의 문화관광, 스포츠의 메카로 입지를 구축하고, 2020년에는 경제자유구역 개발 2단계 사업을 완료하여 총체적인 도시업그레이드를 기대하고 있다. 2009 인천세계도시축전(仁川世界都市祝典, Global Fair & Festival 2009 Incheon, Korea)은 2009년 8월-10월간 송도컨벤시아에서 개최되었다. 송도국제업무단지는 비즈니스에 필요한 최상의 어메니티(amenity·쾌적함)를 제공하는 국제도시로서 240만㎡에 달하는 녹지공간과 공원, 최신 테크놀로지 인프라, 획기적인 건축설계로 지어진 컨벤션 센터인 컨벤시아, 고급 호텔, 국제 학교, 박물관, 럭셔리 쇼핑몰 그리고 잭 니클라우스 골프클럽 코리아 등 계획도시의 모든 장점을 갖추게 된다.

인천시는 2009년 11월 열린 동아시아 도시협력포럼에서 세계경제중심지로서

▶ 표 3-11 해외 도시와의 네트워크 현황

자매도시	우호도시	국제관계 자문대사	민간외교사절현황				국제회의 가입
			국제 자문관	국제명예 고문	해외명예 국제자문관	시민명예 외교관	
9개국 13개도시	3개국 7개도시	1명	2명	52명	8개국 13개도시 14명	187명	5기구

▶ 표 3-12 자매도시(9개국 13개도시)

국가명	도시명	결연일자	면적(㎢)	인구(만명)
미국	버뱅크	1961.12.18	44	10
	필라델피아	1983.8.15	337	180
	앵커리지	1986.10.7	5,180	26
	호놀룰루	2003.10.15	1,560	87
일본	기타큐슈	1988.12.20	483	101
중국	텐진	1993.12.7	11,305	952
	충칭	2007.6.1	82,400	3,200
베트남	하이퐁	1997.7.25	1,507	170
파나마	파나마	2000.3.16	2,561	83
이스라엘	텔아비브	2000.5.14	170	40
이집트	알렉산드리아	2000.5.17	2,819	340
인도	콜카타	2007.10.15	1,480	1,468
멕시코	메리다	2007.10.15	858	73

동아시아의 역할을 위해 도시간 물류네트워크 구축을 제안하였다. 중국 칭타오에서 열린 도시협력포럼에서 인천시는 황해안 대도시가 세계경제중심지로 자리매김하기 위해서는 도시간 물류네트워크 구축이 필요하다고 주장하였다. 동아시아 도시협력포럼은 인천을 비롯한 부산과 울산, 중국 텐진, 칭타오, 다롄, 옌타이, 일본 후쿠오카, 기타큐슈, 시모노세키 등 10개 도시가 참여하고 있다. 동아시아가

158

▶ 표 3-13 우호도시(3개국 7개도시)

국가명	도시명	결연일자	면적(㎢)	인구(만명)
중국	다렌	1994.4. 2	12,574	554
	단동	1995.9.23	14,900	233
	칭타오	1995.9.27	10,654	711
	산둥성	2004.2.16	157,000	9,082
	엔타이	2007. 3.29	13,740	647
베네주엘라	차카오	1994.5.11	3.6	8
브라질	히오그란지 두술주	2004.3.29	282	1,020

현재 세계 교역량의 30% 가량을 차지하고 있으며, 물류 서비스전략은 국가경쟁력의 핵심적 성공요소로 대두되고 있는 점을 중시할 필요가 있다. 인천국제공항을 중심으로 한 환황해권 Sea & Air 운용과 컨테이너 환적 등을 원활히 하기 위한 물류정보 DB구축, 포트얼라이언스, 복합운송 개선을 통해 국가 및 도시경쟁력을 강화해 나갈 것을 제안하였다.[3]

인천시의 국제교류 현황

인천광역시는 광역단체가운데 가장 활발한 국제교류 사업을 전개해 오고 있다. 인천광역시의 해외네트워크 현황을 살펴보면, 9개국 13개 도시와 자매결연을 맺었으며, 이어서 3개국 7개 도시와 우호관계이며, 5개 국제기구에 가입해 있다. 이것은 광역단체가운데에서도 상대적으로 자매도시의 숫자나 국제기구 가입빈도 면에서 높은 편이다. 인천광역시는 2009년 세계 도시엑스포를 성공적으로 개최하였고 인천경제자유구역의 해외 기업유치, 송도신도시 건설 등을 위하여 적극적으로 해외 도시와의 네트워크 구축과 도시브랜드 제고에 주력하고 있다(장윤정, 2008).

---

3) 「인천일보」(2009.11.02) 보도를 참조.

▸ 표 3-14 인천광역시 국제회의 가입현황

회의체명	가입일자	회원규모	주요활동
동아시아경제교류 추진기구 (OEAED)	1993.11.11	한 · 중 · 일 10개도시	• 시장회의(격년), 실무자회의 (매년), 연구기관회의 등
아 · 태도시정상 회의(APCS)	1996.9.28	아 · 태지역 18개국 73개도시	• 총회(4년마다), 실행위원회 (1~2년마다), 세미나 등
씨티넷 (CITYNET)	1997.11.23	아 · 태지역 민 · 관조직(130여개)	• 총회(4년마다), 실행위원회 (2년마다), 세미나 등
세계지방정부연합(UCLG)	2006.10.30	127개국 1,000여회원	• 총회(1년마다), 세미나 등
UNESCO 아태 인종차별 및 차별 대우 반대 도시연합	2007.5.25	16개도시(2004년 설립)	• 인종차별 및 차별대우 등 인권 문제 개선을 위한 도시정책과 전략을 발전시켜 나가기 위한 아태도시연합

국제협력 문제점과 개선방향

그러나 인천시의 국제교류 비전과 방향은 몇 가지 한계점을 안고 있다. 첫째, 국제교류의 전략과 네트워크의 방향이 제대로 설정되고 있지 않다. 국제교류에서 친선방문이나 청소년교류 등 인적교류가 대부분이며, 도시간 협력사업 추진은 아직 미비한 실정이다. 그 원인은 인천의 국제화와 국제경쟁력 제고를 위한 비전과 방향을 제시와 함께, 전략을 수립하고 시민과의 공감대 형성을 통한 사업추진의 중심 주체가 될 수 있는 국제화 협의체의 부재로 인한 문제라고 할 수 있다. 인천의 경우, 국제교류의 중요성과 국제화에 대한 인식이 다른 광역시 · 도에 비해 빠른 편으로, 국제협력관실을 두고 국제업무에 대한 전문성을 도모하였다. 지자체로서는 전국에서 최초로 국제교류센터를 두고 민간차원의 국제교류지원에도 노력하고 있다(장윤정, 2008).

인천문화재단, 인천관광공사 등도 도시간 국제협력에 있어 중요한 역할을 수행하고 있다. 이러한 각 기관들이 중국과 활발한 교류와 협력활동을 벌이기 위해서는 먼저 지방정부 차원에서 대중국 비전과 전략을 제시해 주어야 하며, 이들 기관간 상호 네트워크를 통해 정보교류와 시너지 효과를 높여야 한다는 것은 당연하다. 중국은 개혁개방이 진전되면서 각 도시별로 개별적 발전 전략을 수립하고, 경쟁적으로 해외 도시들과의 협력을 도모하려 하고 있다. 연안도시들의 경우 경제성장과 함께 해외진출에 적극적으로 나서고 있다.[4]

둘째, 국제교류 추진체계의 비효율성이다. 해외도시와의 협력을 활성화하기 위해서는 국제화 관련 정책과 사업을 효율적으로 추진하기 위한 체계정립이 우선되어야 한다. 일본 기타큐슈시의 조직을 예로 들면, 국제적 문제에 관련한 업무 조직이 비교적 잘 정리되어 있다. 즉, 기획정책실에 국제정책과를 두고 총괄적인 국제 정책수립과 조정 기능을 두고 있다. 즉, 국제정책과의 정책수립과 조정하에, 환경, 문화, 경제분야가 유기적으로 연계되어 국제업무를 추진하고 있다. 인천은 국제협력관실이 있으나, 총괄적인 국제화 정책수립과 조정부서로서의 기능이 제대로 수행되고 있지 못하다. 현재 협력관실의 기능은 각 부서의 국제교류 업무지원이 대부분을 차지하고 있다. 따라서 정책수립부서로서의 기능과 각 부서의 국제교류 업무조정 기능확립을 통한 국제교류 체계의 효율성을 높여야 한다.

또한 국제업무의 특성상 전문성과 지속성이 필요함에도 불구하고, 일부 소수의 전문 계약직을 제외하고 순환보직으로 인해 지속적인 업무가 이루어지지 못하고 있다. 따라서, 해외 교류기관과의 네트워크 관리가 어려우며 장기 프로젝트 추진에도 어려움을 겪고 있다. 예를 들면, 중국교류와 관련하여 인천시와 유관기관의 추진현황에 대해 2003년과 2004년에 [대중국교류추진전략 보고서]라는 문서가 나왔을 뿐, 그외 국제교류와 관련한 연감발간과 같은 정리작업이 이루어지고 있지 않다. 물류, 관광, IT 분야에 관련부서간 업무조정이 조속히 이루어져야 하며, 전문성을 강화하고, 파견 주재관을 귀국후 관련 업무에 배치하여 업무연계성을 높여나가야 한다는 지적이다(장윤정. 2008).

---

4) 그 예로, 중국 톈진시의 경우 인천발전연구원과 관광분야에 있어 공동연구를 진행하며, 한국의 관광객 유치는 물론, 중국 관광객의 한국 방문을 위한 출입국 관리 절차 완화에 대해 의견을 제시하기도 했다. 다롄시 역시 다국적 기업인 HP의 유치와 함께 급증하는 IT 기술인력 수요를 충족하기 위해, IT인재 육성을 위한 국제협력 대상을 한국에서 찾고 있다.

그림 3-2 부산광역시의 자매우호도시

(3) 글로벌 시티 부산

부산광역시의 국제교류협력

최근 10년동안 부산광역시의 글로벌 시티로의 전환은 빠른 속도로 추진되어 왔으며, 국제교류에서도 19개국 22개 도시와 교류협정을 체결하는 등, 적지 않은 성과를 거두었다고 평가할 수 있다. [그림 3-2]는 부산광역시의 자매결연, 우호교류 도시를 보여주는 것으로 전세계로 이어진 네트워크를 한눈에 파악할 수 있다. 부산시의 자매도시는 대부분 주요국가의 주요도시로 구성되어 있다. 미국 시카고와 로스앤젤로스, 중국 상해, 캐나다 몬트리올, 인도 뭄바이, 러시아 상트페테르부르크와 블라디보스톡, 브라질 리오데 자네이로 등이다.

부산광역시는 현재 12개의 국제기구에 가입하고 있는데, 이 가운데 후쿠오카현(후쿠오카시, 기타규슈시 포함)과 공동으로 가입하고 있는 기구는 4개로, 한일해협연안시도현지사 교류회의, 동아시아경제추진기구, 아시아도시서미트, 아시아태평양관광추진기구가 있다. 이 가운데 아시아도시서미트는 후쿠오카시에 사무국을, 아시아태평양관광추진기구는 부산광역시에 사무국을 두고 있다.

부산시는 환황해권, 환동해권, 한일해협권에서 다양한 지리적 영역을 활용하면서 국제화를 추진해갈 것이 기대되고 있다. 부산시는 현재 세계20대 글로벌 대도시에 포함되지 못하고 있다. 따라서 글로벌 대도시네트워크에 진입하기 위하여 경남도와 울산까지 포함한 광역권 구성을 전제로 단기적인 압축성장 전략도 검토해 볼만 하다. 부산시가 경상북도와 대구시가 주도하는 NEAR와 같은 국제기구를 창설하거나, 중국의 남방경제권, 화교경제권, 규슈광역경제권과 적극적인 교류비전과 국제허브도시 인프라를 구축해야 한다. 한국의 광역권구상이 진행되면 메가시티로서 부산광역시의 비중은 더욱 커질 전망이며, 이러한 계획은 더욱 탄력을 받을 것이다.

한일해협권과 부산시 국제협력[5)]

부산은 일본과의 지리적 근접성, 일본과 연관된 많은 유 · 무형 문화자산, 외국인관광객의 약 50%를 차지하는 일본인, 일본문화의 빠른 흡수력 등으로 경제 · 사회 · 문화면에서 일본과 매우 긴밀한 관계를 맺으면서 지금까지 활발한 교류를 해오고 있다. 특히, 부산은 후쿠오카시를 중심으로 하는 북부 규슈권과의 교류를 전개해 오고 있으며, 부산권과 후쿠오카권이 국경을 넘어 경제권을 형성하는 주장까지 나오고 있다. 부산-규슈간 해저터널과, 한일FTA 등을 고려하면 부산광역시는 장기적으로 한일해협권 경제에 포함될 가능성이 높다.

부산광역시와 후쿠오카시는 한국과 규슈의 관문도시로서 항공, 해운, 육운 등 다양한 교통수단이 발달해 있다. 양 도시간에는 항공과 해운 등, 국제교통편이 개설되어 있으며, 인적 교류도 매우 활성화되어 있다. 후쿠오카와 부산지역에는 많은 대학이 집적되어 있는데, 2005년 5월 현재 후쿠오카현내 국립대학 3개교, 공립대학 4개교, 사립대학 21개교, 사립단기대학 11개교, 고등전문학교 3개교가 있다. 부산지역에는 2005년 12월 현재 단기대학 11개교, 교육대학 1개교, 대학교 12개교가 있다.

부산을 중심으로 한 동남권(부산 · 울산 · 경남)과 규슈의 경제 · 문화의 중심

---

5) 이하, 금성근(2008), "동북아도시간 협력 현황 및 전망-부산권과 후쿠오카권을 중심으로", 부산발전 연구원을 정리, 요약하였음.

지인 후쿠오카현은 지리적 근접성과 교통편의성 등을 배경으로 다양한 교류가 이루어지고 있어 쇼핑, 레저, 교육, 의료 등에 있어서 하나의 생활권으로 발전할 가능성이 높은 지역이다. 또한, 앞으로 한일FTA가 추진되면, 지리적으로 가까운 부산과 후쿠오카는 경제 · 산업뿐만 아니라 인적 · 물적 교류에도 큰 영향을 받을 것이다. 그리고 현재 논의중인 일본의 도주제(道州制)와 한국의 광역경제권의 도입은 규슈지역과 동남광역권이라는 자율경제권이 구축될 경우, 양 지역은 정책 기획입안부터 관리집행까지를 일관적으로 실시할 수 있게 된다.

규슈에서는 현재 후쿠오카 하카타역을 종착역으로 하고 있는 신칸센이 2011년에 가고시마까지 연장되었으며, 하카타역–가고시마역 1시간 20분 소요된다. 2010년 이후 KTX가 부산까지 완전 개통되면 부산–서울간 412km의 이동시간은 2시간 10분으로 단축된다. 부산과 후쿠오카는 한국의 KTX와 일본의 신칸센을 연결시키는 접점으로서 그 역할이 확대될 것이다. 부산–후쿠오카간에 저가 소형항공기가 투입되어 가격인하와 편수의 증가가 이루어지면 부산–후쿠오카간 교통 흐름이 보다 원활해질 것이다. 이로써 이동시간과 비용이 줄어들어 비즈니스나 관광이 보다 활발해져 1일 생활권을 비롯한 동일경제권 형성에 박차를 가할 수 있을 것이다.

부산–후쿠오카를 광역적으로 연계시키는 한일해협연안시도현지사 교류회의는 한국의 4개 시도(부산, 전남, 경남, 제주)와 규슈의 4개현(후쿠오카현, 사가현, 나가사키현, 야마구치현)의 단체장이 매년 1회 상호 방문형식으로 만나는 국제기구로 종래의 자매도시 교류와는 다른 새로운 지역간 국제교류이다. 1992년부터 시작된 국제회의의 주요 사업으로는 청소년 교류, 환경기술 교류, 수산관계 교류, 광역관광협의회, 경제협력, 주민친선 이벤트, 지역전통공예 교류, 지역진흥단체 교류지원 등이 있다. 한일해협연안시도현지사 교류회의는 한일 공동 홈페이지 (http://www.info.japan-korea-strait8.org)를 개설하여 상호 정보교환을 하고 있다.

한일기업의 상호 진출을 살펴보면, 규슈 · 야마구치 지역기업의 해외진출은 1986년~2006년 사이 1,275건이 있었고, 그 가운데 한국은 61건으로 4.8%를 차지

▶ 표 3-15 한·일(규슈)경제교류회의의 교류현황

회	개최지	개최시기	주요 성과
1회	기타규슈시(규슈)	1993년 11월	
2회	서울특별시(한국)	1995년 2월	
3회	나가사키시(규슈)	1996년 2월	
4회	전북 전주시(한국)	1997년 6월	
5회	오이타현 벳부시(규슈)	1998년 7월	한국·규슈 산업기술교류미션 (1997년~)
6회	광주광역시(한국)	1999년 5월	환황해 산업·기술페어 개최(1997년~)
7회	미야자키현 미야자키시 (규슈)	2000년 9월	기타규슈 국제기술협력 연수생 수용과 전문기술자 파견(1994년~) 한일 우호기술연수생 프로그램 협력
8회	경남 창원시(한국)	2001년 6월	(2000년~)
9회	가고시마현 마키조노정 (규슈)	2002년 8월	벤처기업 지원에 관한 협력체제 구축 (2001년)
10회	제주도 서귀포시(한국)	2003년 8월	한일 광IT 회랑 프로젝트(2001년) 관광교류사업의 추진(2004년)
11회	구마모토현 구마모토시 (규슈)	2004년 7월	한국 중소기업 인재육성 협력
12회	충북 제천시(한국)	2005년 10월	
13회	사가현 사가시(규슈)	2006년 7월	
14회	부산광역시(한국)	2007년 7월	

자료 : 九州經濟産業局 國際部(2007), 九州經濟國際化戰略 등에서 재정리.

하고 있다. 부산에 8건, 경남에 3건이 있으며, 진출분야는 판매, 제조, 정보수집 등의 순으로 많다. 한편, 규슈에는 한국으로부터 현대저팬(주) 후쿠오카지사 (1984), 일본삼성(1987), (주)포스메탈(1994), 진로저팬(1998), (주)마티스(1998), (주)삼신소프트(2005)가 진출해 있다.

정부차원에서의 교류는 양국의 중앙정부가 중심이 되어 시행하고 있는 한·일 (규슈)경제교류회의와 환황해경제기술회의가 있다([표 3-15] 한·일(규슈)경제 교류회의의 교류현황을 참조할 것). 한·일(규슈)경제교류회의는 한국과 규슈 쌍방의 중소기업이 보유하고 있는 자본·기술·인재 등의 경영자원을 상호 보완

▶ 표 3-16 환황해 경제기술교류회의 교류현황

회	개최지	개최시기	주요 성과
1회	후쿠오카시(규슈)	2001년 3월	
2회	전주시(한국)	2002년 10월	• 환황해지역 공동사업을 추진하는 틀의 설치
3회	웨이하이시(중국)	2003년 9월	• 3국의 산학관 국제공동연구의 추진
4회	미야자키시(규슈)	2004년 8월	• 환황해 인턴십의 추진
5회	대전시(한국)	2005년 11월	• 무역·투자미션의 상호 파견
6회	르자오시(중국)	2006년 11월	• 3국의 행정기관·기업·대학이 참가
7회	구마모토시(규슈)	2007년 11월	

자료: 九州經濟産業局 國際企劃調査課(2004), [九州の經濟槪況], 九州經濟産業局
國際部(2007), [九州經濟國際化戰略] 등에서 재정리.

하며 무역·투자와 산업기술의 교류 확대와 지역간 교류의 촉진을 목적으로, 1993년 11월에 기타규슈시에서 제1회 회의가 개최되었다. 양국의 경제·산업교류에 기여하는 구체적인 프로젝트를 쌍방에서 제안하여, 무역세미나나 투자환경 설명회 등을 개최하고 있고, 산업기술교류미션의 상호파견과 아시아산업교류 페어 참가 등 기업간 교류도 늘어나고 있다.

부산시의 환황해권교류

환황해경제·기술교류회의는 일본의 경제산업성 규슈경제산업국, 한국의 산업자원부, 중국의 상무부와 과학기술부가 참여하는 3개국 정부에 의한 회의와 더불어 지자체나 경제단체, 기업관계자, 연구자들이 한 자리에 모여, 무역·투자, 기술·인재 등에 있어서의 상호협력에 대해서 서로 논의함과 동시에 상호 구체적인 비즈니스의 계기를 마련하는 장(場)이다.

이 회의에서는 무역·투자·기술교류·인재교류의 촉진책으로서 제안된 구체적인 '환황해 협력 프로젝트'를 실시하여 아시아와 세계에 열린 경제권으로서 환황해 경제권의 형성, 아시아의 공생적 발전을 목표로 하고 있다. 이 밖에도 한국과 규슈에는 교류회, 미션 등의 명칭으로 기업간 교류, 산학교류가 이루어지고 있

국가명	도시명	결연일자	면적(㎢)	인구(만명)
캐나다	앨버타주	1974년 4월	662천	360
미국	콜로라도주	1991년 12월	270천	480
중국	지린성	1994년 6월	187천	2730
일본	돗토리현	1994년 11월	3.5천	60
러시아	연해주	1998년 5월	165천	207
몽골	튜브도	2003년 11월	74천	11
필리핀	세부주	2007년 10월	5천	340
인도네시아	족자카르타주	2008년 8월	3.2천	290

다. 최근의 한국과 규슈간의 교류회로서는 아시아링크 규슈비즈니스교류회
(2005년 6월, 제1회, 후쿠오카시), 2005규슈(일본)·한국산업기술교류미션
(2005년 2월, 기타규슈시) 등이 있다.

(4) 강원도의 글로벌 플랜

강원도의 국제교류협력[6]

강원도는 김진선 관선지사 시절부터 국제교류 협력에 많은 관심을 두고 행정
능력을 강화시켜 왔다. 강원도는 광역단체에서도 교류, 협력, 관광, 물류, 국제기
구 등의 다양한 국제화분야에서 매우 높은 실적과 경험을 지니고 있다. 강원도는
환동해권에 위치하여 경제성장이 더딘 단점을 극복하기 위하여 외국의 지방정부
와 적극적인 교류협력을 추진하였고 나름대로 성공을 거둔 지역이라고 평가할 수
있다. 자매결연, 우호교류의 양적 성과는 물론이고 내실있는 교류, 국제기구에의
참여도도 매우 높은 편이다.

[표 3-17]에서와 같이 강원도의 자매결연지역은 캐나다 앨버타주, 미국 콜로라
도주, 중국 지린성, 일본 돗토리현, 러시아 연해주, 몽골 튜브도, 필리핀 세부주,

---

6) 이하 내용은 강원도청 [2007년도 국제협력실 업무보고]를 요약, 정리한 것임.

그림 3-3 강원외교 2009년도 주요목표와 방향

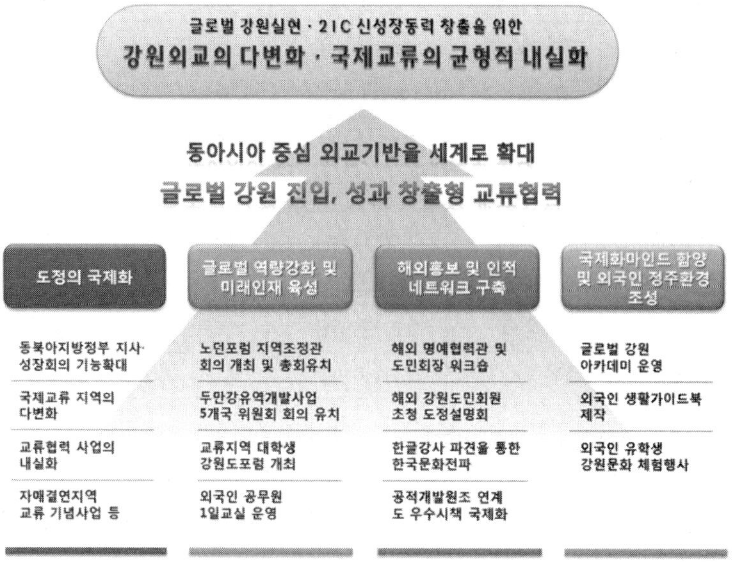

인도네시아 족자카르타주 등 8개지역, 우호도시는 미국 네바다주, 중국 랴오닝성, 일본 도야마현, 베트남 광닌성 등 11개에 달하고 있다. 현재 활동중인 국제기구나 회의도 노던 포럼, 환동해권지사성장회의, 동북아지방정부연합, 세계지방정부연합, 동아시아관광포럼, 지방정부국제환경협의회(ICLEI), 아태천연가스자동차협회(ANGVA), 아태관광협회(PATA) 등 8개로 국내 광역단체의 국제교류 평균 활동량을 훨씬 상회하고 있다.

　강원도가 주도하거나 참가한 국제기구가 적지 않으며 스스로 주도적으로 창설한 동북아지사성장회의는 대표적인 사례이다. 이 밖에, 최근 적극적으로 관심을 가지고 참가중인 노던포럼도 주목할 만하다. 강원도청은 국제협력실 산하에 1명의 협력관과 2명의 담당관을 두고 있다. 국제기획담당은 6명, 국제협력담당은 5명이며, 외국어 전문직은 4명이다. 예산규모는 약 9억원으로 주요기능은, 국제화시책 연구개발과 국제교류협력 계획의 총괄조정, 관광통상 등, 국제관련 사업의 지원, 민간부문의 국제교류지원과 해외도민 관리, 기타 해외홍보와 정보수집 등

지방외교와 관련사항 등이다.

　[그림 3-3] 강원외교 2009년도 주요목표와 방향을 살펴보면, 강원도는 2009년도 주요 국제협력의 목표로 강원외교의 다변화, 국제교류의 균형적 내실화를 정책중심으로 두고, 도정의 국제화기반 확충, 글로벌 미래인재 육성, 해외도민의 자긍심 고취, 내향국제화 확산을 구체적인 시책으로 설정하고 있다. 아시아 지방정부간 외교강화로 동북아 국제교류를 선도하고, 동북아 물류거점, 통합경제 주도권 확보를 위한 노력, 선진국 지방정부와 첨단 과학기술 교류를 확대하고, 국제회의 개최 유치와 참여로 강원도의 국제역량을 강화하고, 다문화시책의 기획 조정 능력을 강화할 것을 주요 대응전략으로 하고 있다.

　강원도는 도정의 국제화기반 확충을 위하여, 동북아지방정부의 지사·성장회의 확대, 교류협력의 내실화, 자매결연지역 기념사업 등을 구상하고 있다. 또한, 국제교류 다변화를 위한 1대륙 1교류거점 확보로 균형잡힌 지방외교 추진, 첨단산업(IT, BT), 관광, 환경 등 국가별, 분야별 교류 심화, 동북아자치단체연합, UCLG 등 국제기구와 회의 적극참여, 지사·성장회의의 고도화를 위한 동북아지방정부 교류회의 등을 설치하는 것이다.

　강원도는 글로벌 미래인재 육성을 위하여 모범청소년, 해외도민 2세 등 국제사회를 선도할 미래인재 육성, 전문인력 양성을 위한 국제기관 파견과 교류지역 연수를 확대하고자 노력하고 있다. 해외도민의 자긍심을 고취하기 위하여, 해외도민회 활성화와 사기진작을 위한 지원과 초청사업 추진, 해외 명예협력관의 정예화로 통상, 투자 등 실질적 현지 자문관화를 추진해오고 있다. 또한 다문화 공생여건 조성을 통한 외국인의 삶의 질 개선, 국제교류시책의 민간확산을 위하여 노력하고 있다.

　구체적인 내용을 살펴보면, 유럽, 남미, 동남아 등 대륙간 교류협력 확대, 분야별 특성화방안을 모색하고, 기존 교류지역들과의 부문별 교류를 심화하여 IT, BIO, 환경 등 구체적인 성과를 얻는 것이다. 2007년 부문별 협정과 교류추진 대상 지역은 러시아 사하공화국으로 자원이 풍부하고, 목재가공 산업 유치 등이 계기가 되었다. 베트남 광닌성은 2006년부터 공무원 교환연수 등 상호신뢰를 구축해 왔으며, 호주는 해양관광산업이나, IT · BIO 등이 특성화된 협력가능한 지역을 찾고 있다.

중장기적 교류확산 대상지역으로 인도처럼 IT · BIO 등이 발전했고 첨단산업 인력이 풍부하거나 공동연구 협력이 가능한 지역, 이탈리아, 아르헨티나 등 관광과 문화부문 교류가 가능한 곳, 독일내 경제분야 협력 등이 가능한 지역도 유망지역으로 추진하고 있다. 투자유치와 동계올림픽 등 도정 현안과 관련 있는 지역을 중점 교류지역으로 하고 각국대사관 등을 통한 협조를 요청하고 있다.

ODA(공적개발원조)와 연계한 국제교류사업 활성화

1957년을 정점으로 감소하기 시작한 대한국 무상원조는 1959년말부터 유상원조로 대체되기 시작하였고, 1970년대말에는 대부분의 외국원조가 중단되었다. 한국은 1995년 세계은행의 차관 졸업국이 됨으로써 사실상 원조수혜국에서 벗어나게 되었다. 1963년 미국 국제개발청(USAID) 원조자금에 의한 개발도상국 연수생의 위탁훈련을 시작으로, 1965년부터 한국정부가 개발도상국 훈련생 초청사업을 시작하였다. 그리고, 1986년 아시안게임과 1988년 서울올림픽을 전후하여 외채감축과 국제수지 흑자가 실현되어 한국의 개발원조(ODA)가 본격화되었다. 1991년 한국국제협력단(KOICA)의 설립으로 그동안 건설부, 과학기술처 등 각 부처에서 산발적으로 실시해 오던 기술협력, 인적교류사업 등을 통합하여 관리하고 있다.

강원도는 지자체 차원에서 1995년 세계화이후 활발히 전개되고 있는 해외지방정부와의 교류활동을 ODA와 연계하여 추진함으로써, 교류협력 강화는 물론 국가적 ODA사업에 기여하는 성과를 올릴 수 있게 되었다. 강원도는 2003년부터 몽골 튜브도와 자매결연 이후 2004년부터 본격적으로 진행된 「농업타운조성」 사업을 중심으로 강원도 ODA사업으로 지정하고 관리하며, 이를 통해 몽골 튜브도와의 긴밀한 협력관계를 구축해 나가고 있다. 몽골내 강원도 농업타운 조성사업외에도 몽골 농업공무원 초청연수사업, 그리고 몽골 종합운동장 보수와 강원도길

조성사업이며, 2009년까지 총 9억5천만원의 예산을 지원하였다.

강원도는 앞으로도 ODA와 연계한 도시정책의 국제화를 위하여 미개척 지역이자 미래 발전가능성이 있는 저개발국을 대상으로 KOICA가 주관하는 ODA사업과 연계한 연수생 초청사업을 계속해 나감으로써, 강원도를 알리고 글로벌 인적 네트워크를 구축하는 계기로 삼고 있다. 2009년부터 실시중인 농업·농촌개발 분야는 물론, 강원도가 장점으로 내세우는 관광, 환경, 에너지, 첨단과학기술 분야로 영역을 확대해 나가면서 프로그램을 다양화 시킬 계획이다.

(5) 광주광역시 국제화비전

광주광역시는 세계로 열린 도시, 광주의 위상과 글로벌 역량강화를 위하여 국제교류와 해외협력 활동을 추진해오고 있다. 광주광역시의 국제통상협력은 투자유치본부 중심으로 구성되어 있으며, 국내외기업을 유치하는데 국제통상의 관심이 집중되어 있다. 국제협력과는 도시마케팅본부 산하에 마케팅기획과, 관광진흥과, 국제협력과 등의 조직으로 구성되어 있다. 국제협력과의 직원은 13명으로 투자유치까지 포함하면 상대적으로 큰 규모의 조직을 가지고 있다. 국제협력과 내에도 국제교류담당과 국제통상담당이 별도로 구성되어 있어서 국제협력과 아울러 통상협력과 투자유치를 강조하는 광주시의 시정방향을 살펴볼 수 있다.

[표 3-18]에서 알 수 있듯이, 광주광역시 자매도시는 5개로 대만 타이난시(1968년 9월), 미국 샌안토니오시(1982년 2월), 중국 광저우시(1996년 10월), 인도네시아 메단시(1997년 9월), 일본 센다이시(2002년 4월) 등이다. 그리고 [표 3-19]와 같이 우호협력도시는 4개로 이탈리아 토리노시(2002년 11월), 독일 자알란트주(2003년 6월), 중국 우한시(2007년 9월), 중국 센양시(2007년 9월) 등으로 구성되어 있다.[7]

광주광역시의 2007년 국제교류실적을 살펴보면 다음과 같다. 대만 타이난시와는 1회 8명으로 쉬티엔차이 시장 일행이 우호교류 협의차 방문하고 시내 기업

---

7) 이하, 광주광역시 국제협력팀.(2008.5). [국제화비전]을 요약, 정리하였음.

▶ 표 3-18 광주광역시 자매도시(5개도시)

도시명	국가명	결연일자	면적 (㎢)	인구 (만명)	비고
타이난시 (Tainan)	대만 (臺灣省)	1968.9.17	176	75	대만 남부 경제, 문화, 교육, 교통의 중심지
샌 안토니오시 (San Antonio)	미국 (텍사스주)	1982.2.4	950	120	항공, 철도 등 미국 남부의 교통 요충지
광저우시 (Guangzhou)	중국 (廣東省)	1996.10.25	7,434	850	중국 남부 대외무역 중심지
메단시 (Medan)	인도네시아 (북수마트라주)	1997.9.24	268	240	북수마트라 지역의 경제, 교통 중심지
센다이시 (Sendai)	일본 (미야기현)	2002.4.20	788	125	동북지방 정치, 경제, 학술, 문화 중심도시

▶ 표 3-19 우호협력도시(4개도시)

도시명	국가명	결연일자	면적 (㎢)	인구 (만명)	비고
토리노시 (Torino)	이태리 (피에몬테주)	2002.11.19	160	130	제네바 북서쪽 포강 연변 교통 요지, 자동차공업 발달
자알란트州 (Saarland)	독일	2003.6.17	2,570	110	정보통신분야 생산과 관련된 서비스분야의 지속적 발전
우한시 (Wuhan)	중국 (호북성)	2007.9.6	8,476	860	중국 중부지역 경제, 문화, 행정, 교통 중심지, 광밸리
센양시 (Shenyang)	중국 (랴오닝성)	2007.9.11	12,915	720	중국의 5번째 직할시 후보, 중국 최대의 중공업도시

※ 우호협력 의향서 교환도시 : 중국 옌타이('06.9.23)

체를 시찰하였다. 미국 샌 안토니오시는 3회에 걸쳐서 7명이 상징물 건립협의차 방문하였다. 중국 광조우시는 5회에 걸쳐서 134명이 교류하여 광조우시장 명예 시장 추대식, 그리고 광조우 기예단의 광주공연 등이 있었다. 대만이나 미국과 비교하여 중국과의 교류가 거의 20배 넘게 인적교류 규모가 크다는 것을 알 수 있다.

인도네시아 메단시는 3회 38명으로 광주시 고등학생들이 메단을 방문하고 홈스테이 교류를 하였다. 또한 자매결연 10주년을 기념하여 메단시 대표단이 광주광역시를 방문하였다. 일본과는 시민교류가 매우 활발한 편이다. 4회에 걸쳐 35명이 교류하였는데 센다이 고교생 8명과 광주시 고교생 21명이 수업참관이나 홈스테이 등을 통하여 교환방문하였다. 그리고 센다이 국제 하프마라톤대회에 참가하였고, 일본 센다이의 시민교류단이 광주김치축제를 참관하였다.

광주광역시는 해외자매(우호)도시를 단계적으로 확대하여 제1단계기간 중에 확대대상을 9개에서 11개 도시로 확대하여 뱅갈룰루, 칭다오, 웅에안성 등과 우호협정을 체결할 계획이다. 2단계로 20개 도시로 확대할 목표를 가지고, 독일 라이프치히시, 프랑스 리옹시, 호주 시드니시, 루마니아 티미소아라시, 이탈리아 볼로냐시, 일본 삿포로시 등으로 교류지역을 다변화할 계획을 가지고 있다. 또한, 중국에 편중된 교류범위를 첨단산업 문화수도 등 도시발전 핵심분야와 연계할 수 있도록 자매도시를 확대해갈 예정이다.

광주광역시는 환황해권에 위치하고 있어서 앞으로 중국과의 교류를 활성화시키고자 노력하고 있다. 중국 남부 광동성의 광조우시는 인구 약 850만명으로 1996년 10월 자매결연을 체결하였으며, 양국간 교류실적도 나날이 증가하고 있다. 경제, 의회, 시민교류도 활발하여 2007년도 교류실적을 보면, 광조우 문화국장 일행 9명이 광주시 방문(9.16~18), 광조우 외사판공실 주임 일행 8명이 전국체전 개막식 참관(10.7~9), 광조우시 사전준비단 30명이 방문(10.29~11.2), 광조우시장 일행을 초청하여 광주시 명예시장 추대(11.1~2), 광조우시 기예단 70여명이 방문하여 서커스 공연(10.31~11.2)하는 등, 다양한 교류가 진행되고 있음을 알 수 있다.

또한, 중국내 우호도시인 우한, 센양시, 칭타오와의 지속적인 교류사업 추진을 통하여 국제도시간 우호증진과 중국대도시에 대한 도시마케팅 활동을 강화하고 있다. 우한시는 인구 860만명, 중국 중부지역 경제·문화·행정·교통중심지이며, 센양시는 인구 720만명, 중국 5번째 직할시 후보, 중국최대 중공업 도시이다. 광주시는 양대 중국도시와 교류협정을 추진해 왔으며, 결국 협정체결에 성공하였다. 광주광역시와 이들 도시간 2007년도 교류실적을 보면, 우한시와 3회에 걸쳐

▸ 표 3-20 지방국제기구 회의일정

회의명	일시	개최도시	비고
UCLG-ASPAC 위원회	2008.7	타이 파타야	아·태지역 회원 참석
Metropolis 세계총회	2008.10	호주 시드니	3년마다 개최
SCI 연례회의	2008.7	미국 캔사스주	매년 개최

49명의 교류가 있었는데, 우호협정체결 사전준비단 우한 방문 (8.15~17), 우한시 청소년축구단(29명)의 광주시 방문후 친선경기 (8. 26~28), 광주시 민관협력단 일행 18명이 우한시 방문 (9. 5~6) 등이 그것이다.

센양시와는 7회 43명의 교류가 있었는데, 센양시 외사판공실 직원 K2H 초청연수(4월~10월), 도시마케팅본부장 일행 5명이 센양 한국주간 행사 참가(5.20~23), 광주시 민관협력단 일행 센양 방문(9.11~12), 센양시 부비서장 일행 8명이 정율성음악제 참관(10.18~20) 등이다. 칭다오시는 중국 중동부 산둥성에 위치한 인구 700만명의 도시로 중국내 한국기업의 최대 진출지역이자, 중국 최대 가전업체인 하이얼 본사가 소재한 연안도시이다. 광주광역시는 칭다오시와 교류를 추진하고자, 양도시간 의견교환을 하였고, 2007년 9월 우호협력도시 협정체결에 합의하였다.

또한, 광주광역시는 지방정부의 국제기구나 회의 참석에 많은 관심을 보이고 있다. 회원간 네트워크 구성을 통한 정보공유, 광주비엔날레 등 광주시 주요행사를 홍보하는데 도움이 되기를 기대하고 있다. 위의 [표 3-20]과 같이 2008년에도 UCLG, Metropolis, SCI 등에 참석하였다.

(6) 제주특별자치도의 국제기구 활동

제주특별자치도는 지방의 국제화를 가장 앞서서 선도할 것으로 기대되는 지역이다. 제주특별자치도를 설립한 이유도 바로 한국을 국제화시키는 거점으로서 삼고자 자율적인 권한과 책임을 부여한 것이다. 아직까지 폐쇄적이고 보수적인 성향이 강한 한국의 국민정서를 감안하면, 제주도가 가진 개방성, 평화추구, 해양

▸ 표 3-21   제주특별자치도의 국제교류 현황(2008.3.20 현재)

구분	외국 도시(체결/가입연도)	도시	국가	지역별 구분
자매결연도시	미국 하와이주(1986), 일본 와카야마현 와카야마시(1987), 일본 와카야마현 기노가와시(1987), 인도네시아 발리주(1989), 러시아 사할린주(1992), 일본 사가현 가라쓰시(1994), 중국 해남성(1995), 중국 산둥성 래주시(1995), 미국 캘리포니아주 산타로사시(1996), 중국 랴오닝성 홍성시(1996), 일본 효고현 산다시(1997), 중국 계림시 관서장족 자치구 구이런시(1997), 일본 이바라키현 가시마시(2003), 프랑스 르앙시(2004), 포르투갈 마데이라주(2007)	15	7	아시아 11개 북미 2개 유럽 2개
우호도시	대만 타이페이시(1997), 호주 태즈매니아주(1997), 미국 라스베가스시(1997), 중국 해남성 삼아시(1999), 일본 시즈오카현(2000), 중국 양저우시(2000), 중국 다롄시(2001), 중국 쿤산시(2001), 일본 벳부시(2003), 일본 아라카와구시(2006), 중국 홍춘시(2007)	11	5	아시아 9개 북미 1개 오세아니아 1개

*특별자치도 출범 이전 제주도, 제주시, 서귀포시의 국제교류를 모두 통합한 것임.
자료: 제주특별자치도(2007) [자매·우호도시 현황. 내부자료].

레져도시, 글로벌 금융교육 도시로의 가능성을 높이 평가하지 않을 수 없다. 중국이 홍콩을 통하여 금융과 자본의 자유화, 민주주의와 국제화의 다양한 실험을 전개해 왔듯이, 한국도 제주특별자치도를 통하여 한국의 국제화, 세계화를 추진하는 실험장으로서 활용할 수 있을 것이다. 말하자면, 제주도가 싱가포르, 하와이, 홍콩 정도의 국제경쟁력을 갖추면서 세계적인 금융, 휴양, 교육, 첨단도시로서 성장해갈 것이 기대되고 있다.

세계화가 강력하게 추진되고 있던 1990년대 중반에 설문조사 결과로 나타난 제주도의 발전방향을 정리해 보면, 단기 발전전략으로서 적극적인 외자유치와 관광프로그램 개발, 전문인력 양성과 외국어 교육을 추진할 것, 중장기적 과제로서는 공항, 항만, 정보통신의 인프라 구축과 함께, 국제금융, 물류유통기지 등의 기반정비가 제시되고 있었다.[8] 제주도의 국제교류는 초기에 교류지역이나 범위가 상대적으로 협소하였으나 꾸준히 교류협력을 활성화시켜 왔다. 2009년 현재, 중

8) 고충석·장성수·김진호 (1996.2). "국제화시대 지방정부의 자치능력제고 방안연구" [지방행정연구] 10(4), 216항.

▶ 표 3-22   제주특별자치도의 국제기구 가입현황(2008.3.20 현재)

가입 국제기구	가입 연도	담당 부서
동북아자치단체연합 (NEAR: The Association of North East Asia Regional Governments)	1996	평화 협력과
한미경제협의회(KUSEC: Korea-U.S. Economic Council, Inc)	2002	
세계지방정부연합(UCLG: United Cities and Local Government)	2004	
아태관광협회(PATA: Pacific Asia Travel Association)	1985	관광 마케팅과
미주여행업협회(ASTA: American Society of Travel Agents)	1995	
자치단체국제환경협의회 (ICLEI: International Council for Local Environmental Initiatives)	2005	환경 정책과
WHO 서태평양지역 건강도시 연합(AFHC: Alliance For Healthy Cities)	2005	보건 위생과

자료: 제주특별자치도(2007) [자매·우호도시 현황. 내부자료].

국 하이난도, 미국 하와이, 인도네시아 발리, 러시아 사할린, 포르투갈 마데이라 지역과 자매결연을 맺고 있으며, 대만 타이페이시, 호주 태즈매니아주, 일본 시즈오카현, 중국 다롄시, 베트남 키엔장성과 우호협력을, 그리고 한일해협연안지사 교류회의 등의 국제기구에 가입해 있다([표 3-21]) 제주특별자치도의 국제교류 현황(2008.3.20 현재)을 참조할 것).

제주도는 2011년 목표치로 인구 62만명, 도내총생산 약 13조원, 그리고 1천만 명 관광객 유치를 설정하고 있다. 제주의 국제교류 조직체계는 국제자유도시본부 산하에 투자정책과 22명, 교육의료산업팀 10명, 제주관광업무를 관장하는 일괄처리팀 12명, 평화협력과 13명으로 구성되어 있다. 다른 광역시도와 마찬가지로 외자유치와 의료교육산업에 중점을 두면서 통상협력이 강조되고 있다. 평화협력과에서 국제교류를 담당하며, 주요 업무로 세계 평화의 섬, 제주평화포럼, 영어, 중국어, 일본어권 지역과의 교류, 해외도민 지원 등의 업무가 있다. 최근들어 제주도는 멀티트랙 외교개념으로 다양한 민간외교를 전개하고 있다.9) 이 조직은

9) 이하 다음 논문을 요약정리하여 소개하였음. 고경민·황경수·홍민지(2008.9). "멀티트랙 외교와 한국 지방외교의 활성화: 제주특별자치도의 지방외교 활동 사례를 중심으로" [지방행

그림 3-4   제주특별자치도 수출입실적(백만달러)

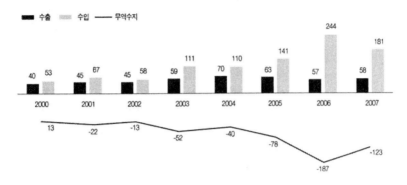

자료: 한국무역협회 홈페이지(http://www.kita.net/), 지역별 수출입 통계.

2개 과와 2개 팀으로 구성되며 총 51명이 업무를 담당하는 전국에서도 가장 큰 지방외교 전담조직이다.

제주도의 국제교류를 평가하면 다음과 같다. 첫째, 외국지자체와의 자매결연이나 우호협력을 중심으로 이루어지는 제주특별자치도의 국제교류는 1986년 미국 하와이 주와 처음 국제교류를 시작한 이후 9개국(일본, 중국, 미국, 러시아, 인도네시아, 대만, 호주, 포르투갈, 프랑스) 26개 도시와 자매결연도시 또는 우호도시를 통해 협력관계를 체결하고 있다. 지역별로는 북미, 유럽, 오세아니아 등의 지역에 비해 아시아 지역에 훨씬 집중되어 있으며, 특히 중국, 일본과의 국제교류가 활발한 양상을 보여주고 있다. 그리고 시기별로는 1980년대 4건(자매결연 4건), 1990년대 12건(자매결연 8건, 우호도시 4건), 2000년대 10건(자매결연 3건, 우호도시 7건)의 성과를 거두고 있다. 그런데 국제교류에 대한 강한 지향성을 보일 것으로 생각되는 제주국제자유도시가 출범한 2002년 이후의 성과는 별로 두드러지지 않는다. 자매결연과 우호도시가 각각 3건에 불과하다.

둘째, 국제협력 분야에서 제주특별자치도는 총 7개의 국제기구에 가입하고 있다. 그리고 1992년부터 국제협력을 위한 한일해협지사회의에도 참여하고 있으

정연구I 22(3), 283~312.

▸ 표 3-23 제주특별자치도 외국인 투자유치 현황

분야	투자사업	투자자(국가)	투자금액	투자진행 단계
관광개발	컨벤션앵커호텔	타갈더(홍콩)	2,847억 원	2007. 6월 착공
	폴로승마장	폴로컨트리클럽 (싱가포르)	232억 원	환경영향평가 접수
	고급 휴양시설	ADG사(미국)	3,267억 원	사업예정자 지정
	예래 휴양형 주거단지	버자야(말레이시아)	6억 달러	2007. 10. 23 기공
	신화역사공원	버자야(말레이시아)	2억 달러	2007. 12. 21 기공
	소계		1조 3,946억 원	
IT&BT	메디컬사업	보타메디(홍콩)	600억 원	60억원 투자
	반도체사업	윈본드(대만)	141억 원	주식매입 완료
	소계		741억 원	
합 계			1조 4,687억 원	

자료: 제주특별자치도 국제자유도시본부 투자정책과(2007)

며, 동북아자치단체연합(NEAR)과 세계지방정부연합(UCLG)에 가입하고 있다. 이외에 경제, 관광, 환경 등과 관련된 국제기구에도 가입하고 있다. 7개의 국제기구 중 국제자유도시 조성사업 추진 이후 가입한 국제기구가 4개로 국내 다른 지방정부에 비해 비교적 활발한 국제협력 활동을 펼치고 있으며(한국지방자치단체국제화재단, 2006: 177), 2007년 10월에는 세계지방정부연합(UCLG) 세계총회를 제주에서 개최하기도 했다. [표 3-22] 제주특별자치도의 국제기구 가입 현황 (2008.3. 20 현재)을 보면 그동안 국제기구 가입에 노력해 온 흔적을 알 수 있다.

셋째, 각 지방정부들이 가장 역점을 두는 국제통상 분야에서 제주특별자치도의 전체 교역량은 꾸준한 증가세를 보이고 있으나 무역수지 실적에서는 만족할 만한 수준에 이르지 못하고 있다. 수출입 실적을 보면 2000년 이후 해를 거듭할수록 무역수지 적자 폭은 점점 더 커지고 있으며, 특히 2006년은 1.87억달러로 가장 높은 적자폭을 기록하고 있다([그림 3-4] 제주특별자치도 수출입 실적을 참조).

다만, 제주국제자유도시 조성을 위해 중점적으로 추진되고 있는 외국인 투자유치에서는 [표 3-23]에서와 같이 일정한 성과를 거두고 있는 것으로 보인다. 홍콩, 싱가포르, 말레이시아, 대만 등 4개국 기업들로부터 7개 사업에 1조 4,687억원의 투자가 이미 확정되었고, 이 가운데 483억원은 이미 투자가 진행 중에 있다. 관광개발 분야는 5개 사업에 1조 3,946억 원이 투자 진행 중이고, IT와 BT분야는 2개 사업에 741억 원이 투자될 예정이다(제주특별자치도 국제자유도시본부 투자정책과, 2007).

제주특별자치도는 지방외교를 위한 공공부문의 제도적 여건을 골고루 갖추고 있지만 활동 수준은 낮은 것으로 평가된다. 2002년 국제자유도시 조성사업 이후 보다 적극적인 지방외교 활동을 기대했으나 국제기구 가입이나 국제회의 참여와 같은 국제협력 활동 분야 이외에는 의미있는 발전양상을 보이지 못하고 있으며, 수출입 실적에서는 오히려 무역수지 적자폭은 더욱 늘어나고 있다. 또 2005년 세계평화의 섬 지정 이후, 대외홍보와 자매결연 등에서 적극적인 활동을 기대했으나, 이 역시 기대에 못 미쳤을 뿐 아니라 평화도시로 지정된 외국지자체들과의 공식적인 국제교류도 부족하였다. 제주특별자치도의 지방외교는 아직까지 기대에 못 미치는 수준이라고 할 수 있으며, 따라서 지방외교 활성화는 제주특별자치도의 지속적인 추진과제가 되어야 할 것으로 보인다.

(7) 대구시장의 UCLG ASPAC 회장당선

대구광역시는 2008년현재 총인구 2,512,604명 연간재정 4조 3,726억원, 공무원 11,047명 등의 행재정 규모를 자랑하고 있다. 대구시의 국제통상협력은 경제통상국 산하에 경제정책과, 산업입지과, 농산유통과, 투자유치단, 국제통상과의 조직으로 구성되어 있으며, 국제통상과에 23명의 직원이 근무하면서 일본, 중국과의 교류, 국제기구 업무를 담당하고 있다. 1997년 경제위기이후 대부분의 광역단체에서 투자유치와 통상협력을 강조하면서 조직과 기구를 재편하여 통상위주의 체제로 바꾸었으며, 대구광역시는 이 가운데서도 대표적인 사례라고 볼 수 있다.

그림 3-5 대구광역시의 자매우호도시 현황

[그림 3-5] 대구광역시의 자매우호도시 현황에서 알 수 있듯이, 대구광역시는 1981년 미국 애틀란타시와 자매결연을 체결한 이래 전세계 8개국 8개 도시와 자매결연을 맺었고, 문화·예술, 교육, 경제, 의료 등 다양한 분야에서 상호방문을 통한 국제교류를 발전시켜 왔다. 대구시와 자매도시는 세계각국에 산재하고 있어서 교류지역의 확대에 성공한 것으로 평가할 수 있다. 미국 애틀란타시, 일본 히로시마시, 중국 칭타오시, 브라질 미나스제라이스시, 러시아 상트페테르부르크시, 카자흐스탄공화국 알마티시, 이탈리아 밀라노시, 불가리아 플로브디프시 등과 교류를 맺고 있으며, 중국의 닝보, 엔칭, 셴양, 양조우시 등과 우호협력관계를 체결하고 있다.

대구광역시는 활발한 국제교류에도 불구하고, 단체장이 바뀌면서 국제교류의 우선순위가 바뀌거나, 교류협정을 체결한 이후 지리적으로 거리가 멀어서 사실상 중단된 경우도 없지 않았다. 따라서 대구광역시는 자매결연이라는 틀을 벗어나 다양한 채널을 통해 해외지자체와 실리적 교류 방안을 모색하기 시작하였고, 국제기구 가입을 통해 찾을 수 있다는 결론을 내렸다. 그 결과 2002년 6월 서울특별시와 부산광역시에 이어 국내에서 세 번째로 광역단체로서는 세계지방정부연합(UCLG)에 가입하였다.[10)

180

2004년 세계 3대 지방정부 국제기구인 IULA, FMCU/UTO(세계도시연맹), METROPOLIS(세계대도시협의회)가 모여 하나의 기구로 통합하여 보다 효과적으로 지방정부의 목소리를 낼 수 있는 방안을 도출하였다. 2004년 1월 바르셀로나에 사무국을 두고 탄생한 세계지방정부연합(UCLG: United Cities and Local Governments)은 세계 지방정부 관계자들간 뛰어난 합의결과이자 성과물이었다.

지방국제기구 통합과 함께, 대구광역시는 제1회 UCLG ASAPC(세계지방정부연합 아시아태평양지부) 대회 개최지가 되었다. 2005년 4월 26일부터 29일까지 대구에서 열린 제1회 UCLG ASPAC 대회는 UCLG 출범이래 열린 첫 ASPAC 지역 대회로서 19개국 83개 기관단체 485명이 참가하였다. 아시아에 위치하여 지리적으로 밀접한 UCLG ASPAC 지방정부간의 협력강화와 지역내 국제기구로서 공식 출범을 알리는 대회가 되었다. 뿐만 아니라 국제사회에 대구시의 위상을 높였고, 많은 한국지자체들이 UCLG에 가입하게 되는 촉진제가 되었다.

대구광역시는 제1회 UCLG ASPAC 대회 개최를 계기로 더욱 적극적인 활동을 추진하고자 하였다. 2006년 브리즈번에서 개최된 UCLG ASPAC 총회에서 UCLG ASPAC 집행위원과 이사회 대의원으로 선출되었고, 이어 4년 연속 UCLG 세계 집행위원, 대의원으로서 활동하면서 주요 이슈들의 방향을 설정하고 지자체 차원에서의 해결 방안을 모색하는데 중요한 역할을 해왔다. 대구시는 이러한 적극적인 활동을 통해 UCLG ASPAC 내에 견고한 인적 네트워크를 구성하면서, 국제행사의 참가 범위를 자매·우호도시에서 UCLG ASPAC 회원도시로 확대하기 시작하였다.

2007년 7월 김범일 현 시장이 민선 제3대 대구광역시 시장에 당선되면서 UCLG ASPAC 회장직에 도전하게 되었다. 대구시는 UCLG ASPAC 내 한국회원의 비율과 재정 기여도를 고려할 때 한국 회원 중에서 회장이 나올 자격이 충분하다고 판단하였다. 대구시의 정무부시장은 인도 고아에서 개최된 IULA ASPAC 집행

---

10) 이하, 한국지방자치단체국제화재단(현, 시도지사협의회 국제화지원실)에서 주관한 국제 교류 우수사례집에서 대구광역시 내용을 요약, 정리한 것.

위원회에 참가하여 대구시에 차기대회를 유치하는데 성공하였다. 2005년 대구에서 개최된 제1회 UCLG ASPAC 대회에서 대구시 국제화정책을 발표하는 등 UCLG ASPAC 활동에 적극적으로 참여하며 집행위원들을 비롯하여 회원들 사이에 인지도를 높였다.

세계지방정부의 UN이라 불리는 UCLG는 세계 127개국 1천여개 지방정부가 가입한 국제기구로서 아시아·태평양, 유럽, 미주, 아프리카 등 7개 지역기구가 연합한 세계지방정부를 대표하며, ASPAC은 아·태지부이다. 2008년 7월 타이 파타야에서 개최된 제2회 UCLG ASPAC 대회에서 김범일 대구시장은 경쟁자인 인도네시아 파우치 보우(Fauzi Bowo) 자카르타 주지사를 누르고 제3대 UCLG ASPAC 회장에 당선되어 임기 2년의 아시아·태평양 지방정부연합을 대표하는 수장으로 활동하게 되었다.

신임 UCLG ASPAC 회장은 연2회 ASPAC 회의를 주재하고 세계무대에서 ASPAC 회원의 의견을 대변하며, 당면한 지자체의 관련 이슈인 기후변화, 지방분권, 도심재개발, 재생에너지 도입, 도시외교 등 해결을 위한 네트워크 구축과 ASPAC의 관련현안을 중점적으로 다루게 된다.

또한, 당연직 UCLG 세계 부회장으로서 UCLG 세계회의에 참가하여 UCLG 회장인 프랑스 파리시장, 공동회장인 터키 이스탄불시장, 남아공 요하네스버그시장, 중국 광조우시장, 에콰도르 키토시장을 비롯한 7개 지역회장, 429개 UCLG의 세계임원들과 협력을 통해 아·태지역 지방정부를 대표하는 활동을 시작한 것은 대구광역시가 지방정부의 글로벌 무대에 공식 등단한 것으로 매우 높게 평가할 수 있다.

145개 지방정부와 국제화기관 등으로 구성되어 있는 UCLG ASPAC 회장은 UCLG 뿐만 아니라 UN이나 EU와 같은 대규모 국제기구에서도 그에 상응하는 예우를 받게 된다. 한국의 광역단체장이 단지 국내 지방단체장이라는 차원을 넘어 여타 글로벌 무대에서 대등한 위치에서 영향력을 행사하며 한국과 UCLG ASPAC 지역 지방정부의 입장을 더욱 효과적으로 대변할 수 있게 되었다. 뿐만 아니라, 세계 유수 회원 도시와 영향력 있는 저명인사와의 네트워킹과 협력 채널 구축이라는 차원에서 대구시의 국제위상 제고와 홍보 효과는 적지 않다.

지방국제기구에서 국내단체장의 두드러진 역할과 기능은 2011년 대구시의 세계육상선수권대회를 비롯한 다양한 국제행사의 성공적 개최, 대구경북 경제자유구역 투자유치 등 국제도시들의 적극적인 협조가 필요한 현시점에서 대구시 국제화에 크게 도움이 될 것으로 보인다. 한국의 많은 지자체들이 경제, 산업, 문화, 스포츠, 교육, 환경 등 다양한 분야별로 국제단체 또는 국제회의를 참여하여 활동해 왔으나, 지방국제기구의 회장을 맡은 사례는 거의 없다는 점에서 볼 때, 의미있는 성과인 것이다.

대구시장의 UCLG ASPAC 회장 당선은 대구시 지방외교의 승리로 평가할 수 있다. 국제기구가입 검토시기부터 장기적인 활용방안을 세우고 적극적인 참여와 활동 그리고 서로 윈-윈할 수 있는 프로그램을 회원들에게 제공함으로써 대구시는 가입 6년 만에 UCLG ASPAC의 수장 자리를 맡게 되었다. 국제교류만으로는 경제적인 파급효과를 나타내기 힘들다는 고정 관념을 깨고, 가장 저렴한 비용과 효과적인 방법으로 지방도시를 홍보하게 된 것이다.

2011 대구육상선수권대회 개최지로서 또한 UCLG ASPAC 회장으로서 대구시의 국제화 위상은 한층 높아졌고, 각종 국제행사 유치 등에서 유리한 입지를 얻을 수 있게 되었다. 기존의 자매도시와의 활동과 병행하여 자매결연만으로는 얻을 수 없는 폭넓고 실질적인 상호 윈-윈 교류를 국제기구 활동을 통해 이루어 낸 성과라고 하겠다.

UCLG ASPAC 활동 회장단 : 임기 2년(2008. 7. ~ 2010. 7.)
- 회 장 : 김범일 대구광역시장
- 역 할
  - 연 2회 UCLG ASPAC 집행위원회 주재
  - 연 2회 UCLG 집행위원회 참석(UCLG 당연직 부회장 자격)
  - 세계 무대에서 ASPAC 회원들의 의견 대변
  - ASPAC 홍보와 회원증가, 관련현안 결정
  - 지자체 관련 세계이슈(기후변화, 민주분권주의, 도심재개발, 재생에너지 도

입, 도시외교 등) 해결을 위한 네트워크 구축 등

■ 공동회장 : 6명

• 폴 벨 호주지자체협회장(역량강화)

• 자틴 모디 인도지자체협회장 (교육)

• 제조나르 비나이 마카티시장(멤버십)

• 크리쉬나 삽코타 네팔지자체협회장(재정)

• 첸하오수 중국대외인민우호협회 회장(초대 회장)

• 파우지 보오 자카르타주지사(사무국 소재)

■ 사무총장 : 피터 우즈(前 IULA ASPAC 회장)

○ 사무국 : 인도네시아 자카르타

○ 회원수 : 총 145개 지방정부

○ 총회개최 : 매 2년

○ ASPAC 임원(2008.7 ~ 2010.7)

■ 집행위원(15)

• 동북아(7: 서울, 제주, 전남, KLAFIR, CPAFFC, 타이페이, 하마마쓰)

• 동남아(4: ADEKSI, APKASI, NMLT, 필리핀도시연맹)

• 태평양(2: LGNZ(뉴질랜드지자체협회), 피지지자체협회)

• 서남아(2: MuAN, 스리랑카도시연합)

■ 이사회(43)

• 동북아(20), 동남아(12), 태평양(4), 서남아(12)

(8) 울산광역시의 국제화추진

울산광역시는 1997년 7월 광역시로 승격한 이래 공업도시에서 첨단산업도시로, 공해도시에서 환경생태도시로, 생산도시에서 문화복지 도시로 전환해가면서 글로벌도시로 거듭나기 위하여 많은 노력을 기울이고 있다. 울산시의 국제교류와 통상협력 조직은 경제통상실내에 경제정책과, 산업진흥과, 투자지원단, 국제협력과 등으로 구성되어 있다. 국제협력과 직원은 총 10명으로 국제통상, 북미와 국제기구, 일본지역교류와 해외교민, 다문화지원 등의 업무를 각각 담당하고 있다. 2007년 현재, 울산시 총인구는 1,112,799명, 등록외국인은 12,804명으로 나타났다. 울산시는 한-일 지자체간 최초의 일본 하기(萩)시와 자매결연을 맺었다. 이어서, 대만 화련시, 미국 포틀랜드시, 중국 장춘시, 터키 코카엘리시, 브라질 산토스시, 베트남 칸화성, 러시아 톰스크시와 자매결연을 체결하였다. 울산광역시는 최근들어 중국, 일본과의 교류를 확대하고 있으며, 중국의 광조우시, 엔타이시, 무석시, 일본 니가타시와 우호제휴를 맺었다.[11]

그러나 아직까지 울산시의 국제화수준은 만족하기에는 이른 수준이다. 울산시의 국제화수준을 부문별지수로 측정해 보면, 서울 500, 부산 310인데 비하여 울산은 285에 그치고 있다. 울산은 2006년현재 인구당 외국인이 다른 대도시보다 상대적으로 많으나, 서울 17.5만명에 비하면 터무니없이 적은 1만명 수준에 불과하다. 2005년도 생산자 서비스업지표는 서울 100, 부산 27, 광주 11, 대전 10에 비하여, 울산은 6에 그치고 있다. 2006년기준 외국인투자 현황은 서울 8,652건, 경기 2,334건, 부산 477건, 인천 810건에 비하여 단지 56건으로 서울의 불과 0.6%에 지나지 않는다. 수출입현황은 2006년현재 공업도시로 손색이 없는 수출 492억달러, 수입 550억달러에 육박하여 서울의 수출입지수를 훨씬 능가하고 있다. 국제교류 현황을 보면, 교류지역이 105개가 넘는 서울시, 135개 경기도, 38개 부산시, 20개 대구시에 못 미치는 12개에 머물고 있어서 서울의 약 1/10 이하에 그치고 있다.[12]

울산발전연구원이 일반시민, 공무원, 기업체인사 등을 대상으로 실시한 설문조사 결과를 보면, 국제도시화의 필요성을 크게 느끼고 있거나 매우 필요하다 36%, 대체로 필요하다 44%로 필요하다는 답변이 압도적인 반면, 아직까지 국제도시화 추진시책에 대해서는 잘 모르겠다 49%로 나타났다. 울산시가 국제도시로 나가는데 가장 시급히 정비되어야 할 사항으로 일반시민들은 공항, 철도, 항구 등

---

11) 울산시청 홈페이지 http://www.ulsan.go.kr:8000/economy/cooperation/cooperation_01.jsp 를 참조할 것.
12) 권창기(2008), [울산광역시의 도시국제화 현황과 과제], 울산발전연구원.

▸ 표 3-24 울산광역시 10대과제 30개 시책추진안

1.국제비즈니스 인프라 구축	
1. 울산 자유무역 지정	• KDI 용역 다면평가에서 1위 차지, 기획재정부 예비타당성 조사에 적극 대응, 지정 가시화
2. 테크노밸리 건설	• 테크노파크 본부동 건립 기공식 • 정밀화학센터 및 한국화학시험연구원 영남본부 개소
3. 오토밸리 조성	• Sled 시험장(자동차 충격 Test) 및 협업혁신관 구축
4. 항만경제권 활성화 기반 조성	• 해운 · 항만비즈니스센터 건립 협의체 구성, 건립부지 매입협의 및 지원
2. 해외기업, 연구소와 투자유치 촉진	
1. 공동연구프로젝트를 통한 외국연구소 유치	• 캐나다 R&D 투자유치단 파견: '08. 3
2. 해외투자유치 활동강화	• 2008년 상반기 외자유치 실적: 3개업체, 42,000천불 • 해외 투자유치단 파견: 3회
3. 국제교통망 인프라조성	
1. 동남권신국제공항 건립과 울산공항 노선다변화추진	• 동남권 신공항건설 제2단계 용역계약(국토해양부) • 5개 시 · 도지사 공동건의문 제출
2. 효율적인 광역교통망 구축	• 경부고속철도 울산역 착공: '08. 9. 9 • 경부고속철도건설사업: 82% 공정률 • 울산~부산간 고속도로 건설사업 : 90% 공정률
4. 국제교류 인프라 조성	
1. 컨벤션센터 건립	• KTX 울산역세권 도시개발구역 지정고시
2. 울산국제교류 외국인지원센터 운영	• 제2청사 리모델링 설계에 따른 국제교류지원 센터 공간반영
3. 세계수준의 호텔유치와 수준향상	• 강동유원지(워터파크지구)내 콘도미니엄(561실)건립 - 공사착공('07. 11), 워터파크 완공('10. 5)
5. 국제네트워크 활성화	
1. 해외도시와 실질교류 활성화	• '08. 4월: 구마모토성 혼마루고텐 낙성식 참가 • '08. 6월: 자매결연 40주년기념 하기시 방문 • UCLG, NEAR 등 국제기구 가입
2. 해외 한인네트워크 구축운영	• KOTRA 무역관, 한인회, 출향기업인 등을 중심으로 교류거점 확보 노력
3. 해외 협력위원 운영활성화	• 해외협력위원(명예자문관) 확대운영: 4명→10명 • 해외명예자문관 울산초청 행사 실시

6. 해외홍보 강화

1. 시정 해외홍보	• 국제도시화 및 투자유치 홍보 Arirang TV 방송: 2008.5월 • 주한 외국공관 시정홍보물 배부 등
2. 외국어 홈페이지 콘텐츠보완, 운영내실화	• 시 홈페이지 '새소식' 영문번역자료 제공

7. 안전하고 편리한 정주여건 구성

1. help me 119! 구조구급 서비스강화	• 상반기 외국인대상 119서비스 제공: 93건 • '안심콜 서비스' 운영기반 구축
2. 외국인 의료이용체계 개선	• 외국인 회화가능 의료기관 및 약국 지정운영: 82개소
3. 도시계획관리의 국제도시 수준화	• 도시디자인팀 구성 : '08. 1월 - 다양한 도시디자인 업무지원

8. 교육 · 문화 · 레저기반 확충

1. 기업메세나 활성화	• 울산메세나 홍보팜플릿 제작배부(2,000부) • 제2차 울산메세나운동 자매결연식 개최
2. 울산국제외국어고교 설립	• 국제외국어고등학교 유치 확정 : 북구 중산동 • 외국어고 설립추진단 구성
3. 외래여행객 여행코스개발	• 시티투어 운영실적 : 5,043명 • 계층에 따른 탄력요금제 시행
4. 외국인 어울림한마당 행사	• 외국인 어울림 한마당 행사: 봄나들이 바자회 등 5회 개최
5. 국제 문화예술교류 활성화	• 울산 · 구마모토 무지개 콘서트 개최 : '08. 5 • 해외 문화탐방 교류사업 추진
6. 국제행사와 국제회의 유치	• 아시아-태평양 시장포럼 등 3회 개최 • 국제행사 추진관련 간담회 개최

9. 열린 지역사회 조성

1. 시민의식 선진화운동 전개	• 외국인 어울림 한마당 행사 개최: 5회
2. 외국어 시민자원봉사대 운영	• 문화관광해설사 운영: 단체요청 방문객 2,506명 중 외국인 10회 350명 안내
3. 건전한 상거래문화 확립	• 특허청 합동단속 실시: 68개소 시정권고, 394개소 홍보물 배부

10. 국제 전문인력 양성	
1. 국제교류와 통상전문가 양성	• 상반기 외국어 어학능력 평가 실시 • 외국어 동호회모임 확대 등을 통한 능력향상 추진
2. 공무원의 글로벌마인드 고취와 능력향상	• 글로벌마인드고취를 위한 배낭여행: 5개팀 25명 • 장기국외훈련 활성화추진: KDI 파견 등

의 교통기반시설 20.7%, 도시내 서비스산업 19.2%, 다국적 기업본사 유치 17.1%, 국제회의장 16.5% 등으로 답변하고 있으며, 공무원들은 국제회의장 24.7%, 다국적기업 본사유치 19.7% 순서로 우선순위가 다르게 나타났다(권창기, 2008).

울산시의 국제도시 기반정도는 일반시민은 대체로 부족한 편이라는 답변이 48%, 보통이 28.9%로 나타났고, 공무원도 부족하다는 인식이 54%에 달하고 있어서 국제화인프라가 아직 열악한 현실을 알 수 있다. 울산시가 지향해야 할 국제도시 모델은 일반시민이나 공무원 모두 첨단산업도시가 각각 65%, 52%로 나타나서 도시발전 방향에 대한 합의도가 높다고 평가할 수 있다. 세계화추진이 지역에 긍정적인 영향을 미칠 것이라는 답변도 62%에 이르고 있다. 한편, 외국인 친화도를 살펴보면, 외국인 생활편리도가 낮거나 그저그렇다가 각각 41%로 나타났고 외국인과 시민과 교류정도도 낮다는 답변이 48%로서 다문화 수준이 그리 높지 않았다(권창기, 2008).

울산광역시는 2007년 울산광역시 승격 10주년기념을 앞두고 적극적으로 국제화도시 계획을 추진해 왔다. 울산시는 2008년 1월 국제도시화 기본계획안을 발표하여 국제산업 중심, 세계속의 울산 비전을 책정하고 국제적인 산업중심도시 육성, 국제수준의 도시인프라 확대, 도시외교 역량강화와 국제 네트워크 추진, 외국인에 친근한 도시정주 환경조성, 세계공동체적인 시민의식 보급과 확산 등을 주요 목표로, 국제화추진계획을 10대과제 30대시책으로 정리하였다.[13]

[표 3-24] 10대과제 30개 시책추진안에 나타난 구체적인 내용을 살펴보면, ① 국제비지니스 인프라 구축을 위한 울산자유무역지대 지정, 테크노밸리 건설, 오토밸리 조성, 항만경제권 활성화 기반조성, ② 해외기업·연구소와 투자유치 촉

---

13) 울산광역시청(2007.4). [울산국제도시화 과제별 추진시책]

진을 위하여 공동연구프로젝트를 통한 외국연구소 유치, 해외 투자유치활동 강화, ③ 국제도시로서의 접근성 제고를 위하여 동남권 신국제공항 건립과 울산공항의 노선다변화 추진, 고속터미널과 시외버스터미널의 이전 검토, ④ 국제교류 인프라 조성을 위하여 컨벤션센터 건립, 울산국제교류 · 외국인지원센터 건립, 세계적 수준의 호텔유치와 호텔수준 향상을 들고 있다. ⑤ 국제네트워크 활성화를 위하여 해외도시와의 실질적 교류 활성화, 해외 한인네트워크 구축 운영, 해외 협력위원 운영 활성화도 추진해 오고 있다.

⑥ 해외홍보강화를 위하여 시정의 해외홍보, 외국어홈페이지 콘텐츠 보강과 내실운영, ⑦ 안전하고 편리한 정주여건 조성을 위한 외국인 구조구급서비스 강화, 외국인 의료이용체계 개선, 주요건물 간판 등 외국어 병기를 추진하고 있다. ⑧ 교육 · 문화 · 레저기반 확충을 위한 기업메세나(Mecenat) 활동 활성화, 울산 국제외국어 고등학교 설립, 외래 여행객 여행코스 개발, 외국인 어울림 한마당 행사, 국제 문화 · 예술교류 활성화, 국제회의와 학술회의 유치, ⑨ 열린지역사회 조성을 위한 시민의식 선진화 운동 전개, 외국어 시민자원봉사대 운영, 건전한 국제 상거래 문화 확립, 국제 전문인력 양성을 위하여 국제교류와 통상전문가 양성, 공무원의 글로벌 마인드 고취와 능력향상 등도 주요 시책에 포함되어 있다.

글로벌 시티를 지향하는 울산시가 벤치마킹해갈 외국의 선진사례는 쉽게 찾아 볼 수 있다. 자유무역항으로 발전한 싱가포르는 제조업기반이 약했으나 외자를 유치하여 생산기반을 확대한 것으로 평가받고 있다. 싱가포르정부는 외자유치를 위하여 인프라를 정비하고 매력적인 우대조치를 실시하고 있다. 부가가치가 높은 산업투자를 장려하여 기계, 석유화학, 정밀엔지니어링, 바이오테크놀로지, 설계개발 등 제조업 관련서비스를 적극 유치해 왔다. 그 결과, 싱가포르의 1인당 국민소득은 1993년 영국, 1995년 미국, 1996년 일본을 추월하였다.

울산광역시의 세계도시 추진은 동북아비지니스 특구형성, 자동차관련 연구개발단지, 사이언스파크나 산업클러스터, 테크노밸리나 오토밸리는 과학과 문화, 컨벤션, 거주형, 교류형 연구개발단지 등을 검토하면서 구체화시켜 가는 것이 바람직하다. 가나가와현 사이언스파크, 노스캐롤라이나 RTP단지, 산관학 연계, 피

츠버그와 같은 철강+문화도시형성 사례나, 1990년대 미국자동차산업 재생에 외국기업투자가 큰 역할을 했던 사실을 상기할 필요가 있다. 또한 KOTRA나 중앙정부와 연계하여 통상진흥을 진작하거나, 경기도의 외자유치 노력에서 시사점을 얻을 수 있다.

울산시는 옹기축제 등의 전통문화, 고래고기 등 향토음식, 제조업이 연계된 프로그램을 개발하거나 산업관련 축제, 세계자동차 전시회, 세계자동차도시회의를 개최하는 것도 검토할 필요가 있다. 연간 500억달러를 수출하는 세계도시 울산은 국제화의 가능성과 역량이 풍부하며, 입지조건을 활용한 환동해권 교류에서 활로를 개척해가야 한다. 아직까지 울산광역시의 국제통상인력은 광주나 대전광역시의 3분의 1에 머물러 있어서 조직보완이 필요하다. 단기간에 글로벌도시로 발돋움하기 위하여 국제통상협력의 성과를 가시화하거나, 외국인 친화적인 도시를 형성하는데 많은 노력을 기울여야 한다. 울산이 대기업 의존형 도시가 아닌 시민주도의 자생력을 갖춘 개방형 문화도시로 나아가는 것도 기대되고 있다.

2. 기초단체 우수사례

여기서는 2008년 한국지방정부 국제화재단에서 실시한 국제교류 우수사례로 선정된, 수원시, 여수시, 파주시, 시흥시, 남해시, 강진군, 화천군, 고성군, 구로구, 광주남구를 중심으로 기초지자체의 우수사례를 소개하고자 한다. 이글은 각 도시에서 제출한 원문을 필자가 다시 재정리한 것이다.

1) 수원시의 캄보디아마을 건설

(1) 수원시의 국제교류현황

수원시는 1989년 처음으로 일본 아사히카와시와 자매결연을 맺었다. 1992년 한 · 중 수교이후 한중간 지자체 국제협력이 증가하자, 1993년 10월 중국 지난시와 자매결연을 체결하였다. 1995년 지방선거이후 본격적인 지방화시대가 열리면

▶ 표 3-25 수원시의 자매우호협정 현황

구분	도시명	자매결연일	인구(천명)	주요산업
자매결연 도시	일본 아사히카와시	1989.10.17	364	식료품, 목재, 가구 펄프산업
	중국 지난시	1993.10.27	5,920	기계, 방직, 식품, 제지
	호주 타운즈빌시	1997.4.28	130	광공업, 농업
	인도네시아 반둥시	1997.8.25	2,500	항공기, 섬유, 통신
	터키 얄로바시	1999.6.11	170	섬유, 직물, 화훼산업
	루마니아 크루즈나포카시	1999.6.17	500	기계, 화학섬유, 종이유리, 직물
	멕시코 톨루카시	1999.11.8	535	자동차, 전기, 전자화학
	모로코 페즈시	2003.2.21	1,450	식품가공, 섬유, 가죽
	베트남 하이정성	2004.7.13	1,700	직물, 농산품
	캄보디아 시엠립주	2004.7.16	800	관광업, 생선
	인도 하이데라바드시	2005.3.3	4,000	IT,소프트웨어, 제약
	러시아 니즈니노브고로드시	2005.6.11	1,425	항공, 정유, 자동차
	브라질 쿠리치바시	2006.7.24	1,800	자동차, 전자산업
우호교류 도시	일본 후쿠이시	2001.12.22	272	섬유, 기계, 농림수산업
	중국 주하이시	2006.8.23	1,250	전자, IT

서 1997년 4월 호주 타운즈빌시, 같은해 8월에는 인도네시아 반둥시와 자매결연을 맺었다. 이어서 1999년 6월에는 터키 얄로바시, 루마니아 크루지나포카시와 자매결연을 각각 체결하였고, 같은해 9월에는 멕시코 톨루카시와 2001년 1월에는 일본 후쿠이시와 우호관계를 맺는 등, 잇달아 교류지역을 세계로 확대하였다.

특히, 2002년 7월 민선 3기가 시작되면서 자매도시를 더욱 확대하여 2003년 2월 모로코 페즈시, 2004년 7월 동남아 신흥 유망시장인 베트남 하이정성, 캄보디아 시엠립주와 자매결연을 체결하는 성과를 거두었다. 2005년 3월과 6월에는 인도의 IT 중심도시 하이데라바드시와 러시아의 과학과 경제중심도시 니즈니 노브

그림 3-6 수원시장-시엠립주지사간 협정체결

고로드시와 자매결연을 각각 체결하였다. 2006년 7월에는 꿈의 도시로 불리우며, 생태환경 도시로 주목을 받고 있는 브라질 쿠리치바시와 자매결연을 체결하였다. 같은해 8월 중국 주하이시와 우호결연을 체결하는 등 민선 3기 이후 7개의 세계 주요도시와 결연관계를 확대하였다.

수원시는 국제교류를 활성화시키기 위해서는 무엇보다 국제업무를 전담하는 인적조직이 필요하다는 것을 실감하고, 1998년 10월 국제협력과를 신설하였으며, 2004년 5월 국제협력과를 국제통상과로 명칭을 변경하였다. 2008년 현재 국제통상과는 국제교류1팀, 국제교류2팀, 국제통상팀 3개팀으로 정원 13명으로 구성되어 있다. 국제교류1팀과 2팀은 국제교류와 국제회의 업무 등을 주관하고 국제통상팀은 기업의 해외수출 촉진을 위한 통상업무를 담당해 오고 있다. 또한 부서내에는 영어, 일어, 중국어 전문인력과 통상전문위원을 포함하여 4명의 인력이 배치되어 있다. 수원시는 국제교류사업의 전문성과 효율성 제고를 위하여 2000년 5월부터 국제명예자문관 운영조례를 제정하고 명예자문관제를 운영하고 있다. 명예자문관은 국제적인 감각과 지식을 갖춘 전문가로 외국도시와의 자매결연이나 국제교류에 관한 사항, 국제회의 등에 관한 자문, 민간교류 지원, 수원시의 대외적인 홍보 활동 등을 수행하고 있다.

(2) 캄보디아 수원마을 조성사업

캄보디아 수원마을 조성사업은 소요되는 사업비 전액을 수원시민들이 100% 후원하여 추진하는 사업으로서 국제협력사업의 모범사례로 평가할 수 있다. 2004년 7월 수원시가 캄보디아 시엠립주와 자매결연을 체결한 이래, 수원시민들의 정성으로 많은 물품 등의 지원사업을 추진해 왔다. 수원이라는 도시명을 그대로 현지에 사용하여 지원센터를 구축한 것이다. 특히, 아시아에서 가장 가난한 나라인 캄보디아 시엠립주를 지원하는데 있어서 수원시가 허브역할을 담당함으로써 도시브랜드 가치를 높이고 국제사회 공헌에 기여하고자 노력하고 있다. [그림 3-6]은 수원시장과 시엠립주지사간 협정체결시 기념사진이다.

2) 여수시 엑스포유치와 국제교류

전라남도 여수시는 1998년부터 전 시민들과 함께 2010년 세계박람회 유치활동을 추진하였다. 2002년도에 중국 상해시에 아깝게 밀렸으나, 다시한번 2012년 세계박람회에 재도전하였으며, 2007년 11월에 드디어 프랑스 파리 제142회 BIE (국제박람회기구) 총회 결과, 여수엑스포 유치가 확정되었다. 여수시는 1970년도부터 로타리클럽, JC, 라이온스클럽, 상공회의소 등 사회단체를 중심으로 일본 사가현 가라쓰시와 자매결연을 맺는 등, 활발한 민간교류활동을 추진하였다. 1982년 정식으로 여수시와 가라쓰시간 자매결연을 체결한 이래, 미국, 중국, 필리핀, 러시아, 캐나다, 멕시코, 벨리즈, 트리니다드 토바고 등 9개국 15개 도시와 자매우호 도시결연을 맺고, 상호교류의 폭을 넓혀 국제적인 도시로서의 기반을 다져왔다.

▶ 표 3-26 캄보디아수원마을 건설현황

분야별	사업명	사업기간	사업량	사업비 (천원)	비 고
총 계				755,600	
생활환경 개선사업	마을회관 건립 [15.0×10.0m]	2007	1개소	40,000	개소당40,000천원
	공동우물개발	2007~ 2008	42개소	27,600	개소당(22개)-800천 원 개소당(20)-500천원
	공동화장실신축 [1.5m×1.6m/4칸]	2007~09	12개소	45,000	개소당(2개소)-5,000 천개소당(10개소)-3, 500천
	소각장 설치 [2.0m×2.0m]	2009	3개소	3,000	개소당 1,000천원
	마을길 포장	2009	1.3km (5,000㎡)	125,000	㎡당 25천원
	주택 개·보수	2009~10	50개동	225,000	동당 4,500천원
교육지원	학교증축	2008	10개실	290,000	교실1칸당 29,000천원
의료보건	의료지원활동	2007~지속	분기 1회	-	
구호품	생필품 지원	2007~지속	분기 1회	-	

여수시가 2012년 엑스포유치를 위하여 전략적으로 교류도시간 자매결연을 확대하고 지지기반의 외연을 넓혀온 것은 당연한 수순이었다. 여수시는 이를 위하여 2002년 카리브 국가연합의 25개회원국 가운데 하나인 멕시코 케레타로시와 자매결연을, 벨리즈 자치령 벨리즈시와 우호결연을 체결하였다. 2004년도 러시아 와니노시와 우호교류, 2005년 중국 절강성 여수시와 우호결연을 체결하였다. 2007년도에는 카리브해 국가인 트리니다드 토바고의 수도 포트 오브 스페인시와 자매결연을 잇달아 맺었으며, 캐나다 몽턴시와는 우호결연을 체결하였다.

2012년 여수박람회 성공개최를 위한 국제교류도시의 다변화 시책은 중단없이 진행되었다. 여수시는 모로코 탕헤르시, 프랑스 라로셸시, 코스타리카 산호세시,

이탈리아 밀라노시, 그리스 올림피아시, 타이완내 도시와 결연을 추진하였다. 여수시는 자매결연을 체결함과 아울러 지역축제를 국제화하기 위하여 40년 전통의 거북선 대축제를 글로벌축제로 승격시켜, 교류도시 대표단과 예술단을 초청해오고 있다. 2000년도부터는 여수시 국제청소년축제를 개최하고 있는 바 매년 청소년 6만여명이 참가하며, 세계 각국 청소년들의 전통 민속공연을 통한 교류의 장을 마련하고 있다.

2007년들어 여수시는 2012여수박람회의 유치차원에서 BIE 회원국 23개국 66명을 초청하여 홈스테이를 실시하여 한국의 가정문화를 체험하였다. 이를 위하여 사전에 홈스테이 50개 가정을 지정하여 국제 매너교육을 실시하는 등, 홈스테이 가정을 정예화하여 국제행사에 대비하고 있다. 이밖에도 국제범선축제, 세계 불꽃축제, 여수국제아트 페스티벌 등 다양한 국제축제를 개최하고 있다.

여수시는 민간단체간 교류활성화를 위하여 학교, 사회단체, 문화예술, 체육분야에서 활발한 교류활동을 추진하고 있다. 일본 가라쓰시와 청소년 민박교류, 상공회의소 요리축제 교류, 일본뿐만이 아니라, 중국, 호주, 타이완 등지의 학생들과 교류하고 있다. 이밖에도 여수 서예인협회와 중국 항조우시, 웨이하이시간 교류전, 바둑과 탁구를 중심으로 일본, 중국의 도시내 민간단체와 교류해오고 있다.

여수시는 공무원 상호파견을 통한 국제 네트워크 구축을 통하여 선진행정을 벤치마킹하여 시정에 적극 반영하고, 개발도상국에게 한국의 선진행정 제도와 주요시책들을 전수해오고 있다. 특히 일본 가라쓰시와는 1995년도부터 공무원 협약을 통하여 매년 상호파견근무를 실시하고 있으며, 이밖에도 중국 항저우, 웨이하이시, 양저우시, 샤오싱와는 윤번제로 파견근무를 실시하고 있다. 멕시코 케레타로시 직원을 초청하여 6개월간 파견근무를 실시하는 등, 국제화재단의 K2H프로그램과 연계한 다양한 도시와의 파견근무도 실시하고 있다.

여수시는 국제교류 활성화와 국제행사 준비를 대비하여 외국어 인력 양성을 강화하고 있다. 외래강사를 초빙하여 출근 시간전이나 근무시간 이후에 집합교육을 실시하였으며, 효율성을 기하기 위하여 영어 영상강좌 프로그램을 자체제작하여 출퇴근시간 30분 전후로 사무실에서 전직원이 공부할 수 있도록 개선하였다. 관내 전남대학교 어학원에 영어, 일어, 중국 강좌를 위탁 개설하여 많은 직원들이 전문적으로 어학을 습득하고 있다.

공무원뿐만 아니라, 시민을 위한 외국어 교육도 실시하고 있다. 여수를 찾는 외국인들과 자유로운 의사소통을 위해 다양한 프로그램으로 시민외국어 교육을 실시하고 있는 것이 그것이다. 여수시는 주민자치센터 13개소와 어학원 4개소, 도서관 2개소, 청소년회관 1개소 등에 영어, 일본어, 중국어 등, 25개 강좌를 개설하여 시민들이 편리하게 외국어를 습득할 수 있도록 지원하고 있다. 또한, 식당을 찾는 외국인들을 위하여 외국어 메뉴판을 제작배부하고 관련 종사자를 위한 간단한 회화교육을 실시하고 있다.

시민 외국어 자원봉사자를 육성하기 위하여 국제행사 참여에 대한 동기를 부여하고 자긍심을 심어주기 위하여 외국어 자원봉사 분과위원회를 구성하였다. 여기에는 영어, 일본어, 중국어 가능자 60여명이 참여하고 있으며, 앞으로 다양한 언어권의 인재들을 참여할 수 있도록 할 계획으로, 자원봉사센터와 연계하여 효율적으로 실시되고 있다.

3) 글로벌 파주시의 국제교류 활성화

경기도 파주시는 LG디스플레이 공장을 중심으로 세계 최대의 디스플레이 산업단지가 조성되면서 국제적인 업무역량 확충의 필요성을 실감하게 되었다. 파주시가 세계적인 최첨단 디스플레이 산업도시로 도약하기 위하여 '세계 속의 파주'로 입지를 다지고 '파주시민의 세계시민화'가 요구되고 있었다. 파주시의 첫 국제교류는 1995년 중국 랴오닝성 진저우시와의 자매결연으로 거슬러 올라간다. 초기 파주시의 국제교류는 중국, 일본 등 지리적 위치가 비교적 가깝고 문화적 차이가 적은 동북아 도시들에 집중되었다. 이는 실질적인 인적교류를 위해서 유리한 점도 있지만, 한편으로 세계각국의 다양한 도시와 교류함으로써 서로를 이해하고 배우고자 하는 국제교류의 취지에서 볼 때는 아직 부족한 점이 많았다고 하겠다.

▸ 표 3-27 파주시의 교류도시(2006년 6월현재)

국가/현(성,주)	현(성,주)/시	인구(만명)	특 징	의향서교환	협정체결
중국 랴오닝성	진저우시 (锦州)	307	항구 도시 공업 도시	'94.10월	'95.10.24
호주 퀸즈랜드주	투움바시 (Toowoomba)	11	제조업 교육 도시	'02.03월	'02.10.02
중국 헤이룽장성	무단장시 (牡丹江)	268	조선족 주요 거주지	'04.11월	'05.10.14
일본 가나가와현	하다노시 (秦野)	17	친환경도시	'05.08월	'05.10.20

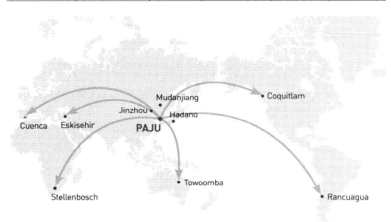

(1) 터키 에스키셰히르시(Eskiserhir)

파주시는 보다 적극적으로 해외도시와의 국제교류를 추진해 왔다. 2006년 1월 파주지역 국회의원과 주터키 한국대사관의 협조로 교류를 시작한 터키 에스키셰 히르시(Eskiserhir)와는 6월 파주시 실무협의단이 방문한 데 이어, 10월에 일마즈 부유케르셀 시장이 직접 파주를 방문해 자매결연 의향서(LOI)를 체결하고 동시에 파주시의 대표적 축제인 파주개성 인삼축제에도 참가하였다.

터키 중서부 사카리아강에 인접한 공업도시인 에스키셰히르시와는 현지에 파주시측이 설계하고 에스키셰히르시측이 제작한 한국·터키 우호기념비를 설립함으로써 교류관계가 급속히 발전되었고, 2007년 5월 에스키셰히르시에서 협정서에 정식 서명함으로써 파주시의 다섯번째 해외 자매·우호도시가 되었다.

1950년 터키의 한국전쟁 참전과 종전후 UN군의 일원으로써 터키군이 파주에 마지막까지 주둔했던 인연을 바탕으로, 파주시는 한국전 참전용사를 초청하기로 하고, 2008년 5월 파주 심학산 돌곶이꽃 축제에 에스키셰히르시 출신 참전용사 5명을 초청하였다. 한국전 참전 이후 55년만에 눈부시게 발전한 형제의 나라, 형제도시를 방문한 터키 참전용사들은 눈시울을 적시기도 하였다.

(2) 칠레 랑카과시(Rancagua)

파주시는 2006년 7월 재칠레 교민으로부터 산티아고에서 1시간 거리인 랑카과시(Rancagua)를 소개받아 한국지방자치국제화재단을 통하여 관련 자료를 수집하였다. 랑카과시는 칠레 중부 오이긴스주의 주도로 인근에서 생산된 농산물이 수출전 모이는 집산지이자 질 좋은 와인이 생산되는 곳이다. 특히 세계적인 규모의 구리광산이 소재한 도시로 향후 파주시 중소기업이 남미시장 개척의 교두보로 삼을 매우 적당한 도시로 보고, 2006년 12월 양 시장의 서신교환으로 본격적인 교류를 시작하였다.

2007년 상반기 양시 실무진의 상호교환 방문에 이어 그해 10월 카를로스 아레자노 바에사 랑카과시장이 파주시를 방문하여 자매결연 의향서를 체결하였고, 2008년 4월에는 파주시장이 랑카과시를 방문하여 교류협정을 체결하였다. 자매결연을 기념하여 랑카과시내에 파주시 이름을 딴 [PAJU 가족건강센터] 개소식을 개최하였고, 파주시에서는 가족건강센터에 치과장비를 기증하기로 약속하였다.

(3) 스페인 쿠엥카시(Cuenca)

2005년 7월 파주에서 개최된 '세계평화축전 도라산 강연회'에 참석한 전직 세계국가수반모임인 '클럽 데 마드리드' 사무총장의 소개로 스페인 쿠엥카시(Cuenca)와 교류를 시작하였다. 언어 등의 장벽으로 교류의사 확인에 많은 시간이 소요되었으나, 주스페인 한국대사관의 도움으로 2006년 11월 파주시장의 공식 교류의향 서한문을 발송하였으며, 쿠엥카 시장으로부터 긍정적인 답신을 받게 되었다. 2007년 7월 실무팀장의 현지 협의를 거쳐 9월 25일 파주시장이 쿠엥카시를 방문하여 자매결연 의향서를 교환하였다.

스페인 수도 마드리드에서 약 200여㎞ 떨어져 있는 중동부 카스틸랴 라만차 지방에 위치한 쿠엥카시는 12~18세기의 종교적, 역사적 건축물들이 원형대로 잘 보존되어 있는 도시로서 1996년 유네스코 역사유적지로 선정되기도 하였다. 성곽 등 인공적인 조형물이 주위 자연경관과 잘 어울리도록 기능을 향상시킨 것으로 유명한 쿠엥카시와의 교류를 통해 자연과 도시의 조화로운 발전을 모색하는 파주시에도 많은 도움을 줄 것으로 기대하고 있다.

(4) 남아공 스텔렌보쉬시(Stellenbosh)

2006년 10월 주남아프리카공화국 한국대사관에 남아공 도시와의 교류를 제의하였고, 그후 스텔렌보쉬시와 교류가 시작되었다. 2007년 3월 상호간 교류의사를 확인한 뒤, 주남아공한국대사관에서는 케이프타운에 거주하는 한인에게 자매결연 업무추진 위임장을 수여함으로써 양 도시간 교류가 추진되었다. 2007년 7월 파주시 실무팀장의 현지출장을 거쳐 2007년 9월 파주시장이 스텔렌보쉬시를 방문하여 자매결연 의향서를 교환하였다.

남아공에서 2번째로 오래된 유럽인 정착지인 스텔렌보쉬시는 남아공 와인의 25%를 생산하는 유명한 와인 도시이다. 또한 국제적으로 유명한 대학이자 양조학에서 권위를 자랑하는 스텔렌보쉬대학이 있는 교육도시이기도 하다. 스텔렌보쉬대학을 통해 경기영어마을 파주캠프에 자질이 우수하고 검증된 원어민 교사를 파견하는 방안을 추진하였다.

(5) 캐나다 코퀴틀람시(Coquitlam)

광역도시인 캐나다 밴쿠버시에서 자동차로 30분, 미국 국경에서 20분 거리에 위치한 코퀴틀람시는 한인타운이 조성되어 경제, 문화 활동이 활발히 이뤄지고

▸ 표 3-28 시흥시 국제교류 추진현황(자매결연)

국가	도시명	체결 일자	인구 (만 명)	면적 (㎢)	주요산업 및 특징	주요 교류사업
중국	산둥성 덕주시	2005. 05.18	527	10,400	• 석유, 천연가스,석탄 등 지하자원풍부	• 상호 대표단 방문 • 문화예술단 초청 공연 • 상호 공무원 파견근무 • 청소년 홈스테이
미국	미네소타주 로체스터시	2006. 10.17	9.5	102	• 전자 · 의료기기, 식품가공 • 세계3대 병원인 메이요 병원 입지	• 상호 대표단 방문 • 상호 생활체육회 방문 • 미술작품 전시회

있는 곳이며, 빠르게 성장하고 있는 도시이다. 2007년 10월 브리티시 컬럼비아 주 의회 의원 일행이 파주시를 방문한 것을 계기로 같은 해 11월에 자매결연 의향서 를 체결하였다. 코퀴틀람시는 클린 시티(Clean City)를 추진하고 있다는 점에서 파주시와 공통점이 있기 때문에 깨끗한 도시를 만들기 위한 서로의 경험과 노하 우를 교환함으로써 시너지 효과를 얻고자 하였다. 코퀴틀람시와는 2009년 6월 우 호교류협정을 체결하였다.

(6) 일본 사세보시(佐世保)

일본의 수도권인 가나가와현 하다노시와 활발한 행정, 민간교류를 실시하는 가운데, 일본내 다양한 지역과의 교류를 위해 2007년 4월부터 규슈(九州)의 서북 단에 위치한 사세보시와 여러 차례 자료교환과 서신왕래를 통해 교류의향을 확인 하였다. 2007년 12월 파주시 기획예산과장 등 실무진 3명이 사세보에 출장하여 현지조사를 실시하고 파주시장의 친서를 전달하였다. 사세보시도 2008년 3월 기 획조정부장 등 3명의 실무진이, 6월에는 사세보시장이 파주시를 방문하였다.

양시장간 논의에서 시민간 교류를 먼저 실시 후 자매결연을 체결하는 일본 방 식과 선자매결연후 교류를 실시하는 한국방식을 절충하여, 시민교류 실시 후 빠

▶ 표 3-29 시흥시 국제교류 추진현황(우호협력)

국가	도시명	체결 일자	인구 (만명)	면적 (㎢)	주요산업 및 특징	주요 교류사업
중국	지린성 구태시	1996.04.02 (교류두절)	85	3,375	• 대리석, 석회석 광물자원 풍부	• 상호 대표단 방문

	산둥성
	르자오시
		1999.07.23
		(교류두절)
			280	5,310	• 기계, 화학,
					  석유산업
					  공업과 옥수수,
					  콩 농업 발달
						• 상호 대표단 방문
						  (경제교류관련
						  시찰논의)

	강소성 계동시	1999.07.28 (교류두절)	116	1,157	• 풍부한 해산물	• 상호 대표단 방문

	산둥성
	영성시
		1999.08.01
		(교류두절)
			68	1,392	• 중국제1
					  어업도시
						• 상호 대표단 방문
						  (경제교류관련
						  시찰논의)

	랴오닝성
	단동시
	진안구
		1999.11.18
		(교류두절)
			20	669	• 풍부한
					  광물자원,
					  관광자원
						• 상호 대표단 방문

	산둥성 고밀시	2001.03.28 (교류두절)	85	1,605	• 농업, 공업 발달	• 상호 대표단 방문

	산둥성
	유산시
		2003.10.19
		(교류두절)
			58	1,668	• 화훼산업 발달
					• 광산농림자원
					  풍부
						• 상호 대표단 방문
						  (경제교류관련
						  시찰논의)

	산둥성
	문등시
		2006.09.06	66	1,645	• 자동차, 전자,
					  전력, 경공업
					  산업 발달
						• 상호 대표단 방문
						  투자환경 설명회
						  개최
						• 경제인단체 교류
						• 상호 공무원
						  파견근무

일본	도쿄도
	하치오지시
		2006.11.07	53	186	• 첨단기업 입주
					• 일본 1위 넥타이
					  원단 생산지
						• 상호 대표단 방문
						• 선진지 견학단
						  파견
						• 상호 공무원
						  교환근무
						• 청소년 축구교류
						• 민간 검도단 교류
						• 사회복지 교류단
						  방문

른 시일 내에 자매결연을 체결하기로 합의하였다. 2008년 7월 파주시장이 사세보시를 방문하여 국제친선도시 의향서를 교환하였다. 일본 규슈 나가사키현의 2대 도시인 사세보시는 일찍이 군항으로서 널리 알려졌고 서해국립공원과 하우스텐보스 등 관광지로도 유명한 곳이다.

4) 서해안 세계도시 시흥시

경기도 시흥시가 국제교류를 시작한 것은 1990년대 들어서였다. 1992년 8월 한중수교이후 양국은 경제·무역 분야에서 단기간에 많은 교류와 발전을 하게 되었다. 시흥시도 1996년부터 2001년간에 중국 르자오(日照)시 등 서해안 중국도시 7개와 우호협력을 체결, 거리상 가장 가까운 나라인 중국을 시작으로 세계를 향한 발걸음을 내디뎠다. 그러나 경제교류를 목적으로 구체적인 준비없이 시작된 국제교류는 중단되기 일쑤였다.

21세기 들어서서 중국의 빠른 경제성장과 함께 인도, 중동지역이 점차 세계경제의 흐름을 움직이기 시작하고 서해안 시대가 도래하였다. 시흥시는 인천공항과 1시간 거리에 위치한 지리적·교통상의 이점과 1,650만㎡의 국가산업단지를 전략적으로 활용할 필요성을 느꼈다. 서해안시대의 국제적인 무역·경제도시로 탈바꿈하고자 중국, 미국, 일본 등 선진국도시와의 교류를 확대하였고, 기업과 시민이 함께 참여하는 상호교류로 빠르게 발전하고 있다.

시흥시의 국제교류의 궁극적인 목표는 청소년, 각종 단체, 기업 등 시민들의 자발적인 교류활동으로 글로벌 마인드를 제고하는데 있다. 시흥시는 국제교류를 시작함에 있어서 민간단체, 상공회의소 등의 역할을 중시하고 행정, 경제, 문화, 청소년, 체육, 복지 등 다양한 분야에서 교류활동을 추진하여 짧은 시간동안 시민 중심의 교류활동을 진행함으로써 시민들의 글로벌 마인드를 제고하는 데 많은 성과가 있었다. [표 3-28], [표 3-29]는 시흥시의 국제교류 추진현황으로서 자매결연과 우호협력을 각 도시별로 보여주고 있다.

(1) 미국 미네소타주 로체스터시

시흥시의 국제교류에서 민간교류가 지자체간 교류협정으로 발전한 사례가 로체스터시의 경우이다. 시흥시는 2006년 10월 미국 미네소타주 로체스터시와 예술인이 참가한 미술작품 교류전을 실시하였다. 자매결연 체결 전부터 미술작품 교류전과 청소년 홈스테이 등, 양 도시 민간부문의 활발한 교류활동은 자연스럽게 미술작품 전시회라는 문화교류로 이어졌다. 2007년 3월부터 4월까지는 시흥시 미술작품 55점을 로체스터시에 전시하였으며 2008년 5월에는 로체스터시 미술작품 33점을 시흥시에서 전시하였다. 미술작품전시회는 단지 작품을 전시하는 것뿐만이 아니라 작품을 그린 작가들과 도시관계자들이 방문단을 구성하여 서로 다른 문화를 체험하면서 이해도를 높이고 동시에, 시민들에게도 전시회 관람을 통해 자매도시를 알리는 계기가 되었다.

특히 2008년 5월, 미술작품전시회를 위하여 시흥시를 방문한 로체스터시 시장, 시의회의장과 작가들을 비롯한 방문단에게 보여 준 시흥시 전통예술단의 국악공연은 방문단에게 한국 문화를 알리고 깊은 인상을 남겼다. 2009년에는 로체스터시 시민의 날에 맞추어 시흥시공연단이 로체스터시를 방문, 공연을 통하여 더욱 많은 로체스터 시민들에게 한국 전통문화뿐만 아니라 시흥시도 알리고자 하였다. 시흥시는 2006년부터 중국 덕주시와 청소년 홈스테이를 실시하고 있으며, 다양한 문화체험의 기회를 제공하고자 로체스터시 청소년들과의 홈스테이를 실시를 추진하였다. 로체스터시에 위치한 세계 3대 병원 중 하나인 메이요병원과 시흥시 관내 종합병원과의 의료분야 교류도 추진하였다.

(2) 일본 도쿄도 하치오지시(八王子)

미국 로체스터시가 민간교류로부터 시작되어 행정교류로 이어진 경우라면, 일본 하치오지시와의 교류는 행정교류가 시민교류로 발전된 사례이다. 2004년 시흥시는 일본도시 가운데 규모, 여건이 비슷한 도시 10곳을 선정하여 우호교류 가능성을 타진하였고, 그 중 하치오지시로부터 긍정적인 답신을 받게 되었다. 2006

년부터 양 도시 대표단의 상호방문과 시흥시견학단이 하치오지시를 방문하였고 2006년 11월 7일에는 우호협력을 체결하게 되었다. 2007년 7월에는 상호 공무원 파견근무가 이루어졌고, 8월에는 하치오지시 교육국장외 관계자 6명과 중학생 15명이 2박3일 일정으로 시흥시를 방문하여 청소년 축구교류를 하였다. 또한 하치오지시 시장을 포함한 정치 · 경제계 인사들로 구성된 하치오지시 동아시아연구회도 교류를 추진하였으며, 이것은 행정교류가 민간교류로 발전한 좋은 사례라고 할 수 있다.

(3) 중국도시와 통상협력

1990년대 말, 한국과 중국의 지방정부는 상호간 교류협력을 모색하고 있었다. 많은 국내 지자체가 지리적으로 가깝고 경제협력이 빠르게 증가하고 있던 중국과 자매결연 또는 우호협력을 체결하였다. 시흥시도 중국 지린성 구태시를 비롯하여 7개의 중국내 지방도시와 우호협력을 체결하였다. 시흥시가 활발한 경제교류를 진행하고 있는 교류도시는 중국 문등시와 덕주시이다. 중국 문등시와의 교류는 시흥시 상공회의소가 문등시와 먼저 교류를 시작하여 양 도시간 교류로 확대된 사례이다. 양 도시간 우호협력은 2006년 9월 체결되었지만, 2005년부터 미리 양 도시 대표단이 상호 방문을 통하여 투자무역상담회를 개최하고 경제면에서 교류활성화를 모색하는 활동을 꾸준히 전개한 결과, 2007년부터 상호 공무원 파견근무도 실시하게 되었다.

경제인 단체교류는 2008년 5월 2박3일간 진행되었다. 사전에 미리 중국시장 진출과 판로개척에 관심있는 관내 업체를 설문조사를 통해 모집하여 이를 문등시에 전달한 후, 문등시에서 유관업체와 연락하여 해당 업체를 방문할 수 있도록 지원하고 문등시 투자환경에 대해 설명하기도 하였다. 또한 상담회를 통하여 중국기업과 원료수입을 위한 가격협상을 진행한 관내 업체는 문등시 방문 후에도 계속적으로 협상을 하기도 하였고, 관내기업의 생산품이 수록된 팸플릿을 전달하였다. 시흥시에 파견되어 근무하고 있는 문등시 파견공무원이 바이어 물색, 협상진행 지원, 교류사업 후 문등시 기업현황 자료제공 등의 지원을 하였다.

2009년에는 중국 덕주시와 시장개척단을 비롯한 경제인단체 교류를 실시하였고, 하치오지시 축제에도 참여하여 시흥시와 관내 우수생산품을 전시·홍보하는 교류사업도 추진하여 양 도시간 우의 증진과 함께 더 많은 관내 기업이 중국 시장에 진출하고 중국 기업과 협력하고자 하였다.

시흥시가 국제교류를 본격적으로 시작한 것은 2005년 이후이며, 미국, 일본 등 선진도시와 교류를 시작한 것도 비교적 최근이다. 미국 로체스터시와 일본 하치오지시와의 교류는 상호 대표단 방문, 미술작품전시회, 청소년 축구교류, 검도단 방문 등 이미 행정교류에서 시민교류로 발전하고 있으며, 중국 교류도시인 덕주시와 문등시와의 교류는 상호 대표단 방문, 공무원 교환근무 등 행정교류를 비롯하여 문화 예술공연, 청소년 홈스테이 등 문화교류에서 경제인단체 교류라는 경제교류로 발전하고 있다.

시흥시는 도시개발과 환경분야의 행정교류, 첨단기술 도입과 보다 넓은 수출입 관로 개척지원을 위한 경제교류, 시민들의 국제화 마인드 제고를 위한 교육·문화교류 등 보다 많은 분야에서 외국지자체와 교류와 협력을 넓히고자 노력하고 있다. 이미 독일, 말레이시아의 지자체가 동의하여 대표단방문과 청소년 홈스테이를 추진하였다. 시흥시는 시화국가산업단지에서 생산되는 우수한 생산품을 브랜드화하여 경제교류를 보다 활성화하는 한편, 공항이나 수도와 가깝고 편리한 교통, 시화단지를 중심으로 기업하기 좋은 환경, 자연과 주거공간이 어우러진 전원도시 등 시흥시의 매력을 부각시킬 수 있는 도시브랜드를 활용하여 국제적인 경쟁력을 갖춘, 서해안시대를 이끄는 국제적인 무역·경제도시로 발돋움하고자 노력하고 있다.

5) 강진군 청자 해외전시회

전라남도 강진군은 도자기를 매개로 세계 각국의 유명도자기 산지와 자매결연을 맺으면서 국제교류를 확대해 왔는데, 2007년 6월 일본 6개도시에서 47점을 전시하였다. 대한민국 대표축제인 청자문화제와 관광자원을 홍보하여 인지도를 제고하였을 뿐만 아니라, 일본인 관광객 유치를 위한 기반을 조성하였다. 강진군의 청자순회 전시회는 국내외 주요 방송과 언론에서 대대적으로 보도하여 화제가 되었다.

일본에서는 6개 도시에서 관람객 약 7천여명이 전시장을 다녀가는 큰 성과를 거두었으며, 2008년 5월부터 미국 6개도시에서 약 2개월간 50점을 전시하였다. 미국순회전에는 2만4천여명의 미국인 관람객이 전시장을 찾았으며, 250여점 약 5천만원의 작품을 판매하여 한국 전통문화인 고려청자에 대한 이해를 높이는 데 크게 공헌하였다. 이어서 2009년에는 유럽순회전을 추진하였다.

청자순회전이 국제교류 추진에 미친 파급효과와 실적을 바탕으로, 한국과 강진군을 대표하는 문화예술품인 고려상감청자를 세계 각국에 소개하여 강진군을 청자의 본고장으로 브랜드마케팅한 것은 높이 평가할 수 있다. 색깔, 형태, 문양 등 섬세하고 부드러운 곡선의 조형미를 간직한 청자의 우수성을 자랑하고, 고려 상감청자와 연계한 대한민국의 고품격 이미지를 만들어 낸 것이다. 청자와 도자기를 매개로한 국제교류도 성사되어 제13회 강진청자문화제 기간 중 우호교류도시인 일본 하사미정, 중국 용천시, 필리핀 타를라크주 밤반시 대표단이 강진을 방문하였다. 여기에다 일본-민간교류, 중국-교육교류·도공연수, 필리핀-어학연수, 미국 스노콜미시-어학연수 등으로 교류영역이 확대되고 있다.

하멜기념관 설립도 주목할 만하다. 『하멜표류기』의 저자인 핸드릭 하멜을 통한 교류가 발전하여 강진군과 네덜란드 호르큼시의 양 도시간 교류가 활성화되고 있는 것이다. 강진군에 있는 하멜기념관 2층에는 강진고려청자가 전시·판매되고, 1층 레스토랑에서는 청자가 식기로 제공된다. 강진군은 네덜란드 호르큼시, 중국 용천시, 일본 히사미정, 필리핀 산로케시와 밤만시, 미국 스노콜미시와 자매결연을 맺고 활발한 교류활동을 전개하고 있다.

6) 축제도시 화천군의 국제교류

(1) 산천어축제 배경

산천어축제가 열리는 강원도 화천군은 북한강의 최상류지역으로 상수원보호구역, 군사시설보호구역, 산림보호구역 등 실제 군 면적보다 2배 이상이 금지구역으로 묶여있는 인구 2만 4천명의 작은 군이다. 군내 면적의 80%이상이 산과 강으로 이루어져있던 이곳에 북한의 금강산댐에 대응하기 위한 평화의 댐이 들어섰고, 2단계 증축공사를 하면서 낚시의 메카로 불리던 파로호가 말라갔다. 자연히 낚시객은 줄어들었고, 군장병의 외출·외박 정량제까지 시행되면서, 농업을 기반으로 한 1차산업과 군장병 면회객과 낚시객을 대상으로 하는 3차산업이 전부였던 지역경제가 무너져 내리기 시작했다. 이러한 상황에서의 대안이 모색되었고, 2003년 제1회 산천어축제가 시작되었다.

(2) 산천어축제 효과

산천어축제는 1회 22만명, 2회 58만명, 3회 87만명, 4회 103만명, 5회 125만명, 6회 130만명으로 방문객 숫자가 빠른 속도로 증가하였다. 이와 함께 지역경제에 미치는 경제효과도 커지면서 [표 3-30]산천어축제 효과에서 알 수 있듯이, 제1회 24억원, 2회 94억원, 3회 132억원, 4회 420억원, 5회 549억원, 6회 457억원이라는 놀라운 성장세를 거두었다. 화천 산천어축제는 문화관광부가 선정하는 대한민국 대표 겨울축제로서 유일하게 우수부문에 선정되는 등, 겨울철 유명 축제로서 자리매김하게 되었고, 뛰어난 경제효과와 이미지 제고에도 성공하였다.

화천군은 2007년 1월 한중일 국제심포지엄을 개최하면서, 중국 하얼빈시 간에 연중 축제교류와 심포지엄 개최 양해각서를 체결하였고, 일본 삿포로시도 지속적인 지원과 협의를 약속함으로써 세계속의 축제로 부각되었다. 2008년도에는 중국 하얼빈에서 개최되는 심포지엄에 참가였으며, 아시아 3대 겨울축제를 지향하여 국내외 언론의 관심을 모았다. 특히 일본 삿포로 눈축제와 민간교류를 추진하였다.

▶ 표 3-30 산천어축제 방문객과 경제효과

년도별	축제기간	방문객수	경제효과(직접유입액)	상품권발행(천원)
2003년 (제1회)	1.11~1.26(16일)	22만명	23억원	-
2004년 (제2회)	1.01~2.01(32일)	58만명	94억원	-
2005년 (제3회)	1.07~1.30(24일)	87만명	132억원	-
2006년 (제4회)	1.07~1.30(24일)	100만명	421억원	농촌 315,480 화천 239,825
2007년 (제5회)	1.06~1.28(23일)	125만명	549억원	농촌 504,440 화천 370,645
2008년 (제6회)	1.05~1.27(23일)	130만명	457억원	농촌 643,410 화천 648,056

(3) 세계겨울도시 시장회의 가입

화천군은 2008년 7월 세계겨울도시시장회의(WWCAM : World Winter Cities Association for Mayors)에 회원으로 가입하였다. 세계겨울도시시장회는 "겨울은 자원이며, 재산이다"라는 슬로건 아래 기후나 풍토가 닮은 세계 겨울도시가 한 자리에 모인 것이다. 공통 과제에 대한 의견교환을 목적으로 1982년 처음으로 삿포로에서 개최되었고, 이후 세계 각지의 겨울도시에서 순회, 개최되고 있다. [표 3-31]은 세계각지에서 참가하고 있는 겨울도시시장회의 회원도시를 보여주고 있다.

화천군은 2008년 가입하면서 캐나다 브리티시주 프린스 죠지시에서 열린 세계겨울도시시장회 실무자회의에 참석하여 화천군을 소개하였다. 겨울도시 회원간의 공동의 해결문제를 다루는 소위원회에도 참여하여 겨울도시가 처한 도시 환경문제와 지구 기후변화에 대한 겨울도시간의 대응 방안을 논의하였다. 화천군은 일본에 소재하고 있는 세계겨울도시시장회 사무국뿐만 아니라, 세계겨울도시시장회 회원국가와의 정보네트워크를 강화하여, 겨울도시가 대면하고 있는 과제에 대하여 지속적인 협의를 통해 공동전략을 모색하고 있다([표 3-32] 산천어 축제를

▶ 표 3-31   세계 겨울도시시장회의 회원도시 현황

설립일시	장소	회원수	도 시 별
1982년 2월	일본 삿포로	11개국 21개 도시	한국: 화천, 태백 일본: 아오모리, 삿포로 중국: 장춘, 하얼빈, 자무스, 지린, 지시, 치치하얼, 센양 몽골: 울란바토르 미국: 앵커리지 러시 : 마가단, 노보시비르스크, 유즈노 사할린스크 캐나다: 프린스 죠지 노르웨이: 트롬소 에스토니아: 마르두 그린랜드: 누크 리투아니아: 카우나스

▶ 표 3-32   산천어 축제를 통한 국제교류 현황

행사명	일시	장소	내용
2007 겨울축제 국제심포지엄	2007.1	청소년 수련관	• 한 · 중 · 일 네크워크 구성 • 양해각서 체결(한국 ⇔ 중국)
2007 하얼빈 빙등축제	2007.12	중국 하얼빈	• 하얼빈 빙등제 개막식 참석 • 얼곰이성 설치
2008 하얼빈 빙등축제 심포지엄	2008.1.	중국 하얼빈	• 심포지엄 참석
2008 삿포로 눈축제	2008.2	일본 삿포로	• 산천어축제 마스코트(얼곰이) • 눈조각 전시
2008 세계겨울도시 시장회의	2008.8	캐나다 프린스죠지	• 화천군 회원가입 • 실무자회의 참석

통한 국제교류 현황을 참고할 것).

7) 고성군의 공룡축제

경상남도 고성군은 2006년 대한민국 최초의 자연사 엑스포인 2006공룡엑스포를 성공적으로 개최하였다. 2007년에는 국내에서 유일한 조선산업 특구로 선정되어 대한민국의 새로운 조선산업 메카로 발돋움하게 되었다. 2008년에는 한국

그림 3-7 공룡엑스포 사진

2006 고성공룡엑스포 개최현장(좌)과 행사장 전경(우)

지자체에서 최초로 생명환경농업의 추진으로 1차, 2차, 3차 산업이 잘 조화를 이 룬 3대 역점사업을 능동적으로 추진함으로써 행복도시로 성장시키고자 노력하 고 있다.

고성군은 공룡엑스포를 통하여 세계적인 공룡화석 도시들과 네트워크를 구축 하였고, 2006년에는 인구 320만의 세계 3대 공룡화석도시인 중국 사천성 쯔궁시 와 자매결연을 맺었다. 2007년에는 호주 블루마운틴시와 우호교류의향서를 체결 하였으며, 2008년에는 일본 오카야마현 가사오카시와 우호협정을 맺는 등, 국제 교류를 다양하게 추진할 수 있는 가시적인 성과를 거두게 되었다.

고성군이 글로벌도시로서 도약할 수 있었던 중요한 원동력은 고성군이 자랑하 는 무형문화재인 고성오광대와 고성농요를 보존하고 이를 상품화한 전략이 주효 했다고 볼 수 있다. 2006년 공룡세계엑스포는 '공룡과 지구, 그리고 생명의 신비' 를 주제로 2006년 4월 14일부터 6월 4일까지 52일간 개최하여 154만명의 국내외 관람객을 유치하는 성과를 달성했다. 공룡 세계엑스포 기간 중 세계 31개국으로 부터 4만여 명의 외국인이 방문하였고, 특히 6개국 7개 지방정부 대표단이 개막식 부터 적극적으로 참여하였다. 이로서 글로벌 엑스포로서의 이미지를 구축하는데 성공하였으며, 또한 국제적인 문화관광 도시로 발돋움하는 계기가 되었다.

고성군이 공룡축제를 통하여 글로벌 도시로서 국제교류를 확대시켜 간 것은

▸ 표 3-33 고성군 공룡엑스포와 국제교류

자매우호도시	도시명	자매결연 체결	목 적
외국 자매도시	중국 쯔궁시	2006년 10월	공룡화석을 주제로 자매결연 공룡엑스포 지원기관
	미국 글렌데일시	2009년 3월	영어권도시와 국제교류로 국제화마인드 함양
외국 우호도시	호주 블루마운틴시	2007년 9월	공룡소나무 주제로 교류 2009년 공룡엑스포 지원기관
	일본 가사오카시	2008년 5월	고성군과 비슷한 환경 2009년 공룡엑스포 지원기관

도시축제와 국제교류라는 측면에서 틈새전략이 주효한 것이라 평가할 수 있다. [표 3-33]은 고성군의 공룡축제와 교류확대 과정을 여실히 보여준다.

8) 글로벌구로 국제전자 포럼

서울특별시 구로구는 1965년 3월 구로공단이 조성되기 시작하고 1968년 2단지 조성을 계기로 세계산업박람회를 개최하여 한국경제발전의 시발점이 된 이후 1980년대까지 섬유, 봉제 등 제조업의 메카로서 한국 경제발전의 원동력이 된 곳이다. 1990년대 이후 급속한 산업구조의 변화에 따라 쇠락해가던 구로공단은 1997년 구로공단 첨단화 계획에 따라 2000년 11월 구로디지털 산업단지로 명칭이 개명되고, 56개 벤처업체가 입주한 국내 벤처집적시설 1호인 키콕스(KICOX) 벤처타운의 입주를 계기로 지식정보산업 중심의 첨단 디지털산업의 메카로 변화하고 있다.

구로구는 지역내의 발전한 디지털 기술을 기반으로 단순히 산업적 측면에서 IT기술을 바라보는 데에서 그치지 않고, IT기술을 지방행정에 접목시켜 행정의 민주화를 촉진시키고 시민들의 삶의 질을 향상시키기 위하여 전자정부와 전자민주주의 분야에서 특성화를 추진해오고 있다. 특히 U-헬스케어, 전자조달, 전자민원 등의 e-Service, 전자결재, 지식관리, 창의성과 인사시스템 등의 e-admin-

그림 3-8 구로구 2007 국제전자 시민참여 포럼사진

istration, 뉴스레터, 인터넷 방송 등의 e-information, 구청장에게 바란다, 사이버 정책 토론방, 인터넷과 SMS 여론조사 등의 e-participation 사례는 국내외 여러 곳에서 벤치마킹을 위해 찾아올 정도로 널리 알려져 있다.

대한민국 IT 산업의 중심지로 도약하고자 노력하는 구로구는 해외도시와의 교류사업을 활발히 벌여 오고 있다. 유럽지역 최고의 IT 도시 중 하나인 프랑스 이씨 레물리노시와의 자매결연을 통한 교류가 그 대표적인 사례이다. 또한, 지역간 정보격차를 해소하고 전자민주주의를 발전시켜 나아가기 위해 발족한 국제기구인 세계도시연합(GCD:Global Cities Dialog)에 가입하여 아시아지역 부의장 도시로서 활동하고 있다. 이는 전세계 도시들과의 교류를 통해 구로구의 전자정부 역량을 한 단계 업그레이드하고, 구로의 IT 기술기반을 행정의 민주화와 주민 복리향상에 활용하고자 하는 노력의 일환이었다.

2007 국제 전자시민참여 포럼을 통해 구로구는 세계 지방정부 상호간의 교류협력을 통하여 정보화 시대에 능동적으로 대처하기 위한 국제적 네트워크 구축의 계기를 만들었고, 정보화 선도도시로서 국제적 위상을 높이고자 하였다. 한국은 IT기업의 기술수준이 발달한 나라이고, 구로구에는 한국 IT의 중심인 구로디지털 산업단지가 위치해 있다. 최첨단 IT산업단지를 기반으로 고도의 IT기술과 인프라를 구축하여, 이를 바탕으로 정보화와 정보격차 해소를 취지로 국제전자 시민참

여 포럼을 개최한 것이다.

　2007년 국제전자 시민포럼을 통해 확보한 네트워크를 통해서 우수한 전자정부 사례를 소개하고, 개발도상국 도시에 대해서는 기술지원, 교육, 컨설팅 등을 지원함으로써 한국 IT기업들의 해외시장을 개척할 수 있는 길을 여는 계기가 되었다. 참가자들을 대상으로 한 여론조사에서도 향후 국제도시간 디지털 네트워크 구축에 있어서 구로구가 주도적 역할이 기대되고 있다. 회의를 마치고 참가도시 시장들의 라운드 테이블에서 만장일치로「구로선언」을 채택하였는데, 주요 내용은 시민의 삶의 질 향상을 위한 전자정부와 전자민주주의 실천, 전자정부 구현을 통한 기업지원과 지역경제 활성화, 구로선언의 실천과 전자정부 발전을 위한 국제적 협력을 도모하기 위해 전 세계 도시들을 하나의 네트워크로 연결하고자 협조와 지원강화 등이었다.

4

지방정부의 글로벌 전략

4 지방정부의 글로벌 전략

1. 지방정부의 관광활성화 전략[1]

1) 세계각국의 관광전략과 지방정부

지역활성화의 방법으로서 지역축제나 지방관광은 아마도 가장 널리 활용되고 있는 형태일 것이다. 지역의 문화유산, 자연휴양, 역사탐방, 레저와 스포츠, 지역축제, 에코투어, 팜스테이 등의 다양한 형태의 지방관광이 매력적인 장소로서 방문객을 끌어들이고 있다. 지역관광 활성화전략은 지역을 알리고, 지역생산품을 판매하고, 지역고용을 창출하고, 지역재생에 활기를 제공하는 필수적이고도 유용한 전략으로서 전국적으로 확산되고 있다. 매년 전국에서 열리는 지역축제가 630개가 넘을 정도로 지방정부의 관광전략은 다양하게 펼쳐지고 있다.

성공적인 사례만 해도 글로벌 축제이자 아시아영화제로서 주목을 받고 있는 부산 영화제, 인천송도에서 열려서 인천의 이미지를 제고하고 동북아 허브도시로

---

1) 이하 양기호 · 大橋健一 공저, [교육을 주제로 한 관광상품화방안](문화체육관광부, 2009년)을 참고할 것.

216

서 면모를 과시한 인천 세계도시축전, 한류붐을 살린 강원도의 관광전략, 지역활성화의 대표적인 전남 함평군의 나비축제, 조상찾기에 착안한 백제문화권의 문화원류 프로그램, 아시아 관광제가 되고 있는 광주 비엔날레축제, 경주와 대구지역의 각종축제 등, 이루 헤아릴 수 없는 지역축제들이 전국적으로 열리고 있다.

지역의 브랜드파워를 높일 수 있는 영화나 애니메이션의 문화관광, 자연속 휴식을 즐기는 에코투어, 강진군 스포츠타운 건설 등은 지방정부에 있어서 지역재생을 위한 중요한 효자상품이 되고 있다. 고속철도와 도로망의 정비, 승용차의 보급과 소득수준의 제고, 일보다 가족을 중시하는 경향과 동시에 휴가기간이 늘어나고, 지역개발로 관광인프라가 축적되면서 번잡한 도시생활에서 벗어나 농촌을 찾아 삶의 여유를 즐기거나, 가족과 함께 지방문화를 탐방하면서 역사와 자연을 맛보는 관광스타일이 증가하고 있다.

지역에 있어서 관광객증가와 관광을 통한 지역활성화는 관광빅뱅이 예견되는 동북아시아에서 일상화할 것으로 보인다. 고도성장이 지속되면서 해외방문객이 급증하고 있는 중국, 국내와 해외로 관광붐이 일어난 한국, 섬나라로서 아시아와 유럽등지에 가장 많은 관광객을 보내고 있는 일본에서 관광객의 상호 교차방문이 증가하면서 동북아에서 관광빅뱅이 예견되고 있다. 세계관광객의 증가추세를 보아도 1970년대 1.6억명이었던 관광객은 2000년 6.8억명으로 4배 이상 증가하였고 2006년 8.4억명, 2010년 10억명, 2020년에는 15.6억명으로 증가할 것으로 예상되고 있다. 특히 2010년대 후반 제4차 관광혁명은 아시아의 관광빅뱅에서 시작될 것으로 보인다. 유럽과 아시아의 각국간 관광객 유치 전략은 치열하고 다양해지고 있으며, 주요국가의 관광입국 전략을 정리하면 [그림4-1]과 같다.

특히 아시아지역에서 국제관광객이 증가하고 있다. 2002년부터 2006년간 지역별 평균 증가율은 북미 2.6%, 유럽 2.5%인데 비하여, 아시아는 2.5배 이상 높은 6.8%의 성장률을 보이고 있다. 세계관광기구(UNWTO)는 앞으로 아시아태평양 지역에 있어서 국제관광객이 전체에서 차지하는 비율이 1995년 14.4%에서 2020년에는 크게 증가한 25.4%를 점유할 것으로 예측하고 있다. 이 때문에 아시아각국은 한국 Korea Sparkling, 일본 Visit Japan Campaign, 타이 Amazing Thailand,

그림 4-1 주요국의 관광입국전략

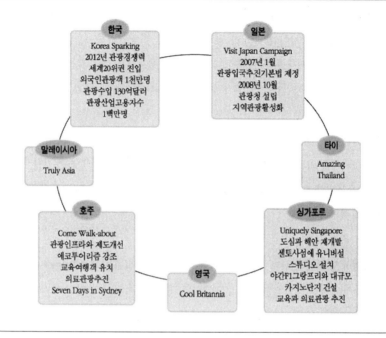

말레이시아 Truly Asia, 싱가포르 Uniquely Singapore 등의 외국인관광객 유치캠 페인을 경쟁적으로 전개하고 있다.

관광입국으로 부를 정도의 국가전략으로서 국제관광 육성은 1980년대부터 유 럽과 미국에서 추진되어 왔다. 가장 적극적으로 대외홍보를 해온 나라로 프랑스, 호주, 영국, 일본, 싱가포르, 미국 등을 들 수 있다. 프랑스는 1987년 프랑스 관광 청(Maison de la France)이 설치되면서 주요 시장을 대상으로 적극적인 홍보 전략 을 펼쳐 왔으며, 국내관광 환경의 개선을 위하여 프랑스 지역을 3개 지역으로 나 누어 학교 방학시기를 분산시키는 정책을 취하였다. 프랑스관광청의 주요 역할 은 외국인관광객을 위한 도로안내 표지판설치, 박물관 등에 외국어 안내 설명표 시 보급 등을 들 수 있다.

영국도 1998년 토니 블레어(Tony Blair) 수상이 영국여행의 매력을 강조한 이 래, 쿨 브리타니아(Cool Britania)를 내세워 전통적인 역사적, 문화적 유산에다 어학연수와 유학생유치, 런던에서 생겨난 초현대적인 패션, 식문화, 어트랙션을 가미하여 전통과 현대가 공존하는(Old meets New) 관광입국을 전개해오고 있다. 2003년에는 기존의 영국정부관광청과 영국관광협의회를 통합하여 본부는 런던, 직원 460여명, 30개 해외사무소를 관장하는 Visit Britain을 설립한 바 있다. 2007년에는 2012년 관광전략을 세워서 런던올림픽과 관광활성화, 숙박시설 향상, 지속가능한 관광 등 8대 목표를 정비하였다.

영국의 쿨 브리타니아(Cool Britania)전략은 국가브랜드와 창조산업을 주된 테마로 한 것으로 새로운 관광전략이다. 이것은 정치지도자, 비즈니스 리더, 학자가 될 만한 인재들을 초빙하는 작업이기도 하였다. 글로벌 이해도가 높고, 대학교육을 받아서 회사에 다니는 대도시 거주 18~35세 청년층을 대상으로 18개국에 초점을 맞추어 관광객을 유치한 것이었다. 약 40억 파운드를 투자하여 영국을 새로운 모습으로 바꾸어갈 밀레니엄 프로젝트가 시작되었고, 국제공항과 런던시내를 15분 간격으로 15분 만에 연결하는 초특급 히드로 익스프레스도 개통되었다.

영국 정부관광청은 전통과 현대가 교차하는 모습을 강조하면서 주요 인바운드 관광객 유치대상으로 적극적인 노년층(active senior), 업무시찰, 수학여행, 대학생과 전문대생, 경제력이 높은 젊은 부부나 싱글족에 대하여 인바운드 유치 캠페인을 전개해 왔다. 특히, 전통적인 영국의 오래되고 낡은 건물과 풍경 대신, 현대적인 영국의 디자인, 기술과 산업, 패션과 음악, 호텔 등에 대한 강조점을 높여갔다. 그 결과, 외국인관광객에게 영국의 이미지가 전통, 보수, 구태의연에서 창조성, 혁신성, 현대, 학습과 체험 등의 이미지로 바뀐 점은 높이 평가되고 있다.

호주는 인구 2,100만명(2007년), 1인당 국민소득 50,320달러(2008년)로 아시아국가로서는 자연자원, 영어사용, 안전도, 다문화수용 등, 관광인프라 면에서 매우 높은 관광경쟁력을 가진 관광대국이라 할 수 있다. 호주방문 관광객은 2009년 3월 현재 연간 약 512만명으로, 방문객의 국적별로 살펴보면, 뉴질랜드 100만명, 영국 61.4만명, 미국 42만명, 일본 39.5만명, 중국 35.2만명, 싱가포르 23.5만명, 한국 18.9만명, 이어서 말레이시아, 독일, 홍콩, 캐나다, 인도, 프랑스, 대만 등의 순서로 방문하고 있다.

호주의 관광산업은 전체고용의 7%를 창출할 정도의 중요산업으로, 1992년부터 국가적인 전략으로써 지속적인 관광개발에 착수하고 있다. 호주는 1967년 처음으로 관광법(Australian Tourism Commission Act)을 제정한 이래 다양한 정책을 추진해오고 있으며, 10개의 세계자연유산 등록을 기반으로 자연유산을 관광산업 발전에 활용하고 있다. 또한, 항공사나 여행사와 제휴하여 신설항로를 개설하고, 해외에서 인바운드 관광객을 유치하고자 노력하고 있다.

호주정부는 에코투어리즘의 관광정책에 많은 관심을 보이고 있으며, ① 산책길과 표식, 야생동물 관찰대 등 새로운 디자인과 기술개발, ② 기초연구, 관찰기록, 지역적인 에코투어리즘 계획, ③ 에너지절약, 에코투어리즘 교육, 사업개발과 시장조사의 연구교육 등을 각각 추진해 오고 있다. 이밖에도 에코투어리즘 인정 프로그램, 에코투어리즘에 관한 연구 · 출판과 에코투어리즘 교육, 호주여행자를 위한 안내 비디오, 지역의 에코투어리즘 가이드 육성을 중점사업으로 실시하고 있다.

호주는 연방국가로서 지역별 관광정책이 주정부에 의하여 활발하게 추진되고 있다. 호주정부의 관광전략은 주로 지방정부 주도로 이루어지는 경우가 많다. 인바운드 관광객유치를 위하여 중앙정부가 주도하는 한국과 말레이시아, 싱가포르에 비하여 미국, 호주, 뉴질랜드, 이탈리아는 민간회사나 지방정부가 주도하는 전형적인 사례이다. 호주에 인접한 뉴질랜드에서도 경제개발부가 관광 감독기관이긴 하나, 철저하게 지방관광국(Regional Tourism Organization)을 중심으로 여행사, 관광조직 등이 중앙정부와 연락하면서 정책을 추진하고 있다. 특히, 지역단위에서 점차 헬스관광이나 의료관광에 대한 관심이 높아지면서 추진전략이 검토되고 있다.

일본은 2007년 관광입국추진기본법을 제정하고, 2008년 10월 관광청을 설립하여 2010년 외래 관광객 1천만명 유치를 목표로 하였다. 일본정부는 고이즈미(小泉純一郎) 수상이 2004년 3월 관광객 유치를 위한 'Visit Japan Campaign'을 전개하여 외국인방문객을 늘려가고 있다. 기본계획에는 관광자원 발굴과 경관정비, 환경과 관광, 서비스 시스템, 관광인프라 정비, 체재형 관광, 도시와 농촌간 교류, 관광인재 육성, 외국인노동자 등 다양한 분야에 걸쳐서 검토가 이루어지고 있다. 또한, 각 성청별로 농림수산성이 주도하는 그린투어리즘, 환경성이 주도하는 에코투어리즘, 경제산업성이 주도하는 산업관광 등이 네오투어리즘으로서 정비되어 왔다.

싱가포르의 관광정책은 매우 효율적이며 적극적이다. 1960년대부터 국가전략으로 추진해온 관광입국정책은 다양한 어트랙션, 다문화와 관용정신, 풍요로운 식문화, 안전과 청결, 영어 공용어 정책에 힘입은 인바운드 어학연수와 수학여행 증가, 국제회의와 컨벤션 등 MICE관광(회의산업 Meeting, 인센티브투어 Incentive, 컨벤션 Convention, 전시산업 Exhibition을 말하는 약자) 활성화, 의료관광과 분야별 교육관광객 유치, 허브공항으로서 창이공항, 오차드거리 정비와 그랜드세일 실시로 매년 인바운드 관광객은 증가하고 있다.

싱가포르는 최근 들어 도심과 해안지구 재개발, 센토사섬에 유니버셜 스튜디오 등 대규모개발을 통한 관광인프라 정비, 야간 F1그랑프리와 대규모 카지노단지 건설 등, 관광매력도를 적극적으로 높여가고 있다. 영국, 말레이시아등과 항공 자유화 협정을 통한 허브공항의 기반 구축, 주변국을 오가는 저가항공기 취항을 통하여 인바운드 관광객 숫자는 꾸준히 증가세를 보이고 있다.

2007년 싱가포르를 방문한 외국인 관광객은 1천6백만명을 넘어서서 관광수입만 152억 싱가포르 달러, 관광흑자는 83억 싱가포르 달러에 이르고 있다. 관광산업의 고용창출도 2004~2006년간 매년 7%이상 증가해 왔다. 관광객의 체재일수도 3.63일로 매년 늘어나고 있는 추세이다. 2007년도에 방문한 외국인관광객은 전년도에 비해 5.3% 증가한 1,030만 명이었으며, 이 가운데 아시아국가 출신이 73%를 차지하여 아시아국가들이 중요한 인바운드 송출지역이 되고 있다.

2) 한국관광 현황과 지역관광의 가능성

한국정부도 김대중정부부터 관광산업 육성을 위하여 많은 노력을 기울여왔다. 이명박정부 들어 한국인의 해외관광으로 인한 경상수지적자가 확대되면서, 국내

▸ 표 4-1 세계각국 관광경쟁력 순위

순 위	종합경쟁력	관광규제	비즈니스환경 인프라	인적, 문화, 자연자원
1위	스위스	싱가포르	미국	오스트리아
2위	오스트리아	스위스	스위스	스위스
3위	독일	오스트리아	독일	키프로스
4위	아이슬랜드	홍콩	캐나다	벨기에
5위	미국	아이슬랜드	프랑스	아이슬랜드
6위	홍콩	독일	영국	독일
7위	캐나다	핀란드	스페인	뉴질랜드
8위	싱가포르	덴마크	아이슬랜드	룩셈부르크
9위	룩셈부르크	노르웨이	룩셈부르크	덴마크
10위	영국	뉴질랜드	호주	영국
---	---	---	---	---
한국	42위	46위	24위	73위

출처: World Economic Forum, The Travel & Tourism Competitiveness Report 2007(매일경제신문 2008.3.2 보도에서 인용)

▸ 표 4-2 주요국가 출국율과 1인당 국내총생산(2006)

국가명	출국율(%)	1인당 국내총생산 (USD)	국가명	출국율(%)	1인당 국내총생산 (USD)
싱가포르	125.0	30,159	대 만	37.7	15,990
영 국	113.2	39,207	호 주	23.9	37,924
독 일	93.9	34,955	한 국	23.8	18,164
홍 콩	83.0	26,575	미 국	21.4	43,562
캐나다	69.8	39,004	일 본	13.9	34,252
프랑스	35.5	35,375	중 국	2.4	2,055

관광인프라 구축과 방한외국인 증가가 가장 중요한 당면 과제로 대두하였다. [표 4-1] 세계각국 관광경쟁력 순위에서 보면 알 수 있듯이, 세계각국의 관광경쟁력은 스위스가 1위, 오스트리아 2위, 미국 5위, 싱가포르 8위, 한국은 42위에 머물고 있

그림 4-2   외국인관광객 입국 순위(2006, 천명)

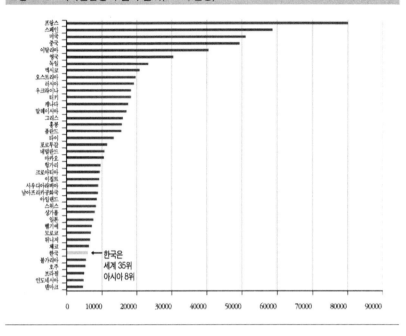

다. 유일하게 30위에 들어간 것은 관광관련 비즈니스 환경과 인프라이다. 말하자면, 한국은 인적자원, 문화자원, 자연자원이 상대적으로 뒤떨어지며 관광규제도 심한 편이다.

한편, 한국인들의 출국률은 상대적으로 높은 편이다. 가장 높은 싱가포르와 영국을 제외하면 한국인의 출국률은 1인당 GNP에 비하여 빈도가 높은 해외여행으로 소비지출이 높은 결과로 이어져 관광적자가 만성화되는 원인이 되고 있다.

[그림 4-3] 외국인관광객 입국 순위(2006,천명)에서 알 수 있듯이 한국의 국제여행 수입은 33위에 머물러 있다. 인구가 한국보다 훨씬 적은 싱가포르나 덴마크, 치안이나 인프라가 아직까지 열악한 모로코에 비하여 한국이 국제여행 수입이 낮다는 것은 반드시 재고해야 할 사항이라고 할 수 있다. 앞으로 어떻게 국제여행 수지를 개선해 갈 것인가 하는 것은 단기적인 처방보다도 관광인프라 정비, 여행아이템의 다양화, 규제완화와 국민의 관광인식도 개선 등의 노력을 통하여 점진적

▶ 표 4-3   한국의 국제관광 현황

연도/통계	외국인관광객 (만명)	해외출국자 (만명)	관광수입 (억달러)	관광지출 (억달러)	관광수지 (억달러)
2004	582	883	61	99	-38
2005	602	1,008	58	120	-62
2006	616	1,161	57	138	-81
2007	645	1,332	61	169	-108
2008	689	1,200	90	126	-36

으로 변화시켜가야 할 것이다.

한편 국제관광객의 해외지출 비용으로 보면, 한국은 10위권 이내에 들고 있다. 2006년 기준으로 독일이 가장 많고, 이어서 영국, 일본, 이탈리아, 러시아 등에 이어서 한국은 10위이다([표 4-3] 한국의 국제관광 현황을 참고). 인바운드 관광규모는 35위권인데 비하여 아웃바운드 비용면에서 한국이 10위인 것은 국제 관광수지에서 만성적인 적자임을 말해준다. 이러한 문제점을 극복하기 위하여 지역관광 활성화를 비롯하여 다양한 분야의 관광 업그레이드 정책이 필요함은 것은 두말할 나위가 없다.

따라서 외국관광객을 보다 많이 유치하기 위해서는 단순관광 위주에서 탈피하여 에코투어리즘, 그린투어리즘, 의료관광, 교육관광, 유학생과 어학연수생 유치사업을 확대하고 국내에 있는 관광자원을 더욱 개발하여 다양한 볼거리, 먹거리, 체험내용을 충실하게 정비해가야 할 것은 두말할 나위가 없다. 예를 들면, 교육관광은 이러한 점에서 한국문화의 발신과 한국기술의 홍보, 국제수지에 기여 등의 면에서 보다 장기적이고 안정적인 관광수입을 유지하는 21세기형 국제관광정책의 바람직한 대안이 될 수 있다.

아직까지 한국의 관광상품은 다양화되지 못한 것이 현실이다. 1960년대와 1970년대를 거치면서 한국정부는 관광법률과 규정을 제정하고, 행정조직을 신설하였다. 또한, 1962년 한국관광공사의 전신인 국제관광공사를 설립하고 미국과 일본을 중심으로 외국의 관광시장을 개척하기 시작하였다. 1970년대들어 한국의

그림 4-3 국제관광 수입순위(2006)

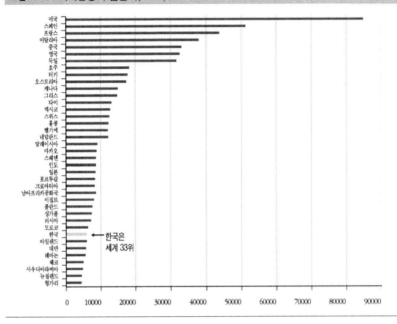

관광정책은 획기적인 발전을 이룩하여 관광산업을 국가전략산업으로 삼아서 관광단지개발도 추진해 왔다.

1980년대와 1990년대에는 아시안게임과 서울올림픽을 계기로 도로와 호텔 등, 국내 관광인프라가 크게 확대되었고, 전 국토 공간을 관광생활권으로 바꾸어 관광매력도를 높여나가기 시작하였다. 1990년 대 들어 관광산업을 소비성산업에서 제외하고 각종 규제를 완화하거나 철폐하였다. 문화관광부가 발족하고 관광진흥 10개년 계획을 수립하였다. 국제회의 산업육성에 관한 법률이 제정되어 국내에서 점차 국제회의(MICE)산업이 활발해지고 있다.

2000년대 들어 처음으로 지역별, 영역별로 다양한 관광정책이 전개되기 시작하였다. 관광자원을 확충하기 위하여 7대 문화관광권을 개발하고, 지역별 특화된 관광자원을 개발하였다. 2005년 한류붐이 일어나면서 한국의 드라마가 외국인들의 주목을 받았고, 문화와 관광이 결합된 문화관광이 큰 성과를 거두었다. 일본과 중국, 싱가포르에서 한국을 찾는 수학여행단이 늘어나고, 지방정부와 국제협력

그림 4-4 외국인들의 한국방문지역(2007)

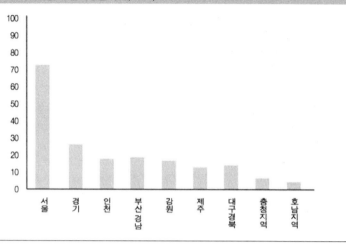

단에서는 외국인연수생을 받아들여 한국의 발전된 행정시스템, 새마을운동, 기술연수 등이 실시되었다. 2000년대 들어서야 한국은 네오투어리즘의 다양한 영역, 문화, 의료, 교육, 산업관광의 측면에서 새로운 시도를 전개하고 있다고 할 수 있다.

3) 지방관광 활성화의 장애요인

동북아지역에 있어서 지방과 지방간 교류와 방문은 날로 증가하고 있다. 여기서는 가장 활발한 한일교류를 중심으로 살펴보면, 한 · 중 관광교류가 수년전에 비하여 배증하였으며, 한 · 일 양국간 방문은 레저와 관광을 병행하면서 수도권에서 점차 지방으로 파급되고 있다. 엔저현상이 지속될 때에, 한국대도시에서 규슈(九州)로 향하는 비행기는 중년부인들의 단체관광으로 메워졌고, 중국을 방문하는 최대관광객은 이제 일본인이 아닌 한국인이 되었다. 한편, 2005년 한류 붐을 맞아 수많은 외국인관광객이 겨울연가의 배경지인 강원도를 방문한 바 있다. 그러나 아직까지 대부분 해외관광객은 서울과 부산, 경주, 제주 등지에 집중되고 있다([그림 4-4] 외국인들의 한국방문지역(2007)을 참고).

226

▶ 표 4-4 광역단체별 홈페이지 일본어안내도 조사(2008.10)

	전용버스	관광지	숙박	교통	역사문화	레저스포츠	음식	쇼핑특산물	이벤트축제	지도	관광코스
경기도	×	○	○	○	○	○	○	○	○	○	○
강원도	×	○	○	○	○	○	○	○	○	○	○
충청남도	×	○	○	○	○	×	○	○	○	○	○
충청북도	×	○	○	○	○	×	○	○	○	○	○
경상남도	×	○	○	○	○	×	○	○	○	○	○
경상북도	×	○	×	○	○	×	○	○	○	○	○
전라남도	×	○	○	○	○	×	○	○	○	○	×
전라북도	×	×	○	○	○	×	○	○	○	×	×
제주특별자치도	×	○	○	○	○	○	○	○	○	○	○
서울특별시	○	○	○	○	○	×	○	○	○	○	○
인천광역시	○	○	○	○	○	○	○	○	○	○	○
대전광역시	○	○	○	○	○	×	○	○	○	○	○
대구광역시	×	○	○	○	○	○	○	○	○	○	○
광주광역시	×	○	○	○	○	○	○	○	○	×	○
울산광역시	×	○	○	○	○	○	○	○	○	○	×
부산광역시	○	○	○	○	○	○	○	○	○	○	○

외국인관광객이 집중된 수도권에서 전국적인 지방으로 확산, 유치하는 데에는 적지 않은 문제점이 남아있다. 우선 지방에서는 수도권보다도 관광인프라가 훨씬 열악하다. 영문으로 된 관광안내집이 제대로 번역되어 배치되거나 외국여행사나 관계기관에 보급되지 않고 있는 점, 분야별 관광자료집이 한글로도 외국어로도 작성되지 않고 있는 점, 외국어안내를 찾아보기 힘든 점은 지역관광의 가장 큰 장애물로 남아 있다.

외국어 대화창구가 제대로 없는 것도 커다란 문제점이다. 지역별로 관광해설사나 학교별로 영어담당교사, 기업내에 영어를 구사할 수 있는 인재가 있기는 하

그림 4-5 항목별 광역단체 일본어관광안내 평가(2008.10)

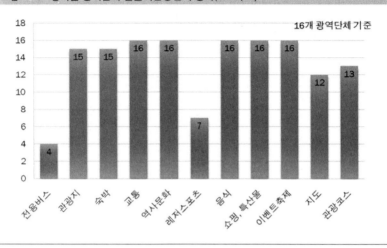

지만, 어느 기관이든지 대외홍보를 전담할 다언어 인재를 배치하고 있지 않거나, 잦은 이직으로 전문가로 육성되지 못하고 있다. 따라서 외국의 여행사들은 한국에 수학여행이나 기업의 인센티브 여행, 공공기관 단기연수 등을 기획할 경우에 영어나 일본어로 된 정보가 불충분하여, 실제로 한국관광에 대한 관심을 가져도 여행상품을 구성하여 한국을 방문하기에는 장애요인이 지나치게 많다.

지역별 관광안내도는 대부분 각 지역에만 한정되어 있어서 광역루트를 희망하는 대부분의 관광견학에 별 도움을 주지 못하고 있다. 일본의 사례에서처럼, 장기적으로 교육관광, 산업관광을 추진하여 수도권, 나고야권, 규슈권을 비롯한 광역권 관광루트를 만들어가야 한다. 또한, 시기별, 지역별, 관심분야별로 가이드맵을 작성하여 매년, 또는 격년별로 개정하여 관광안내소에서 배포할 필요가 있다.

지방에서 대형 숙박시설이 크게 부족한 것은 중요한 문제이다. 서울과 부산, 인천, 제주를 제외하면 수백명을 한꺼번에 수용할 수 있는 시설이 부족한 곳이 많고, 300명이상의 단체관광은 어려워진다. 수학여행은 보통 수백명 이상이 모여서 방문하는 경우가 많아서 호텔이나 숙박업의 관광인프라를 개선하는 것은 중요한 과제로 남아 있다. 예를 들면, 오키나와는 연간 50만 명이 넘는 일본인 중고교생들이

수학여행을 즐기는 곳인데, 충분한 호텔시설, 평화학습, 해양스포츠 등으로 오키나와에 대한 재방문 비율은 높다는 점은 매우 시사적이다.

한국관광의 문제점으로 공공장소에서 영어표기가 부족함을 뽑은 것은 새삼스럽게 지적할 사항도 아니다. 2008년도에 한국을 방문한 외국인은 약 689만명으로 외국인관광객이 해마다 증가하고 있으며, 2008년 현재 120만명이 넘는 외국인이 거주하고 있는 점은 보다 적극적으로 다양한 언어표기를 강화해야 하는 시기에 와 있다. 실제도 광역단체의 홈페이지 가운데 일본어 관광안내를 조사한 결과, 잘못된 표기나 제대로 표기가 되어있지 않은 곳이 많았다.

또한, 항목별로 광역단체의 홈페이지 일본어 관광 안내를 전국 16개 시도에 걸쳐서 조사한 결과, 관광지와 숙박, 교통, 역사문화, 음식, 쇼핑, 이벤트축제 등이 비교적 전체적으로 골고루 소개되고 있는 한편, 관광 전용버스가 배치되어 있지 않고, 레저스포츠에 대한 소개도 부족하여 장기체재형 관광안내를 하기에는 역부족이었다.

문화체육관광부도 수년전부터 이러한 문제점을 개선하기 위하여 다양한 대안을 마련해오고 있다. ① 관광안내표지판 설치와 정비지원 사업으로 보행자용 표지판 설치 표준지침 마련과 외래 관광객 주요 방문지 안내표지판 시범설치, ② 전국 관광안내소 설치와 개보수 지원 사업으로 관광안내소 표준화 지침과 매뉴얼에 따른 안내소 신설, 개보수, 운영자 교육, ③ 문화관광해설사 양성과 활용으로 국내외 관광객의 지역문화와 관광자원의 올바른 이해와 인식 함양(600여 곳, 2,000여명 배치), ④ 전국 전자입체지도 네트워크 구축과 연계 관광콘텐츠 구축사업(한/일/영어)로 개별관광시대에 외래 관광객 편의 향상을 위한 지도서비스 제공, ⑤ 관광전문 영어 전자지도 서비스 구축사업으로 텔레매틱스, DMB, WiBro 등 외래 관광객을 위한 전국단위 다국어 전자지도 서비스 구축 등이 그것이다.

한편, 한류붐 등으로 한국내에서 수도권이 아닌 지방을 방문하는 외국인관광객이 늘어나면서 한국의 지자체도 나름대로 관광인프라를 확충해 왔다. 지자체별로 교통, 숙박, 식품음료, 쇼핑 안내 등 부문별로 정비사업을 추진중이다. 교통부문은 크루즈 개발과 시티투어버스 운영 활성화, 숙박부문은 관광용 숙박시설

▶ 표 4-5 2007년 광역단체 관광수용체계 개선사업 현황

구분	서울	부산	대구	인천	광주	대전	울산	경기	강원	충북	충남	전북	전남	경북	경남	제주
교통	3	6	2	1	-	-	1	-	2	-	-	1	1	-	-	1
숙박	1	1	-	-	1	-	-	-	-	-	-	-	1	2	1	-
식음	1	-	-	-	1	-	-	-	2	-	-	-	-	-	-	-
쇼핑	2	3	1	-	1	-	1	2	-	-	-	-	-	2	1
안내	3	4	3	3	2	1	1	1	3	2	1	1	2	1	2	1
계	10	14	6	4	5	1	2	2	9	2	1	2	4	3	5	3

출처: 각시도업무보고(2007)([제22차 한일관광진흥협의회], 45항 재인용)

확충, 식품음료 부분은 대표음식 발굴, 쇼핑부문은 관광기념품 개발과 홍보를 병행하고 있다. 관광상품 인증제 도입과 문화관광해설사 확충, 관광안내소와 표지판 개선 등이 주요 사업으로 추진되고 있다. [표 4-5] 2007년 광역단체 관광수용체계 개선사업 현황은 광역단체별로 개선사업의 빈도수를 나타낸 것이다.

4) 지방관광 활성화 우수사례

위에서는 지방관광의 문제점을 주로 지적하였지만, 나름대로 우수한 성공사례도 있다. 여기서는 부산-후쿠오카 관광교류를 모범사례로, 경기, 강원, 충남, 대구 지역축제가 성공사례로, 전라남도와 광주광역시를 성장사례로 나누어 소개하기로 한다.

(1) 부산-후쿠오카 관광교류: 모범사례

인적 이동면에서 부산광역시와 후쿠오카시(福岡市)는 한국과 규슈(九州)의 관문도시로서 항공, 해운, 육운 등 다양한 교통수단이 발달해 있다. 부산시는 후쿠오카시와 다양한 형태의 인적 네트워크를 구축하여 양도시간 교류활성화를 적극적으로 추진해 왔으며, 이러한 노력이 양도시간 관광객 증가로 이어지고 있다고

▶ 표 4-6 부산-후쿠오카간 교통편(2007년 3월)

구분	지역	교통편(주 운항회수)	정원(명)	소요시간
항공편	후쿠오카	대한항공(7), 아시아나항공(2)	-	55분
여객선	후쿠오카	뉴카멜리아(6)	516	5시간 30분
	후쿠오카	비틀2, 비틀3, 제비, 제비2, 코비, 코비3, 코비5 (84)	1,528	2시간 55분
	쓰시마	씨플라워(5~6)	376	1시간 40분(히타카츠) 2시간 40분(이즈하라)

자료: 부산광역시(2005), 부산관광기본현황

▶ 표 4-7 부산지역의 국적별 · 경로별 외국인입국현황

(단위: 천명)

연도	합계		주요 국가				주요 입국 경로			
			일 본		중 국		김해공항		페리부두	
	입국자	%	입국자	%	입국자	%	입국자	%	입국자	%
2000	1,540	100	690	44.8	149	9.7	363	24.0	209	14.0
2001	1,501	100	680	44.8	158	10.5	362	24.1	225	15.0
2002	2,000	100	892	44.6	223	11.1	409	20.5	221	11.1
2003	1,473	100	609	41.3	171	11.6	342	23.2	200	13.6
2004	1,660	100	773	46.7	211	12.7	396	23.9	221	15.4
2005	1,710	100	748	43.8	216	12.6	379	23.9	234	15.4

출처: 부산광역시, [부산통계연보](2006)

해도 과언이 아니다.

[표 4-6] 부산-후쿠오카간 교통편(2007년 3월)과 [표 4-7] 부산지역의 국적별 · 경로별 외국인입국현황(단위: 천명)을 살펴보면, 부산시를 방문하는 외국인의 입국실태를 파악할 수 있다. 한국 남부지역의 관문인 부산광역시와 규슈의 관문인 후쿠오카시를 통한 외국인 입국 둘다 양 지역에서 큰 비중을 차지하고 있다. 후쿠오카시를 통해 일본으로 들어오는 외국인수는 2000년 약 38만명에서 2005년 약

63만명으로 대폭 증가하였고, 2005년 후쿠오카시를 통해 들어온 외국인 약 63만 명 가운데 한국인이 약 38만명으로 약 61%를 차지하였다. 후쿠오카시를 통해 부산으로 출국하는 일본인의 정확한 통계치는 확보할 수 없지만, 하카타항을 통한 출국자수를 보면 2005년 34만명 정도(일본인과 외국인 포함)이어서 그 규모를 추측할 수 있다.

일본의 후쿠오카시도 한국과 중국의 관광객유치를 위하여 노력하고 있다. 후쿠오카시의 관광객유치를 담당하고 있는 관민조직인 "비지트 인더스트리 추진협의회"는 2007년 4월부터 10월까지 중국발착 여객선의 하카타항(博多港)기항이 계 22회에 달할 것으로 전망하였다. 하카타항에 기항하는 중국발착여객이 이처럼 다수 기항하는 것은 하카타항 개항 후 이례적으로, 승객수는 최대 2만9천명에 달할 전망이다.

규슈지역에 기항하는 중국여객선은 지금까지 관광목적이 대부분이었던 이유로, 주로 나가사키(長崎), 가고시마(鹿兒島)를 중심으로 기항하였다. 그러나 최근 중국의 부유층이 후쿠호카에서 쇼핑에 관심을 가지면서 하카타항 기항이 늘어나고 있다. 후쿠오카 "비지트 인더스트리 추진협의회"에서는 이를 후쿠오카 홍보 기회로 삼고 적극적으로 프로모션 활동을 강화하고 있으며, 이것은 한국지자체의 관광객 유치정책에 좋은 사례가 될 수 있다.[2]

(2) 경기, 강원, 충남, 대구 · 경북의 성공사례

대구광역시는 관광전략으로서 전통문화에 그치지 않고, 다양한 관광상품을 개발하였다. 패션모델 체험상품인 '대구패션 뷰티투어'를 개발하여 운영하고 있으며, 대구 약령시 한방웰빙 체험관, 약령시 축제 등 한방문화체험, 대구시내 상하수도 시설, 도시공원, 태양열발전소 농작물 체취체험 등 환경 투어코스 개발, 대구의 섬유, 울산의 자동차와 조선사업, 포항의 철강사업, 구미의 정보통신과 전자산업을 연계한 투어코스도 개발하였다.

2) 한국관광공사 홈페이지 http://www.visitkorea.or.kr/ 후쿠오카(福岡)지사보고문(검색일: 2008.2.26).

또한, 이벤트와 축제를 중심으로 상호 교류와 홍보를 진행하여, 2011년 대구 세계육상선수권 대회의 성공적인 개최를 위한 홍보 강화, 칼라풀 대구 페스티발, 대구 약령시 한방문화축제 등 지역축제에 해외 자매도시 관계자를 초청하고, 상호 방문 홍보를 통한 관광객 유치와 도시 이미지 제고에 노력하고 있다. 실제로 이러한 대구광역시의 노력은 관광교류 활성화에 기여하고 있다.

대구광역시는 일본관광객 유치를 위한 관광자원과 상품개발도 추진해왔다. 우록마을 녹동서원에 한일우호촌을 형성하여 녹동서원 주변을 정비하고 조선에 귀화한 김충선(일본명 사야가)장군 묘역을 성역화하였다. 이를 주제로 한·일 국제심포지엄도 상호 개최한 바 있다. 또한, 전통문화를 관광자원화한 것으로 지역의 전통마을인 옻골, 인홍, 묘골을 우록마을의 한국 전통 문화체험 공간으로 조성하고, 산사체험인 템플스테이나 산사음악회 등을 개최하였다.

경상북도와 경주시는 지자체간 자매결연을 활용해서 관광활성화를 시도한 좋은 사례라고 할 수 있다. 경상북도는 일본과 중국 청소년들의 해외수학여행 촉진을 위한 각종 제도개선, 무비자 입국 등, 여건이 개선되면서 대규모 수학여행단 유치를 위한 '한중 청소년 친선문화 교류캠프'를 시작하였다. 경상북도의 우수한 유, 무형의 전통문화 유산을 활용하여 청소년들의 기호에 적합한 전통놀이문화 프로그램을 개발하고, 청소년들의 상호우호 증진과 친선교류 확대를 위한 중국 수학여행단 유치 기반을 시도하였다. 경주는 한국내 수학여행의 1번지로 각광을 받아 왔는데, 앞으로 일본과 중국, 동남아 지역을 목표시장으로 해외 청소년 수학여행단을 대규모 유치로 과거 수학여행의 옛 명성을 다시 찾고자 노력하고 있다.

충청남도의 백제문화제도 성공사례로 들 수 있다. 백제문화제는 전국 3대문화제의 명성에 걸맞게 해를 거듭할수록 더욱 발전해 나가고 있다. 백제문화제는 백제의 고도 공주와 부여에서 찬란했던 격조 높은 백제문화를 계승 발전시키기 위하여 1955년부터 개최하였으며, 백제문화권의 중심지인 공주시(홀수년도)와 부여군(짝수년도)에서 10월마다 교차 개최하고 있다. 5천명이상이 참가하는 백제문화 역사대행렬 등 백제문화를 재현, 계승하는 프로그램이 다채롭게 펼쳐진다. 주요 축제행사로는 무령왕즉위식, 역사대행렬, 상설무대 공연마당, 지역 특산품

코너 운영, 민속체험마당 등이 있으며, 역사를 주제로 한 종합 문화축제라 할 수 있다.[3]

또한 경기도 이천도자기 축제와 강원도 양양 송이축제도 대표적인 성공사례로 들 수 있다. 도자기생산지로 유명한 경기도 이천시는 중국 경덕진(景德鎭)시, 일본 고카(甲賀)시와 교류하고 있는데 이들 지역도 도자기의 명산지이다. 이들 한중일 지자체간 국제협력은 도자기사업을 중심으로 지역기업과 민간단체가 교류하면서 상호간에 선진기법을 배우고, 각국의 도자기축제에 많은 국내외 관광객을 유치하여 지속가능한 교류사업 발굴에 성공한 대표적인 모델이 되고 있다.

강원도 양양의 송이축제는 "천년의 향! 양양송이축제"라는 주제와 잠들었던 천년의 신화를 깨운다는 캐치프레이즈로 청정 양양의 자연 속에서 열렸다. 특히 양양 송이축제는 한달간 별도로 외국인 송이채취 현장체험을 개설하였다. 엄격하게 관리되고 있는 송이산지에서 자연산 송이의 생태를 직접 관찰하고 채취할 수 있는 송이채취 현장체험을 관광상품화한 것이었다. 송이 생태견학, 송이 보물찾기 등의 체험형 축제도 포함하고 있다.

송이는 외국인들에게 매우 인기높은 상품으로서 한국관광과 동시에 자신이 직접 송이를 캐는 체험형 관광을 겸했다는 점에서 잘 개발된 상품이었다. 동시에 향토음식체험, 한국무용, 전통혼례, 지역문화단체, 퓨전국악 등, 전통과 현대를 겸한 다양한 장르의 페스티벌을 준비한 점에서 성공가능성을 높였다고 할 수 있다.

(3) 전남도, 광주광역시: 성장사례

광주·전남지역의 외국과의 교류는 중국을 제외한 직항편 부재에서 알 수 있듯이 밀도높은 국제교류가 이루어지지 못하고 있다. 광주광역시는 일본 센다이시(仙台市)와 자매도시이지만, 경제통상보다는 문화협력, 비엔날레, 청소년 스포츠교류가 중심이다. 광주광역시는 도쿄에 주재관 1명을 파견하고 있으나 해외사무소는 운영하고 있지 않다. 전라남도는 오사카(大阪)사무소를 설치하여 2명이

---

3) 충남도청 홈페이지 http://www.chungnam.net/에서 인용(검색일: 2008.4.5).

▸ 표 4-8 한일청소년 수학여행 교류현황

연도별	방한 수학여행			방일 수학여행		점유율(학교)
	학교수	학생수(명)	증가율(%)	학생수(명)	증가율(%)	
2003	90	13,141	-65.9	73,746	-58.1	16.8%
2004	213	29,653	125.6	164,918	123.6	18.2%
2005	226	30,923	6.1	169,551	2.8	18.3%
2006(안)	193	25,522	-15.8	168,391	-0.7	15.6%

출처:한국문화관광부·일본국토교통성. [제22회한일관광진흥협의회자료집](2007.12), 51항

근무하고 있으나 실무직원이 부족한 편이다. 서울, 부산, 인천, 강원, 충남, 경남도에서 운영하는 현지사무소와 비교하여 내용과 실적면에서 뒤떨어지고 있다.

앞으로 한일양국 간 교류활성화를 위하여 무안국제공항에서 적어도 1편 이상 일본과 직항편을 개설하는 것이 바람직하다. 일본규슈(九州)내 7개현 가운데 6개현이 한국과 직항편을 가지고 있는 점을 상기할 필요가 있다. 항공과 도로 등, 교통망의 연계는 지역국제화에 있어서 필수적인 요소이다. 일본과 인적교류는 [표4-8] 한일청소년 수학여행 교류현황과 같이 한때 초중고생들의 수학여행단 일본방문이 증가하거나, 민간단체와 대학간 자매결연에 따른 교류가 증가했으나 상대적으로 서울과 부산, 경주지역에 집중되어 광주전남지역의 증가세는 미미한 수준에 머물러 있다.

외국관광객들의 방문지(복수회답)를 살펴보면, 서울 69.2%, 부산·경주 30.4%, 제주도 6.3%, 휴전선과 판문점 3.3%, 해인사 1.4%, 설악산 0.7%, 에버랜드 0.6%, 기타지역 19%로 나타나고 있다. 이렇게 수도권에 편중되는 현상은 외국인관광객 전반에 걸친 공통된 현상이며, 전남·광주지역에 대한 외국관광객의 수요가 많지 않은 것이 사실이다. 따라서 앞으로 지방관광지를 홍보하여, 지방상품을 발굴할 것이 요구된다. 예를 들면, 신비의 바닷길 진도, 서울-광주연계 관광상품의 개발, 특산물 교류전, 기업체 인센티브투어가 그것이다. 이밖에도 광주와 전남지역을 소개하는 비디오나 프로그램제작과 외국 현지방영, 지방축제의 국내외 홍보 등의 방법을 들 수 있다.

광주광역시는 지역경제가 지닌 부가가치 창출을 위해서 최대의 원천인 관광산업의 획기적인 진흥이 필요하다고 보고 있다. 광주르네상스운동과 전시컨벤션, 스포츠산업을 유치한다는 것이다. 이에 따라 특급호텔과 관광단지가 없는 현실에 비추어 앞으로 5개 이상의 호텔을 건설할 예정이다.[4] 전라남도는 외국관광객 본격유치를 위하여 외국현지에서 관광설명회를 개최하고, 해외 수학여행단 유치, 한일해협연안 관광교류회의를 통한 홍보실시를 계획하고 있다.[5]

또한, 남도 우수관광자원 팸투어를 실시하고, 남도여행상품 홍보활동, 여행자가 선호하는 관광홍보물을 제작하고 있다. 이 밖에도 대중 홍보매체를 활용한 전남관광 이미지를 집중광고하고, 관광문화 포털사이트를 공동운영하여 관광지역으로서 이미지를 높이고자 시도하고 있다. 관광객에 대한 해설과 안내를 위하여 2001~2005년간 84명을 양성하여 19개 시군과 32개 문화유적지에 배치하였다.[6]

5) 지방관광 활성화를 위한 향후 과제

이명박정부는 외국인관광객 1천만명 목표를 제시한 바 있고 이에 대하여 대한상공회의소에서는 조세정책과 규제완화를 포함한 관광산업 선진화 5대과제를 제안하였다.[7] 관광호텔 신규 건설과 아울러 모텔 등의 관광호텔화, 전통한옥의 관광 자원화, 국민여가캠핑장 조성 등, 다양하고 수준높은 관광숙박시설의 지속적인 확충과 규제완화, IT기술을 응용한 수용인프라의 획기적 개선이 필요하다. 관광산업의 경쟁력 강화를 위하여 관광사업의 경영여건과 불합리한 규제 개선, 관광산업의 경쟁력 강화를 위한 제도적인 미비점도 보완해가야 한다.

지역특화 관광자원을 개발하여 장소성과 테마를 창조하는 관광목적지의 지속적 확산과 지속가능한 관광개발, 내실 있는 광역형 내지 네트워크형 개발사업을 성공적으로 추진하여 경쟁력있는 관광자원을 확충해가야 한다. 민관협력에 의한

---

4) 광주광역시. [광주비견 2010](2006). 20~26항.
5) 전라남도. [2006년도 주요업무 시행계획](2006.01).
6) 위의 자료.
7) [매일경제신문] 2008.03.28자 보도내용

지역 밀착형 관광개발 모델을 제시해가는 것도 좋다. 축제, 음식, 관광기념품 개발을 통해 한국 관광상품의 경쟁력 제고, 컨벤션과 크루즈 관광산업 등과 같은 고부가가치 관광산업을 육성할 것이 요구되고 있다.[8]

가장 현실적이면서도 현재 진행 중인 대안으로서 지자체 국제교류는 지방관광 활성화의 좋은 계기가 될 수 있다. 공무원 교류, 청소년과 민간교류가 활발하고, 대부분 관광교류의 가능성을 담고 있기 때문에 보다 적극적으로 지자체간 국제교류를 지원해갈 필요가 있다. 지자체 교류는 특히 동아시아와 한국간 교류가 대부분으로 개발도상국에서 한국으로 관광을 선택할 여지가 많고, 지역대 지역으로 연계되고 있어서 상호간 관광상품화 가능성이 매우 높다는 장점을 가지고 있다. 지자체간 국제교류가 가까운 중국이나 일본과 교류가 많다는 것도 관광활성화의 가능성을 더욱 높여가고 있다.

한국과 외국의 지자체를 잇는 국제교류는 1988년 서울올림픽, 1995년 세계화 선언, 2002년 한일월드컵 공동개최 등 몇 가지 계기를 통하여 크게 증가하였다. 그러나 아직까지 공무원교류와 민간교류에 한정되어 본격적인 관광과 통상협력이 추진되지 못한 채로 있다. 더구나 기초단체의 경우, 지방기업도 통상인력도 재정력도 부족하여 관광협력을 기대하기 어려운 실정이다. 앞으로 광역단체가 중심이 되어 관광교류와 통상협력을 본격적으로 추진해 나가고, 기초단체도 점진적으로 이들 분야를 활성화시켜 나가야 한다.

일반적으로 외국인들의 한국방문시, 지방에서 특히 언어소통상의 문제, 치안이나 택시합승, 홍보부족이 개선사항으로 꼽힌다. 한국지자체가 외국현지에서 지방관광 광고를 더 확대시키는 것도 검토해 볼만 하다. 예를 들면, 한국의 농촌투어는 매우 매력적인 상품으로 한옥펜션, 템플스테이는 외국인관광객에게 관심이 높다. 이밖에도 한국의 지방축제를 더 만들거나 전통있는 상징물을 개발해야 한다. 특산물을 살린 송이버섯, 해산물 축제 등도 좋으나 더 개발해야 하고 수도권 중심의 축제가 지방으로 파급되어야 한다.[9]

---

8) 출처:한국문화관광부 · 일본국토교통성.[제22회한일관광진흥협의회자료집](2007.12), 9항
9) 뷰티풀저팬 서울사무소 와다 게이지(和田圭史)소장 인터뷰(2008.03.21).

21세기는 국가가 아닌 지방과 문화가 주도하는 세기이며, 다양한 주체들이 지지하는 빈번한 만남과 교류협력, 이러한 과정에서 습득되는 이문화 이해와 지적 성숙은 지자체의 교류, 특히 문화, 스포츠, 청소년, 관광교류를 통하여 비로소 얻어질 수 있는 것들이다. 지자체간 상호교류는 보다 직접적으로 현지를 방문하여 피부로 보고 느끼는 관광활성화를 통하여 증대시킬 수 있다. 따라서 이를 위한 지방단체장과 공무원의 노력이 무엇보다도 필요하다고 보여진다.

지방정부간 관광협력을 위하여 한국 지방공무원의 관심과 분발이 필요하다. 아직까지 한국지자체의 단체장, 공무원들에게 관광사업은 지방행정의 주요분야로 자리잡지 못하고 있다. 지역경영에 있어서 지방을 홍보할 수 있고, 지역전통문화를 계승발전하고, 청정산업으로서 지역개발을 도모하고, 지역주민의 이문화 이해를 증진할 수 있는 관광산업이야말로 지방정부가 가장 심혈을 기울여야 할 정책분야가 아닐 수 없다.

중앙정부는 과감한 규제개혁과 교통과 도로, 관광인프라 개선을 위한 전국적이고 지방적인 수준에서 집중투자와 제도개선을 서두르지 않으면 안된다. 지방공항 활성화를 위한 다양한 방법을 모색하고 지역내 관광숙박시설과 문화체육시설, 각종 표지판에 외국어표기와 외국어사용권역의 확대, 차이나타운이나 저팬빌리지 설립 가능성의 검토, 외국인방문객의 친밀감을 높이기 위한 특별월간 행사 등, 해외에서 한국을 찾아오는 방문객의 접근도와 친밀도를 높일 수 있는 정책을 제시하여야 한다.

더 나아가 관광활성화를 위한 공동작업을 동북아시아내지 동아시아협력으로 나아가야 한다. 한·일, 한중양국의 지자체는 지역경영과 국제화경험을 통하여 뛰어난 행정력과 국제화능력을 갖추고 있다. 이들이 손잡고 양자간 관광활성화에 그치지 말고, 동아시아 지역내 다국간 관광협력을 주도해가야 한다. 환동해권 크루즈를 통한 관광벨트 조성, 광역관광권 개발계획 수립과 한중일 공동프로젝트 추진, 한중일 거점지역간 운송네트워크 구축 등의 모델사업을 빠른 시일안에 추진하여, 동아시아 관광인프라로 확대시켜 나가야 할 것이다.

▸ 표 4-9   세계도시 분류(김현민 · 박지윤, 2005)

지표	상위 10개도시 (연도별)
세계100대 다국적 기업 본사 숫자	도쿄, 뉴욕, 파리, 오사카, 디트로이트, 런던, 시카고, 뮌헨, 암스텔담, 서울 (1997년)
세계10대은행 본사 숫자	도쿄, 파리, 프랑크푸르트, 런던, 북경, 뉴욕, 오사카, 브뤼셀, 뮌헨, 토론토 (1996년)
금융, 보험, 부동산, 사업서비스산업비율	런던, 샌프란시스코, 뉴욕, 밀라노, 워싱턴D.C., 보스턴, 함부르크, 시카고, 달라스, 파리 (2000년)
금융, 보험, 부동산, 사업서비스산업집중도	북경, 상해, 밀라노, 쿠알라룸푸르, 타이페이, 도쿄, 함부르크, 샌프란시스코, 런던, 파리 (2000년)
세계적 생산자서비스 기업	뉴욕, 런던, 파리, 홍콩, 도쿄, 로스앤젤레스, 싱가포르, 밀라노, 브뤼셀, 샌프란시스코 (1997-1998)
세계적 생산자서비스 기업 사무실간 연결성	런던, 파리,뉴욕, 도쿄, 시카고, 프랑크푸르트, 홍콩, 로스앤젤레스, 밀라노, 싱가포르 (1998)
정보통신 기반시설의 경쟁력	뉴욕, 시카고, 로스엔젤레스, 샌프란시스코, 애틀란타, 런던, 스톡홀롬, 토론토, 파리, 시드니 (1998년)
항공이동량	런던, 프랑크푸르트, 파리, 뉴욕, 암스텔담, 마이애미, 취리히, 로스엔젤레스, 홍콩, 싱가포르 (1997)

2. 지역국제화와 인재육성

1) 세계화와 광주 · 전남지역

세계화, 국제화는 국제금융의 자유화, 인터넷과 정보화의 진전, 교통발달에 따른 인적, 물적 교류의 확대라는 보편적인 현상을 등장시킨 한편, 지역적으로 볼 때에 한국과 북한, 일본, 중국과 대만, 러시아 극동지역을 포괄하는 동북아시대의 도래를 의미하게 되었다. 남북한과 일본, 중국의 3개국 면적은 1천만㎢ 이상으로 전세계 면적대비 7%에 달하고 있으며, 동북아지역내 인구합계는 약 15억명으로 전세계에서 차지하는 비중이 24%에 이르고 있다. 유럽연합(EU)의 3억7천만명, 북미자유무역(NAFTA)의 4억명에 비해서 3.5배가 넘고, 경제규모면에서 한중일 3개국의 국내총생산(GDP)은 전세계 약 20%에 육박하고 있다. 동북아지역의 성장은 외적 규모뿐만 아니라, 내적인 충실도가 높아져 지역내 상호교류가 빠른 속도

▸ 표 4-10 광주 · 전남지역 국제교류실적(2003)

지역별	교류지역	행정교류	민간교류	경제교류	합계
광주광역시	5(1)	24	19	5	48
전라남도	3	10	3	4	17
여수시	6(1)	13	13	1	27
목포시	3(1)	5	2	0	7
나주시	2(1)	3	2	1	6
광양시	2	6	3	1	10
곡성군	0	1	0	0	1
구례군	1(0)	4	0	0	4
고흥군	1(1)	2	0	0	2
보성군	1(0)	4	0	0	4
화순군	0	1	0	0	1
강진군	2(0)	1	0	0	1
영암군	1(0)	4	0	0	4
완도군	1(0)	3	0	1	4
진도군	0	3	0	0	3
신안군	0	1	0	0	1

* 교류지역은 2006.10.현재 교류협정을 체결한 지역숫자
** 괄호숫자는 일본지방정부와 자매결연숫자를 나타냄.
*** 실제로는 훨씬 더 많은 내용과 실적이 있을 것으로 예상됨.

로 증가하고 있다. 한국과 동북아역내 국가간 무역거래는 급증하는 추세로, 2005년현재 각각 한-중간 무역량 약 1천억달러, 한-일간 무역량 723억달러, 한-러간 무역량이 60억달러에 달하고 있다. 각국의 주요도시는 글로벌시대에 있어서 도시경쟁력을 높이기 위하여 노력해 왔다. [표 4-9]는 다국적기업, 은행, 금융, 생산기업, 정보통신, 항공이동 등의 지표를 중심으로 주요 글로벌도시를 표시한 것이다.

한국의 광역단체도 글로벌시대에 있어서 지역경쟁력 강화를 위하여 단기간에

엄청난 인적, 물적 자원을 집중해왔다. 특히 1992년 중국과의 수교가 성립한 이래, 서해안고속도로 개통, 서해안지역 집중투자가 이어지면서 광주전남지역의 지역경쟁력도 서서히 강화되어 왔다. [표 4-10] 광주전남지역의 국제교류실적은 한국지방자치단체국제화재단에서 펴낸 [지방정부 국제자매결연현황 2004](2004년 7월)에 근거하여 집계한 것이다. 2006년 10월 현재, 광주전남지역과 일본지자체간 자매결연 현황을 살펴보면, 광주광역시는 미야기현(宮城縣) 센다이시(仙台市), 목포시-오이타현(大分縣) 벳부시(別府市), 여수시-사가현(佐賀縣) 가라쓰시(唐津市), 나주시-돗토리현(取鳥縣) 구라요시시(倉吉市), 고홍군-사가현(佐賀縣) 가시마시(鹿島市) 등, 5개 지역에서 교류하고 있다. 광주광역시, 여수시, 광양시 등이 활발한 국제교류 활동을 보여주고 있다.

2) 서남권개발과 통상협력

서남권은 경상남북도와 강원도에서 자주 쓰이는 한일해협권, 환동해권과 대조적인 해양을 가리키는 의미로 사용되고 있으며, 인천, 충청, 전북지역에서 활성화된 환황해권 개념과 대비된다. '서남권' 지역은 광주, 전남지역의 지역적인 아이덴티티를 집약하는 용어로서 공식, 비공식 자료에서 빈번히 사용되고 있다. 여기에는 서해안 고속도로의 개통과 호남고속철 건설, 서남개발 계획과 서남해안 개발사업인 J프로젝트 등을 포함하고 있다. 무안군으로 전남도청 이전, 무안국제공항의 건설, 지역개발을 위한 기업과 관광인프라 개선 등도 범위내에 들어온다.

전라남도는 화학, 철강 등의 장치산업이 소재한 여수석유화학단지나 광양제철과 영세 중소기업이 공존하는 산업구조와 서비스위주의 3차산업, 그리고 농수산물 기반의 경제구조를 가지고 있으며, 국내총생산에서 차지하는 비율이 5%내외에 그치고 있다. 그러나, [표 4-11]이나 [표 4-12]에서와 같이, 광주전남지역의 수출입실적은 빠른 속도로 증가하고 있다. 2000년 양지역을 합친 수출이 89억달러, 수입이 125억달러로 수출입총액이 214억달러에 그쳤으나, 2005년에는 수출이 234억달러, 수입이 265억달러로 총액이 499억달러에 달하여 지난 5년간 약 2.5배 증

▸ 표 4-11 광주지역 수출입실적

(단위: 백만달러)

연도별	수출(증가율)	수입(증가율)
2000	3,183(-)	1,844(-)
2001	3,095(-2.7%)	1,710(-7.3%)
2002	3,598(16.3%)	1,741(1.8%)
2003	4,035(12.1%)	2,966(70.3%)
2004	5,288(31.1%)	3,038(2.4%)
2005	7,189(36.0%)	3,680(21.1%)

한국무역협회 홈페이지 http://www.kita.net '지역별수출입' 통계검색(검색일: 2006.11.19)

가율을 보였다. 광주지역이 2005년도현재 35억달러 무역흑자인 반면, 전남지역은 65억달러의 무역적자를 내고 있다. 양시도의 무역거래량은 해마다 급증하고 있으며, 앞으로 이런 경향은 가속화될 것으로 여겨진다. 이에 따라, 광주전남지역의 국제통상과 지역전문가, 관련 산업인력에 대한 수요는 빠른 속도로 확대될 것으로 전망된다.

광주광역시와 전라남도는 현대, 삼성, 포스코 등 대기업의 자본과 기술을 집적시켜, 서남해안 관광레저도시 개발사업을 추진해 왔다. 이 계획에 따르면, 2017년까지 목포, 영암, 해남을 한데 묶어 인구 60~70만명 규모의 신도시를 독자적으로 서남권지역을 개발한다는 것이다. 여기에는 동북아 물류, 교역의 중심지로서 위치를 구축하고 세계유수의 다국적기업 투자를 유치하여 국제비지니스의 중심지로 성장한다는 계획도 포함되어 있다. 다도해의 리아스식 관광지를 활용하여 국제해양 리조트단지를 형성하고, 전통산업과 첨단산업의 조화로운 발전을 지향하여 중화학, 조선, 자동차, 철강 등 기존산업과 생물, 소재, 우주항공산업 등 미래전략산업도 육성해간다는 것이다.[10]

2005년도 광주광역시의 인구는 약 141만명이며 이 가운데 전체 외국인 6,361

---

10) 전남도청 홈페이지 http://www.jeonnam.go.kr '전남비젼과 전략' 검색(검색일 2006.11.10)

▸ 표 4-12   전남지역 수출입실적

(단위:백만달러)

연도별	수출(증가율)	수입(증가율)
2000	5,805(-)	10,781(-)
2001	5,177(-10.8%)	9,777(-9.3%)
2002	6,426(24.1%)	10,551(7.9%)
2003	8,884(38.3%)	12,911(22.4%)
2004	12,609(41.9%)	17,341(34.3%)
2005	16,253(28.9%)	22,769(31.3%)

한국무역협회 홈페이지 http://www.kita.net에서 지역별수출입 통계검색(검색일: 2006.11.19)

명이 거주하고 있다. 광주시의 산업구조를 살펴보면, 1차산업이 4.3%, 2차산업이 13.4%, 3차산업이 82.3%로 서비스업이 비대한 구조를 보이고 있다. 광주광역시는 자동차제조업, 전자산업, 광산업 등의 첨단산업을 보유하고 있으며, 광주비엔날레, 김치축제 등 아시아에서 선진적인 문화중심도시이자 민주도시이다. 광주시는 전략산업과 5대 신기술응용산업을 육성하여 2010년까지 13만4천개의 일자리를 창출한다는 목표를 세웠다.

한편, 전라남도의 인구는 약 197만명으로 2001~2005년간 약 12만명이나 감소하였다. 전남도내 외국인인구는 9,260명이다(2005). 전라남도의 산업구조는 1차산업이 29.2%, 2차산업이 8.9%, 3차산업이 61.9%로 분포되고 있어, 1,2차 산업비율이 전국평균과 역전될 정도로 1차산업이 매우 큰 비중을 차지하고 있음을 알 수 있다. 전라남도의 지역총생산(GRDP)은 약 38조원으로 전국비율 4.8%에 머물러 있다.

아직까지 전남주민 1인당 지역총생산은 201만원 수준이나, 전년대비나 전국대비로 보아도 신장세가 뚜렷하게 나타나고 있다. 전라남도는 2004년 3월 광양만권 경제자유구역청을 개청하여 광양만지역에 약 2,700만평에 이르는 넓은 부지를 2020년까지 개발할 것을 목표로 추진하였다. 여기는 외국인투자자를 유치하여 동북아 해운물류기지, 첨단산업 클러스터설립, 부품산업의 제조기지, 해양관광

레저산업을 유치할 것을 기대하고 있다.

2005년도 한국은 대일수출이 240억달러에, 대일수입 484억달러로 무역적자 244억달러에 달했다. 일본의 대한국투자는 2003년도 5.4억달러, 2004년도 22.6억달러, 2005년도에 18.8억달러에 달하고 있다. 전라남도는 주로 농산물을 일본에 수출하고 있으며, 대한무역투자진흥공사(KOTRA) 광주전남무역관은 중소기업의 해외진출과 상담을 위한 교두보, 매개자로서 활용되고 있다. 특히 외국에 광주전남지역의 생산물을 수출하기 위한 시장개척단을 안내하고 있는바, 2006년도에 도쿄 오사카에 농수산물 가공식품 수출을 위한 방문단을 조직하였다. 일본지역은 연1회로 중국시장개척단 연4회에 비교하면 그 횟수가 적은 편이다.

광주, 전남지역의 향후 과제로서 중국이나 일본지역과 다양한 국제통상협력을 추진해가야 한다는 점을 들 수 있다. 예를 들면, 이미 1992년8월 창설된 한일해협연안 시도지사교류회의를 활용할 필요가 있다. 여기에는 전라남도, 경상남도, 부산광역시, 제주도, 나가사키현(長崎縣), 사가현(佐賀縣), 후쿠오카현(福岡縣), 야마구치현(山口縣) 8개지역이 참가하고 있는데, 주로 청소년교류에 머물고 있으며, 실질적인 경제협력이 되고 있지 않다. 또한, 광역관광협의회사업, 경제교류단, 판매촉진단, 특산물전시회 등을 추진해 왔으나 지금까지 실적은 매우 미미한 편이다. 부산광역시의 경우, 부산-오사카-상해 공동협력 모색에 적극적인 자세를 보이고 있으나 큰 진전은 보이지 않고 있다.

광주공항은 국내선, 무안공항은 국제선으로 역할이 분담되어 있으나, 무안공항에도 일본행 직항편이 없어서 김포공항이나 제주공항에서 환승해야 한다. 무안공항은 베이징, 상해, 창사, 산야 등의 중국도시와 연결되고 있으나 일본과 직항편이 없는 결정적인 문제점을 안고 있다. 이에 비하여 부산의 김해국제공항은 도쿄, 오사카, 나고야, 후쿠오카, 삿포로와 연결되고 있다. 무안공항에서 적어도 1편이상 일본과 연결되도록 추진하는 것이 바람직하다. 일본의 규슈(九州)내 7개현가운데 6개현이 한국과 직항편을 가지고 있는 점을 상기할 필요가 있다. 교통망의연계는 지역국제화에 있어서 필수적인 요소이다.

지방 국제공항인 대구, 청주, 무안공항은 국제선이 중국에 집중되고 있으며,

▸ 표 4-13 한일 간 수학여행 교류

연도별	일본〉한국	한국〉일본
2001	26,802	84,396
2002	38,167	173,446
2003	13,825	87,223
2004	28,274	137,296

문화관광부 내부자료(2005)

2008년 베이징올림픽을 전후하여 대일교류보다 대중교류가 급속히 증가하는 경향이 두드러지게 나타났다. 2005년도 한일 간 교류증가 요인으로 상호간 비자 영구면제 조치, 해당 기간 중 엔저 원고현상의 지속, 일본내 숙박과 골프 비용인하, 대학간 자매결연에 따른 교류증가가 있으나 상대적으로 서울과 부산, 경주지역에 집중되어 광주전남지역의 증가세는 미미한 수준에 머물러 있다.[11]

3) 국제화인재의 육성방안

『국가인적자원개발 비전과 추진전략』(김태기외, 2000) 보고서는 글로벌시대에 접어들면서 인력자원 개발의 필요성이 증가하고 있다고 주장하면서 그 근거로 다음과 같은 내용을 들고 있다.

첫째, 지식기반사회로 전환함에 따라, 경제, 사회발전의 원동력이 자본에서 인력자원으로 바뀌고 있는 점, 둘째, 지식기반사회가 되면서 인력자원의 내용과 수준에 따라 개인소득과 노동시장에서 신분이 달라지게 된 점, 셋째, 지식생성과 소멸 속도가 점점 단축되고 있고, 인력자원의 핵심이 되는 지식형성과 활용능력에는 승자가 독식하는 수확체증의 원리가 적용되기 때문이라는 것이다.[12] 이와 관련하여 상호관계를 설명한 것이 [그림 4-6] 국제화 환경변화와 대일전문인력 양성

---

11) 한국문화관광부 · 일본국토교통성. 『제20차 한일관광진흥협의회』(2005.11.14)
12) 이기성, "전문대학 교육의 국제화를 통한 글로벌 인력자원개발". 『직업교육연구』(2004) 제2호, 8항.

이다. 여기서는 국제화환경의 변화에 대비한 글로벌 인력과 중국, 일본전문가를 육성하기 위한 방안을, 공공기관의 통상공무원 교육, 기업과 대학의 중국, 일본전문가 양성, 지역네트워크의 활용으로 나누어 살펴보고자 한다.

그림 4-6 국제화 환경변화와 대일전문인력 양성[13]

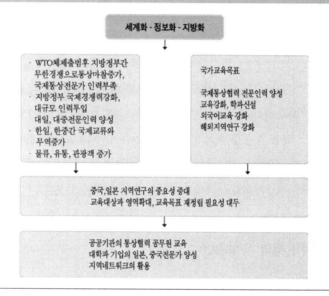

(1) 통상공무원 교육

지방정부의 국제화를 위하여 필요한 것은 물론 국제기업의 육성과 유치이다. 국제기업의 유치는 당연히 수많은 외국인 비즈니스맨이 왕복하고 일상적으로 지역내에 생활하는 결과를 가져옴으로서 자연히 지역정보가 외국으로 발신되고 지역내 주민들이 외국인들과 접촉을 통하여 국제화가 순조롭게 진행된다는 장점이 있다. 따라서 지역내 국제기업을 지원하고 외국기업을 유치할 수 있는 지방정부의 국제화능력이 요구되며, 이를 담당할 인재육성이 불가결하다. 국제파인재는

13) 윤충원, "무역전문인력 양성과 관련한 대학교육의 문제점과 대처방안", 『무역학회지』 (2004.6.)10항. 에서 나온 〈그림:1990년대 무역학교육과 관련한 환경변화의 요인〉을 토대로 필자가 편집한 것.

단지 외국어나 외국사정에 정통하거나 상호이해가 가능한 것만을 의미하지 않는다. 외국인과 공생할 수 있고 국제비즈니스를 독자적으로 추진할 수 있어야 한다.[14]

유감스럽게도 아직까지 지방공무원의 국제화능력은 기대에 미치지 못하고 있다.[15] 국제교류를 위하여 민간교류와 경제협력을 담당하기에 충분한 외국어능력과 통상업무지식을 지닐 뿐더러, 각국의 정치, 경제, 사회, 역사 등에 충분한 이해를 갖춘 공무원과 민간인재들이 부족한 현실이다. 이에 따라 인재육성을 위한 구체적인 로드맵을 정하고 5년내 업무담당이 가능한 공무원과 민간교류의 실적을 배증시키도록 목표치를 설정할 필요성이 제기되고 있다. 또한, 학생과 민간단체 교류를 위하여, 국제적인 공동교류체제의 구축, 동북아대학생포럼이나 환동해권 민간포럼을 창설하는 것도 요구되고 있다.

일본의 경우에도 국제화된 지역만들기를 위하여 먼저 인재가 있어야 된다는 인식이 공유되고 있으며, 따라서 공무원의 교육훈련에 많은 신경을 쓰고 있다. 외국기업을 유치한 지방정부의 경우 반드시 그 일을 성공시킨 국제화된 인재가 존재한다. 따라서 이러한 인재들이 자유롭게 활동할 수 있도록 각종 국제이벤트의 개설, 외국인 컨설턴트의 등용, 대학과 대학원의 국제화사업 등에 지원을 아끼지 않는 지방정부도 있다.[16]

1987년 개소한 일본의 시정촌직원 중앙연수소는 매년 3천명이상의 기초단체 공무원들을 교육하고 있다. 여기에 개설된 교과목을 살펴보면, 국제화이해의 기초, 국가와 민족론, 이문화커뮤니케이션, 세계의 주요종교, 국제정치경제, 일본이민의 역사 등이 있으며, 전문실무로 자매도시교류, 국제협력실무, 의전과 국제매너, 자원봉사의 육성과 활용, 귀국자녀 교육, 외국인권리와 법적 지위, 외국인유학생 대응 등의 과목이 있다. 이 밖에 외국인노동자문제, 직원해외파견, 국제화와 지역활성화전략, 지역국제화와 관민네트워크, 일본의 지역개발 등의 과목이 있

---

14) 日本自治體國際化協會, 1997, 4~5항.
15) 예를 들면, 충청북도의 경우 2006년 9월말 기준으로 볼 때, 전체공무원 12,068명 가운데 외국어 특기자는 0.3%에 불과한 36명에 지나지 않는다. 그나마 국제통상과 등, 관련부서 근무자는 15명에 머물러 있어서 절대적인 외국어능력자 부족과 낮은 활용도가 문제로 지적되고 있다. [충청북도 내부자료](2006.11.17)
16) 日本自治體國際化協會, 1997, 5항.

으며, 외국사정으로 동아시아, 동남아시아 등의 지역연구과목, 영어, 한국어 등의 특강이 개설되어 있다.[17)

국제화에 대응하기 위하여 공무원들은 기획력이나 조정력을 포함한 정책형성 능력을 향상시켜야 하며, 또한 시민단체를 중심으로 지역기업이나 다른 지방정부 등 다양한 주체들과 협동하고 연계할 수 있어야 한다. 동시에 이러한 관련단체의 능력을 종합적으로 조정할 수 있는 코디네이터로서 역할을 충분히 수행할 수 있어야 한다고 인식되고 있다. 한국 지방정부의 공무원 재교육은 행정안전부산하 지방행정연수원에서 실시하거나, 광역단체의 경우 국제통상과 교류담당 공무원들을 대상으로 각 지방공무원교육원에서 훈련을 담당하고 있으며, 국제협력전문과정과 외국어교육과정을 제공하고 있다. 그러나 대부분의 설문조사 결과를 보면, 교과목의 다양성 부족, 심도가 미흡하거나 교육기간이 지나치게 짧은 점, 할당 시간이 부족한 점 등이 문제점으로 지적되고 있다[18)

국제교류나 통상업무는 50%이상이 외국어수준에 따라 좌우된다. 지방정부는 외국어통역을 상시적으로 활용할 수 있는 자원이 부족한데, 이것은 국제교류를 가로막는 적지않은 장애요소이다. 특히 인적자원이 결여된 기초단체에서 가장 심각하다. 외국어가 가능하고 현지사정에 밝은 직원을 각 지역별로 1명 이상씩 길러내야 하며, 최소한 3년 이상 장기근무가 가능해야 한다는 것은 두말할 나위도 없다. 이것이 어렵다면 영어구사력을 갖춘 직원을 양성하는 것도 하나의 방법이다. 단기적인 대안으로 현지에서 코디네이터 역할을 할 교민을 명예영사로 위촉하거나 관내지역에서 한국어를 구사하는 외국인주민을 비상근통역으로 활용하는 것이 좋다. 공공기관은 충분한 행정정보를 바탕으로 지역별 네트워크, 예를 들면 한중교류협회, 한미교류협회 등을 설치하는 것이 더 좋다. 관련기업과 민간단체들이 모여서 투자와 수출정보를 나누는 등 만남의 장을 제공하는 것이 일차적으로 지역별 특성을 배려한 국제화 인프라구축사업이 될 수 있다.

---

17) 全國市町村國際文化硏修所, 1996, 5~6항.
18) 김동성, 『통상담당공무원의 전문화와 세계화 교육훈련 방안연구』(경기개발연구원, 1998), 145항.

지방정부의 국제화는 지금까지 관-관협력 중심의 단순한 교류에 그쳐서는 안 되며, 교류는 반드시 협력을 수반해야 한다. 예컨대, 교류협정을 체결한지 5년 이내에 교류에서 협력으로 나아가면서 인재육성을 도모해야 한다. 국제교류의 수혜자는 일부계층이나 집단에 한정되며 자기충족적인 것이지만, 국제협력은 인재육성면에서 보다 보편적이며, 감동과 이익을 줄 수 있고 효율과 생산성에서 상대적으로 우수하다. 국제화마인드 제고를 위하여 민간교류도 협력방식의 도입이 가능하다. 인천시 부평구내 경인여대가 베트남지역과 교류할 때에 현지 농촌봉사, 의료봉사활동 등을 실시해 왔는데, 이것은 현지주민들에게 매우 긍정적인 인상을 심게 하였고, 체험한 당사자들도 국제화의식이 크게 향상되는 결과를 가져왔다.

　인재육성을 위한 국제교류는 국제통상을 포함한 국제협력을 의미한다. 국제교류 공무원들이 통상지식 학습과 어학연수를 포함한 재교육을 통하여 지역기업들의 기술지원, 통상협력, 투자유치, 현지산업투자 등이 포괄적으로 전략적으로 시너지효과를 일구어내는 것이 바람직하다. 따라서 실질적인 혜택을 양국 지방정부간, 지역내 주민과 기업, 공무원조직이 맛보면서 적극적인 인재가 모여들 수 있다. 단순한 국제교류는 오래가지 못한다. 국제교류는 관광이나 문화교류, 자원봉사, 기술지원, 통상협력, 현지 네트워크구축 등이 동시에 이루어지면서 국제협력으로 나아가게 되고 이것은 바로 국제적인 인재양성과 직결된다.

　국제화 인재의 양성을 위한 열린 지역의 구축은 지역국제화를 위한 필수적인 사항이다. 해외지역에 대한 학습동기의 유발은 접근도에 크게 의존한다. 세계의 어떤 지역사정도 인터넷을 이용하여 관찰할 수 있다. 외국인 바이어나 관광객도 인터넷을 통한 사전답사로 국제통상이나 국제교류의 단서를 찾게 된다. 대외홍보는 지방정부의 얼굴이나 마찬가지이다. 아직까지 영문홈페이지를 갖지 못한 기초단체는 전혀 외국인들에게 자신을 알릴 수 없다. 더구나 동아시아는 영어의 범용도가 크게 떨어지는 곳이다. 중국인이나 일본인들은 영어보다도 자국어를 크게 선호한다. 따라서 영어, 중국어, 일본어로 된 지방정부의 홈페이지 구축은 필수적인 국제화업무이다. 국제교류의 접점을 만들어가는 것이며, 스스로의 얼굴을 선보이거나 화장하는 것과 마찬가지로 중요한 것은 물론이다.

전세계적으로 활동하는 지방외교의 주역들은 홈페이지를 통하여 현지사정과 내용을 파악하거나 수신하고, 아울러 각 지방정부의 관심과 활동을 동시에 발신할 수 있다. 또한 공무원과 기업인, 그리고 지역주민이 세계각국의 지방정부를 파악하는데 글로벌 네트워크의 존재는 매우 중요하다. 예컨대, 국내 전국시도지사협의회(www.gaok.or.kr)를 비롯하여, 일본총무성 산하에 설치된 일본자치체국제화협회(http://www.clair.or.jp/), 미국국제자매도시협회(SCI:www.sister-cities.org) 등이 각국별로 있다. 이들 기관의 홈페이지는 각국내 지방외교의 현황뿐만 아니라, 전세계적으로 각국 지방자치의 실태, 국제교류에 관한 다양한 자료를 보유하고 있어서 많은 도움이 되고 있다. 글로벌 네트워크를 가진 단체로서, 세계지방정부연합(UCLG:www.cities-localgovernments.org), 세계대도시연합(METROPOLIS: www.metropolis.org), 또는 지방정부간 환경연합인 국제환경협의회(ICLEI: www.iclei.org) 등을 들 수 있다.

(2) 중국과 일본전문가 육성

삼성이 내건 21세기 목표 가운데 하나는 세계화를 위한 현지화이다. 그런 현지화전략의 하나로 해외지역전문가 육성제도가 있다. 즉, 문화적인 차이를 뛰어넘어 현지인처럼 생각하고 행동할 수 있는 전문가를 양성하는 제도이다. 해당국가의 파견자로 선발된 삼성사원은 모든 업무로부터 해방되어 아무런 조건없이 6개월 내지 1년간 자신이 선택한 나라에서 자유롭게 활동하면서 현지인과 생활하게 된다. 또 본인이 선택한 어학연수와 체험연수를 통해 현지국가의 사회, 정치, 경제, 문화전반에 대한 다양한 경험을 쌓도록 배려하고 있다. 그 밖에 해외지역 전문가를 양성하기 위한 국제화프로그램이 별도로 마련되어 있다. 국제화프로그램은 국제화교육부문과 외국어교육부문으로 나뉜다. 국제화교육부문은 해외사업을 운영하는 관리자나 현지에 나갈 주재원 등을 위해 지역연구과정 등 6개 과정이 운영되고 있다. 또 영어, 중국어, 일어, 독어, 러시아어, 인도네시아어, 스페인어, 포

르투갈어 등 8개국 언어와 문화를 이해할 수 있는 12주 과정도 운영하고 있다.[19]

삼성의 현지화교육이 기업내 재교육이라고 한다면, 일반기업에 취업하고자 하는 졸업생들을 위한 유익한 프로그램도 마련되어 있다. 예를 들면, KOTRA 무역아카데미는 장기, 단기과정을 운영하고 있는데 집중적으로 일본어, 비즈니스실무, 컴퓨터지식 등을 익히는데 효과적이며, 취업실적도 매우 높은 편이다. 무역아카데미의 단기과정으로 해외마케팅 과정, 투자유치전문가 과정, 국제비지니스 과정이 있으며, 거의 1년간 연수하는 장기적인 무역마스터과정이 있다. 앞으로 서남권개발, 중국과 일본전문가 양성을 위한 맞춤형 교육실시를 추진할 필요가 있으며, 베트남, 인도, 타이, 러시아 비즈니스 특화과정 사례도 있다. 무역아카데미는 매기별 약 20~50명 모집후에, 단기집중 훈련과정을 통하여 좋은 성과를 올리고 있다.

서남권개발에 대비한 중국, 일본 전문인력 양성을 위하여 어학과 비즈니스 교육, 통번역대학원, 지역학 등 국제학대학원의 교육기회를 담당공무원이나 기업체종사자에게 제공하는 것은 매우 필요한 일이다. 객관적이고 심화된 이문화 이해를 통한 국제화의식과 자질을 바탕으로 국제활동에 공헌할 수 있는 인적자원을 양성하는 것이 필요하다. 학부에서 외국어와 지역학 소양을 쌓은 실무인력을 기업체나 공공기관에서 활용되도록 양성하는 것은 중요한 일이다. 대학내 연계전공 과정을 살려서 프로그램을 개발하거나 각종 연구소와 국제대학원에서 지역학 과정을 마련하는 것도 필요하다.

예를 들면, 통번역인력은 기업체와 관공서, 민간교류에 있어서 불가결한 매체라 할 수 있다. 그러나 아직까지 전남·북지역에는 통번역대학원이 부재한 실정이다. 이미 설치된 한국외국어대학교, 이화여대, 성균관대, 제주대, 부산외대, 선문대 등이 있으나 광주전남지역은 통번역인력을 주로 외부에 의존할 수밖에 없어서 이에 대한 대응책이 시급하다.

국제학대학원은 어학과 지역학을 강의하여 고급인력을 양성하는 전형적인 교육기관이다. 현재 서울대, 고려대, 연세대 등 10개 대학에서 운영중이나 대부분

---

19) 홍하상, 『이건희, 세계의 인재를 구하다』(북폴리오, 2006), 57~58항.

수도권에 위치해 있다. 지방에서는 부산대학교에 국제전문대학원[20], 부경대에 설치된 국제대학원을 제외하면 거의 설치되어 있지 않다. 물론 국제학대학원에 대한 효율성은 충분히 검증되었다고 할 수 없다. 1997~1999년간 전국의 국제학대학원 졸업생 761명 가운데, 국제기구나 외교분야에 취업자는 5.4%인 41명에 불과하였으며, 국제전문인력 양성이라는 기본 설립취지를 살리고 있지 못하다는 비판이 제기되었다. 그러나 실제 취업내용을 들여다보면, 절반 이상이 기업체에 취업하였고, 유학과 진학, 연구나 교육, 공공기관이나 외교부서, 정부부처에 취업하였던 것을 알 수 있다. 따라서, 광주전남지역에서 필요한 대부분의 인재가 기업체, 관공서, 관광회사나 가이드인 점을 감안하면 국제학대학원 또는 이와 유사한 교육과정을 대학원에 설치하는 것은 필요하고 바람직하다.

지방대학에서 학부졸업후 대기업입사는 그리 쉽지 않다. 좋은 성적과 외국어 능력은 기본이며, 사회봉사활동, 해외연수 유무 등의 경력이 요구된다. 중소기업이나 무역회사는 특성상 외국어능력, 해외연수, 무역실무과정의 이수 경험 등이 있으면 비교적 용이하게 입사할 수 있다. 어학에서 일본어뿐만 아니라 영어를 제대로 학습하는 것도 중요하며, 높은 토익이나 토플점수를 요구하는 것이 일반적이다. 중국, 일본과의 거래나 계약서도 영어로 작성되기도 한다. 대부분의 중소생산업체나 무역회사는 일본뿐만 아니라, 유럽, 미주, 아시아권에 수출하고 있는 실정이다. 따라서, 세계의 공장인 중국을 비롯하여 최근 부상하는 새로운 시장인 인도, 브라질, 러시아 등의 BRIC's를 생각하면 보편적이고 범용성이 높은 영어학습을 병행해가야 한다. 한국의 고등교육기관 진학률은 전문대학 진학을 포함하면, 매우 빠른 속도로 높아져왔다. 1975년도 고등교육기관 진학률이 25.8%에 그

---

20) 부산대학교 국제전문대학원에 설치된 해외지역 연구전공내에 일본연구가 포함되어 있다. 해외지역연구는 세계화에 따른 세계각지역의 정치, 경제, 사회, 문화, 역사 등에 대한 체계적 이래를 통하여 국제관계의 흐름을 파악하고, 각 방면에서 외국과 협력을 도모할 수 있는 해외지역전문가를 양성하고자 한다. 이 전공에서는 미국, 일본, 중국, 유럽 등 지역정치와 외교, 경제통상, 역사 문화 등에 대한 과목들이 개설되어 있다……해외지역 전공에는 일본의 정치와 대외정책, 경제와 통상, 미국, 중국, 동남아 등에 대한 과목들이 설치되어 있다. http://www.pusan.ac.kr/pnu_kor/02_college/s3_intro.asp?A_DEPT=291000(검색일 2006.11.13)

친데 비해, 1981년 졸업정원제 도입이후 급속도로 팽창하면서 20년후인 2001년 들어 70.5%에 달했고, 2009년 현재 80%에 달하고 있다. 이는 미국 63%, 일본 45% 등, 선진국의 진학률에 비교해서도 훨씬 높은 수준이다. 1990년대중반 대학설립이 요건만 갖추면 설립허가를 받게 되면서 4년제대학 200개, 전문대학 160개로 증가하였고 그 결과, 대학정원이 입학정원보다 8만명을 넘어설 정도로 한국의 고등교육은 세계최고의 양적 규모를 자랑하고 있다. 그럼에도 불구하고, 내실있고 강도 높은 대학교육이 이루어지고 있다고 말하기 어렵다.

글로벌시대의 도래는 한국의 대학교육에도 적지 않은 영향을 미쳤다. 1990년대중반이후 기존의 어문학중심 교육이 지역학중심 교육으로 전환되면서 일본지역학과, 중국지역학과, 러시아학과 등이 신설되었다. 무역학과의 커리큘럼에도 국제통상정책과 전략분야 교과과정이 중요시되었고, 국제통상론, 국제통상정책론, 국제협상론, 국제통상법 등의 과목이 무역학 교과과정에 도입되었다. 또한, 영어교육 뿐만 아니라 중국어, 일본어 등 제2외국어 과목도 중요시되고 있다. 지역학 전문인력의 양성과 관련하여 살펴보면, 일본정부가 한국, 중국과의 자유무역협정(FTA) 추진에 많은 관심을 보이고 있다. 따라서, 국제금융과 국제상거래와 관련된 법률제도, 무역제도와 국제운송, 무역보험과 거래분쟁 해결 등에 대한 학습, 국제통상법과 국제경제기구에 대한 교육과정이 추가되어야 할 것이다.

2006년 10월현재 광주·전남지역 일본관련 학과는 전남대, 목포대와 순천대가 일어일문학과, 조선대, 호남대, 광주대가 일본어학과, 동신대가 관광일본어학과를 설치하고 있다. 전남대, 목포대, 순천대는 어문학중심 교육을 실시하고 있으며, 호남대는 지역학 중심으로 강의하고 있다. 이들 대학의 졸업생을 합치면 광주전남지역에서 일본관련 학과를 졸업한 학생들은 매년 수백명에 이를 것으로 전망된다. 다만, 한 사례로서 호남대의 졸업생 취업현황을 살펴보면, 일본관련 업계에 취업하거나 대학원에 진학한 학생은 전체취업자 중에서 대략 20%내외에 머물러 있다.

이 밖에 광주전남지역에서 무역학과는, 전남대, 조선대, 광주대, 호남대, 목포대, 순천대, 한려대 등에 있으며, 국제통상, 무역학, 유통물류학과 등의 명칭으로 설치되어 있다. 전문대학인 송원대나 광양보건대, 서강정보대에도 관련학과가 있어서 관내 전체 40여개 (전문)대학 중 10개 대학에 설치되어 있고, 연간 수백명에 달하는 무역학관련 전공 졸업생이 배출되고 있다. 이러한 고등교육기관의 충실에도 불구하고, 광주·전남지역의 대학졸업생 취업률은 상대적으로 낮은 편이다.[21] 2004년 9월 전국 371개 대학의 대학졸업생 취업률을 살펴보면, 광주지역 4년제대학의 취업률은 49.9%로 전국 16개 시도에서 최하위를 기록하였으며 전남지역도 59.4%로 전국 11위에 머물렀다. 전문대학 취업률도 광주는 86.4%로 9위, 전남은 83.6%로 11위에 그친 현실은, 광주전남지역 대학생이 졸업후 지역내 취업이 어렵고 외부지역으로 인재가 유출될 가능성이 높음을 시사해주고 있다.

(3) 지역네트워크의 구축

2004년 일본국제교류기금 보고서에 따르면, 전세계 일본어학습자 가운데 한국은 45%이상을 차지하고 있다. 한국내 일본어학습자는 894,131명으로, 초·중등생이 780,573명, 대학생과 대학원생이 83,514명, 기타 30,044명로 나타나 있다. 중국의 경우 388,284명으로 초중고생이 79,661명, 대학생과 대학원생이 205,841명, 기타 102,782명으로 나타나고 있다.[22] 광주·전남지역내 고등교육기관에서 중국어와 중국문학, 일본어와 일본문학, 또는 지역학을 학습하는 실무인력을 어떻게 제대로 교육시켜서 기업체나 공공기관에서 요구하는 지역내 인재로 키울 수 있는가는 앞으로 큰 과제이다. 이를 위하여 다양한 네트워크와 학습환경을 구축할 것이 요구된다.

서울시내에는 중국대사관과 중국문화원이 있으며, 일본대사관과 일본문화원, 국제교류기금 서울문화센터가 소재하고 있다. 서울광장에서 한일 마쓰리 공동축제 등, 다양한 일본어 학습동기가 부여되고 있다. 그러나 지방에는 이러한 지적 자

---

21) 김종득, "산학관 연계를 통한 전자무역 활성화방안". 『제1회 지역 e-Trade 전국순회포럼』 (광주상공회의소 한국통상정보학회(2004.6), 25항.
22) 일본국제교류기금 홈페이지:
http://www.jpf.go.jp/j/japan_j/oversea/kunibetsu/2004/index.html
'각국일본어교육실태'검색(검색일 2006.11.13.)

극제가 상대적으로 결여되고 있으며, 이를 보완하기 위한 장치들을 강구해 가야한다. 기업이나 제조업체, 대학과 연구소가 공동으로 시내중심지에 지역학 관련 센터를 설치할 필요가 있다. 관내에 부재한 중국이나 일본문화원의 역할을 대신할 수 있는 문화센터를 설치할 가능성을 꾸준히 모색해가야 한다. 외국어나 외국문화를 맛볼 수 있는 강연회나 전시회, 한일, 한중교류회나 중국주간(CHINA WEEK), 일본주간(JAPAN WEEK) 등을 설정하여 지역주민과 기업체 종사자의 정보습득과 이문화 이해를 높여가야 한다.

또한, 광주국제교류센터에 외국인코너를 마련하여 이미 광주전남지역에 거주하고 있는 일본인들의 네트워크를 활용하는 것도 좋은 방법이다. 외국인을 위한 한국어학당, 외국인 생활상담, 외국인의 밤 행사, 소식지발간 등을 실시하면서 국제교류자료실을 개방하여 외국인과 지역주민간 교류장소를 제공하면 좋을 것이다. 특히 최근들어 외국인노동자의 급격한 증가, 국제결혼과 유학생 증가, 무엇보다도 600만명에 이르는 외국인관광객 등, 지역을 방문하는 중국인과 일본인관광객은 날로 증가추세에 있다. 이는 각 지역에 국제도시로 발돋음하려는 계기를 제공하였으며, 외국인주민 대책을 정책과제로서 부과하고 있다. 그럼에도 불구하고 다국적 외국인과의 공생, 지역주민으로서 외국인의 권리에 대하여 지방정부가 충분한 대책을 세우지 못하고 있다.

지역네트워크의 구축은 중국이나 일본관련 자원을 활용하는 것과 밀접한 관련을 맺고 있다. 지방정부는 국제화마인드 양성이나 국제화매너 습득을 위하여 다문화사회 실현을 위한 구체적인 시책안을 작성해갈 필요가 있다. 다문화 정책체계 내에 외국인주민의 인권옹호, 참정권, 난민문제, 교육과 역사의 공유, 행정서비스, 지역만들기, 시민참가, 외국인단체와 네트워크 지원, 국제표준의 설정 등이 포함된다. 다문화시책이 지방정부의 국제화인재 육성과 필연적인 연계성을 가지고 있음은 분명하다. 아직까지 외국과의 인적 교류가 상당한 비용을 요구함을 고려할 때에, 지역내 외국인이 국제화교육에 있어서 실질적이고 효과적인 요인으로 작용할 것이다.

4) 소결

기업들은 미래의 인재를 양성하는 것은 바로 인재의 기업경영(Human Management)으로 이어진다고 보고 있다. 글로벌기업과 국내 주요기업들은 전 사원의 1~5%를 핵심인재군으로 선정하여 입사 5년차가 될 때까지 집중 관리하고 있다. 국내외 전문경영대학원(MBA) 과정 지원을 비롯한 각종학위와 연수과정지원, 리더십 아카데미, 지역전문가 양성 등, 다양한 방법이 활용되고 있을 정도이다.[23]

광주·전남지역도 이에 뒤지지 않게 적극적이고 체계적으로 글로벌 인재양성 장기계획을 마련해가야 한다. 동시에 기업유치와 외국인친화적인 지역환경을 만들어가야 한다. 대학과 공공기관, 기업과 매스컴이 유기적인 생태를 형성하여 상호보완과 협력을 통한 공동진화(共同進化: co-evolution)를 추구해야 한다. 중앙정부와 지방정부가 추진하고 있는 지역전략산업과 대학의 특성화를 상생, 조화시킬 수 있는 제도와 장치를 형성해가야 한다. 산업이나 경제뿐만 아니라, 문화산업이나 관광업 등을 포함하여 대학의 지역커뮤니티에 대한 봉사기능도 높여야 한다.[24]

광주전남지역은 장기적인 측면에서 지역국제화를 위한 대학의 공공성을 강화하고 대일전문인력 교육을 포함한 국제교육의 사회환원, 열린 대학과 주민의 국제화의식 제고, 기업과 대학간 의사소통 능력을 제고해야 할 것으로 보인다. 대학과 기업이 지역경쟁력을 결정하고, 지역경쟁력의 총화가 국가경쟁력으로 이어지는 요즘, 중국이나 일본과의 인적, 물적 교류가 활발한데다 앞으로 크게 확대될 것으로 예상되는 광주전남지역에 있어서 대학과 기업, 공공기관내 중국, 일본전문가 육성과정은 앞으로 지역경쟁력 강화에 큰 변수가 될 것이다.

따라서 광주·전남지역은 세계화와 국제화, 동북아시대의 도래에 대비한 글로벌 인재와 중국, 일본 전문인력을 양성하기 위한 학부생과 대학원생 교육, 그리고 기업체와 공공기관 담당자의 재교육을 위한 교육기관 증설과 내실강화, 학제와

---

23) 「동아일보」, 2006.11.20자 보도
24) 류지성 외, 『대학혁신과 경쟁력』(삼성경제연구소. 2006.01.05)을 참조할 것.

커리큘럼 정비, 지역대학과 기업간 연계, 외국인주민 네트워크 구축, 교통망 등 각종시설과 지역주민의 국제화를 적극적으로 추진해가야 할 것임은 두말할 나위가 없다.

3. 일본의 외자유치전략과 지방사례

1) 일본지방정부의 통상외교

(1) 지방국제화와 통상외교

1980년대이후 한국과 일본에 있어서 두 가지 공통된 정책과제가 세계화와 지방화였다는 것은 의심할 여지가 없다. 일본은 1980년대중반들어 경제국제화에 대응하는 과정에서 지방정부의 국제교류와 통상협력이 중시되었고, 지역활성화 전략으로서 투자유치에 대한 관심이 생겨났다. 한국은 1995년 세계화선언과 함께 전국 16개 시도에 국제통상협력실이 설치되면서 광역시도가 통상외교를 본격적인 정책과제로 설정하였다. 김대중정부이래 외자유치는 단체장에게 있어서 지역경제 활성화와 고용창출을 나타내는 가시적인 대표지수로 자리잡게 되었다.

지방정부의 외자유치는 지역경쟁력의 조건, 과정, 결과를 나타내는 지표가운데 하나로 양자는 밀접한 관계를 지니고 있다. 세계화에 노출된 지방정부에 있어서 외자유치는 지역경쟁력의 중요한 부분이다. 지역경쟁력은 자본과 기술의 세계적 네트워크에 참가하여 이들을 자기지역에 정착시키는 외자유치의 형태로 나타난다. 외자유치는 세계화의 거대한 힘을 조절하면서 외부의 자본과 기술을 끌어들이는 지방정부의 '제도역량 형성'(institutional capability building)에 따라 결정된다.[25] 외자유치는 지역간 경쟁을 통해 이루어지며, 유치경쟁에서 특정지역이 성공할 가능성은 얼마나 많은 제도적 역량을 보유하고 있느냐에 달려있다.[26]

---

25) 조명래, "해외자본유치를 위한 영국의 지방제도역량", 『지역사회개발연구』 제24집 1호 (1999.6), p.212.
26) Amin, A and Thrift, N, "Globalization, Institutional thickness and the local economy", in P. Healey (eds), *Managing Cities: the New Urban* Context(London: Wilely, 1995), p.92.

지방정부의 외국기업과 자본유치 전략은 오늘날 유수한 다국적기업들의 세계화전략과도 일치하고 있다. 다국적기업(MNCs)은 스스로의 경쟁력을 유지, 강화하기 위하여 사업활동을 자국내에만 한정하지 않고 해외로 분산하여 조직해가는 속성을 지니고 있다. 다국적기업은 세계적 차원에서 기업활동의 최적지에 입지하고 분산된 활동들을 기능적으로 통합함으로써 기업이 획득할 수 있는 최대의 이익을 향유하게 된다. 정보통신의 발달과 글로벌 네트워크의 증가는 다국적기업과 국제자본의 활동성을 증가시켰으며, 이들을 적극 유치하려는 지방정부의 경쟁을 가속화시켰다.[27]

지방정부의 제도적 역량은 외자유치의 주체들간 협력체제의 구성에 달려있다. 외자계기업들이 지역에 들어와 투자, 생산, 시장판매에 이르는 일련의 기업활동을 안정적으로 지속해갈 수 있는 여건[28]을 지방정부가 조성할 수 있느냐가 중요하다.[29] 지방정부는 상공회의소, 금융기관, 지역대학과 연구소, 지역기업, 지방정치가를 포함하여 중앙정부와의 연계를 활용하여 외부기업을 유치하고자 한다. 일본지방정부의 성장연합은 내발적 산업발전의 한계를 인식하고, 중앙정부가 행재정, 법률제도를 통하여 지원하는 산업단지 설치나 외자유치제도를 활용하고자 하였다. 1980년대 테크노폴리스의 첨단산업단지 유치, 1990년대이후 외국기업과 자본유치에 애쓰는 일본 지방정부의 노력은 전형적인 사례였다.[30]

미국 등 선진국에서도 도시발전론자들은 세계화(going global)를 지역성장 전략으로 파악하고 도시재개발, 외국자본과 대기업본사 유치, 국제공항 증설, 초국가화(transnational)와 글로벌 네트워크형성 등을 추구해 왔다.[31] 일본 지방정부는 산업공동화가 진행되던 1980~1990년대간 지역경제 활성화, 장기불황에서 탈

27) 김성훈, "지방정부 외국자본 유치활동 및 전략에 관한 연구", 『지방행정연구』제12집 1호 (1997.5), p.129.
28) 상하수도, 교통, 가스, 병원, 공업용수도, 전기, 항만정비, 택지조성, 도로 등의 산업기반시설과 생활기반시설, 위성통신망, 정보네트워크, 유통과 물류 등의 소프트웨어 사업은 지역경제와 사회문화발전에 초석이자 지역경쟁력 확보에 중요한 역할을 한다. 원구환(2001.12), p.185.
29) 조명래(1999.6), pp.214~221.
30) 김상준, "미국과 일본의 산업지역 비교연구", 『국제정치논총』40집 3호(2000), p.293.
31) Darel Paul, "The Local Politics of Going Global: Making and Unmaking Minneapolis-St Paul as aWorld City", Urban Studies 42-12(Nov 2005), p.2106.

출하기 위한 신규투자와 고용창출, 중앙정부의 보조금삭감과 시정촌합병이라는 구조개혁의 흐름 속에서 지방재정 자립도를 높이고자 외자유치에 관심을 가지게 되었다. 그 결과, 대부분의 일본 도도부현에서 외자계기업을 유치하기 위한 전담 인력과 조직이 설치되고[32] 부분적인 성과를 거두어 왔다. 1999년 경영위기를 맞았던 닛산(日産)자동차가 외자를 유치하면서 회장에 임명된 카를로스 곤(Carlos Ghosn)이 구조조정을 통하여 기업재생과 지역활성화에 성공한 사례는 일본내에서 큰 화제가 되었다.

1990년대 글로벌 경제시스템의 확산과정에서 두드러진 중국과 싱가포르의 경제성장은 재정악화와 장기불황에 허덕이던 일본의 지방정부에 큰 자극을 주었다. 고부가가치 외국산업과 자본을 유치하여 세계 최고수준의 국가경쟁력과 1인당 국민소득을 달성한 싱가포르는 전형적인 사례였다.[33] 싱가포르정부는 열악한 제조업기반을 극복하고자 외자를 유치하여 생산기반을 확대하고, 외국자본과 외국인의 입주환경을 개선하는 등 사회인프라를 정비하였다. 그리고 외국기업가운데 부가가치가 높은 기계, 석유화학, 정밀엔지니어링, 바이오 테크놀로지, 설계개발 등 주로 제조업을 보유한 외국계회사를 국내에 유치하였다. 중국은 지방정부가 외자유치를 적극적으로 전개하여 일본내 주요도시에 사무소를 설치하고 전문가를 상주시켜 활발한 투자유치를 해왔다.

중국, 말레이시아의 국가전략으로서 해외자본유치 중시, 영국과 싱가포르의

---

32) 일본의 경우 한국과 같은 통상협력실이 도도부현마다 설치되지 않았다. 기존조직인 상공부내 국제경제과 해외기업유치센터에서 외자유치를 담당하거나(후쿠오카현), 투자지원센터(효고현) 등 별도 조직을 설치하고 있다. 국제교류를 담당하는 국제과는 주로 국제협력, 외국인대책을 담당하고 있다.

33) 1965년 독립한 이래, 1966~73년간 싱가포르는 국내총생산(GDP)에서 두 자리 숫자 성장을 거듭해왔다. 1987~95년간 GDP는 9.2%의 연간성장률을 유지하고 있었다. 1965~2001년간 1인당GDP가 23,188달러에 달할 때까지 무려 23배나 증가하였다. 싱가포르정부가 주도한 무역중심에서 제조업으로 구조전환은 대성공이었다. 예를 들면, 1963년 국내총생산에서 차지하는 무역비율은 36%이었지만, 1983년에는 24%이었다. 제조업은 13.5%에서 20%로, 금융서비스는 11%에서 22%로 각각 높아졌다. 뛰어난 인프라를 제공하고, 기업환경을 정비함으로써 싱가포르는 다국적기업(MNCs)의 투자유치에 크게 성공하였다. 예를 들면, 1963년 싱가포르 전체 기업 중 외자기업이 차지하는 비율은 4.3%에 불과했지만, 1980년에는 15.4%까지 증가하였다. 靑木保外 共著, 『パワ-: アジアの凝集力』(岩波書店, 2003), pp.105~108.

수준높은 국가개방도와 정부투명도, 안정된 제도정비와 유치실적에 비하여 일본 지방정부의 외자유치는 큰 성과를 올리거나 별로 주목을 끌지 못하고 있는 것이 현실이다. 일본과 한국은 영국이나 아일랜드와 같이 지역개발청이라는 별도조직을 두지 않고 있으며, 투자유치를 위한 제도와 법률적인 지원, 성장연합의 조직면에서도 상대적으로 뒤떨어진다. 한국은 1997년 경제위기 충격이후 김대중정부가 경제활성화와 고용창출, 외환보유고 확충을 위하여, 일본은 중앙정부가 주도한 외자유치 활성화정책에 의존하는 등, 주로 중앙정부의 총체적인 지도와 후원으로 지방정부의 외자유치가 시작되었다.

한국과 일본의 외자유치는 중앙정부의 정책에 따라 큰 영향을 받고 있다는 공통된 특징을 지니고 있다. 미국, 영국, 중국의 경우 중앙정부의 직접적인 지원에 의존하기 보다는 지방정부가 자율적으로 외자유치를 추진하고 있는데 비하여, 한국이나 일본은 중앙정부의 정책에 자극받아 외자유치와 지역활성화가 촉진되었으며, 중앙정부의 규제가 아직까지 적지않게 남아있다. 이것은 한국과 일본의 지방정부가 외자유치를 위한 독자적인 대안제시와 실행능력면에서 일정한 한계를 안고 있다는 것을 의미한다.

(2) 지역경제와 외자유치

전후 일본정부는 외국환과 외국무역관리법을 통하여 외국자본의 대일진출을 엄격히 제한해 왔다. 1980년 12월에 들어와서야 관련법률을 개정하여 외국기업이나 자본의 대일직접투자를 허용하기 시작하였다. 1984년 4월 통상산업성(현재의 경제산업성)에 대일투자원활화위원회가 설치되었고, 일본무역진흥회(JETRO)도 대일투자를 유치하고자 담당부서를 설치하였다. 한편 지방정부에서는 1982년 홋카이도(北海道)나 규슈(九州)지역에 외자추진협의회가 신설되면서 1980년대 중반이후 지역경제 활성화라는 관점에서 지방정부가 관심을 보이기 시작하였다.

1985년 9월 플라자합의(Plaza Accord)로 시작된 엔고현상은 일본의 지방제조업이 낮은 생산비용을 찾아 중국과 동남아지역으로 해외이전하는 계기가 되었다. 위기의식을 느낀 일본정부는 외국기업의 대일투자를 촉진하는 조치를 잇달아 취하였고, 이와 함께 지방정부의 외자유치노력도 가시화되기 시작하였다. 지역경제 부진과 산업공동화, 도쿄를 비롯한 수도권집중이 문제시되면서 1990년대 내내 일본정치와 경제를 괴롭히던 장기불황을 극복하는 대안으로 외자유치가 거론된 것은 당연한 일이었다.

일본정부는 1990년 6월 『직접투자정책 개방성에 관한 성명』을 발표하여 대일 직접투자를 환영한다는 입장을 분명히 하였다. 1992년에는 대일직접투자 촉진을 위한 각종 시책이 도입되었다. 외국환과 외국무역관리법을 개정하여 대일직접투자 절차를 완화하였고, 일본개발은행 저리융자제도나 대일투자관련 정보제공사업을 확대하였다. 또한, 수입촉진과 대내투자사업을 원활화하기 위한 임시조치법을 제정하여 세제대우와 채무보증제도를 도입하였다. 또한, 외자계기업을 지원하는 (주)대일투자지원서비스(FIND: Foreign Investment in Japan Development Corporation)를 설립하였다.[34]

일본정부는 1994년 7월 수상을 의장으로 하고, 관계부처의 장관을 구성원으로 하는 대일투자회의를 설치하여 1995년 6월 『대일투자회의 성명』, 1996년 4월 『M&A(인수합병)에 관한 대일투자회의 성명』을 발표하였다. 『대일투자회의 성명』에 따르면, "일본에 대한 외국투자의 확대는 새로운 기술이나 경영노우하우의 도입, 국내외기업에 의한 다양한 경쟁을 통해서 일본경제의 활성화, 신규사업의 창조, 내외가격차와 수입격차 해소 등 경제구조 개혁의 추진에 기여한다.[35] 보다 저렴한 양질의 재화와 서비스공급, 다양한 선택을 가능케하는 소비자이익의 증대, 사회와 문화개방에도 도움이 된다. 또한 대일투자를 포함한 국내외 투자교류는 세계경제의 균형잡힌 발전에 기여하고, 일본사회가 앞으로 활력있는 경제사회로 나아가기 위해서는 대일투자를 확대하는 것이 불가피하다"고 강조하고 있다.

---

34) (주)대일투자지원서비스는 일본정부 5억엔, 민간기업 4.5억엔, 합계 9.5억엔을 출자하여 설립했으며 일본진출을 모색하는 외국기업지원, 회사설립에 관한 법률지원, 일본내 외자계기업 지원, 지방정부 등에 지원하고 있다. 通商産業省國際企業課, 『對日投資會議專門部會報告書』(2000.4).

35) 실제로 일본내 외자유치는 국제수지 흑자에도 기여하고 있었다. 1995년 당시 일본에 투자한 외자계기업 전체 무역수지는 1조 7,369억엔의 수입초과로 무역수지 흑자를 약 16% 상승시키고 있었다.

『M&A(인수합병)에 관한 대일투자회의 성명』은, 일본 내에서 외국자본에 대한 심리적인 거부체질을 바꾸려는 일본정부의 자기개혁 선언이기도 하였다. 이에 따르면, 기존 경영자원을 유효하게 활용할 수 있는 M&A가 외국에서 직접투자의 일반적인 형태로 널리 인정되고 있고, 일본내에서도 새로운 경영자원 이전이나 기술도입을 통한 경제활성화, 고용기회 창출, 경제사회 국제화에 기여함을 강조하고 있다. 일본정부는 앞으로 M&A환경을 정비하여 정보를 충실히 제공하고 법절차를 정비하는 등, M&A환경을 정비해가고 민간부문에서도 M&A를 활용하는 방향으로 관행과 의식을 바꾸어갈 것임을 분명히 하였다.[36]

1998년 전국종합개발계획인 『21세기국토 그랜드디자인』도 국제적으로 매력 있는 입지환경을 제공함과 아울러, 산업집적을 촉진하고자 외자계 기업에게 세금을 감면하고, 외국인거주 환경을 개선할 것을 제언하고 있다. 지역내 고용기회의 확대, 지역산업의 고도화와 다각화, 지역경제 활성화에 기여한다는 점에서 외자유치의 장점이 강조된 것은 두말할 나위도 없다.[37]

대일투자회의 산하에 설치된 전문부회는 외자유치를 위한 구체적인 시책에 대하여 논의를 거듭해왔다. 1999년 4월 전문부회는 7개 제언을 발표하였는데, 그것은 ① 기업경영에 관한 제도정비 촉진, ② 규제완화 촉진, ③ 인터내셔널 스쿨의 설립과 운영 원활화, ④ 외국인용 의료정보 제공의 충실, ⑤ 지역별 대일투자촉진 협의회가 중앙과 지방간 연계촉진, ⑥ 대일투자에 관한 종합적인 정보제공 체제 확립, ⑦ 진정이나 요망사항에 신속하게 대응할 것이었다.[38]

일본 중앙정부와 지방정부를 막론하고 외자유치에 관심을 가지는 이유는 외자계기업이 지역경제활성화에 미치는 긍정적인 역할 때문이라는 것은 당연하다.[39]

36) 對日投資會議, 『M&Aに關する對日投資會議 聲明』(1996.4.26).
37) 經濟企劃廳調整局, 『外資誘致が地域經濟に与えるインパクト』(1999), pp.16~18.
38) 經濟産業省, 『對日投資會議專門部會報告書』(2003.3), p.6.
39) 외자유치 동기는 국가경제의 발전수준에 따라 달라진다. Dicken(1994)은 선진국과 개발도상국의 시장진입 동기가 다르다고 보고, 선진국 진출기업은 고급인력과 기술인프라, 고성장 잠재력을, 개발도상국 진출희망기업은 저임금과 자원, 부동산과 금융 등 경제외적 요인을 중시하는 것으로 평가하고 있다. 최용록은 외자유치의 핵심요인으로 내부화와 현지화 요인을 핵심 사항으로 평가하고, 진출기업의 입장에서 선진국의 경우 무형자산의 활용가치를, 개발도상국의 경우 정책과 제도적 인센티브를 보완적, 추가적 고려사항으로 평가하고 있다(최용록(2000),

그림 4-7 외자계 기업유치가 지역경제에 미치는 효과

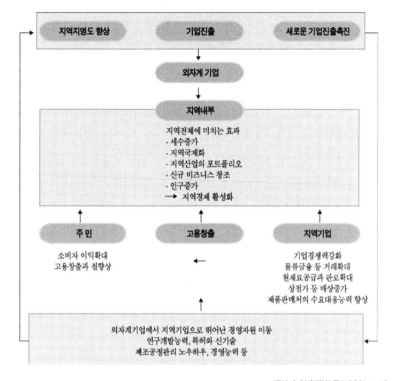

經濟企劃廳調整局(1999), p.12.

[그림 4-7]에서 보는 바와 같이, 외자계기업의 진출은 고용의 창출과 유지, 노동자의 질 향상, 진출기업과 고용자로부터의 세수증대뿐만 아니라, 지역기업에도 판로확대, 지역산업 경쟁력강화, 지역국제화와 소비자이익의 확대, 뛰어난 경영자원의 이동, 신규비즈니스의 창조, 지역산업의 포트폴리오, 지역지명도 향상, 새로운 기업유치 효과, 인구증가 등, 다양한 긍정적인 효과를 낳고 있다.[40]

외자유치의 긍정적인 효과는 산업체계가 거대도시를 생성하는 지금까지 패턴과 달리 도시가 산업을 육성하는 구조로 바뀌고 있다. 1990년대 이후 외자유치를

pp.78~79; 최용록(2004.9), p.149).
40) 經濟企劃廳調整局(1999), pp.130~138.

둘러싼 환경변화는 산업구조가 서비스경제로 이행함으로써 도시모습이 바뀌고 있는데서 기인한다. 도쿄(東京)와 같은 대도시활력의 원천은 職, 住, 遊, 學, 医이며, 이것이 하나로 합체가 되면서 비로소 도시가 활력을 발견할 수 있다. 전후 경제성장과정에서 기업유치는 지역경제를 활성화시켰지만, 1980년대 이후 산업이 도시를 지탱하는 것이 아니고 거꾸로 도시가 산업을 육성하는 측면이 강해지고 있다.[41] 지역간 경쟁이 치열해지면서 차별화가 중요해지고 있으며, 지역특색을 홍보하는 정책이나 브랜드전략을 세워나가는 추세이다. 새로운 투자를 유치하여 유능한 인재를 모으는 방법이 점점 더 중요시되며, 이를 위하여 높은 생활수준, 낮은 범죄율, 도시인프라, 건전한 생활환경은 감세 등의 인센티브와 마찬가지로 외자유치를 위한 외생변수로서 중요해지고 있다.

따라서, 지방정부가 외자도입이 용이한 도시시스템을 형성해가는 것이 중요하며, 기업발전을 위한 외부환경을 만드는 것이 중요하다. 예를 들면, 기존의 국제관습에서 탈피한 투명하고 개방적인 법체계를 정비하여 교류와 협력을 강화하는 것, 비교우위가 있는 지방산업을 육성하는 것, 규제완화를 철저히 하고 경제흐름에 지방정부가 직접 개입하지 않는 것, 법률을 정비하여 시장질서를 유지하는 것, 지역과 전국에서 지속가능한 발전을 모색하는 것, 정보인프라를 정비하는 것 등이 그것이다.[42]

2) 일본의 외자유치와 지방정부

(1) 외자유치의 국제비교

동아시아 지역은 외국기업의 직접투자에 힘입어 높은 경제성장률을 유지해 왔다. 외국기업의 직접투자가 국내경제 활성화와 고용증가에 기여하고, 경제성장의 촉진이 직접투자를 더욱 유발하는 선순환 구조가 형성되면서 경제성장에 기여한 부분이 적지 않다고 말할 수 있다. 동아시아지역에서 규제완화 추진, 자유무역

41) 日本自治體國際化協會,『自治體國際交流協力セミナー2003を終えて』(2004.3), pp. 2~3.
42) 위의 글.

지대 설치, 시장규모 확대가 이어지고 있으며, 앞으로도 외자유치 노력은 각국정부와 지방정부에 더욱 확산될 전망이다. 중국은 개혁개방노선을 채택한 이래 외자도입이 성장의 주요한 견인차가운데 하나였다고 평가된다.

중국은 저렴한 노동력과 거대한 잠재시장이 외국기업에 있어서 최대의 매력이지만, 지방정부가 주도하는 규제개혁, 인센티브제공도 상당한 매력으로 작용한 바 있다. 중국이 2002년에 미국을 제치고 처음으로 세계1위 투자대상국으로 부상한 데에 일본정부는 적지 않은 자극을 받았다. 한국정부의 불량채권 처리, 재벌개혁, 규제완화와 함께 외자도입은 중요한 위기극복 대안이었다고 평가되었다. 한국은 IMF경제위기후 외자도입을 적극적으로 추진하여 1998-2000년간 경제회복과 금융시장 안정에 주력하였고, 외국인투자촉진법과 경제자유구역특별법을 제정하여 동북아경제의 허브가 되기 위한 노력을 전개하였다.

미국에서도 1970~80년대간 많은 기업들이 해외에 진출하면서 산업공동화 위기가 도래하자, 주정부에서 다투어 외자를 유치하고자 노력하였다. 그 결과, 예를 들면 일본자동차 제조업체의 미국내 직접투자로 일본식 생산관리시스템이 도입되면서 1990년대 미국자동차산업 재생에 기여하였다고 지적된다. 영국에서도 1980년대 무려 10%대에 달하던 실업률이 외자계기업을 적극적으로 유치함으로써 고용창출에 성공하였고, 실업률이 5%이하로 낮아진 사실은 일본내에 많은 시사점을 던졌다.

한국과 마찬가지로 일본국민간에도 외국자본에 대한 부정적인 인식이 자리잡고 있다.[43] 무역흑자 누적과 일본시장의 폐쇄성 비판을 배려하여 외자유치는 수동적으로 전개되어 왔다. 그러나 1990년대 이후 일본정부가 나서서 대일투자의 긍정적인 역할을 홍보하고 구체적인 성공사례를 국민에게 소개하고자 노력하였

---

43) M&A에 있어서도 일본은 외국기업에게 매력적인 나라가 아니라고 할 수 있다. 정보면에서 M&A로 적절한 기업을 매수하고자 하여도 기업에 관한 필요정보를 얻기 힘들거나 M&A에 대한 저항감이 강하다. 일본에서는 실업을 우려하는 기업노조가 M&A에 반대하는 경우가 적지 않다. 일본은 지가나 인건비 등이 고비용구조이며 기업매수 가격이나 사업비용이 외국기업에 큰 부담이 되고 있다. 합병이나 양도에 대한 행정과 법절차상의 문제가 있다. M&A교섭에서는 당사자간 의사결정의 타이밍이 매우 중요하나, 일본에서는 복잡하고 시간이 걸린다는 단점이 있다. 通商産業省國際企業課(2000.4), p.32.

다. 아시아 금융위기 후 동아시아 각국은 구조개혁을 단행하였으나 일본은 불황 속에서 이러한 기회마저 쉽지 않았다. 따라서 외자유치는 구조개혁의 단서를 제공하고 있다고 평가된다.[44] 일본정부는 대일투자를 구조개혁의 기본축으로 설정하여, 대일투자가 일본의 경직성을 완화하고 국내 구조개혁을 진행시켜나가는데 도움이 된다고 보고 있다.

일본재무성 국제수지통계에 따르면, 일본의 외자유치는 1990년대전반 1천억 엔 이하였으나, 1997~1998년들어 4천억엔, 1999년에는 금융과 보험업 외자비율이 대폭 증가하여 1조 4,500억엔으로 과거최고 기록을 달성하였다.[45] 일본의 외자유치가 장기적으로 증가하고 있는 이유로 몇 가지를 들 수 있다. 1990년대초반에 비하여 물가와 지가가 하락하여 일본에 진출하는 비용이 절감되었다는 것, 금융빅뱅 등의 규제완화로 금융기관의 외자유치가 늘었다는 것, 자동차나 금융업계를 중심으로 세계적인 기업재편이 진전된 것, 유통시스템이나 계열관계가 개방되면서 외부기업의 신규참가가 용이해진 것, 외자계기업이 인재를 쉽게 확보할 수 있게 된 것 등이다.

[표 4-14] 각국의 국내총생산가운데 외자점유비율을 달러화기준으로 살펴보면, 국내총생산(GDP)에서 차지하는 외자점유비율은 싱가포르가 137.2%로 가장 높고, 중국과 프랑스가 각각 40.4%와 40.3%, 이어서 영국이 38.6%, 호주, 캐나다, 미국, 독일은 20%대 수준이다. 한국이 11.7%인 반면, 일본은 극단적으로 낮은 1.2%에 머물러 있어, 높은 국내총생산 총액에 비하여 외자유치가 매우 저조하다는 것을 한눈에 알 수 있다. 2003년말 현재 일본의 외자유치 잔고는 약 9.6조엔으로로 국내총생산 대비율 약 1.9%를 보이고 있다.

---

44) 예를 들면, 후쿠오카현과 후쿠오카시에서 동아시아 시장을 겨냥하는 일본기업과 외자계기업의 집적단지를 구축하고자 설치한 아시아비지니스 특구가 2003년 4월 고이즈미정부에서 도입한 구조개혁특구 제1호로 지정받았다.
45) 외자계기업의 정의는 일정하지 않다. 일반적인 외자계기업 조건은 외국자본일 것, 일본내 법인일 것 두 가지이다. 외자비율은 일본내 중앙성청이나 기관에 따라 다르다. 예를 들면 經濟産業省『外資系企業動向』은 외자비율이 3분의 1이상이며, 東洋經濟新報社『外資系企業動向』은 20%이상이다. 또 일본법인이 아니고 일본지점이나 일본지사 형태를 포함하는 경우도 있다. 여기서는 엄밀한 분석을 목적으로 한 것이 아니므로, 각 기관별 정의에 따른 통계를 인용하였다.

▶ 표 4-14 주요국의 국내총생산과 외자비율(2001년)

국가명	국내총생산(달러)	외자잔고(달러)	외자점유율(%)
미국	10조0822억	2조5306억	25.1
일본	4조1414억	496억	1.2
독일	1조8534억	4485억	24.2
영국	1조4301억	5520억	38.6
프랑스	1조3204억	5321억	40.3
중국(2002년)	1조3036억	5266억	40.4
캐나다	7150억	2094억	29.3
호주	3577억	1055억	29.5
한국	4272억	499억	11.7
싱가포르	849억	1164억	137.2

2002년 UNCTAD(유엔무역개발협의회)조사에 따르면 전세계 직접투자 총액 가운데 대일투자액은 겨우 0.8%이하 수준이며, 국내직접투자 수준이 미국의 1/20 이하에 지나지 않는다. 또한, 국내 총고정자본 형성가운데 국내직접투자 비율도 일본은 0.7%로 선진국 평균의 25%, 세계평균 22%보다 훨씬 낮다. 그 결과, 국내 고용, 생산과 판매, 연구개발면에서 외자활용이나 공헌도가 낮다. 일본은 다양하고 유리한 투자환경을 갖추고 있으면서도 경제력에 비하여 외자유치가 지나치게 낮다는 문제점이 자주 지적된다.[46]

실제로 일본의 직접투자 잠재력은 낮지 않다. 세계 제2위 대규모시장으로 중국 국내총생산의 4배에 달하는 시장규모, 양질의 풍부한 노동력, 높은 기술수준의 장

---

46) 국내직접투자의 수익률을 살펴보면, 일본은 주요국가인 스웨덴이나 스위스, 캐나다, 영국과 나란히 8%대로 높은 수준을 유지하고 있다. 이것은 일본이 투자수익률이 높은 매력적인 지역임에도 불구하고, 해외홍보 부족에 기인하거나 규제장벽, 일본특유의 상관행, 높은 초기투자비용으로 외국투자가들이 꺼려한다는 것을 의미한다. 실제로 경제산업성의 조사에 따르면, 일본투자를 기피하는 요인으로 높은 투자비용(81.1%), 품질에 까다로운 일본고객(51.1%), 법인세 등 높은 세율(50.2%), 곤란한 인재확보(38.8%), 번잡한 유통경로(29.4%), 경쟁제한적인 일본의 상관행(27.1%), 자금조달 곤란(17.4%) 등을 들고 있다. 經濟産業省(2003), 『外資系企業動向』.

▸ 표 4-15 대일직접투자잔고 국가별 순위(단위, 억달러)

국가명	미국	네덜란드	프랑스	캐나다	독일	스위스	전체
2004년말 직접투자 신고	408.7	142.1	136.9	50.5	39.1	31.7	973.1
	벨기에, 룩셈부르크	중국 (+홍콩)	대만	싱가포르	한국	기타	
	28.8	22.3	16.1	13.8	5.4	77.7	

출처: 日本貿易振興機構(JETRO)H.P.『日本の國·地域別對內直接投資殘高』
http://www.jetro.go.jp/jpn/stats/fdi/data/jfdi921_12.xls(검색일:2006.06.12)

점에다 최고의 의료서비스, 뛰어난 공중위생과 생활환경 등은 투자적격지로서 유리한 점을 갖추고 있다. UNCTAD보고서에 따르면 외자유치 수행능력(inward FDI performance index, 1999~2001)에서 벨기에가 1위, 홍콩이 3위, 한국은 92위, 일본은 128위를 차지하고 있다. 반면, 외자유치 잠재력은 일본은 12위, 한국이 18위를 차지하고 있어 대조적이다.[47]

일본에 투자한 외자계기업의 현재통계에 대하여 [표 4-15] 대일직접투자잔고 국가별 순위를 살펴보기로 하자. 2004년말현재, 각국별 대일직접투자잔고를 순위별로 보면, 미국이 408.7억달러로 1위, 네덜란드가 142.1억달러로 2위, 프랑스가 136.9억달러로 3위, 이어서 액수가 상당히 떨어지면서 캐나다, 독일, 스위스, 대만, 싱가포르가 이어지고 있다. 중국은 홍콩을 포함하면 22.3억달러로 8위, 한국은 5.4억달러로 11위에 머물러 있다. 압도적인 수치로 1위인 미국을 제외하면 네덜란드, 프랑스가 대일투자잔고가 많고, 중국(홍콩), 대만, 싱가포르, 한국 등 동아시아국가가 뒤를 잇고 있다.

외자계기업이나 고용자숫자에 있어서도 미국의 비중은 압도적이다. [표 4-16]에서 알 수 있듯이, 외자계기업 전체 4,276개 가운데 미국기업은 절반에 가까운 1,992개로 46.6%를 차지하고 있으며, 고용자수는 약 61만명으로 60%에 육박하고 있다. 이어서 독일이 545개, 프랑스가 43개, 영국 293개, 스위스 174개, 한국 120개순이다. 대부분 미국과 유럽이 차지하고 있으며, 6위인 한국을 제외하면 중

---

47) UNCTAD, *World Investment Report* (UN: NewYork and Geneva,2003), pp.29~32.

▸ 표 4-16 투자국별 외자계기업과 고용자수

국가명	외자계기업수(구성비)	고용자수(구성비)
미국	1,992(46.6%)	610,038(59.6%)
독일	545(12.7%)	131,797(12.9%)
프랑스	432(10.1%)	132,285(12.9%)
영국	293(6.9%)	53,277(5.2%)
스위스	174(4.1%)	28,248(2.8%)
한국	120(2.8%)	4,883(0.5%)
네덜란드	81(1.9%)	11,308(1.1%)
중국	56(1.3%)	1,324(0.1%)
캐나다	43(1.0%)	7,206(0.7%)
대만	45(1.1%)	5,999(0.6%)
기타	494(11.6%)	37,076(3.6%)
전체	4,276(100.0%)	1,023,441(100.0%)

厚生勞動省,『每月勞動統計調査(2004.9)』

국이 56개, 대만이 45개에 머물러 있다. 고용자숫자와 구성비로 본다면, 미국과
유럽국가의 비중은 훨씬 높아진다. 미국, 독일, 프랑스, 영국 4개국가의 기업이 투
자하여 고용한 일본노동자 비율은 무려 90.6%에 달한다. 이에 비하여 아시아국가
의 비중은 상대적으로 더욱 떨어진다.[48]

이 글에서 관심을 가지고 있는 일본지방정부의 외자유치를 나타내는 외자계기
업의 지역별 분포는 어떠한가. 2003년도『東洋經濟新報社 外資系企業總攬』에 따르
면 외자계기업 본사 3,244개사 중 일본내 지역별 분포도는 다음 [표 4-17]과 같다.[49]

---

48) 일본내 외자계기업 1,421개사를 대상으로 1995년도결산에 대하여 실시한 설문조사에서
   나타난 결과이다. 이러한 경향은 지난 10년간 별로 바뀌지 않고 있다. 1995년조사에서도 아시
   아계 외자기업이 점차 신규투자를 하고 있으나 여전히 비중이 낮은 상태에 머물러 있었다. 유
   럽과 미국기업의 매상고는 기업전체 9할을 차지하고 있으며, 아시아계기업은 증가경향을 보
   이고 있지만 여전히 낮은 추세였다. 유럽과 미국 등 외자계기업의 생산성과 급여는 모두 높아
   서 전체적으로 일본국내기업에 비하여 노동생산성은 1.9배 급여액은 1.8배로 두 배 수준에 달
   하고 있었다. 通商産業省國際企業課 編(1996.11)『外資系企業の動向』, pp.11~12.
49) 조사년도의 차이, 외자계기업에 대한 개념차이로 인하여 厚生勞動省 [每月勞動統計調査

▶ 표 4-17 외자계기업본사 도도부현별 지역분포

도도부현명	기업수(본사)	도도부현명	기업수(본사)
도쿄도(東京都)	2462개	도치키현(栃木縣)	12개
가나가와현(神奈川縣)	262개	교토부(京都府)	9개
오사카부(大阪府)	159개	시가현(滋賀縣)	8개
효고현(兵庫縣)	78개	나가노현(長野縣) 미에현(三重縣)	7개
지바현(千葉縣)	51개	홋카이도(北海道) 이와테현(岩手縣) 군마현(群馬縣)	각 6개
아이치현(愛知縣)	35개	기후현(岐阜縣)	5개
사이타마현(埼玉縣)	31개	미야기현(宮城縣)	4개
시즈오카현(靜岡縣)	24개	니가타현(新潟縣) 이시카와현(石川縣) 오키나와현(沖繩縣)	각 3개
후쿠오카현(福岡縣)	15개	야마가타현(山形縣) 후쿠시마현(福島縣) 후쿠이현(福井縣) 나라현(奈良縣) 야마구치현(山口縣) 에히메현(愛媛縣) 나가사키현(長崎縣)	각 2개
이바라키현(茨城縣) 히로시마현(廣島縣)	각 14개	도야마현(富山縣) 야마나시현(山梨縣) 도쿠시마현(德島縣) 카가와현(香川縣) 구마모토현(熊本縣) 가고시마현(鹿兒島縣)	각 1개
합계(37개현)		3,230개	

대부분 수도권에 입지하고 있으며, 전체 3,244개사 중 도쿄도가 2,462개사로 75.9%가 집중되어 있다. 범위를 약간 넓혀 관동(關東)지방 6개현(도쿄도, 가나가와현, 지바현, 사이타마현, 도치기현, 군마현)으로 확대하면 무려 9할에 가까운

(2004.9.)](사업자 5인 이상 상용고용자수) 외자계기업과 東洋經濟新報社 外資系企業總攬 (2003)은 숫자상 일치하지 않는다.

87.5%나 포함된다. 관동지방에 기업이 집중된 이유로는 거대한 배후시장, 도쿄의 높은 지명도, 관청이나 기업의 본사기능 집중, 많은 외국인이 거주하여 생활하기 쉬운 환경 등을 들고 있다.[50] 그럼에도 불구하고 외자계기업본사의 수도권 집중은 지나치게 심한 편이라고 하지 않을 수 없다. 또한, 지방정부내에 본사가 전혀 없는 광역자치단체도 10개에 달하고 있다.

(2) 고이즈미(小泉)정부와 외자유치

고이즈미(小泉純一郎)정부는 발족한 뒤 얼마되지 않아 2001년 5월 재계의 건의를 받아들여 도시재생본부를 설치하고 도시재생 특별조치법을 제정하였다. 여기에는 외자유치와 관련된 몇 가지 항목이 포함되었다. 즉, 국제경쟁력을 갖춘 세계도시 창조, 대도시권에 있어서 국제교류와 물류기능의 강화, 오사카권에서 라이프 사이언스 국제거점 형성, 도쿄권에서 게놈과학의 국제거점 형성, 북부규슈권에서 아시아산업교류 거점 형성 등이 주요 내용으로 구성되어 있었다.[51] 고이즈미정부는 2002년 6월 내각에서『경제재정운영과 구조개혁에 관한 기본방침(經濟財政運營と構造改革に關する基本方針2002)』을 책정하고, 대일투자촉진을 경제활성화 전략 가운데 하나로 설정하였다.

[그림 4-8]과 같은 조직도로 이루어진 대일투자회의와 전문부회는 새로운 대일투자촉진시책을 검토하기 시작하였고, 대일투자확대를 위한 민간회의로서 대일투자촉진 민간포럼을 결성하여 보고서를 총리실에 제출하였다. 2003년 1월 20일 고이즈미 수상은 시정방침연설에서 외자유치를 강조하고 "Invest Japan Project"를 국가전략으로 명확히 하였다. 고이즈미수상은 "대일 직접투자는 새로운 기술이나 혁신경영을 유발하고, 고용기회의 증대로 이어진다. 5년후에는 대일투자잔고를 2배로 늘릴 것을 목표로 한다."고 언급하였다. 이것은 일본정부가 외자유치

---

50) 香川縣外資誘致硏究會・香川縣産業國際化連絡協議會,『香川縣における外資誘致の促進について』(2004.3), p.14.
51) 大塚映二, "都市再生プロジェクト",『都市政策』(神戸都市問題硏究所, 2003. 4), pp.26-29.

그림 4-8 대일투자회의 조직도

• 의장: 수상
• 부의장: 경제기획청장관
• 구성원: 법무대신, 외무대신, 대장대신, 문부대신, 후생대신, 농림수산대신
        통산대신, 운수대신, 우정대신, 노동대신, 건설대신, 자치대신
        내각관방장관, 총무청장관, 북해도개발청장관, 과학기술청장관
        환경청장관, 오키나와개발청장관, 국토청장관
• 검토사항: 대일투자촉진시책의 종합, 대외홍보 등
        (필요에 따라 외국기업 등에서 직접 의견청취)

〈전문부회(하부기관)〉

• 구성원: 외국인특별위원(미국과 유럽의 상공회의소, 아시아계 기업간부 등)
        민간경제단체 등(경단련 간부, 단체장 등)
        학식경험자(대학교수 등)
        각 성청 국장급 공무원
• 검토사항: 외국기업, 민간경제단체 등 의견집약
        대일투자촉진시책 홍보
        대일투자회의 보고 등

출처: 通商産業省國際企業課(2000.4), p.27.

에 대한 강한 의지를 다시 한번 국내외에 표명한 것이라 할 수 있다.

　이에 따라 2003년 3월 일본정부는 대일투자회의에서 5개분야 74항목으로 이루어진 대일투자촉진책을 구체적으로 결정하였다([표 4-18] 참조). 그 내용을 살펴보면, 일본을 외국기업에 있어서 매력적인 진출지로 만들기 위한 대책을 강구하고, 5년후 대일투자잔고를 배증시킨다. 대일직접투자를 촉진하기 위하여 저비용구조, 충분한 정보접근도, 관민의 규제완화나 관행개선, 국제적으로 통용되는 인재확보가 필요하다고 지적하고 있다. 보고서는 대일투자촉진 과제로서 대일투자 환영표명, 원활한 인수합병(M&A)제도 도입, 행정절차의 개선, 필요한 인재의 확보를 들고, 아울러 지방정부가 창의와 노력을 아끼지 말 것을 요청하고 있다.52)

　2003년 9월 26일 다시 고이즈미수상은 총리소신표명 연설에서 일본을 매력있는 외국기업의 투자처로 만들어가겠다고 약속하였다. 이러한 노력이 결실을 맺어가면서 2006년 6월현재 대일투자회의 보고서에 따르면 2001년도 외자유치 6.6

---

52) 經濟産業省,『對日投資會議專門部會報告書』(2003.3), pp.3~5.

▸ 표 4-18   대일투자촉진 프로그램안(2003년3월)

당면과제	실시조치	관계성청
국내외 정보발신	외국방문을 통한 톱세일즈 정부광고와 심포지움개최 대일투자 성공사례 소개 중앙-지방정부간 연계유치	내각부, 외무성 경제산업성, JETRO
기업환경 정비	합병과 주식교환 유연화 기업의 투명성, 신뢰성 향상 회사법, 상법개정 투자촉진 기준, 규격의 국제표준화	법무성, 경제산업성 재무성, 금융청 후생노동성
행정절차 개선	투자절차 영어정보제공 외국환, 외국무역법투자 신청가능 시장개방후 고충처리제도입	재무성, JETRO 관계성청
고용과 생활환경 정비	공적연금제도 이중가입 가능 입국과 재류절차제도 개정 인터내셔널스쿨제도 정비 유학생과 외국인 의료제도 정비	후생노동성, 외무성 법무성, 문부과학성
중앙과 지방의 제도정비	지방정부의 자발적인 투자유치촉진 지역별 대일투자회의 설치 구조개혁특구제 활용	경제산업성, 재무성 총무성, 외무성 JETRO, 문부과학성

조엔에서 목표치인 5년내 배증노력이 2004년도말 10.1조엔, 2005년도말 약 12조엔으로 2006년도 목표인 약 13.2조엔, 달러베이스로 약 1,158억달러에 접근할 가능성이 높은 것으로 나타났다.

일본지방정부도 이러한 중앙정부의 움직임에 대하여 보다 다양한 지원책을 요청한 바 있다. 오사카상공회의소 국제비지니스위원회는 외국기업 유치촉진을 위한 8개항목을 제언하고 있다. 외국기업유치를 촉진하기 위한 체제강화, 지방에 권한이양과 규제완화 추진, 신고창구 일원화와 간소화추진, 대일직접투자 촉진을 위한 회사법개정, 외국인노동력 활용확대, 중국인투자자 사증절차 간소화, JETRO와 지방간 연계강화, 지적재산권체제의 정비를 촉구하였다.[53]

2006년 4월에는 제1회 대일직접투자촉진 자치체포럼이 열렸다. 오사카부의

---

53) 大阪商工會議所 國際ビジネス委員會, 『外國企業誘致促進に關する提言』(2004.6.18)

오타(太田)지사, 후쿠오카시의 야마사키(山崎)시장 등이 발기인이 되어서 44개도 도부현, 14개 지정도시가 참가하여, 대일직접투자촉진 자치체포럼이 설립되었다. 이 포럼에서는 중앙정부에 대하여 대일투자촉진을 위한 제언을 발표하였다. 지방정부의 외국·외자계기업 유치활동에 중앙정부 지원강화, 외국인과 외자계기업이 활동하기 편리한 환경과 제도정비, 대일직접투자 촉진을 위한 중앙정부의 지원체제 정비 등 세 개 항목을 포함한 제언이 채택되었다.

3) 외자유치 사례: 광역과 기초단체

일본의 지방정부는 47개 도도부현(都道府縣)과 약 1,820개의 시정촌(市町村)이 있으며,[54] 이 가운데 주로 도도부현과 광역시인 정령도시(政令都市)를 중심으로 외자유치를 추진하고 있다. 지방정부별로 약간 차이는 있으나 외자계기업이 공장이전, 생산설비 신설과 증설시에 부동산취득세, 사업세, 고정자산세를 감면해주고 일정지역에서 1년이내 공장건설에 착수할 경우 특별토지보유세에 대하여 비과세 조치하고 있다. 전국 37개 도도부현에서 생산설비나 연구소 설치시에, 홋카이도(北海道)는 상한 32억엔까지, 아키타현(秋田縣), 효고현(兵庫縣), 히로시마현(廣島縣) 등 다른 지방정부도 상한선을 정하여 보조하고 있다. 또한 전국 41개 도도부현에서 기업유치, 공장이전이나 신설시에 설비자금과 운전자금을 융자하고 있다. 특히 히로시마현(廣島縣), 구마모토현(熊本縣), 오키나와현(沖繩縣)은 외자계기업에 대한 특별융자제도가 있다.[55] 여기서는 일본 지방정부의 대표적인 외자유치 우수사례를 도도부현, 지방도시로 구분하되, 지방도시는 광역시에 해당하는 정령(政令)도시와 중소도시를 포함한다. 특히 일본무역진흥기구(JETRO)에서 선정한 우수사례를 기초로 소개하고자 한다.[56]

---

54) 시정촌합병이 추진되면서 2009년말현재 1,725개로 줄어들었다.
55) 通商産業省國際企業課(2000.4),p.20.
56) 日本貿易振興機構,『地方自治體における外資系企業誘致活動の實態調査報告書』(2005.3).

▸ 표 4-19 주요 비즈니스 매칭세미나 개요

기업과 업종	실시개요
미국 나노테크 신소재기업 (2002.11)	• 미국 나노테크 신소재기업 2개회사 초대 • 효고현내 기업과 연구기관 35개사에 대한 프레젠테이션, 질의응답, 지역기업 10개사와 개별상담 실시
효고와 고베 진출상담회 (상해, 2002.11)	• 고베시가 추진하는 상해, 양자교역촉진 프로젝트 일환으로 상해에서 실시 • 정보통신 분야를 중심으로 한 중국기업 24개사가 참가, 효고현 비즈니스환경, 일본법인 설치절차, 대우조치 등을 상담
한국, 미국 IT관련기업 (2003.1)	• 한국 IT산업 2개사, 미국 1개사를 초대하여 효고현내 23개사에 대한 소개, 질의응답
호주 IT관련기업(2003.1)	• 의학, 생물학 애니메이션 제작회사 1개사, 과학다큐멘타리 프로그램제작 1개사를 초대

(1) 광역자치단체

효고현(兵庫縣)

효고현은 고베시(神戶市)와 함께 미국과 중국에서 건강, 의료, 복지사업을 유치하고자 하였다. 외자유치 전담직원은 효고현이 9명, 고베시가 5명으로 양자가 공동으로 1999년 효고투자지원센터(HIS)를 설치하여 외국계기업에 대한 원스톱 서비스를 제공하고 있다. 효고현 단체장은 80회에 달할 정도로 적극적인 세일즈 활동을 벌였다. 특히, 외국기업과 효고현기업간 만남의 장을 제공하는 비즈니스 매칭세미나를 정기적으로 개최하여 외자계 기업유치에 성과를 거두고 있다([표 4-19] 참조).

시즈오카현(靜岡縣)

시즈오카현의 경우 유치담당자의 치밀한 활동과 단체장 세일즈가 돋보인 사례이다. 시즈오카현은 미국과 유럽에 있는 기업을 대상으로 바이오, 건강, 의료복지, 물류사업을 유치하고자 하였다. 외자담당 직원은 1명, 겸임은 3명으로 그동안 6개사를 유치하였으며, 앞으로 3년간 15개사 유치를 목표로 하고 있다. 시즈오카현은 두개 국제시장을 주도하는 프로젝트를 진행 중이다. 하나는 하마마쓰(浜松) 지역 光산업집적구상으로 하마마쓰 테크노폴리스를 기반으로 한 광기술 중심의 첨단산업단지를 형성하는 것이다. 또 하나는 후지산밸리 구상으로 국립유전학연 구소나 현립시즈오카 암센터를 중심으로 한 선구적인 의료건강산업 집적이다. 이러한 산업클러스터 형성프로젝트의 일환으로 외자계기업을 유치하고자 시즈 오카현 유치담당자가 유럽각국의 클러스터와 교류기반을 구축해 왔다.

시즈오카현은 미국의 페덱스저팬, 스웨덴의 시험기메이커 회사 유치에 성공하 였다. 미국 페덱스저팬(FEDEX JAPAN)은 전국에 몇 개 물류거점이 있지만, 관동 지역에서 중부지역에 걸친 거점이 부족했고, 새로운 물류거점을 구축하고자 하였 다. 시즈오카현은 도쿄사무소를 통하여 정보를 접하고, 현내 빈창고 수십 군데를 물색하여 결국 유치에 성공하였다. 단체장이 직접 나서서 세일즈활동을 벌여 성 공한 사례가 미국 바이오기업 유치이다. 시즈오카현은 2004년 6월 외자유치 캐치 프레이즈인 인베스트 시즈오카미션(Invest Shizuoka Mission)을 내걸고 현지사, 현립암센터소장, 현청간부가 참가한 가운데 미국 네브라스카주와 캘리포니아주 에서 세일즈활동을 전개하였다.

이미 경제교류가 있었던 네브라스카주는 후지산밸리 구상에 관심을 보였다. 네브라스카대학 메디컬센터는 시설을 돌아본 뒤, 주청사 국장이 편지를 보내어 현립암센터와 의사, 간호원을 상호파견하기로 합의하였다. 이와 함께 네브라스 카주내 바이오산업인 트랜스제노믹사가 현립암센터내에서 공동연구 프로젝트 를 실시하게 되었다. 그 배경에는 단체장의 해외세일즈와 현청담당자가 수년간 미국내 메디컬산업 집적클러스터를 방문하는 등, 노력을 거듭해온 과정이 있었 다.[57]

---

57) 日本貿易振興機構 對日投資部,『日本統括據點を中心に對アジアビジネスを展開する 外國企業事例調査報告書』(2005.3), p.53. 시즈오카현은 2003년1월현재 미국 89, 독일 16, 스위스 15, 네덜란드 8, 캐나다 7, 한국 3 등 170개 외자계기업이 입주해있다. 외자계기업이 시즈오카를 선택한 이유로 지가가 저렴, 교통편양호, 도쿄와 근접성 등이며, 소매업, 화학의 약품, 전기기계 등 첨단산업을 유치하였다.
http://www.pref.shizuoka.jp/syoukou/syo-119/investment/success.html
(검색일:2006.6.8)을 참조.

구마모토현(熊本縣)

구마모토현은 경제력강화와 고용창출을 위한 외자유치에 관심을 가지고 면밀한 사전조사로 미국반도체 기업유치에 성공한 사례이다. 구마모토현에서는 2000년 확정한 공업진흥비전에서 반도체 관련산업을 유망산업으로 정하고, 실리콘 클러스터 형성촉진회의를 주축으로 구마모토 반도체단지구상을 책정하였다. 외자유치를 위하여 노력한 결과, 미국내 고성능수지 생산에서 가장 큰 비중을 차지하는 펜실버니아주 그린치드＆컴퍼니사의 진출이 결정되었다. 미국본사는 구마모토를 아시아 기술거점으로 정하고, 구마모토 반도체 테크노파크와 아시아반도체 제조장치 메이커 등, 기술지원센터를 설립하였다. 인건비나 토지비용이 저렴한 다른 아시아국가와 경쟁에서 떨어지지만, 제품완성도, 질높은 인재공급, 고객접근도를 중시하여 투자가 결정되었다. 실제로, 일본에 진출하는 외국기업, 특히 제조업은 제품우수성과 Made in Japan 브랜드에 큰 의미를 두고 있다.

이시카와현(石川縣)

이시카와현은 현청의 대응체제가 정비되지 않아 입지환경면에서 조건이 불리하였고, 그간 실적이 저조하였다. 그러나 외자유치의 필요성에 대한 인식이 높아져, 2003년 이시카와현 외자계기업 유치계획을 세워 단계별 실행계획과 전략을 설계하였다. 현청 상공노동부내에 국제비지니스 지원데스크라는 종합 안내창구를 설치하였다. 5명의 직원(센터장, 북미담당, 한국담당, 중국담당, 기타지역담당)이 지역별로 역할을 분담하여 외자계기업의 문의에 신속히 대응하고 있다. 2004년 4월 설립한 이래 전체 약 130건의 상담이 있었으며 2006년초 현재 8개 외자계회사가 진출해 있다. 이시카와현은 최대 20억엔까지 보조금과 융자를 지급하며, 외자기업유치를 위한 수요분석과 대응방법도 착실하게 축적되고 있다. 국제비지니스 지원센터의 업무는 국제변호사 조언, 현지의 최신비지니스 정보제공, 해외시장 개척지원, 외국기업과 매칭, 해외사업에 필요한 자금지원 등이다.

오사카부(大阪府)

오사카 외국기업유치센터(Osaka Business & Investment Center, 약칭 O-BIC)는 외자계기업에 다양한 지원을 무상으로 제공하는 원스톱서비스 센터이다.[58] 2001년 4월 오사카부, 오사카시, 오사카 상공회의소가 공동으로 설치하였고 사무소는 오사카상공회의소 국제부내에 있다. 이미 O-BIC는 2001년 13건, 2002년 14건, 2003년 33건, 2004년 24건 등, 2004년까지 84건의 투자유치 실적을 올렸다. 2004년 실적 24건 가운데 아시아계 기업이 15건으로 전체의 62.5%를 차지하고 있으며 이 가운데 중국기업이 9건에 이르고 있다. 이들 중국기업은 서비스산업, 수입판매와 시장개척, 공공기관 등에 투자하고 있다.[59]

(2) 정령도시와 기초단체

후쿠오카시(福岡市)

후쿠오카는 대도시이면서 정보관련 산업이 집중되어 소프트웨어, 정보처리 서비스, 인터넷 등의 IT산업이 발달하였다. 디자인관련 산업의 높은 집적도, 문화예술에 호의적이고 아티스트를 육성하는 전통, 규슈대학 예술공학연구원을 비롯한 예술계 교육기관이 모여 있어서, 콘텐츠관련산업 집적에 노력해왔다. 또한 동아시아 시장과 기업을 포괄하면서 반도체산업이나 로봇산업, 자동차산업 개발에 중점을 두고 있다. 이공계대학이 12개교, 단기대학과 전수학교가 31개교 있으며, 인구당 학생수는 대도시중 2위, 인구당 유학생수는 대도시중 3위이다. 우수한 인재와 뛰어난 사업환경을 갖춘 후쿠오카시는 외자유치에 좋은 환경을 장점으로 내세

---

58) 지바현(千葉縣)은 아예 외국기업을 유치하는 대리회사를 지정하여 계약을 맺은 경우이다. 지바현이 외자유치를 위탁한 (주)링크미디어는 일본시장에 참가하려는 외자계기업에게 저렴한 오피스를 제공하고 외국인 엔지니어, 비즈니스 컨설턴트가 일본법인 설립, 일본인 사원채용, 컴퓨터시스템의 구축 등, 외자계기업이 필요한 내용을 영어로 상담하고, 일본의 비즈니스에 익숙하지 않은 외자계기업의 정착을 다방면에서 지원하고 있다. (株)リンクメディア 報道資料, (2003.1.27)

59) 大阪府,『大阪外國企業誘致センター(O-BIC)2004年度實績ならびに2005年度事業計劃について』(2005.6.22).중국과 대만기업사례로 Quanta Display Inc., 上海航空 등이 있다. http://www.o-bic.net/j/case(검색일:2006.6.10)을 참조.

우고 있다. 또한 후쿠오카시는 구조개혁특구로서 '후쿠오카 아시아비지니스 특구' 지정을 받아 거점형성을 위한 규제완화 특례조치를 받고 있다.

후쿠오카 아시아비지니스 특구 계획은 아시아지역과 연대가 강하고, 학술기능이나 산업집적, 교통과 정보인프라가 충실한 후쿠오카의 지역특성을 살리고자 한 것이다. 규슈(九州)지역의 시민생활이나 경제활동을 떠받쳐온 유통거점 항만인 하카타(博多)항의 국제항구 기능을 살리면서, 아시아비지니스를 목표로 하는 국내외기업이나 벤처기업의 연구개발 거점, 영업거점, 아시아통괄거점, 생산거점 등으로 활용하는 특구를 형성하고자 시도하였다. 2003년 4월 특구로 지정되었으며, 향후 10년간 경제효과로 약 700건의 국내외 기업유치, 생산액증가 약 2,850억 엔, 고용창출 약 2만명을 기대하고 있다. 규제완화 조치로 외국인연구자와 IT관련 기술자 초청, 인터넷대학이나 대학원 등 학교설치, 항만운영에 있어서 특례조치를 받았다.[60]

요코하마시(橫浜市)

요코하마시는 1988~1994년 7년간 요코하마 시티세일즈단을 조직하여 4개국 16개 도시에 파견하고 세미나를 개최하였다. 1992년에는 부시장을 본부장으로 한 요코하마시 기업유치추진본부를 설립하여 요코하마시내 도시개발 프로젝트에 외부기업을 유치하고자 하였다. 시청 경제국 유치촉진과 과장 1명, 계장 2명, 직원 4명이 기업유치를 하고 있으며, 외자계기업과 국내기업을 대상으로 하고 있다. 요코하마시는 뉴욕, 프랑크푸르트, 쿠알라룸푸르, 상해에 해외사무소를 두고 있다.

요코하마시는 외자계기업의 대일진출거점을 집적시키는데 성공하였다. 현청 공무원들이 독일, 미국, 영국의 외자계기업이 진출 거점을 물색한다는 정보를 얻고 신속하게 대응한 것이 성공요인이었다. 독일기업은 German Industry & Trade Center(GITC)에, 영국기업은 British Industry Center, 미국기업은 Technology Village Partnership에 모여 있는데 각국 기업을 위한 공동사업장이 있다. 요코하

---

60) 福岡縣, 『福岡縣アジアビジネス特區の槪要について』.

마시는 이들 기업집적지로 인하여 외자계기업에 대한 정보접근이 용이하고 기업 간 의사소통이 원활하다는 장점을 살리고 있다. 또한, 이들 시설의 집적은 요코하마=대일진출의 거점으로 인식되면서 높은 홍보효과를 거두고 있다.[61]

삿포로시(札幌市)

삿포로시는 정보통신분야에서 한국과 영국기업을 유치한 사례이다. 삿포로시는 삿포로밸리를 거점으로 정보통신산업 관련 외자계기업과 연계를 강화해왔다. 삿포로시는 2001년부터 E-Silkroad 구상을 진행해 왔는데, IT분야에서 급성장한 아시아기업을 단순한 경쟁상대로만 여기지 말고, 교류와 연계를 심화시켜 새로운 공동시장을 개척하고자 한 것이었다. 추진모체는 삿포로시에서 재원을 출연한 (재)삿포로 산업진흥재단이 중심적인 역할을 맡고 있다. 한국 대전광역시 IT기업과 영국의 디지털 컨텐츠회사 유치를 위하여 전담 코디네이터를 배치하였다.

(재)삿포로 산업진흥재단에는 민간기업출신으로 IT기술에 정통한 직원이, 외국기업과 삿포로기업간 상호매칭을 해주고 있다. 양지역의 IT기업에 대한 사전조사를 실시하여 기업데이터베이스를 구축하고, 양지역간 교류를 촉진하여 사업연계와 기업진출을 지원하는 것이다. 2004년 11월 우에다(上田) 삿포로시장은 단체장 세일즈 활동으로 대전광역시를 방문하였다. 그 결과, 2005년 1월 대전광역시의 IT기업 6개회사인 이마시스사, 리얼타임테크사, 지란지교소프트사, 죤슨제작사, 클립드 텔레콤사, 네트커스터마이즈사가 삿포로시에 진출하기로 결정되었다.

한국기업의 유치 외에도 삿포로시는 영국의 콘텐츠기업 유치를 위한 교류에도 힘을 쏟고 있다. 삿포로시는 디지털 콘텐츠사업을 진흥하고자 2001년에 영국의 광고콘텐츠기업인 토마토사(Tomato Company)와 지속적으로 교류해왔다. 2004년에도 광고, 디자인, 게임제작, 영상제작을 하는 영국내 콘텐츠기업을 초대하여 삿포로기업과 비즈니스 매칭을 실시한 바 있었다. 삿포로시는 영국 토마토사에 코디네이터 역할을 맡겨, 영국기업가운데 파트너가 될 만한 기업을 찾아 삿

---

61) 經濟企劃廳調整局(1999), pp.92~99.

포로진출을 유도하였다. 한국 IT기업을 유치한 성공체험을 바탕으로 영국기업 유치도 탄력을 받아 진행되고 있다.

도요하시시(豊橋市)

기초단체의 성공적인 외자유치사례로 도요하시시를 들 수 있다. 아이치현(愛知縣) 도요하시시(豊橋市)는 외자계 자동차기업 3개사가 진출하여 고용창출, 세수증가라는 정량적인 경제효과뿐만이 아니라, 지역이미지의 향상효과, 기업 추가유치에도 성공하였다. 도요하시시는 국제자동차 전시장 계획이나 독일기업과 경제교류사업을 통한 자동차관련기업을 집적시켜나가고 있다. 도요하시시에 진출한 외자계 자동차기업은 메르세데스벤츠 저팬(주), 폭스바겐그룹 저팬(주), 로버 저팬(주) 3개회사이다.

1990~98년간 도요하시시는 주요언론에 147건 이상 등장하였고, 야나세(YANASE) 등 기업을 새로 유치하였다. 도요하시 항구를 통해 수입된 자동차량은 1989년 전국 10위에 머물렀으나 1993년 전체수입량의 25%를 차지하여 전국 1위로 올라섰다.[62] 자동차수입 3개사의 연간투자액은 약 530억엔에 달하며 용지구입도 41ha에 이른다. 3개 외자기업이 납부한 지방세액은 5.4억엔으로 법인세 납부액의 1.6%를 차지하고 있다. 또한, 고용창출면에서 협력사를 비롯한 신규채용이 약 900명을 넘어섰으며, 지역호텔 이용증가 등 파급효과도 컸다.[63]

4) 일본지방정부 외자유치의 시사점

지금까지 일본지방정부의 외자유치 노력과 대표적인 사례에 대하여 살펴보았다. 고이즈미 정부와 일본지자체가 다양한 외자유치 사업을 전개하고 있지만, 아

---

62) 2005년말현재 도요하시시 수입자동차 대수는 136,916대로 전국총수입량의 47.4%를 차지하여 전국 1위를 유지하고 있다. http://www.city.toyohasi.aichi.jp/stat/st_6-2.html(검색일:2006.6.9)을 참조.
63) 經濟企劃廳調整局(1999), pp.23~40.

직까지 많은 장애물이 놓여있는 것이 사실이다. 외자계기업의 일본내 직접투자도 도쿄도를 비롯한 대부분 수도권에 집중되어 있어 지명도와 인프라, 산업집적과 고급인력이 뒤떨어지는 지방에서 외국기업을 유치하기란 매우 어려운 것이 현실이다. 그럼에도 불구하고 일본지방정부는 나름대로 고민을 거듭하면서 외자유치에 적극적인 힘을 쏟고 있으며, 조금씩 그 성과를 거두어나가고 있다. 일본사례가 보여주는 몇 가지 시사점을 찾아보면 다음과 같다고 할 수 있다.

첫째, 중앙정부의 관심과 지원이 중요하지만, 어디까지나 실질적인 외자유치 주체는 지방정부가 주축이라는 점이다. 영국의 웨일즈, 프랑스의 알사스로렌 지방, 멕시코 포토시지역의 외국인투자 유치실적과 노력은 세계적으로 잘 알려져 있다. 경기도도 중앙정부가 규정한 외자유치 활성화정책을 토대로 경기도의 독자적인 외국인 직접투자(FDI) 활성화방안을 마련하고 적극적인 외자유치를 추진해왔다.[64] 중앙정부에 의존하기보다는 지방정부가 독자적인 도시발전비전과 산업클러스터를 형성하면서 외자를 유치하거나 도시재생사업에 외국기업을 끌어들여야 한다. 말하자면, 지방정부가 투자인프라를 만들어나가야 외국기업도 관심을 가지게 되는 것이다.

둘째, 한국도 마찬가지이나 일본에서도 외자유치를 위한 단체장의 의지, 관계기관들이 적극 협력하는 조직적인 공동작업이 필수조건인 것으로 나타났다. 외자유치를 달성할 수 있는 지방의 제도역량 형성(institutional capability building)이 보다 중요하며, 지금까지 지방정부간 국제교류를 본격적인 통상협력으로 바꾸어가는 노력도 필요하다. 미국의 리치몬드시(Richimond City)는 단순한 민간교류 위주의 국제화사업을 개편하여 비즈니스와 무역, 외자유치의 통상협력으로 전환하였다. 또한 리치몬드시는 전략변화와 함께 기업유치를 위하여 비즈니스 인큐베이터, 국제비지니스센터를 설치하였다. 이러한 과정은 강력한 시장의 리더십으로 자매도시가 성장의 동반자로 상호발전한 사례이다.[65] 일본도 각 지역별

64) 이수행, 『경기도와 중국주요성의 외자유치 활성화정책에 관한 비교연구』(경기개발연구원, 2003)를 참조.
65) 日本自治體國際化協會(2004.3), p.7.

로 국제교류도시와 긴밀한 네트워크를 구축하면서 아시아를 대상으로 통상협력을 모색해가고 있다.

셋째, 보다 장기적인 시각에서 외자유치 가능한 후보기업을 발견할 때까지 수년이상 걸려서 정보네트워크를 구축하고, 지방정부나 업계단체 등과의 교류를 축적시켜 나가는 것이 필요하다. 지역에 진출을 희망하는 외국기업을 발굴함과 동시에 현지기업과 국내기업간에 교류를 위한 매칭사업을 실시한다. 일련의 정교한 과정을 통하여 비로소 지방정부가 외자유치에 성공할 수 있다. [그림 4-9]와 같이 실행계획과 전략을 세우고, 면밀하게 대응함으로써 성과를 기대할 수 있는 것이다.[66]

넷째, 일본과 한국의 중소기업은 불가피하게 동아시아지역에서 경쟁에 노출되고 있으나, 영어나 중국어 등의 정보발신량이 부족한데다 그런 정보를 다룰 인재나 기능이 상대적으로 결여되어 있다. 지방정부의 국제경쟁력은 정보발신력과 구체적인 유치시책을 실시할 수 있는 제안능력에 달려있으나, 일본과 한국은 외자유치에 대한 포괄적인 체제구축이 제대로 되어있지 않다. 또한, 국내 외국기관과의 접점, 동아시아를 시야에 넣은 시장과 생산체제의 구축이 필요한데, 아직 역량이 부족한 현실도 문제점으로 지적되고 있다. 지방정부의 유치전략 구축과 발신능력의 제고에 더 힘을 기울어야 한다.

다섯째, 일본정부가 추진중인 외국기업유치를 위한 지자체 지원사업은 한국정부도 참고할 만하다. 이것은 지방정부의 외국기업 유치활동을 지원함으로써 직접투자를 확대하고, 지역경제를 활성화하고자 하는 것이다. 지원사업은 일본무역진흥기구(JETRO)가 경제산업성의 위탁을 받아서 실시하고 있다. 전국지자체를 대상으로 JETRO의 대일투자부 지역지원과가 무역정보센터를 통하여 제안을 모집하고 있다. 지원대상이 되는 것은 1) 초빙 가능한 대상기업을 구체적으로 지정하여 조사하기 위한 외국기업 발굴조사나 외국기업 간부의 초빙활동, 2) 진출예정 외국기업이 원활하게 정착하기 위한 어드바이저 인건비, 변호사와 회계사비용, 번역통역비이다. 이미 후쿠오카시(福岡市)나 구마모토현(熊本縣), 기타규슈

---

66) 日本貿易振興機構(2005.3), p.47.

그림 4-9 외자계기업 단계별 유치전략[67]

1단계	지역특성(지식, 기술, 문화)을 살려서 지역기업이 보유한 기술, 연구성과, 비즈니스 지원을 위한 인프라 정비에 노력한다.
2단계	지역특성에 맞는 전략유치 대상을 설정하고 상대적 우위산업 육성을 지원해가면서 산업클러스터를 형성한다.
3단계	단체장의 해외세일즈로 국제견본시장이나 박람회에 참가한다. 외국기자에게 정보를 제공하고 해외사무소를 통한 홍보활동을 전개한다.
4단계	대면 접촉을 통한 교류활성화를 위하여 국내외에서 각종 비즈니스미팅을 가진다. 그리고 연구성과를 홍보한다.
5단계	새로운 비즈니스와 공동연구의 창출
6단계	외자계기업이 일본지방정부에 투자

시(北九州市) 등이 대상으로 지정받았다.

여섯째, 일본에서 외자유치를 지원하는 조직적인 기관은 일본무역진흥기구(JETRO)라고 할 수 있다. 따라서 한국 KOTRA나 일본 JETRO가 지방정부와 연계하면서 공동협력체제를 구축할 필요가 있다고 본다. 사실, KOTRA나 JETRO는 국내투자를 촉진하기 위한 각종 법률안내와 출판홍보를 지속적으로 실시하고 있다. 일본 JETRO는 외국기업의 투자상담을 위하여 해외 약 80개 사무소를 활용하여 유럽과 미국지역에 13명의 대일투자 어드바이저, 아시아지역에 10명의 투자 어드바이저가 상담을 맡고 있다. 도쿄, 요코하마, 나고야, 오사카, 고베, 후쿠오카에 비즈니스지원센터(BSC)를 설치하여 사무실을 무료로 임대하고 전문가 컨설팅을 무료로 실시하고 있다. 전문적인 노하우와 재원, 인력을 보유한 한국 KOTRA나 일본 JETRO의 자원을 활용하면서 지방정부가 외자유치를 추진할 수 있는 시스템이 구축되어야 한다.

5) 요약과 결론

세계화는 국가단위가 아닌 지방정부와 대도시가 독자적인 단일주체로서 거미

---

67) 石川縣, 『石川縣外資系企業誘致プラン調査報告書』(2004.3)를 필자가 약간 수정하였음.

망(web)처럼 연결된 글로벌 네트워크에 참여, 활동하는 것을 의미한다. 미국이나 유럽과 달리 세계화가 뒤떨어졌던 동아시아국가는 1980년대 이후 본격적인 세계화, 지방화를 수용해가는 과정에서 다양한 기회와 어려움에 노출되어 있다. 금융과 자본, 기술, 정보의 다원적인 상호작용이 동아시아국가와 유럽, 미국간, 그리고 동아시아 한중일 3국간 교차하고 있으며, 그 속도와 규모는 더욱 빠르게 증대해갈 것이다. 중앙정부의 지원과 규제, 보호는 점차 약화되고 있으며, 지방정부는 행재정개혁과 도시혁신을 통하여 얻은 자생적인 경쟁력을 가지고 세계화의 파도에 대응해야 하는 시점에 와 있다.

일본지방정부는 외자유치를 위한 제도와 법률상의 미비점, 지역주민들의 부정적인 인식과 중앙정부의 잔존하는 규제를 극복하고, 지역활성화를 위한 대안으로서 외국자본과 기업의 유치를 모색하고 있다. 아직까지 일본내 국내총생산에서 외자계기업이 차지하는 비중은 선진국수준에 비하여 지나치게 낮고, 미국에 너무나 편중되어있는데다, 수도권에 집중되고 있어 외자유치에 대한 인식과 성과는 부족한 현실이다. 일본지방정부 가운데 기초단체는 외자유치가 아직 정책과제로서 확실하게 인지되지 않은 상태인 곳도 적지 않다.

그러나, 1990년대중반 이후 구조개혁을 통한 장기불황 극복노력, 자본시장 개방과 외자계기업 유치를 통한 산업공동화 방지, 고용창출과 세수증대, 선진노우하우 도입효과 기대, 인구증가와 지역활성화는 지방정부의 외자유치를 한층 가속화시키는 긍정적인 요인으로 자리잡고 있다. 고이즈미정부의 거듭되는 외자유치 노력과 지원체제의 정비는 이러한 흐름을 지지하는 것이며, 도도부현 수준의 지방정부에서 전담부서가 설치되어 점차 가시적인 외자유치 성과를 거두고 있다. 위에서 사례로 제시한 효고현, 시즈오카현, 구마모토현, 이시카와현, 오사카부, 후쿠오카시, 요코하마시, 삿포로시, 도요하시시 등이 다양한 외자유치 방식도입을 통하여 성공한 모범사례를 보여주고 있다.

일본지방정부의 외자유치 노력과 성공사례를 살펴보면서 알 수 있는 것은 지방정부의 '제도역량형성'(institutional capability building)이 결정적인 변수라는 것이다. 산업이 도시를 구축하던 이전과 달리 도시가 인프라를 구축하여 외부자원을 끌어들이는 경쟁시스템 하에서 지방정부의 각종 사회적 자원과 도시재생, 산업클러스터의 구축과 인재공급, 전략산업의 존재와 육성, 도시매력과 발신능력, 단체장과 담당공무원의 세일즈활동과 교류축적이 종합적으로 어우러지면서 우수한 외국자본과 기술이 내재화(embedded)될 수 있는 것이다. 외자유치에 노력하는 일본지방정부의 모습은 동아시아 각국에서 전개되는 '지역재생과 혁신과정'을 보여주는 좋은 사례라고 할 수 있다.

5

지방국제기구와 해양네트워크

5 지방국제기구와 해양네트워크

1. 지방국제기구의 비교연구 : 유럽형 vs 동아시아형 비교연구를 중심으로

1) 지방외교와 국제기구

최근들어 한국 지방외교의 관심은 광역단체가 주도하는 글로벌 국제기구에의 가입과 활동으로 확산되고 있다. 여기서는 한국지방정부의 국제기구 활동에 연구관심을 두고, 글로벌기구에로 지방외교 영역확대의 함의와 가능성에 주목하고자 한다. 한국지방정부가 지방외교의 공공영역으로 포섭해가려는 글로벌 국제기구의 활동이 어떠한 방향성과 지향점을 모색해가야 할 것인가는 중요한 관심사이다. 유럽의 지방국제기구는 민주주의, 인권과 평화, 소수자와 젠더에 대하여 공통적인 합의를 모색하는데 중점을 두고 있는 반면, 동아시아의 지방국제기구는 인적 교류와 통상협력, 관광진흥 등의 실용적인 이익을 도모하는데 주된 관심을 보이고 있다.

광역단체를 중심으로 한 글로벌 국제기구에의 가입은 두드러지게 증가해 왔다. 서울특별시의 경우 이미 25개국 30개 도시와 교류협정을 맺으면서 세계지방정부연합(UCLG)을 비롯한 다양한 국제기구에 참가하고 있다. 경기도의 경우 17개국 21개 도시와 교류하면서 특히 경기도, 랴오닝성, 가나가와현 한중일 3개국 간 교류를 20년 이상 지속해 오고 있다. 인천광역시의 경우도 12개국 21개 도시와 우호관계를 유지하고 있으며, 중국과 활발한 교류를 비롯하여 동아시아 지방도시 간 국제기구인 시티넷(Citynet)에 가입하였다. 경상북도와 강원도는 특히 동북아 지역에서 지방국제기구 활성화에 많은 기여를 하였다. 경상북도는 6개국 65개 지방정부가 가입한 동북아지방정부연합(NEAR) 상설사무국을 포항시에 유치하여 재정부담을 감수하면서 지방국제기구를 정착시키려 노력하고 있으며, 강원도의 경우도 환동해권 다자간교류에 상당한 노력을 기울이고 있다. 제주도는 2007년 10월 세계지방정부연합(UCLG) 총회를 개최하여 국내외에 큰 관심을 불러 일으켰다.

지방정부간 국제협력은 점차 지방차원에서의 다자간 기구를 중심으로 한 네트워크형성과 협력체제의 구축으로 지적 관심이 이동하고 있으며(구정모외, 2005; 전형권, 2006), 광역단체를 중심으로 국제기구에의 회원가입이 늘어나고 있다. 예를 들면, 지방국제기구 가운데 가장 큰 조직인 세계지방정부연합(UCLG) 2007년도 아시아태평양 대의원 22명 가운데 한국인 대의원이 7명을 차지하고 있을 정도이다.[1] 그러나 국내에서 지방국제기구에 대한 본격적인 연구는 임영재(2006), 이동형(2005.11), 윤동설외(2004) 등의 연구를 제외하면 거의 전무한 편이며, 실제로 지방정부의 국제기구 참가율이나 활동빈도도 유럽지방정부와 비교하면 크게 떨어지는 편이다.

아직까지 국내에 범세계적인 지방국제기구의 본부나 지부는 찾아보기 힘든 상태이며, 동북아지역에서도 다자간 지방외교를 추진해 온 경상북도나 부산광역시, 대전광역시를 제외하면, 아직 미약한 수준에 머물러 있다. 지방정부의 국제기

---

1) 이상호 한국지방자치단체국제화재단 이사장, 정우태 충청북도지사, 김범일 대구광역시장, 김문수 경기도지사, 김태환 제주특별도지사, 박준영 전라남도지사, 오세훈 서울특별시장 7명이 대의원에 선출되었다.

그림 5-1 도시간 경쟁: 유럽과 동아시아의 비교

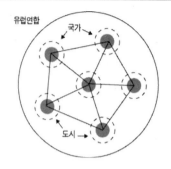
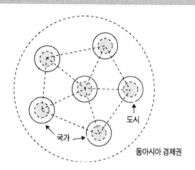

자료: 田坂敏雄 編(2005), 동아시아도시론의 구상.

구내 활동증가는 최근 현상으로 볼 수 있으나, 단기간내에 가입율과 활동량이 압축적인 성장을 보이고 있어서 주목할 필요가 있다. 여기서는 유럽과 동아시아에 있어서 지방국제기구를 조사하여 다양한 문서와 인터넷자료를 수집, 분석함으로써 설립취지, 운영실태에 나타난 양자간 비교를 시도하고 그 특성상의 차이를 극명하게 드러내고자 한다. 동시에, 국제기구 수준에서의 지방정부 국제협력에 있어서, 유럽형과 동아시아형의 모델비교를 통하여 양자간 특징의 차이가 내포한 함의와 원인을 도출하고자 한다.

여기에는 유럽형과 동아시아형 도시연계의 격차가 존재함을 전제로 한다. 유럽형도시는 유럽연합 발족과 함께 국경이 사라지고 역내 통합이 가속화되면서 금융, 통화, 시장, 체제 단일화가 정착되어가고 있다. 반면, 동아시아는 일부 역내 통합이 진전된 아세안(ASEAN)을 제외하면 국가간 대립과 갈등, 도시간 경쟁으로 인하여 오히려 도시간 분절현상이 현저히 드러나면서 광역권 형성과 시너지효과를 가로막는 장애요인이 되고 있다([그림 5-1] 참조). 도시발전이 단순히 도시만의 문제가 아니고, 국가간 체제가 뒷받침되어야 하는 이유도 여기에 있다. 동북아시아의 경우, 유럽에 비해 지역경제권이 약하고 상대적으로 지방분권화가 뒤떨어져 있다. 국내에서의 수도권 일극집중 현상으로 도시의 대부분이 아직 '경쟁적 행위자'로서 등장하고 있지 못하여 동북아시아에서의 도시의 경쟁력은 국가의 정책에 의해 더 큰 영향을 받고 있다고 할 수 있다.[2]

2) 지방국제기구의 기능과 조직

중앙정부가 다중심적이고 탈국가적인 다양한 행위자의 도전에 임박하고 있는 현실은 이미 주지의 사실이다. 국제레짐은 다자주의적 성격으로 바뀌었으며, 지방정부기구, 비정부기구, 각종 국제협회 등이 활동하고 있다(조윤영, 2006:354; James N. Rosenau Turbulence in World Politics(1990). 세계체제는 경제, 기술, 인구, 환경과 사회변화에 따라 재편성되고 있으며, 국가의 전통적인 역할은 글로벌 변화에 영향을 받아 중앙정부만으로는 오늘날과 장래의 복잡하게 통합된 지방정부를 통제, 관리할 수 없다는 것은 명확하다.

로즈노(J. N. Rosenau)에 따르면, 지구촌의 질서는 포괄적이거나 유기적인 총체로서 "보편적 생활권에 의지하는 관점"에서 이해되어야 한다. 간결한 해석보다는 풍부하면서도 탐구적 분석의 글로벌 거버넌스가 요청된다고 보고 있다. 통합적이면서도 분열적이고 세계화되면서 지방화되는, 융화와 갈등이 반복되는 역동성을 가지고 있다는 것이다(James N. Rosenau, 1992:12~14). 인구증가와 함께 아직도 계속되고 있는 도시화과정 때문에 지방화와 도시의 지방정부 업무는 더욱 복잡해지고, 지방정부의 역할은 더욱 더 기대치가 높아지고 있다. 또한, 국민의 의사가 정부정통성의 기반이 되는 민주주의 가치가 그 어느 때보다도 강력해지고 있는 점, 지방정부가 주민의 가장 가까운 행정단위로서 모든 민주사회에 있어서 주요 기초가 되고 있는 점은 더욱 중시되고 있다.[3]

지방외교와 같은 전형적인 하위정치(low politics) 영역에서 환경, 인권, 인구, 빈곤, 문화, 교육 등이 새로운 정치적 이슈로 부상하고 있으며 이미 일상화되고 있다.

다양한 분야와 수준에서 기능하는 국제기구의 역할은 의제설정의 표준 제정과 보편성 추구, 규범제정으로서 협약(convention), 선언(declaration), 권고(re-commendation), 협정(agreement), 유사입법기능, 갈등표출과 조정을 위한 제도

---

2) 금성근(2008), "동북아도시간 협력 현황 및 전망-부산권과 후쿠오카권을 중심으로". 부산발전연구원
3) 2007년도 제2차 UCLG 제주회의집행사무국 자료집(20071029)

장치, 기술과 재정지원을 통한 양자간 원조와 다자간 원조, 분담금, 기부금, 신탁기금의 개설 등이 있으며, 지방정부간 국제기구도 이에 해당한다(정우탁, 2000:12).

전형적이고 대표적인 지방국제기구인 세계지방정부연합(UCLG)[4] 헌법의 전문은 매우 시사적이다. 헌법전문에 따르면, "농촌지역과 도시지역, 중소도시, 대도시, 광역시 주민에게 봉사하는, 전세계의 지방정부 대표자들은 통일된 지방정부 세계조직을 창설하기 위하여 2004년 5월 5일 프랑스 파리에 모여 세계지방정부 연합 헌법을 다음과 같이 제정, 선포한다."고 되어 있다. 이를 위한 약속사항으로서 지방민주주의와 자치, 민주적인 지방분권과 보완성의 원칙준수, 시민이 중심이 된 보완성의 원칙준수, 로컬 거버넌스의 환경조성, 행정서비스에서 높은 도덕적 기준, 국제사회와 정부기관, 주요기관들과 제휴관계 구축 등을 제시하고 있다.

세계지방정부연합(UCLG)의 설립목적은 회원간 단결과 협력 촉진, 국제사회에서 정치적 대표성 확보, 정보와 지식의 공급원, 학습교류와 역량배양, 올바른 통치와 지속가능성 그리고 사회적 포용, 인종과 성별 평등의 촉진, 지방정부간 국제협력, 세계조직의 사명, 가치관과 목적범위 내에서 정책, 프로그램과 사업개발 등이다. UCLG는 이러한 목적을 달성하기 위하여 국제정책의 결정에 영향을 미치기 위한 로비활동이나 홍보활동에 참여하며, 유엔이나 국제기구와 적극 협력하고, 지방분권 프로젝트를 위한 자금조달이나 금융기구 설립, 지방간 교류와 제휴를 위한 국제적 기반구축, 회원간 강력한 네트워크 지원, 지방정부의 정보공유, 세계대회의 행사를 기획하고 있다.[5]

주권국가와 국제기구는 항시적으로 협력과 동시에 갈등의 가능성을 포함하고 있다. 유엔과 같은 국제기구의 초국가성을 허용할 필요성과, 회원과 상임이사국 모두 주권을 보전하는 형태가 요구된다. 주권국가가 국제기구의 효율성과 주권

---

4) 세계지방정부연합(UCLG)은 127개국 1천개가 넘는 지방정부가 회원으로 활동하는 가장 규모가 크고 가장 글로벌한 네트워크를 지닌 대표적인 지방국제기구이다.
5) 2007년도 제2차 UCLG 제주회의집행사무국 자료집(20071029)

▶ 표 5-1 유형별 국가와 지방정부의 자율성

지역구분	제1유형	제2유형	제3유형	제4유형
아프리카	이디오피아, 나이지리아, 남아프리카 공화국		카메룬, 말리, 모로코, 니제르, 세네갈	알제리, 아이보리코스트, 이집트, 가봉, 가나, 케냐, 마다가스카르, 모잠빅, 탄자니아, 토고, 튀니지
북미대륙	캐나다, 미국			
남미대륙	아르헨티나 브라질, 멕시코 베네주엘라		콜롬비아, 볼리비아 에쿠아도르, 나카라구아, 페루	칠레, 쿠바, 도미니카, 엘살바도르, 온두라스, 나카라구아, 파나마, 파라구아이
아시아태평양	호주, 인도, 말레이시아 파키스탄	중국 (자치정부) 인도네시아 (아체, 파푸아)	중국(지방정부), 인도네시아, 일본 뉴질랜드, 한국, 필리핀, 베트남	타이
유라시아	러시아		벨라루스, 카자흐스탄 우크라이나, 우즈베키스탄	아르메니아, 아제르바이쟌, 키르키스탄, 타지키스탄, 투르메니스탄
유럽	오스트리아, 벨기에, 독일, 스위스	스페인, 이탈리아 포르투갈, 영국 (북아일랜드, 스코틀랜드, 웨일즈)	크로아티아, 체코, 덴마크, 핀란드, 프랑스, 아일랜드 라트비아, 노르웨이 네덜란드, 폴란드, 루마니아, 슬로바키아,스웨덴, 영국(카운티)	헝가리, 리투아니아, 몰도바, 포르투갈, 슬로베니아
중동	이라크 (쿠르드) 아랍연맹, 에미레이트			이란, 이라크, 요르단, 쿠웨이트, 레바논, 예멘 사우디아라비아 시리아, 터키

출처 : 제2차 UCLG 제주회의집행사무국 자료집(2007)

보전의 조화를 어떻게 유지해 나갈 것인가는 매우 중요한 관심사이다. 주권국가
는 협력증진에서 잠재적으로 기대되는 이득이 크면 클수록, 주권 공동행사나 위

임으로부터 이루어질 구체적인 결정내용과 결과의 불확실성이 클수록, 정치적 위험부담이 적을수록, 권력을 위임하거나 공동으로 행사하려고 든다. 유럽연합 이사회는 신입회원국 가입, 준회원국 협정체결, 농업관련 특수문제에서 극히 중요한 사안의 경우 여전히 만장일치제로 의사를 결정한다. 유엔안보리도 실질문제의 경우 상임이사국에 한하여 거부권제도라는 만장일치제를 적용하고 있다(박재영, 1998: 46~47).

국제기구의 영역관리는 국가가 자기 주권행사의 결과로서 주권적 권능의 일부를 국제기관에 이양한 것에 기초하고 있다. 그러나 이에 비하여 지방정부의 국제기구는 공동의 합의에 기초할 뿐이며, 권한의 위임과 강제성과는 거리가 멀다. 국제질서에서 다자주의의 한계, 중앙정부의 지방통제, 지방정부의 한계지워진 자율성이 지방정부간 국제기구의 활성화를 구속하는 요인으로 작용하고 있다. 그럼에도 불구하고 다자적 관리기제는 상이한 이해관계로 인해 처음 형성이 힘들지만 형성 후에는 지속성과 적응성을 갖는다(류동원, 2004:125).[6]

전세계적으로 활동하는 지방국제기구들은 각국 국내, 아시아지역, 범세계적인 지역에서 활동하는 다양한 분야의 국제기구로 나눌 수 있다. 이들의 활동은 지방외교의 조정과 진흥, 대외관계와 매개창구를 담당하고 있으며, 각국 지방자치의 실태, 국제교류에 관한 다양한 자료까지 보유하고 있어서 지방정부의 국제교류와 공동사업에 많은 기여를 하고 있다. 지방국제기구(Regional Authorities around the world)에 가입할 수 있는 지방정부의 정치적, 법률적, 재정적 환경은 각 국가마다 다르다([표 5-1] 참조). 대체로 법률적, 재정적, 조직상 권한정도에 따라서 4가지 형태로 분류할 수 있다.

제1유형은 지방의회가 보다 적극적인 입법권을 지니고 국제기구에 참가하는 경우이다. 지방정부는 자체예산권을 가지고 있으며, 지방정부가 국제협약에 가

---

6) 1990년대초반 미국내 다자주의에 대한 연구와 관심이 증가하였다. 클린턴행정부의 정책결정자들은 새로운 협력적 국제질서로서 다자주의를 높게 평가한 바 있다. 신제도주의자 Keohane은 다자주의를 3개 이상의 국가들이 집단적으로 국가정책을 조정해가는 관행으로 정의한 바 있다. "Multilaterlism: An Agenda for Research", International Journal. 45-4(1990) p.731.

입할 수 있다. 독일, 스위스, 오스트리아, 벨기에의 지방정부는 상당한 자율권을 보유하고 있다. 제2유형은 강력한 자기결정권과 자율적인 지방정부를 운영하는 경우이다. 이탈리아나 스페인의 지방정부, 덴마크나 영국, 포르투갈의 지방정부를 포함한다. 스페인 바스크지방은 조세권보유, 북아일랜드나 스코틀랜드는 독자적인 지방의회를 보유하고 있다. 제3유형은 집권형 국가이지만 지방분권에 중점을 두고 있는 국가이다. 프랑스, 네덜란드, 폴란드, 체코 등이며, 프랑스 알자스지방은 독일 지방정부와 월경프로젝트를 위한 협약을 체결할 수 있다. 제4유형은 지방이 단순한 행정구역이며 중앙정부의 지도에 순응하고 있는 경우이다.[7)]

위와 같은 국내에서 지방정부가 지닌 정치적, 재정적, 법률적 자율성의 차이는 지방국제기구에의 참여도, 활동량, 본부소재 여부 등에 반영되고 있다. 다만, 자율성과 실제활동은 다양한 국내외 여건상의 변수로 인하여 일치하지 않는다. 굳이 말하자면, 프랑스와 스페인의 지방정부가 글로벌한 문화권과 언어권을 배경으로 주도적으로 활동하는 경향이 있으며, 영미주도의 세계질서에서 탈피하여 동일 언어권 내지 유럽지역이라는 공통점을 가지고 지방정부간 국제협력을 주도하는 경향이 두드러진다. 실제로 지방국제기구의 본부가 프랑스나 스페인에 소재하는 경우도 적지 않다.

또 하나 지적할 점은 지방국제기구에 있어서 최근 수년간 지방기구간 통합현상이다. 다양한 몇 개의 지방국제기구가 2004년 5월 가장 큰 단체인 세계지방정부연합(UCLG)으로 통합된 것이다. IULA(지방기구국제연합)은 영미국가가 주도하는 국제기구, UTO(국제자매도시연맹)는 프랑스가 주도하는 국제기구, METROPOLIS(세계대도시권협회)는 대도시간 연합기구이었다. UCLG는 이들이 합쳐진 국제기구로서 처음에 각 단체간 통합이 어려웠지만 마침내 단일화에 성공하였다. 원래 다양한 단체를 모아서 통합된 하나의 기구, 통합된 정치적 요구, 발전을 위한 통합된 행동을 추구하여야 한다는 목소리가 높았다. 유엔에서도 지방간 연대를 중시하였으며, 통합된 기구를 원하고 있었다.

이밖에도 범지역적인, 또는 세계적인 지방국제기구로서 유럽평의회(COE), 유

---

7) 2007년도 제2차 UCLG 제주회의집행사무국 자료집(2007.10.29)

럽지자체협의회(CEMR), 세계대도시권협회(METROPOLIS), 지자체국제환경협의회(ICLEI)를 들 수 있다. 동북아지역에서는 동북아지방정부연합(NEAR), 환동해권 거점도시회의, 한일해협연안 시도지사회의, 러-일연안 도시회의, 한중일지방정부 교류회의가 있다. 각 대륙별로 구성되어 있는 국제기구사례를 보면, 아시아지역에 아시아대도시네트워크21(ANMC21), 지중해권에 불어권도시연합(CPLRE), 발트해지역에 발트해연안도시회의(BSSSC), 동아시아지역에 시티넷(Citynet) 등이 있다. 그리고 각국내에서 지방의 국제화를 지원하는 단체로서 미국국제자매도시협회, 호주지방정부협회, 중국인민대외우호협회, 일본지자체국제화재단, 한국 전국시도지사협의회 국제화지원실 등이 있다.

한편, 동아시아의 지방국제기구의 현상을 살펴보면, 지방정부가 중심이 되어 추진해 온 다자회의 내지 국제기구는 1990년대들어 본격적으로 설립되면서 지역통합을 촉진하는 요소로 작동하고 있다. 냉전종결이후, 동아시아 국가간 인적, 물적 교류가 확대되면서 공공외교의 주체로서 지방정부가 경제, 행정, 문화학술, 스포츠 등 다양한 분야에 걸쳐서 국경을 넘는 활동이 활발해지고 있다. 특히, 1990년대 이후 양자간 교섭단계에서 벗어나 다자간 교섭으로 발전해 온 점은 주목할 만하다.[8] 한국, 중국, 일본, 동남아지역을 중심으로 도시간교류는 초국경적인 네트워크로 확장되면서, 자매결연과 다자간 교섭을 통하여, 기업이나 대학 그리고 시민주도의 교류를 지지해오고 있다(김원배외, 2007:95-96; Kim Beng Phar, Spring 2001).

실제로 다자간 국제기구의 설립과 운영에 있어서 한국과 일본, 중국의 지방정부는 매우 적극적인 자세를 보이고 있다. 국내에서도 동해권시도지사협의회가 제안한 환동해경제권 구상이 등장하였으며, 일본은 오래전부터 관심을 보여왔다. 중국과 북한도 경제협력과 투자유치에 적극적이며, 러시아는 2012년 블라디보스톡 아시아태평양경제협력기구(APEC) 정상회담을 앞두고 극동지역 개발을 중시하고 있다. 동북아 지방정부의 국제교류와 통상협력은 지방간 교류에서 한

---

8) 1990년대 이후 한 · 중 · 일에 있어서 지방간 연계망이 국제항구나 국제공항을 통해 거점간 복합네트워크가 구축되면서 지방정부의 국제교류가 더욱 촉진되어 왔다(小川雄平, 2006:110).

단계 더 나아가 다자간 지방외교로 발전하고 있으며, 그 가능성은 매우 함축적이고 포괄적이다.[9] 대표적인 사례로 동북아지방정부연합(NEAR), 환동해권 지방정부 지사·성장회의(CARTELL), 환동해권 거점도시회의, 한일해협연안 시도지사회의, 러-일연안 도시회의, 한중일지방정부 교류회의 등이 있다.

다양한 지방국제기구의 기능과 활동가운데 주목할 점은 지방 국제기구의 유럽형 vs 동아시아형이라는 매우 대조적인 유형이 존재하고 있다는 사실이다. 유럽형은 지방분권과 인권, 민주주의 등 기본적인 이념을 중시하는 경향이 강한 반면, 한중일국가와 동남아도시를 연계하는 동아시아지역의 다자간 국제기구는 대체로 통상협력과 지역개발에 중점을 두고 있다는 점이다. 또한, 유럽형이 조직과 사무국을 가지고 지속적인 활동을 하고 있는 반면, 동아시아형은 사무국이 부재하거나 역할이 미약한 상태에서 순환형으로 각 회원단체가 번갈아 조직과 행사를 담당하고 있는 특징을 가지고 있다. 물론, 이것은 지방국제기구의 역사, 언어, 문화, 자율성 등의 차이에서 기인한 것이기는 하나, 매우 흥미로운 발견이 아닐 수 없다.

3) 유럽형 지방국제기구

지방외교는 유럽의 산물이라고 해도 과언이 아닐 정도로 유럽지역에서 지방간 외교는 매우 활발하다. 원래 지방도시간 국제교류와 자매결연은 제1차대전후 프랑스와 독일간, 제2차대전 이후에 영국과 프랑스간에, 미국과 전후 황폐해진 유럽간에 우정의 자매관계를 도시별로 맺어간 것이 기원이었다. 그후 1960년대에 들어와 유럽과 미국에서 국제교류의 범위를 전세계로 확대하고자 하는 시민운동이 왕성해지면서, People to People Program(시민에서 시민으로 교류계획)을 기본

---

9) 지방외교는 지방정부가 국제무대에서 국가외교를 지원, 보완, 시정, 중복 또는 도전하는 일체의 국제적 활동을 의미한다. 지방외교의 용어만 해도 지방외교정책(local foreign policy), 지방자치외교(local autonomy diplomacy), 민간외교(people-to-people diplomacy), 시민외교(citizen diplomacy), 미시외교(micro-diplomacy), 동반외교(para-diplomacy), 구성외교(constituent diplomacy)등이 있다(홍기준, 2007:112).

▶ 표 5-2   유럽형 지방국제기구

기구명	성 격	창립연도	회원숫자	참가범위
유럽평의회(COE) 내 지방정부의회	지방정부 간 국제기구	1949	47개 국가내 지방정부	유럽지역과 미국, 일본 등 옵저버
세계대도시권협회 (METROPOLIS)	지방정부 간 국제기구	1985	90개 지방정부	100만이상 인구를 지닌 세계 대도시
유럽지자체협의회 (CEMR)	지방정부 간 국제기구	1951	30개 국가내 10만개 지방정부	유럽지역 도시정부
불어권지방정부연합 (CPLRE)	지방정부 간 국제기구	1994	7개 국가내 지방정부	유럽과 지중해 불어권 지방정부
발트해연안 지방정부연합 (BSSSC)	지방정부 간 국제기구	1994	10개 지방정부	발트해연안 지방정부

으로 국제도시간 자매결연이 급속히 확대되게 되었다.

가장 대표적인 지방국제기구인 세계지방정부연합(UCLG)은 헌법1조에서 법률상 본부는 스페인 바르셀로나시에 그 본부를 두고 있으며, 정당이나 종교단체와 동맹하지 않는 비영리국제기구라고 명기하고 있다. 아직까지 주로 사용되는 공식언어는 영어, 프랑스어, 스페인어인데서 알 수 있듯이, 지방국제기구의 성장과 발전은 유럽형, 또는 미국형이나 남미형의 형태로 진행되고 발전되어 왔다고 해도 과언이 아니다. 지방외교와 국제기구는 주로 유럽국가에 의하여 주도되어 왔으며, 최근들어 아시아에 대한 관심이 높아지고 있다. UCLG의 도시외교위원회(City Diplomacy Committee) 2005~2007년간 활동보고서를 살펴보면, 갈등과 전쟁에 고통받는 지방정부를 발견하여 지원을 선도하는 작업을 목표로, 위원장은 네덜란드 지방정부위원장이 맡고 있다. 같은 기간 중에 2006년 이탈리아, 2007년 스페인에서 평화구축을 위한 지방정부의 역할이라는 주제로 세미나를 개최하여 40명의 참가자들이 모였다.

따라서 유럽형 지방국제기구는 지방의 국제화, 지방의 국제교류협력, 세계적인 지방네트워크의 기원을 이루고 있으며, 다른 지역에서도 학습대상이자 표준적인 모델이 되고 있다고 볼 수 있다. 유럽형 지방국제기구의 특징은 특히 동아시아

지역의 성격과 비교하여 매우 보편적인 가치를 추구하거나, 지방정부의 이익을 국제연합이나 유럽연합과 같은 보다 상위의 지역통합기구에 대변하는 것을 주된 목표로 삼고 있다는 것이다. 유럽평의회산하의 지방정부의회도 유럽형의 문화아이덴티티와 다양성을 키우고 유럽사회가 당면한 다양한 문제들, 예를 들면, 유럽의회에 지방정부의 이익대변, 유럽연합과 각국의 정책간 격차 조정, 외국인차별이나 테러리즘, 인간복제 또는 범죄와 폭력을 해결하는 대안을 모색하고 있는 점이다. 동시에 지역사회에서 남녀평등을 위한 유럽헌장의 준수, 지방분권과 민주주의, 지속가능한 경제성장 등에 많은 관심을 쏟고 있다.

또 다른 유럽형 지방국제기구의 특징은 조직면에서 상설적인 사무국과 상근직원이 근무하면서 네트워크 유지와 담론의 형성에 많은 관심을 가지고 있다는 점이다. 대부분 수십개국이 넘는 회원단체를 가지고 있으며, 재정부담도 일방이 아닌 다자간 균등부담의 원칙아래 민주적인 운영체계를 갖추어가고 있다고 볼 수 있다. 예를 들면 유럽평의회(COE) 산하의 지방정부의회는 47개국이 참가한 상위정부에 대응하여 유럽의 지방정부로 구성되어 있으며, 상당한 예산을 가지고 활동하고 있다.

유럽지자체협의회(CEMR)는 유럽 30개 이상 국가의 다양한 지방정부가 참가하는 단체로 사무국이 비엔나에 소재하여 20명 이상의 사무국직원이 일하고 있다. 발트해연안 지방국제기구인 BSSSC도 1994년 설립된 이래 조직과 재원을 지니고 정치적인 대변기구로서 입지를 구축해가고 있다. [표 5-2]는 유럽내 대표적인 지방국제기구의 성격, 창립연도, 회원숫자, 참가범위를 중심으로 개설적으로 설명한 것이다. 이를 보면 알 수 있듯이, 유럽형 지방국제기구의 경우 다자간 협의기구의 성격과 동시에 국제기구로서 정착되어 있으며, 다양한 성격과 특징을 지니고 글로벌한 또는 지역적인 국제기구로서 기능하고 있음을 알 수 있다. 다음은 몇 개 지방국제기구의 목표, 활동과 조직을 중심으로 각 단체의 홈페이지를 통해 검색한 내용이다(홈페이지 검색일: 2008/03/01~4/30).

(1) 유럽평의회[10]

1949년 설립되어 유럽을 중심으로 47개국이 참가하고 있으며, 옵저버국가로서 The Holy See, 미국, 캐나다, 일본, 멕시코가 있다. 활동목표로 유럽연합보다 넓은 범위에서의 유럽통합, 인권과 민주주의의 보장이며, 구체적인 활동으로 유럽내에서 다양한 조약기초, 협력지원 프로그램의 작성 등이다. 유럽평의회는 추가 참가할 후보지자체이었던 벨라루스에 대하여 인권과 민주주의 원칙을 결여하였다는 이유로 특별게스트 참석을 거부하였다.

유럽평의회는 인권과 민주주의 법치를 중시하며, 유럽의 문화아이덴티티와 다양성을 육성하고 유럽사회가 당면한 소수자차별, 외국인혐오, 불관용, 테러리즘, 인간복제, 범죄와 폭력을 해결하는 대안을 모색하고자 한다. 또한 유럽에서 정치적, 입법적, 헌법상의 개정을 통하여 민주적인 안정성을 높여가고자 한다. 유럽평의회내에 있는 지방정부의회는 유럽의 지자체를 대변하며, 지역위원회로 구성되어 있다. 공식예산은 2008년 현재 200,999,600유로이며 이는 한국화폐로 약 3,216억원이다. 공식용어는 영어와 프랑스어이며, 독일어, 이탈리아어, 러시아어도 사용가능하다.

(2) 세계대도시권협회(METROPOLIS)[11]

1985년 캐나다 몬트리올에서 설립된 기구로 100만명 이상 인구를 가진 68개 지자체의 연합기구로 출범하여 파리, 토론토, 베이징 등을 비롯하여 현재 90개 이상의 도시가 가입해 있다. 대도시가 직면한 문제에 대처하기 위한 도시간 협력을 지원하며, 구체적인 활동으로 3년마다 국제회의를 실시하거나 대도시에 있어서 도시계획 작성을 보조하거나 회원간 정보교환을 지원하고 있다. 현재 세계적으로 도시거주 인구가 33억명에 달하고 있으며, 대도시거주 인구도 12.7억명에 이르고 있다. 2008년 10월 호주 시드니에서 메트로폴리스 총회가 개최되었다.

---

10) http://www.coe.int
11) http://www.metropolis.org

세계의 대도시는 21세기형 도시형성을 지향하고 있으며, 최근 공통적으로 관심있는 주제로 도시계획과 개발, 경제, 보건, 환경, 교통, 인프라와 정보통신 등을 들 수 있다. 지역주민의 삶의 질 향상을 위해서 대도시개발을 보다 효율적으로 추진하도록 지원하는 역할도 맡고 있다. 이에 따라 세계적으로 국제연합, 세계보건기구, 세계은행처럼 공인된 국제기구로서 인식되어가고 있다.

2007년 현재 회장은 프랑스 파리시장, 부회장은 유럽지역 스페인 바르셀로나, 아시아지역 호주 멜버른 시장 등이 맡고 있으며, 서울특별시 오세훈시장이 아시아지역 부회장을 맡고 있다. 그동안 회의 개최장소를 살펴보면, 1987년 멕시코 멕시코시티에서 "대도시의 보다 나은 생활"을 주제로, 1988년 스페인 마드리드에서 "대도시의 문제점과 위기", 1990년 호주 멜버른에서, 1993년 캐나다 몬트리올에서 "지속가능한 개발과 지역주민", 1994년 일본 도쿄에서 "도시계획에 있어서 환경요인", 1996년 일본 도쿄에서 "세계시민의 연대와 대도시" 등을 주제로 열렸으며, 선진국 대도시가 회의를 이끌고 있음을 알 수 있다.

(3) 유럽지자체협의회(CEMR)[12]

CEMR(The Council of European Municipalities and Regions)은 유럽에서 지방정부가 참가하는 가장 큰 단체이다. 30개 이상 국가에서 10만개이상의 지방정부가 참가하는 대표적인 단체이다. 유럽도시의 시장들이 스위스 제네바에 모여서 1951년 창설되었으며, 나중에 유럽지방정부 의회로 발전하였다. 회장은 오스트리아 비엔나 시장인 Michael Haupl이며, 사무국에 20여명의 직원이 일하고 있다. 유럽지자체협의회는 유럽의회에 지방정부의 이익을 대변하고자 노력하고 있으며, 지방분권과 민주주의를 진작시키고자 노력하고 있다. 다양한 이슈에 대하여 세미나와 회의를 조직하고 지방과 지역간 정보교환을 지지하고 있다. 지역사회에서 남녀평등을 위한 유럽헌장을 2006년 5월 선언하였다.

---

12) http://www.ccre.org

(4) 불어권지방정부연합(CPLRE)[13]

CPLRE는 유럽에 있어서 프랑스어를 사용하는 지방정부간 연합체이다. 공식홈 페이지도 프랑스어로만 표기되어 있으며 그밖에 언어는 사용되지 않고 있다. 1994년 유럽평의회 자문기관으로 설립되었으며, 가맹단체의 지방의원들로 구성 되어 있다. 활동목표로 유럽통일을 실현하기 위하여 지방정부가 참가하도록 요 청하는 것, 국경이나 지역의 경계를 넘어서 널리 유럽내에서 협력관계를 강화하 는 것, 유럽의회 각료나 의원에게 지방정책을 제언하는 것 등이다. 구체적인 활동 으로 유럽 지방자치헌장을 준수하는가 여부를 조사하는 것, 또는 성과를 동유럽 지역에 제공하는 것, 환경오염이나 에너지환경 문제, 매스미디어, 청소년문제, 고 용과 도시간교류에 대한 조사연구를 실시하고 있다.

(5) 발트해연안 지방정부연합(BSSSC)[14]

BSSSC는 발트해 지방정부의 국제기구로서 발트해 연안지역내 정치적 성격을 가진 국제기구이다. 1994년 노르웨이의 Stavanger의 제창으로 설립되어 10개 발 트해 연안지역의 지방정부로 이루어져 있다. BSSSC는 정치적인 네트워크로서 주 요 구성기구는 2년임기 이사들의 호선제로 선출되는 의장, 지방도시 대표 2명씩 으로 구성되는 이사회, 비서실이 실무그룹이다. 매년 9월말이나 10월초에 총회가 열리고 있으며, 2008년 총회는 리투아니아의 Kaunas에서 열릴 예정이다. 유럽연 합에 발트해연안지역의 목소리와 이익을 대변하는 것이 중요한 임무이며, 유럽연 합과 각국의 정책간 격차를 조정하는 작업도 이에 포함된다.

발트해연안지역의 통상협력과 경제성장을 위한 환경을 조성하는 것이 필요하 며, 지속가능한 경제성장이야말로 지역내 고용보장과 생활의 질을 담보한다고 보 고 있다. 발트해개발포럼(BDF:Baltic Development Forum)을 지지하고, 유관단 체인 발트해상공회의소(BCCA:Baltic Chambers of Commerce Association)와도

---

13) Le Congrès des Pouvoirs locaux et régionaux d'Europe (C.P.L.R.E.) 유럽지방평의회 홈 페이지인 http://www.uvcb-vbsg.be/uvcb/cplre.htm을 통하여 볼 수 있다.
14) Baltic Sea States Sub-regional Co-operation, www.bsssc.com

협력하고 있다. 총회에서는 유스포럼을 개최하고 있으며, 지속가능한 라이프 스타일이라는 주제로 토론회를 개최하였다.

4) 동아시아형 지방국제기구

동아시아형 지방국제기구를 바라보는 시각은 제도적인 지역주의(Regionalism)가 아닌 지역화(Regionalization)의 관점에서 고찰할 필요가 있다. 동아시아지역, 또는 환동해, 환황해 등의 교역권으로서 지리적 근접성에 따른 지역화과정이 환동해권 지방정부간 국제기구와 다자간 협의체를 활성화시키면서, 경제권역 형성에 미치는 관점이 중시되고 있다는 점에 유의해야 한다. 동북아지역에 있어서 지방정부와 NGO 등의 활동을 포함한 하위정부 내지 비정부기구는 지역화(regionalization)의 주체로서(박세일, 2004: 31), 문화, 환경, 경제, 평화 등 글로벌 과제이건, 로컬과제이건 다양한 주제에 걸쳐서 상호 연계되고 있다. 한중일 도시간 초국경적인 네트워크로 확장되면서, 자매결연과 다자간 교섭을 통하여, 기업이나 대학 그리고 시민주도의 교류를 지지해오고 있다(김원배외, 2007: 95~96; Kim Beng Phar, Spring 2001).

특히 일본과 중국, 동남아지역 등, 범아시아권에서 일어난 한류문화붐, 경제회복과 지속적인 성장에 힘입은 한국의 국제적 위상 제고, 동북아시대론을 통한 한중일 경제협력 증대, 동남아지역에 대한 한국기업의 투자급증과 관광객증가, 외국인노동자와 결혼이민자의 국내유입은 아시아에 대한 관심을 크게 높이는 계기가 되었다. 한국지방정부와 아시아지역간 교류협정 숫자는 전체의 3분의 2에 달하고 있다. 실제로, 교류의 양과 질을 따지면 그 비율은 훨씬 높을 정도로 한국지방정부의 국제교류는 대부분 아시아지역과 교류로 구성되어 있다고 해도 과언이 아니다.

동아시아형 지방국제기구의 특징은 뚜렷하게 나타난다. 그것은 지역개발과 통상협력이라는 실용적인 이익이 지방간 네트워크를 강화시켜 나가고 있다. 지방정부가 지방분권과 민주주의라는 보편적인 가치를 확인하거나 지방이익을 국

▶ 표 5-3 동아시아형 지방국제기구

기구명	성 격	창립연도	회원숫자	참가범위
동북아시아지역 자치단체연합(NEAR)	지방정부 간 다자회의	1996	65	한국9개시도, 일본, 중국, 러시아 몽골 등 광역단체
아시아대도시 네트워크21	지방정부 간 다자회의	2001	11	방콕, 델리, 하노이, 자카르타 쿠알라룸푸르, 마닐라, 싱가포르 서울, 타이베이, 도쿄, 양곤 등 11개 도시
시티넷	지방정부 간 다자회의	1988	107	요코하마, 하노이, 뭄바이 방콕, 수원
환동해권 지방정부 지사 · 성장회의 (CARTELL)	지방정부 간 다자회의	1994	5	강원도, 돗토리현, 지린성, 연해주 몽골중앙도 등 광역단체
환동해권 거점도시회의	지방정부 간 다자회의	1994	9	동해, 속초, 훈춘, 도문, 요나고 돗토리 등 기초단체

제적으로 대변하는 기구로서 자리잡기에는 아직 공통적인 공공이익을 발견하거나 합의하지 못한 채로 남아있다.[15] 예를 들면, 동북아지방정부연합(NEAR)은 동북아지방정부간 교류활성화와 관광과 산업, 정보벨트의 형성에 중점을 두고 있다. 아시아대도시네트워크21은 환경과 도시계획, 예술문화와 관광진흥, 재해대책과 신기술신제품의 공동개발 등의 주제를 가지고 협력하고 있다. 환동해권 지방정부 지사 · 성장회의(CARTELL)는 지금까지 관광, 환경, 농축산업, 경제교류부문의 상설협의체 구성을 추진해 왔다. 환동해권거점도시회의도 실질적 경제협력을 중점과제로 삼고 있다.

---

15) 펨펠(T. J. Pempel)은 동아시아의 지역화나 지역주의는 유럽연합과 대비되어 일컬어지지만, 원래 유럽연합의 경험은 모델이 아니고 오히려 예외로 유럽과 동아시아 지역형성의 비교는 별로 의미가 없다고 본다(Pempel, 2005). 동아시아에서 지역기구 활동이 약한 이유로, 첫째, 국가간 다양한 특성과 사회경제시스템의 단절성이 동북아시아에서 지역협력이 되지 않는 근본원인이다. 둘째, 이 지역의 3개 강대국인 일본, 중국, 러시아는 남북한에 대해 강한 영향력을 가지고 세력게임을 전개하고 있다. 셋째 아세안국가들은 영어를 공통으로 사용하고 있는 반면, 동북아지역에서 공통언어(Lingua Franca)가 부재하다는 점이다. 따라서 다자적 구성체 조직보다는 동북아미디어 네트워크 조직, 동북아에너지 공동체, 동북아환경협력과 같이 기능적으로 분할된 지역조직 구성이 더 현실적이며, 지나치게 거대한 조직은 너무나 느슨한 결속력을 초래할 것이라고 주장하는 견해도 있다(쇼지 마리코, 2003:171).

유럽형 지방국제기구와 비교하여 두드러지는 또 하나의 특징은 아직까지 상설 본부나 사무국이 제대로 작동하지 못하고 있다는 점이다. 동북아지방정부연합 (NEAR)은 예외적으로 경상북도가 유치해온 국제기구의 본부이나, 본부유치를 둘러싼 경쟁 속에서 각국 지방정부간 합의가 이루어지지 못하여 오랜기간 동안 표류한 적이 있었다. 최근들어서도 가 큰 고민은 참가단체가 분담금을 각자 배분 하여 회비제로 운영되는 것이 아니고 전적으로 경상북도의 재정지원에 의존하고 있으며, 인력지원도 마찬가지라는 점이다. 아시아대도시네트워크 21이나 시티 넷은 일본지방정부가 주도하여 그나마 상설사무국이 유지되고 있다. 환동해권 지방정부 지사 · 성장회의(CARTELL)는 강원도가 주도해 왔으나 상설사무국은 아직 없으며, 환동해권도시회의도 재원이나 사무국이 없기는 마찬가지로 추진모 체를 결여하고 있다.

(1) 동북아시아지역자치단체연합(NEAR)

한중일 3국과 러시아, 몽골을 포함한 동북아지자체의 국제교류는 동북아지방 정부연합(NEAR: The Association of Northeast Asia Regional Governments)에서 일단 결실을 맺어서 시범적인 모델을 제공하고 있다. 1996년 시작된 NEAR는 동 북아지역의 한, 중, 일, 러시아, 몽골, 북한의 6개국 29개 지방정부의 단체장이 모 여 시작되었다. NEAR의 설립목적은 동북아 지방정부들이 교류협력 네트워크를 형성함으로써 신뢰관계를 구축하여 지역발전과 세계번영에 기여하는 것이다(연 합사무국 · 경상북도, 1998.10).

NEAR는 러시아나 중국내 미개발지역에 대한 투자, 인적 · 물적 교류의 확대, 환경문제에 공동대응, 동북아센터 설립추진, 문화예술제의 공동개최 등을 추진 해 왔다. 아울러, 환동해권 교류활성화와 거점형성, 지역간 교류를 네트워크화하 기 위한 제휴작업, 환동해권 관광과 환경벨트 조성, 환동해권 산업과 정보벨트의 형성을 구상하고 있다(연합사무국 · 경상북도, 1998.10:161). 2004년 5월 NEAR 총회에서 경상북도가 상설사무국을 포항에 유치하였고, 2006년 현재 동북아 6개국인 한국(11), 중국(6), 일본(10), 러시아(14), 몽골(22), 북한(2)의 지방정부가 가입하여 회원단체만 65개에 달하고 있다(이해두, 2006, 11:81).

앞으로 NEAR사무국의 주요활동을 강화하여 국제기구와 본부로서 역량을 증대하고, 회원숫자를 2008년까지 가입대상의 50% 수준인 80개로 확대할 계획으로 있다. 국제기구인 ASEAN, UCLG, KLAFIR와 공동협력사업을 추진하고, 동북아정보은행의 역할 수행과 교류협력사업을 주도하여 허브기능을 담당해가고자 노력하고 있다. 향후과제로 한일양국 중심에서 보다 광역적인 국제기구를 지향해가야 하며, 개별프로젝트별 사업추진, 기금재원확보, 활동조직의 충원 등이 기대되고 있다(이동형, 2005.11: 166).

(2) 아시아대도시 네트워크21

2001년 발족한 국제기구로서 가맹도시는 방콕, 델리, 하노이, 자카르타, 쿠알라룸푸르, 마닐라, 싱가포르, 서울, 타이베이, 도쿄, 양곤 등 11개 도시이며, 베이징은 2005년 8월 탈퇴하였다. 활동목표로는 아시아지역의 수도와 대도시가 공통의 과제에 대응하여 공동사업을 실시하고, 그 성과를 아시아지역의 번영과 발전으로 확대하는 것이다. 구체적인 활동으로 각 도시와 협력하면서 결정된 공동사업을 추진하고 있으며, 환경, 도시계획, 도시문제, 예술문화와 관광진흥, 인재육성, 보건위생, 교육과 여성의 사회참여, 재해대책과 신기술신제품의 공동개발 등의 주제를 가지고 협력하고 있다.

총회는 각 지방정부의 단체장이 출석하여 연1회 개최되며, 총회에서는 운영에 관한 중요사항을 결정하고, 공동사업의 실시현황이나 성과보고, 각 도시의 정책을 테마로 한 패널 등이 열린다. 총회 외에도 도시실무자가 모여서 구체적인 내용을 검토하는 실무담당자 회의가 있다. 원래 2000년 이시하라 신타로(石原愼太郎) 도쿄도지사의 제창으로 아시아지역의 발전을 위한 협력체제로서 추진되었으며, 2001년 도쿄 총회에서 정식으로 발족하였다.

(3) 시티넷(Citynet)[16]

아시아 · 태평양지역내 지방도시와 NGO로 구성된 국제기구이다. 일반적인 자매도시 교류는 양자적인 특징과 한계를 가지고 있는데 비하여, 시티넷은 다자간 교류협력이 가능하다. 보다 넓은 분야에서 도시간 협력을 추진하고 네트워크를 구축할 수 있다. 설립된 지 20년이 되었고 회원숫자도 107개 단체에 달하고 있다. 2006년현재 시티넷 회장은 요코하마시장 나카타 히로시(中田宏)가 맡고 있으며 단체본부도 요코하마에 위치해 있다. 총회는 4년마다 개최되며, 실행위원회는 2년마다 실행계획을 작성한다. 사무국은 사무국장과 8명의 직원이 근무하고 있다. 2005년 베트남 하노이에서 시티넷 제5회대회가 개최되어, 인도 뭄바이, 타이 방콕시가 부회장, 한국 수원시가 감사에 임명되었다.

(4) 환동해권 지방정부 지사 · 성장회의(CARTELL)

1994년 시작된 환동해권 5개 지방정부인 중국의 지린성(吉林省), 일본의 돗토리현(鳥取縣), 러시아 연해주, 몽골 중앙도, 한국 강원도가 관광, 환경, 농축산업, 경제교류 부문의 상설협의체 구성을 추진해 왔다. 단체장들은 동북아지역내 지방정부간 국제교류에 있어서 매우 적극적이며, 인적인 유대관계도 비교적 성숙되어 있다. 환동해권 지방정부 지사 · 성장회의는 한국 강원도, 경상북도, 대구광역시, 울산광역시, 일본 니가타현(新潟縣), 호쿠리쿠(北陸)지방, 산인(山陰)지방 등이 직접 참가하고 있다. 이에 비하여 환황해권 도시회의는 중국과 가까운 인천광역시, 경기도, 전라남도와 전라북도는 중국의 텐진시(天津市), 랴오닝성, 상해 등 중국 연안지역과 지금까지 활발한 경제교류를 유지하고 있다.

환동해권 지방정부 지사 · 성장회의(CARTELL: Kangwondo's Active Role Toward East-Sea Rim's Local Leader)는 사실상 한국 강원도가 주도해 온 것이었다. 강원도의 구체적인 실천전략은 제1단계로 환동해권 지방정부간 교류협력을 확대하고, 2단계에서는 환동해권 지방정부의 상설협의기구를 구성하며, 마지막

---

16) http://www.citynet-ap.org/Ja/user/home/home.php

제3단계에서는 환동해권 관광과 무역의 운송네트워크를 구축하고자 한 것이었다. 지방정부의 상호협력이 결실을 거두면서 속초-자루비노-훈춘간 정기항로 개설이나, 동해시-쓰루가(敦賀)간 정기항로가 개설되는 등, 적지 않은 성과를 거두었다.

(5) 환동해권 거점도시회의

동해안지역내 거점도시회의는 한중일 3개국의 8개도시가 모여서 수년동안 환동해권협력에 대하여 의논해 오고 있으며, 주로 연안지역을 잇는 해로구축에 관심을 나타내고 있다. 관광진흥에 관심을 둔 동아시아관광포럼에는 한중일내 10여개의 지방정부가 참가하고 있다. 2006년 10월에는 환동해권 3개국 9개 도시가 참여하는 제12회 환동해권 거점도시회의가 강원도 동해시에서 열렸다. 한국의 동해시, 속초시, 중국의 훈춘시, 도문시, 연길시, 일본의 하마다시(浜田市), 사카이미나토시(境港市), 요나고시(米子市), 돗토리시(取鳥市) 등 대표단이 참석한 가운데 거점도시간 협력과 공동번영 방안을 모색했다. 실질적인 경제교류 실천방안이 논의되었으며, 교류확대, 협력문제 등에 대한 위원회가 개최되었다. 거점도시의 의미는 세계무역 거점마련을 위한 협력도시와 지역혁신을 선도하는 창조도시, 외국어마을과 외국인 주거단지 등 국제 감각의 문화 · 교육도시, 보존과 개발이 조화된 복합도시를 지향한 것이다.[17]

5) 정리와 요약

한국의 지방외교는 다자간회의, 국제기구로 확대되고 있으며, 동아시아지역에 있어서 지방정부의 다자간 국제기구의 필요성은 더욱더 증가하고 있다. 교역과 투자를 통한 지속가능한 균형발전, 빈곤극복과 이문화소통을 위한 꾸준한 노력, 국제레짐의 공유와 구축, 공동성장과 번영을 위하여 각국 지방정부와 단체장

---

17) 2006.10.20 강원일보 보도

▶ 표 5-4 유럽형 vs 동아시아형 지방국제기구

구 분	유럽형 지방국제기구	동아시아형 지방국제기구
설립취지	유럽통합에 기여	동아시아 공동번영
주요 관심	지방분권, 인권평화 지속가능한 지역 개발	지역개발, 무역통상, 관광 실질적인 교류협력
상위정부간 관계	수평형으로 상위정부나 국제기관에 지방이익 대변	수직형으로 통합형 상위기관 부재 또는 역할미약
조직체계	상설사무국, 강한 네트워크	비상설 순환제, 상설사무국 역할 미약 약한 네트워크
사례	유럽지자체협의회 발트해연안 지방정부연합	동북아시아지역자치단체연합 시티넷(Citynet) 등

의 노력과 관심이 요구되고 있다. 동시에, 국경을 넘는 지방간 연대의식과 지리적 경제권을 촉진할 동북아 국제교류와 다자간 기구의 성장은, 동북아의 대안적 발전모형으로서 매우 함축적인 의미를 담고 있다.

한국의 지방외교가 급성장하면서 2000년이후 동북아와 동아시아 지역간 교류가 급격히 증가하고, 특히 최근들어 지방국제기구에 참가와 활동이 두드러지게 늘어나고 있는 것은 매우 고무적인 현상이며, 교류에서 협력으로, 그리고 지방외교로 진화하고 있는 과정이라고 볼 수 있다. 이런 현실에 비추어 한국의 지방외교가 통상협력과 국제행사 유치에 중점을 두는 것 외에도, 보다 보편적이고 글로벌한 시점에서 지방국제기구에 대한 장기비전과 조직체계를 정비해나갈 필요가 있다.

이 글에서 문제의식으로 삼은 지방국제기구의 유럽형과 동아시아형 모델의 차이점을 설립취지, 주요관심, 상위정부간 관계, 조직체계, 사례 등으로 구분하여 정리한 것이 [표 5-4]이다. 요약하자면, 유럽형이 유럽통합과 지방분권이라는 보다 거시적인 시각을 중시하는 것에 비하여, 동아시아형은 우선 지방정부의 지역개발과 경제성장, 환경보호 등, 보다 실용적인 목표를 둔 동아시아 지방정부간 상호번영에 관심을 기울이고 있다.

상위정부와의 관계는 유럽형의 경우, 이미 지역공동체로서 자리잡은 유럽연합이나 국제연합, 다양한 국제공동체에 지방정부의 공통이익을 반영하는 역할을 중시하는데 비하여, 동아시아는 아세안을 제외하면 아직까지 이렇다할 지역공동체가 부재한 상태에서 국가적인 이데올로기와 국익을 초월한 사상적 접근이 어려운 현실이다. 조직체계상으로 보아도 유럽형은 상설사무국과 회원국의 분담에 의한 재원확보, 빈번한 회합을 유지해온데 비하여 이제 갓 출발한 동아시아형 지방국제기구는 주도기관의 단독 재원염출과 사무국유지, 회원단체의 소극적인 참여 등이 대조직인 현상을 보이고 있다.

앞으로 동아시아 지방국제기구는 유럽형 국제기구에의 참가와 교류를 통하여 추진목표와 조직체계 등의 문제점을 개선하는데 도움받을 수 있다고 본다. 예를 들면, 좋은 사례는 세계지방정부연합 아태지부(UCLG-ASPAC)이다. 현재, 가맹단체로서 중국대외인민우호협회, 한국지방자치단체국제화재단, 인도전국지방자치연구소, 일본자치체국제화협회, 호주지방정부협회, 방콕시, 부산시, 타이페이시, 하마마쓰시 등이 있으며, 인도네시아 자카르타에 본부가 소재하고 있다. 이들의 활동목표는 지방자치의 촉진, 지방자치 개선, 주민참가의 촉진 등이다.

한국의 지방정부는 보다 광역적이고 글로벌한 시점에서 향후 전개될 지방의 국제화목표를 재검토할 필요가 있으며, 이러한 과정은 글로벌국가 지향이라는 장기적인 국가비전과 합치되고 있다. 이제 지역통상과 함께 환경과 인권, 지방분권도 마찬가지로 중요한 지방외교의 이슈인 점을 자각해야 한다. 1991년 국제지방정부연합(IULA)은 환경의 질, 인간건강, 생물과 문화의 다양성 등의 가치를 지방정부 운영전반에 반영할 것을 촉구하는 환경, 보건과 생활방식에 관한 선언을 채택한 바 있다. 한국의 지방외교도 그동안 물류, 경제, 문화, 관광분야에 치우친 현상을(이창우, 2005.5) 점진적으로 개선하면서, 지속적인 인간과 사회개발의 중요성을 인식하고 실천해가야 할 것이다.

2. 동북아공동체와 지방간 국제교류

1) 동북아담론의 재검토

최근들어 정부와 매스컴, 그리고 학계에 이르기까지 동아시아 또는 동북아 지역공동체 논의가 활발해지고 있다.[18] 한 · 중 · 일 3개 국가와 대만을 포괄하는 동북아지역은 전세계 총생산의 5분의 1을 차지하고 있으며, 16억명이 넘는 인구가 살고 있다. 이들 국가의 인구는 지역통합을 앞서서 달성한 유럽연합(EU)인구의 무려 4배에 달한다. 냉전이 붕괴되고 중국과 러시아를 향한 북방외교가 성과를 거두면서 1990년대 중반이후 동아시아, 동북아담론은 중앙정부에서도 국정의 주요 지표로 여겨져 왔다. 노태우정부의 국제화시대, 김영삼정부의 세계화론, 김대중정부의 동북아경제중심에 이어서 노무현정부에서도 동북아시대론은 국가정책상의 최상위 지표로 제시되었다.

냉전종료 이후 남북간 긴장해소와 평화구축의 노력이 김대중, 노무현정부 대북정책을 통하여 성과를 내면서 가시화된 점, 중국과 러시아간 교류의 확대를 통하여 50년간 상실되었던 대륙과의 접점이 회복됨으로서 동북아공동체론은 그저 이상적인 목표가 아닌 실현가능한 현실태의 모델로서 일반기업인과 정부관료, 국내매스컴과 지식인과 학계에 인식되기 시작하였다. 한중일의 비판적인 지식인들까지도 다양한 주장을 통하여 21세기의 대안으로서 동북아 또는 동아시아담론을 활발히 전개하고 있다(정문길, 2000; 강상중, 2001; 왕후이, 2003).

한국내 동북아지역통합에 많은 관심을 보이고 있는 학자로서 박세일은 동북아공동체 구상에 대하여 다음과 같은 기본전략을 제시한다. 첫째, 기존 동맹관계의

---

18) 지식인그룹에서 동북아시대 연구를 제창하였던 한국동북아지식인연대는 2001년 인천선언(2001.11.29)에서 다음과 같은 창립취지문을 밝히고 있다. ① 동북아 지역협력과 공동번영이 지역과 세계평화에 기여할 것임을 널리 알린다. ② 정치, 경제, 사회, 문화, 과학기술 등 각 분야에서 동북아공동체(Northeast Asian Community)의 실현을 위해 연대하고, 역외국가의 동참을 권장하는 개방체제를 지향한다. ③ 개별국가의 안정과 발전이 지역의 협력과 번영으로 승화될 수 있도록 노력한다. ④ 동북아공동체(Northeast Asian Community)실현을 위한 새로운 정신적, 지적 비전을 추구하며 정책적 대안을 제시한다. ⑤ 동북아지역의 정체성확립과 협력방향 및 타지역과의 교류, 협력강화방안을 모색한다.

강화를 최소전략으로, 그리고 다자간 협력확대를 최대전략으로 세워야 한다. 한미, 한일 간의 기존 동맹관계를 크게 강화하면서 한중일은 물론 러시아, 몽골, 대만 등을 모두 포함하는 '열린 다자주의'(Open Multilateralism)로 나가야 한다. 둘째, 동아시아에는 아직 국가라는 단일 권력주체에 의하여 부국강병을 목표로 하는 20세기형 국가도 존재하고 권력주체가 정부, 기업, 지방정부, NGO 등으로 분산된 21세기형 국가도 존재한다. 따라서 우리는 복합전략을 사용해야 한다. 정부는 정부대로, NGO는 NGO대로 국가간 다양한 교류와 협력과 이해의 네트워크를 확대해 나가야 한다는 것이다.[19]

　동북아통합 담론이 중국이나 일본에 비하여 높은 관심과 논의를 불러일으키는 한국내 배경은 바로 한반도에서 냉전이 아직까지 끝나지 않고 남북갈등과 전쟁의 가능성이 상존해있기 때문이다. 말하자면 동북아지역통합은 한국에서 있어서 전쟁의 비극을 아예 일어나지 않을 허구의 상황으로 격하시키고 적극적인 평화를 추구해나가는 대안이라는 측면이 강하게 부각된다. 이수훈은 "동북아담론이 각별한 의미를 지니는 것은 한반도의 분단과 북한이라는 존재 때문일 것이다. 한반도는 분단을 극복하고 남북관계를 진전시키지 않고서는 다음단계로의 도약이 불가능한 형편이다. 그래서 동북아관념이 매력이 있으며 적실성도 있는 것이다. 만약 우리에게 남북관계라는 짐이 없다면 우리도 일본이나 중국처럼 아시아론으로 충분할 것이며, 특히 동남아지역 국가들과 긴밀하게 맺고 있는 경제관계를 고려할 때 군이 동북아를 고집하여 마치 동남아를 배제하는 듯한 인식론을 제기할 이유가 없다."고 지적한다.[20]

　주지하다시피, 노무현정부의 참여정부는 2대 국정과제로서 지방분권과 동북아시대라는 국정지표를 제시하였다. 이 가운데 하나의 축인 동북아시대론은 북방정책과 햇볕정책의 성과를 바탕으로 북한을 아우르는 동북아지역 공통의 평화와 번영 컨셉트를 만들자는 것이다. 한국이 양자관계의 틀을 뛰어넘는 국제적 정

19) 박세일(2004), "21세기 동북아시대의 국가 · 시장 · 시민사회"(한국동북아지식인연대 편, 2004: 31).
20) 이수훈(2004), "동북아시대론"(한국동북아지식인연대 편. 2004: 57~58).

책목표를 세우고 이를 추진하는 것은 성장한 국력의 반영이자, 한국인의 세계인식 확장의 결과라고 높이 평가할 수 있다. 정부는 동북아경제중심국가의 캐치프레이즈에서 전환하여 외교안보 측면을 강조한 동북아시대위원회를 설립하였으며, 국정과제의 중심으로 삼아 전략기획, 평화, 번영, 공동체의 4개전문위원회에서 장기적인 대안을 모색하였다. 이러한 주장은 정치가들의 국정비전으로서 확산되면서 여당의 주요정치가도 경제발전과 민주화세대에서 한반도 평화로 이루는 세대로 나가야 동북아공동체를 이룰 때까지 평화를 꿈꿔야 한다고 주장하였다.[21]

그러나 유감스럽게도 이러한 학계와 정관계의 활발한 논의와 주장에도 불구하고 아직까지 동북아시대론은 구체적인 대안을 명쾌하게 제시되지 못하고 있으며, 일본과 중국의 인근국가는 물론, 국내 일반시민들에서조차 큰 호응을 불러일으키지 못하고 있다. 동북아공동체, 또는 동아시아공동체 등의 용어가 구별되지 못한 채 혼용되고 있으며, 이론적인 토대의 제시 자체도 시험적인 수준에서 크게 벗어나지 못하고 있다. 동아시아문화, 한자권, 유교, 지역, 인종 등을 포함한 공동체라는 개념을 어떻게 정립해 나갈 것인가라는 아이덴티티의 모색이 주요 관심사이며, 경제적 통합면을 제외하면 동북아공동체를 도출해 낼 수 있는 구체적인 대안의 부재가 두드러진다.

동북아지역과 공동체라는 용어는 애당초 출발점으로서 한계를 지니고 있었다. 그것은 화두의 시작이 미국에서 1980년대 동아시아 시장의 성장을 중시하면서 높이 평가한데서 기인하고 있기 때문이다. 말하자면 동북아연대를 지향하는 자생적인 지식인간 논의가 출발점이 된 것이 아니었다는 점을 반성할 필요가 있다. 대외압력과 서구로부터의 문제제기에 반동적으로 대응하면서 형성되어가는 동북아공동체 담론의 취약성이 오늘날 그대로 노정되고 있다고 해도 과언이 아니다. 유감스럽게도 동북아지역에는 '유럽공동의 집' 주장에 호응했던 유럽같은 문화적 동질성도 지리적 인접성도 없으며, 공통의 역사적 경험은 깊지 못하고, 과거청산도 제대로 이루어지지 않은 상태이다. 정치체제와 경제발전 단계 또한 제각각

---

21) 김근태의원 초청강연(전남대학교, 2004.5.18)

이어서 지역통합을 가로막는 장애요인으로 작용하고 있다.[22]

동북아공동체를 실현시키기 위한 방법면에서 경제적 통합을 위한 1단계로 한·일 간 FTA협정추진을 위한 구체적인 논의가 진전을 보이고 있기는 하나, 아직까지 한·중·일 3국간 합의가능하고 수용할 수 있는 기본적인 대안을 제시하고 있지 못한 채, EU, NAFTA 등의 성립에 대한 방어심리내지 모방심리에서 출발하거나 아니면 따라잡기형 근대화의식에서 탈피하지 못한 한계를 지적하지 않을 수 없다. 무엇보다도 동북아공동체에 대한 한국의 높은 관심에 비하여 다른 당사자인 중국이나 일본 중앙정부의 관심도는 상대적으로 낮아서 앞으로 꾸준한 노력이 요구되고 있는 실정이다.

이렇게 동북아공동체에 대한 중앙정부의 관심과 성과가 부진한데 비하여 한·중·일 3국의 지방정부간 국제교류는 상대적으로 매우 활발하며, 지방과 시민을 잇는 교류채널로서 중요한 역할을 수행하고 있는 점에 주목할 필요가 있다. 동북아공동체론을 두고 중앙정부가 아직 논의와 담론수준에서 머물고 있는데 비하여, 한·중·일 3국간 지방정부의 국제교류는 놀라울만큼 발전하여 왔다. 갈등과 대립에서 벗어나지 못하는 중앙정부간 국제외교의 한계를 극복하면서 국경을 넘는 지방정부간 교류가 국제연대를 추구할 정도의 수준에 이르고 있는 것이다.[23] 그렇다면 앞으로 발전해갈 21세기 지방정부의 국제교류는 결국 어떤 목표와 방향으로 수렴되어야 할까. 여기서는 지방간 국제교류의 축적이 동북아공동체의 형성에 있어서 확실하고 단단한 기반을 제공하면서 장기적으로 기여할 가능성에 주목하고자 한다.

이 글에서 주목하는 나날이 활발해지고 있는 한-중-일 3개국 지방정부간 국제교류는 앞으로 동북아 3개국가를 잇는 매개체로서 동북아공동체를 향한 적극적인 대안으로 평가할 수 있으며, 지속적으로 그 가능성을 모색해나갈 것이 요구된다. 그러나 유감스럽게도 한·중·일 지방간 교류는 그 축적된 교류성과와 앞으

---

22) 와다 하루키, "21세기 동북아의 미래는 통합에 있다."(와다 하루키, 2004).
23) 외교통상부에서 Public Deplomacy의 도입, 개방직 외교관 공채시행은 외교에 있어서 중앙정부의 독점이 끝나고 외교에 있어서 거버넌스(Governance)시기의 도래를 나타내는 징후로 파악된다.

로 동북아공동체를 견인해 갈 가능성을 지닌 충분한 역량에도 불구하고 지금까지 거의 주목을 끌지 못하였다. 지방정부와 시민단체간 활발한 교류와 상호이해의 진전에도 불구하고, 그 중요도에 비해 이 분야는 매스컴의 주목을 받지 못하였으며, 학문상의 미개척지로 남아있는 현실이다.

아직까지 주목받지 못한 가장 큰 이유는, 동북아공동체를 지향하는 한·중·일 중앙정부의 상호노력이 부족한데다, 중앙정부간에 공동체형성을 위한 시론조차 형성이 되지 않은 상태에서 지방간 교류를 통한 동북아공동체 논의가 시기상조라는 인식이 강하기 때문일 것이다. 말하자면, 중앙정치가 선도하고 나중에 지방정부가 추종하는 식의 중앙정부 우위 발상에서 벗어나지 못하고 있는 것이다. 지방자치에 대한 저평가라는 구태의연한 시각에서 벗어나지 못한데다, 지방교류라고 하여도 관-관협력에 머물거나 단체장의 외유행사정도로 지방간 교류를 평가절하해 버리기 십상이기 때문이다.

이에 따라 학문적인 논의도 아직까지 불모지상태에서 크게 벗어나지 못하고 있다. 유감스럽게도 지방정부의 국제교류에 대한 국내연구는 매우 부족하여 연구성과가 쌓이지 못한 상태이며 자생적인 이론모델이 전무에 가까운 형편이다. 그 이유는 지방간 국제교류가 어디까지나 미국, 중국, 일본 등 동북아 강대국과 중앙정부가 주도하는 국제질서이론이라는 거대담론에 종속된 하위체계에 지나지 않는다는 인식에 젖어있기 때문이다. 국내에서 이루어진 지방간 국제교류의 논의도 유럽이나 일본에서 발전된 이론과 주장들을 그대로 수용하는 경우가 적지않아 우리 현실에 맞는 창조적인 가설제기가 부재한 현실이다.

주지하다시피, 동북아공동체는 자원없는 소국인 한국의 생존전략이자, 남북한간 평화통일의 기초형성, 동북아시아 상호교류와 번영을 위한 대안으로 부상하고 있다. 그러나, 아직까지 국내 동북아공동체 논의가 중앙정부 주도의 추상적인 수준에서 맴돌고 있으며, 구체적인 대안제시는 태부족하다. 그런 점에서 동북아공동체 논의는 중앙정부보다는 오히려 현재 활발히 추진되고 있는 한·중·일 3국의 지방정부간 교류에서 그 단서를 찾아 가능성의 영역을 발굴하면서 실천방안을 모색하는 방법이 요구되고 있다.

▶ 표 5-5 광역단체의 한중일 지방정부간 삼각교류

중국		한국		일본	
北京市		서울특별시		東京都	
上海市		부산광역시		山口縣	下關市
上海市	戶灣區	부산광역시	영도구	長崎縣	對馬市
山東省	靑島市	대구광역시		廣島縣	廣島市
天津市		인천광역시		福岡縣	北九州市
廣東省	廣州市	광주광역시		宮城縣	仙臺市
江蘇省	南京市	대전광역시		島根縣	大田市
吉林省	長春市	울산광역시		山口縣	萩市
遼寧省		경기도		神奈川縣	
吉林省		강원도		鳥取縣	
河北省		충청남도		熊本縣	

요컨대 동북아공동체는 거대담론에서 출발하여 구체적인 실상을 찾아가는 연역법이 아니라, 현실사례에서 부분적이나마 실현되는 모습을 확인하면서 그 공통분모를 찾아내는 귀납적인 방법론으로 전개되어야 한다는 것이다. 먼저 동북아공동체를 지향하는 방법론에 있어서 지방정부간 연대를 통하여 그 기반을 구축한다. 그리고 나서 이것이 확대발전하여 중앙정부간 통합 움직임으로 발전하는, 아래로부터 위로 상승해가는 사고방식의 "코페르니쿠스적인 전환"이 요구되고 있다는 것이다. 앞으로 동북아공동체에 대한 낙관적인 전망이나 문화·경제 중심주의의 한계를 극복할 이론적인 패러다임과 그것을 실천할 수 있는 방법론을 현재의 지방간 국제교류에서 찾아나갈 수 있다고 본다.

2) 지방간 국제교류와 동북아공동체

1990년대 이래 한국과 일본, 중국내 지방정부간 국제교류는 점대 점, 2국간 교류를 확대시켜 동북아 3국간, 혹은 다자간 교류로 진전시켜 왔다. 예를 들면, 환동해권, 환황해권 지방정부간 국제교류가 그것이다. 환동해권 지역간 교류는 동해안에 면한 지방정부가 활발하게 교류를 펼치고 있는 것을 의미한다. 한국의 강원도, 경상북도, 대구시, 울산시, 일본의 니가타현(新潟縣), 호쿠리쿠(北陸)지방, 산인(山陰)지방 등이 직접적인 참가자가 되고 있다. 한편, 중국과 가까운 인천광역시, 경기도, 전라남도와 전라북도는 중국의 텐진시(天津市), 랴오닝성, 상해 등 중국 연안지역과 지금까지 활발한 경제교류를 유지하고 있거나 앞으로 확대시킬 의향을 지니고 있다.

한중일 지방정부간 3각교류는 이미 한-일, 한-중, 일-중간 지방정부의 국제교류가 한 단계 발전하여 한중일 3국간 다자간 협의체의 구성을 위한 기반이 마련되었음을 의미한다. 예를 들어 중국의 베이징시(北京市), 한국의 서울특별시, 일본의 도쿄도(東京都)가 3국간 교류를 본격화시킨다면 민간차원의 채널로 충분한 기능을 발휘할 수 있을 것이다. 경기도, 랴오닝성, 가나가와현의 경우는 1999년부터 동북아지역내 공통의제를 다룰 정도로 3개국 다자협력체가 이미 상당한 정도로 진전되어 많은 시사점을 던지고 있다.

환동해권 교류의 경우, 한국의 강원도, 중국의 지린성(吉林省), 일본의 돗토리현(鳥取縣)을 잇는 3개국 지방정부간 국제교류가 활발하게 진행되고 있다. 1994년 시작된 환동해권 5개 지방정부(일본 돗토리현, 중국 지린성, 러시아 연해주, 몽골 중앙도, 한국 강원도)간 국제회의는 관광, 환경, 농축산업, 경제교류 부문의 상설협의체 구성을 추진해 왔으며, 단체장들은 동북아지역내 국제교류에 매우 적극적이며, 개인적인 유대관계도 비교적 성숙되어 있다.

강원도는 지린성 장춘(長春)에 강원경제무역사무소를 설치하여 도내기업의 중국진출을 지원하고 있다. 일본, 중국, 러시아와의 교류가 비교적 활발하여 4개국 지사성장회의, 속초시에서 열린 환동해권도시회의 등의 활발한 동북아 도시간 교류에서 알 수 있듯이, 현재 강원도내 기초단체가 일본의 4개 도시, 중국의 6개 도시, 러시아 2개 도시와 자매결연을 맺어 지속적인 교류와 협력을 전개하고 있다.

동북아 4개국 환동해권지사, 성장회의(CARTELL)는 그동안 회의수준을 축적시켜, 상호간 경제협력, 운송 네트웍의 구축에 많은 진전을 보이고 있다. 속초-자루비노-훈춘간 정기항로개설이나, 동해시-쓰루가(敦賀)간 정기항로는 적지 않은 성과를 거두었다. 동해안지역내 거점도시회의는 한중일 3개국의 8개도시가 모여서 수년동안 환동해권협력에 대하여 논해 오고 있으며, 주로 동해권내 지역을 잇는 해로구축에 관심을 나타내고 있다. 이 지역내 관광진흥에 관심을 지닌 한중일 3개국의 단체장들이 모인 동아시아 관광포럼에는 10여개이상의 자치단체가 참가하고 있다. 따라서 이들 모임을 통하여 장기적으로는 환동해권 관광, 무역의 운송네트웍 구축이 진전될 것으로 보인다.

부산을 비롯한 한국 남해안지역과 일본의 규슈(九州)지역 지방정부는 기존의 풍부한 경제교류와 민간교류에 힘입어 1991년이래 10여년에 걸쳐서 한일해협연안 지사교류를 비롯한 각종 회합을 통한 경제권 구축에 노력한 결과 상당한 성과를 거두고 있다. 한국에서는 남해안지역 1시3도(부산광역시, 전라남도, 경상남도, 제주도)와 일본측에서 규슈북부 3개현(후쿠오카현, 사가현, 나가사키현)이 참가하고 있다. 이들 지역의 단체장이 참가하는 지사회의는 한일해협 연안 시도현 교류회의를 통하여 한일 양국간 관계가 더욱 개선될 수 있는 계기를 마련하고 있어 장기적으로 동북아공동체 형성에 단서를 제시할 것으로 보여진다.

이들 회의에서는 지사회의와 실무자회의가 번갈아 가면서 1년에 2회이상 열리고 있으며, 1994년 제3회 공동성명에서는 한일해협 7개시도 주민이 공감대를 형성하고 교류영역을 확대하기 위하여 각 지역에 알맞은 스포츠, 문화이벤트사업을 공동으로 개최하고 민간교류 촉진에 적극 기여하기로 합의하였다(한일해협연안 시도현 지사교류회의 일순기념 백서발간위원회, 1999: 114).

한국, 일본, 중국, 러시아, 몽골 등, 동북아시아 각국의 지방정부가 참가하는 4개국, 또는 5개국 협력체나 동북아지역자치단체연합 등을 통하여, 지방정부간 다양한 채널이 기능하고 있는 점은 동북아공동체 형성에 매우 긍정적인 요인이라 하지 않을 수 없다. 한중일 3국과 러시아, 몽골을 포함한 동북아 지방정부간 교류는 동북아지역자치단체연합에서 일단 결실을 맺어서 동북아공동체의 시범적인 형태를 제공하고 있다. 1993년 시작된 [동북아지역자치단체연합](영어약자로

NEAR로 약칭함. 영어명은 The Association of North East Asia Regional Governments)은 동북아지역 국가인 한, 중, 일, 러시아, 몽골, 북한 6개국가내 29개 지방정부의 단체장이 모여서 개최되었다.

연합회의를 통하여 한국이나 일본이 러시아나 중국 등 상대국가에 대한 투자를 진작시키고, 인적 · 물적 교류를 확대하는 것, 환경문제에 공동대응, 동북아센터 설립추진, 문화예술제의 공동으로 개최할 것 등을 추진해 왔다. 아울러, 환동해권 교류활성화와 거점형성, 지역간 교류를 네트워크화하기 위한 제휴작업, 환동해권 관광과 환경벨트의 조성, 환동해권 산업과 정보벨트의 형성이 추진되고 있다. 동북아지역자치단체연합의 설립목적은 헌장에서 명기되어 있듯이 동북아시아 지방정부가 호혜평등의 정신을 바탕으로 교류협력 네트워크를 형성함으로써 상호이해에 입각한 신뢰관계를 구축하여 동북아시아지역 전체의 발전을 지향함과 동시에 세계평화에 기여함을 목적으로 한다는 것이다(연합사무국 · 경상북도. 1998.10: 161).

더구나 21세기에 들어서면서 한일 간 인적, 물적 교류증진과 중국경제의 놀랄만한 성장, 일본경제의 회복은 동북아지역 지방정부간 국제협력에 청신호로 비추어지고 있다. 노무현정부가 제창한 동북아 경제중심국가 구상도 고무적인 구상안이었다. 원래 동북아 비즈니스 국가구상은 두 가지 의미를 지니고 있었다. 하나는 동북아 경제활동의 지리적 거점으로서 허브(Hub)기능이다. 즉, 물류, 금융, 투자, 산업혁신의 거점으로서 한국이다. 다른 하나는 중국과 대만, 일본을 포괄하는 동북아 경제공동체에 있어서 중심역할을 기대한다는 의미이다.

약간 변질되기는 했으나, 노무현정부의 동북아 비즈니스국가 구상은 동북아 경제활동의 지리적 거점으로서 허브기능을 중시하되, 이는 지방정부간 경제협력을 전제로 한 것이었다. 중국과 대만, 일본을 포괄하는 동북아 경제공동체 형성에 있어서 중심적인 매개역할을 기대한다는 목표는 지방간 교류를 통한 동북아공동체 구상에 더욱 큰 의미를 부여하게 된다. 이미 국내에서는 이러한 정부구상을 배경으로 인천시가 선두주자로서 중국, 일본내 지방정부와의 연계를 강화시켜 나가고 있다. 동북아경제공동체를 위한 중앙정부의 구상은 지방정부의 행동으로서 현실화되어가는 것이다.

환황해권과 환동해권에 있어서 한·중·일 지방정부간 교류, 동북아지역간 지사·성장회의, 경기도-랴오닝성-가나가와현 3개지역 국제회의와 동아시아 경제인회의, 한중(인천-중국연안) 한일(경남-규슈) 지역별 교류회의, 한중일 지자체국제화재단 주최의 학술회의 등의 다자간 교류와 국제연대는 동북아지역내 지방정부간 국제교류가 앞으로 공동체구축을 위한 초석으로 기능할 것이라는 기대를 제공하고 있다. 이제 동북아공동체 논의는 구체적인 대안으로서 지방간 국제교류에 초점을 맞추어나갈 시기에 와있다고 하여도 과언이 아니다. 이를 더욱 발전시켜 한국에서 바라보는 한-일, 한-중 교류와 대외인식, 일본에서 바라보는 일-한, 일-중 교류와 대외인식, 중국에서 바라보는 중-한, 중-일 교류와 대외인식을 규명하고, 동북아공동체를 지향하는 각국 지방정부의 노력 등을 모아서 상호간 접점을 모색해야 할 때에 와 있다.

물론, 아직까지 지방간 교류를 통한 동북아지역공동체 모색은 너무나 많은 문제점을 안고 있다. 첫째, 이 지역내에 6개 이상의 언어가 상존하는 배경으로 상호간 의사소통이 그리 쉽지 않고 동북아지역자치단체연합의 사무국이 아직 활동부족인데다 공동재원조차 거의 없어서 구체적인 사업계획의 수립조차 어려운 현실이다.[24] 지나치게 회원숫자가 많은 것도 아마도 교류가 활발하게 진척이 안되는 이유 가운데 하나일 것이다. 강원도의 경우도 환동해 교류에 대한 관심에 비하여 적극적인 사업전개가 부족하다. 니가타(新潟)현과 이시카와(石川)현의 경우 동해안지역과의 교류협력이 아직 기대에 미치지 못하고 있다.

이것은 민간단체에도 마찬가지 현상으로 한국의 환동해학회, 일본의 환동해 심포지움 등이 나름대로 활동을 벌이고 있으나 상호간 학술교류에 적극적으로 나서지 않고 있는 것과 유사한 맥락에 놓여있다. 따라서 앞으로 각국내 지방정부나

---

24) 2004년 9월 6일-9일간 중국 헤이룽장성 하얼빈에서 동북아6개국 자치단체연합회(NEAR)가 개최되었다. 회원 단체인 경상북도와 부산 등이 참가하였으며, 상설사무국의 경상북도 유치를 위하여 이의근 경북지사가 적극적인 요청을 하였다. 1996년 9월에 경상북도 경주에서 동북아자치단체연합는 출범하였고 2년마다 각국에서 총회를 개최하고 있다. 경상북도 포항시에 상설사무국이 설치되어 있으며 경상북도의 재정지원하에 운영되고 있다.

민간단체간 상호 협력, 또는 각국 지방정부나 민간단체사이에 교류협력이 서로 어우러져 시너지효과를 낼 수 있는 시스템의 구축이 필요한 바, 이를 위한 본격적인 논의가 요구되는 시점에 와 있다.

둘째로, 지방정부의 재량권이 지나치게 협소하다는 생태적 한계이다. 지방정부가 지역개발을 위하여 도로와 철도의 정비 등 사회간접자본의 확충, 동북아 각국의 도시를 잇는 항만과 국제공항 등의 시설유치가 필요함에도 불구하고, 이들 사업에 드는 비용은 지방정부의 재원으로는 태부족할 뿐만 아니라, 대부분 중앙정부의 기관위임사무로 되어있어 환동해안 지역간 교류협력에 대한 중앙정부의 적극적인 의지와 이해가 없는 한 매우 어려운 실정이다. 이것은 중국의 경우나 러시아의 경우에도 해당하는 것으로 그동안 상대적으로 중앙정부로부터 소외되어온 환동해권지역의 경우 시급한 지역개발의 필요성에도 불구하고 그 진전이 더딘 현실이다.

셋째, 한국 지방정부의 국제화능력이 아직 뒤떨어져 있다는 점이다. 먼저 전체적인 국제교류 내용이 우호교류 수준에 머물러 있다. 교류지역 선정이 일시적으로 자의적으로 이루어진데다, 지역경제의 활성화를 전제로 한 통상협력이라는 종합적인 전략이 부재했다는 점이 큰 원인으로 지적된다. 따라서 앞으로 동북아지역에 있어서 민간교류와 경제협력을 추구하기에는 외국어능력과 통상업무에 대응할 수 있는, 동시에 동북아지역 각국의 정치, 경제, 사회, 역사 등에 충분한 이해를 갖춘 공무원과 민간인들이 요구되고 있다.

한국, 일본, 중국, 러시아, 몽골, 그리고 북한을 아우르는 동북아지역은 남북문제와 동서문제가 아직도 해결되지 않은 채 상호간 격차와 갈등의 소지가 뿌리깊게 남아있는 곳이다. 냉전의 잔재와 국가간 경제, 소득차이가 여전히 존재하고 있으며, 각국의 국내에 있어서 느끼는 소외감정을 지닌 지역도 다수 포함되어 있다. 따라서, 주변지역으로서 이미지 극복이 이들 지방정부에 공통된 과제이며, 중앙-지방의 단선적인 한계를 넘어서는 새로운 패러다임의 창출이라는 과제에 직면해 있다.

3) 대안의 모색

유럽이 유럽연합(EU: European Union)을 추구했듯이, 동북아국가들도 동북아공동체(AU: Asian Union)를 추구하는 것은 21세기 동북아각국이 당면한 과제이다. 동북아공동체 형성을 통한 평화정착과 이문화수용은 남북한 갈등을 완화하고, 한중일 3국간 민족주의를 더 한층 승화된 공동체의식으로 전환시켜나가는 과정이기도 하다. 동북아 3개국 지방정부간 국제교류는 이를 위한 1차적인 방법이며, 적극적인 대안으로 떠오르고 있다. 동북아공동체 시대에 대비하여 지역간 교류를 통한 토대를 형성해나가는 작업이 기대되고 있는 것이다. 교통, 통신, 인적, 물적이동이 세계적인 규모로 일어나고 있는 오늘날, 지방정부가 독자적인 정책판단의 주체로서 국가간 교류(國際交流)가 아닌 민간교류로서 민제교류(民際交流)의 시대를 열어가야 할 시점에 와 있는 것은 이러한 당위성을 다시 느끼게 해준다.

한중일 3개국의 지방분권은 지방정부간 국제교류를 위한 일정하고 유사한, 그리고 긍정적인 방향을 노정하고 있다. 일본의 지방분권개혁은 기관위임사무를 철폐하였고 재정분권을 추진하는 단계에 이르고 있다. 한국의 노무현정부에서 지방분권은 가장 중요한 국정과제가운데 하나로 등장하였다. 참여정부는 정부혁신 지방분권위원회를 구성하고 지방분권의 추진방향과 일정을 담은 지방분권 어젠다와 로드맵을 발표하였다. 노무현정부의 강력한 지방분권의지에 따라, 2003년 12월에는 지방분권특별법이 국회를 통과하였다.

이에 따라 총괄적인 중앙권한의 지방이양, 지방재정 강화, 교육자치제와 자치경찰제 도입, 지방의정활동의 권한 강화, 주민소환제를 포함한 주민참여제도의 도입 등에 대한 논의가 시작되면서 구체적인 성과를 거두기 시작하고 있다. 국가균형발전법 등이 제정되면서 지방각지에 스스로 자립할 수 있는 정책을 수립하고 재정적인 수요를 충당할 수 있는, 장기적인 비전을 제도적으로 뒷받침할 실체들이 정착할 수 있는 기반이 형성되기 시작하였다. 이러한 지방분권의 커다란 흐름 속에서 각자 지방정부가 나름대로 국제교류를 추진함으로써 동북아공동체 형성을 향한 자율성이 증대되고 있다고 보여진다.

동북아지역내 지방간 국제교류는 한-일, 한-중, 중-일의 2국간 국제협력의 단계가 성숙되면서 2국간 점대 점 교류라는 수준에서 벗어나, 보다 넓은 시야에서 동북아지역내 지방정부간 연대라는 목표의식이 필요한 시점에 와 있다. 중앙정부가 한계에 부딪친 동북아지역 시민간 교류와 상호이해를 지방정부가 떠맡아 평화의 주역으로 나서야 한다는 요구가 증가하고 있는 것이다. 노무현 정부의 동북아시대 제창과 지방분권에 대한 강력한 의지는 이러한 동북아공동체의 흐름에 자극제로 작동하였다. 우선 광역단체의 단체장들이 나서서 지방정부의 동북아공동체를 지향하는 기구와 제도마련에 대하여 적극적인 지지가 필요하다. 한-중-일 지방정부가 출연한 공동개발기금의 출자, 한중일 공동의 지방간 인터넷이나 신문과 방송 등, 지방교류를 위한 매스컴 매체의 설립은 공동체구축을 위한 하나의 중간단계로서 실질적인 대안이 될 수 있다.

한국의 지방정부가 단순한 국제교류에서 벗어나 동북아 공동체의 형성이라는 이상을 제일 먼저 실현하는 전위부대로서 그 역할을 해낼 수 있는가는 아직까지 미지수임에 틀림없다. 오히려, 한중일 3국의 각국별 민족주의가 강화되는 추세인 오늘날, 중국의 동북공정을 통한 고구려사의 자국역사에로 편입 움직임, 일본의 영토문제 제기와 교과서왜곡은 동북아지역의 불안정성을 가중시키고 있다. 동북아 각국의 지방정부가 지역주민과 지방기업을 위한 국제교류와 국제통상을 증진시킴으로서 한중일 3국간 상호이해와 호혜의 교류협력과정을 정착시키고, 다가올 동북아공동체 시대를 이끄는 주역으로 올라설지는 앞으로 학문적인 연구의 대상으로 그 천착이 요구되고 있다.

3. 국제협력과 해양네트워크

1) 지방외교와 해양네트워크

한중일 3국간 도시정부의 협력과 경쟁체제의 형성은 눈부시게 발전하고 있다.

시장경제와 민간교류를 기반으로 점차 양자간 교류에서 다자간 교류로, 또는 국제기구간 교류협력으로 이행하는 중간단계에 걸쳐져 있다. 실제로 중국지방정부의 국제화능력 상승과 통상분야에서 자립형 발전은 환황해권과 한일해협권, 때로는 환동해권내 지방정부간 교류협력을 직접적으로 자극하는 근원이 되고 있다. 이에 호응하여 지역개발과 국제허브도시를 지향하는 일본과 한국의 지방정부는 중국연안지역의 경제성장에 상응하면서 한중일 해양네트워크를 탐색하는데 적극적으로 나서고 있다.

해양네트워크는 바다를 건너서 시장이 매개된 국제교류와 통상이 활발한 공공권역으로 탈바꿈해가고 있으며, 환황해권, 환동해권, 한일해협권은 해역별로 한국과 일본, 중국과의 통상협력이 앞으로 크게 발전할 것으로 기대되는 지역이다. 환황해권의 경우, 송도신도시 건설을 통하여 환황해권 국제 비즈니스허브를 본격적으로 추진해 온 인천광역시는 물론이고, 경기도의 한중해저터널 구상안 검토[25]와 국제기구인 경제협력개발기구(OECD)가 환황해권 도시간 협력방안을 주제로 연구(The territorial review of trans-border linkages between cities in Northeast countries)를 추진하고 있는 등, 이에 대한 국내외의 관심도 높아지고 있다.

환동해권은 강원도의 환동해권전략, 일본 니가타현을 중심으로 한 환동해연안 지방정부간 공동협력체제가 이미 구축되어 있으며, 러시아 극동지역개발로 활기를 띠어가는 등, 여전히 가능성을 담고 있다. 또한, 한일해협권은 부산시와 후쿠오카시를 중심으로 한일광역경제권 구상과 함께 민간협력이 본격적인 공동연대로 이어지고 있으며, 한일해저터널에 대한 관심도 다시 나타나고 있다.[26] 성장과 한계의 두 모습을 보이고 있는 지방간 국제교류와 협력이 바다를 건너 월경적인

---

25) 경기도가 주최하여 동북아협력체계 강화를 위한 한중해저터널 국제세미나가 개최되었다(2008.05.14 서울: 대한상공회의소). 이에 따르면, 한중해저터널이 개통할 경우, 2020년 여객수요 276만명, 2030년 386만명에 달할 것으로 추정되고 있다.
26) 한일해저터널은 1990년, 2000년, 2003년 전대통령이 언급한 바 있으며, 2008년 한일터널연구회가 결성되었고, 일본에서도 일한터널연구회가 있다. 전직 외교관이 2010년 2월 부산에서 열린 한일터널연구회모임에서 한일해저터널을 통한 동아시아공동체 구상을 주장한 바 있다.

▶ 표 5-6　한중주요도시 국제경쟁력

도시명/항목	국제화부문 (1.0000)		교류기반 (0.3454)		인적교류 (0.2994)		경제교류 (0.3552)	
	점수	순위	점수	순위	점수	순위	점수	순위
상해(上海)	1.2547	1	0.6608	1	0.0698	4	0.5242	1
센전(深圳)	0.6147	2	0.0520	5	0.2214	3	0.3413	3
베이징(北京)	0.5567	3	0.0694	4	0.3114	2	0.1759	5
칭타오(靑島)	0.2066	4	-0.1439	7	-0.1154	8	0.4659	2
다렌(大連)	0.1010	5	-0.1694	9	0.0575	5	0.2129	4
광조우(廣州)	0.0872	6	0.0701	3	0.0529	6	-0.0359	7
서울특별시	0.0100	7	-0.1972	10	0.4392	1	-0.2321	10
인천광역시	-0.1828	8	0.1847	2	-0.1400	10	-0.2275	9
텐진(天津)	-0.2390	9	-0.1548	8	-0.1436	11	0.0593	6
부산광역시	-0.2949	10	0.0217	6	-0.0123	7	-0.3043	12
울산광역시	-0.5667	11	-0.3261	11	-0.1821	12	-0.0584	8
대전광역시	-0.8245	12	-0.3657	14	-0.1287	9	-0.3301	14
광주광역시	-0.8530	13	-0.3541	12	-0.2259	14	-0.2731	11
대구광역시	-0.8792	14	-0.3567	13	-0.2043	13	-0.3181	13

강승호, "인천의 국제화평가에 관한 연구"(인천발전연구원, 2007), p.70.

국제네트워크로 이전하는 현상을 진단하고 함의와 대안을 탐색하는 것이 이 글의
주요 관심사이다.

　환황해권은 중국도시의 경쟁력이 높아지면서 통상과 무역, 인적 교류확대로
이어지고 있다. 개혁개방이래 중국은 연해도시 개발에 정책중점을 두고 추진해
왔으며, 도시경쟁력을 높이고자 노력해 왔다. 도시경쟁력은 도시산업의 종합적
인 가치창조 능력을 말하며, 인프라시설은 도시경쟁력을 갖추기 위한 가장 중요
한 구성요소이다. 중국경제개혁연구기금회가 국제표준에 따라 연해지역 주요도
시의 종합경쟁력을 분석한 자료에 따르면, 도시의 과학기술혁신 경쟁력과 인프라
시설 경쟁력에는 밀접한 상호관계가 존재한다.[27]

중국의 연안지역과 한국대도시를 비교하여도 중국도시의 우위는 뚜렷이 드러나고 있다. 말하자면 환황해지역에 있어서 한중교류와 교역확대는 중국도시의 경쟁력 강화가 한국에 있어서 상당한 매력을 지니고 있으며, 중국에서도 마찬가지로 한국과의 교류가 경제, 관광, 투자 측면에서 파트너십을 모색하는 분위기가 형성되면서 양국 대도시간 네트워크와 연계시스템의 강화로 이어지고 있다고 볼 수 있다. 국제화부문에 있어서 한중 주요도시의 국제경쟁력을 비교한 표를 보면, 역시 상해가 1위, 이어서 센전, 베이징, 칭타오, 다렌, 광조우시 등 중국도시가 상위를 휩쓸고 있다. 한국은 서울이 7위, 인천이 8위로 하위권에 위치하여 제9위인 텐진시를 겨우 윗도는 수준에 머물러 있다. 이어서 부산, 울산, 대전, 광주, 대구 등이 다음 순위를 차지하고 있다.

2) 국제교류에서 국제네트워크로

(1) 양자교류에서 다자간 네트워크로

한중일 간 국제교류는 1990년대부터 국제항구나 공항개설이 활발해지면서 더욱 활발해졌다. 일본의 지방정부는 1993년 제2차 엔고현상이후 수도권에 집중된 유통구조로 지역기업의 물류비용이 높아지자, 지방항만이나 공항을 개발하였다. 특히 한국 부산항과 국제항로 개설이 증가하여 새로운 해운항로가 다수 개설되었다. 지방공항의 국제화도 빼놓을 수 없다. 항공노선 자유화가 진행되면서 도쿄를 제외한 한일 지방도시에서 항공편 개설과 증설이 자유화되었으며, 2007년 8월 현재 한일양국의 27개도시가 직항편으로 연결되고 있다.[28] 교통인프라의 정비와 함께, 인적교류가 증가하면서 지방정부의 국제교류가 빠른 속도로 진행되어 온 사실은 주목할 만하다(小川雄平 2006, 110).

지방정부의 양자간, 다자간 협력은 지속적이고 정기적인, 그리고 교류에서 벗어나 협력을 담보하는 네트워크의 구축으로 이전되어가고 있다. 환황해권과 환

---

27) 郭先登, "한중간 도시경쟁과 협력, 양도시의 현실적 승리법"
28) 건설교통부 발표. 주요 일간지 보도를 참조(2007.08.02).

동해권, 한일해협권에 있어서 한중일 지방정부간 국제교류는 괄목할만한 변화이
기도 하다. 환동해권지사·성장회의, 경기도-랴오닝성-가나가와현 3개지역 국
제회의와 동아시아경제교류추진기구, 한-중(인천-중국연안), 한-일해협 연안
(남해안-일본규슈지역)지사교류회의, 한중일 지자체국제화재단주최 동북아지
방정부회의 등의 다자간 지방연대는 동북아지역 지방정부간 국제교류가 앞으로
공동체구축을 위한 논의를 본격화할 것이라는 기대를 걸게 하고 있다.

경기도와 가나가와현(神奈川縣)은 1990년 4월 자매결연을 맺은 이후 교류공무
원의 상호파견, 한국공원조성, 청소년교류, 교육계인사 교류, 문화교류, 물산전개
최 등 다방면에 걸쳐 활발한 교류가 이루어지고 있다. 특히 1999년도부터는 상호
간 자매지역인 중국의 랴오닝성과 함께 지사·성장회의를 개최하여 환경문제, 수
해방지 등 3국간의 공통과제해결에 적극 나서고 있으며, 동아시아경제인회의를
개최하여 지역간 경제교류에도 크게 기여하는 등, 지방정부 국제교류의 모범이
되고 있다.

(2) 국제네트워크의 개념

다자간 교류에서 국제네트워크로의 이전은 단순한 평행이동이 아닌 보다 복합
적인 구성과 전략적인 협력체계로 발전하는 과정이기도 하다. 현재 이루어지고
있는 동북아 지방정부간 다자간 국제교류는 지방정부의 중요한 지역정책가운데
하나이나, 목적, 경위, 정책 등에 대한 정리가 되어 있지 않고, 국제정책의 체계와
추진모체가 확립되어 있지 않은 경우가 대부분이다. 한국의 경우, 대부분의 지방
정부가 지역간 국제네트워크의 개념과 비전이 부재한 채, 지방정부의 경쟁력강화
를 위한 조직으로 변화하면서 국제통상협력을 중시하는 체제로 바뀌게 되었다.

일본의 경우도, 국제교류가 중앙정부의 행정지도에 의존하면서 1990년대들어
지방재정 악화가 단위별 사업을 압박하면서 재정삭감의 제1대상으로서 국제교
류사업이 축소되는 경우가 빈번히 나타났다. 말하자면, 1980년대 가나가와현의
나가스(長州一二)지사가 제시한 민제외교(民際外交)라는 지방외교의 선진적인

이념체계를 제외하면, 지방정부의 독자적인 국제화정책의 비전과 주체, 상상력이 제시되지 못한 채, 지역활성화로 초점이 이동되어 갔다. 일본의 지방정부는 순수한 국제교류협력에서 외자유치와 관광활성화, 외국인대책과 다문화공생으로 정책중점을 옮기는 경우가 때때로 나타나고 있다.

따라서 이러한 한계를 극복하기 위해서는 단순한 지역개발을 위한 통상협력하에 종속된 개념으로서 양자간 교류나 다자간 협력의 수준이 아닌, 아래로부터의 보편적인 이념과 명백한 비전, 확고한 추진체계를 갖추어가지 않으면 언제든지 국제교류의 의미가 퇴색될 가능성을 안고 있다. 지속적이고 체계적인 지방외교를 추동할 수 있는 지방 국제정책이 정립되기 위해서는, ① 정책결정과 추진력을 지닌 지방정부의 정책형성 주체가 지역의 자율적인 경영을 지지하고 자발적인 발전에 기여할 수 있는 지역정책 추진이라는 공통목적을 두고 국경을 넘어서서 연계와 협력관계 형성, ② 지속적인 연계와 협력관계를 유지하기 위한 운영체계와 공동추진 프로그램, ③ 2개국 또는 3개국이상의 구성원으로 이루어진 다자적인 네트워크, ④ 지역간 국제네트워크가 지방정부의 국제네트워크와 지역내부의 관민협동 네트워크로 동시에 구성되어 있어야 한다(山下永子 2008, 3).

지방간 국제네트워크는 지방정부의 연합체나 3자이상의 지방정부가 국경을 넘어서 연계되어 공동으로 지역활성화, 국제적 과제에 대응, 국제여론 형성 등을 국제사회에 직접 요청함으로써 국제사회에 있어서 주민복지를 실현하기 위한 지방정부의 국제활동이라고 할 수 있다. 이를 위한 다양한 관련분야로서 국제적인 지역격차의 해소, 사회개발, 지속가능한 개발, 환경보호, 도시문제, 인구문제, 자원관리, 역사공유, 상호이해, 신뢰형성, 군축평화, 위기관리, 분권화 등이 포함되어야 할 것은 당연하다(山下永子 2008, 61~84).

(3) 해양네트워크의 함의

환황해권, 환동해권, 한일해협권의 부상은 바다를 매개로 한 지방정부의 교류라는 해양네트워크를 전제로 하고 있다. 일본에서 진행되어 온 환동해학 연구는

① 환동해권의 자연환경으로, 환동해권지역의 자연환경의 변화와 역사를 다양한 방법으로 해석하고 변동주기성을 관찰하여 미래를 예측하는 작업, ② 환동해권지역의 교류로서 환동해권을 매개하여 교류를 발달시킨 요인이나 교류형태를 역사적이고 지구적인 관점에서 규명하는 작업, ③ 환동해권의 문화로서 이 지역의 민족이 환동해권의 자연환경이나 교류영향을 받으면서 만들어내고 계승해온 생활문화의 특색이나 환동해와 관련하여 생겨난 바다의 사상이나 신앙을 연구하는 작업, ④ 환동해권의 위기와 공생으로 폐쇄형 해역으로서 환동해권 환경보전을 위한 방법이나 국제협력, 미래의 환동해권 지역간 교류의 가능성을 찾고, 인간과 자연의 공생, 지역간 공생을 제시하는 작업 등을 포괄하고 있다. 이상 4개 분야에 있어서 각자 상호연계를 전제로 지역과 문화의 공생을 학제적으로 모색하고자 하는 것이다(日本學推進會議編 2001, 10~12).

환동해학의 전제를 빌리자면, 지역전체의 위기를 회피하는 관점에서 지속적인 발전을 보장하면서 미래세대에게 물려주는 것이 중요하다는 것이다. 종합적인 환동해권 지역의 문제를 포착함으로써 공생의 가치관으로 전환시켜 나가고, 직선적인 문명의 발전관점에서 벗어나 순환적인 문명발전의 시점을 도입해가야 한다고 주장하고 있다. 행정, 학술, 민간 등의 다양한 입장에서 국가중심의 사고방식에서 벗어나서 지역중심의 사고방식으로 전환해가고, 공동지역의 아이덴티티를 형성해감으로서 진정한 지방분권과 발전패러다임을 바꾸어가야 한다는 것이다(小泉格外編 2004, 17).

해양네트워크의 체계는 유럽에서 빈번히 논의되고 설계되어 왔다. 예를 들면, 환발트해의 지역협력도 유사한 경우이다. 발트해는 냉전이후 국제협력을 추진해온 점에서 환동해권과 비슷하다. 발트해는 산업화나 도시인구집중이 공통점으로 연안지역 8,500만인구가 생활하고 있으며, 덴마크, 스웨덴, 러시아, 폴란드 등의 주요 도시가 포함된다. 환발트해 각국평의회(CBSS)가 1992년에 성립되었으며, 참가국은 12개국에 이르고 있다. 환경보호운동, 지역협력 활성화 경제, 통상, 환경, 해양자원 보호, 안보, 문화교류 다자간협력이 매우 활성화되고 있다.

최근들어 주목할 점은, 월경지역들의 등장으로 특징지어지는 동아시아국제관계의 변화에 대하여 교류네트워크의 공간으로서 바다에 대한 재조명이 이루어지고 있는 것이다. 해양아시아가 대륙아시아의 대안으로서 새로 부각되면서 해양공간은 도시네트워크로 통합된 경제회랑(economic corridor)으로 인식된다. 더나아가 이러한 주장은 중국사회에 적용되면서, 대륙에서 해양으로 중심이동하면서 환황해권 국제교류와 네트워크가 활성화되고 있다고 본다. 두개의 동아시아를 일종의 이념형으로 대치시킨다면, 대륙아시아는 국가중심세계, 근대, 영토패러다임, 민족주의, 만다린(관료), 계획, 폐쇄, 위계, 국가, 구조주의, 상위정치, 냉전으로 상징된다. 한편, 해양아시아는 다중심세계 탈근대, 네트워크 패러다임, 세계주의, 상인, 시장, 개방, 탈(脫)위계질서, 사회, 기능주의, 하위정치, 탈냉전으로 상징되는 동아시아가 표상되고 있다. 해양아시아를 대표하는 중국의 연안도시들은 환황해권 도시네트워크 속에서 결절점(node)의 역할을 수행하고 있다(이철호 2007.8, 109~137).

하마시타 다케시(濱下武志)에 따르면, 국가 > 지역 > 지방이 있고, 지역공간의 상하관계는 비교적 확실하게 드러나고 있다. 그러나 글로벌라이제이션의 과정에 있어서 반드시 이전과 같이 세계가 상위에 있으며, 지방이 최소의 단위공간으로서 존재하는 상하관계가 아니고, 오히려 지금까지 지방이 세계적으로 행동하거나 또는 지금까지 지역이 보다 다면적인 연계를 구축하는 형태로 기본적으로 국가중심의 국제체제가 크게 흔들리고 있다. 따라서 지방과 지방을 잇는 해역, 해양세계에 대한 연구가 필요해진다(濱下武志外 2008, 239).

일본의 환동해경제연구소(ERINA)[29]에서 동아시아 통화통합을 중심으로 작성한 프로젝트보고서에 따르면, 문화와 사회적 다양성, 국가간 평등의 존중, 경제적 상호의존이 심화하면서 동북아에너지와 환경공동체, 식량농업분야에서 동아시아연계, 연구개발거점간 네트워크 구축이 두드러지고 있다. 세계화와 국지경제권의 형성에 따라 동아시아 회랑이 구축되고 있으며, 일본-싱가포르-말레이시아-인도네시아를 잇는 해역, 일본-대만과 홍콩-중국을 잇는 남지나해역, 일본 규슈지역-한국 서해안-중국 연안지역을 잇는 환황해경제권, 한국 동해안지

---

29) 일본의 환동해경제연구소의 홈페이지 http://www.erina.or.jp/jp/Info/index.htm을 참조.

역-일본환동해권-북한-중국-몽골-러시아를 잇는 환동해경제권, 타이-베트남-캄보디아를 잇는 인도차이나지역의 大메콩강경제권 등은 전형적인 사례이다.[30]

3) 해양네트워크의 상호비교

(1) 환황해권 네트워크

환황해권은 도시간 네트워크, 주요도시의 기능분담, 물류와 관광네트워크가 가장 활성화된 지역이라고 하겠다. 환황해권은 중앙정부 주도가 아닌 시장 메카니즘이 작동하고 있다. 환황해권에서 두드러진 수송회랑, 지식회랑, 도시간 네트워크 구축은 서로 보완적이다. 도시간 네트워크는 한중일간 커뮤니케이션과 상호교류의 채널을 제공한다. 또한 지식회랑은 상호간 문화와 경제에 대한 이해를 증진시키고, 그로 인해 공통의 복지향상에 기여하며 서로의 경험을 나누어 도시문제 해결을 촉진할 수 있다. 수송회랑은 구체적인 물류 회랑을 실현하는 것이다 (김원배 2007, 87).

베이징-서울-도쿄간 베세토회랑이나 동아시아경제교류추진기구는 전형적인 환황해권네트워크라고 할 수 있다. 1991년 한국의 부산과 인천, 중국의 다롄과 칭타오, 일본의 기타규슈와 시모노세키가 공동으로 창설한 환황해권도시회의가 모체가 되어 2004년 동아시아경제교류추진기구가 발족하였다. 황해권지역에 있어서 지방정부간 자유무역협정(FTA)를 지향하고 있으며, 제조업, 환경, 관광, 물류 부회를 설치하고 상호간 통상협력을 강화시켜나가고 있다. 한중일 3개국 10개 도시가 창립멤버로 한국의 울산, 중국의 텐진과 칭타오, 일본의 후쿠오카가 회원 단체로 추가 가입하였다. 2008년 11월에는 울산에서 제3회총회가 개최될 예정이다. [표 5-7]은 동아시아경제교류추진기구 산하부회의 분야와 간사도시를 나타내고 있다.

인천시는 환황해권교류에 있어서 리더십을 발휘하고 있다. 인천은 텐진, 충칭

---

30) NIRA · E-Asia研究チーム編著(2001), 『東アジア回廊の形成』. 東京:日本経済評論社.

▶ 표 5-7 동아시아경제교류추진기구 산하부회

부회명	일본	중국	한국
제조부회	기타큐슈시	텐진시(간사)	인천광역시
환경부회	기타큐슈시(간사)	다렌시	울산광역시
로지스틱부회	후쿠오카시	칭타오시	인천광역시(간사)
관광부회	시모노세키시	옌타이시	부산광역시(간사)

과 자매도시로서, 그리고 다렌, 칭타오, 단동, 산둥성, 옌다이와 우호도시 관계를 맺으면서 그동안 중국연안지역과 집중적으로 교류를 확대해 왔다. 2007년도 인천-중국간 교류사업만 보아도 인천 중국의 날 행사, 텐진시 공무원 축구 동호회 친선교류(3월, 9월), 인천-텐진 · 다렌 공무원과 상호 연수(5월, 9월), 한 · 중 · 일 유소년 국제친선 축구대회(7월), 산둥성 지난시와 경제교류회의 및 기업간담회(9월), 다렌시 국제복장절 참가(9월), 단동 압록강 국제관광절(9월), 인천-중국의 날 문화축제 행사(10월) 등이 이어지고 있다.

인천은 현재 동아시아경제교류추진기구, 아태도시정상회의, 세계지방정부연합(UCLG) 등에 가입해 있으나 주로 양자간 교류에 집중해있으며 네트워크 구축에 있어서 아직 큰 성과를 거두지 못하고 있다. 인천시가 추진해왔던 시티넷은 요코하마시가 주최자로서 역할을 해오고 있으나 일본측의 소극적인 태도로 더 이상 관계진전을 보이지 못하고 있다. 따라서 인천은 현재 중국과의 양자간 교류외에 독자적인 지역네트워크가 부재한 상태이다. 인천, 다렌, 기타큐슈간 물류네트워크 구축이 동아시아경제교류추진기구를 통해서 논의되고 있으나 아직까지 성과가 미흡하다.

부산광역시도 한일경제교류회의나 환황해경제기술교류회의에서 일본의 경제산업성, 규슈경제산업국, 한국의 지식경제부, 중국의 상무부와 과학기술부가 참여하는 회의에 참가하고 있다. 여기에는 지방정부나 경제단체, 기업관계자, 연구자들이 한 자리에 모여, 무역과 투자, 기술, 인재 등에 있어서 상호협력 방안을 서로 논의하고, 구체적인 비즈니스 계기를 마련하고 있다. 특히 무역 · 투자 · 기

▶ 표 5-8 환동해권 지방정부간 국제기구

구 분	성 격	발족연도	회원숫자	참가범위
동북아시아 지방정부연합 (NEAR)	지방정부간 다자회의	1996	65	한국9개시도, 일본, 중국, 러시아, 몽골 등 광역단체
환동해권 지방정부 지사·성장회의 (CARTELL)	지방정부간 다자회의	1994	5	강원도, 돗토리현, 지린성, 연해주, 몽골중앙도 등 광역단체
환동해권 거점도시회의	지방정부간 다자회의	1994	9	동해, 속초, 훈춘, 도문, 요나고, 돗토리 등 기초단체

술·인재교류의 촉진책으로서 제안된 구체적인 환황해협력 프로젝트를 실시하여 아시아와 세계로 열린 환황해경제권의 형성, 아시아의 공생적 발전을 목표로 하고 있다(금성근 2008, 7).

전라남도는 중국저장성과 자매도시이며, 일본의 규슈지역 지방정부와 우호협정을 체결하고 있다. 전라북도는 중국 강소성, 일본의 가고시마현, 이시카와현과 교류를 추진해 오고 있다. 기초단체인 군산시의 경우, 중국연안도시와 인접한 물류항구도시와의 경제분야 우호협력 강화를 목적으로 자매결연을 체결하였다. 중국영성시간에 여객화물선이 취항하고 있는 바, 군산시는 대중국 진출교두보로서 매우 유리한 지리적 조건을 갖추고 있다.

군산시는 중국 상해를 중심으로 한 화동지구와의 경제협력을 강화하고자 상해에 2004년도 군산시 대표부를 설치하고 민간경제전문가로 주재관을 임명하였다. 2007년도에는 상해시와 양도시간 경제우호협력 회의를 개최한 바 있다. 중국 옌타이시와는 상호간 공무원파견을 1년씩 10년동안 추진해왔으며, 칭타오시와의 교류활성화에도 관심을 지니고 있다(군산시 2008. 9).

(2) 환동해권 네트워크

환동해권 지역에 있어서 지방정부가 중심이 되어 추진해 온 다자회의 내지 국제기구는 대표적인 사례로 동북아자치단체연합(NEAR), 환동해권지사·성장회

▶ 표 5-9 NEAR분과위원회 주요활동 성과

위원회	코디네이터	주요활동
경제통상	경상북도(24개단체)	동북아비지니스촉진회의, 매년개최 동북아경제통상 네트워크 구축
환경	도야마현(21개단체)	동북아철새 공동조사, 해변 표착물조사 청소년 환경보호 세미나, 환경백서 발간
문화교류	시마네현(9개단체)	교류날개 사업(청소년 교류) 국제문화 팔레트 사업
방재	효고현(11개단체)	방재연수와 담당자 인적 교류 고베대지진 복구과정 검토와 소개
일반교류	도야마현(14개단체)	동북아시아 여성회의 개최 동북아인재육성 사업 추진
변경협력	아무르주(9개단체)	비자간소화를 위한 시스템 도입추진 변경무역 종합기구 설립 프로젝트 추진
과학기술	경기도	과학기술협력 추진

출처: 이해두 2006, 81.

의(CARTELL), 환동해권 거점도시회의 등을 들 수 있는데, 이들의 공통점은 1990년대 들어 본격적으로 설립되기 시작했다는 것이다. 그 이유로는 역시 냉전의 종결과 소련연방의 해체로 지방정부간 국제교류가 국가체제상의 구속으로부터 자유로워진 점, 한국의 북방외교에 자극받아 지방정부가 중국과 러시아, 북한, 몽골까지 포함하여 대륙과의 연계를 강화시켜 온 점, 중앙정부의 소외지역개발과 지방정부의 경제성장 욕구가 맞물리면서 상호간 투자와 교역을 제도와 내용면에서 개선해 온 점 등을 들 수 있다. [표 5-8]과 [표 5-9]는 각각 환동해권 지방국제기구와 NEAR분과위원회의 주요활동을 보여주고 있다.

한중일 3국과 러시아, 몽골을 포함한 동북아 지방정부간 국제교류는 NEAR에서 일단 결실을 맺어서 동북아공동체의 시범적인 모델을 제공하고 있다. 1993년 시작된 NEAR는 한, 중, 일, 러, 몽골, 북한 6개국가내 65개 지방정부의 단체장이 모여서 개최되고 있다. NEAR는 러시아나 중국 등에 대한 투자, 인적·물적 교류의 확대, 환경문제에 공동대응, 동북아센터 설립추진, 문화예술제의 공동개최 등

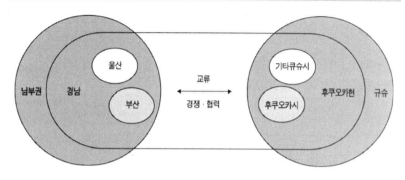

그림 5-2 한일해협권 주요 네트워크

주: 남부권은 부산광역시, 대구광역시, 광주광역시, 울산광역시, 경상남도,
경상북도, 전라남도, 전라북도, 제주도를 포함하는 지역을 말함.
(출처: 금성근 2008,14항 내용 가운데 필자가 제목부분 수정)

을 추진해 왔다.

아울러, 환동해권 교류활성화와 거점형성, 지역간 교류를 네트워크화하기 위한 제휴작업, 환동해권 관광과 환경벨트의 조성, 환동해권 산업과 정보벨트의 형성을 추진해 왔다. 2년마다 정기총회, 경제통상, 문화관광, 환경, 변경협력 등 7개 분과위원회가 열리고 있다. 2006년 9월, 창설 10주년 부산총회 선언문에서 경제협력, 분과위원회 활성화, 동북아환경문제에 대처, 종합적인 국제교류의 장으로 승화시킬 것 등에 합의하였다(이해두 2006.11, 86).

(3) 한일해협권 네트워크

한일해협권의 네트워크 가운데 가장 대표적인 것은 한일해협연안 시도현지사 교류회의이다. 1992년 설립되었으며, 회원단체는 한국의 부산, 전남, 경남, 제주시와 일본의 후쿠오카, 사가, 나가사키, 야마구치현의 1개시 3개도 4개현의 한일 양국의 8개 지방정부가 가입해 있다. 한일해협연안 시도현지사교류회의는 회원 단체장이 매년 1회 상호방문형식으로 만나서 청소년, 환경기술, 관광, 경제교류, 민간교류를 진행해오고 있으며, 양국간 공동홈페이지도 운영하고 있다. 또한,

1996년부터 부산과 후쿠오카 양지역에서 민간단체간 상호대화를 촉진하고자 부산-후쿠오카포럼이 설립되어 부산은 부산일보, 부산대학교, 부산방송, 부산은행 등이, 후쿠오카는 규슈여객철도(주), 규슈대학, 서일본신문사, 규슈전력 등이 참여하여 매년 교대로 회의를 개최해 오고 있다. 이것을 그림으로 정리한 것이 [그림 5-2] 한일해협권 주요 네트워크이다.

2002년 부산광역시 주도로 설립된 아시아태평양 도시관광추진기구(TPO)는 13개국 56개시 36개 단체가 가입해 있다. 한국은 부산, 경주, 안동, 대구, 광주, 익산, 강릉, 대전, 전주 등, 일본은 후쿠오카, 가고시마, 기타큐슈, 고베, 구마모토, 교토 등, 중국은 광조우, 칭타오, 다롄, 항조우, 상해, 옌타이 등의 도시와 그밖의 다양한 관련단체가 가입해 있다. TPO의 사무실도 부산시에 소재하고 있으며, 2008년 10월에는 부산에서 총회가 열렸다. TPO는 원래 보다 광역적이고 글로벌한 도시기구라고 할 수 있으나, 실제로 부산과 후쿠오카 등의 도시가 주도하고 있다는 점에서 한일해협권 네트워크에 포함된다고 할 수 있다.

4) 해양네트워크의 진단

(1) 현상과 분석

지금까지 한중일을 잇는 해양네트워크로서 환황해권, 환동해권, 한일해협권의 네트워크를 살펴보았다. 이를 토대로 네트워크와 교류협력의 측면에서 다자간, 양자간 협력유형별로 나누어 정리해보면 [표 5-10]과 같이 요약할 수 있다. 환황해권의 네트워크는 베이징-서울-도쿄를 잇는 베세토 네트워크보다 다양한 도시를 잇는 동아시아경제교류추진기구를 대표적인 기구로 들 수 있다. 한편, 교류협력 측면에서는 인천-텐진과 충칭, 부산과 상해, 광주광역시와 중국의 광조우(廣州)시, 충남도-하북성 등의 양자간 교류가 활성화되고 있다.

환동해권의 경우, 해양네트워크로서 동북아자치단체연합(NEAR), 환동해권 지사·성장회의(CARTELL), 환동해권 거점도시회의를 들 수 있으며, 비교적 양자간 교류가 활발한 강원도-돗토리와 도야마, 울산-니가타, 대구-히로시마 등

▶ 표 5-10 해양네트워크 현황

	네트워크	교류협력
환황해권	베세토회랑 동아시아경제교류추진기구	인천-톈진, 인천-충칭 부산-상해, 광주-廣州 충남도-하북성
환동해권	동북아시아지방정부연합(NEAR) 환동해권 지방정부지사·성장회의(CARTELL) 환동해권 거점도시회의	강원도-돗토리, 강원도-도야마 울산-니가타시 경상북도-시마네(중단) 대구-히로시마
한일해협권	한일해협연안시도현지사교류회의 아시아태평양도시관광추진기구(TPO)	부산-후쿠오카 부산-시모노세키 경남-야마구치

을 들 수 있다. 양자간 교류협력이 발전하면서 중국, 러시아를 포괄하여 네트워크로 형성되는 과정을 거쳤다. 한일해협권은 한일해협연안 시도현지사교류회의, 아시아태평양도시관광추진기구(TPO) 등을 들 수 있으며, 비교적 활발하게 움직이고 있다. 양자간 교류에 있어서도 지역경제력을 갖춘 한일양국의 지방정부가 중앙정부에 앞서서 리더십을 발휘하고 있으며, 민간단체간 연대가 성숙되어 있는 점을 높이 평가할 수 있다.

[표 5-11]은 해양네트워크의 내용을 네트워크활성화 수준, 도시간 교류협력의 수준, 한국측 지방정부의 리더십 수준, 실질적인 교류협력 실적으로 항목별로 나누어 평가한 것이다. 종합적으로 본다면, 도시간 교류협력이 가장 우수한 반면, 네트워크 활성화수준은 떨어지는 편이다. 다만 지방정부의 리더십은 한국이 중국과 일본을 잇는 가교로서 역할을 충실히 하고 있으나, 지역별 경제력의 격차에 따른 실질적인 통상협력의 성과가 부족하다는 것을 알 수 있다.

환황해권은 인천과 중국연안지역, 충청남도와 광주광역시 등에서 도시간 교류협력이 활성화되고 있고 실질적인 통상협력은 가장 활발하다는 점은 높이 평가할 수 있으나, 경기도나 인천광역시의 성과를 제외하면 개별 광역단체의 네트워크 구축은 미진한 편이다. 그 이유는 국제화를 주도해온 부산이나 경남지역이 앞서

▸ 표 5-11 해양네트워크의 유형별 분석

해양권역	네트워크 활성화수준	도시간 교류협력	지방정부 리더십	통상협력 실적
환황해권	○	◎	○	◎
환동해권	○	◎	◎	○
한일해협권	◎	◎	◎	◎

서 리더십을 확보한 반면, 환황해권에 위치한 충청남도나 전라남도가 국제화의 후발주자로서 중국연안지역과 적극적인 교류가 부족하다는 것에서 원인을 찾을 수 있다.

네트워크 활성화수준, 도시간 교류협력, 지방정부의 리더십, 통상협력 실적의 네 가지 분야에서 상대적으로 좋은 성과를 거두고 있는 한일해협권은 부산과 후쿠오카가 주도하고 있고, 한일양국 지방정부의 노력이 겹쳐지면서 교류협력과 네트워크가 축적되어 왔다. 한일해협권은 특히 정치, 경제, 문화, 사회적으로 유사성을 지닌 한일양국의 지방정부가 보다 유대를 공고히 할 가능성이 높다는 점에서, 기존 성과와 미래 전망이 밝다고 하겠다.

(2) 대안의 탐색

한-중-일간 해양네트워크를 보다 활성화하기 위한 방법은 무엇일까. 가장 중요한 것은 현재까지 구축해온 자원들을 활용하는 것으로 양자간 교류를 중국, 일본으로 더 확대하는 것이다. 말하자면, 유사성과 공통성을 지닌 중국과 일본의 자매단체를 잇는 가교로서 한국지방정부가 역할을 하면서 3개지역간 네트워크를 구축해가는 방법일 것이다.

한-중-일간 3자네트워크 연계는 광역 13개 단체, 기초 31개 단체에 이르고 있다. 광역단체만을 표시한 [표 5-12]에서 보면 알 수 있듯이, 한중일 3자간 연계는 전라남도, 전라북도, 제주도를 제외한 대부분의 지방정부에서 네트워크로 이루어지고 있으며, 전라남도, 전라북도, 제주도는 광역단위가 아닌 기초단체간 한중

▸ 표 5-12 한-중-일간 자매도시 네트워크

한 국	중 국	일 본
서울특별시	베이징시	도쿄도
부산광역시	상해시	야마구치현
대구광역시	칭타오시	히로시마시
인천광역시	텐진시	기타큐슈시
광주광역시	광조우(廣州市)	센다이시
대전광역시	난징시	시마네현 오타시
울산광역시	장춘시	야마구치현 하기시
경기도	랴오닝성	가나가와현
강원도	지린성	돗토리현
충청북도	헤이룽장성	야마나시현
충청남도	하북성	구마모토현
경상북도	하남성	시마네현(교류중단)
경상남도	산동성	야마구치현

일 연계가 착실하게 이루어지고 있다. 따라서 나름대로 한-중-일 지방정부간 국제네트워크를 추진할 수 있는 중요한 연계망의 기반이 존재하는 것으로 평가할 수 있다. 실제로 환황해권, 환동해권, 한일해협권의 도시간 연계는 이러한 3자간 네트워크를 통하여 강화되고 있다. 인천-텐진-기타큐슈간 공동네트워크나 경기도-랴오닝성-가나가와현의 경우가 대표적인 사례이다.

　환황해권에 있어서 인천광역시-텐진시-기타큐슈시, 충청남도-하북성-구마모토현, 경기도-랴오닝성-가나가와현, 광주광역시-광조우시(廣州市)-센다이시, 울산광역시-장춘시-하기시 등은 현재 진행중이거나 앞으로 네트워크 활성화를 기대할 수 있는 지역간 연대의 성격을 띠고 있다. 그리고 환동해권은 비교적 네트워크가 원활하게 작동하고 있는 강원도-지린성-돗토리현의 경우도 있으나, 울산광역시-니가타현간, 경상북도-시마네(교류중단) 교류를 비롯하여 대부분의 경우 지역간 통상협력이 활성화되고 있지 않아 앞으로 적극적인 노력이 필요하다. 한일해협권은 부산-후쿠오카를 중심으로 한일해협권내 광역경제권 구상이 적극적으로 논의될 정도로 구체화되고 있으며, 앞으로도 네트워크와 양자 간 교류면에서 보다 발전할 것으로 기대되고 있다.

5) 결론과 시사점

여기서는 지방정부의 양자간, 다자간 협력이 해양네트워크의 구축으로 진화되어가고 있는 현상에 주목하면서 환황해권과 환동해권, 한일해협권에 있어서 한중일 지방정부간 국제네트워크를 분석, 평가하고 향후 발전을 위한 대안을 탐색하고자 하였다. 1990년대의 국제교류는 2000년 이후 지방외교로 발전하면서 지방정부간 국제교류협력이 월경적인 해양네트워크로 급성장해가는 추세로 나아가고 있다. 특히 1990년대가 양자간 교류에 머무른 반면, 2000년대는 다자간 교류와 아시아지향, 네트워크 구축이 동시에 진행된 시기이었다. 여기에는 한국과 중국, 한국과 일본간 양자간 교류의 축적과 교류의 확대라는 내실과 형식면에서 압축성장한 과정이 뒷받침되고 있다고 하겠다.

그러나 성장의 한편에서 아직까지 국제정책의 개념, 비전, 전략 등이 자생적으로 마련되지 못한 채, 단순교류의 반복을 거듭하거나 네트워크가 안정되지 못하고 초보단계에 머물러 있는 교류관계도 적지 않아 앞으로 개선이 요구되고 있다. 한중일 3국간 도시정부의 협력과 경쟁체제의 형성은 환황해권, 한일해협권에서 나타난 바와 같이 시장경제와 민간교류를 기반으로 더욱 더 확대되는 추세에 있으며, 중국 연안지역의 국제화수준 제고는 한일 양국의 지방정부에 경쟁과 협력을 낳는 계기를 제공하고 있다.

지방간 국제네트워크는 지방정부가 국경을 넘어서 연계되어 지역활성화, 환경과 개발, 도시문제 해결과 행정정보의 교류 등 다양한 이점과 역할을 제공할 수 있다. 환황해권은 인천시가 중심이 되어 국제네트워크를 보다 활성화하고 전라남도와 전라북도, 충청남도가 중국과의 인적, 물적 교류협력을 적극적으로 확대할 필요가 있다. 환동해권도 부족한 지역경제력을 점진적으로 높여가면서 소강상태에 빠진 통상협력을 관광, 환경 분야에서 보다 활성화시켜야 한다. 한일해협권은 해양네트워크의 모델로서 통상, 기술, 관광, 민간협력의 모범사례를 제시해야 할 것이다. 그리고 한중일 각국의 지방정부는 기존의 자매결연을 활용하여 공동의 협력사업을 모색하고 이를 통한 네트워크 구축을 지속적으로 추진해야 할 것이다.

4. 환동해권 국제교류와 활성화방안[31]

1) 환동해권과 지방외교

환동해권을 둘러싸고 한·일양국의 지방정부가 주도하는 지방외교와 국제정책은 활동과 성과면에서 진전과 정체의 쌍곡선을 그리고 있다고 해도 과언이 아니다. 한국과 일본에 있어서 바다를 통해 이어지는 교류의 가교는 가능성과 한계를 동시에 안고 있다. 이 글에서는 그동안 환동해권에 인접한 한·일 양국의 지방정부가 적지않은 재원과 인력을 투입하여 상당한 노력을 기울였음에도 불구하고, 기대만큼의 효과가 나타나지 않거나 정체상태에 머물러 있는 현상을 살펴보고, 그 원인을 구조적인 측면에서 고찰하고자 한다.

환동해권 국제교류협력에 참가하는 국가는 한국, 중국, 일본, 러시아, 몽골내 지방정부가 있으나 조직, 예산, 능력면에서 지역연계를 주도할 수 있는 광역단체는 한국과 일본의 지방정부라고 하여도 과언이 아니다. 따라서 환동해권지역[32]에 있어서 지방외교를 주도하고 있는 한·일양국 지방정부의 국제협력이 충분히 효과를 거두지 못하는 원인을 중심으로 탐색하고자 한다. 그만큼 한·일 지방정

---

31) 이 논문은 2007年度住友財団のアジア諸國における日本關連研究助成의 지원을 받아 작성되었음.
32) 환동해권은 지방간 협력주체가 되는 동해연안지역을 중심으로 실질적인 국제교류와 경제협력이 가능한 지역을 포함한다. 일반적으로 한국과 북한, 일본의 동해연안지역, 중국의 동북지방, 러시아극동, 몽골을 가리킨다. 환동해권을 둘러싼 바다의 거리는 거의 2천킬로미터에 달하며, 환동해권에 면한 지역만 해도 한국 5개 광역단체(강원도, 경상남도, 경상북도, 부산광역시, 울산광역시), 일본 11개 광역단체, 중국의 헤이룽장성, 러시아 연해주, 사할린주, 블라디보스톡시 등이 존재한다.

부의 국제협력이 환동해권 교류활성화에 필수적이고 핵심적인 요인이기 때문이다.

동북아각국의 지방정부가 바다를 매개로 집중적으로 상호대면하고 있는 환동해권지역은 지리적 연결고리이자 동북아의 하위지역(sub-region)에 해당한다.33) 특히 1990년대 이후 환동해권 지역에 있어서 인접성과 개발가능성, 내발적 발전론 등이 제기되면서 지역화의 흐름이 인적, 물적 교류의 증가로 나타나고 환동해권 각국의 광역단체가 주체가 되어 행정, 경제, 문화, 스포츠 등 다양한 분야에서 국경을 넘는 활동이 활발해졌다.

한국과 일본을 중심으로 환동해권 국제협력이 크게 진전된 것은 몇 가지 배경이 있었다. 동북아시대와 지방분권의 흐름이 개발의욕을 자극하면서 각국 지방정부들이 지금까지 변경의식에서 탈피하여 새로운 지역아이덴티티를 모색해 온 점, 인적, 물적 교류를 통한 지역개발과 지역활성화 기대, 국경을 넘는 국제교류와 네트워크 형성으로 투자와 교역이 증가한 점, 지방공항과 항만 등 물류 인프라가 정비되면서 지역간 교류협력이 용이해진 점, 해양지역의 에너지자원에 대한 관심이 높아지고 생태계로서 환동해권 지역의 환경보호에 대한 매스컴의 주목도가 높아진 점 등을 들 수 있다.

환동해권을 포함한 국지적 교류권내지 경제권의 형성과 함께 한국지방정부의 국제교류가 아시아, 글로벌 수준으로 확대되면서 지방외교(심익섭 2006, 33)라는 용어가 점차 확산되어 사용되었다. 일본에서도 중앙정부가 주도하고 지방정부가 적응해가는 국제화정책에서 벗어나 글로벌리즘에 대응한 지역의 능동적인 발전과 자율경영을 모색하는 국제정책으로 전환되면서(山下永子 2008, 32) 그 다양성을 모색하는 움직임이 두드러졌다. 한국의 지방외교나 일본의 국제정책은 글로벌 환경에 대한 지방의 능동적인 대응과 국제네트워크 구축, 투자유치나 지

---

33) 이글에서는 환동해권으로 용어를 통일해서 사용하기로 한다. 일본에서는 환일본해(칸니혼카이: 環日本海)라고 부르고 있으며, 중국과 러시아에서는 환일본해를 그대로 사용하거나 또는 환동해가 부분적으로 사용되기도 한다. 한일양국이 서로 상대방의 명칭을 고려하여 환동해(환일본해)내지 環日本海(環東海)로 병기하는 경우도 적지 않다. 아직까지 명칭의 논란이 남아 있고 한일 간 큰 쟁점임을 부인할 수 없으나, 필자는 명칭에 구속되기보다는 일단 환동해권 지역에서 현실적인 국제교류와 연구성과를 축적해가는 것이 더 중요하다고 생각한다.

역개발과 연계된 국제정책 체계와 추진체계의 재편, 국제정책을 추동시키는 지역 거버넌스의 정책방향 등을 포함하고 있었다.

그러나 2000년대들어 환동해권 지방정부의 국제교류는 기대만큼 충분한 성과를 거두지 못하고 답보상태에 있거나 불활성화상태에 놓여 있다. 뚜렷한 인적, 물적 교류의 확대를 가져오지 못하고, 기대보다 관망하는 흐름이 확산되면서 미래지향적이고 긍정적인 가능성이 높아지지 못하고 있다. 물론, 교류활성화를 저해하는 국제적인 환경요인으로서 북한핵개발과 납치문제, 환동해권지역이 소외지역에서 완전히 탈피하지 못한 현실, 지방재정의 악화로 인한 국제교류의 침체, 한·일 양국에 있어서 광역권구상이나 시정촌합병 움직임을 외부변수로 상정할 수 있다.

외부변수보다 더욱 중요한 것은 바로 한·일양국 지방정부의 국제정책이 이념적 지향이나 조직, 네트워크가 각각 달라 불협화음 내지 불일치를 유발하는 내부변수로 인한 원인의 부작용이 더욱 크다는 것이 필자가 제기하는 문제의식이다. 구체적인 내부요인으로서 국제협력 네트워크의 상이점, 국제정책을 추진하는 한일 간 조직체계의 상이점, 내부적인 정책지향점이 서로 방향이 달라 원심력이 작동하면서 전반적인 교류협력의 정체로 이어지고 있다고 본다. 따라서 여기서는 환동해권 한·일 지방정부의 국제협력의 구조적인 문제점을 네트워크, 국제화조직, 정책방향의 세 가지 변수에 초점을 맞추어 분석하고자 한다.

2) 환동해권 국제협력의 함의와 한계

환동해권에 있어서 국제교류와 지역연대의 모색은 다양한 이론적 기반을 제공받아 왔다. 동북아시아의 특수성에 비추어 볼 때에 환동해권 국제교류의 당위성은 널리 확산될 가능성을 내포하고 있었다. Chia Siow Yue(2002)는 지역화(regionalization)와 지역주의(regionalism)를 구별하면서 동아시아 지방정부에 의한 자발적인 네트워크 구축을 지지하고 있다.[34] 중앙정부가 주도한 지역주의

---

34) Chia Siow Yue(2002), "East Asian Regionalism", K. Krumm, H. Kharas. ed. 田村勝省譯.

▶ 표 5-13 지역화 vs 지역주의

비교항목	지역화(regionalization)	지역주의(regionalism)
진행주체	지방정부, NGO, 기업, 시민	중앙정부
진행과정	교류증가가 네트워크로	인위적인 지역통합 구축
특 징	다양성, 비강제성, 자연경제권	정체성, 공통인식, 집합행동
기존사례	NEAR, CARTELL	EU, NAFTA

가 강제성을 띤 제도적인 틀로서 묶어내는 것이라면, 지역화는 지역간 교류의 증
대로 서서히 제도화가 형성되는 것이다.

그의 주장에 따르면, 지역화(regionalization)는 제도적인 협력틀보다도 인적
교류, 무역과 투자, 노동이동의 흐름이 활발해진 결과, 지역간 상호의존이 증가하
는 것이다. 이에 비하여 지역주의(regionalism)는 유럽연합(EU)이나 북미자유무
역협정(NAFTA)과 같이, 중앙정부 주도의 정치경제통합이라는 제도적 과정을 거
치면서 2국간, 또는 다국간 교역과 정치적 제도융합을 목적으로 하고 있다. Paul
Evans도 지역화는 특정지역에서 상거래와 인적교류의 증대를 의미하는 한편, 지
역주의는 정체성과 미래의 운명에 대한 공통인식을 표현하고 집합행동을 유도하
는 기구의 창조를 뜻한다고 구분하고 있다.[35]

지역화는 점진적인 대외개방의 과정을 거치면서 생겨나는 것이기 때문에 때때
로 시장유도형 통합이라고 부르기도 하는데, 환동해경제권은 그 전형적인 사례이
며 환동해권의 중요한 특질로 자연경제권(NET: Natural Economic Territory)이
강조되고 있다. 1992년 Robert Scalapino교수가 명명한 국지경제권으로서 환동
해권은 이질적인 정부체제의 공존, 국가간 영토갈등, 역사인식의 격차로 인하여,
유럽연합(EU)이나 북미자유무역지대(NAFTA)와 같은 제도적인 지역통합이 아

2003.『東アジアの統合』(東京: Springer). 그는 유럽연합이 정형적이고 관주도의 통합인데 비
하여, 아세안은 비정형적이고 민간주도로 대조적이라고 지적한다. 이와 함께 Chia Siow Yue
ed. 1997. ASEAN and EU: Forging New Linkages and Strategic Alliances(Singapore: Institute
of Southasian Studies)를 참조.
35) Paul Evans(2005), "Between regionalism and regionalization: policy networks and the
nascent East Asian Institutional identity", 김원배외(2007) 8항에서 재인용.

▸ 표 5-14 환동해권 지방정부의 국제협력기구

기구명	성격	창립연도	회원숫자	참가범위
동북아시아지역 자치단체연합(NEAR)	지방정부간 다자회의	1996	65	한국9개시도, 일본, 중국, 러시아, 몽골 등 광역단체
환동해권 지방정부 지사 · 성장회의 (CARTELL)	지방정부간 다자회의	1994	5	강원도, 돗토리현, 지린성, 연해주, 몽골중앙도 등 광역단체
환동해권 거점도시회의	지방정부간 다자회의	1994	9	동해, 속초, 훈춘, 도문, 요나고, 돗토리 등 기초단체
한일해협연안 시도지사회의	지방정부간 다자회의	1991	13	한국남부-일본규슈 지역 광역단체
러 · 일연안도시회의	지방정부간 다자회의	1975	31	환동해권 러-일 지방도시

닌 교류와 협력의 축적을 특징으로 하고 있다.[36] 환동해권지역은 국경을 넘은 상호 교역이나 인적 왕래가 주요 거래형태이다. 지역화와 지역주의 양자를 비교정리하면, [표 5-14]와 같다.

따라서 지역주의가 아닌 지역화의 관점에서, 중앙이 아닌 지방의 관점에서 동북아지역의 네트워크를 구축할 것이 요구되고 있다. 지리적 근접성에 따른 지역화과정이 환동해권 지방정부간 국제기구와 다자간 협의체를 활성화시키면서, 경제권역 형성에 미치는 순기능적인 역할이 재평가되고 있는 것이다. 동북아 지방간 월경협력과 항만도시 네트워크가 도시와 지역의 발전을 지지하면서 지방행위자(local actors)가 국경을 넘어 발휘하는 국제적 상호작용은 동북아 지역거버넌스의 변화를 내포하고 있다(이철호 2006.5, 322).

한국지방정부의 지방외교가 확산되어 가는데 있어서 특히 한 · 일 양국의 광역단체가 주도하는 환동해권 국제교류가 활성화되어 온 점은 주목할 만하다.[37] 지

---

36) R. Scalapino교수는 동아시아의 지역여건상 유럽연합과 같은 국가단위의 지역적, 제도적 통합이 아닌 근접권에 위치한 자연경제권(natural economic territories)이 형성될 것으로 예상한 바 있다. R. A. Scalapino(winter 1991/92), 문장순(1996) 등의 논문을 참조할 것.
37) 1990년대이후 한 · 중 · 일에 있어서 지방간 연계망이 국제항구나 국제공항을 통해 거점간 복합네트워크가 구축되면서 지방정부의 국제교류가 더욱 촉진되어 왔다(小川雄平, 2006:

방외교와 국제정책을 견인해 온 한·일 지방정부는 환동해권발전계획이나 환동해경제권 구상, 환동해권 게이트웨이 구상 등을 제안해 왔다. 아키타현(秋田縣)의 환동해교류거점 구상은 전형적인 사례이며, 대표적인 국제기구 사례로 동북아자치단체연합(NEAR), 환동해권 지방정부 지사·성장회의(CARTELL), 환동해권 거점도시회의, 한일해협연안 시도지사회의, 러·일연안 도시회의 등을 들 수 있다. [표 5-14]는 환동해권지역에 있어서 대표적인 한일 주도의 지방정부간 국제기구를 정리한 것이다.

그러나 외형적 발전과 향후 가능성에 대한 기대에도 불구하고 환동해권 국제협력은 몇 가지 한계를 내포하면서 답보상태에서 벗어나지 못하고 있다. 환동해권 국가간 협력은 동북아각국의 대립과 갈등으로 인한 원심력적 작용과 고도로 통합적인 지역체제의 부재로 인하여 지방정부간 협조시스템을 구축하지 못하였다(Edward J. Lincoln 2004). 1990년대 후반들어 역내 각국이 맞부닥친 경제위기로 인하여 동아시아각국이 소극적인 개방정책으로 일관함으로써, "불충분한 글로벌리즘(modernization with insufficient globalization)"에 머물렀으며, 지방정부가 참여하는 역내 개방화는 매우 더디게 진행되었다(Gilbert Rozman 2004, 3).

일본 지방정부의 국제화는 주로 지방의 국제화를 추진하려는 중앙정부의 지원과 후원으로 시작되고 진행되어 왔으나 지역독자적인 정책으로 크게 성장하지 못하였다. 이에 따라 1990년대 이후 지방재정이 악화되면서 국제교류사업이 축소되거나 침체되는 현상을 보였다(山下永子 2008, 20). 환동해권에 있어서 니가타현(新潟縣) 등 국제정책을 주도해 왔던 지방정부의 움직임도 둔화되면서, 2000년대 이후에는 외부와의 국제네트워크보다도 내향적 국제화나 외국인대책에 점차 관심을 보이게 되었다.

한국도 1990년대 중반부터 국제교류정책이 매우 빠른 속도로 진행되었으나, 주로 통상협력에 집중되었고 국제교류는 더디게 성장하였다. 특히 일본과의 경우는 2000년 이후 55개 지역이 우호협력이나 자매결연을 맺는 데 그쳤으며, 이 가운데 환동해권지역내 한·일 지방정부간 자매결연은 4개 도시에 지나지 않았다.

---

110).

이것은 한·중 지방정부가 2000년 이후 190여개가 넘는 교류협력관계를 맺으면서 급증한 것과 대조적인 현상이기도 하다. 일본내 한류붐에도 불구하고, 2005년 시마네현 독도조례 제정으로 인하여 한일관계가 악화되면서 34개에 이르는 한국 지방정부가 국제교류의 중단, 반대서한 송부, 항의제기 등 한일관계의 갈등이 지방외교에도 반영되면서 교류가 축소되기도 하였다.[38]

1990년대 본격화되었던 지방외교는 2000년대 이후 성장과 한계를 동시에 노출하면서 환동해권의 국제협력도 전진과 정체의 반전을 거듭하고 있다. 이러한 외부적 한계를 극복하고 환동해권의 국제협력이 발전하려면 내부 성장요인의 구축이 필요하다. 말하자면, 환동해권 교류와 번영을 위한 국제네트워크에 대한 합의, 정책비전과 추진체계의 공유가능성 확대, 다양한 지방정부간 정책방향의 지향성에 있어서 일치점 모색이 불가결한 조건일 수밖에 없다. 여기서는 상기의 조건들이 어느 정도 충족되고 있는가에 대하여 구체적인 분석대상과 분석틀을 제시하고, 국제네트워크의 가입수준과 지방정부의 정체성 비교, 각 대상마다 조직체계와 업무분장의 분석, 현지방문을 통한 담당공무원 인터뷰조사를 병행하면서 연구를 진행하였다. 조사 결과, 환동해권 국제협력을 위한 한일지방정부 네트워크의 비효율성, 정책추진체계의 차이와 조직 목표점의 분산, 정책방향의 엇갈림이라는 세 가지 문제점이 두드러지게 나타나면서 효율성이 떨어지고 있다는 것을 알 수 있었다.

3) 분석모델과 방법론

여기서는 분석모델을 환동해권을 둘러싼 중앙정부와 지방정부의 외부액터, 환동해권과 인접한 환황해권, 한일해협권, 북방경제권 등을 외부네트워크로 설정한다. 그리고 환동해권내 한·일지방정부 가운데 주요 광역단체를 분석대상으로한다. 한국의 경우, 강원도, 경상북도, 대구광역시, 울산광역시, 부산광역시가 이에 해당한다. 경상남도는 환동해권이라기보다 한일해협권 교류에 더욱 관심을

---

38) 한국지방자치국제화재단. [내부자료] (2005.12.)

가지고 있어서 제외하였다. 부산광역시도 마찬가지로 한일해협권 내지 환황해권과 교류가 활발하지만, 환동해권에 접해있는데다 역내교류가 지속적으로 이어지고 있다는 점에서 포함시켰다. 일본지방정부의 경우는 환동해권지역이면서 한국과의 국제교류에 관심을 가지고 있는 대표적인 광역단체를 선택하였다. 여기에는 니가타현(新潟縣), 도야마현(富山縣), 돗토리현(鳥取縣), 아키타현(秋田縣), 이시카와현(石川縣), 시마네현(島根縣) 등이 포함된다.

환동해권에 있어서 지방정부간 국제협력을 통한 상호이해와 통상증진은 한국이나 일본의 광역단체에 있어서 당면한 정책과제이자 추진목표로 자리잡은 지 오래이다. 환동해권이라는 공통지역(arena)을 두고 전개되는 지방정부의 정책목표는 구체적인 네트워크의 구축, 정책추진모체간 목표의 상호공유, 정책방향의 관심에 있어서 상호간 일치라는 세 가지 전제조건을 충족시켜야 비로소 가능하다. 그것은 정책네트워크, 정책조직, 정책방향이라는 상호보완성을 지니면서 시너지효과를 극대화시킬 삼각(triangle)구조가 안정되어야 함을 의미한다.

요컨대, 정책네트워크가 한일 지방정부간 협력체제를 도출해 낼 수 있는 구조인가, 정책조직이 목표를 공유할 수 있는 공통분모를 지니고 있는가, 최근 지향하는 정책방향이 상호간 일치하면서 협력을 강화할 정책환경이 조성되고 있는가가 매우 중요하다. 보다 구체적으로는 환동해권을 잇는 지방정부간 국제네트워크, 국제정책을 추진하는 광역단체의 공공조직, 현지조사와 인터뷰를 통해 담당공무원이 인식하고 있는 국제화정책의 방향을 살펴보는 것이 포함된다.[39]

첫째, 국제네트워크는 한·일지방정부의 글로벌 국제기구에 대한 가입여부와 관심정도, 환동해권 네트워크가운데 한국과 일본이 가입하여 주도하는 국제기구를 대상으로 이들이 공동협력체제를 구축하는데 기여할 수 있는가 하는 기능분석을 중심으로 살펴본다. 예를 들면, 세계적인 지방국제기구로서 세계지방정부연

---

[39] 추가로 분석모델에 따른 인과관계를 설정하여 구체적인 변수를 통계학적으로 측정하는 것은 필요한 연구 수행 작업이라고 사료된다. 변수간 상관관계나 다변량분석은 담당공무원에 대한 설문과 통계조사, 연도별 인적교류와 교역량의 증감, 조직체계 변화와 네트워크수준, 국제화조직의 직무분석 등을 대상으로 조사할 수 있으나, 이 글에서는 지면상 한계로 인하여 향후 과제로 두기로 한다.

그림 5-3 분석모델

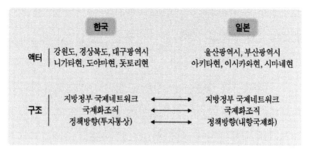

합(UCLG), 지속가능한 지방정부협의회(ICLEI), 환동해권 국제기구로서 환동해권지사·성장회의(CARTELL), 동북아자치단체연합(NEAR), 러·일연안도시회의, 환동해권지방정부관광포럼(EATOF) 등이 포함된다.

둘째, 지방외교와 국제정책을 추진하는 광역단체의 공공조직이 상호이익을 공유할 수 있는 지점이 있는가 하는 것이다. 이를 위하여 한국의 5개 광역시도에서 본청내 담당부서의 조직체계를 살펴보고 일본의 경우도 마찬가지로 6개현청의 조직도를 조사하여 각각 비교해 본다. 조직체계를 살펴보면 환동해권에 있어서 한국과 일본지방정부의 지방외교내지 국제정책의 지향점의 일치도 여부를 관찰할 수 있을 것이다. 이를 위하여 관련시도 내부자료를 검토하거나 홈페이지를 조사하여 조직배치와 업무분장도를 분석하였다.

셋째, 단체장과 지방공무원의 국제화추진에 대한 인식과 의지는 매우 중요하다. 왜냐하면 한국이나 일본에 있어서 국제화는 필수적인 정책영역이라기보다 상대적인 선택업무로 인지되어 왔기 때문이다. 2000년대들어 각국에서 지방재정의 악화로 국제화업무가 축소되면서, 국제교류협력을 광역단체의 주요정책으로 추진할 것인지, 아니면 국제화가 지닌 또 다른 의미인 내향적 국제화나 외국인대책으로 정책중점을 변경하고 있는지 그 차이가 명료하게 드러나는 경우도 있다. 따라서 이를 위하여 현지방문과 공무원 인터뷰를 통하여 정책방향의 중점수준을 밝혀보고자 한다. 위의 내용을 정리하여 분석모델을 알기 쉽게 도표로 나타낸 것이 [그림 5-3]이다.

한·일 지방정부간 환동해권 국제협력의 부진이유로 각 영역별 원인을 다음과 같은 가설로서 제시할 수 있다. 첫째, 한·일 양국 지방정부간 네트워크 모델의 차이이다. 한국지방정부가 추구하는 글로벌 연계와 네트워크 지향에 비하여, 일본의 지방정부는 친선교류와 특정 기능에 더 관심을 가짐으로서 양자간 불일치가 두드러지게 나타나고 있다. 둘째, 환동해권지역에 있어서 한·일양국의 지방정부간 국제교류 지향점과 조직체계의 차이이다. 한국은 국제교류가 국제통상을 위한 하위개념으로 수용되고 있는데 비하여, 일본의 경우 국제교류는 지역주민의 국제화, 아시아지역간 친선교류가 더 중시되어왔다. 셋째, 정책방향의 차이이다. 즉, 최근들어 한국의 지방정부는 더욱 대외교류와 국제통상을 강조하고 있는 반면, 일본의 경우는 다문화공생이라는 외국인대책이 점차 비중을 높여가면서 국제교류에 대한 관심이 상대적으로 저하되고 있다. 이러한 세 가지 상이한 모습과 관심이 환동해권지역에 있어서 한·일양국의 국제교류가 불활성화상태에 머무르는 중요한 요인임을 전제로 분석을 시도한다.

4) 韓·日 지방국제정책의 상이요인

(1) 네트워크모델

한·일 지방정부가 만나는 공공공간은 다양한 네트워크로 이어진 국제기구이며, 중국과 러시아 몽골의 지방정부까지 더하여 환동해권의 국제협력을 논의할 수 있는 마당이다. 따라서 국제네트워크는 가장 중요한 회의장으로서 기능을 가지고 있으며, 공동협력을 도출해내는 생산의 공간이기도 하다. 밀도높은 논의를 통한 정책비전, 실행프로그램의 합의와 추진을 위한 공간으로서 네트워크는 매우 중요하다. 효율적인 집행기관으로서 국제기구 사무국이나 이에 준하는 집행기구가 있다면 지역간 연계 가능성은 더욱 높아진다. 더구나 상위정부가 주도하는 지역연합이 있는 것이 아니고, 역사적 유산과 경제적 격차가 현실문제로 작동하며,

그림 5-4 지방간 국제네트워크의 유형별 분류

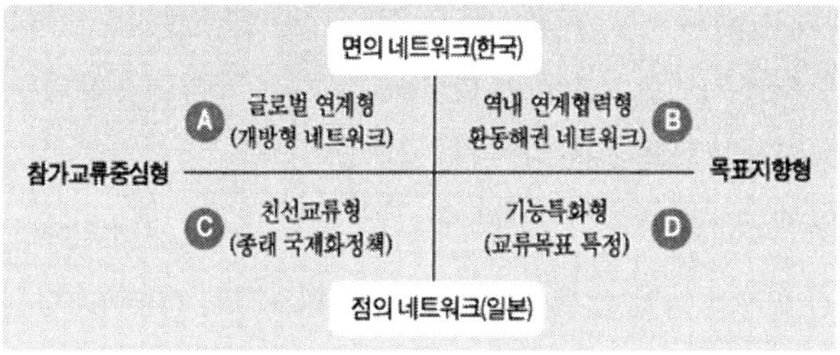

출처: 山下永子 2008, 85 그림을 필자수정

5개국 70여개 지방정부의 이익과 관심이 교차하는 환동해권에 있어서 네트워크의 기능과 효율성은 아무리 그 중요성을 강조해도 지나치지 않다.

지방정부간 네트워크의 형성은 중요한 지방외교의 하나로서 목적, 경위, 정책이 정립되어 있고 정책체계와 추진모체가 확립되어야 한다. 지역간 국제네트워크의 형성은 정책결정과 추진력을 지닌 지방정부가 공통목적을 두고 국경을 넘어서서 연계, 협력관계를 형성하거나, 지속적인 관계를 유지하기 위하여 운영체계와 공동추진 프로그램을 지닐 것, 다자적인 지방정부간 국제네트워크와 민간네트워크가 동시에 구축되어야 한다(山下永子 2008, 1~3). 국제네트워크를 국제정책의 진행과정으로 파악하면서, 교류협력에서 출발한 국제정책이 발전된 형태로 평가하는 시각도 있다(富野暉一郎 1997, 28~43).

환동해권에 존재하는 지방정부의 국제네트워크를 분류하면, 다음과 같은 4개 유형으로 나눌 수 있다. 먼저 하나의 분류축은 다양한 지방정부가 개방된 국제기구에 가입하는 면의 네트워크인가, 아니면 특정한 관계를 지닌 양자간 또는 다자간 지방정부가 국제기구에서 활동하는 점의 네트워크인가에 따라서, 또 하나의 축은 환경, 문화, 평화, 친선 등 글로벌하고 광범위한 이슈에 참가하면서 활동하는 네트워크인가, 아니면 경제, 통상, 관광, 도시문제 등 특정이슈에 대한 목표의 공유가 분명하고 해결지향적인 네트워크인가에 따라서 나눌 수 있다.

이러한 분류에 따라서 4개의 유형별로 구분하면, 세계지방정부연합(UCLG)과 같은 개방형 네트워크를 지향하는 글로벌 연계형, 동북아자치단체연합(NEAR)과 같이 환동해권내 다양한 지방정부가 공동의제를 가지고 참가하는 역내 연계협력형을 들 수 있다. 위의 두개 유형은 보다 개방적이고 다자주의를 지향하면서 최소한의 공통분모를 가지고 자발적인 협력과 지지를 요구하는 형태이다. 친선교류형은 종래의 국제화정책에 충실하면서 자매결연이나 우호교류를 하고 있는 양자간 인적교류에 만족하고 있는 형태이며, 네트워크 구축은 최소한에 머물거나 그동안 양자간 연계를 약간 확대시킨 수준에 그치게 된다. 기능특화형은 보다 분명한 목표를 두고 밀도있게 문제해결을 지향하는 네트워크를 형성하게 된다([그림 5-4]를 참조할 것).

그렇다면, 환동해권지역에 있어서 한·일 지방정부의 국제네트워크의 특징은 어떻게 나타나고 있을까. [표 5-15]는 환동해권지역에 있어서 한국과 일본의 광역단체가 참여하는 국제기구 네트워크에의 가입유무와 참가수준, 환동해권내 자매단체의 유무이다. [표 5-15]에서 알 수 있듯이 한국은 최근 국제화플랜을 작성하고 국제도시를 지향하려는 울산광역시를 제외하면 대부분의 광역단체가 글로벌한 국제기구인 UCLG나 ICLEI에 가입하고 있음을 알 수 있다. 서울, 경기도, 인천광역시 등 수도권과 한국의 전국시도지사협의회, 환동해권에 면한 광역단체가 가입해 있으며, 2008년 7월 대구광역시장은 세계지방정부연합 아시아태평양지부(UCLG ASPAC) 회장으로 선출되었다.[40] 반면 일본의 지방정부는 지방의 국제화를 선도하는 일본지자체국제화협회(CLAIR)가 단독으로 가입해 있을 뿐, 광역단체인 지방정부까지 포함하여 거의 가입해 있지 않다.

말하자면 한국의 지방정부는 대외협력을 확장시키기 위한 글로벌 국제기구에 관심을 가지고 있는 반면, 일본의 경우는 반드시 그렇지 않다는 점에서 대조적이다. 동북아자치단체연합(NEAR)은 동북아시아의 지방정부연합의 역할을 하고 있다는 점에서 한국과 일본의 환동해권 지방정부는 대부분 가입한 상태이다. 그

---

40) 개방형 네트워크와 글로벌연계를 중시하는 한국의 광역단체는 세계적인 국제기구에 대한 관심과 가입률이 높은 편이다. 2007년 10월 제주에서 UCLG 총회가 열렸으며, 2007년 4월 UCLG ASAPC 인도네시아 바탐 회의에 한국지방자치단체국제화재단, 서울특별시, 제주도, 경기도, 전라남도, 충청북도, 인천광역시, 대구광역시 단체장이 참석하였다. 전체 54명 가운데 한국은 14명이 참석하여 참가자의 26%에 이르는 최다비율을 보였다.

▶ 표 5-15 환동해권 한 · 일지방정부의 국제네트워크

국제기구	환동해지역 한국지방정부					환동해지역 일본지방정부					
	강원도	경상북도	대구광역시	울산광역시	부산광역시	니가타현	도야마현	돗토리현	아키타현	시마네현	이시카와현
UCLG(세계지방정부연합)	○	○	◎		○						
ICLEI (지속가능한 지방정부협의회)	○		○	○	○						
NEAR (동북아시아 지방정부연합)	○	◎	○		○	○	○	○		○	○
CARTELL (환동해권지사 · 성장회의)	◎							○			
동아시아경제교류추진기구				○	○						
EATOF (동아시아지방정부 관광포럼)	◎							○			
동북아시아경제회의 니가타환동해연구소						◎	○		○		○
러일연안도시회의 (광역단체내 주요도시)						◎	○				○
환동해권역내 자매결연지역 유무	○ 돗토리현	× 시마네-중단	× 히로시마시	△ 니가타시		△ 울산광역시	○ 강원도	○ 강원도	×	× 경상북도-중단	× 전라북도

주: ◎주도단체내지 지부장, ○참가 또는 회원단체, △자매결연이 아닌 우호교류
× 환동해권내 자매결연지역이 없거나 교류중단상태.
필자가 대상지역인 한일양국 지방정부의 업무현황과 내부자료를 토대로 작성한 것.

러나 NEAR도 경상북도 포항에 상설사무국이 설치되어 있으며, 실제로 경상북도가 조직, 예산, 리더십 면에서 주도하고 있다는 점에서 한국의 지방정부가 매우 적극적인 반면, 일본의 지방정부는 도야마현을 제외하면 상대적으로 소극적인 점이 눈에 띤다.

강원도는 동북아지역에 있어서 단일관광권 구축을 위하여 동아시아지방정부 관광포럼을 2000년에 주도적으로 설립하였으며, 2008년들어 상설사무국을 도내에 설치하여 상시적인 기구로 발전시키기 위하여 노력하고 있다. 현재 회원으로는 일본돗토리, 몽골튜브도 등이 있으며 8개국 8개지방정부가 참가하고 있다. 울산광역시는 환황해권도시가 주로 가입한 동아시아경제교류추진기구에 아이덴티티를 가지면서 반드시 환동해권교류에 집중하지 않는 경향이 두드러지고 있다. 이렇게 본다면, 환동해권내 한국의 지방정부는 (A) 글로벌 연계형, (B) 역내 연계협력형에 치중하여 다자간 네트워크를 중시하고 있다.

반면, 환동해권 일본지방정부에 있어서 글로벌 국제기구나 역내 네트워크는 중요한 관심사이거나 필수적인 기구로 인식되고 있지 않다는 점을 알 수 있다. 일본은 러·일연안교류, 대도시 중심의 교류, 경제와 관광교류 그리고 도시문제해결 등, 테마공유를 전제로 참가하거나, 지역의 장점이나 개성을 중시한 기능특화형을 중시하고 있다. 전통적인 교류협력을 중시하는 2자간 네트워크에 충실한데, 예를 들면, 일본의 이시카와현과 한국의 전라북도간 교류협력이 진행 중이다.

또는 니가타현이 주도하는 동북아시아경제회의 등의 사례와 같이 기능특화형을 중시하는 경향을 보이고 있다. 니가타현이나 도야마현 등의 호쿠리쿠(北陸)지방, 돗토리현 등을 중심으로 한 지역은 각각 개별적으로 소규모 네트워크를 형성하거나 연계프로그램을 전개하고 있지만, 환동해권을 포괄하는 확대된 면의 네트워크로 전개되지 않거나 매우 수동적이다. 또한 다양한 점의 네트워크도 소규모의 면 네트워크와 반드시 중복되고 있지 않다. 따라서, 일본은 점의 네트워크를 중시한 (C) 친선교류형, (D) 기능특화형에 치중하고 있음을 알 수 있다.

요약하면, 한국지방정부는 면의 네트워크를 추구하여 왔으며, 대표적인 사례로 경상북도의 NEAR, 강원도의 환동해권전략을 들 수 있다. 이에 비하여 일본은 동북아시아경제회의, 러일연안시장회의와 같이 점의 네트워크를 추구하여 친선교류와 기능형 교류에 국제화의 중점을 두었다. 일본도 시티넷(Citynet)이나 아시아·태평양대도시네트워크21 등에서 요코하마(横浜), 도쿄(東京) 등의 수도권 대도시가 나름대로 리더십을 확보하고 있으나, 환동해권에 면한 일본의 광역단체는 글로벌한 단체에의 가입보다는 인접성, 기능성을 중시한 교류에 치중하고 있다는 점을 알 수 있다. 이에 따라 한·일 지방정부의 국제네트워크 전략과 상호간 소속 감 차이에 따른 원심력이 작용하면서, 일치성과 구심점의 부재가 네트워크를 통한 한일정부간 국제협력의 장애요인이 되고 있는 점을 알 수 있다.

(2) 국제화조직

한국의 세계화는 1995년 광역단체에 국제통상협력실을 설치하면서 출발하였고, 1997년 외환위기 이후 특히 광역단체에서는 거의 대부분 투자와 통상 중심으로 조직이 재편되었다. 국제교류 중심에서 경제통상 중심으로 방향을 전환하면서, 통상국과 통합하거나 통상담당부서를 신설한 곳이 많았는데, 부산, 인천, 광주, 울산, 경기도, 강원도, 충청북도, 충청남도, 경상남도, 경상북도, 제주도 등이 이에 해당한다. 아직까지 국제교류 과단위 조직이 남아있는 곳은 전라북도, 서울특별시, 강원도 등이며, 원래대로 통상 중심의 동일한 조직형태는 전라남도, 대전광역시 등이다.

이에 비하여 일본은 처음부터 지방의 국제화가 통상 중심으로 조직되지 않았고, 기업의 국제화라기보다는 지역간 국제교류, 국제화마인드제고, 외국인과의 공생 등에 중점이 두어졌다. 외국인투자를 유치하기 위한 인베스트 저팬(Invest Japan)이나 관광객유치를 강조한 비지트저팬 캠페인(VJC: Visit Japan Campaign)은 2001년 고이즈미(小泉純一郎)정권 이후에 들어와서였다(양기호 2006, 97~136). 특히 최근 들어 일본의 지방정부는 삼위일체개혁으로 보조금이 삭감되어 지방재정이 악화된 데다, 국제교류의 실효성에 대한 의문이 제기되면서 외향적 국제화보다 내향적 국제화나 외국인대책, 다문화공생에 더욱 관심을 가지는 경향이 뚜렷이 나타나고 있다.

환동해권에 있어서 한국과 일본내 광역단체의 국제화조직을 각각 비교해보자. 강원도는 예외적으로 지방의 국제화와 국제교류를 전통적으로 강조해 왔다. 강원도는 광역단체로 유일하게 국제협력을 국단위로 하여 국제협력실을 두고 국제기획계와 국제협력계를 설치하였다. 국제기획계는 영미권과 아프리카권을, 국제 협력계는 동아시아지역과의 교류를 담당하는 등, CARTELL, EATOF 등 환동해권 다자간 네트워크에서 리더십을 확보하고 있다.

강원도를 제외하면 국제교류는 투자유치와 국제통상을 위한 하위부서로 설정 되어 있으며, 이것은 경상북도, 대구광역시, 울산광역시, 부산광역시 등 환동해권 지방정부에서도 전형적으로 나타나고 있다. 경상북도는 투자유치와 시장개척이 완전히 지방간 국제교류를 압도한 사례이다. 경상북도는 투자통상본부내에 투자 통상과가 있어서 주로 통상협력이 대부분의 업무를 차지하고 있으며, 일부 국제 교류 업무가 자리잡고 있다. 대구광역시는 주로 칭타오나 센양 등 중국 공업지역 도시와 교류에 관심을 가지고 있다. 대구광역시의 국제교류는 국제통상과 투자 유치를 위한 하위적인 의미에 머물러 있다. 기업지원본부내 국제통상팀은 통상 지원과 4개의 투자유치 담당계가 대부분이며, 국제교류계는 투자유치와 해외시 장개척을 위한 지원업무로 채워져 있다. [그림 5-3] 대구광역시의 국제통상 조직 표를 보면 알 수 있듯이, 한국 지방정부에 있어서 국제화조직이 얼마나 통상위주 로 치우쳐있는지 금방 파악할 수 있다.

한편, 울산광역시는 2007년 국제화10개년계획을 세우고 국제화도시로 변모하 기 위하여 노력하고 있으나, 아직까지 제조업중심의 구조에서 탈피하지 못하고 있다. 경제통상실내 투자지원단과 국제협력과를 두고 있으며, 국제협력과내에 국제교류계와 국제통상계가 있으나 자매도시와 국제교류업무는 제한적이다. 부 산광역시는 행정자치관내 국제협력담당관을 두고 국제협력과 국제교류계에서 업무를 담당하고 있다. 이밖에 경제산업실내에 기업유치과, 통상진흥과가 설치 되어 자매도시와의 통상협력을 담당하고 있으며, 투자유치실을 별도로 설치하여 외국인투자와 마켓팅업무를 담당하고 있다. 광주광역시 도시마케팅본부내 국제 협력계, 충청남도 국제통상과내 국제교류계, 전라남도 기업통상과내 국제교류 계, 경상남도 국제통상과내 국제협력계 등도 전형적인 통상중심의 국제화를 나타 내고 있다.

이에 비하여 일본의 국제화조직은 대부분 통상이나 투자부서와 관련이 없는

그림 5-5 대구광역시의 국제통상조직

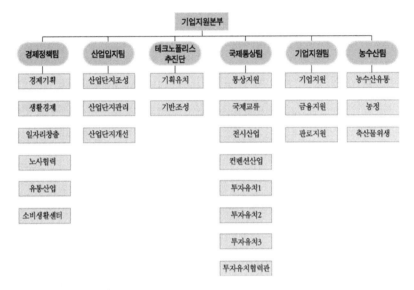

출처: http://www.daegu.go.kr 대구광역시 홈페이지를 참조(검색일: 2008.08.01)

그림 5-6 도야마현의 국제교류조직

출처: http://pref.toyama.jp 도야마현 홈페이지를 참조(검색일: 2008.08.04)

지사정책국 또는 문화국내 국제과 단위로 편제되어 있다. 환동해권교류의 거점을 지향해 온 니가타현은 지사정책국내 국제과가 설치되어 있으며, 국제화전략, 국제경제(서울과 大連사무소 담당), 동북아교류, 납치문제조정 담당계가 있다. 산업진흥과 등은 있으나 지역기업의 대외수출을 지원하는 조직은 드물고, 본격적인 현청주도의 국제사업은 한국, 중국의 관광객유치에 집중되어 있다.

돗토리현은 문화예술의 진흥, 역사와 자연의 재조명, 다른 지역과 교류를 통한 돗토리현의 정보발신을 위하여 문화관광국이 설치되어 있다. 돗토리현은 문화관광국내에 문화정책과, 교류추진과, 관광정책과가 있으며, 교류추진계에서 주로 환동해권지역과 경제, 관광, 환경, 문화교류에 대한 업무를 담당하고 있다.

도야마현의 경우, 특정 중요정책을 담당하는 지사정책실 산하에 가장 전형적인 국제화관련 부서로 조직되어 있다([그림 5-4]를 참조). 지사정책실산하에 관광지역진흥국, 그리고 국제동해정책과가 설치되어 있고, 국제동해정책과내에 기획계, 국제교류계, 국제협력계, 동해학반이 설치되어 있다. 나름대로 환동해학추진기구를 만들어 학문적인 분야에서 환동해학을 정립해가려는 노력이 돋보이고 있으나, 한국과의 교류지역이 우호단계에 머물러 있고, 중국, 러시아의 교류협력은 후발주자로서 과제를 안고 있다.

아키타현은 학술국제부가 설치되어 산하에 학술국제정책과가 설치되어 있으며, 한국과 본격적인 교류는 없으나 관광객 유치와 환동해권 교류에 관심을 가지고 있다. 이시카와현은 전통적인 일본형 보수현으로 전라북도와 교류하고 있으며, 현청소재지인 가나자와시(金澤市)는 전주시와 자매결연을 맺고 있다. 관광교류국내에 교류정책과, 관광추진과, 국제교류과 등이 있으며, 관광명승지로 유명한 이시카와현은 국제교류를 관광객유치와 연동시켜 운영하고 있다. 교류정책과와 관광추진과는 주로 관광업무를 담당하고 있으며, 국제교류과가 담당하는 국제교류협력은 활성화되어 있지 않다.

한편, 시마네현은 환경생활부내에 문화국제과가 있으며, 문화국제과내에 국제교류계, 문화진흥실이 있다. 동북아지역과의 교류에 관심을 지니고 있으나, 2005년 3월 시마네현의회가 독도의 날 조례를 가결하면서 한국과 자매지역인 경상북도에서 교류중단 조치를 취하였고 이후 현재까지 이어지고 있다. 1989~2004년까지 경상북도-시마네간 교류는 활발했지만, 이후 완전히 중단된 상태이다. 시마네현은 중국 지린성, 러시아 연해주 지역등과 부분적인 교류를 지속하고 있다.

▶ 표 5-16 한국과 일본의 국제화조직 비교

조 직	환동해권 한국광역단체	환동해권 일본광역단체
室局단위	강원도(국제협력실) 경상북도(투자통상본부) 대구광역시(기업지원본부) 울산광역시(경제통상실) 부산광역시(행정자치관실)	니가타현(지사정책국) 돗토리현(문화관광국) 도야마현(지사정책실) 아키타현(학술국제부) 이시카와현(관광교류국) 시마네현(환경생활부)
課단위	강원도(국제협력계) 경상북도(투자통상과) 대구광역시(국제통상팀) 울산광역시(국제협력과) 부산광역시(국제협력담당관)	니가타현(국제과) 돗토리현(교류추진과) 도야마현(국제동해추진과) 아키타현(학술국제정책과) 이시카와현(국제정책과) 시마네현(문화국제과)
정책관심	통상협력, 투자유치, 관광진흥	문화교류, 관광진흥

이상 한·일 양국의 국제정책을 담당하는 부서의 조직간 특징을 비교·정리한 것이 [표 5-16]이다. 여기서 환동해권 한·일 지방정부의 국제화조직을 비교해보면 알 수 있듯이, 한국의 지방정부는 대부분 투자통상본부내지 경제통상실의 실국단위 수준 하에서 국제통상이나 국제협력과가 설치되어 있는 반면, 일본의 경우 지사정책국이나 문화관광, 학술국제부 산하에 국제정책과나 문화국제과로 되어 있어 조직편제가 한일 간에 매우 상이하게 나타나고 있음을 알 수 있다. 따라서 한국의 지방정부는 통상협력과 투자유치에 집중되고 있는 반면, 일본은 문화교류나 관광진흥에 집중함으로써 조직상의 정책목표에 차이가 두드러지고, 이러한 점이 한·일 지방정부간 국제협력에 있어서 구심력보다는 원심력으로 작동하고 있음을 알 수 있다.

(3) 정책방향

한국지방정부의 정책방향은 1990년대 지역의 국제화를 위한 국제교류와 통상협력에서 점차 진화하면서, 2000년대들어 국제네트워크와 글로벌기구에 적극적인 참가를 통해서 지방정부의 국제적 지위를 높이는데 관심이 모아졌다. 전체적인 기간 동안 지방정부의 지역개발과 경제성장을 촉진하고 투자유치에 집중하면서 국제통상을 강조하는 부분이 더욱 본격화되고 있다고 볼 수 있다. 특히 환동해권 지방정부의 경우, 관광진흥과 물류의 거점확보, 국제회의장과 컨벤션센터 건설, 허브공항이나 허브항만을 지향하면서 점차 동북아지역내에서 글로벌시티로 전환하고자 노력하는 모습이 뚜렷해지고 있다.

중앙정부의 태부족한 지원 아래 환동해권 지방정부간에 협력을 통하여 시너지 효과를 높이고 공동발전을 도모하고자 하는 회의도 빈번히 개최되었다. 독자적인 시도 못지않게 연안지역의 연대를 통한 대안모색이 보다 효과적이라는 인식 때문이다. 최근들어 강원도가 환동해권벨트 발전을 위한 공동연구가 필요하다는 제안을 하였고 경상북도, 울산광역시가 찬성하면서 기획관리실장간 정기회의 개최, 3개시도 산하연구원간 공동연구에 합의하였다. 그러나 경상남도, 부산광역시, 대구광역시는 소극적으로 결국 3개시도가 중심이 되어 지사협의회를 개최하고 있다.[41]

경상북도의 NEAR, 강원도의 CARTELL과 같이 환동해권 한국지방정부의 국제 네트워크, 국제기구 강화와 리더십의 확보, 이를 통한 글로벌 인식의 확대와 국제 통상능력의 제고라는 정책목표는 그대로 추구되고 있다. 상호간 도시국제화 능력의 격차가 원활한 지방외교를 지체시키고 있다는 인식은 기존교류에서 벗어나 네트워크의 확장을 유인하는 요인이 되기도 한다. 독도문제로 시마네현과 교류 중단 상태에 놓인 경상북도는 스스로 리더십을 발휘하는 NEAR를 통하여 동북아 지역의 국제네트워크를 추진하고자 노력하고 있다. 말하자면 경상북도는 일본의 지방정부와 2자간 교류보다는 전체지역을 아우르는 지역연합을 구축하고 이를 통하여 영향력과 리더십을 발휘하고자 시도하고 있다고 보여진다. 실제로 NEAR 의 조직, 재원, 역할은 대부분 경상북도의 지원에 의지하고 있다.[42]

강원도는 현재 교류중인 돗토리현과 함께 환동해권의 거점으로서 니가타현과의 협력에 관심을 가지고 있으며, 강원도와 돗토리는 상호간 인식차가 나타나고

41) 강원대학교 K, L교수와의 인터뷰(2008.06.04)
42) NEAR 방문조사와 담당자와의 인터뷰(2007.01.17)

있다.[43) 최근들어 국제화도시를 지향하는 울산광역시는 교류중인 니가타현 못지 않게 후쿠오카나 중국의 상해(上海)나 칭타오(靑島)에 관심을 기울이고 있다. 울산광역시는 동아시아경제교류추진기구에 참석하면서 2008년 10월회의에서 도시협력포럼의 위상제고, 중국의 텐진(天津)선언 구체화, 회원도시 확대 등에 대한 관심을 표명하였다.[44) 부산은 일본 규슈지역, 특히 후쿠오카와의 긴밀한 협력 증진에 집중하고 있는 현실이다.[45)

한국은 지방정부에 거점을 확보하면서 동북아차원에서 보다 큰 범위를 포괄하는 교류를 모색하고 있으나, 반면 일본은 역내 교류에 관심을 두고 있다. 오히려 한국 중앙정부의 정책변화에 관심을 보이거나, 환경오염 방지 등의 개발보다 보호위주의 정책영역에 중점을 두고 있는 점도 적지않은 차이를 보이고 있다.[46)

일본 아키타현의 경우, 현청내에서 작성된 환동해비전과 추진계획 등은 아직은 도면상의 계획으로 제대로 진행되고 있지 않으며, 공식적인 국제네트워크의 구축에 관심이 있기보다는 한국과 대만으로부터 관광객 유치에 상대적으로 관심이 높다. 아키타현은 국제네트워크에 의존하지 않고 있는데다, 포괄적인 교류협정을 맺고 있지 않아서 개별적인 사안마다 협조를 요청하고 있는 실정이다. 아직까지 아키타현은 NEAR에 가입하지 않았는데 형식상의 이유는 예산부족과 업무부담이지만, 실제로 한국의 네트워크 추구와 일본의 상대적인 수동성, 기능형 양자간교류라는 정책관심의 불일치가 분명하다는 것을 여실히 보여주고 있다.[47)

국제교류에 대한 관심보다 일본의 지방정부는 최근들어 다문화공생과 외국인 대책에 정책중점을 옮기는 경향이 엿보인다. 2005년부터 총무성에서 다문화공생계획 작성을 각 지방정부에 요망해 왔으며 이에 따라 관련프로그램을 입안하게 되었다. 다문화공생은 공공기관에서 10여년전부터 행정 공식용어로 사용하고 있다. 아직까지 다문화공생을 조정하는 종합조정부서는 없으나, 외국인에 대한 특

---

43) 강원도청 담당자 인터뷰(2008.06.05)
44) 권창기, "울산광역시의 국제도시화현황 및 과제" [국토연구원세미나 자료집](2008.02.21)
45) 부산광역시 국제교류담당자와의 인터뷰(2008.08.21)
46) 강원대학교 K, L교수와의 인터뷰(2008.06.04)
47) 아키타현 학술국제정책과 담당자 인터뷰(2008.06.25)

별한 구별없이 시책프로그램을 추진하고자 노력하고 있다. 일본공무원과의 인터 뷰에서는 지방재정의 악화로 현정부 주도의 국제교류가 현의회에서 수용되기 어 려우며, 공공업무로서 외국인을 위한 시책개발과 지역주민의 국제화이해가 더욱 중시되는 경향이 있다고 언급하고 있다.[48]

　방문조사와 인터뷰를 병행한 도야마현의 경우도 이와 크게 다르지 않았다. 도 야마현은 강원도와 분야별로 예술, 문화, 스포츠를 중심으로 교류하고 있다. 환동 해교류는 아직 비전이나 종합계획이 만들어져 있지 않고 청소년교류, 환경협력, 관광객 유치 등에 교류중점을 두고 있다. 도야마현 지방외교를 담당하는 부서의 활동량으로 보자면 양자간 교류가 가장 많고, 환동해권 교류, NEAR순서로 되어 있다.[49] 도야마현에 있어서도 다문화공생이 중요한 국제화 사업으로 등장하였으 며, 브라질게 일본인이나 유학생 등을 대상으로 다양한 프로그램을 작성하고 있 다. 전체적으로 보면, 현지사의 관심부족, 재정악화, 성과부족이 국제협력의 정체 요인들이다.[50]

5) 소결

　1990년대 이후 많은 관심을 끌면서 성장가능성이 점쳐지던 환동해권 국제협력 이 2000년 이후 적지않은 난관에 부닥치면서 기대만큼 성과를 거두지 못한 구조 적인 요인, 특히 내부요인을 규명하는 것이 본 장의 관심이었다. 냉전이후 지방정 부를 비롯한 하위정부의 지방외교와 국제정책이 대두하면서 다양한 국제기구와 네트워크가 형성되었고 구체적인 프로그램이 제안되었다. 지방정부의 다자간 국 제교류는 1990년대 이후 확산되면서 운영체제나 상설사무국을 설치한 협력기구 내지 지역간 공동협의체로 발전해 왔다. 그러나 2000년대들어서 그동안 한일양 국의 지방정부가 적지 않은 노력을 기울였음에도 불구하고 환동해권의 다자간 네 트워크가 활성화되지 못하고 있는 점은 시사하는 바가 크다.

---

48) 아키타현 학술국제정책과 담당자 인터뷰(2008.06.25)
49) 도야마현 환동해국제과 담당자 인터뷰(2008.06.26)
50) 도야마현 국제교류협회 담당자 인터뷰(2008.06.26)

환동해권 국제협력을 추진하는 모체인 한일지방정부가 국제네트워크의 지향점, 국제교류의 공공조직상의 불일치점, 지방재정악화이후 정책방향의 관심 등에서 상호간 공통지점이 마련되지 못한 이유로 다자간 교류협력이 활성화되지 못하고 있다. 이러한 문제점을 극복하기 위해서 적정 규모의 긴밀한 지방 네트워크의 구축, 중심도시 설정과 공동유대감 형성, 국제화의 목표에 대한 상호간 인식합치와 협력모델의 도출 등이 필요하다. 지방정부의 리더십이 발휘되면서 조직과 재원, 추진체제, 공동주제의 발굴을 통하여 각 지방정부의 참여도를 높이고 다자간 체제를 이끌어가는 작업이 가장 시급하다. 이와 함께 지방외교의 향후과제로 상호간 교역확대, 제도기반 확충, 접근성과 수송연계 개선, 기술과 지식공유, 투자와 관광협력도 지속적으로 이루어져야 할 것이다.

한국의 강원도와 경상북도, 그리고 부산과 대구, 울산광역시, 일본의 니가타현, 도야마현, 이시카와현을 비롯한 한일양국의 지방정부가 상호 협력하면서 적극적으로 지방외교를 수행할 네트워크체계, 조직기구, 정책방향의 공유점을 모색해 간다면 여기서 지적한 문제점은 상당부분 해결될 수 있다고 보여진다. 동시에, 환동해권 연구를 국제화시켜 공유해가는 과정을 마련하고, 뿌리깊게 남아있는 주변의식과 후발모델을 극복하는 것도 당면한 과제이다. 교역과 투자를 통한 지속가능한 균형발전, 빈곤극복과 이문화소통을 위한 꾸준한 노력, 국제레짐의 공유와 구축, 공동성장과 번영을 위하여 각국 지방정부와 단체장의 노력과 관심이 요구되고 있다. 국경을 넘는 지방간 연대의식과 지리적 경제권을 촉진할 환동해권 국제교류와 다자간 기구의 성장은, 앞으로도 동북아시아의 대안적 발전모형으로서 매우 함축적인 의미를 담고 있다고 하겠다.

6

다문화정책과 지방정부

6 CHAPTER 다문화정책과 지방정부

1. 내향적 국제화와 지방정부의 역할

1) 국제화개념의 중층성

(1) 국제화의 한국적 이해

외국인 120만명 시대에 진입한 오늘날, 한국에서 다문화는 이제 일상적인 용어가 되고 있다. '다문화' 용어가 정착되기 시작한 것은 최근 수년간으로 이전에는 내향적 국제화가 주로 쓰이다가 병행사용되기도 하였고 지금은 대부분 '다문화'로 통일되었다. 국제화초기에 지방정부의 외국인대책은 '내향적 국제화'로 표현되었다. 1990년대 지역내 외국인이 늘어나면서 외국인대책에 대한 관심이 높아졌고, 외향적 국제화에 대조시켜 내향적 국제화가 사용되었다. '내향적 국제화'는 2000년대들어 사용빈도가 약간 높아지다가 곧 바로 '다문화'로 대체되었다.

여기서는 2000년대 이후 국제교류와 통상협력 위주의 외향적 국제화를 중시하다가 점차 내향적 국제화가 강조되기 시작한 시점과 단계에서, 외국인대책에 눈

뜨지 못했던 지방정부의 문제점을 지적하고, 외향적, 내향적 국제화에 있어서 양자간 불균형에 주목하고 있다. 한국지방정부의 국제화정책이 세계화, 지방화개념이 지닌 다양성과 중층성을 충분히 이해하지 못한 결과, 국제교류와 통상협력을 지향하는 외향적국제화(Outward Internationalization)와 지역내 외국인대책을 중시하는 내향적 국제화(Inward Internationalization)의 양면간에 심각한 불균형 현상이 빚어졌다는 문제의식에서 출발하고 있다.

특히 1995년 김영삼정부의 세계화선언이래 국제통상과 국제교류라는 외향적인 국제화에 치중한 나머지, 다문화수용과 외국인과의 공존을 지향하면서 지역주민의 진정한 국제화의식을 심화할 내향적 국제화에 대한 공공정책이 매우 미흡한 현실을 지적하고 그 대안을 모색하고자 한다. 한국 지방자치의 중점전략 체계로서 표상화되고 정책담론으로 완전히 자리잡은 세계화(Globalization)와 국제화(Internationalization)[1], 지방화(Localization)개념은 초기부터 주로 국제통상과 국제교류의 시각에서 인식되었다.

국제교류와 통상협력에 못지 않게 세계화, 국제화의 또 하나 현상으로서 최근 10여년간 동아시아지역내 인적교류 활성화와 노동이민의 증가로 한국도 국제화 용어가 지닌 다양성에 주목하게 되었다. 말하자면, 국제화는 단지 외향적 국제화 뿐만 아니라, 지역내 국제화인 내향적 국제화도 포함한 중층성을 띠고 있다는 점이다. 이러한 현실을 충분히 자각하지 못한 한국의 지방정부는 외국기업인과 체류노동자, 국제결혼으로 지역주민이 된 결혼이민자와 자녀들, 그리고 유학생에 이르기까지 다국적주민의 증가에 대하여 바람직한 내향적 국제화의 정책체계와 시책안을 제시하지 못하였다.

세계화와 지방화 담론을 비롯한, 한국지방정부의 국제화에 대한 수많은 연구성과(강형기, 2002, 2006.1; 김익식, 1996; 김판석,2000; 안성호, 1998, 1999; 이윤

---

1) 세계화(Globalization)는 1959년 Economist지가 이탈리아의 자동차수입량 증가를 표현할 때 쓰이는 무역용어로 사용되기 시작하였으며, 1980년대 중반에 이르러 학계나 저널리즘에서 사용되는 세계적인 공식용어로 정착되었다(Malcolm Waters, 1995:2), 세계화는 국제화보다 광의의 포괄적인 용어이지만 이 논문에서는 굳이 구분하지 않았다. 일본은 1980년대부터 국제화를, 한국은 1994년부터 세계화용어를 일상적으로 사용하였다. 최근에 '세계화'용어가 덜 쓰이는 경향이 있으며, 국내에서 '국제화'가 보다 빈번히 사용되고 있다.

식, 1994; 이은재, 1994; 박경국, 2003, 2005.11; 이정주・최외출,2003; 양기호, 2003, 2004.12; 조성호・박희정, 2004; 한국지방자치국제화재단, 2004a, 2004b, 2004c, 2004.7, 2005.11, 2006.1)와 국제교류의 사례조사(윤재선, 1997; 박용길, 2003; 이진원, 2005 등)에도 불구하고 아직까지 지방정부의 내향적 국제화를 본격적으로 다룬 연구성과는 거의 찾아보기 힘들다.

지방의 국제화와 정주외국인의 권리로서 참정권을 다루거나(강형기, 2002), 내향적 국제화와 외향적 국제화를 나누어 지방정부의 추진역량을 분석한 글(조성호・박희정, 2004), 지방정부 국제협력의 영역과 진로를 단순히 통상외교가 아닌 지속적인 세계발전(Global Development)의 측면에서 파악한 연구(안성호, 1999) 등이 있으나, 지방정부의 내향적 국제화를 본격적으로 다룬 연구라고 평가하기에는 이르다. 일본 가와사키(川崎)시를 대상으로 한 공동연구로 일본의 내향적 국제화와 다문화주의의 실험을 다룬 연구(한승미, 2003), 가와사키시의 공무원임용자격에 있어서 국적조항 철폐과정을 중심으로 내부국제화를 다룬 논문(이시재, 2002) 등이 있으나, 문화인류학이나 사회학적인 접근방법을 취하고 있으며, 행정학적인 접근은 아직까지 매우 부족한 현실이다.

(2) 국제화의 한일비교

세계화, 지방화는 한국을 비롯한 동북아각국이 지난 10년간 가장 고민해 온 공통과제 가운데 하나일 것이다. 1995년 시드니구상에서 출발한 김영삼정부의 세계화선언은 냉전이후 가시화된 글로벌 무역과 통상전쟁에서 살아남기 위하여 국민, 관료, 기업, 중앙과 지방정부의 경쟁력강화를 요구하였다. 선진국 진입을 목표로 현행제도와 관행, 수준과 도덕성을 총체적으로 한 단계 높여간다는 것이었다. 세계화, 국제화는 국민과 공공기관, 기업체의 생존과 발전능력 강화를 기대하고 있었다.

김영삼정부의 세계화구상은 외국자본이나 인재를 유치하는 것 외에 외국인노동자나 결혼이민자, 유학생을 위한 내향적 국제화를 정책아젠다로 상정하지 않았다. 경쟁, 효율, 통상, 투자유치 등의 어휘가 난무하는 현실에서 한국의 세방화는 생산력과 경쟁력을 주요한 가치표준으로 삼는 경우가 종종 나타났다. 이러한 맥락에서 볼 때에, 중앙정부와 지방정부를 막론하고, 서서히 증가하기 시작한 외국인노동자 등 거주외국인을 위한 내향적 국제화가 정책시야에 들어올 가능성은 매우 낮았다.

세계화, 지방화의 담론은 일본에서 1980년대 이후 풍미하기 시작한 '국제화' 개념과 상당한 유사성을 가지고 있었다. 그럼에도 불구하고 한국보다 10여년 앞서서 국제화를 추진해온 일본의 경우, 국제화개념의 중층성을 보다 포괄적으로 이해함으로써 한국의 세계화+지방화=세방화와 약간 상이한 과정을 그리고 있었다. 일본에서도 국제화초기에는 '경제의 국제화'가 중시되었으나, 점차 일본이 국제공헌을 통하여 국제적 지위를 높여 나가는 전략으로 간주되었고, 일본내 정주외국인, 외국인근로자, 유학생 증가와 함께 폐쇄적인 일본사회를 개방하고, 이문화에 대한 이해도를 높여 외국인과의 공존을 추구하는 전략이 동시에 중시되었다.

한국에서 세계화정책을 내세운 주체가 중앙정부인 반면, 일본의 국제화는 지방정부가 앞서서 '國際外交'가 아닌 '民際外交'를 추진해 왔다. 1982년 가나가와(神奈川)현의 나가스 카즈지(長州一二)지사는 지방의 시대 심포지엄에서 지방정부와 시민단체가 주도하는 국제교류인 '민제외교'를 제시하였다(양기호, 2004: 167). 사카모토 요시카즈(坂本義和)에 따르면 국제화는 "국가능력이 감퇴됨에 따라 주권자인 시민이나 지방정부가 국가범위를 넘어서 스스로 조직을 만들어가는 과정"이다(坂本義和, 1984:17~36). 국제화의 주체가 지방정부와 시민단체로 인식되고 지방외교정책의 개념과 체계가 지방정부, 특히 혁신자치체의 이념적인 산물이었던 것은 주목할 만한 일이다. 일본자치성이 [지방공공단체에 있어서 국제교류에 관한 지침]을 지방정부에 시달한 것은 5년 뒤인 1987년이었다.

전전 식민지배를 반성으로 재일조선인의 처우를 개선하고자 하는 '내향적 민제외교(内なる民際外交)'가 혁신자치체인 가나가와현에서 민제외교의 출발과 거의 비슷한 1984년에 본격화된 것은 결코 우연한 일이 아니었다. 이때부터 외국인주민에 대한 실태조사와 지문날인 철폐, 차별금지, 사회복지와 연금, 지방공무원

국적조항 철폐와 참정권 부여, 교육환경과 주거·취업환경 개선을 전담하는 행정조직이 설치되었다. 1987년 제2차 가나가와현 종합계획에서 '내향적 민제외교'는 중점시책으로 책정되어 외국인주민을 대상으로 한 프로그램이 만들어지기 시작하였다(民際外交10年史企劃編纂委員會編, 1990:168). 외국인이 일본인과 동등한 자격을 지닌 지역주민이자 정책수혜의 대상으로서 인식되었고 이를 뒷받침하기 위한 학술적인 연구성과가 축적되어 왔다.[2]

이 같은 한국과 일본의 인식차는 내향적 국제화시책의 한일간 격차를 낳은 요인이 되었다. 한국의 세계화, 지방화는 외향적인 세방화개념인 국제통상 증진과 국제교류사업의 팽창에 치중해 있었다. 따라서 내향적 국제화는 세방화초기에 그다지 중요한 시책으로 인식되지 못했다. 일본의 경우 내향적 국제화는 국제화의 양대 축 가운데 하나로서 등장한 반면, 한국지자체의 내향적 국제화는 거의 주목을 끌지 못하였으며, 외향적 국제화의 성과에 비하여 뒤떨어졌다. 2002년 세계경쟁력연감(IMD, 2002)에 따르면 조사대상 49개국 가운데 한국의 국가문화(National Culture)의 개방성은 44위에 머물렀고 차별(Discrimination)정도는 45위로 나타나 하위권에서 벗어나지 못하였다.[3]

2) 외국인주민과 지방정부

(1) 내향적 국제화의 의미

내향적 국제화는 '외국인친화적인 지방정부의 모습을 포함하여 지역주민의 의식과 생활양식, 제도관행이 보다 지구적이고 보편성을 지닌 단계로 진입하는 것'을 뜻한다. 내향적 국제화는 외향적 국제화와 동시에 촉진되어야 하며, 장기적으로 내향적 국제화에 뒷받침된 국제통상과 국제교류야말로 내실있는 성과를 거둘

---

2) 예를 들면, 駒井洋 外, 「自治體の外國人政策」(東京:明石書店,1997年) 등 다수를 참조할 것.
3) 한국내 전체대학교수 가운데 전임외국인교원의 비율은 1990년 1.5%에서 차츰 증가하였으나 2005년에 이르러서도 불과 3.3%에 지나지 않는다. 최근에까지 2.3~2.5% 내외에서 변동하였으며, 2004년 2.7%에서 약간 증가하여 3.3%에 이르고 있다. 한국교육개발연구원 통계를 참조(http://www.kedi.re.kr/).

수 있다(김판석, 2000:8). 마이클 슈만(Michael Shuman)에 따르면 내향적 국제화란 "지역사회 내부에 있어서 국제사회에의 대응을 의미하며, 지방정부 국제활동의 전제가 되는 열린 지역사회의 형성"을 의미한다(Michael Shuman, 2001:29). 내향적 국제화가 기본적으로 인권과 민주주의, 지방자치법에 있어서 주민권리 등의 도덕적 개념을 뿌리로 두고 있으며, 지방외교의 엄연한 영역으로서 포함되어야 할 것은 당연하다(Schep, G. J. et al, 1995). 지자체가 내향적 국제화를 지향해야 한다는 주장은 수년전부터 국내학계에서 제기되기 시작하였다(강형기, 1999; 김판석, 2000).

지구적이고 보편성을 지향하는 내향적 국제화는 지역국제화의 진정한 잠재력이 인권보장, 개발원조, 환경보호, 사회개발, 긴장해소 등 세계발전(Global Development)을 위한 국제협력에 내재되어 있음을 중시한다(안성호, 1999). 일본에서 내향적 국제화가 1980년대초 베트남 난민캠프의 일본정착 지원, 재일조선인 차별 시정에서 출발한 것은 전형적인 사례이다(民際外交10年史企劃編纂委員會編, 1990:161). 지방정부의 내향적 국제화는 중앙정부와 대립되는 경우도 있다. 국익을 중시하는 중앙정부의 외교정책에 반하여 지방정부가 독자적으로 평화와 인권, 민주주의를 중시하는 외교정책을 펼칠 경우 중앙정부에 대한 지방정부의 '대항외교'로 나타난다.

미국 매사추세츠(Massachusetts)주가 미얀마의 군사정권과 거래하는 기업을 주정부의 물품조달 기업리스트에서 삭제하는 조치를 취하자, 미국연방대법원은 2000년들어 위헌판결을 내린 바 있다. 일본에서는 중앙정부의 시책에 반하여 핵보유 항공모함이 지방정부에 입항할 것을 거부하는 반핵조례가 수십 개의 평화도시에 제정되어 있다. 지금은 폐지되었지만, 1980년대 외국인차별의 상징이었던 지문날인 거부자를 형사고발하도록 규정한 법무성지침을 지키지 않았던 마치다(町田)시와 가와사키(川崎)시의 사례도 있다(大津浩, 2005.8:7; Yamada, Takao, 2000).

유럽의 사례를 들어보자. 2005년현재 독일은 3,036개 지자체가 6,406개 외국도시와 교류하고 있다. 1947년 독일 본(Bonn)시와 영국 옥스퍼드(Oxford)시 간에 교류가 시작되었고, 1951년 독일과 프랑스 도시간 자매관계를 맺었다. 독일 통일 후에는 서독과 동독지자체간 교류가 활발해졌는데, 다양한 도시간 파트너십은 국제교류가 전후처리와 과거사극복을 위한 화해, 공산권과 제3세계에 대한 원조, 외국인노동자 지원 등의 내용으로 가득차 있다(한스 일리, 2005:28). 1985년 '도시와 개발 유럽회의'라 불리운 쾰른(Köln)회의는 지방정부간 국제협력을 '세계적인 불공정을 해소시키는 正義'(From Charity to Justice)라고 명문화하였다.

특히, 외국인대책을 지방국제화에 완전하게 포함하기 위해서는 외국인을 지역주민으로 인식하는 과정이 불가피하며, 여기서 비로소 내향적 국제화가 시작될 수 있다. 한국의 지방정부는 지금까지 국민과 주민을 동일시하는 의제를 철폐하지 못하고 정주외국인(oldcomer)과 외국인노동자(newcomer)를 불문하고 주로 관리대상으로 다루어왔다. 지방자치법 12조는 주민(住民)을 '시군구의 구역내에 주소를 두고 있는자'로 정의하고 있으며, 13조 1항에서 주민은 '지방정부의 재산과 공공시설을 이용할 권리와 행정서비스를 받을 권리를 지닌다'고 규정하고 있다.[4] 지방자치와 국제화의 본 취지에 입각할 때 외국인의 지역사회참여는 주민의 개방적인 가치관형성에 크게 기여한다(강형기, 1999:22). 스웨덴은 1976년부터 외국인중 18세 이상, 3년 이상 정주를 자격조건으로 지방선거에서 선거권, 피선거권, 주민참정권을 인정하고 있다. 영국이나 네덜란드도 귀화외국인이 참정권을 얻기 위하여 동화할 것을 강요하지 않는다. 모국의 아이덴티티를 유지하는 것을 어떤 형태로든 허용하고 있다(J. Uitermark, U. Rossi and H. Houtum, Sep 2005:623).

국내 외국인주민의 급증은 지방정부가 내향적 국제화를 적극적으로 추진해야

---

4) 일본에서도 일상생활상의 구체적인 문제를 갖고 있는 지역사회의 구성원을 뜻하는 주민개념이 외국인정책 개혁안의 핵심적인 요소로 등장하였다. 이것은 과거 공공정책 형성과정에서 지배적인 위치를 차지했던 민족국가의 합법적인 구성원으로서 시민개념을 무색케하는 것이었다. 주민의 관점에서 바라보면, 설사 미등록외국인이라도 그들이 주민인 이상 행정기관이 그들에게 공공서비스를 거부할 수 없었다. 가와사키시 외국인회의를 제도화하는데 핵심적 역할을 한 일본공무원이 언급한 것은 인상깊다. 그는 "지방자치법에서 정의된 바와 외국인을 포함하여 지역내 거주하는 생활자에게 봉사하는 것은 지방공무원의 의무이자 필수업무"임을 강조하고 있다(한승미, 2003:126).

할 가장 현실적인 요인이 되고 있다. 국제화는 외국인증가와 다문화수용을 전제로 하며,[5] 이민국가로 출발한 미국, 식민지출신자에게 시민권을 부여한 유럽국가들, 노령화와 소자화가 빠른 속도로 진행되는 한국과 일본에서도 정도차이는 있지만 공통적인 현상이다. 유럽의 경우 스페인내 외국인주민은 2004년현재 약 200만명에 달했고, 2010년경에는 총인구의 14.3%에 달할 전망이다(Eugenia, Sep 2005:660). 영국에서도 최근 연간 7,400명의 폴란드출신 간호원과 의사를 받아들였다. 1960년대 독일은 유고, 터키로부터, 프랑스는 알제리, 튀니지, 모로코로부터 노동이민을 받아들였다(古田隆彦, 2001:162~163). 일본은 2005년을 기점으로 인구가 감소하여 2050년에 9,230만명, 2100년에는 5,100만명으로 격감이 우려되면서 이민수용 문제가 진지하게 논의되고 있다. 2005년현재, 현재 선진국내 외국인비율은 독일이 8.9%, 프랑스가 7%, 스페인 5%, 일본 1.5% 수준이다.[6]

(2) 외국인증가와 한국지방정부

1990년대 중반이후 국내외국인 숫자는 매우 빠른 속도로 증가하였다. 공식 등록된 외국인만 1995년 55,015명에서 5년 뒤인 2000년 150,812명으로 약 3배에 달하는 속도로 급증하였다([표 6-1]을 참조). 4년 뒤인 2004년에 다시 3배가 넘는 468,875명에 달했고, 2004년 현재 총인구대비 약 1%이내로, 미등록외국인노동자(undocumented migrant workers)가 20만명에 달한다는 추정치를 더할 경우 국내거주 외국인은 약 67만명에 달하여 전체인구의 1.39%에 육박하였다. 이것은 독일의 8.9% 프랑스 7% 등 OECD국가에 평균치에 훨씬 못 미치는 것이지만, 일본

5) Böhning, W. R. and N. Oishi에 따르면 세계화는 국제적인 노동이동을 촉진시킨다고 주장한다. 1970년~1990년간 노동이민 송출국은 1970년 23개국에서 1990년 55개국으로, 노동이민 수용국은 39개국에서 53개국으로 증가하였다(Böhning, W. R. and N. Oishi, 1995:794~799).
6) 일본내 재계인사들도 외국이민을 받아들이는 것이 좋다고 언급한 바 있다. 경제단체연합회의 이마이(今井敬)회장은 세계의 우수한 인재를 받아들여야 한다고 주장한다. 여기에다 급증하는 IT인력에 대한 요청, 늘어나는 고령자에 대한 개호, 내수유지를 위한 새로운 구매자로서 외국인 유치, 보다 넓은 시각에서 인구감소를 시정하기 위한 이민을 받아들일 필요가 있다는 것이다. 일본이 외국인이 살기에 매력있는 나라가 되어야 하며, 외국에 있는 일본인을 귀국시키거나, 현재의 외국인 체류자격단계인 재류, 영주, 귀화의 3단계를 종합하여 외국인이 일본인과 공생하고 거주하기 편리한 시스템을 구축해야 한다고 지적한다(古田隆彦, 2001:169)

국적별	2004	2000	1995
중국(조선족, 홍콩 포함)	208,323	47,474	18,243
필리핀	27,934	12,083	5,132
인도네시아	26,063	10,513	2,508
베트남	26,053	8,725	3,369
미국	22,566	11,940	7,009
대만	22,285	8,798	6,488
타이	21,890	4,114	584
일본	16,399	13,398	4,666
방글라데시	13,078	5,137	1,839
우즈베키스탄	11,525	-	-
몽골	10,987	-	-
파키스탄	9,226	3,250	707
캐나다	5,784	2,468	903
스리랑카	5,463	-	-
네팔	5,300	1,447	491
러시아	4,860	-	-
인도	4,778	1,440	413
기타	26,361	20,025	2,664
합계	468,875	150,812	55,016

* 통계청 http://kosis.nso.go.kr/cgi-bin/자료를 필자가 정리한 것
** 부분은 기타로 집계되어 미상

1.5%와 크게 차이나지 않는다. 또한 1991년-2000년 10년간 일본내 외국인등록
자의 증가율이 56.8%인데 비하여, 한국의 증가율은 1995년-2004년간 무려 850%
에 달하고 있어 공식통계만보아도 일본내증가율의 무려 15배에 달하고 있다.

2004년 현재, 국내 외국인주민의 급격한 증가는 몇 가지 특징을 나타내고 있다.
우선, 조선족을 포함한 중국인비율이 매우 높은데 등록외국인 가운데 44.4%의 압

▶ 표 6-2　시도별 등록외국인현황(2004)

시도별	전체	남자	여자
전 국	469,183	278,377	190,806
서울특별시	114,685	54,066	60,616
부산광역시	17,808	10,155	7,653
대구광역시	15,026	9,508	5,518
인천광역시	31,898	21,929	9,969
광주광역시	5,743	3,366	2,377
대전광역시	7,279	3,875	3,404
울산광역시	6,505	4,442	2,063
경기도	165,922	106,035	59,887
강원도	7,265	3,911	3,354
충청북도	11,665	7,520	4,145
충청남도	19,147	12,724	6,423
전라북도	8,932	4,410	4,522
전라남도	7,819	4,002	3,817
경상북도	22,696	13,768	8,928
경상남도	24,920	17,695	7,225
제주도	1,873	971	902

* 통계청 http://kosis.nso.go.kr/cgi-bin/에서 필자가 정리한 것.

도적인 비율을 차지하고 있다는 점이다. 둘째, 다국적화가 두드러지고 있다. 중국에 이어서 필리핀(5.9%), 인도네시아(5.6%), 베트남(5.6%), 미국(4.8%), 대만(4.8%), 타이(4.7%) 순서로 되어 있다. 동남아계 미등록외국인 비율이 높은 점을 감안하면 동남아인의 실제비중은 더 높을 것이다. 셋째, 대부분이 외국인노동자로 구성되어 있어, 이들에 대한 지자체의 외국인대책이 절실하다는 것을 알 수 있다.

외국인주민들의 거주지역은 어떻게 분포되어 있는가는 궁금한 대목인데, 2004년당시 거주지를 [표 6-2]와 같이 살펴보면, 역시 수도권에 집중해 있음을 알

▶ 표 6-3 지자체별 내향적국제화 운영방식(2005)

지방정부	사업내용	운영방식
서울특별시	외국인투자, 관광안내, 행정서비스 종합형	별도조직: 서울외국인종합지원센터 위탁관리: (재)서울산업진흥재단
대전광역시	거주외국인, 유학생, 배우자를 위한 프로그램과 네트워크	별도조직: 국제교류센터 위탁관리: (사)국제교류문화원
안산시	외국인노동자를 위한 시설, 프로그램, 공간제공 전담부서 설치	별도조직: 외국인근로자지원센터 직접관리: 산업지원사업소, 외국인복지지원과
서울시 성동구	외국인노동자를 위한 시설, 프로그램	별도조직: 외국인근로자센터 위탁관리: (사)세계선린회
서울시 성북구	외국인주민을 위한 프로그램 제공형	기존부서업무 일부 가정복지과, 문화체육홍보과

수 있다. 지역별로 경기도가 165,922명(35.4%)으로 가장 많고, 이어서 서울특별시가 114,685명(24.4%), 인천광역시 31,898명(6.8%)으로 수도권에 3분의 2 (66.6%)가 몰려있는 셈이다. 광역단체로는 경상남도에 24,920명, 충청남도에 19,147명, 대구광역시에 15,026명이 있다. 서울특별시는 등록외국인이 총인구의 1.1%를 차지하고 있는데 산하 기초단체인 영등포구에 가장 많은 11,081명이 거주하고 있고, 가장 적은 도봉구도 1,716명에 이르고 있다.[7]

3) 내향적 국제화의 현황

그렇다면 지방정부의 내향적 국제화대책은 어떻게 전개되고 있을까. 아직 본격적으로 시작되었다고 말하기 어렵지만, 몇 개 지자체에서 나름대로 시설과 프로그램을 가지고 실시하고 있다. 2005년현재 대표적인 사례로 서울특별시, 대전광역시, 경기도 안산시, 서울시 성동구, 서울시 성북구를 들 수 있다.

---

7) 서울특별시 통계자료 http://webseoul.metro.seoul.kr:6600/cgi-bin/sws_999.cgi

그림 6-1 서울외국인종합지원센터

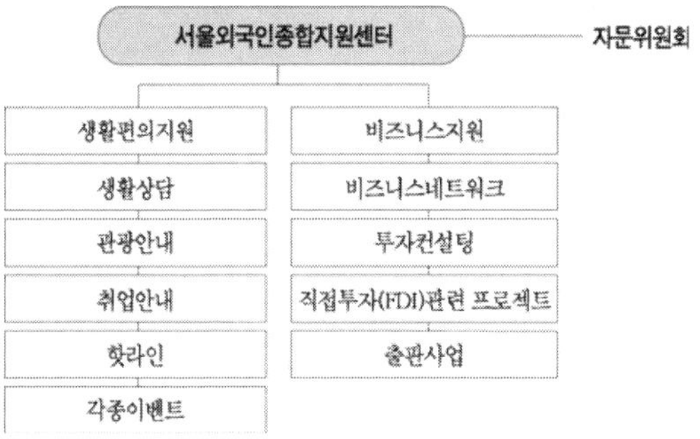

[표 6-3]은 지자체의 운영방식과 사업내용을 도표화한 것이다. 이들 지자체는 내향적 국제화를 위한 별도시설과 조직을 설치하고, 관리운영을 외부에 위탁하거나 직접 공무원들이 담당하고 있다. 기초단체 가운데 성북구청은 담당공무원 1-2명외에 기존예산과 조직내에서 실시하고 있다.

(1) 서울특별시 서울외국인종합지원센터[8)

서울외국인종합지원센터는 가장 광범위한 분야에 걸쳐서 외국인을 위한 종합적인 행정서비스를 제공하는 곳이며, 외국인투자를 포함한 비즈니스 지원과 네트워크가 잘 정비되어 있다. 서울시는 기금을 출연하여 서울산업진흥재단을 2003년 6월 설립하였다. 서울외국인종합지원센터 서비스는 크게 생활편의 지원과 비즈니스지원으로 나뉜다. 세부프로그램을 통하여 외국인이 주로 겪는 언어장벽이나 생활환경 변화에 따른 불편함을 덜어주고 있으며, 외국인투자자들을 위하여 투자상담, 지원기관소개, 비자취득, 외국인 취업지원에 이르기까지 안내역할을 맡고 있다([그림 6-1] 참조).

---

8) 서울외국인종합지원센터 홈페이지를 참조, 현재 서울글로벌센터
http://global.seoul.go.kr/로 바뀌었음.

그림 6-2 성동외국인근로자센터

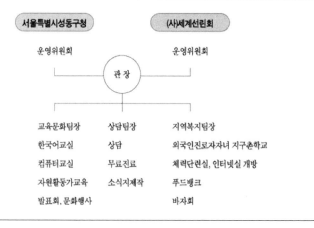

(2) 대전광역시 국제교류센터

2005년현재 대전광역시에는 미등록외국인을 포함하여 약 1만명의 외국인이 살고 있는 바, 외국인노동자가 주를 이루는 다른 지자체와 달리 국제결혼 배우자, 연구원, 노동자, 유학생 등이 고른 분포를 보이는 것이 특징이다. 국제도시를 지향하는 대전광역시는 국제화포럼, 국제화추진협의회, 해외자매도시위원회 등을 설치하여 외국인지원과 국제화를 위한 노력을 지속적으로 실시하고 있다. 2005년 3월 국제교류센터 조례를 개정하여 (사)국제교류문화원에 위탁, 운영하고 있다. 연2회 국제화추진협의회를 운영하여 대전국제화포럼을 창립하였고, 외국인 대상으로 시정홍보와 생활편의를 제공하고 있다. 생활안내책자를 중국어로 약 1천부 발간하였다.

외국인을 위한 실질적인 업무기관인 국제교류센터는 방문과 상담실적이 2005년도 12월 현재 1,286건에 이르고 있다. 상담내용은 유학생의 입학정보, 근로자의 취업상담, 외국인학원 강사들의 부당임금체불에 대한 문의, 외국인주부의 경우 문화차이에서 오는 집안갈등 상담, 프로그램 이용문의 등이다(대전광역시, 2005). 국제교류센터의 시설은 사무실과 상담실, 도서실과 다목적실, 휴게실, 병원과 약국 등이 구비되어 있다. 운영방식은 조례에 따라 운영자인 수탁기관에 매년 위탁운영비(관리비, 인건비, 수용비 등 포함)를 보조하고 있는 바, 2004년에는 5천만원이 지원되었고 상근직원은 3명이다. 외국인강사협의회, 중국인유학생 모임 등이 센터시설을 활용하여 이루어지고 있다(대전광역시, 2005).

(3) 안산시 외국인근로자지원센터[9]

반월공단, 시화공단이 있는 경기도 안산시에는 약 2천개의 중소기업체와 공장이 밀집되어 있다. 등록외국인만 18,228명, 미등록외국인까지 포함하면 23,586명이 거주하여 안산시 인구의 약 4%를 차지하고 있다. 지역내 생산인력의 절반가까이를 외국인노동자에 의존하고 있는 안산시는 외국인근로자지원센터 조례안을 제정하였다. 산업지원사업소에 설치된 외국인복지지원과는 국내에서 유일하게 지자체의 외국인전담부서라고 할 수 있으며, 일반직공무원 12명, 기능직 1명을 포함한 13명의 공무원이 근무하고 있다. 안산시의 기업지원과 외국인대책은 크게 근로자지원사업과 의료사업으로 나누어진다. 중국동포와 외국인근로자 무료검진센터는 2003년 3월 지방정부에서 처음으로 개원하였으며, 2005년 5월 보건지소로 확대되었다(안산시, 2006)

외국인근로자지원센터는 관리, 민원, 문화사업, 복지지원 등 4개분야로 나누어 담당하고 있다. 외국인근로자의 정보네트워크 구축, 지원단체간 연대활성화, 한국인고용주와 지역주민, 공무원을 대상으로 한 국제화교육, 다문화사회 형성을 위한 사업추진, 생활안내책자 발간 등의 사업을 실시하고 있다. 임금체불 등 노무문제 해결은 물론, 외국인에게 한국을 바로 알리고 문화적 갈등을 해소하기 위한 한국어교육, 예절교육 등 각종 프로그램을 운영하여 내향적 국제화를 지향하고 있다. 외국인통역 지원, 자원봉사센터 운영, 체육행사 주관, 외국인근로자 어울림마당, 호스트패밀리 결연식 등을 주관하여 호평을 받고 있다(안산시, 2006).

---

9) 안산시 외국인주민센터로 명칭이 변경되었음. 홈페이지 http://global.iansan.net/를 참조

❶ 외국인주민에 대한 생활실태조사

❷ 외국인대책 가이드라인 책정

❸ 종합계획과 매년도 예산지침에 반영

(4) 성동구 외국인근로자센터

서울특별시 성동구는 약 2천여 개에 이르는 중소제조업체가 밀집해 있고, 농수산물시장이 있어서 방글라데시, 타이, 필리핀 각국의 동남아시아인, 서남아시아인이 붐비는 곳이다. 지역특성상 외국인노동자들이 집중되고 있어, 성동구청은 외국인근로자의 날 선포, 외국인근로자센터 개관, 무료건강검진, 한국어교실과 전통문화체험교실을 열고 있다. 외국인근로자지원센터는 지하1층 지상4층의 전용건물로 다양한 시설을 갖추고 있으며 등록, 미등록외국인노동자를 구별하지 않고 행정서비스를 제공한다([그림 6-2] 참조).[10] 다양한 사업에도 불구하고 운영재원은 대부분 서울시지원금에 의존하고 있어 재정자립도를 높여가는 것이 과제이다.

(5) 성북구 외국인대책

서울특별시 성북구에는 22개 외국대사관저와 2,500여명의 외국인이 거주하고 있으며, 특히 각국을 대표하는 대사관가족들에게 가장 밀접한 삶의 터전이다. 성북구청은 "성북에서 아름다운 추억을" 프로그램을 만들어 성북구거주 외국인들을 초청하여 만찬과 전통공연 등을 열고 우정을 나누는 행사를 개최하고 있다. 또한 불우이웃을 위한 김치담그기 행사도 열어서 한국에 대한 관심도 높여가고 있다(지방의국제화, 2006.1:32~34). 그러나 아직 내향적 국제화 프로그램이 충실하지 못하고 횟수도 적은 편이다. 2005년 현재, 구체적인 외국인대책은 부족한 상태로, 예컨대 국제결혼 부부와 자녀에 대한 지원책은 아직 실시되고 있지 못하다.

---

10) 서울특별시 성동구청 홈페이지 참조 http://www.smwc.or.kr/about/about_3.php

그림 6-4 내향적 국제화의 시책프로그램

① 행정서비스의 충실
· 관광안내, 비자, 교육, 주택, 취업, 의료, 방재, 투자지원 안내
· 전담부서 설치와 전담인력 배치, 상담코너 설치, 국제교류원 채용
· 미등록 외국인노동자를 위한 별도 프로그램 모색
· 정주외국인을 위한 연금, 의료, 복지제도 충실

② 공공안내기능의 확충
· 관청홈페이지 다국어안내, 외국인을 위한 행정과 생활안내책자 제작
· 웹사이트활용, 영어신문 등 뉴스레터와 정보교환지 발행
· 외국인모니터제, 외국인커뮤니티 활용

③ 생활관련 국제화기능의 정비
· 국제교류센터 설립, 각종 하드웨어 완비, 외국인네트워크 형성지원
· 외국인유학생 기금, 지방ODA, 홈스테이, 정기교류회, 호스트패밀리제
· 공공주택을 외국인노동자와 유학생에게 개방

④ 한국어, 한국문화발신거점의 정비
· 한국어 교육, 한국문화탐방, 관내도서관 등 문화시설 확충,
· 자원봉사자 네트워크 설립지원과 코디네이터기능

⑤ 한국인의 국제화 인식제고
· 국제이해교육을 고용주, 지역주민, 초중고생 대상으로 실시
· 외국아동지도 교육자료집 제작, 외국어교원 배치
· 외국주민과 공생을 위한 교재개발, 심포지움과 세미나개최
· 귀국자녀를 위한 지침, 한국어교육지침, 통역번역사업

⑥ 다문화 공생의 실현
· 외국인주민이 지역활동에 참가할 수 있는 환경만들기
· 외국인주민의 자주활동을 존중, 지원과 교류촉진
· 외국인국제위원회, 외국인타운미팅 실시
· 외국인주민에게 참정권 부여, 공무원국적조항 철폐
· 탈국가적인 다문화공생사회(post-national, cross-cultural society) 실현

4) 시책안의 탐색

한국지방정부의 국제교류는 10여년간 압축성장에도 불구하고, 세방화, 국제화의 개념과 범위, 정책과 사업체계, 예산과 조직, 민간교류 지원분야에서 외향적 국제화와 내향적 국제화 모두 개선이 필요한 실정이다. 외향적 국제화에 매달리

느라 내향적 국제화에 관심을 기울일 여유가 없는 현실이다. 지방정부의 외향적, 내향적 국제교류를 제약하는 요인으로 심각한 예산, 인재, 정보부족을 들 수 있다. 광역단체와 기초단체간에, 각 단체별로 국제화의 조직과 재원, 성과면에 있어서 그 격차가 크다. 이러한 현상은 국제통상과 교류중심의 외향적 국제화는 말할 것도 없으며, 외국인정책을 포함한 내향적 국제화를 더디게 하는 장애요인으로 작용하고 있다.

지방정부가 외향적, 내향적 국제화를 추진하기 위해서는 국제화추진시책의 종합적인 기획과 조정, 국제화에 대응한 지역만들기, 상호이해와 문화교류를 심화하기 위한 시책추진, 지역의 국제화에 관한 조사연구를 실시해야 한다. 현재 중앙과 지방을 불문하고 지방정부의 국제화는 외국인투자 유치, 지역경제 활성화, 국제교류의 확대에 중점을 두고 있으며, 내향적 국제화정책이 미흡하거나 전혀 부재한 사례가 적지 않다(지방의 국제화, 2006.1:26).

이를 시정하기 위해서는 먼저 지역의 생활공간 자체를 외국인 친화적으로 만드는 것이 중요하며, 모든 분야의 시책에 걸쳐서 국제화된 정책프로그램이 작성되어야 한다. 먼저 정책체계와 시책안을 세우고 나서 각 부서 예산과 업무에 국제화비용과 프로그램을 반영하도록 점차 제도화시켜가야 한다. 내향적 국제화의 정책체계에 수렴되어야 할 분야로 외국인주민의 인권옹호, 참정권, 난민문제, 교육과 역사의 공유, 행정서비스, 지역만들기, 시민참가, 외국인단체와 네트워크 지원, 국제표준의 설정 등을 들 수 있다. 이를 실천하는 시책안으로, 지역주민으로서 외국인, 국적조항 철폐, 다국어 행정창구, 행정서비스의 차별해소, 지방참정권 보장, 주민투표와 외국인회의를 통한 정책형성 참가, 시민 볼런티어의 지원, 로컬 아젠다에 대응, 지방정부의 ISO 인정 등의 제도와 프로그램이 도입되고 정착되어야 한다(Michael Shuman, 2001:29).

따라서 정책목표를 외국인주민의 인권존중, 다문화공생사회 실현, 외국인주민과 공동거버넌스 추진으로 설정하고 구체적인 프로그램을 실행해 갈 필요가 있다. 다문화공생 실현을 위한 바람직한 내향적 국제화의 시책안 모델 기획순서는 [그림 6-3]과 같이 그려볼 수 있다. 먼저, 외국인주민에 대한 실태조사절차를 거친

후, 국제화위원회 등의 지도를 받아서 시책안을 책정하고, 실제 업무에서 집행되도록 종합계획과 예산안에 반영시키는 과정을 거쳐야 할 것이다.

또한, 내향적 국제화를 위한 구체적인 분야별 내용으로서 [그림 6-4]에 따라 행정서비스의 충실에서 다문화공생사회 실현에 이르기까지 각각 제도와 시설, 그리고 프로그램을 단계적으로 정비해 나갈 필요가 있다. 진정한 내향적 국제화를 위하여 외국인대책과 아울러 지역주민의 국제화이해를 동시에 병행해 가는 것이 중요하고 또한 바람직하다.

5) 요약과 결론

이 글에서는 그동안 국제통상과 국제교류를 중시해온 지방국제화의 정책이념이 외향적 국제화를 중시한 세계화선언에 태생적으로 내재되었다는 점, 1997년 경제위기에도 불구하고 외국인노동자의 급격한 증가, 국제결혼과 유학생의 증가, 무엇보다도 600만명에 이르는 외국인관광객 증가가 지방마다 국제도시로 발돋움하려는 계기를 제공하였으며, 외국인주민 대책을 정책과제로서 부과하고 있다는 점, 그럼에도 불구하고 다국적 외국인과의 공생, 지역주민으로서 외국인의 권리에 대하여 지방정부가 충분한 대책을 세우지 못하고 있다는 문제점을 지적하였다.

유감스럽게도 아직까지 16개시도 광역단체는 대부분 국제통상 위주로 조직이 짜여있어서 내향적 국제화가 그리 중요한 관심사가 아니다. 또한 기초단체에서는 대부분 인식부족이거나 예산과 인력부족으로 외국인대책은 엄두도 못내고 있는 형편이다. 그나마 몇 군데 광역과 기초단체를 중심으로 성동구의 외국인종합대책, 서울외국인종합지원센터 개설, 안산시 외국인센터 조례제정과 전담부서설치는 최근들어 지방정부의 관심이 높아지고 있다는 것을 말해준다. 이밖에도 전국적으로 지방도시에서 외국어안내, 한글교실, 다양한 프로그램을 만들기 시작한 것은 다행이라고 하지 않을 수 없다.

앞으로 지방정부는 외향적 국제화와 내향적 국제화를 두개 축으로 하여 국제

그림 6-5 연도별 등록외국인 비율

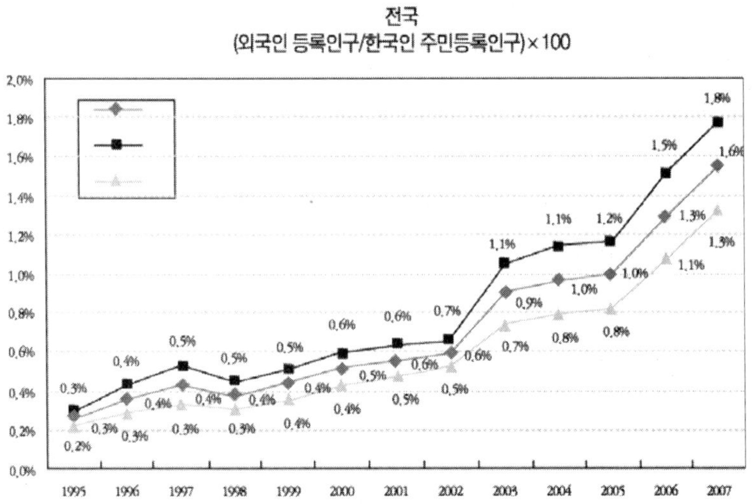

전국
(외국인 등록인구/한국인 주민등록인구)×100

한승준: 아시아국가의 다문화사회 형성과정과 정책추진체계연구(81항).

화정책을 수립해갈 필요가 있다. 외향적 국제화를 보다 강화시켜나가기 위해서도 반드시 내향적 국제화가 균형잡힌 상태에서 추진되어야 한다. 국제통상교류의 성과는 가시적인 세방화의 달성을 의미하기는 하지만, 지구적이고 보편적으로 통용될 수 있는 국제표준과 도덕, 인권과 민주주의, 그리고 열린 지방정부와 병행하면서 추진되어야 한다. 유럽도시에서 보여지는 다문화공생은 외국인대책에서 다문화정책에로(from minority to diversity) 전환되고 있으며, 더 나아가 후기 다문화주의(post-multiculturalism)논의로까지 확산되고 있다.[11]

다문화공생과 국제화의 확산은 국가단위가 아닌 지방과 도시에서 일어나고 있다. 지방정부는 내향적 국제화의 정책목표를 외국인주민의 인권존중, 다문화공생사회 실현, 외국인주민과 공동거버넌스 추진으로 설정하고 구체적인 시책안을 작성해갈 필요가 있다. 내향적 국제화의 정책체계내에 외국인주민의 인권옹호, 참정권, 난민문제, 교육과 역사의 공유, 행정서비스, 지역만들기, 시민참가, 외국

---

11) J. Uitermark, U. Rossi and H. Houtum(Sep 2005) 624~629항을 참조.

인단체와 네트워크 지원, 국제표준의 설정 등이 포함되어야 한다. 내향적 국제화의 체계적인 계획수립과 시책안의 착실한 실천을 위하여 한국지방정부의 튼튼한 역할이 기대되고 있다고 하겠다.

2. 한국지방정부의 다문화정책 현황과 과제

1) 한국의 다문화현상과 대응

한국지방정부의 다문화정책은 상대적으로 늦은 편이었다. 왜냐하면 지방의 국제화가 대부분 국제통상 능력을 강화하기 위한 지방경쟁력 강화에 초점이 맞추어졌기 때문이다. 세계화선언이후 2000년대 초반에 이르기까지 국제화는 국제교류통상을 의미하는 외향적 국제화와 동일시되었다. 외향적 이익으로서 국제통상, 내향적 이익으로서 투자유치를 중시하는 지방정부는 외향적 나눔으로서 글로벌기구 가입, 내향적 나눔으로서 외국인대책에 중요성을 깨닫지 못하였다. 중앙과 지방정부의 외국인대책은 노동력확보와 농촌지역 국제결혼을 통한 출산율 향상이라는 국가주의 정책에 함몰되었다고 해도 과언이 아니다. 내향적 나눔형(inward sharing)으로서 외국인대책은 민선 3기이후인 2002년부터 가시적으로 나타나고 있으나, 여전히 지방정부간 정책수준의 격차가 매우 크거나 업무상의 비중이 낮은 편이다(이시철, 2007:759).

정주외국인에게 지방선거권 부여가 검토된 것은 2002년 김대중정부 시기였지만, 상호주의에 입각하여 일본의 재일조선인 참정권부여가 진척되지 않자 중단되었다. 국내화교에 대한 배려라기보다는 일본내 재일조선인 지방참정권을 지원하는 측면에서 한국에서 먼저 개방한 성격이 강하였던 것이다. 그후 노무현 정부에서 2004년 1월 제정한 주민투표법에서 20세 이상 영주외국인에게 투표권을 부여하였고 이것이 반영되어 2005년 개정공직선거법에서 영주외국인에게 지방선거권이 부여되었다(강재호, 2007:193).

2000년대 이후 외국인증가는 한국사회를 특징짓는 두드러진 현상 가운데 하나

▶ 표 6-4 주요 국적별/연도별 외국인통계(전체외국인)

국적/연도	2004년	2005년	2006년	2007년	2008년6월
중 국	281,934	282,030	382,237	503,427	559,771
미 국	105,315	103,029	108,091	112,268	125,436
베트남	28,655	38,902	54,698	71,074	78,948
필리핀	34,828	38,057	48,164	50,873	50,129
타 이	35,123	34,188	43,307	47,813	45,956
일 본	42,949	39,410	39,410	41,053	32,544
몽 골	20,104	22,475	28,392	32,463	34,470
대 만	25,410	25,121	25,864	27,040	26,111
인도네시아	29,344	25,599	26,378	26,522	25,722
우즈베키스탄	15,651	13,834	15,380	17,163	21,421
캐나다	11,823	13,302	14,879	16,562	17,676

출처: 출입국외국인정책본부 주요통계 http://www.immigration.go.kr(검색일:2008.08.14)
(등록+미등록외국인포함한 총숫자를 표시함)

였다. [그림 6-5]에서 알 수 있듯이, 국내 외국인은 1997년 약 38만명에서 2008년 현재 약 120만명에 달하여 거의 3배 이상 증가하였다. 미등록외국인을 포함한 외국인비율은 국내총인구의 2.5%를 넘어섰으며, 앞으로도 증가속도가 더욱 빨라져 2012년 150만명에 달할 것으로 예상되고 있다. 국내 거주하는 국적별 외국인을 보면 중국, 미국, 베트남, 필리핀, 타이, 일본, 몽골, 대만, 인도네시아, 우즈베키스탄, 캐나다 등의 순서로 나타났다. 중국인이 가장 비율이 높은 이유는 중국인유입과 함께 한국계 중국인 조선족동포에 대한 우대정책인 3년간 국내취업이 가능한 방문취업제와 결혼이민자형태의 국내유입이 많았기 때문이다. 미국국적자는 주한미군과 한국계미국인들이며, 베트남과 필리핀, 타이 등은 결혼이민자와 외국인노동자 비율이 높았기 때문이다.

[표 6-4] 주요 국적별/연도별 외국인통계를 보면 알 수 있듯이, 한국계 중국인을 포함한 중국인 증가추세는 2005년 이후 매년 10만명씩 이르고 있으며, 실제로 외국인증가분 가운데 가장 큰 비중을 차지하고 있다. 2008년 6월현재 모든 체류외

구 분		이민자수 (등록외국인 +국적취득자)	등록외국인			국적 취득자
			소계	동포	비동포	
총계		753,381	691,093	342,823	348,720	62,288
결혼이민자		146,508	102,217	33,038	69,179	44,291
외국인 근로자	단순기능인력	376,940	376,940	233,065	143,875	
	전문인력	27,517	27,517	727	26,790	
유학생		37,440	37,440	2,660	34,780	
투자자		7,244	7,244	419	6,825	
재외동포(F-4)자격		32,625	32,625	32,625	0	
기타 국적취득자		125,107	107,110	40,289	66,821	17,997

(2007.12.31현재, 장지표, 2항)

국인(등록외국인 922,771명+미등록외국인 229,889명) 1,145,660명 가운데 점유 비율이 절반에 가까운 49%에 이르고 있다. 미국은 2006년 이후 약간씩 증가하고 있으며, 베트남은 2004년부터 매년 1만명 가까이 증가해 왔다. 특히 베트남출신 결혼이민자의 경우 매년 7천명 수준으로 늘어나고 있는 실정이다. 이어서 필리 핀, 타이가 최근 5년간 각각 1.5만명과 1만명 이상 증가했으며, 일본은 오히려 약 1만명 감소, 인도네시아도 4천명이상 줄어들었다. 몽골, 우즈베키스탄, 그리고 캐 나다는 증가세, 화교가 대부분인 대만국적 체류자는 2.5만명 수준에서 큰 변화를 보이지 않고 있다.

　[표 6-5] 유형별 외국인통계를 보면, 재외동포 〉 외국인근로자 〉 결혼이민자 〉 외국인유학생 〉 영주자격자 순서로 나누어볼 수 있다. 보다 구체적인 유형별 통 계를 살펴보면, 결혼이민자가 14.6만명, 외국인 근로자가 40.4만명 수준에 이르 고 있음을 알 수 있다. 유학생도 급증하여 3.7만명, 재외동포도 3.3만명에 이르고 있다. 등록외국인 가운데 결혼이민자는 동남아계의 비동포가 한국계 중국인(조 선족)의 2배 이상에 이르며, 외국인근로자는 조선족동포가 동남아계보다 9만명 더 많이 거주하고 있다.

▸ 표 6-6 주요 국적별/연도별 결혼이민자 통계

국적/연도	2001년	2003년	2005년	2007년
총 계	25,182	44,416	75,011	110,362
중 국 (한국계)	12,172 (9,719)	23,906 (18,405)	45,788 (30,992)	63,203 (36,632)
베트남	264	1,817	7,463	21,614
일 본	5,863	7,287	7,741	5,823
필리핀	3,041	4,561	3,932	5,033
몽 골	191	602	1,295	2,088
캄보디아	5	17	206	1,919
타 이	552	1,137	1,467	1,809
미 국	784	980	1,171	1,436
우즈베키스탄	134	571	917	1,208
러시아	262	758	1,059	1,061

출처: 출입국외국인정책본부 주요통계 http://www.immigration.go.kr(검색일:2008.8.14)

고용허가제 도입이후 법무부는 미등록 외국인노동자에 대한 단속을 강화해 2005년말까지 16만명, 2006년까지 8만명, 2007년까지 4만명수준으로 줄여간다는 목표를 정해두었으나 그 숫자는 줄어들지 않은 채 아직까지 미등록 외국인노동자는 약 22.3만명으로 미등록체류비율은 19.5%에 달하여, 일본 13%나 대만 5%에 비하여 높은 수준이다.[12] 미등록 외국인노동자의 임금체불, 작업장내 폭력, 산재보험 등의 문제는 아직까지 해결되지 않고 있으며, 중앙정부의 단속위주 정책은 계속되어 인권문제는 해결되지 않고 있다.

결혼이민자의 통계상 증가율도 전체외국인 증가와 맞물려 크게 높아졌다. 2001년부터 2007년에 이르기까지 그리고 2008년 6월 현재 118,421명에 이르기까지 2000년 이후 거의 5배가 넘는 증가세를 보였다([표 6-6]을 참고할 것). 가장 많은 것은 역시 절반이 넘는 중국인 배우자로 이 가운데 다시 절반이상은 한국계 중

---

12) 「국민일보」(2005.12.08).

▸ 표 6-7 한국정부의 외국인정책

유 형	세부 구분	법적 지위	외국인정책	통합여부
국제결혼	국제결혼남성	합법	다문화정책	통합대상
	국제결혼여성	합법	다문화정책	통합대상
국제결혼자녀	국제결혼자녀	한국인	다문화정책	통합대상
	이주노동자자녀	불법	외국인대책	귀환대상
이주노동자	등록 이주노동자	합법	외국인대책 (고용허가제)	3년체재후 귀환
	미등록 이주노동자	불법	강제추방	귀환대상
중국조선족	(미)등록노동자 국제결혼	합법/불법	외국인대책 (동포취업제)	통합/귀환대상

출처: 이선옥, 2007:102.

국인이다. 이어서 주로 베트남여성과 한국남성으로 이루어진 국제결혼이 2001년 264명에서 2007년 21,614명에 달하여 6년간 무려 80배 가깝게 늘어났다. 필리핀과 몽골, 캄보디아, 타이, 우즈베키스탄, 러시아 국적의 여성과 한국인 남성간 결혼도 크게 증가하였다. 2008년 5월현재, 국제결혼가정 청소년 재학생 18천명가운데 재학생 숫자는 초등학교 15,804명, 중학교 2,205명, 고등학교 760명으로 나타났다. 이 숫자는 2007년에 비하여 40%증가, 2006년에 비하여 100%증가한 것으로 특히 고교재학생 증가가 두드러지고 있다.

한국에서 다문화시책의 정책주체는 중앙정부와 지방정부로, 동시에 실천주체는 공공기관과 외국인 지원을 위한 시민단체가 맡고 있다고 할 수 있다. 그러나, 문제는 지나치게 차별적이거나 폐쇄적인 한국인의 고정관념이 별로 바뀌지 않는데다, 관주도 외국인대책이나 다문화정책이 아직까지 많은 문제점을 안고 있다는 것, 외국인을 위한 지원단체의 활동에서조차 외국인노동자나 결혼이민자의 의사가 반영되지 않은 채, 한국인중심으로 운영되고 있다는 것 등은 극복해야 할 과제로 지적되고 있다. 지금까지 다양한 유형의 이주외국인을 분류하여 한국정부의 외국인정책을 정리하면, [표 6-7]과 같다.

▸ 표 6-8 다문화정책의 개선방향

구 분	현 재	미 래
정책기조	국익우선, 통제중심	국익과 인권보장
외국인대우	인력활용	더불어사는 이웃
관련법령	개별법	재한외국인처우 기본법 제정
추진체계	소관부처별	총괄추진시스템 구축
정책평가	단편적, 비체계적	정책품질관리

외국인정책위원회 기본원칙(2006.5.)

2) 중앙정부의 다문화정책

2005년들어 다문화현상이 일상화되면서 당시 천정배 법무부장관이 '이주에서 이민'으로라는 견해를 표명하였다. 같은 해 12월 노무현 대통령은 외국인 인권문제를 중시하고 다문화정책을 언급한데 이어서, 2006년 6월 다문화사회가 피할 수 없는 흐름이라고 지적하였다. 이것은 한국정부가 외국인노동자를 대상으로 한 이주정책에서 벗어나 외국인과의 공생을 염두에 둔 다문화정책으로 전환하는 계기가 되었다. 2006년에는 하인즈 워드의 내한으로 혼혈에 대한 관심이 크게 높아지기도 하였다. 행정자치부에서 2006년 4월 다문화사회 형성을 정책목표로 제안하였으며, 대통령산하 차별시정위원회는 혼혈자와 결혼이주자에 대한 사회통합 지원안을 제시하였다. 이 시기들어 다문화정책의 개선방향의 변화를 도표화하면 [표 6-8]과 같다.

2005년을 계기로 한국내 외국인을 위한 중앙과 지자체의 법적 제도개선은 뚜렷한 진전을 보이면서 잇달아 관련 법률의 제정과 개정이 진행되었다. 중요한 법적 제도화만 해도 2006년 5월 외국인정책위원회 설치, 2006년 10월 행정자치부 거주외국인지원 표준조례안, 2007년 5월 법무부 재한외국인처우기본법 시행과 국적법 개정, 2008년 3월 보건복지가족부 다문화가족지원법과 2008년 7월 문화체육관광부 다문화사회 문화지원법 입법예고 등을 들 수 있다.

2006년 5월 외국인정책위원회가 설치되면서 처음으로 국무총리를 위원장으로 각 부처 장관이 위원으로 참석하여 부처별로 외국인정책을 본격적으로 추진하게 되었다. 제1차 외국인정책회의에서 외국인정책 기본법과 외국인정책 총괄추진기구 설치가 2개의 골자로 설정되었다. 이에 따라 2007년 5월에 재한외국인처우기본법이 제정되고, 법무무산하 출입국외국인정책본부가 발족하였다.

  2007년 5월 제정된 재한외국인처우기본법은 법무부장관 주관하에 중앙정부와 지방정부가 외국인정책을 수립하고 추진체계를 갖추어 갈 것, 국무총리소속으로 외국인정책위원회를 설치할 것, 재한외국인, 결혼이민자, 영주권자, 난민과 국적취득자의 인권보호와 처우개선, 다문화이해 증진과 세계인의 날 제정, 외국인을 위한 종합안내센터 설치 등을 규정하고 있다. 이하 2005년부터 현재에 이르기까지 다문화관련 법률과 제도개선 항목을 정리하면 다음과 같다. 또한 각 부처별로 다양한 관련 지원업무가 법률제정을 통하여 신규로 추진되거나 기반시설이 설치되었다. 이상의 내용을 정리하면, [표 6-9] 중앙정부의 부처별 주요지원정책으로 나타낼 수 있다.

2005년12월 노무현대통령 외국인대책 개선 지시
2006년 5월 법무부 외국인정책위원회, 제1회 외국인정책회의
2006년 8월 행정자치부 거주외국인지역사회통합지원 업무추진지침
2006년10월 행정자치부 거주외국인지원 표준조례안
2007년 5월 법무부 재한외국인처우기본법 제정
2007년 5월 법무부 출입국외국인정책본부 설치
2007년 7월 법무부 재한외국인처우기본법 시행
2007년 7월 법무무 국적법개정, 국민요건 명시
2007년12월 보건복지가족부 결혼중개업관리법 제정, 건전한 국제결혼문화 형성
2008년 3월 보건복지가족부 다문화가족지원법, 다문화가정의 사회통합지원
2008년 7월 문화체육관광부 다문화사회 문화지원법 입법예고. 법안내용으로 다문화정책수립집행, 다문화진흥원설립, 3년마다 실태조사 등 포함

  특히, 행정자치부에서 지방정부 조례모델안을 제정한 뒤로, 전국에서 70%에 달하는 지역에서 조례가 제정되었다. 거주외국인조례는 외국인과 외국인가정,

▶ 표 6-9   중앙정부의 부처별 주요지원정책

담당부처	지원정책
법무부	재한외국인처우기본법과 외국인정책 총괄
보건복지가족부	국제결혼이민자의 가족지원 등
노동부	외국인노동자 고용등의 법률운용과 고용관리
교육과학기술부	외국인유학생 관리, 외국인자녀교육 지원 등
보건복지가족부	외국인건강보험지원과 무료진료사업 등
문화관광체육부	외국인 한국어교육과 문화센터 운영지원 등
행정안전부	외국인의 지역사회적응과 종합지원사업 등
기타 외교통상부, 국토해양부, 지식경제부 등	

외국인지원단체를 시책대상으로 하여, 공공시설을 이용하거나 행정서비스를 받을 수 있으며, 지역공동체의 구성원으로서 정책형성에 참여할 수 있도록 노력할 것을 명기하고 있다. 또한, 거주외국인들의 지역사회 조기적응을 지원, 외국인 시책의 추진, 실태조사와 외국인밀집 거주지역의 발전계획 수립 등이 포함되어 있다. 그러나 미등록외국인이거나 국적취득 후 3년이 지난 외국출신 한국국적 취득자는 여기서 제외된다. 거주외국인에 대한 지원사업은 한국어와 기초생활 교육, 생활과 법률, 취업상담, 보건의료와 문화, 체육행사의 개최 등이다.

또한 이를 위하여 지자체의 부단체장을 위원장으로 하는 외국인지원시책 자문위원회를 구성하여, 공공프로그램에 대한 검토와 자문을 할 수 있다. 위원장을 포함한 15인 이내로 구성하며, 임기는 2년, 외국인업무 담당자, 학식경험자 등이 임명되어야 하는 등의 내용이 조례안에 들어 있다. 자문위원회는 외국인지원, 지역사회 프로그램, 다문화공동체의 형성 사업 등의 사항을 심의할 수 있다. 제3장에서 외국인지원을 활성화하기 위한 구체적인 방안으로 외국인주민 지원기관과 단체에 대한 지원, 외부에 업무위탁, 세계인의 날 시행, 외국인주민에 대한 표창, 명예도민제의 실시 등을 규정하고 있다.

한국형 외국인지원조례의 특징은 외국인지원업무를 외부 비영리법인 등에 위탁운영할 수 있도록 조례가 제정되었다는 점이다. 한국의 경우, 기본적으로 외국인지원 업무는 보조금지급을 통한 민간사업으로 추진할 수 있도록 조례에서 명기하고 있다. 공공부문과 비교하여 민간단체가 주도하는 경우, 다양한 사업을 보다 자율적으로 새로운 아이디어를 시도할 수 있다는 장점이 돋보이나, 역시 재원과 인력에서 관주도지원이 한계에 이르면 언제든지 위기에 봉착할 수 있으며, 안정성이 떨어지는 단점이 있다.

서울특별시 성동구 외국인지원조례의 경우, 성동외국인근로자센터 설치와 운영에 관한 조례시행 규칙에서 외부단체에 업무를 위탁하되, 운영위원회는 별도로 설치하여 구청간부로 위원회를 구성하고 간사를 지역경제과장으로 당연직 임명하고 있다(5조). 민간단체인 운영관리신청자는 법인등기부등본과 사업계획서를 갖추어 운영위원회에 제출하고(6조), 매년마다 수탁업무에 관한 총수입과 지출을 예산안으로 편성하여 구청장의 승인을 얻어야 하며, 이를 변경할 때에도 마찬가지이다(9조). 또한 수탁자는 연 2회 정기적으로 구청장에게 센터운영에 관한 사항을 제출하여야 하며, 구청장은 필요시 서류와 물품검사를 할 수 있게 되어 있다(10조). 또한, 성동구는 외국인근로자의 날 조례를 별도로 제정하여 매년 5월 21일에 체육대회나 위안잔치를 열고 있다.

한국과 달리 일본의 지방조례는 다문화공생의 선언, 의미, 책임소재, 계획안작성, 심의회설치, 추진체계 등을 명기하고 있다. 또한, 자연스러운 다문화공생을 강조하여 외국인에 대한 규정을 따로 하고 있지 않다. 한국은 보다 구체적으로 외국인의 규정, 지원내용, 자문위원회, 세계인의 날과 명예시민 표창 등 보다 자세한 항목을 담고 있으나 일본은 보다 선언적인 성격이 강하다는 인상을 보여주고 있다. 실제로 일본의 외국인대책은 지자체가 설치한 국제교류협회를 통하여 실시하고 예산과 운영면에서 공공기관이 직접 관리하는 경우가 대부분이다. 재원과 조직면에서 안정성이 매우 높은 장점이나, 재정악화로 출자기본금의 수익구조가 불안정해지면서 예산절약 노력이 두드러지고 있다.

3) 지자체의 다문화시책과 유형

중앙과 지자체의 외국인대책을 위한 예산액은 얼마나 책정되고 있을까. 2007년도 경우, 정부예산 약 100억원이 외국인대책과 다문화정책을 위하여 공공부문에 투자되었다. 광역단체로는 경상북도가 2008년도 53억원을 투입하여 외국인의 정착을 지원하고 있다. 충청남도는 2007년 7월 외국인지원조례를 제정하고 25억원 이상 예산을 들여 다문화가정을 지원하고 있다. 한국의 외국인지원은 중앙정부, 지자체, 민간단체로 구성되어 있다. 총단체 숫자는 564개로 공공기관이 102개, 종교단체 121개, 순수민간단체 341개로 나타났으며, 기초단체인 시군구별로 평균 2.3개에 달하고 있다. 지원기구의 유형은 크게 중앙정부와 광역단체, 기초단체, 민간종교단체 3개 유형의 기관으로 나눌 수 있다.

2008년현재, 지방정부 수준에서 다문화시책을 살펴보면, 광역단체는 경기도와 전라북도에서 전담계가 설치되어 있으며, 각각 부서별로 업무를 분담하여 운영하고 있다. 전국 230개 기초단체가운데 대부분이 외국인시책 프로그램을 실시하고 있으며, 이 가운데 직접 운영하고 있는 안산시외에, 기초단체가운데 55개, 비율상 22%는 별도 지원기구없이 기존 부서에서 업무를 실시하고 있다. 외국인지원을 유형별로 나누어보면, ① 생활지원형으로 기초단체인 강릉시, 목포시, 예천시 등, ② 노동지원형으로 기초단체인 안산시와 성동구, ③ 종합지원형으로 주로 광역단체인 서울특별시와 경기도 등으로 구분할 수 있다.

(1) 광역단체 지원기구

광역시의 예산과 조직을 살펴보면, 서울글로벌센터는 2008년 1월 개소하여 연간운영비가 25억원, 담당직원은 35명으로(파견직원 10명포함) 구성되어 있다. 부산국제교류재단은 2006년 2월 설립되어 연간예산 10억원, 직원 4명이 근무 중이다. 인천국제교류센터는 2005년 10월 설립, 연간 예산 30억원, 20명이 직원이 있고 글로벌허브를 지향하면서 매우 적극적인 자세를 보이고 있다.

서울특별시는 2008년 1월 서울글로벌센터를 설치하여 운영하고 있다. 재단법

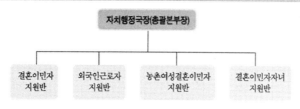

그림 6-6 충청북도 외국인대책 통합위원회

```
          ┌──────────────────────────┐
          │   자치행정국장(총괄본부장)   │
          └──────────────────────────┘
    ┌──────────┬──────────┬──────────┬──────────┐
┌─────────┐ ┌─────────┐ ┌─────────────┐ ┌─────────┐
│ 결혼이민자 │ │외국인근로자│ │ 농촌여성결혼이민자│ │결혼이민자자녀│
│  지원반   │ │  지원반  │ │    지원반    │ │  지원반   │
└─────────┘ └─────────┘ └─────────────┘ └─────────┘
```

5개반 15명 T/F제 월1회 실무협의회 개최

인 서울산업통상진흥원이 일반행정, 비즈니스와 국제교류, 생활지원을 담당하고, 성동외국인근로자센터가 다문화팀을 위탁관리하고 있다. 또한, 외국인을 위한 원스톱서비스를 도입하여 출입국사무는 법무부, 운전면허 경찰청, 시내 5개소 설치된 글로벌빌리지는 생활지원팀이 담당하고 있다. 다문화팀은 주로 베트남과 몽골계외국인들의 전화상담, 다문화가정의 언어치료에 집중하고 있다.

경기도는 국제협력관실에서 담당하고 있으며, 2008년 10월 경기도 외국인주민조례를 제정하였으며, 이미 경기도내 31개 시군 가운데 22개지자체가 조례를 제정하였다. 그러나 지금까지 수직행정으로 인하여 각부서간 업무분장이 정리되어 있지 않아서, 경기도조례에서 각 부서별 업무를 지정하고 있다. 경기도는 2010년 다문화가족과를 설치하였다. 신규업무는 협의후 분담하며, 다른 시도도 자치행정과, 가족여성과 등에서 담당하고 있어서 통일되어 있지 않다. 경기도는 고양시에 국제이주기구(IOM)산하 이민정책연구원 설립을 추진하고 있으며, 2009년 설립을 완료하였다. 충청남도는 종합관리시스템을 구축하여, 한글교실은 여성가족정책관실, 요리교실과 문화체험도 여성가족정책관실, 자녀학습지원은 충청남도교육청, 어울림한마당은 새마을과로 업무를 분담하고 전담직원을 배치하였다.

충청북도는 수직행정에 매몰되어 종합행정이 이루어지지 않는 문제점에 착안하여 자치행정국장을 위원장으로 담당부서를 지정하여 매월 1회 이상 실무협의회를 개최함으로써 개선안을 모색하고 있다. 자치행정국장을 총괄본부장으로 하여 여성결혼이민자 지원반(4명), 외국인근로자 지원반(2명), 농촌여성 결혼이민자 지원반(3명), 여성결혼이민자자녀 지원반(3명) 등 5개반 15명의 T/F를 구성하

▸ 표 6-10 기초단체관련 외국인통계

시군구평균	232개 기초단체별 각 3,842명(제주도 2개 행정시 포함)					
유형별	외국인근로자		결혼이민자		다문화가정자녀	
	1,887명		443명		250명	
외국인주민수	100백명이상	100~50백명	50~10백명	10~5백명	5~1백명	1백명미만
지자체수	22	32	100	38	39	1

(z90일이상 합법체류자기준, 2008.5.1 현재)

여 월1회 실무협의회를 개최하여 업무를 조정하고 있다([그림6-6]을 참조). 또한 355명의 맞춤형 자원봉사단을 구성하여 이들이 주1회 이상 다문화가정을 방문하고 있다. 이밖에 다문화시책 교육, 다문화축제, 모국방문지원, 무료법률상담, 생활가이드북 지원 등을 실시하고 있다.[13]

대전광역시에는 현재 미등록외국인을 포함하여 약 1만명의 외국인이 살고 있는 바, 외국인노동자가 많은 다른 지자체와 달리 국제결혼 배우자, 연구원, 노동자, 유학생 등이 고른 분포를 보이는 것이 특징이다. 국제도시를 지향하는 대전광역시는 국제화포럼, 국제화추진협의회, 해외자매도시위원회 등을 설치하여 외국인지원과 국제화를 위한 노력을 지속적으로 실시하고 있다. 2005년 3월 국제교류센터 조례를 개정하여 (사)국제교류문화원에 위탁, 운영하고 있다. 연2회 국제화추진협의회를 운영하여 대전국제화포럼을 창립하였고, 외국인대상으로 시정홍보와 생활편의를 제공하고 있다. 생활안내책자를 중국어로 약 1천부 발간하였다.

(2) 기초단체 지원기구

기초단체는 제주도내 2개 행정도시를 포함하면 232개이며, 평균 거주외국인은 각각 3,842명이다. 유형별로 나누면 외국인근로자가 1,887명, 결혼이민자가 443명, 다문화가정자녀가 250명 포함되어 있다. 외국인인구가 5천명~1천명수준이 가장 많아서 100개 기초단체가 이에 해당하며, 1만명 이상인 단체도 22개에 달

---

13) 한국지방자치단체국제화재단 [지방의 국제화](2007.10.).

하고 있다([표 6-10]을 참조).

　총인구대비 5%이상 기초단체는 서울특별시가 5개 지역으로 영등포구(9.8%), 금천구(7.8%), 구로구(6.8%), 종로구(5.5%), 용산구(5.3%)이다. 경기도는 4개 지역으로 김포시(6.4%), 화성시(6.1%), 포천시(5.9%), 안산시(5.2%)로 나타났다. 부산광역시는 1개 지역으로 강서구(7.2%), 충청북도 1개 지역으로 음성군(5.7%) 등이다. 따라서 외국인인구 집중지역은 음성군을 제외하면 대부분 수도권을 비롯한 대도시지역에 소재하고 있다.

　한편, 총인구대비 외국인비율 0.5%미만인 기초단체는 부산광역시 연제구(0.43%), 동래구(0.28%), 대구광역시 수성구(0.44%), 광주광역시 서구(0.37%), 전라북도 전주시(0.49%)이다. 이를 보면, 의외로 외국인비율이 적은 곳도 대도시 자치구임을 알 수 있다. 거주외국인은 수도권과 농촌지역에 집중되고 있으며, 광역시 자치구에 적게 거주하고 있다.

　외국인이 밀집거주하고 있는 지역을 중심으로 사례를 소개하면, 성동외국인근로자센터가 대표적이다.[14] 서울시 성동구청은 2001년 2월 전국최초로 본격적인 외국인지원센터를 설립하였다. 주요 사업으로 ① 언어교육, 한국문화, 이벤트견학, 아시아문화제, ② 한국어교육 100여명 자원봉사자를 활용한 상담사업과 무료진료 월 2회, ③ (사)한국이주민건강협회에 월 6천원부담으로 건강보험에 가입을 유도하여 이미 가입자가 240명이며, ④ 지구촌학교에서 방과후 외국인자녀 교육, ⑤ 한국어중급자를 대상으로 아시아프렌드십을 위한 한국어와 리더십교육 등을 실시하고 있다. 외국인근로자센터는 지하1층 지상4층의 전용건물로 다양한 시설을 갖추고 있으며 등록, 미등록외국인노동자를 구별하지 않고 행정서비스를 제공한다.[15] 그러나, 운영재원은 대부분 서울시지원금에 의존하고 있어 재정자립도를 높여가는 것이 과제로 남아 있다.

　2007년4월 처음으로 지방조례를 제정하였고, 가장 외국인지원시책이 활발한 경기도 안산시도 빼놓을 수 없다. 외국인집단 거주지역인 안산시는 2008년 6월현

---

14) 2008.09.10 성동외국인근로자센터 담당자와의 인터뷰를 정리한 것.
15) 서울특별시 성동구청 홈페이지 참조 http://www.smwc.or.kr/about/about_3.php

재, 외국인이 32,943명으로 전체인구의 4.4%에 달하며, 집단거주지인 원곡동은 58개 다문화가 공존하면서 주말이면 5만명 이상의 외국인이 모여들기도 한다. 안산시의 조례는 외국인주민센터를 설치하는 규칙이 포함되어 있는데, 외국인주민센터는 거주외국인을 위한 교육과 문화활동, 보건의료 지원, 상담과 정보제공 등의 기능을 수행하고 있다.

안산시 외국인주민센터는 다른 지역과 달리 안산시에서 파견된 공무원이 직접 운영하고 있다.[16] 연간 운영비는 약 15억원(인건비제외)으로, 국비 17%+경기도 26%+안산시청 56%로 나누어 각각 부담하고 있다. 조직과 주요사업을 살펴보면, 다자외무팀이 외국인지원기반구축, 민관협의체 운영, 지구촌문화팀이 외국인 문화, 체육활동지원, 공동체지원, 국가별 주간행사 지원, 국제교육팀이 한국어, 기술지도(자동차정비, 한국어, 컴퓨터, 미용), 다문화이해교육, 홍보와 홈페이지, 외국인인권팀이 복지시책 개발과 지원, 인권증진 기반조성, 결혼이민자 지원을 담당하고 있다. 주요시설로 야외공연장, 무료진료센터, 외환송금센터, 이주민통역지원센터, 컴퓨터교육실, 강의실, 사무실, 문화의 집, 다문화도서관 등이 있다.

기존 부서업무로 추진하고 있는 사례를 살펴보면, 서울특별시 성북구에는 22개 외국대사관저와 2,500여명의 외국인이 거주하고 있으며, 특히 각국을 대표하는 대사관가족들에게 가장 밀접한 삶의 터전이다. 성북구청은 "성북에서 아름다운 추억을" 프로그램을 만들어 성북구거주 외국인들을 초청하여 만찬과 전통공연 등을 열고 우정을 나누는 행사를 개최하고 있다. 또한 불우이웃을 위한 김치담그기 행사도 열어서 한국에 대한 관심도 높여가고 있다(지방의 국제화, 2006. 1:32~34).

그러나 아직 외국인대책 프로그램이 충실하지 못하고 횟수도 적은 편이다. 별도조직으로 설치되어 외국인대책을 추진하는 것이 아니고 기존의 업무부서내 일부사업으로 책정되고 있어서 한계를 지니고 있다. 이밖에 구체적인 외국인대책은 전무한 상태로, 예컨대 국제결혼 부부와 자녀에 대한 지원책을 외국인주민이 문의한 결과 전혀 없다는 답변이었다.

---

16) 2008.09.10. 외국인주민센터 담당자와의 인터뷰를 정리한 것.

충북괴산군은 137명의 결혼이주민과 154명의 다문화가정 자녀가 있는데 결혼 뒤 3개월간 한국어, 한국사회 적응을 위한 프로그램을 실시하고 있다. 최근들어 결혼식을 올리지 못한 부부들을 위하여 군청에서 합동결혼식도 실시하였다. 전담부서없이, 행정과, 사회과, 보건소로 각각 역할을 분담하면서 업무를 담당하고 있다. 또한, 기초단체에서도 전라남도 목포시와 같이 외부위탁을 통하여 교육사업, 상담, 의료, 문화, 가정결연 등 매우 다양한 사업을 실시하고 있는 경우도 있다.

4) 다문화정책과 지자체의 역할모색

(1) 중앙-지방거버넌스의 구축

한국의 중앙정부와 지자체에 있어서 다문화정책은 중요한 키워드가 되고 있으며, 그동안 지속적으로 법적 제도정비를 서둘러 왔다. 중앙정부의 법률정비와 함께 지자체도 거주외국인 지원조례를 제정하여 지역주민으로서 외국인에 대한 지원체계를 구축하고자 노력하고 있다. 이렇게 다문화정책이 빠른 속도로 진화하고 있는 것은 평가할 만 하지만, 실제로 그 체계와 내용이 제대로 정리되지 못한 채, 개념의 혼용과 시책의 부정합성이 두드러지고 있다. 지금까지 나타난 다문화정책의 문제점가운데 가장 두드러진 것은 다양한 법률과 시책이 너무나 중첩되고 다양한 주체에 의하여 추진되고 있다는 것, 그리고 프로그램 참가율이 낮아서 효율성이 높지 않다는 점 등이다.

중앙정부는 노동부, 보건복지가족부, 교육과학기술부, 법무부, 행정안전부, 농림수산식품부 등 6개부처가 지원대책을 발표하였고 유관기관인 교육청, 농협, 새마을단체에 이르기까지 유사시책을 산발적으로 추진하여 문제점이 제기되고 있다. 예를 들면, 보건복지가족부의 다문화가족지원법에 더하여 문화관광체육부의 다문화사회 문화지원법 추진 등 각종 법률이 증가하는 추세에 있다. 그렇다보니 광역, 기초단체도 마찬가지로 각 부서에서 지나치게 다양한 시책을 내놓고 있다.

중복사업의 예를 들면, ① 한글교실-여성가족정책관실, 농업정책과, 농협중앙회, 새마을회가 중복추진, ② 요리교실과 문화체험-여성가족정책관실, 농업정책과, 농협중앙회, 새마을회, ③ 자녀학습지원-여성가족정책관실, 농업정책과, 도교육청, 농협중앙회, 새마을회, ④ 다문화가정 아동양육사업-여성가족정책관실, 농업정책과, 도교육청, ⑤ 한마당 어울림마당-도청 새마을과, 여성가족정책관실, 도교육청, 새마을회에서 중복추진하고 있는 현실이다. 또한, 1개의 자치단체내에 중앙정부와 지자체의 기관이 각각 설치되어 업무중복이 발생하고 있다. 안산시의 경우, 시내에 노동부의 외국인근로자 지원센터, 보건복지가족부의 다문화가족센터, 안산시청의 외국인주민센터가 각자 업무를 실시하고 있어 비효율적이다. 따라서 중앙정부와 지자체가 각각의 역할을 정리, 분배하고 나름대로 상호간 거버넌스를 확보할 수 있는 장치를 마련하는 것이 시급하다.

(2) 지자체중심 시책과 조례제정

거주외국인 표준조례 제정이나 시책을 중앙정부가 일괄적으로 만든 모범안에 의존하지 말고 지자체의 독자성을 살려서 만들어나갈 필요가 있다. 예를 들면, 표준조례안이 외국인주민에 대한 국경없는 시민권을 개방한 획기적인 방법이라는 점에서 높이 평가하면서도 용어면에서 외국인이나 외국인가정을 위한 시혜적인 지원의 의미를 강조함으로써, 한국인과 외국인간 구별을 짓거나 결혼후 실제로 한국국적을 취득한 결혼이민자에 대해서도 당분간 외국인으로 규정함으로써 심리적인 타자화를 강요하고 있다. 또한, 주민감사, 조례제정과 개폐, 공직선거법과 주민투표법에서 국적조항이 적용되면서 주민의 권리를 누릴 수 없는 점은 아직까지 한계로 지적되고 있다.[17]

따라서 앞으로 외국인이 아닌 이주민으로 바꾸고 자문기구나 지원단체가 거주외국인이 참가하거나 적극적인 활동을 할 수 있도록 환경을 조성하는 것이 필요하다.[18] 지방의회의 조례가 보다 형식적인 규범이 아닌 실질적인 지원방안으로 작동하기를 지적하는 목소리도 나오고 있다.[19] 더 나아가 아직까지 조례가 등록

---

17) 주민투표법은 영주권을 지닌 외국인에게는 개방되어 있다.
18) 박천응, "거주외국인 지원조례의 쟁점과 과제" [안산이주민센터](2008.08. 검색)
19) 경남도민일보 사설 2007.10.23일자.

외국인에 적용하고 있는 점을 지적하면서 미등록외국인에까지 대상범위를 확대할 것, 외국인을 위한 행정서비스나 기본권보장수준에서 벗어나 인권보호, 통합부서와 전담직원 배치, 지역별 조례특성화, 이주민의 의견이 반영되는 다문화사회로의 전환을 요구하고 있다.[20]

외국인노동자가 밀집된 경기도 부천시에서는 2007년 10월 외국인지원조례 제정을 앞두고 지원단체가 기자회견을 통하여 미등록외국인에게까지 조례적용 대상을 확대할 것을 요청하였다. 그러나 이에 대하여 부천시청은 출입국관리법을 비롯한 상위법위반이며, 일반시민에 돌아갈 세금을 불법체류자를 위하여 사용할수 없다고 반대한 바 있다. 반면, 미국 코네티컷주 뉴헤이븐시는 미등록외국인에게 신분증을 발급하는 조례안을 승인함으로써 범죄피해를 방지하였다. 안산시도 미등록외국인이 시청에 출입국등록을 할 수 있도록 중앙정부에 요청한 바 있다.[21]

(3) 다문화도시회의 네크워크

일본의 경우, 외국인집주도시회의가 있어서 중요한 네트워크를 구성하고 있다. 따라서 한국에서도 이것을 모범사례로 삼아서 외국인노동자가 많은 안산시, 부천시, 김해시, 포천시, 고양시, 남양주시 등에서 먼저 다문화도시회의를 구성하고, 이어서 농촌지역에 결혼이민자가 많은 곳에서는 이민자도시회의를 구성하는 것이 바람직하다고 보여진다. 이들 단체가 네트워크를 구성한 다음에 바람직한 대안을 모색하고 그것을 중앙정부에 정기적으로 제출하거나 지속적으로 중앙정부의 관계자를 불러서 상호간 의견교환을 할 수 있는 시스템을 구축한다면 그러한 과정속에서 지자체는 중앙정부에 의견을 반영할 채널이 만들어지는 셈이 될 것이다.

---

20) 한국아시아이주민센터. "지방정부 거주외국인 지원조례에 대한 의견"(2008.08. 검색).
21) 물론, 현행 체제아래서 미등록외국인은 나름대로 최소한 배려를 받고 있다. 자녀들의 보건소 무료접종, 무료법률상담 등의 지원, 시청에서 한국어강좌 수강, 교육부는 미등록자녀에게 공교육 기회제공, 보건복지부에서 응급의료비 지원, 또한 행정자치부도 조례제정이 미등록외국인을 배제하지 말고 기본권을 보장하도록 지침을 내린 바 있다.

5) 향후 과제

한국정부의 외국인정책에 있어서 가장 큰 문제점 가운데 하나는, 장기적으로 볼 때 이민정책과 사회통합정책을 연계하지 않을 경우, 대상자를 교육에 참여시킬 동기가 없어 실효성에 한계가 있다는 것이다. 말하자면, 이민정책내에 조기 사회적응을 유도해가야 한다는 지적이다. 예를 들면, 사회부적응이 심각한 결혼이민자는 최소한 초등학교 4학년수준의 한국어 수준을 지닌 자에게 국적을 부여하여야 하나, 2년 거주 후 초급에 못 미치는 이들에게 국적취득을 허용하고 있는 실정이다. 2007년 결혼이민자의 취업률은 34%에 그치는 등, 한국사회에서 자기발전의 기회가 부족하며, 이에 따라, 법무부는 2008년 이후 결혼이민자 귀화필기시험을 다시 부활시켜 모든 귀화신청자는 귀화필기시험과 이수제를 병행하는 것으로 개정하였다.[22)]

귀화과정에 있어서도 한국어교육 참가를 반대하는 가족들의 인식개선, 교육장에의 접근도, 교육여건 조성 등 환경 마련이 더 시급하다. 모든 영유아시설을 결혼이민자 자녀에게 개방하는 것은 사회통합이라기보다 기본서비스 제공 차원의 문제이다. 국적미취득자에게 안정적인 체류와 생활을 보장하고 차별해소의 관점에서 사회통합 실시, 인프라 구축이 우선되어야 한다는 것이다.[23)] 이민자 모국어 오리엔테이션 시간, 휴대용 책자나 테이프, CD 등을 제작하는 것도 방법이다.

아울러 국민들의 인식을 바꾸는 작업도 동시에 진행되어야 한다.[24)] 문화체육

---

22) 3년거주 취득이나 선택제는 영국형 모델, 프랑스도 2006.7. 이민통합법 제정이후 프랑스어, 시민교육을 의무적으로 이수해야 함, 법무부는 독일식을 염두에 두고 있다.

23) 법무부의 개선안은 귀화필기시험 부활, 국적취득 대기기간 단축, 한국어 초급수준인결혼이민자의 경우 언어과정 면제하는 것이다. 결혼이민자의 남편대상 다문화이해 사전교육을 5단계 90시간 실시하고, 1단계:한국어, 2단계:직업활동 지원, 결혼이민자는 국내체류 2년 면접6개월, 결혼이민자는 2년거주주 영주권 부여, 이혼후에도 영주자격 부여, 이수자에게 심사대기기간 1년 정도로 단축하는 내용이다. 이를 위하여 다문화사회통합 지역거점(ABT대학) 전문과정을 이수하면 한국어필기시험을 면제받을 수 있다. 그러나 이것은 단지 계획안으로 그쳤으며, 다문화행정 현장에 도입되지 않았다.

24) 한 조사결과에 따르면, 한국인은 자국국민으로서 규정을 혈통이나 민족에 근거하기 보다는 정치적이고 실용적인 측면에서 판단하고 있다. 한편으로 또한, 한국의 다문화주의가 미국이나 서유럽 등의 문화나 국민에 대한 개방성으로 나타나고 있으며, 아시아국가 들에 대해서는 배타적인 태도를 보인다고 분석하고 있다. 그리고 설문조사 결과, 외국인권리로서 인정해야할 항

관광부가 2008년 4월 실시한 이주민 실태조사에 따르면, 외국인 차별이 심하다는 응답자가 무려 79.4%에 달하고 있다. 구체적인 항목으로, 한국어 미숙 43.2%, 여가시간 부족 20.6%, 한국의 생활관습 19.6%, 이주민 차별의식 13.3%로 나타나 한국어능력 부족과 힘든 직장업무가 생활의 어려움으로 이어지고 있다. 게다가 국가인권위원회의 반대에도 불구하고 이명박정부가 미등록 외국인 단속을 강화하고 있는 현실은 상당한 모순을 노정하고 있다고 하겠다.

3. 다문화정책의 추진체계

1) 중앙정부의 정책추진체계[25]

외국인정책위원회에서 작성한 「제1차 외국인정책기본계획」의 주요 정책과제별 주관부처를 살펴보면, 중앙부처 중 외국인정책의 소관부처로는 법무부, 지식경제부, 외교부, 노동부, 교육과학기술부, 행정안전부, 문화체육관광부, 국토해양부, 보건복지가족부, 농림수산식품부, 경찰청, 해양경찰청, 중소기업청, 식품의약품안전청 등이 있다. 다만, 예산을 투입하지 않는 중앙부처들을 제외할 경우, 2009년 기준으로 법무부(103.31억원), 지식경제부(26억원), 노동부(157.12억원), 교육과학기술부(329.80억원), 행정안전부(24.29억원), 문화체육관광부(58.65억원), 보건복지가족부(345.50억원), 여성부(40.87억원), 농림수산식품부(4억원), 중소기업청(21.30억원)이 중앙정부의 다문화정책을 담당하고 있다.

광역단체의 경우, 다문화정책 주무부서로는 여성가족 관련 부서가 있다. 거주 외국인 집단의 특성에 따라 수도권과 광역시는 국제협력부서와 경제/노동관련 부서가 다문화 관련 업무를 담당하고 있으며, 도의 경우 농업관련 부서가 다문화

목으로 외국인을 위한 창구마련이 90%이상 찬성, 노동법적 권리 부여가 당연시되고 있으며, 이주자 인권보호, 이주자자녀의 국적취득, 이주자 취업지원, 이주자자녀 양육지원은 중간점수대로, 그리고 이주자참정권은 가장 낮게 나타났다(최현, 2007:165).
25) 여기서는 한승준(2009) [아시아국가의 다문화사회 형성과정과 정책추진체계연구]의 주요 부분을 인용하여, 중앙정부의 정책추진체계와 지방정부의 다문화사업예산을 살펴보기로 한다.

▶ 표 6-11 외국인 정책의 주요 행위자

행위자 분류		부처(부서)와 기관
중앙정부		법무부/지식경제부/노동부/교육과학기술부/행정안전부/문화체육관광부/보건복지가족부/여성부/중소기업청/기획재정부/외교통상부/농림수산식품부/국토해양부/식품의약품안전청/해양경찰청
지자체	광역자치단체	가족여성정책/복지정책/국제협력/문화정책/보건위생정책/노동정책/투자진흥/외국인지원/농어촌정책
	기초자치단체	자치행정/사회복지/민원봉사/문화체육/의약 · 보건/여성 · 아동
공공기관		건강가정지원센터/외국인근로자센터/결혼이민자(다문화)가족지원센터/사회복지관/글로벌빌리지센터/외국인지원센터/여성회관/고용지원센터/국제교류재단/교육청/출입국관리사무소/지방경찰청/공공연구소/국공립대학
민간기관		이주여성인권센터/외국인노동자지원센터/사회복지관/민간학교/종교단체/교육센터/민간사회복지법인/이주민여성상담소/외국인노동자상담소/쉼터/이주민센터/국제교류센터/YMCA/외국인노동자의집/민간연구소/사립대학

출처: 외국인정책위원회, 2008a 및 행정안전부, 2008 자료분석정리.(한승준, 2009:90)

관련 업무를 담당하고 있다. 기초단체는 기본적으로 자치행정, 사회복지, 주민지원 부서에서 다문화 업무를 담당한다. 그 외에는 지역특성에 따라 보건소, 여성정책, 농업관련 부서에서 다문화 관련업무를 담당하는 것으로 나타났다(행정안전부, 2008: 527~559). 그 외에도 매우 다양한 공공기관들과 민간기관들이 다문화 사업과 프로그램에 참여하고 있다. 외국인정책의 주요 행위자나 관련부서로는 [표 6-11]과 같은 유형별로 분류할 수 있다.

2) 지방정부의 사업과 예산

지방정부의 외국인정책 예산을 확충하기 위해서 중앙정부는 2007년부터 보통교부세와 총액인건비 산정기준에 등록외국인 수를 새롭게 반영하고 있다.[26] 2008년도 보통교부세 산정에서는 2007년의 국제결혼이민자와 등록외국인 이외

---

26) 한승준의 [아시아국가의 다문화사회 형성과정과 정책추진체계연구]를 참조

▶ 표 6-12 지방정부 외국인 현황 · 예산 · 사업

지방 정부	외국인		예산(단위: 억원)			사업특성				
	외국인수	비율 (%)	총액	자체예산	자체예산비율 (%)	총 사업수	사업유형			
							개방 이민	사회 통합	이민 행정	인권 옹호
서울	260,019	2.5	1790.55	1728.44	96.5	100	29	70	0	1
부산	33,192	0.9	144.16	87.91	60.4	15	8	5	0	2
대구	22,822	0.9	21.48	6.66	31.0	23	5	16	0	2
인천	49,253	1.8	30.57	18.11	59.2	8	2	5	1	0
광주	13,077	0.9	40.44	3.44	8.5	36	7	29	0	0
대전	14,682	1.0	39.19	6.45	16.5	44	19	23	0	2
울산	14,667	1.3	6.85	1.85	27.0	4	0	4	0	0
경기	277,991	2.5	95.07	54.27	57.1	36	13	18	1	4
강원	15,236	1.0	153.41	107.42	70.0	66	5	61	0	0
충북	22,669	1.5	27.46	1.93	7.0	15	1	12	1	1
충남	36,591	1.8	82.09	40.39	49.2	15	2	12	0	1
전북	18,423	1.0	37.84	3.21	8.5	8	0	7	0	1
전남	20,551	1.1	104.35	26.83	25.7	99	14	81	0	4
경북	36,685	1.4	112.49	22.94	20.4	83	4	75	0	4
경남	50,431	1.6	59.33	20.95	35.3	16	2	14	0	0
제주	5,052	0.9	6.24	0.87	13.9	19	1	16	2	0
총계	891,341	1.8	2751.52	2131.27	77.5	587	112	448	5	22

출처: 외국인정책위원회. 2008b 자료정리(한승준)
부록: 제 1차 외국인정책기본계획 2009년도 지방정부 시행계획
(한승준, [아시아국가의 다문화사회 형성과정과 정책추진체계연구]에 따름)

에도 국적취득자, 국제결혼가정자녀 수요를 신설하였다.[27] 한승준에 따르면, 2008년도 다문화정책 관련 광역단체별 예산현황은, 예산총액의 편차가 매우 크

[27] 보통교부세 일반사회복지비 산정에 있어 광역자치단체는 외국인, 결혼이민자(자녀포함) 및 국적취득자 × 14,210원, 기초자치단체는 외국인, 결혼이민자(자녀포함) 및 국적취득자 × 22,080원 × 60%를 반영한다.

다. 또한 자체사업예산은 382.24억원으로 전체예산 994.45억원의 38% 수준에 머물고 있으며, 예산총액에서 자체사업예산이 차지하는 비율도 부산의 경우에는 0.7%인데 반해 경기도의 경우에는 85.3%에 이를 정도로 편차가 매우 심하다고 지적하고 있다.

2009년도 외국인정책 총 투자규모 2,752억원 중에서 지자체 자체사업 투자규모는 2,131억원으로 전체 투자규모의 77.5%를 차지하고 있다. 특히 지자체 자체사업의 투자규모는 2008년도의 382억원에서 458%나 증가하였다. 지자체 사업 중에서 예산규모가 큰 사업으로는 '외국인학교' 관련 사업과 서울, 부산, 대전, 울산 등의 국제교류센터 관련 사업들이다. '외국인학교 신규건립 사업'에 서울(1,562억원), 부산(85억원), 광주(30억원), 대전(25억원) 등의 광역시가 대규모 예산을 투자하고 있으며, 글로벌센터의 건립이나 운영에 서울(29억원), 인천(9억원), 부산(2억원), 대전(1억원), 울산(1억원)의 예산을 투자한 것으로 분석되었다.

지방정부의 자체예산 투자규모와 비율을 분석해보면 지자체간 편차가 매우 큰 것으로 나타났다. [표 6-12]를 보면, 경기도의 경우 외국인주민의 숫자와 비율은 가장 높지만 자체예산은 54억원으로 전체 16개 광역단체 자체예산 규모에서 네 번째이며, 자체예산의 비율도 57.1%로 다섯 번째로 나타났다. 반면 강원도의 경우에는 외국인주민의 수는 15,236명으로 열두 번째 수준이나, 자체예산의 규모는 107억원으로 16개 지자체 중에서 두 번째로 크며, 그 비율도 70%에 이르고 있다. 충북의 경우, 외국인숫자(22,669명)와 비율(1.5%)에 비해 자체예산의 총액(1.93억원)이나 비율(7.0%)이 상대적으로 낮게 나타났다. 그리고 광주, 전북의 경우에는 외국인주민의 수와 비율도 낮고, 자체예산의 비율도 10% 미만으로 나타났다.

전체 지자체의 외국인정책 관련 사업의 총 수는 587개이며, 외국인정책 분야별로는 개방적 이민허용 분야가 112개 사업(19.1%), 질 높은 사회통합 분야가 448개 사업(76.3%), 질서있는 이민행정 분야가 5개 사업(0.9%), 외국인 인권옹호 분야가 22개 사업(3.75%)이다. 지자체의 경우에는 질 높은 사회통합 분야와 개방적 이민허용 분야 사업을 주로 추진하고 있는 것으로 나타났다. 광역시와 도의 분야별 사업을 비교해 본 결과 개방적 이민허용 분야의 경우 광역시에서는 전체 사업의 30.6%를 차지하는 반면, 도에서는 11.8%를 차지하고 있다고 분석하고 있다.

종합적으로 볼 때, 지자체별 외국인 정책 관련 예산과 사업은 그 편차가 매우 큰 것으로, 지자체의 투자규모와 사업수는 해당 지자체의 외국인 규모나 비율과 일치하지는 않으며, 자체예산의 규모와 사업수도 비례하지 않는다는 것이다. 따라서 지방정부간 외국인정책의 편차를 줄이기 위한 대책을 마련해야 할 것으로 판단된다고 한승준은 지적하고 있다.

7

다문화정책의 국제비교

7 다문화정책의 국제비교

1. 외국인노동자와 다문화정책

1) 다문화현상과 외국인노동자

(1) 외국인노동자의 국제비교

　다문화현상은 글로벌한 현상이지만, 동시에 지역별로, 국가별로 다양한 특징을 보여주고 있다. 첫째, 이민국가로 이루어진 미국이나 호주, 캐나다 등의 서구국가들, 둘째, 제국주의 팽창기간 동안 식민지주민이 식민모국으로 유입되거나 전후 경제성장기에 노동력부족으로 적극 외국인력을 도입한 프랑스나 독일, 영국의 사례, 셋째, 가혹한 식민통치를 통하여 유럽과 아프리카, 원주민간 고통스러운 혼합과정을 거친 남미국가의 다문화, 넷째, 1980년대 동북아에 있어서 경제격차와 노동이민의 발생과 수용과정 등은 서로 다르다.

　종교와 문화에서 다양성의 공간이 훨씬 더 넓은 아시아국가의 다문화도 마찬가지로 각각 다른 양상을 보여주고 있다. 예를 들면, 동남아시아와 동북아시아간

그림 7-1 OECD국가의 외국인노동자 비율

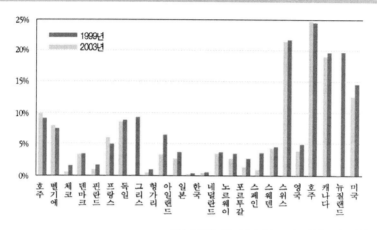

출처: OECD 『Trends in International Migration 2004』.

다문화는 상당히 큰 차이가 있다. 동남아지역에 있어서 식민지배에 따른 인적 이동은 오래되었으나, 국민국가 형성은 늦어져, 일체화된 민족의식내지 국적의식은 한국이나 일본에 비교하여 상대적으로 낮다. 전체인구의 30%가 넘는 혼혈인구가 존재하면서 다문화에 대한 거부감이 적은 필리핀의 경우는 전형적인 사례이다.

한편, 동북아각국의 국민의식은 단일민족의 신화가 저변에 깔리면서 매우 높다고 할 수 있다. 일본과 한국은 자국민 비율이 98%, 중국은 93%가 한족, 홍콩은 98%가 한족중국인이라는 사실로 금방 알 수 있다. 다종교, 다문화, 다민족이 거주하는 동남아지역은 국가주도로 아이덴티티를 형성해가는 과정인데 비하여, 동북아국가들은 폐쇄적이며 국수적이고 중앙집권적이며, 건국신화를 민족역사와 정체성 중심에 두고 있다(日本總務省, 2006.3: 25~26). 한마디로 다문화라고 하여도 그것은 각국의 역사와 문화, 인종과 경제적 수준에 따라 천차만별의 양태와 현실이 존재하고 있는 것이다.

1980년대 이후 전세계적인 현상으로 대두한 다문화현상은 새로운 양상을 띠면서 학문상, 정책상 논의를 활성화시켰다. 영국, 독일, 프랑스와 같이 비교적 동질적인 문화를 가진 국민국가들은 식민지경영과 전후복구, 유럽통합에서와 같은 다양한 인구 유입과정을 거치면서 이문화와 이종교를 허용해 왔다. 프랑스에서 아프리카 주민의 유입과 이슬람교의 확산은 그 대표적인 사례이다. 미국이나 호주, 캐나다도 이민국가로 출발했으나 인종간 갈등의 불씨가 남아 있으며, 정부는 다민족간 사회통합을 위하여 지속적인 정책을 전개해 오고 있다(김남국, 2005).

킴리카(W. Kymlicka)는 외국인소수자들이 이주하여 새로운 모국사회로 통합되는 과정에서 세 가지 유형을 제시하고 있다. 대규모이민으로 외국인 소수자들을 주변에 받아줄 만한 경제력이나 사회적 다양성에 적응해가는 선진국 유형, 보다 나은 통합조건을 제시하여 협상을 통하여 주류문화와 점진적으로 조화해가면서 아이덴티티를 유지하는 자치권력 추구 유형, 외부자로서 주변부에 거주하면서 그나마 일상세계를 지켜나가는 경계인으로서 위상을 받아들이는 유형 등이다(Kymlicka 2002; 강휘원, 2006:11~12).

선진국 유형인 유럽형, 미국형과 달리 역사, 문화적으로 자국민 중심주의가 강한 한국이나 일본에서 1980년대 이후 이주해 온 외국인들은 세 번째 유형에 가깝다. 수백년간 외국과의 교류경험이 풍부하고, 대립과 갈등을 거쳐서 다문화를 수용해온 유럽국가와 달리, 한국과 일본의 외국인대책은 최소수준에서 국민과 외국인과의 공존을 지향하면서, 인권을 보장할 차별방지나 시민권 확대에 집중하고 있다. 다문화정책의 제도와 성격, 시기와 단계, 공존의 수준이 각국마다 크게 다를 수밖에 없다.

경제개발협력기구(OECD)의 2004년도 보고서에 따르면, 각국에서 외국인노동자 비율이 증가하면서 국가간 격차도 더욱 두드러지고 있다. 외국인노동자 비율이 전체노동자 가운데 이미 1/4을 넘어선 호주가 가장 높아서 무려 25%에 달하고 있으며, 이어서 스위스가 22%, 뉴질랜드, 캐나다가 약 20%, 미국 15% 등의 순서로 나타나고 있다. 오스트리아, 그리스, 독일, 벨기에 순서로 약 7~9%대이며, 최근 아일랜드가 6% 이상으로 급증하였다. 프랑스, 영국, 스웨덴, 스페인, 포르투갈, 노르웨이, 체코, 핀란드 각국에서 5% 이하로 나타났으며, 한국과 일본은 노동인구 가운데 등록된 외국인노동자 비율이 2% 수준에 머물러 있다.[1]

▶ 표 7-1 외국인노동자 수용제도와 방법의 국제비교

수용형태	수용방법	수용범위의 제한방식			
		직 업		직업외	
		업종이나 직종	직업능력 (학력, 자격)	직종, 업종 능력제한없음	국적
노동량 중시 — 노동시장 테스트	노동력 부족을 입증할 경우 조건부로 수용	독일 (노동허가) 미국(농업 계절노동) 캐나다 (일시취로)	영국 (노동허가) 미국 (취로이민)	프랑스 (임시체재 허가) 미국(비농업 일시취로자)	
수량 할당	총량 한정	미국 (전문직)	미국 (취로이민)	미국(비농업 일시취로자)	독일 (청부, 방문 노동)
고용세	외국인고용주에 대한 세금징수	싱가포르			싱가포르 (말레시아인)
고용 한도율	기업당 외국인비율 제한	싱가포르			싱가포르 (말레시아인)
노동질 중시 — 수용 범위 조정	일정기준에서 무제한	한국,일본 (전문기술)	싱가포르		
점수제	일정점수 이상자		캐나다,영국 (기술이민)		

출처: 獨立行政法人勞動調査硏究・硏修機構(2007)
[アジアにおける外国人労働者の受け入れ制度と実態]

　격차가 큰 외국인노동자의 인구비율 만큼이나 각국의 수용제도와 방법은 다르다. 노동인구의 유입량을 중시하는 유럽과 미국 등에 비하여, 노동인구의 전문기술이라는 질적인 측면을 중시하는 한국과 일본, 양자를 병행하는 영국, 캐나다, 싱가포르 등이 있다. 노동량을 중시하는 싱가포르와 대만은 외국인 고용시 고용주가 세금을 납부하거나 기업당 외국인비율을 한정하여 자국 노동자를 보호하고자 노력하기도 한다. 프랑스는 직종, 업종, 능력과 관계없이 임시체재를 허가하거나,

1) 일본 경제산업성 홈페이지 2008.12.07일 검색
http://www.meti.go.jp/report/tsuhaku2005/2005honbun/html/H3233000.html).

독일은 국적을 제한하여 방문노동을 허용하고 있다([표 7-1]을 참조). 일본과 한국은 국내노동시장이 부족할 경우에만 외국인인력을 충당하고, 인력활용 후에 귀국시키는 노동시장보완과 교체순환원칙을 엄격하게 유지하고 있다(설동훈, 2005: 201).

국내 외국인 비율은 선진각국 가운데 낮은 편에 속하며, 사회통합의 수준에서 비교해 볼 때 상대적으로 하위 단계에 머물러 있다. 그러나, 국내에서 외국인인구의 비율은 빠른 속도로 높아지고 있으며, 이에 따라 외국인노동자의 체류기간도 일부에 한해서 3년에서 5년으로 연장되었다. 결혼이민자의 사회통합을 위한 다양한 방법이 도입되었거나 개선안을 검토하고 있으며, 단기체재형 외국인노동자의 사회통합이 논의될 정도로 외국인인구의 유입과 장기체류가 진행되고 있어서, 중앙정부와 지자체의 보다 적극적인 대응이 요구되고 있다.

(2) 외국인노동자와 한국

국내 외국인노동자의 경우, 1987년 중국과 국교수립이후 친척방문 등으로 유입해온 중국동포를 시작으로, 1991년 필리핀인들의 대거유입, 1992년 방글라데시 등 남아시아인이 들어오기 시작하였다. 중국동포가 정치적인 공식수교로 한국방문이 증가하면서 한국내 3D직종 인력난속에서 취업기회를 얻었다면, 1990년대 초반 필리핀과 남아시아인의 유입은 중동내 노동시장의 변화와 일본의 출입국정책이 엄격해지면서 대안으로서 한국을 선택한 경우가 적지 않았다. 한편 방글라데시인과 네팔인 등 남아시아인들이 대만과 홍콩보다는 한국을 선호한 것은 한국건설업체가 중동에 진출하여 상대적으로 지명도가 높았기 때문이었다(이혜경, 1997).

1990년대들어 산업연수생 방식으로 약 2만명에 달하는 외국인노동자들이 유입되어 2년이내 체류가 가능해졌다. 1998년에는 취업연수제가 도입되어 2년연수후 1년간 내국인노동자로 자격이 부여되어 체류기간이 1년 연장되었다. 한국의 외국인대책은 산업정책의 일환으로 여겨져 왔으며, 이에 따라 산업연수제를

그림 7-2 유형별 외국인증가추이

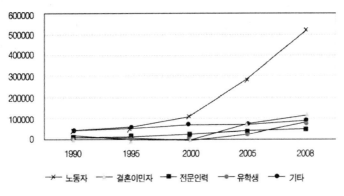

-×- 노동자   --- 결혼이민자   -■- 전문인력   -●- 유학생   -•- 기타

출처: 박세훈, 2009:51.

통한 규제형 유입책을 채택해 왔다. 2002년의 경우, 산업연수생은 약 35,800명인데 비하여, 미등록 외국인노동자는 약 287,600명에 달하였다. 미등록 외국인노동자의 비율이 약 8할을 차지하여 정부대책이 오히려 불법체류를 양산하고 있다는 비난이 쏟아졌다. 겨우 나머지 10%가 산업연수생, 10%가 근로기준법의 적용을 받는 기형적인 구조이었다.[2]

2004년 8월들어서야 비로소 불법체류를 낳고 임금체불과 산재보험이 되지 않아 문제로 지적되었던 산업연수생제도 대신 고용허가제가 도입되었다. 외국인노동자에게도 노동3권 부여, 산재보험제, 최저임금제가 적용되면서 최장 3년까지 국내체재가 가능해졌고, 2007년 1월부터 고용허가제로 일원화되었다.[3] 정부대정부 고용형태를 띠게 되면서 산재보험이 도입되고 급여수준이 인상되었다. 정부는 노동부장관이 해당국가의 노동부와 협의하여 미리 채용공고를 내고 기업인은 추천을 받아 국내에서 채용하는 것이다. 다만, 국내노동자를 고용할 수 없는 상

---

2) 법무부출입국관리국(2002), 「내부자료」
3) 고용허가제는 한국노동부와 외국노동부의 정부간 양해각서에 근거하여 실시되며, 2008년 5월 동티모르국을 포함하여 15개국과 맺었으며, 2008년 3월현재 고용허가제를 거쳐 입국한 노동자는 13개국 약 11.2만명이다(노동부 2008. 05. 13자료). 고용허가제는 노동권과 의료보험이 보장되며, 최저임금제가 적용되어 지금까지 산업연수생과 미등록 외국인노동자에 대한 착취, 송출기관 비리를 근절할 수 있는 계기를 제공하게 되었다.

▶ 표 7-2 외국인노동자 국적별 통계(2009.12현재)

구분	전체합계	등록노동자	미등록노동자 16~60세	미등록노동자 전체
총 계	551,858	503,829	45,683	48,029
필리핀	28,859	23,143	5,709	5,716
몽 골	12,655	8,857	3,786	3,798
한국계 중국인	306,334	297,717	6,641	8,617
중 국(한국계외)	18,934	12,140	6,521	6,794
스리랑카	13,852	12,916	935	936
베트남	50,530	43,055	7,474	7,475
타이	25,811	22,127	3,673	3,684
인도네시아	24,184	20,838	3,345	3,346
우즈베키스탄	12,558	10,916	1,628	1,642
파키스탄	5,226	4,235	984	991
캄보디아	5,517	4,839	678	678
방글라데시	4,541	2,950	1,584	1,591
키르기스탄	700	598	101	102
네 팔	5,538	4,570	968	968
미얀마	3,003	2,585	418	418
티모르민주공화국	94	94	0	0
일 본	1,417	1,416	1	1
미 국	13,703	13,653	43	50
캐나다	5,321	5,302	17	19
영 국	2,337	2,330	5	7
러시아(한국계외)	719	553	163	166
한국계 러시아인	2,105	2,086	12	19
호 주	744	742	2	2
뉴질랜드	694	692	2	2
기 타	6,482	5,475	993	1,007

출처: 출입국외국인정책본부 홈페이지[4] (검색일: 2010.2.8)

태에서만 외국인노동자를 고용할 수 있게 되어 있다. 고용허가제는 미국, 유럽, 한국 등에서 유사한 형태로 실시되고 있으며, 일본은 일본계 브라질인 수용과 산업연수제를 병행하고 있다.

고용허가제 도입이후 법무부는 미등록 외국인노동자에 대한 단속을 강화해 2005년말까지 16만명, 2006년까지 8만명, 2007년까지 4만명 수준으로 줄여간다는 목표를 정해두었으나 그 숫자는 줄어들지 않은 채 아직까지 미등록 외국인노동자는 약 22.3만명으로 미등록체류자 비율은 19.5%에 달하여, 일본 13%나 대만 5%에 비하여 높은 수준이다.[5] 미등록 외국인노동자의 임금체불, 작업장내 폭력, 산재보험 등의 문제는 아직까지 해결되지 않고 있으며, 중앙정부의 단속위주 정책은 계속되어 인권문제는 해결되지 않고 있다.

[그림 7-2] 유형별 외국인증가추이를 보면 한눈에 알 수 있듯이, 외국인노동자는 빠른 속도로 증가해왔다. 1990년 2,784명으로 전체외국인가운데 5.6%에 불과하던 외국인노동자는 2009년말 현재 551,858명에 이르러 47.2%를 차지하고 있다. 외국인노동자가 1만명 이상 거주하고 있는 지역은 서울시 영등포구, 안산시 단원구, 서울시 구로구, 경기도 화성시, 서울시 금천구, 경기도 시흥시, 서울시 관악구, 경상남도 김해시 등이다. 말하자면 대부분 수도권에 집중되어 살고 있으며, 특히 서울시 남서부(영등포구, 구로구), 경기도 남서부(안산, 화성), 동남권의 김해, 양산, 울산, 전라남도 영암 등지에 거주하고 있다.[6]

[표 7-2]에서 2009년 12월현재 외국인노동자의 국적별 통계를 살펴보면, 가장 많은 출신은 한국계 중국인이 30.6만명으로 절반 이상을 차지하고 있다. 이어서 베트남출신이 약 5만명으로 뒤를 잇고, 필리핀, 타이, 인도네시아, 중국(한국계 제외), 미국(주로 영어강사), 우즈베키스탄 등이 1만명 이상 거주하고 있다. 키르기스탄, 티모르, 러시아(한국계제외), 호주, 뉴질랜드 국적을 가진 외국인노동자는 각각 1천명이하로 나타났다.

---

4) http://www.immigration.go.kr/HP/TIMM/imm_06/imm_2009_12.jsp
5) 「국민일보」(2005.12.08).
6) 박세훈, 양기호외 [사회문화적 변동과 새로운 도시지역정책-외국인밀집지역의 현황과 정책과제-](국토연구원, 2009년), 50항.

2) 외국인노동자의 사회통합 필요성

(1) 사회통합의 전제와 필요성

국경을 넘는 이주인구가 2005년 1.9억명으로 세계인구의 3%에 달하고 있다. 이주외국인을 위한 국제연합 규범으로서 1985년 체류국 국민이 아닌 개인인권에 관한 선언, 1990년 모든 이주노동자와 가족구성원의 권리보호에 관한 국제협약, 2001년 인종주의, 인종차별, 외국인혐오, 비관용을 철폐하는 국제이주의 해, 관용과 다양성을 존중하는 다양한 문명간 대화의 해로 정하였다. 대부분의 ILO협약이나 국제인권문서에서 이주민(migrant, immigrant)라는 용어를 사용하고 있다. 한국은 2007년 유엔 인종차별철폐위원회가 한국정부에 인종차별 철폐를 위하여 노력할 것을 권고하였다.

한국에서 외국인노동자와 관련된 논쟁은 대체로 다음 네 가지 단계를 거쳐 왔다. 첫째로는 국내고용의 불안정을 감수하고 외국인력을 도입할 것인가에 대한 것이었다. 둘째, 불법취업과 인권침해의 요인으로서 산업기술 연수생 제도의 문제점에 대한 논쟁이었다. 셋째, 2003년들어 '외국인근로자의 고용 등에 관한 법률'을 제정하면서 외국인력 관련법령을 재정비하여 일정한 정도의 인력을 합법적으로 수용하자는 것이다(송종호, 2006:29). 넷째, 고용허가제하에서 5년간 보다 장기적으로 한국에 체재하게 된 외국인들이 적응하도록 어떤 사회통합 제도를 실시해야 하는가이다.

외국인노동자와 결혼이민자의 경우, 사회통합정책과 이민정책을 연계함으로써 조기에 한국사회에 적응할 가능성이 높아진다는 것은 의심의 여지가 없다. 실제로 이민정책과 사회통합정책을 연계하지 않을 경우, 대상자를 교육에 참여시킬 동기가 없어서 실효성에 한계가 있으며, 특히 결혼이민자의 조기 사회적응을 유도하기에 역부족이다. 결혼이민자는 일상생활이나 자녀교육에 있어서 반드시 필요한 것이며, 사회통합 프로그램을 통하여 한국어나 한국사회를 배울수록 도움이된다. 그러나, 외국인노동자는 결혼이민자와 다른 새로운 트랙을 만들어서 제도화시켜 나갈 필요가 있다. 외국인노동자는 정해진 수준이상으로 한국어를 배워

야할 인센티브가 부족하며, 따라서, 사회통합 프로그램 이수제도를 통과하면 취업이나 임금에서 유리하다는 전제가 필요하다.

사회통합과 이문화적응 교육은 이주국의 규범과 행위 양식을 이해하는데 유용하다. 지난 20년간 다국적 기업들은 이문화교육을 위하여 효과적인 교육프로그램을 개발해 왔다. 한 연구에 따르면, 1980년대 미국 다국적 기업 가운데 불과 32%의 다국적 기업만이 이문화교육을 실시하였으나, 1998년에 이르러 약 70%의 기업들이 실시하고 있는 것으로 나타났다. 이문화교육은 최소한 세 가지 목적을 지니고 실시된다. ① 현지에서 업무를 수행하기 위하여 최소한 행동양식을 사전에 인지시키는 것, ② 예상하지 못한 갈등상황에 처했을 경우, 순탄하게 극복할 수 있는 능력을 배양시키는 것, ③ 현지에서의 일상생활에서 개인의 적응도를 최대한 높이는 것이다(최동주, 2008:97)

국내에서 외국인노동자는 다문화와 사회통합의 측면에서 빈번하게 배제되고 있으며, 이들의 사회부적응, 차별과 배제, 이에 따른 문화충격과 범죄증가가 연쇄적으로 일어나고 있다. 2007년부터 고용허가제로 단일화되었지만, 외국인노동자를 위한 사회통합정책은 매우 부족한 상태이다. 단지 만성적인 하층노동력 부족과 숙련공의 기술활용이라는 측면에서 체류기간 연장이 검토되고 있다고 해도 과언이 아니다. 상대적으로 높은 편인 유엔인간개발지수(United Nations Human Development Index) 순위에 비하여 한국정부는 외국인노동자의 사회통합 프로그램 개발을 제대로 추진하고 있지 않다. 유엔인간개발지수는 기대수명, 문맹률, 교육적 성취도, 1인당 국내총생산 등의 변수를 고려하여 결정되는 지수로, 한국은 2008년 0.928로 0.935인 독일, 0.937인 홍콩보다 약간 낮으며, 싱가포르보다 높은 편이다.

그러나, 외국인노동자는 당연히 인간개발의 대상에서 제외국되고 있으며, 이에 따라 외국인노동자의 사회부적응으로 인한 부정적인 효과가 다수 나타나고 있다. 외국인끼리 범죄행위나, 외국인의 한국인에 대한 사회범죄도 증가하고 있다. 최근 3년간 외국인범죄가 2004년 8,818건에서 2007년 14,108건으로 증가한 것으로 나타났는데, 이것은 무려 60%나 급증한 통계이다. 외국인 범죄의 최다 발생지

그림 7-3 국내 외국인노동자 취업절차도

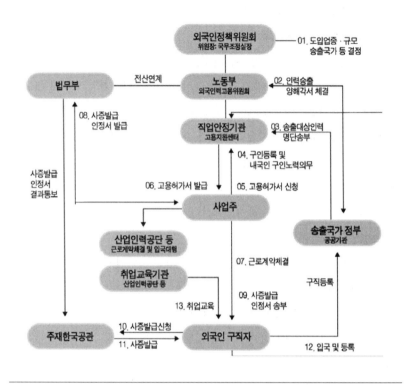

역은 역시 외국인이 밀집거주하고 있는 안산시 단원구로 2007년 1월-2008년 8월 까지 1,173건이었고, 이어서 구로구, 용산구, 경남 김해시로 역시 외국인거주도가 높을수록 범죄건수는 비례하여 증가하였다.[7]

외국인노동자는 물론이고, 미등록 외국인노동자에 대한 차별이나 폭행, 임금 체불도 여전하다. 외국인노동자가 집중된 안산시거주 외국인가운데 미등록외국 인은 3.8만명에 이르고 있다. 이들은 미등록이라는 이유로 인간으로서 최소권리 조차 인정받지 못하고 저임금과 장시간노동, 임금체불과 가혹행위에 시달리고 있 다. 부산인권위원회의 조사를 보면, 등록노동자의 절반이상이 교정시설 수용자

---

7) 2008.11.07 주요 일간지 보도.

의 거주면적 절반에도 못 미치는 쪽방에서 생활하고, 하루 9시간이상 노동하며, 재해율은 한국인의 5배 이상이며, 절반 이상이 임금체불 등 근로계약 불이행을 경험한 바 있다.[8] 안산시의 사회통합 프로그램은 한국어교육 21개과정 620명, 귀환에 대비한 기술교육 5개과정 168명, 컴퓨터교육 8개과정 400명에 이르고 있으나 한국사회와 문화교육은 제공되고 있지 않다.

3) 외국인노동자의 사회통합 방안

(1) 고용허가제와 외국사례

고용허가제는 단순기능직 외국인을 노동자로 공식수용하여 일자리를 제공하고, 최저임금제와 고용보험을 실시하는 제도이다. 한국의 재외동포들은 방문동거(F-1) 사증을 받아 입국한 뒤 국내에서 일자리를 구할 수 있으며, 서비스업에까지 취업할 수 있다. 고용허가제는 외국인근로자의 고용 등에 관한 법률에 근거하여 2004년 8월부터 시행하고 있으며, 외국인력을 고용하려는 사업자가 직종과 목적 등을 제시하면, 노동부장관이 타당성을 검토하여 허용하는 제도이다.

고용허가제는 노동부 고용지원센터에서 담당하며, 사용자는 1년이내 기간을 정하여 노동허가를 받은 외국인노동자와 근로시간, 휴가, 휴일 등에 관한 계약을 맺어야 한다. 외국인노동자는 4대보험에 가입하고 차별받지 않을 권리를 지닌다. 고용허가제는 사업자가 내국인 근로자를 고용할 수 없음을 입증해야 한다. 현재, 자격별 등록외국인(2008년 2월말 기준)을 살펴보면, 산업연수생 제도하에서 부여된 산업연수 D-3비자 20,840명, 연수취업 E-8비자 29,455명, 고용허가제하에 들어온 외국인 노동자에게 부여하는 비전문취업 E-9 비자 185,179명, 재외동포 방문취업 H-2비자 265,762명으로 나타났다([그림 7-3]을 참조). 2009년 12월현

---

8) 2008년 2월 29일 외국인근로자의 고용 등에 관한 법률 일부개정으로, 미등록 외국인노동자에 대하여 체류기간이 5년을 넘지 아니한 경우 최장 2년간 취업활동을 허용한 바 있다. 말하자면 2003년 3월 31일부터 기준으로 국내체류기간이 3년미만인 자는 2008년 2월말까지 국내체류와 취업이 가능한 것으로 법무부에서 구제한 바 있다. 외국인노동자 5년으로 거주연장은 일차적으로 여기서 기인하고 있는 것으로 볼 수 있다.

재, 551,858명의 외국인노동자 가운데 주로 한국계중국인, 일명 조선족이 방문취업(H-2)비자가 56%를 차지하고, 동남아출신 노동자가 많은 고용허가제(E-9)비자가 34%를 차지하고 있다.

고용허가제는 외국인근로자의 고용 등에 관한 법률로 제정되어 있으며, 제8조 외국인 근로자의 고용허가는 내국인 인력이 없을 경우에 비로소 고용허가를 신청할 수 있다. 11조 외국인취업교육에 따르면, 1항 외국인근로자는 입국후에 노동부령이 정한 기간내에 대통령령이 정하는 기관에서 국내 취업활동에 필요한 사항을 주지시키기 위하여 실시하는 외국인 취업교육을 받게 되어 있다. 2항 사용자는 외국인근로자가 외국인 취업교육을 받을 수 있도록 하여야 한다. 3항 외국인 취업교육의 시간과 내용 등은 노동부령으로 정한다고 되어 있다. 따라서, 외국인근로자의 사회통합은 취업교육의 내용을 보완하는 과정에서 가능하다고 할 수 있다.

각국의 사례는 고용허가제와 5년 체류기간 연장이 영주권취득으로 이어지면서 외국인노동자의 정주화현상이라는 문제를 제기하고 있음을 보여주고 있다. 말하자면, 사회통합 프로그램의 목표가 궁극적으로 어떤 지점을 지향하고 있는가 하는 점에서 철저히 재검토되어야 할 것을 요청하고 있다. 이탈리아의 경우, 외국인들은 임시고용 체류허가로 6년 이상 이탈리아에 거주하면 영주권을 신청할 수 있다. 신청자가 충분한 재력력을 갖춘 경우 영주권으로 이탈리아내에 무기한 거주할 수 있는 권리가 부여되며 무제한 갱신이 가능해진다(유길상외, 2004:107).

영국의 경우는 고용허가제에 있어서 자녀동반과 영주권 취득을 허용하는 경우이다. 고용허가제를 실시하고 있는 영국은 고용허가 소지자가 합법적으로 취업하는 한 배우자와 18세미만 자녀들은 입국허가를 받고나서 영국에서 취업할 수 있다. 고용허가를 이용한 영국내 실제 체류기간이 48개월을 넘으면 대개의 외국인노동자는 영주권을 획득할 수 있다. 고용허가 기간은 대개 4년을 넘지 않는다. 현재는 최장 5년까지 고용허가가 주어지며, 영주권을 획득할 자격이 생기는 것이다. 일단, 영주권을 받은 이주민은 영국내에서 취업이나 사업을 하는데 더 이상 제약을 받지 않으며, 영국체류에 대한 시간적 제한도 없어진다(유길상외, 2004: 119).

독일의 사례는 매우 시사적이다. 독일은 처음 외국인력 도입시 송출국과 쌍무협정을 체결하여 내국인을 고용할 수 없을 때에 최장 3년범위내에서 한시적으로 외국인력을 고용하고 정부기관을 통하여 도입함으로써 송출비리 예방과 외국인 근로자의 장기체류를 방지하였다. 그러나 생산성이 향상된 외국인력 귀국을 반대하는 기업주의 주장에 부딪쳐 일단 외국인력의 장기체류를 허용하였다. 1965년 외국인법의 제정으로 독일 체류기간이 5년이 넘은 외국인은 무기한 체류허가를 받게 되면서 장기체류 외국인근로자 뿐만 아니라 배우자와 자녀초청, 독일내 외국인자녀 출생 증가 등으로 1960년대부터 외국인숫자가 급증하였다.

독일의 경우, 외국인노동자와 가족을 사회적으로 통합해야 할 필요성을 느낀 것은 외국인력을 대거 도입한지 15년이 지난후였다. 이미 400만명을 넘어선 외국인에 대한 사회통합교육이 요구되면서 학교, 유치원, 청소년회관 확장, 직업교육 촉진, 상담소가 설치되었다. 지방정부에서 독일어수업, 문화활동 지원, 외국인 관심사 공지, 고충상담을 제공하였는데, 독일에서 사회통합은 독일어학습을 제공하는 언어적 통합, 전직교육과 노동창출, 자영업 창업보조를 지원하는 노동시장에의 통합, 국적취득을 용이하게 하는 사회적 통합으로 구성되었다(유길상외, 2004:127~148).

덴마크는 외국인노동자가 입국후 1년간 보조금을 받으면서 언어와 사회교육〉인턴제〉 회사근무를 경험할 수 있다. 덴마크는 1999년 1월 세계최초로 이민문제를 해결하기 위하여 사회통합법을 제정한 국가이다. 덴마크의 경우, 사회통합법에 따라 18세 이상 덴마크에 이주해 온 외국인은 지방정부의 주도하에 사회입문 프로그램을 계획하여 이에 따르도록 하고 있다. 공기업과 사기업의 외국인은 대개 4주 동안 직업훈련을 받게 되며, 어려운 사정이 있는 경우, 13주까지 직업훈련을 받을 수 있다. 외국인을 고용한 기업은 취업보조금을 받게 되는데 그 혜택은 최대 1년까지이다. 사회입문 프로그램은 일주일에 37시간을 기본으로 하고 있다(강주현, 2008:119~120).

일본의 경우 고용허가제는 아니나 연수생교육이 한국보다 더 충실한 편이다. 외국인 연수생은 송출국 현지에서 일본입국전 160시간 이상 일본어와 연수에 필요한 기초정보, 기능 등을 교육받게 되어 있다. 송출국의 국가기관이나 이에 준하는 기관이 인정하는 단체에서 담당하며, 외국인 연수생이 일본입국후 3개월간 비실무 연수를 실시한 뒤 배치된 기업에서 실무연수를 하게 되어 있다. 비실무연수는 반드시 연수기간의 1/3이상 기간 동안 실시되어야 하며, 연수수당과 생활비는 일본측에서 부담하고 있다. 연수기간 1년 뒤에 근로자의 자격으로 2년간 기능실습생으로 근무할 수 있으며, 최장 3년간 체류가능하다. 일본계 브라질인(닛케이진)은 1~3년간 체류자격을 얻어서 입국하지만, 특별한 사유가 없는 한 체류기간을 계속 연장할 수 있다. 일본계 브라질인에 대한 기업별 고용한도는 없고 시장기능에 맡겨져 있으며, 소득도 일본인 노동자와 거의 비슷한 수준에서 결정되고 있다.

(2) 사회통합 방안의 탐색

외국인노동자의 사회통합은 필요하지만, 한국처럼 혈통주의가 강한 나라에서 외국인력의 사회통합은 쉽지 않은 과제이다. 한국에서 5년 거주후 연장 거주하거나 미등록상태에서 그대로 남아서 불법체류할 가능성도 높다. 외국인이주민의 권리는 가족과 생활할 수 있는 권한도 포함하고 있으며, 가족초청을 계속 불허할 경우, 국제기구의 압력은 더욱 높아질 수 있다. 아울러 5년뒤 생산성이 향상된 외국인 단순인력 또는 기술인력을 귀국시키고자 할 때에 기업주의 반대가 예상된다. 독일은 외국인력의 장기체류를 허용하면서 급격한 외국인증가가 문제가 되어 또 다시 1973년 유럽경제공동체 회원국을 제외한 제3국의 외국인력 도입을 전면 중단한 바 있다.

현재 고용허가제하에서 실시되고 있는 한국어능력시험(EPS-KLT: EMPLOY-MENT PERMIT SYSTEM-KOREAN LANGUAGE TEST)은 외국인 구직자의 한국어능력과 한국사회, 산업안전에 대한 이해를 평가하는 시험으로 국내기업주를 위한 구직자 명부 작성시에 활용하고 있다. 시행은 외국인노동자 송출국에서 실시하며, 지원자는 18~39세이며 금고이상의 범죄경력이 없을 것, 50문항으로 200점

그림 7-4 사회통합 프로그램 이수시점

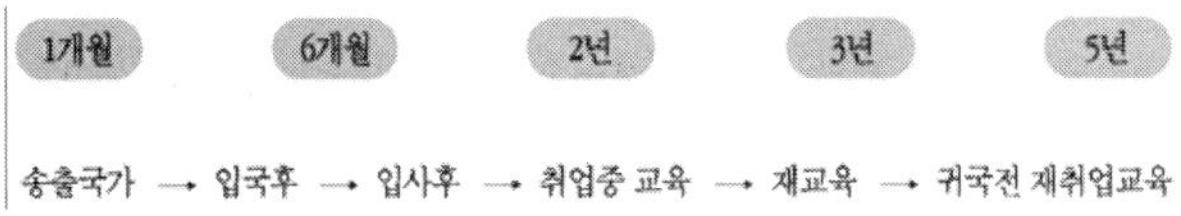

| 1개월 | 6개월 | 2년 | 3년 | 5년 |

송출국가 → 입국후 → 입사후 → 취업중 교육 → 재교육 → 귀국전 재취업교육

만점에서 80점 이상 받은 자를 성적순으로 선발하고 있다. 국내 입국후 사회통합교육은 단기교육으로 거의 효과를 거두지 못하고 있어서 사실상 사회통합 프로그램이 부재한 상태이다. 앞으로 적극적인 대안을 마련하는데 있어서 몇 가지 유의할 점과 구체적인 항목을 적어보기로 한다.

첫째, 선진국의 사례를 참고하면서 사회통합 프로그램 이수제를 통하여 한국어교육과 사회문화 소양교육을 강화시켜 나갈 필요가 있다. 국내에서 한국어가 가능한 조선족동포와 한국문화에 익숙하지 않은 동남아출신 단순노동자가 동시에 노동인력으로 존재하고 있어서 병렬적이고 다양한 대안이 요구되고 있다. 한국은 노동시장 보완성의 원칙을 고수하고 있어서 내국인 노동자를 구할 수 없을 때에만 고용을 허가하고 있다. 따라서 경제적 불황으로 고용이 악화될 경우에도 5년이라는 기간 동안 체재해야 하는 외국인들에게 있어서 유용한 사회통합 프로그램을 제공해야 한다.[9]

둘째, 한국산업인력공단에서 출퇴근교육 3일이나 합숙 2박3일 교육만 제공하고 있어서 내용이나 기간이 너무나 미흡한 실정이다. 첫 입국시 취업교육이 아닌 사회통합을 위한 한국어와 한국문화 교육, 상담과 지원, 또는 인턴제 도입 등이 필

---

9) 최근 경기침체로 다니던 직장을 떠난 외국인 근로자도 크게 늘어난 것으로 나타났다. 회사 사정에 따른 퇴직이나 경영상 필요 등의 사유로 사업장을 옮긴 외국인근로자 수는 2007년 10월 673명에서 올해 10월에는 1149명으로 171%나 증가했다. 외국인근로자 80% 이상이 30인 미만의 소규모 사업장에서 일하고 있지만 경제 한파의 영향으로 규모가 영세한 사업장부터 생산을 중단하거나 문을 닫는 경우가 많아졌기 때문으로 풀이된다. 실제로 비전문 취업비자(E-9)를 받아 국내에서 합법적으로 일하는 외국인근로자는 2007년 122,908명에서 2008년 159,324명으로 크게 늘어난 반면, 이들을 고용한 사업장은 지난해 44,667개에서 올해 41,729개로 6.6% 감소했다. 노동부는 중소제조업체가 고용환경 개선을 위한 시설투자를 하고 외국인근로자를 내국인으로 대체하는 경우에는 1회에 한해 근로자 1명당 120만원의 지원금을 지급하기로 했다. 아시아투데이 2008.12.07 보도.

요하다. 현재 고용허가제는 송출전 교육의 중요성을 강조하고 있으며, 국내에서 교육이 제대로 이루어지지 않고 있다. 일본의 경우, 체류기간의 1/3 이상을 작업장이 아닌 강의실에서 비실무연수를 받도록 규정하고 있다. 따라서 사전훈련이 철저히 이루어지고 있다.

셋째, 국내 입국후 훈련기간을 적어도 30일 이상으로 연장하고 이 기간 중에 학습비용은 정부가 상당부분 부담하는 방식도 바람직하다. 입국후 초기단계에서 한국어와 한국문화를 교육하는 것이 나중에 분산된 상태에서 교육시키는 것보다도 훨씬 효과가 높음은 재론의 여지가 없다. 그리고 취업후 일정기간 경과하면 재교육 과정을 거칠 필요가 있으며, 이를 위하여 교통 바우처나 보조금 지급을 고려할 필요가 있다. [그림 7-4]에 따라 사회통합 프로그램의 이수시점을 다양하게 검토해야 한다.

넷째, 외국인노동자를 위한 초기 플랫폼제나 상담제를 운영할 필요가 있다. 기업 근무 후에 프로그램 이수제가 현실적으로 어려운 점을 감안하면, 입국후 1개월 정도 집중적으로 사회통합 프로그램을 이수하게 하는 것이 바람직하다. 입사 후에는 외국인노동자가 기업주 양해하에 과연 얼마나 사회통합프로그램을 이수할 수 있는지 미리 예상하지 않으면 안된다. 결혼이민자는 사회통합이 국적취득과 연계되고 있지만, 외국인노동자는 직접 인센티브가 되는 것이 없다. 따라서, 정규 외국인노동자를 고용하는 고용주가 프로그램 이수를 신청하여 완료할 경우, 세제 혜택이나 보조금을 지급할 필요가 있다. 숙련공이 기술을 습득하여 기업에 기여할 수 있도록 한다는 명백한 목표치를 설정할 필요가 있다.

다섯째, 시범지역을 지정하여 외국인주민과 동시에 시민대상의 다문화교육을 확대하는 것, 다문화 사회통합 프로그램 안내서비스를 강화하는 작업이 필요하다. 수도권지역에 전체 외국인노동자의 62%가 집중되고 있다. 서울시 성동구나 경기도 안산시를 시범지역으로 하여 외국인노동자의 사회통합을 위한 프로그램 이수제를 실시해보는 것이 바람직하다. 지금까지 외국인대책은 지나치게 법률과 제도생산 중심에 치우쳐 있으며, 실제 사례와 비용대비 효과를 측정, 반영하는 과정이 부족한 것이 사실이다. 따라서 외국인노동자를 위한 새로운 사회통합 이수

▸ 표 7-3 미등록 외국인노동자 변화

(단위: 천명, %)

	1996	1997	1998	1999	2000	2001	2002	2003	2005.5	2008.7
전체 외국인력	210	245	158	217	286	330	363	389	401	543
미등록 노동자	129 (61.3)	148 (60.3)	99 (63.1)	135 (62.3)	189 (66.2)	255 (77.4)	289 (79.8)	138 (35.3)	199 (49.7)	223 (41.1)

▸ 표 7-4 미등록자 단속실적

(단위:명)

총 계	2006년도	2007년도	2008. 7월
64,729	23,771	22,546	18,412

법무부, 출입국 · 외국인정책본부

제를 일부지역에서 시범적으로 실시해 볼 필요가 있다.

(3) 미등록노동자의 사회통합[10]

미등록 외국인노동자의 사회통합은 매우 큰 과제이다. 실제로 20여만명에 이르는 소위 불법체류자가 엄존하는 현실에서 그저 결혼이민자와 합법적인 노동자만 대상으로 사회통합안을 추진하여도 항상 미등록외국인의 문제는 그대로 남는다. 이명박 정부의 목표는 향후 5년 이내에 미등록 규모를 국가가 제도권 내에서 관리 가능한 것으로 판단하는 전체 외국인 규모의 10% 이하로 감소시키고 최대 20만명 이하로 줄이겠다는 것이다. 따라서 대대적인 단속이 필요하다는 것이다.[11] 그러나 1990년대 중반 이후의 일관된 '단속 및 강제 퇴거' 정책에도 불구하

10) 오경석(2008) "미등록외국인노동자와 사회통합" [한국다문화학회 세미나 자료집]를 정리하였음.
11) 국가인권위원회에 따르면 단속이 탈법적이며 반인권적인 방식으로 이루어지는 사례가 빈번한 것으로 드러났다. 이를테면 신분증을 제시하지 않고(37.4%) 동의나 허락없이 무단으로 진입한(71.5%) 사복차림의 단속반원에 의해(47.9%), 근무지나(43.0%) 거주지에서(17.9%)에서 단속되는 경우가 빈번했다. 단속반원들의 79.5%가 수갑을 사용했으며, 4.5%는 경찰 장구를 전자 충격기 및 그물총을 사용하는 경우도 2.9%에 달했다. 관공서를 찾았다가 단속된 경우도

고 미등록 체류자의 규모는 결코 줄어들지 않고 있다. 단속되어 추방되는 규모보다 입국후에 미등록이 되는 수가 훨씬 많았기 때문이다.

[표 7-3] 미등록외국인의 숫자는 고용허가제에도 불구하고 줄어들지 않고 있으며, 2008년 7월말 현재 한국에 체류하는 미등록외국인 숫자는 223,229명에 달한다. 2006년 이후 [표 7-4] 미등록자 단속실적을 보면, 해마다 2만명을 넘어서고 있다. 미등록자 강제퇴거도 연중 되풀이되는 행사이다. 2005년 가장 많은 3.8만명을 강제퇴거한 뒤에도 2006년, 2007년 잇달아서 1.8만명을 상회하고 있다. 중국 국적이 퇴거자 숫자로 가장 많고, 이어서 타이, 몽골, 베트남 순이다([표 7-5] 미등록자 강제퇴거 현황을 참고할 것).

2008년 3월, 법무부와 노동부 업무보고시 불법체류자에 대한 엄격한 기준을 마련하라는 대통령의 지시가 있은 후에 법무부에 의한 미등록 이주노동자에 대한 집중단속이 이루어지고 있다.[12] 한편 [표 7-6]에서 외국인노동자의 미등록사유를 살펴보면, 역시 가장 많은 것이 체류기간만료로 약 60%이지만, 자격외 노동활동이나 사업장이탈 등도 눈에 띈다.

사회통합이 대한민국 국민들과 외국인들이 함께 영위하고 향유할 수 있는 새로운 사회공동체를 형성하는 것을 의미하는 것이라면, 몇 가지 과제가 선결될 수 있어야 한다. 우선 미등록을 '인정'할 수 있어야 한다. 이와 관련 미등록 외국인노동자(undocumented migrant)라는 명칭을 '비정규 이주노동자'(irregular migrant)로 수정해야 한다는 국가인권위원회의 의견을 경청할 만하다. '미등록'이라는 표현은 통계적으로 제외된 집단이므로 추방이나 배제의 대상이 되어도 무방하다는 뉘앙스를 갖기 때문이다.

동시에, 시민권을 확장할 준비를 갖추어야 한다. "공동의 삶이란 자신의 고유

4.9%에 달했다.(국가인권위원회, 2008)
12) 그 절정은 2008년 11월 12일 남양주 마석 가구공단에서 이루어진 군사 작전을 방불케 한 소위 '토끼몰이'식, 혹은 '인간 사냥'식의 폭력 단속이다. 출입국 및 경찰 공무원 280여명이 투입된 이날 단속에서 130여명의 이주노동자들이 붙잡혔고 이중 5명은 심각한 부상을 당한 바 있다(프레시안 2008.11.14 등). 같은 날 세계인권선언 60주년을 기념해서 서울에서 개최된 '다문화 사회에서 이주민의 인권 보호와 증진'에 관한 국제회의에서는 이주민의 인권 증진에 관한 국가간 협력 지침을 담은 '서울 가이드라인'이 공표된 바 있다.

▸ 표 7-5 미등록자 강제퇴거 현황

(단위:명)

구분	계	중국	베트남	타이	몽골	필리핀	우즈베키스탄	방글라데시	인도네시아	기타
2000년	6,890	3,859	257	160	392	228	163	520	142	1,169
2001년	10,301	4,957	399	260	729	411	392	514	462	2,177
2002년	5,670	2,596	242	211	407	173	201	157	325	1,358
2003년	5,861	3,356	205	139	369	176	151	217	156	1,092
2004년	19,307	8,714	903	1,152	899	829	927	1,451	974	3,458
2005년	38,019	15,159	2,770	2,896	1,992	2,233	1,631	3,771	1,577	5,990
2006년	18,574	7,397	1,390	1,399	1,418	1,188	706	1,591	549	2,936
2007년	18,462	7,294	1,398	1,609	1,495	1,079	747	1,517	504	2,819
2008.7	14,368	5,659	1,180	1,376	1,195	1,098	703	919	345	1,893

*단속실적과 강제퇴거자현황간 인원수의 불일치는
강제퇴거심사과정에서 체류허가 된 자가 제외됐기 때문임.
(법무부, 출입국·외국인정책본부)

▸ 표 7-6 미등록사유

(단위: 명, %)

사유	전 체	
	빈도	비율
체류기간 만료	225	59.8
사업장 이탈	36	9.6
사업장변경횟수 초과	9	2.4
구직기간 초과	7	1.9
구직신청기간 초과	8	2.1
체류자격외 노동활동	38	10.1
별거나 이혼	3	1.6
기 타	35	12.5
합 계	361	100.0

국가인권위원회(2008)

한 삶이며, 누가 동료인지 그리고 어떤 결사체를 구성할 것인지를 스스로가 승인 혹은 선택"하는 삶이라는 점에서 국민과 이주민들 사이의 새로운 사회 공동체는 이주민을 승인하거나 배제하는 권한이 기존의 구성원으로서 권리소지자들에게 만 부여되는 한 성립할 수 없어지기 때문이다. 우리가 원하는 것이 이주민들과 함께 하는 사회 공동체인 한, 그 공동체에서 "이주민들은 이웃으로서 환영을 받을 수도 있고 그렇지 못할 수도 있지만, 승인되거나 배제될 수는 없는 것"이다 (Michael Walzer, 1983).

실질적으로 한국에 살면서 거주해가는 많은 미등록 외국인노동자들이 지방조 례의 행정서비스 수혜대상이 되어서 최소한의 삶의 여유와 거주권을 누릴 수 있 도록 지방정부가 앞장서서 노력해야 할 것이다. 경기도 안산시는 외국인지원조 례외에도 별도로 외국인인권조례를 제정하였다. 그 목표는 미등록외국인을 행정 서비스의 대상에 포함시키고자 한 것으로 다른 지자체에서도 적극 검토할 필요가 있다.

4) 요약과 소결

장기적으로 볼 때, 외국인대책과 사회통합정책을 연계시켜가야 한다는 것은 재론의 여지가 없다. 중앙정부는 외국인력의 활용과 귀환이라는 자국중심주의에 더 이상 매몰되지 말고, 외국인노동자의 장기체류에 대응하여 보다 적극적인 사 회통합 정책을 세워나갈 필요가 있다. 아울러 지방정부, 대학기관, 시민단체, 외 국인대표자들이 모여서 거주환경 개선과 사회통합을 지속적으로 마련해갈 수 있 는 구체적인 대안을 찾는 회의를 구성할 필요가 있으며, 이것이 상설기구로서 작 동하는 것이 바람직하다.

외국인이라는 선입견에서 벗어나 소수자로서 차별받는 "노동자의 권리보호" 라는 시각에서 외국인노동자의 사회통합을 고려할 필요가 있다. 또한, 제도와 정 책으로서 국가기관만이 아닌 기업과 재계의 공동책임도 고려되어야 한다. 구체 적인 대안으로 일본의 연수제 방식을 활용하여 외국인노동자가 입국후 최소한 2

개월 이상 국내에서 비실무연수를 받고, 1개월 이상 실무연수를 받는 방식으로 하되 비용부담은 기업과 정부가 1/2씩 부담하는 것이 바람직하다고 본다.

이명박정부는 외국인정책에 있어서 이중성을 지니고 있다. 보다 적극적으로 외국 인재나 재외한국인 등, 인적 자원을 유치하거나 국내 이미 거주중인 외국인 숙련노동자를 점진적으로 수용해가는 것이다. 한편으로 미등록 외국인노동자에 대하여 본격적인 단속을 벌여서 이들을 본국으로 송환시킴으로서 국내고용을 증대시키고 아울러 외국인범죄를 사전에 방지하는 것이다. 그러나 중요한 것은 지속적이고 안정적인 사회통합 정책을 전개함으로써 숙련된 기술을 지닌 외국인노동자와 유능한 외국인재의 국내정주를 촉진할 수 있다는 것이다. 이중적인 정책 기준보다는 보편적이고 신뢰할 수 있는 대안이 마련되어야 한다. 아울러, 중앙정부의 정책변화에 발맞추어 지방정부도 각 지역에 구축된 사회통합프로그램을 추진하고 다문화교육 거점대학(ABT: Active Brain Tower)과 연계하여 시책의 효율성을 높여갈 수 있는 방안을 찾아보아야 할 것이다.

2. 전환기에 선 한국의 이민정책과 사회통합

1) 전환기 한국의 이민정책

주지하다시피, 전후 한국은 식민지, 분단, 전쟁이라는 근대화의 고통을 모두 겪었고, 아직까지 세계에서 유일하게 분단상태가 지속되고 있다. 근대화과정의 아픈 상처를 딛고 일어난 한국은 경제발전과 민주주의 토착화라는 점에서 타의 추종을 불허할 만큼 압축성장을 거듭해 온 국가이다. 경제성장과 민주주의에 덧붙여 또 하나의 압축성장이 바로 한국의 다문화정책이라고 말할 수 있겠다. 다문화 쟁점은 앞으로도 오랫동안 한국에서 사회적 이슈로 등장할 가능성이 높다.

2002~2007년간 노무현정권의 참여정부하에서 다문화정책은 급증하는 외국인노동자, 결혼이민자, 미등록외국인을 위한 인권보호의 관점에서 시작되어 단기간에 제도가 정비되어 왔다. 주요 중앙부처만 해도 법무부, 노동부, 보건복지가

족부, 행정안전부, 교육과학기술부가 직접 관여하면서 본격적인 다문화정책을 추진해 왔다. 2008년말 현재 246개 지방정부 가운데 이미 70%가 넘는 지자체에서 거주외국인 지원조례를 제정하였으며, 경기도 안산시에서는 미등록외국인을 위한 외국인 인권조례를 별도로 제정하였다.

2008년 이명박정부 등장이후 다문화이슈는 인권의 관점에다 국가경쟁력의 관점이 더해지면서 더욱 중요한 사회이슈로 부각되고 있다. 무엇보다도 경제협력개발기구(OECD) 국가 가운데 출산율이 가장 낮은 한국은 커다란 위기의식을 느끼고 있다. 새로운 성장활력을 모색하는 이명박정부는 글로벌 인재유치와, 외국인노동자가운데 숙련공의 체재연장안을 적극 검토하고 있다(2008.4. 국가경쟁력위원회 보고서). 법무부는 2009년 5월 산하기관으로 한국이민정책발전재단을 설치하였다.

몇 가지 점에서 한국의 다문화정책이 2010년대들어 하나의 전환기에 접어들었다고 볼 수 있다. 그 이유로 첫째, 1980년대말부터 이주해온 외국인노동자와 결혼이민자의 유입으로부터 20년, 1995년 세계화선언에서 도시국제화와 투자유치가 시작된 이후 15년, 그리고 2006년부터 집중적으로 구축된 한국정부의 다문화정책이 그동안의 성과를 1차 점검해야 할 시기에 와 있다는 점이다. 최근 수년간 중앙정부와 지방정부가 경쟁적으로 다문화정책을 위한 법률과 조례를 제정해 왔으며, 상당한 인력과 재원이 투자되면서 일정한 성과를 거두었다고 볼 수 있다. 그러나 정책과잉과 중복투자가 논란이 되고 있으며, 이에 따라 2009년 6월 다문화관련 법제를 조정하기 위한 국회의원들의 연구모임인 다문화포럼이 발족하였다.[13]

한국에서 다문화논의는 더욱 다양해지고 심층화되고 있다. 사회학, 사회복지, 인류학, 교육학, 행정학, 신문방송학, 지리학 등의 다양한 분야에서 집중적으로 연구가 축적되어가고 있다. 한국사회의 다문화 현상과 문제점에 대하여 정계, 관계, 학계, 매스컴에서 지식과 정보가 공유되거나 확산되고 있다. 한국사회는 과연 다문화사회인가, 또는 한국사회가 다문화를 어느 정도 수용할 수 있는가, 정부의

---

13) 「매일경제」 2009.06.19. 보도를 참조. 8개 중앙부처와 4개법률로 분산된 다문화업무를 통합하는 다문화기본법 제정이 다문화포럼의 설립취지이다.

다문화정책이 현장과 공간에 얼마나 반영되고 있는가, 다문화의 창발과 보존이 가능한가 등의 본질적인 논의가 재활성화되고 있다.

동시에 지방과 현장중심의 다문화논의가 전개되고 있으며, 현장론, 공간론, 이주민의 시선에 초점이 맞추어지는 경향도 나타나고 있다. 담론과 현장이 복합되거나, 공간론과 거버넌스 구축이 과제로 등장하기도 한다. 대중매체를 통한 다문화사회 시민교육 활성화, 다문화 전문인력 양성과 정책과제 등의 주제가 연구테마가 되고 있다. 이것은 한국의 다문화논의가 정책과 담론에 있어서 분화되는 경향을 보이고 있으며, 새로운 전환기에 접어들고 있음을 암시하고 있다.

둘째, 국가경쟁력의 관점에서 다문화가 부각되기 시작하고 있다. 2008년 4월 국가경쟁력위원회는 글로벌 고급인력 유치방안을 발표하였다(교육과학기술부·법무부·행정안전부·지식경제부·노동부·국가경쟁력강화위원회, 2008). 외국인재에 대하여 문호를 과감히 개방하고, 이중국적을 허용하여 우수인재를 확보한다는 것이다. 국내노동시장, 인력양성 시스템, 병무행정 등에 미치는 영향을 종합적으로 검토하여, 인재를 통한 성장을 실현해 가겠다는 것이다. 아마도 한국 정부의 글로벌정책에 자극을 준 대표적인 사례는 싱가포르이다. 싱가포르는 외국인재들이 집중적으로 모여들면서 다국적 인재를 유치하여 국가경쟁력의 자원으로 만들어간 전형적인 사례이다.

인력이동의 글로벌화에 따른 외국인재 유치를 위하여, 싱가포르 정부는 고도의 숙련기술을 가진 전문가들이나 자본력을 가진 기업인들의 유입을 증가시키기 위해서 이들에 대한 고용허가권과 영주권을 제공해오고 있다. 1999년에 시작된 21세기 인력계획(The Manpower 21 Plane)은 사고, 지식과 혁신과 교환[14]의 핵심이 되는 인재자본(talent capital)의 유입을 확대시키고자 노력하고 있다.

계획의 골자는 21세기 산업의 성장을 선도할 의료, 화학, 바이오, 전자, 환경, 서비스, 재정, 건강, 커뮤니케이션, 디지털 미디어, 해양산업 부문에서 일할 수 있는

---

14) Ministry of Manpower, "Launch of Manpower 21 Plane",
http://www.mom.sg/publish/momportal/en/press_room/press_releases/
1999/19990831-LaunchOfManpower21Plan.html,(last accessed: 18 Feb 2008)./장미혜에서 재인용.

숙련 노동자에 대한 수요가 증대하리라고 보고, 싱가포르가 향후 지향하는 지식기반산업을 중심으로 한 새로운 경제체제로 이행하는 데 필요한 핵심인력을 최대한 유치하는데 있다. 이를 위해 남부아시아 뿐만 아니라 영국, 호주, 뉴질랜드, 독일, 프랑스, 스위스 등 다른 서구 국가들까지 포함한 고급인력을 수용하여 국적을 다양화시키고 있다.[15]

한국정부는 글로벌 인재유치와 동시에 고용허가제하에서 외국인노동자의 3년 체류자격을 연장하여 숙련공의 경우 5년까지 체재가능하도록 2008년 7월 외국인 근로자 고용법 개정을 입법 예고하였다. 개정내용은 필요한 외국인력을 신속하게 도입하거나, 외국인노동자 지원책을 강화하는 것이다. 숙련공을 필요로 하는 국내 중소기업은 체류기간이 3년으로 만료된 외국인노동자를 1개월 출국해야 하는 기존 조항을 폐지하고, 최대 2년미만까지 추가로 계속 고용이 가능하도록 되어 있다. 국적법 제5조 일반귀화 요건에는 5년 이상 한국내 주소가 있어야 한다는 조항이 있어서 영주권 취득요건을 충족하게 된다. 말하자면 영주방지를 원칙으로 했던 한국의 고용허가제가 결과적으로 국적취득후 영주하는 이민노동자를 양산해낼 개연성이 높아진 것이다. 터키인 노동자를 단기순환 원칙으로 도입후, 나중에 영주권을 허용했던 독일의 상황이 재발될 것으로 우려하는 사람들도 많다.

셋째, 심각한 인구감소와 출산력저하에 대비하여, 다문화가 가져올 성장과 활력이라는 측면에서 장점이 부각되고 있다. 한국은 전세계에서 지난 50여년간 출산율이 가장 크게 떨어진 국가이다. 신생아숫자는 1970년대 100만명 수준에서 2000년초반부터 45~50만명대로 감소하였다. 합계출산율은 2005년 1.08로 최저점을 기록하였다. 2003년 이후 합계출산율 1.3이하로 초저출산시대로 진입하여 정체상태에 머물러 있다. 한국은 2000년 65세 이상 고령화비율이 7%인 고령화사회에서 2026년 20%인 초고령화사회에 이르기까지 불과 26년밖에 소요되지 않을 것으로 예상되고 있다. 고령화사회로의 진입은 프랑스, 미국, 독일은 물론, 일본이나 중국보다 훨씬 빠르게 진행되고 있다. 앞으로 40년간 총인구 감소에 대비할 순수이민의 적정 유입규모는 최저 104.5만명에서 최고 293.8만명에 이를 것으로

---

15) 장미혜 "아시아 다문화정책:싱가포르, 일본"(국토연구원 세미나자료집. 2009/06/15)

예측하고 있다(전광희, 2006:45).

국제결혼이 증가하면서 교육면에서 다문화현상도 매우 빠른 속도로 진전되고 있다. 국제결혼은 1990년 0.5만건(1.2%)에서 증가하여 2000년 1.2만건(3.7%)에 이르렀다. 2005년 4.2만건(13.5%)로 정점에 달했다가 2006년부터 약간씩 감소하여 2008년 3.6만건(11.05%)에 이르고 있다. 국제결혼과 외국인노동자의 유입은 자연스럽게 다문화자녀의 증가로 이어져서 2029년에 이르면 신생아 3명 가운데 1명은 다문화가정의 자녀가 될 것으로 예상되고 있다. 2008년 4월 현재 다문화자녀는 약 5.8만명으로 2006년 2.5만명, 2007년 4.4만명에서 크게 증가하였다.

다문화자녀는 연령별로 볼 때에 6세 이하가 57.1%로 유년층이 상당부분을 차지하고 있다. 초중고에 재학중인 다문화자녀는 2008년현재 20,180명(다문화가정 자녀 18,778명, 외국인노동자 자녀 1,402명)으로 전년대비 약 40%가 증가하였다. 국내 외국인유학생 숫자는 지방대학이 신입생 감소에 대비하여 중국인유학생을 적극 유치하면서 2003년 12,314명에서 2006년 32,557명, 2008년 63,952명으로 급증하였다. 다문화자녀와 외국인유학생에 대한 교육지원은 시급히 대응해야 할 과제로 인식되고 있다.

한국내에서 출입국관리에서 이민정책으로 변화 움직임, 국제경쟁력 강화를 위한 다문화정책의 적극적인 도입 검토, 한국사회에서 심각한 문제로 고민중인 출산율 저하와 보충이민으로서 결혼이민자와 외국인노동자의 수용은 한국 이민정책의 변화를 단적으로 나타내고 있다. 이에 따라, 새로운 전환기에 접어든 한국의 이민정책은 점차 외국인의 선별충원에서 사회통합 정책으로 변화하고 있다. 글로벌인재의 유치와 이중국적의 허용, 숙련공 외국인노동자의 장기거주와 영주권 취득가능성, 국제결혼과 다문화 자녀, 유학생의 급속한 증가는 한국이 지금까지 외국인노동자의 순환교체와 결혼이민자 사회적응에 머물러 있던 수준에서 벗어나 한 단계 업그레이드 된 사회통합정책을 요구하고 있다. 한국정부는 결혼이민자, 다문화자녀, 그리고 외국인노동자를 대상으로 한 사회통합 정책을 심도있게 검토하기 시작하였다.

2) 대상별 사회통합정책

(1) 결혼이민자

한국에서 본격적인 사회통합 프로그램은 주로 결혼이민자를 대상으로 한 것으로 2009년부터 사회통합 교육이수제가 적극 도입되었다. 결혼이민자는 이전에는 한국인과 결혼 2년 뒤에 국적취득을 신청할 수 있고, 서류심사기간 2~3년 후 국적을 취득하였다. 결혼이민자의 한국사회 적응이 더딘 원인은 사회통합 프로그램이 선택제로 되어 있어서 충분히 활용되고 있지 못한 데 있었다. 2006년 11월 조사 결과 여성결혼 이민자의 3/4는 지난 1년간 상담교육을 받기 위하여 공공기관이나 민간지원 기관에 한 번도 방문한 경험이 없으며, 특히 가족들의 반대로 지원율이 매우 낮았다.

따라서 국적취득과 사회통합간 연계가 필요하다는 인식이 확산되면서 2009년 1월 들어 사회통합 프로그램 이수제 도입이 검토되었다. 개정된 국적법 시행규칙 (2008.09.03) 제4조 귀화 적격심사에 따르면, 법무부장관이 정하여 고시하는, 한국어와 다문화 이해 등에 대한 교육과 정보제공 등을 내용으로 하는 사회통합 프로그램을 이수한 자는 필기시험을 면제받을 수 있게 되었다. 필기시험에서는 대한민국의 역사·정치·문화·국어 및 풍습에 대한 이해 등, 대한민국의 국민이 되기 위하여 갖추어야 할 기본소양에 관한 사항을 심사하되, 주관식 또는 객관식으로 10문항 내지 20문항을 출제한다고 규정되어 있다. 면접심사에서는 국어능력 및 대한민국 국민으로서의 자세와 자유민주적 기본질서에의 신념 등 대한민국 국민으로서 갖추어야 할 기본요건을 심사한다고 적혀 있다.

사회통합 프로그램 시범운영기관의 교육과정을 살펴보면, 한국어는 초급과 중급, 고급으로 구성하며, 다문화사회 이해활동은 교육과 봉사활동, 생활정보, 다양성 활동 등이며, 결혼이민자와 일반이민자로 나누어 결혼이민자는 1,2, 5단계만, 일반이민자는 1~5단계까지 운영한다고 되어 있다. 일반교육 과목안으로서 이민자는 한국의 역사, 풍습과 문화, 정치행정제도, 타문화 의사소통, 한국의 가족생활, 다문화사회, 타문화 이해와 적응, 한국의 기초경제활동, 한국의 교육제도, 기

초법률, 기업의 이문화경영, 보건복지, 동포사회 등이다. 배우자인 국민의 수강과목으로 동포사회 이해, 난민 이해, 국제결혼가정 이해, 외국인노동자 이해, 다문화사회 이해, 인종차별 예방 등 인권보장, 기업의 이문화경영 등이 있다.

(2) 다문화자녀

다문화가정과 자녀의 급증에도 불구하고, 교육부와 지방정부, 학교당국의 정책은 이에 충분히 대응하지 못하고 있다. 언어, 문화적인 배경의 차이, 사회경제적으로 취약한 부모의 지위, 한국어가 서툰 결혼이민자 어머니의 양육부족으로 학습결손이 심각한 상태이다. 다문화자녀는 외모나 말투 등의 차이로 인한 따돌림을 경험하면서, 소극적인 성격으로 바뀌게 된다. 다문화가정 자녀가 소외당하는 주요 이유로 엄마가 외국인이기 때문에(34.1%), 의사소통이 되지 않아서(20.7%), 특별한 이유없이(15.9%), 태도나 행동이 달라서(13.4%), 외모가 달라서(4.9%) 등을 들 수 있다. 또한, 정체성 혼란이 야기되면서 결혼이민자는 한국어나 문화에 익숙하지 않아서 한국과 모국간의 소속감이나 문화적 정체성의 불일치로 정신적인 스트레스를 겪게 된다.

다문화자녀가 급증하면서 중앙정부인 교육과학기술부도 대응책을 마련해 왔다. 2006년부터 매년도 [다문화가정자녀 교육지원계획]을 수립하였고, 서울대학교에 중앙다문화교육센터를 설립하거나 서울교육대학에 다문화교육 강좌를 개설하였다. 또한, 2009년부터 다문화가정 학생교육지원 중장기대책을 마련하고, 2009~2012년간 약 700억원을 투자할 계획으로 있다. 공교육 내용에도 다문화이해 교육강좌를 개설하여, 개정된 교육과정에 타문화이해와 존중, 편견극복을 포함하였고, 미등록외국인 자녀도 초등학교 입학이 용이하도록 관련서류 제출조건을 완화하였다(전우홍, 2009.6:85~90).

교육과학기술부는 배움과 이해로 함께 살아가는 다문화사회 구축을 비전으로 ①다문화가정 학생의 교육격차 해소, ②다문화가정 학부모의 사회적 역량강화, ③다문화교육 기반강화와 이해확산 3가지를 정책목표로 설정하였다. 주요 과제

▶ 표 7-7 한국의 다문화가족 인구, 2006~2008년

연도	다문화가족 (A+B+C)	(A+B)	결혼이민자 비귀화자(A)	혼인귀화자(B)	A의 자녀 (C)
2006	130,014	104,768	65,243	39,525	25,246
2007	171,213	126,955	87,964	38,991	44,258
2008	202,392	144,385	102,713	41,672	58,007

자료: 행정안전부, 『국내거주 외국인 실태조사 결과』, 각 연도(단위:명)

로 ① 현장맞춤형 교육을 위하여 한국어가 부족한 다문화자녀를 위한 프로그램 개발, 수준별 한국어교재의 개발과 보급, 예비교사를 활용한 멘토링 지원, 다문화 가정을 위한 평생교육 프로그램 개발, 다문화가정 학부모를 위한 상담 지원과 학교생활 정보를 포함한 안내책자 발간, 교사연수 프로그램을 개발하고 있다.16)

주요과제 ②는 다문화교육기반 구축으로 서울대학교에 중앙다문화교육센터 운영을 지원하고, 학교현장과 연계한 연구개발을 수행하거나 시도교육청의 다문화교육 사업 모니터링, 다문화교육 기반구축을 위하여 예비교사들에게 교양과목으로 다문화가정 이해를 수강케 하고, 지역별 교육대학에 강좌를 설치하였다. 주요과제 ③으로 다문화이해 제고와 확산을 위하여 다문화가정 학부모를 활용한 다문화이해 교실을 설치하여, 다문화가정 학부모가 출신국 문화와 풍습 등을 소개하도록 권장하고 있다. 다문화이해 교육콘텐츠 개발을 위하여 필리핀, 캄보디아, 베트남, 타이 출신의 결혼이민자 주부를 초빙하여 초등학생에게 교육을 실시하기도 한다. 아울러 다문화가정 다수를 차지하는 아시아-한국문화이해를 위한 자료를 개발하고, 우수사례를 중심으로 영상자료 개발을 추진하고 있다.

(3) 다문화가족

한국의 다문화가족이 늘어나면서([표 7-7] 참조), 중앙정부인 보건복지가족부

---

16) 독일의 지방정부 사회통합 프로그램에서는 다문화자녀 입학시 반드시 부모 중 1명이 일정 기간 동안 정기적으로 자녀와 같이 학교에 등교하여 수강하게 되어 있다.

▶ 표 7-8 가족 생애주기별 7대 정책과제, 2008년

주 기	정책과제
결혼 준비기	결혼중개 탈법방지 및 결혼예정자 사전준비 지원
가족 형성기	결혼이민자 조기적응 및 다문화가족의 안정적 생활지원
자녀 양육기	다문화가족자녀 임신 · 출산 · 양육지원
자녀 교육기	다문화 아동 · 청소년 학습발달 및 역량개발 강화
가족역량강화기	결혼이민자 경제 · 사회적 자립 역량 강화
가족 해체시	해체 다문화 가족 자녀 및 한 부모가족 보호 · 지원
전(全) 단계	다문화사회 이행을 위한 기반 구축

자료: 보건복지가족부, 『다문화가족 생애주기별 맞춤형 지원 강화대책』, 2008.

는 2008년 10월 30일 결혼이민자와 자녀 등 다문화가족의 사회통합을 지원하기 위한 다문화가족 생애주기별 맞춤형 지원 강화대책을 발표하였다. 다문화대책은 4대 정책목표와 3대 정책추진 방향을 제시하고 있다. 정책목표는 정책대상별로 ① 결혼이민자의 조기정착과 자립역량 강화, ② 다문화가족의 안정적 생활유지, ③ 자녀의 건강한 성장과 글로벌인재 육성, 국민의 다문화사회 이해증진이다. 정책방향은 ① 결혼이민자와 자녀, 배우자 등 가족구성원 전체를 대상으로 정책을 체계화하고, ② 가족 생애주기별로 맞춤형 서비스 제공, ③ 민관 협력을 통한 효율적 서비스 전달체계 구축이다. 다문화대책은 다문화가족 생애주기에 맞추어 7대 정책과제, 21개 세부추진과제, 66개 세부사업내용(신규사업 20개, 확대 · 강화 40개, 기존정책 6개)으로 분류되어 구성되었다.

추진과제의 주요특징은, 가족생애주기 전반에 걸쳐 배우자교육, 가족통합교육, 부모자녀프로그램 등 가족전체를 대상으로 하는 사업을 체계화하고 확대시키고 다양화했으며, 특히, 앞으로 우리 사회의 기둥이 될 자녀의 건강한 성장을 지원하기 위한 자녀양육, 보육과 성장지원 정책에 큰 비중을 두고 있다([표 7-8] 참조). 또한, 결혼이민자가 겪는 가장 큰 어려움인 의사소통 문제를 해소하기 위한 통번역 지원사업을 본격적으로 실시하는 방안을 포함하고 있다. 서비스등록과 제공시스템 정립, 다문화가족지원센터를 핵심전달체계로 확대 설치, 다양한 기관간

의 연계와 협력체계 구축 등을 통해, 다문화 행정서비스 사각지대 해소와 중복을 방지해 사업 효율화와 수요자 체감도를 제고하는 데 초점을 두고 있다(설동훈, 2009.6:30~33).

3) 대안의 모색

한국의 사회통합은 아직까지 초기단계에 머물러 있으며, 앞으로도 몇 가지 점에 유의하면서 발전시켜야 할 과제를 안고 있다. 첫째, 선진국의 사례를 참고하면서 결혼이민자, 외국인노동자, 다문화가족을 전체적으로 포괄하는 종합적인 사회통합 프로그램 이수제를 통하여 한국어교육과 한국사회, 문화교육을 보다 강화시켜 나갈 필요가 있다. 한국어가 가능한 조선족동포와 한국문화에 익숙하지 않은 동남아출신 외국인, 결혼이민자와 단순노동자가 동시에 존재하고 있어서 병렬적이고 다양한 사회통합의 대안이 요구되고 있다. 장기거주하면서 다문화자녀를 양육해야 하는 결혼이민자와 앞으로 보다 장기간 체재하는 외국인노동자들에게 유용한 사회통합 프로그램을 제공해야 한다.

둘째, 결혼이민자와 외국인노동자를 포함하여 보다 장기적이고 안정적으로 사회통합 프로그램을 이수하게끔 인센티브를 제공할 필요가 생겨나고 있다. 결혼이민자는 앞으로도 국적취득과 사회통합 프로그램 이수제를 보다 강화하고 양자를 병행시켜 나가야 한다. 지금까지 사회통합 프로그램 이수제의 효율이 매우 낮은 현실을 감안하여, 농촌지역에 분산거주하는 결혼이민자나 주말밖에 시간이 없는 외국인노동자들도 쉽게 프로그램에 참여할 수 있도록, 수강시간과 장소를 늘리거나, 인터넷 수강기회를 제공해야 할 것이다. 농촌지역에서 접근이 어렵거나 생활여건상 직장에서 근무해야 하는 관계로 사회통합 프로그램을 이수할 수 없는 현실을 고려해야 한다.

외국인노동자에 대해서는 국내 입국후 훈련기간을 적어도 30일 이상으로 연장하고, 학습비용은 중앙정부가 상당부분 부담하는 방식도 검토할 필요가 있다. 입국후 초기단계에서 한국어와 한국문화를 교육하는 것이 나중에 분산된 후 교육시키는 것보다도 훨씬 효과가 높다. 그리고 취업후 일정기간 경과하면 재교육 과정을 거칠 필요가 있으며, 이를 위하여 교통 바우처나 보조금 지급을 고려할 필요가 있다.

셋째, 결혼이민자나 외국인노동자를 위한 초기 플랫폼제나 상담제를 운영할 필요가 있다. 열악한 경제환경에서 결혼과 육아생활에 접어들거나, 기업근무 개시후 사회통합 프로그램 이수가 현실적으로 어려운 것을 감안하면, 입국후 1개월 정도 집중적으로 사회통합 프로그램을 이수하게 하는 것이 바람직하다. 다문화 가족의 이해와 기업주 양해하에 과연 얼마나 사회통합프로그램을 이수할 수 있는지 미리 조사할 필요가 있다. 결혼이민자는 사회통합이 국적취득과 연계되고 있지만, 외국인노동자는 직접 인센티브가 되는 것이 없다. 따라서, 정규 외국인노동자를 고용하는 고용주가 프로그램 이수를 신청하여 완료할 경우, 세제혜택이나 보조금을 지급할 필요가 있다.

넷째, 시범지역을 지정하여 외국인주민과 동시에 시민대상의 다문화교육을 확대하는 것, 다문화 사회통합 프로그램 안내서비스를 집중적으로 강화하는 작업이 필요하다. 수도권지역에 결혼이민자나 외국인노동자가 집중되어 있다. 서울시내 ABT(ABT: Active Brain Tower)대학이나 방송통신대학 제도를 활용하여 결혼이민자 프로그램 이수제를 확대하거나, 성동구나 경기도 안산시를 시범지역으로 하여 외국인노동자의 사회통합을 위한 프로그램 이수제를 시범실시해보는 것이 바람직하다. 지금까지 외국인대책은 지나치게 법률과 제도생산 중심에 치우쳐 있으며, 실제 사례와 비용대비 효과를 측정, 반영하는 과정이 부족한 것이 사실이다. 따라서 새로운 사회통합 이수제를 개발하고, 외국인주민이 집중 거주하는 지역에서 시범실시해 볼 필요가 있다.

4) 향후과제와 전망

장기적으로 볼 때, 외국인대책과 사회통합정책을 연계해가야 한다는 것은 재론의 여지가 없다. 중앙정부는 결혼이민자에 대한 복지정책을 보다 구체적으로 세워나가고, 외국인노동자의 장기체류에 대응하여 보다 적극적인 사회통합 정책을 수립할 필요가 있다. 아울러 지방정부, 대학기관, 시민단체, 외국인대표자들이 모여서 거주환경 개선과 사회통합을 지속적으로 마련해갈 수 있는 구체적인 대안을 찾는 회의를 구성할 필요가 있으며, 이것이 상설기구로서 작동하는 것이 바람직하다.

이주민을 위한 사회통합의 목적은 무엇인가, 사회통합에 있어서 외국인노동자, 결혼이민자간의 차이는 무엇인가, 사회통합의 내용은 어떻게 구성되어야 하는가, 사회통합을 위한 전담기관이 배치되어야 하는가, 기존 프로그램과 재조정은 어떻게 하는가, 외국인과 국민간 연계교육 내지 참여교육에 대한 대안이 있는가 하는 것들이 심도있게 논의되어야 한다.

결혼이민자나 외국인노동자의 사회통합 교육의 적절한 시기는 언제인가, 다문화가족과 기업주들의 참여정도, 자발적인 것인가 아니면 의무적인 것이어야 하는가, 선택적인 것인가 또는 통합식 일관 교육인가하는 것도 세심하게 검토해야 한다. 요컨대, 결혼이민자의 사회통합프로그램 이수제를 보다 발전시켜나가고, 이것을 확대시켜 외국인노동자에게 적용해가는 작업이 앞으로 주요 과제라고 할 수 있다.

제도와 정책으로서 국가기관 만이 아닌 지방정부와 기업단체의 공동책임도 고려되어야 한다. 지속적이고 안정적인 사회통합 정책을 전개함으로써 결혼이민자의 국내 정착과 아울러, 숙련된 기술을 지닌 외국인노동자와 유능한 외국인재의 국내정주를 촉진할 수 있다는 것이다. 이중적인 정책기준보다는 보편적이고 신뢰할 수 있는 대안이 마련되어야 한다. 중앙정부의 정책변화에 발맞추어 지방정부도 각 지역에 구축된 사회통합프로그램을 추진하고 대학기관과 연계하여 시책의 효율성을 높여갈 수 있는 방안을 찾아보아야 한다.

농촌과 지방에 분산된 결혼이민자, 시간여유 없는 외국인노동자가 보다 용이하게 프로그램에 참가할 수 있도록 하고, 미등록외국인도 간접적으로 사회통합의 대상에 포함되어야 한다. 외국인주민의 사회통합은 궁극적으로 단순한 교육프로그램 제공과 제도변경으로 해결되지 않으며, 중앙정부의 이민정책, 노동정책, 사회통합정책이 조화를 이루고 지방정부와 대학기관, 시민단체가 이를 뒷받침해야 가능한 것이다.

3. 일본의 다문화 거버넌스와 한국에의 시사점

1) 다문화현상의 국제비교

다문화현상이 새로운 국가경쟁력의 원천이자 글로벌코리아의 담론으로 떠오르고 있다.[17] 인구감소와 노동력부족을 극복하고, 인재유치와 국가브랜드의 제고를 모색하는 글로벌코리아의 화두는 공공부문의 정책적 지향점이 되고 있다. 중앙정부와 지방정부, 학계와 언론계를 불문하고 다문화사회는 주요 관심사로 떠오르고 있다. 공공기관 뿐만 아니라, 시민사회도 21세기 한국사회의 성숙을 위한 명백한 과제로서 외국인의 인권신장과 다문화공생을 모색하고 있다. 다문화는 한국만이 아니고 세계각국이 당면한 공통과제이기도 하다. 세계화와 인적이동의 증가는 유럽과 미국을 비롯한 선진각국, 그리고 동북아국가에서 다문화 수용의 사회적 합의, 정책대응, 거버넌스 구축을 요구하고 있다.

국제통합과 난민협회(The International Integration and The Refugee Association)는 2005년현재 국제이민이 전세계인구의 2%인 1.75억명을 넘어섰다고 발표하였는데, 이는 30년전인 1975년과 비교하여 무려 2배 이상 증가한 수치이다.[18] 1970년~1990년간 노동이민 송출국은 1970년 23개국에서 1990년 55개국으로, 노동이민 수용국은 39개국에서 53개국으로 각각 증가하였다(Böhning, W. R. and N. Oishi, 1995:794~799). 세계화에 따른 빈부, 기술, 임금, 노동력, 시장, 인구격차의 확대는 국제적인 노동이동을 더욱 촉진시키고 있다.

국제이민의 급증은 이민국가로 출발한 미국이나 캐나다와 호주, 제국주의 기

---

17) 동아일보 2009년 연중기획. "다문화가 힘이다"(2009.02.02) 연재보도를 참조.
18) 국제이주기구(The International Organization for Migration)는 전세계적으로 국제이민이 약 2억명이 넘는다고 보고 있다. 국제이민을 받아들이는 수용지역으로 유럽이 가장 많은 약 7,060만명, 북미 약 4,010만명, 아시아가 약 2,530만명을 수용하고 있다고 추정하고 있다.

간에 식민지출신자를 수용하거나 전후유입이 계속된 유럽국가들, 역내 국가간 임금격차 확대, 노동력부족과 소자화가 빠른 속도로 진행되는 한국과 일본, 대만에서도 공통적으로 일어나고 있는 현상이다. 동북아국가에 있어서 새로운 과제로 등장한 외국인증가와 다문화현상은 각국의 뿌리깊은 내셔널리즘과 인종주의, 좁은 영토공간, 국제화경험의 부재나 일천함 등으로 인하여 부조화의 현실을 노정시키고 있다.

한국과 일본, 대만 등, 동북아각국은 유럽이나 영미국가와 달리 외국인들에게 충분한 거주요건과 근무환경의 제공, 영주권부여에 매우 인색한 편이다. 세계적으로 디아스포라(Diaspora)가 일상적으로 나타나는 중국계 화교에 대한 한국정부의 차별과 탄압은 전형적인 사례이다.[19] 1945년이전 한반도내 중국화교는 8만명에 달했으나, 1970년 화교재산권 제한조치와 함께 캐나다, 대만으로 출국러시가 이어졌고 2005년현재 약 2만명으로 줄어들었다.

한국의 화교, 일본내 재일조선인, 중국국적을 지닌 소수민족인 조선족이 1945년 이전에 형성된 역사적 산물이라면, 1980년대 이후 동북아각국에서 나타난 노동, 결혼, 유학 등을 통한 인적 이동의 증가는 새로운 양상을 보여주고 있다. 동남아각국에서 중국, 대만, 홍콩, 한국, 일본으로 유입되거나, 또는 중국에서 한국이나 일본으로 유입되는 노동이민과 결혼이주자, 유학생들의 숫자는 이미 400만명을 넘어서고 있다. 홍콩의 경우, 1940년대부터 본토에서 홍콩으로 이주가 급증하였고, 홍콩정부가 대륙인의 유입 금지내지 규제조치를 내리는 결과로 이어졌다.

일본은 1992년들어 외국인비율이 전체인구 1%를 초과하였으며, 2007년말 약 215만명, 전체인구의 약 1.7%를 차지하고 있다. 일본정부는 1990년 6월 출입국관리법을 개정하여 단순노동자 유입을 금지하되, 일본계이민 2, 3세를 기술노동자로 수용하는 정책을 채용하였다. 이에 따라 일본계 브라질인이나 일본계 페루인이 대거 유입되었으며, 2007년 현재 약 38만명에 달하고 있다. 한국이나 일본의

---

19) 디아스포라는 민족이나 집단의 이주, 분산을 나타내는 용어로 유태인, 중국화교, 이탈리아인, 한국인 등이 해외로 이동하거나 거주하는 현상을 의미한다. 화교는 중국국적을 지닌 화교(華僑)와 거주국 국적을 지닌 화인(華人)으로 나뉜다. 대략 3천만명이 넘는 이들 화교, 화인의 8할 이상은 동남아시아지역에 거주하고 있다.

외국인 비율은 선진각국 가운데 낮은 편에 속하나 빠른 속도로 증가하고 있어서
적극적인 대응이 요구되고 있다.

2) 외국인증가와 일본의 다문화현상

대륙국가인 유럽, 이민국가인 미국이나 호주와 달리 해양국가인 일본은 지리,
인종, 문화적으로 격리되어 있다. 분단국가인 한국은 전후 60년 넘게 대륙과 단절
되어 왔으며, 냉전의 현실은 이러한 폐쇄성을 가속화시켰다. 한일 양국의 지리적,
역사적 배경은 주변국과의 교류빈도가 상당한 제약을 안고 있다는 것을 말해 준
다. 일본에 있어서 소수민족 이주는 제국주의 팽창기에 오키나와, 홋카이도, 대
만, 조선으로 국경을 확대하면서 현재 올드커머(oldcomer)라고 불리우는 식민지
주민들이 유입되면서부터였다.

본국으로 귀국하지 않고 일본에 그대로 남아 영주권을 얻게 된 재일조선인들
의 존재는 전후일본에 있어서 다문화현상의 시작이었다. 이들은 권익증진을 위
하여 다양한 활동을 벌였다. 1970년대부터 인권운동, 차별철폐, 지문날인 폐지를
위하여 일본의 지방정부와 시민단체가 동시에 이들을 지원해 왔다. 일본내 혁신
자치체가 재일조선인을 위하여 독자적인 외국인시책을 만들고 교육, 의료, 주택,
연금, 취업 등 각 분야에서 주민으로서 외국인을 포함해 적용시키고자 시도해온
축적의 경험은 한국과 다른 점이라 할 수 있다.

1960년대 고도성장기에 접어들면서 일본도 서독과 마찬가지로 노동력부족으
로 인한 외국인력 도입의 필요성이 제기되었다. 1967년 제1차 고용대책 기본계획
이 정부각의에서 결정되었으나 반대론이 우세하여 도입되지 못했다. 그후에도
수차례 논의가 있었으나, 외국인력을 도입할 필요가 없다는 생각이었다. 그러나
1980년대 중반 급격한 엔고현상과 경제호황에 따른 노동력부족으로, 필리핀이나
타이 등 동남아국가로부터 외국인노동자나 여성인력이 대량 유입되었다. 1990년
대들어 일본정부는 노동력부족을 해소하고자 일본계 브라질인 체류를 허용하고,
기능실습제를 통하여 중국인노동자를 수용하면서 외국인숫자는 크게 늘어났다.

국적/연도별	1997	1999	2001	2003	2005	2007
총 계	1,482,707	1,556,113	1,778,462	1,915,030	2,011,555	2,152,973
중 국	252,164 (17%)	294,201 (18.9%)	381,225 (21.4%)	462,396 (24.1%)	519,561 (25.8%)	606,889 (28.2%)
한국 · 조선	645,373 (43.5%)	636,548 (40.9%)	632,405 (35.6%)	613,791 (32.1%)	598,687 (29.8%)	493,489 (27.6%)
브라질	233,254 (15.7%)	224,299 (14.4%)	265,962 (15.0%)	274,700 (14.3%)	302,080 (15.0%)	316,967 (14.7%)
필리핀	93,265 (6.3)	115,685 (7.4%)	156,667 (8.8%)	185,237 (9.7%)	187,261 (9.3%)	202,592 (9.4%)
페 루	40,394 (2.7%)	42,773 (2.7%)	50,052 (2.8%)	53,649 (2.8%)	57,728 (2.9%)	59,696 (2.8%)
미 국	43,690 (3.0%)	42,802 (2.8%)	46,244 (2.6%)	47,836 (2.5%)	49,390 (2.5%)	51,851 (2.4%)
기타	174,567 (11.8%)	199,805 (12.9%)	245,907 (13.8%)	277,421 (14.5%)	309,450 (14.8%)	321,489 (14.9%)

또한, 지속적으로 유학생와 취학생 숫자도 늘어나면서 국제화가 중앙과 지방정부의 주요정책으로 등장하였다.

일본내 외국인은 매년 증가하여 최고기록을 경신하고 있다. 2007년말 현재 일본내 외국인등록자수는 2,152,973명으로 전체인구의 1.69%를 차지하고 있으며, 여성이 1,150,936명, 남성이 1,002,037명이다. 미등록외국인은 149,785명으로 해마다 감소하는 추세이다. 등록외국인과 미등록외국인을 더하면 전체인구 대비 1.8%에 달한다.[20] 2007년말 전체 외국인숫자는 1년전보다 68,054명 3.3% 증가하였고, 10년전과 비교하면 670,266명이 늘어나 45.2% 증가하였다. 일본내 외국인 비율은 한국과 비교하면 약간 낮으며, 증가속도가 상대적으로 완만한 편이다. 한국내 전체외국인은 2008년말 현재 116만명으로 총인구 대비 2.3%수준이며, 지난 10년간 등록외국인이 6배 증가하여 일본증가율의 무려 13배에 달하고 있다.

---

20) 이하는 일본법무성출입국관리국 통계(2008.6)를 참조.
http://www.moj.go.jp/PRESS/080601-1.pdf(검색일: 2009.01.31)

[표 7-9] 국적별 외국인등록자 추이를 보면 알 수 있듯이, 일본내 전체 외국인등록자는 매년 증가해 왔으며, 1990년대부터 일본계 브라질인과 필리핀, 그리고 중국인비중이 늘어났다. 국적별로 살펴보면, 중국인노동자와 유학생이 늘어나서 1997년 252,164명에서 2007년 606,889명으로 10년간 2.4배 이상 급증하였고, 전체외국인내 인구비율도 28.2%로 높아졌다. 2007년들어 중국은 일본내 등록외국인가운데 가장 많은 외국인국적이 되었다.

한국·조선인은 올드커머인 재일조선인의 숫자와 비율이 점차 줄어들면서 2007년들어 처음으로 중국에 1위를 내주었으며 빠른 속도로 감소하고 있다. 숫자상으로도 50만명 이하로 낮아져 전체비율은 27.6%에 머물러 있다. 일본내 외국인노동력의 주요 부분을 차지하고 있는 일본계 브라질인과 일본계 페루인(닛케이진)들은 각각 316,967명 14.7%, 59,696명 2.8%에 달하여 일본계 남미인출신 노동자와 가족비율은 약 18%를 차지하고 있다. 필리핀은 주로 노동자와 결혼이민자로 구성되어 약 10%이하이다. 이 밖에도 미국, 베트남, 타이, 인도네시아, 인도 등이 그 뒤를 잇고 있다.

[표 7-10]은 지역주민 가운데 외국인비율이 높은 도도부현별 외국인등록자 추이를 나타내고 있다. 일본내 등록외국인은 한국과 마찬가지로 대도시와 수도권에 집중되어 있다. 외국인이 가장 많은 도쿄도(東京都)는 382,153명으로 전체외국인의 17.8%가 모여살고 있다. 2위는 도요타공장 등에서 일하는 일본계 브라질인 노동자가 많은 아이치현(愛知縣), 3위는 오사카부(大阪府)로 되어 있다. 이어서 수도권인 가나가와현(神奈川縣), 사이타마현(埼玉縣), 지바현(千葉縣) 등으로 상위 10개현이 전체 70.3%를 차지하고 있다. 이 가운데 8개현이 각각 10만명을 넘고 있다.

도쿄도, 가나가와현, 사이타마현, 지바현을 합친 수도권지역내 등록외국인 숫자는 765,890명으로 전체외국인 가운데 35%를 차지하고 있다. 한국의 수도권집중비율인 약 2/3에 비하여 상대적으로 낮은 편이나, 그럼에도 불구하고 3명 가운데 1명은 수도권에 거주하고 있는 셈이다. 전년도 대비 증가율은 평균 3.3%인데, 가장 높은 증가율을 보인 곳이 일본계 브라질인 노동자가 많은 아이치현으로

▶ 표 7-10 주요 도도부현별 외국인등록자 추이

국적/연도별	2003	2005	2007	구성비	전년도 증감율
총 계	1,915,030	2,011,555	2,152,973	100.0%	3.3
도쿄도(東京都)	342,437	348,225	382,153	17.8	4.8
아이치현(愛知縣)	167,270	194,648	222,184	10.3	6.6
오사카부(大阪府)	211,491	211,394	211,758	9.8	-0.4
가나가와현(神奈川縣)	144,409	150,430	163,947	7.6	4.4
사이타마현(埼玉縣)	98,552	104,286	115,098	5.3	5.8
지바현(千葉縣)	91,788	96,478	104,692	4.9	3.8
효고현(兵庫縣)	101,853	101,496	101,527	4.7	-0.6
시즈오카현(靜岡縣)	82,474	93,378	101,316	4.7	3.4
기후현(岐阜縣)	44,678	50,769	57,250	2.7	4.8
이바라키현(茨城縣)	48,974	51,026	54,580	2.5	4.0
기타	581,104	609,425	638,468	29.7	2.1

6.6%, 두 번째로 역시 수도권인 사이타마현이 5.8%, 도쿄도와 기후현이 각각 4.8%, 가나가와현이 4.4%를 보이고 있다. 전체적으로 보아서 수도권 증가율이 높고, 오사카지역이 상대적인 감소세를 나타내거나 낮은 증가율을 보이고 있다.

[표 7-11] 유형별 외국인등록자를 보면, 2007년도말 현재 주로 재일조선인과 중국인으로 구성된 영주자가 약 87만명으로 가장 많다. 이어서 일본계 브라질인이 많은 정주자(定住者)가 268,604명, 일본인배우자로 아직 국적취득을 하지 않은 외국적 소유자가 256,980명, 유학생이 132,460명, 중국인이 많은 연수+기능실습생이 109,347명, 가족체재가 98,167명 등으로 나타났다. 가장 증가율이 높은 유형은 연수생과 기술비자로 각각 24.9%, 27.2%로 주로 중국에서 유입되는 3년간 체재가능한 외국인노동자의 증가율이 매우 높은 것을 알 수 있다.

단순노동력의 수용은 1981년 외국인 노동연수제가 도입되고 1989년 입국관리법 개정으로 대기업뿐만 아니라 중소기업도 연수생을 받아들이게 되면서 본격화

▶ 표 7-11   유형별 외국인등록자 추이

국적/연도별	2003	2005	2007	구성비%	전년도 증감율%
총 계	1,915,030	2,011,555	2,152,973	100.0%	3.3%
영주자(재일교포)	742,963	801,713	869,986	40.4	3.9
정주자(일본계브라질인)	245,147	265,639	268,604	12.5	-0.1
일본인배우자	262,778	259,656	256,980	11.9	-1.5
유학생	125,597	129,568	132,460	6.2	0.5
가족체재	81,535	86,055	98,167	4.6	7.5
연 수	44,464	54,107	88,086	4.1	24.9
인문지식과 국제업무	44,943	55,276	61,763	2.9	7.7
기 술	20,807	29,044	44,684	2.1	27.2
취 학	50,473	28,147	38,130	1.8	3.8
기 능	12,583	15,112	21,261	1.0	19.0
기업내 전근	10,605	11,977	16,111	0.7	15.0
흥 행	64,642	36,376	15,728	0.7	-25.3
영주자배우자	8,519	11,066	15,365	0.7	19.1
교 육	9,390	9,449	9,832	0.5	3.4
교 수	8,037	8,406	8,436	0.4	-1.0
기 타	182,547	209,964	207,380	9.6	-1.7

되었다.[21] 1993년에는 연수후 기능을 습득하는 외국인 기능실습제도가 만들어졌다. 외국인 기능실습생은 매년 증가하여 현재 11만명을 넘어섰는데, 이들 가운데 중국출신이 7만명 이상이며, 남성은 주로 단순노동자, 여성은 섬유계회사 노동자로 구성되어 있다. 2001년 6만명 수준에서 2007년 10만명을 넘어섰으며, 앞으로도 빠른 속도로 증가할 것으로 예상되고 있다.

---

21) 일본은 아직까지 산업연수생제도를 유지하고 있는데 이 제도는 한국과 마찬가지로 3년간 체재가능, 최저임금제가 적용되고 있다. 최근들어 중국연수생을 중심으로 빠른 속도로 증가하고 있다.

그림 7-5 외국 노동력 수용에 대한 일본 국민 설문조사

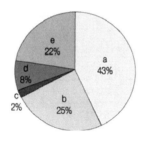

a. 단순노동력은 일정한 자격과 기준을
   갖춘 사람만 수용해야 한다.
b. 단순노동력도 폭넓게 수용해야 한다.
c. 기타
d. 모름
e. 일본인의 고용, 치안에 영향을 미치므로
   단순노동력 수용에 반대한다.

내각부『일본21세기 비전 인터넷조사』에서 작성

한편, 일본내 유학생과 취학생 숫자도 빠른 속도로 증가해 왔다. 1983년 일본의 국제화를 주창했던 나카소네 야스히로(中曾根康弘) 수상은 유학생 10만명계획을 발표하여 다양한 제도를 정비해 왔다. 1993년에 5만명을 넘어선 유학생은 2002년 약 10만명에 달하였으며, 2007년말 유학생과 취학생 숫자는 무려 17만명으로 급증하였다. 유학생과 취학생은 학업과 동시에 노동자로서 일본내 생활비를 벌기 위한 방법으로 아르바이트가 허용되고 있다. 대학생의 경우 주당 28시간이내, 방학중 하루 8시간이내 허용되고 있으며, 취학생은 하루 4시간이내 아르바이트가 허용되고 있다.

일본에 있어서 외국인 노동력 도입의 특징은, 단순노동력 도입을 보완하는 방법으로 유학생과 취학생의 아르바이트, 워킹홀리데이 제도, 경제연계협정(EPA)을 적극적으로 활용하고 있다는 것이다. 워킹홀리데이 제도는 외국의 청년이 1년간 체류하면서 취업할 수 있는 것으로 양국간 협정에 따라 숫자가 결정된다. 일본은 1980년 호주와 최초로 워킹홀리데이 협정을 맺은 이래, 뉴질랜드와 캐나다와, 그리고 1999년에는 한국, 프랑스와 협정을 체결하였다. 2008년 현재, 한국과 일본양국은 연간 각각 3,600명 한도, 프랑스와 각각 1,500명, 영국과 아일랜드간에는 연간 400명이하이다. 캐나다의 경우, 연간 사증발급이 9,500명으로 제한되어 있다.[22] 또한, 일본과 인도네시아간에 2007년 8월 경제연계협정(EPA)이 체결되

---

22) 일본외무성 홈페이지 2008.12.07 검색 워킹홀리데이제도 2008년 4월현재 자료를 인용
http://www.mofa.go.jp/mofaj/toko/visa/kokuseki/kokuseki_16.html

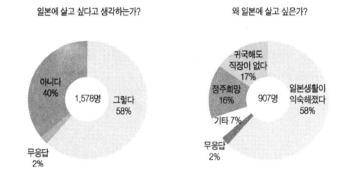

그림 7-6 일본계 브라질인 정주 희망도 설문조사

일본에 살고 싶다고 생각하는가?

아니다 40%
1,578명
그렇다 58%
무응답 2%

왜 일본에 살고 싶은가?

귀국해도 직장이 없다 17%
정주희망 16%
907명
일본생활이 익숙해졌다 58%
기타 7%
무응답 2%

산업고용안정센터『일본계 브라질인 노동자 앙케이트 조사결과』에서 작성

어, 인도네시아의 간호원과 개호복지사가 일본에서 활동할 수 있게 되었다.[23]

아직까지 일본정부는 전문기술을 지닌 글로벌인재는 일본경제의 활성화나 일본사회의 국제화를 위하여 적극적으로 수용하되, 단순노동자는 국내노동시장에 미치는 영향이나 국민생활에 많은 영향을 미치기 때문에 국민합의를 중시하면서 신중하게 대응하고 있다. 다만, 생활주변에서 외국인이 눈에 쉽게 띠면서 일본국민의 인식도 바뀌고 있다. 일본의 내각부가 실시한 외국인노동력 수용조사인 [그림 7-5]에 따르면, 단순노동의 적극적인 수용 25%+ 소극적인 수용 43%을 합쳐서 전체 68%가 찬성인 반면, 반대는 22%에 그쳤다. 말하자면, 7할에 이르는 일본국민이 외국인 노동력의 수용을 불가피하다고 인식하고 있는 것으로 나타났다.[24] 다만, 단순노동력은 신중히 수용하고, 어디까지나 일정한 기능기술을 지닌 인력 도입을 선호하고 있다. 한편으로 일본인의 고용과 국내 치안에 대한 부정적인 영향을 고려하여 단순노동력 도입을 반대하는 의견도 적지 않다.

한편, 외국인노동력의 약 4할을 차지하는 일본계 브라질인들의 일본체류에 대

---

23) 일본 후생노동성 외국인고용대책과 홈페이지 2008. 12.07일 검색
http://www.mhlw.go.jp/bunya/koyou/other22/index.html 이것은 비전문직 노동자를 처음으로 일본에 수용한 첫 케이스라고 할 수 있다.
24) 일본경제산업성 홈페이지 2008.12.07일 검색
http://www.meti.go.jp/report/tsuhaku2005/2005honbun/html/H3233000.html

한 반응을 살펴보면, 앞으로도 계속해서 살고 싶다는 답변이 58%, 그렇지 않다는 답변이 40%로 나타났다([그림 7-6] 일본계브라질인 정주희망도 설문조사를 참조). 일본에 계속해서 살고 싶은 이유로, 일본생활에 익숙해졌다는 응답이 58%, 정주를 희망하는 비율이 16%로 이들을 합치면, 지속적인 거주희망자가 74%에 이르고 있다. 그밖에 귀국해도 직업이 없다는 비율이 17%로 나타나 상당수의 일본계 브라질인들이 일본정주를 기대하고 있음을 알 수 있다.

3) 다문화현상과 일본의 공공정책

다문화정책에 있어서 일본의 특징은 중앙정부가 주도해 온 한국과 달리, 지방정부가 독자적인 정책비전과 시책을 가지고 시작했다는 것이다. 전전 식민지배를 반성으로 재일조선인의 처우를 개선하고자 했던 다문화정책의 기초로서 '내향적 민제외교(內なる民際外交)'가 혁신자치체이었던 가나가와현(神奈川縣)에서 출발한 것은 일찌감치 1984년 시점이었다. 1987년 제2차 가나가와현 종합계획에서 '외국인대책과 내향적 민제외교'가 중점시책으로 책정되어 외국인주민을 대상으로 한 다양한 행정서비스와 시책이 만들어지기 시작하였다(民際外交10年史企劃編纂委員會編,1990:168; 양기호, 2006.6:71).

1988년 일본정부의 「경제백서」는 "외향적 국제화(外なる國際化)에서 내향적 국제화(內なる國際化)로"라는 용어를 사용하기 시작하였다. 일본의 외국인 노동력 도입도 본격화되면서, 국내 노동력부족을 매우기 위한 방법으로 동남아출신 외국인이 증가하였고 일본계 브라질인들이 유입되기 시작하였다. 1980년대중반 제창된 국제화는 일본인들이 급증하는 외국인과의 국제교류를 수용하려는 노력의 일환이었다. 지자체에서 시작된 내향적 국제화는 다문화공생시책의 기본패러다임을 형성하기 시작하였다. 1990년부터 일본계 브라질인은 제한없이 취업이 허용되면서 대거 유입되었고 유학생숫자도 지속적으로 증가하였다. 점차 지방정부와 시민단체가 주도하는 다문화정책이 여론의 주목을 받으면서 다문화정책의 기본틀을 형성해 갔다.

일본에서 다문화용어가 사용되기 시작한 것은 1990년대 들어서였다. 특히 언론기관에서 사용된 것은 1993년이었다. 한국이 중앙정부가 주도하면서 법령과 재원 등, 제도적인 측면에서 다문화정책을 전개했다고 한다면, 일본의 경우, 혁신지자체와 외국인비율이 상대적으로 높은 대도시, 외국인이 다수 거주하는 지방도시에서 다문화공생시책을 실험적으로 만들어 적용하였다. 일본의 경우, 중앙정부의 다문화정책이 늦은 것은 외국인력의 수용에 대하여 소극적인 데서 기인하고 있다. 그러나 정주외국인과 일본계 브라질인, 중국연수생, 결혼이민자와 유학생 등에 대한 일본지방정부와 시민단체의 지원프로그램은 매우 구체적이고 실용적인 것이었다.

재일조선인이 다수 거주하는 가와사키시(川崎市)는 1988년 일본에서 처음으로 한일공생을 위한 후레아이칸(교류센터)을 설립하고, 1996년 조례로 외국인 시민대표자회의를 설치하였다. 가와사키시는 1998년에 개정한 외국인교육 기본방침의 부제로 "다문화공생의 사회를 지향하며"라는 제목을 달았다. 이밖에도 2000년 외국인을 위한 가와사키시 주택기본조례를 제정하는 등, 다문화정책의 선도지자체로서 역할을 충실히 수행하였다. 가와사키시는 2005년들어 인권존중, 사회참가 촉진, 자립지원을 기본이념으로 한 다문화공생사회 추진지침을 책정한 바 있다(山脇啓造, 2007.1:9).

하마마쓰시(浜松市)는 일본계 브라질인이 가장 많이 거주하고 있는 지역가운데 하나이다. 하마마쓰시는 2001년 세계도시화비전을 책정하고 다문화공생을 국제교류협력과 함께 시책의 중심으로 설정하였다. 2001년에는 외국인집주도시회의(外國人集住都市會議)를 설립하여 지역간 네트워크를 구축하고 외국인수용체제의 정비를 중앙정부에 요구하는 하마마쓰선언을 공표하였다. 오사카시(大阪市)는 전전부터 재일조선인이 가장 많이 거주하고 있는 지역으로 1998년 외국적 주민 시책지침을 책정하고, 인권존중, 다문화사회 실현, 지역사회 참가라는 3개 목표를 책정하였다. 나가노현(長野縣)과 시즈오카현(靜岡縣) 이와타시(磐田市) 등의 지자체는 2005년들어 다문화공생계를 청내 조직으로 설치하였다. 일본에서 다문화전담 행정조직이나 하드웨어로서 다문화플라자를 설치한 작업은 최근 수년전부터 두드러지고 있다. 수도권과 관사이(關西)지역내 오사카부(大阪府), 효고현(兵庫縣), 히로시마현(廣島縣) 등에 주로 설치되어 있다. 반면, 도호쿠(東北)지방이나 규슈(九州)지방에는 아직 찾아보기 어렵다.

일본 광역단체의 다문화추진계획 정비과정을 살펴보면, 가나가와현 1991년 국제정책추진플랜, 오사카부 1992년 국제화추진지침과 1998년 외국적주민시책 기본지침, 하마마쓰시 2001년 세계도시비전, 가와사키시 2005년 다문화공생사회추진 기본지침, 히로시마시 2006년 다문화공생 지역만들기 추진지침, 아이치현 다문화공생사회만들기 사업 등이 있다. 총무성산하의 일본자치체국제화협회(CLAIR)는 지방정부의 다문화를 적극 지원하면서 외국인지원센터의 네트워크 추진, 국제생활 Q&A, 생활가이드 영문판제작을 위한 가이드라인을 제시하였다. 여기에서 알 수 있듯이 일본의 지방정부는 1980년대부터 세계화, 국제화의 개념을 내향적 국제화를 포함하여 이해하였고, 다문화공생의 시책을 적극적으로 추진해왔다고 말할 수 있다.

1980년대부터 선진적인 일본지자체에서 다문화플랜을 적극적으로 마련해 온데 비하여 일부도시에서는 2005년 이후 중앙정부가 제시한 다문화공생 시책플랜에 맞추어서 대응하는 등, 다양한 시책과정이 존재하고 있다. 또한, 지역다문화를 공공부문에서 추진하는 국제교류협회가 1977년 가나가와현에서 설립된데 이어 전국각지에 만들어졌다. 현재 대부분의 광역단체에서 국제교류협회나 국제교류센터가 설치되어 있는데, 이들 기관은 외국인을 위한 다문화시책을 주도적으로 추진해 오고 있다.

일본재계도 외국인수용에 적극적인 입장을 표명하고 있다. 일본재계의 본산 경제단체연합회(줄여서 경단련으로 약칭함)는 2003년 [다문화사회 시책보고서]를 제출하고 중앙부처 기구로서 다문화공생청의 설립을 주장하기도 하였다. 경단련은 이전부터 글로벌 인재를 유치하고, 늘어나는 고령자에 대한 개호, 내수확대를 위한 새로운 구매자로서 외국인, 인구감소를 극복하기 위해 이민수용을 검토할 것을 요구해 왔다. 일본이 외국인이 살기에 매력있는 나라가 되기 위해, 현재의 외국인 체류단계인 재류, 영주, 귀화의 3단계를 종합하여 외국인이 일본인과

공생하고 거주하기 편리한 시스템을 구축해야 한다고 지적한 바 있다(古田隆彦, 2001:169)

지방정부의 적극적인 다문화공생 시책과 일본재계의 다문화사회 수용에 관한 입장표명 등이 중앙정부의 변화를 촉구하면서, 2006년 3월 총무성이 비로소 전국적인 다문화사회 추진계획을 마련하였다. 총무성은 지역에 있어서 다문화공생 추진플랜을 도도부현과 시정촌이 마련하고, 다문화시책을 종합적이고 체계적으로 추진할 것을 요청하였다. 다문화공생추진 플랜은 이를 위한 가이드라인을 제공한 것이었다.

여기에 따르면, 일본정부는 다문화공생을 "국적이나 민족이 다른 사람들이 서로 문화적인 차이를 인정하면서 대등한 관계를 구축하여 지역사회 구성원으로서 함께 살아가는 것"으로 정의하고 있다(總務省, 「地域における多文化共生推進プラン」, 2006). 2004년 도요타선언은 다문화공생사회가 "일본인과 외국인이 서로 문화나 가치관에 대하여 깊이 이해하고 존중하는 사회이다. 또한, 건전한 도시생활에 불가결한 준법과 의무이행을 토대로 한 진정한 공생사회"라고 밝히고 있다.[25]

4) 일본의 다문화 거버넌스와 사례

(1) 중앙정부의 거버넌스 모색

일본의 다문화공생 정책의 주체는 크게 나누어서 중앙정부, 지방정부, 기업체, 시민단체로 나누어 볼 수 있다. 그러나 일반적으로 다문화시책에 대한 관심은 상위부서로 올라갈수록, 생활현장에서 멀어질수록 관심도가 낮다. 중앙정부는 외국인집주도시회의나 경단련으로부터 외국인수용정책의 종합조정이나 중앙부처 설치를 요구받고 있지만, 별로 대응하고 있지 않다. 아마도 가장 중요한 이유는 외

---

25) 여기서 알 수 있듯이, 일본의 경우 생활공간에 있어서 공생과 준법을 강조하고 있다. 이에 비하여 한국은 다문화사회에서 구성원의 공동참여를 강조하고 있다. 법무부는 다문화사회란 언어, 종교, 관습, 가치관, 국적, 인종, 민족 등 다양한 문화적 배경을 지닌 이민자등이 사회구성원으로 참여하여 이루어진 사회로 정의내리고 있다. 한국에서 다문화용어는 2005년들어서 학계에서, 2006년부터 정부의 공식용어로 등장하였다.

▸ 표 7-12 일본정부의 외국인대책 검토회의와 제언내용1)

회의명	설치주체	설치일자	주요 제언 내용
외국인노동자문제 관계성청연락회의	내각관방	1988.5.	외국인노동자를 중심으로 수용문제 검토
난민대책연락조정회의	내각관방	2002.8.	난민문제에 있어서 관계행정기관 연락조정
해외교류심의회 외국인부회	외무성	2004.10.	재일외국인문제, 외국인노동자 수용문제에 대한 제언
경제재정자문회의	내각부	2005.6.	고도인새 수용촉진이나 취로외국인의 능력발휘를 위한 환경조성 제언
범죄대책각료회의 간사회	내각관방	2005.7.	외국인체류 정보를 파악하고 종합관리체제 구축을 제언
규제개혁·민간개방추진회의 제2차답신	내각부	2005.12.	외국인입국후 관리체제와 고용주의 책임강화
경제재정자문회의 글로벌전략	내각부	2006.3.	외국인수용 적극검토를 제언
다문화공생추진연구회	총무성	2006.3.	지역에 있어서 다문화공생 추진전략의 수립을 권고

국인수용에 대해 소극적인 자세에서 벗어나고 있지 못하기 때문일 것이다. 다만 경제연계협정(EPA) 체결에는 관심을 가지고 기능직 외국인노동자를 수용하는 것은 상대적으로 적극적인 모습을 보이고 있으며, 심의회설치를 통한 내부검토를 게을리하지 않고 있다.

[표 7-12]는 외국인문제에 대한 일본 중앙정부의 부서별, 심의회별 검토를 가리 킨다. 여기서 알 수 있듯이, 중앙정부가 본격적인 대응은 하지 않고 있지만, 1988 년부터 내각부, 외무성, 법무성, 총무성을 중심으로 다양한 심의를 해온 것으로 평 가할 수 있다. 특히 2005년 이후 보고서제출이 두드러지고 있으며, 2006년 내각부 경제재정자문회의에서 외국인수용을 적극적으로 검토할 것을 건의하였고, 2006 년 총무성이 지역에 있어서 다문화공생 추진전략의 수립을 권고하였다.

2006년 총무성의 답신안은 중앙정부와 지방정부의 역할, 다문화 추진체계 구 축을 중심으로 거버넌스의 구축 필요성을 밝히고 있어서 주목된다. 총무성의 지방정부 다문화공생 추진시책안은 ① 커뮤니케이션 지원, ② 거주ㆍ교육ㆍ노동환경ㆍ의료ㆍ보건ㆍ복지, 방재 등의 생활지원, ③ 다문화공생 지역만들기, ④ 다문화공생 추진체제 정비로 네 개 분야로 나누어 보다 구체적인 제언을 하고 있다.

커뮤니케이션 지원은 지역정보의 다언어화, 일본어와 일본사회 학습지원, 생활지원은 거주ㆍ교육ㆍ노동환경ㆍ의료ㆍ보건ㆍ복지ㆍ방재에 이르기까지 다양한 지원, 다문화공생 지역만들기는 지역사회의 의식계발, 외국인주민의 자립과 사회참가 등이다. 다문화공생 추진체제 정비는 지자체의 조직정비, 각 주체의 역할분담과 연계협동으로 구성되고 있다. 이를 위하여 지방정부는 청내 횡단적인 연락체제를 정비하고, 다문화공생 추진을 담당하는 부서설치, 다문화공생 지침과 계획책정 등을 추진하는 것이 필요하다.

또한, 국제교류협회, 시민단체간 역할분담을 명확히 하고 네트워크 체제를 만들어가야 한다. 중앙정부는 외국인수용을 위한 기본방침, 외국인주민을 위한 일본어와 일본사회 학습기회 제공, 외국인주민의 소재정보 시스템 구축, 그리고 각 성청간 종합적인 정책형성을 위한 체제정비를 검토하도록 요구하고 있다. 기업은 외국인노동자를 고용하면서 사회적 책임을 다해야 하며, 노동법을 준수하고 사회보험 가입을 적극적으로 해야 할 것을 명기하고 있다. 또한, 지역주민은 지역사회 구성원이라는 관점에서 지방정부, 민간단체와 연계하여 외국인주민 문제를 해결할 책임을 지적하고 있다.

(2) 지방정부의 거버넌스 구축

일본 다문화공생 시책의 경우, 한국과 달리 올드커머(oldcomer)로서 재일조선인이나 중국인에 대한 의료, 보험, 교육, 복지 등 다양한 분야에서 지역주민으로서 동일한 권리를 부여하는 과정을 거쳐 왔다. 중앙정부와 지방정부는 외국주민을 따로 분류하여 지원하기보다는 기존업무내에서 당연히 지역주민으로서 외국인을 포함하여 행정서비스를 제공해 오고 있다. 외국인수용의 법령과 제도를 수동적으로 운용하는 중앙정부에 비하여, 지방정부는 지역주민인 외국인이 일상생활에 보다 용이하게 적응할 수 있도록 다양한 시책을 실시하고 있는 것이 특징이라고 할 수 있다.

외국인이 많이 거주하는 일본지방정부는 사실상 다문화공생 시책을 선도하는 주체가 되고 있다고 해도 과언이 아니다. 행정, 취업, 교육, 거주, 사회보장 등 다양한 분야에 걸친 다문화시책을 종합조정하거나, 정기적으로 협의할 수 있는 조직을 구축하고자 노력하고 있으며, 시민단체와의 연계를 형성해오고 있다. 지방정부에서는 다문화시책을 위하여 시민과 행정간 협동체제 구축을 추진하였으며, 시민단체와 정내회와 같은 민간단체와 공동으로 다문화시책을 전개할 수 있는 거버넌스를 형성해오고 있다.

일본 고베(神戸)시는 외국인대책이 가장 활발한 곳이다. 고베대지진이후 외국인과 국제교류가 활발해지면서 NGO고베외국인 지원네트, 고베정주외국인 지원센터, 다언어센터FACIL, 다문화공생센터효고 등의 단체가 중심이 되어 자원봉사활동이 증가하였다. 고베시 외국인은 2003년 11월 현재 114개국 45,140명으로 전체인구의 3%에 달하고 있다. 고베정주외국인 지원센터는 재일조선인에 대한 언어, 교육, 주택, 의료, 취업 면에서 지원활동을 펼치고 있다. 또한 정주외국인의 역사연구, 외국인관련 제도의 조사연구와 성과물 출판, 노령자를 위한 일본어교실과 재택복지 서비스를 실시하고 있다(自治體國際化協會, 2005.5:47).

전술한 바와 같이, 일본의 지방정부는 민관협력 형태로 국제교류협회를 다수설치하고 있다. 국제교류협회에 파견된 지방공무원과 내부출신 직원이 공동으로다양한 프로그램을 운영하고 있다. 국제교류협회는 일본 지방정부에 있어서 다문화 거버넌스를 구축하는 핵심적인 역할을 맡고 있다. 적극적인 다문화시책을위한 기초단체간 정보교환, 시민단체와의 네트워크 구축, 외국인회의 개최, 다양한 재정지원을 중심으로 활동하고 있다. 지금까지 외국지자체와의 국제교류에중심을 둔 조직운영에서 벗어나, 다문화시책을 동시에 추진하면서 지역의 내향적, 외향적 국제화를 수행할 수 있는 센터기능을 맡아가고 있다.[26]

일본 지방정부의 다문화 거버넌스는 지방의회에서 제정하는 조례에서 전형적

---

26) 山脇啓造, 「外國人政策—多文化共生への基本法制定を」(朝日新聞: 2002.11.06)

으로 나타나고 있다. 한국에 비하여 일본의 다문화공생 조례는 늦은 편이다. 2007년 들어 미야기현(宮城縣)에서 외국인조례가 제정되었고 2008년 들어 도쿄도 아다치구(東京都 足立區)에서 조례안을 내놓았다. 미야기현의 조례 정식명칭은 다문화공생사회의 형성추진에 관한 조례로 2007년 7월부터 시행되고 있다. 조례의 목적은 처음부터 다문화사회를 위한 광역단체, 사업자, 지역주민의 역할을 명확히 하고, 종합계획을 세우는 데 있다.

미야기현 조례에서 규정하는 거버넌스의 핵심은 각 주체의 역할을 규정하고 종합체계 수립을 의무화한데 있다. 각 주체의 역할은 광역단체, 사업자, 지역주민으로 나누어져 있다. 광역단체는 다문화공생사회 추진에 관한 종합적인 시책과 실시 책무, 사업자는 기본이념에 따라 다문화공생사회 추진에 노력하고 공공기관의 시책에 협력하는 것이다. 지역주민은 지역, 직장, 학교, 가정 그밖에 각 분야에서 다문화공생사회 추진에 기여하는 것이다.

지방조례는 광역단체가 추진계획을 작성하고 추진체제를 정비하며, 기초단체와 협력하여 지원하며, 특히 지역주민에 대하여 다문화공생을 위한 학교교육과 사회교육을 강화할 것을 규정하고 있다. 이밖에 조사연구와 심의회 설치, 심의회의 운영과 재정지원 등을 규정하고 있다. 일본의 지방조례는 미야기현 조례에서 알 수 있듯이 각 주체의 역할과 연계, 종합적인 추진체계의 형성을 강조하고 있으며, 다문화 거버넌스의 가능성을 높여가고 있다고 평가할 수 있다.

(3) 외국인집주도시회의

외국인집주도시회의(外國人集住都市會議)는 대표적인 다문화 거버넌스 체제라고 할 수 있다. 외국인집주도시회의는 뉴커머 외국인이 다수 거주하는 지방정부와 국제교류협회가 모여서 2001년 5월 하마마쓰시에서 설립되었다.[27] 현재 27개 회원도시가 있으며, 이들은 대부분 일본계 브라질인이나 필리핀인, 중국인, 재일조선인이 높은 비중을 차지하고 있다. 외국인이 가장 많은 오이즈미마치(大

---

27) 외국인집주도시회의 홈페이지 참조 http://homepage2.nifty.com/shujutoshi/(검색일 2009.01.31)

泉町)는 약 4.2만 인구가운데 외국인비율이 무려 16.7%이며, 미노카모시(美濃加茂市)는 약 5.5만 인구가운데 외국인 인구비율이 10.8%에 달한다. 대도시인 하마마쓰시는 인구 82.4만명에 외국인비율이 4%로 33,326명의 외국인이 살고 있다.

하마마쓰시는 '커널 하마마쓰(Canal Hamamatsu)'라는 별도의 웹사이트를 영어, 포르투갈어로 만들어 거주외국인을 위한 다양한 정보를 제공하고 거버넌스의 중심센터로 삼고 있다. 오이즈미마치는 1990년부터 포르투갈어 학습도우미를 모든 초중등학교에 배치하고 일본어교실도 운영하고 있다. 오이즈미마치는 대표적인 다문화시책 우수사례이다. 후지중공업이나 산요전기 등 많은 일자리를 제공하는 기업이 있고, 행정과 교육, 사회지원 등 다문화 거버넌스가 구축되어 있어서 외국인이 선호하는 지역이 되었고 가족친지를 브라질에서 초청하여 다문화공생 지역코뮤니티를 만들어낸 것이다. 바로 행정, 기업, 지역주민, 외국인간의 다문화 거버넌스가 구축된 모델이라고 하지 않을 수 없다.[28]

외국인집주도시회의는 외국인비율이 높은 지방정부간 연합체로서 다문화시책을 추진하고 중앙정부에 대책을 촉구하기 위한 네트워크로서 매우 활발하게 활동하고 있다.[29] 2001년들어 다문화 관련부처인 총무성, 법무성, 외무성, 문부과학성, 문화청, 후생노동성, 사회보험청의 7개 성청에 대하여 외국인대책 수립을 요구하는 긴급 하마마쓰 선언을 제안하였다. 2002년에는 도쿄도에서 중앙공무원이 참석하는 회의를 개최하고 2004년 일본재계의 본산인 경단련, 2005년에는 외국인과 지역주민 시민단체 대표가 참가하여 규제개혁 요망서를 관계성청에 제출하였다. 2007년에는 주요 관심을 지역커뮤니티, 외국인취업, 외국인아동교육으로 나누어 프로젝트팀을 결성하여 연구회를 발족시켰다. 2008년에도 외국인대책의 종합적인 입안과 전담 성청의 설치, 외국인주민의 일본어습득 기회보장을 중앙정부에 요구한 '미노카모(美濃加茂) 도시선언'을 발표하였다.[30]

---

28) 동아일보 2009년 연중기획. "다문화가 힘이다"(2009.02.02) 연재보도.
29) 외국인집주도시회의
http://homepage2.nifty.com/shujutoshi/shiryou/shiryou/20080401kaiinto
shidata.pdf 회원도시 데이터를 참고할 것.
30) 외국인집주도시회의 홈페이지 참조 http://homepage2.nifty.com/shujutoshi/(검색일 2009.01.31)

▸ 표 7-13 다문화정책의 한일비교 정리

구 분	한 국	일 본
전전 마이너리티	화교, 탄압과 이탈	조선, 중국인의 일본내 이주
전후 외국인문제	1990년대 초반까지 부재 중국조선족과 동남아인 유입	차별철폐, 운동이슈 일본계 브라질인 유입
정책주도	중앙정부 주도 지방참정권 인정	지방정부 주도 1984년 민제외교
추진체계	중앙정부, 지방조례 외부 민간단체 위탁	총무성, 지방정부 업무 국제교류협회, 민간단체
기본제도	고용허가제, 동포방문제 취업과 국적법 등	일본계 브라질인, 기능실습제 국적법 등
법령체제	법령과 조례, 단일적이고 전국적	법률부재, 조례일부 시책과 프로그램 중심

5) 요약과 시사점

일본의 다문화공생 거버넌스는 위에서 살펴본 바와 같이 나름대로 상당한 성과를 거두었으며, 다음과 같은 점에서 한국에 시사점을 던지고 있다. 일본정부가 전체적인 거버넌스를 중시하면서 신중하고도 점진적인 대응을 하고 있는 점, 지방조례나 다문화비전에서 각 주체의 역할을 명기하면서 거버넌스를 모색하고 있는 점, 다문화도시 네트워크가 지방거버넌스를 통하여 정책을 개발하고 중앙정부에 정책대응을 제언하고 있다는 점이다.

한국은 전전부터 마이너리티가 거의 관심을 끌지 못하여 1990년대 이후 외국인노동자와 결혼이민자가 급증하면서 중앙정부가 인권보호와 사회통합을 위하여 적극적인 대책을 마련해온 것이 특징이다. 이에 비하여 일본은 전후 마이너리티인 재일조선인이나 중국인에 대한 차별방지나 지문날인 철폐운동이 사회적인 관심을 끌면서 가나가와현이나 가와사키시에서 선진적인 민제외교 비전을 형성해온 과정이 있다. 또한, 일본계 브라질인이 집주하는 지방정부에서 다양한 다문화공생 실험을 거듭해 오면서 외국인수용에 소극적인 중앙정부의 문제점을 보완해 왔다. 한국이 중앙정부가 법령제정을 주도한 위로부터의 다문화정책이라면,

일본은 지방정부가 아래로부터 다문화공생시책을 추진해 왔다는 대조적인 특징을 띠고 있어서 매우 흥미롭다.

[표 7-13]의 요약을 보면 알 수 있듯이, 다문화정책의 한일비교를 통하여 한일양국의 정책특징을 살펴보면, 한일양국이 상호간에 필요한 학습요인이 매우 많다는 것을 알 수 있다. 현장에 강한 일본형 다문화시책이나 제도에 강한 한국형 다문화정책은 상호간에 적지않은 시사점을 던지고 있다. 한국은 외국인주민이 거주하는 생활현장에 유용한 시책과 프로그램을 개발하면서 효율성을 제고해가는 것이 바람직하다. 일본의 경우, 아래로부터 다문화시책에 대하여 중앙정부가 지금까지 보다 적극적으로 대응하면서 전국적으로 적용 가능한 법령과 재원을 확보해 갈 것이 요망되고 있다.

아직까지 한국과 일본의 중앙정부와 지방정부는 다양한 다문화정책과 프로그램을 마련해 오면서 노력해 왔으나, 여러 가지 문제점을 노출하고 있다. 전체적인 다문화정책과 외국인대책의 비전과 목표, 정책체계, 거버넌스와 역할분담이 검토되지 않은 채, 각각 법령이나 시책중심의 대증요법을 모색하는데 머물러 있다고 할 수 있다. 한국의 지방정부는 조례를 비롯한 다양한 시책을 전개하고 있으나 업무중복과 분산으로 인한 문제점, 정작 외국인주민의 호응도가 낮아서 시책효과에 대한 비판이 적지 않다. 일본의 지방정부는 외국인주민에 대한 구체적이고 현실적인 프로그램을 실시하고 있지만, 전국적으로 외국인을 위한 시빌 미니멈의 기준이 애매하여 보다 적극적인 법률과 조례제정이 요구되고 있다. 한국이나 일본이 앞으로 다문화사회를 지향하면서 상호학습을 통하여 동북아지역에 있어서 바람직한 모델형을 구축해가야 할 것이다.

첫째, 일본의 중앙정부는 외국인문제의 심각성과 일본사회, 경제에 미치는 영향을 고려하여 매우 신중하고 점진적으로 대응하고 있다는 것이다. 한국은 법무부, 노동부, 여성가족부, 문화체육관광부, 교육과학기술부, 행정안전부 등 6개부처가 잇따라 법령과 재원대책을 마련해 왔다. 유관기관인 교육청, 농협, 새마을단체에 이르기까지 유사시책을 산발적으로 제시한데다, 광역, 기초단체도 각 부서에서 지나치게 다양한 시책을 내놓고 있다. 일본처럼 다문화정책의 기본틀은 중앙정부가 제시하면서 지방정부가 지역주민으로서 외국인을 수용해가는 과정을 참고할 필요가 있다. 지금은 중앙정부가 너무나 지나치게 복잡하고 다양한 법령과 대책을 경쟁적으로, 근시안적으로 제시하고 있어서 효율성이 떨어지는 것이 큰 문제점이다.

중앙과 지방정부의 부서간 업무분산과 시책중복은 한국이나 일본에서 문제점으로 지적되고 있다. 일본에서도 뉴커머에 대해서는 지역국제화의 일환으로서 국제화담당 부국이 담당하는 경우가 많고, 올드커머인 재일조선인에 대해서는 인권담당 부국이 맡는 경우가 많다. 그러나 다문화공생시책은 국제화나 인권의 개념을 넘어선 과제로, 앞으로 지역실정에 맞추어 다문화공생 추진을 소관으로 하는 담당부서를 청내에 설치할 필요가 있다. 또한, 다문화시책은 청내 여러 부서에 분산되고 있어서 앞으로 외국인주민시책 담당부국이 중심이 되어 종합적인 연락조정을 하고, 각 부서간 연계를 마련해 가야 한다고 지적하고 있다(日本總務省, 2006.3:38). 따라서 한국과 일본에서 마찬가지로 중앙정부와 지방정부가 각각의 역할을 정리, 분배하고 나름대로 상호간 거버넌스를 확보할 수 있는 장치나 제도를 마련하는 것이 시급하다.

둘째 시사점은 일본의 경우, 지방조례가 각 주체의 역할을 명기하고 있다는 점이다. 공공부서는 정책거버넌스와 종합계획 책정을 추진하거나 재정지원으로 한정하고 있어서 거버넌스구축을 위한 기본방침이 명확하다. 한국의 외국인지원조례는 다문화시책을 위한 심의회구성 외에 외부단체에 업무수행을 위탁할 수 있는 규정으로 구성되어 있다. 말하자면, 다문화시책을 상당부분 외부에 위탁하여 운영하는 경우가 적지 않다. 일본은 공공부문이 중심주체가 되어 국제교류협회를 통하여 안정적이고 장기적으로 다문화시책을 추진하고 민관네트워크를 구축함으로써 공공거버넌스를 가능케하는 장치로 삼고 있다.

또한, 한국의 외국인지원조례가 지나치게 외국인규정을 명확하게 하여 내외국인 구별이 오히려 차별적이라는 지적이 나오고 있다. 이에 비하여 일본의 조례는 굳이 외국인 규정을 두지 않고 지역주민으로서 외국인을 포괄하고 있다. 아직까지 한국의 지방조례가 등록외국인에게만 적용하고 있는 것은 문제점으로 지적되고 있다. 조례적용 대상을 미등록외국인에까지 범위를 확대하고, 외국인을 위한 행정서비스나 기본권보장수준에서 벗어나 인권보호, 통합부서와 전담직원 배치, 지역별 조례특성화, 이주민의 의견이 반영되는 다문화사회로 전환할 수 있는 다문화 거버넌스가 요구되고 있다.31)

셋째 시사점으로서 다문화도시 네트워크는 일본의 경우가 시사하는 점이 매우 크다. 일본의 외국인집주도시회의가 지자체간 중요한 네트워크를 구성하고 있다. 매년 열리는 회의에서 상호간 정보를 교환하고 중앙정부에 대한 의견서를 제출하는 등, 압력단체로서 활동하고 있다. 따라서 한국도 이것을 모델로 삼아서 외국인노동자가 많은 안산시, 부천시, 김해시, 포천시, 고양시, 남양주시 등이 모여서 먼저 다문화도시회의를 구성할 필요가 있다. 더 나아가 농촌지역내 결혼이민자가 많은 곳에서는 결혼이민자 지자체간 연락회의를 구성하는 것도 바람직하다. 이들 단체가 네트워크를 구성한 다음에 적절한 대안을 모색하고 그것을 중앙정부에 정기적으로 제출하거나, 지속적으로 중앙정부의 관계자를 불러서 상호간 의견교환을 할 수 있는 시스템을 구축해야 한다. 그러한 과정속에서 지자체가 중앙정부에 의견을 반영할 수 있는 대화채널이나 거버넌스가 만들어지게 될 것이다.

한일양국의 중앙정부와 지방정부는 다양한 대책을 마련해 오면서 노력해 왔으나, 전체적인 다문화정책과 외국인대책의 비전과 목표, 정책체계, 거버넌스와 역할분담이 충분히 검토되지 않고 있다. 일본의 지방정부도 외국인주민에 대한 구체적이고 현실적인 프로그램을 실시하고 있지만, 전국적으로 외국인을 위한 시빌미니멈(civil minimum)의 기준이 애매하여 보다 적극적인 법률과 조례제정이 요구되고 있다.

한국이나 일본에서 공통적으로 중요한 점은 장기적으로 볼 때, 외국인대책과 사회통합정책을 연계해가야 한다는 것이다. 중앙정부는 외국인력의 활용과 귀환이라는 자국중심주의에 더 이상 매몰되지 말고, 외국인의 정주화나 장기체류에 대응하여 보다 적극적인 사회통합 정책을 세워나갈 필요가 있다. 아울러 지자체,

---

31) 한국아시아이주민센터. "지방정부 거주외국인 지원조례에 대한 의견" (2008.08. 검색).

대학기관, 시민단체, 외국인대표자들이 모여서 거주환경 개선과 사회통합을 지속적으로 마련해갈 수 있는 구체적인 거버넌스기구를 구성할 필요가 있으며, 이것이 상설기구로서 작동하는 것이 바람직하다.

일본정부가 한국형 고용허가제 도입을 검토하는데서 알 수 있듯이, 일본도 노동력과 출산력의 관점에서 외국인정책을 보수적으로 운용하는데서 벗어나서 적극적인 다문화사회를 지향해가고 있다. 이민사회로서 일본 담론이 제기되는 것은 물론, 기업이 외국인재 유치에 적극적으로 나서는 분위기가 형성되고 있다. 동시에 최근들어 금융위기, 경제위기가 도래하면서 한국이나 일본기업이 외국인을 해고하거나 정부차원에서 다문화지원을 줄여가고 상황도 발생하고 있다.[32] 한국이나 일본에서 그동안 노력해 온 다문화사회 지향이 위축되지 않도록, 중요한 정책주체인 한일 양국의 중앙정부가 장기적인 측면에서 지방정부, 기업과 시민단체, 거주외국인을 포괄하는 다문화 거버넌스를 지향하는데 더욱 더 적극적인 노력을 기울여야 할 것이다.

---

32) 미국발 금융위기로 인하여 도요타는 일본계 브라질인 노동자를 해고하기 시작하였다. 한국정부도 외국인지원을 줄이고 있다. 문화체육관광부는 다문화 축제에 대한 예산 지원을 내년부터 중단하기로 하였다. 다문화 축제는 2005년부터 매년 5월 열리는 이주민들의 최대 행사로, 올해도 한국에 머무는 외국인 4만여명이 참가하였다. 정부는 그동안 매년 약 5억원을 지원해왔다. 한겨레신문 2008년 12월 7일자보도를 참조.

참고문헌

주요논문 출처

이 책을 구성하는 각 장들의 주요 논문출처는 다음과 같다. 책을 집필하면서 새로 작성한 부분도 있으며, 다음 논문이나 발표문들을 수정, 보완하여 전체적인 목차를 구성하였음을 밝히고자 한다.

제1장

양기호. 1998. 제2장 "세계화와 경기도" 김동성. 『통상담당공무원의 전문화와 세계화 교육훈련 방안연구』. 경기개발연구원.

양기호. 2004. 9. "국제화의 도전과 지방의 대응: 과거와 미래", 한국지방자치단체 국제화재단 주최 제주포럼 발표문.

Yang, Kee-Ho. 2010. "Going to Global City and Regional Governance in Korea" *Issues and Challenges in Regional Policies under Globalization*. Takasaki City University of Economics.

제2장

양기호. 2005. 11. "한중일 지방정부간 교류활성화방안". 한국지방자치학회주최 특별 세미나 발표문. 한국지방자치국제화재단(2005) 『지방외교』에 게재.

양기호. 2004. "한국지방자치단체 국제화 평가와 분석모형", 한국지방자치단체국제화 재단. 『지방의 국제화』.

양기호. 2007. 11. "지방정부의 아시아 교류협력 분석과 내실화방향", 한국지방자치단체국제화재단. 『월간 지방의 국제화』.

제3장

광역단체는 일부 직접 조사하거나 또는 기존논문을 편집, 정리한 것. 기초단체는 한국지방자치 단체국제화재단 주최 [2008 지방의 국제화 우수사례] 심사자료를 토대로 요약, 정리한 내용으로 구성.

제4장

양기호 · 大橋健一 공저. 2009. 『교육을 주제로 한 관광상품화방안』. 문화체육관광부.

양기호. 2006. 11. "지방의 국제화와 전문인력 육성방안", 광주전남발전연구원 · 전남대학교 일본문화연구센터 공동주최 세미나 발표문.

양기호. 2006. "고이즈미 정부의 외자유치전략과 지방사례". 김형국 · 윤영미외. 『지방자치단체와 글로벌 투자유치전략』. 혜민.

제5장

양기호. 2004. 12. "동북아공동체 형성을 위한 대안으로서 한중일 지방간 국제교류", 『일본연구논총』. 20.

양기호. 2008. 06. "지방외교와 다자간 국제기구: 유럽형 vs 동아시아형 비교를 중심으로”,『한국지방자치학회 논문집』.

양기호. 2008. 12. “환동해권 지역에 있어서 한ㆍ일 지방정부간 국제협력-정체요인의 탐색을 중심으로”,『일본연구논총』. 28.

제6장

양기호. 2006. 6. “지방정부의 외국인대책과 내향적 국제화”,『한국지방자치학회보』. 18(2).

양기호. 2008. 9. “한국정부의 다문화정책에 대한 비판적 검토, ”[한국다문화학회 세미나자료집]

양기호. 2008. 11. “중앙정부의 이민과 다문화정책 수립시 지역참여 방안” 부산다문화 사회통합센터,『다문화 사회통합을 위한 중앙정부와 지역간 협력강화 방안세미나』.

제7장

양기호. 2008. 12. “외국인노동자의 사회통합방안 국제비교”,[법무부출입국외국인 정책본부ㆍ한국다문화학회 공동세미나 자료집]

양기호. 2009. 8. “다문화정책의 한일비교”,『일본학보』. 한국일본학회.

梁起豪. 2010. 3. “轉換期に立つ韓國の移民政策”『GEMC journal』. 3. 日本東北大學 グローバルCOE編集委員會.

양기호. 2009. 2. “일본의 다문화거버넌스와 한국에의 함의”,『다문화사회연구』. 숙명 여대다문화통합연구소.

지방외교 참고문헌

국문 참고문헌

강경식. 1994. “국가 경쟁력강화를 위한 행정의 역할”,『2000년대의 국가경영전략』. 한국행정연구원.

강상중. 2001.『아시아공동의 집을 향하여』. 뿌리와 이파리.

강상중외 저. 이강민외 역 전8권. 2007.『아시아신세기』. 한울.

강승호. 2007. [인천의 국제화평가에 관한 연구-한중 주요도시비교]. 인천발전연구원.

강원도청. 2007. [2007년도 국제협력실 업무보고]

강원도청국제협력실. 2007. 3. [국제교류협력 중기발전계획].

경기도. 2003.『中國現況』.

고경민ㆍ황경수ㆍ홍민지. 2008. 9. “멀티트랙외교와 한국 지방외교의 활성화 : 제주특별 자치도의 지방외교 활동사례를 중심으로”.『지방행정연구』. 22(3).

고려대학교 일민국제관계연구원. 2003. “동아시아공동체 설립을 향하여: 평화, 번영, 진보의 동아시아”『IRI리뷰』.

고충석ㆍ장성수ㆍ김진호. 1996. 2. “국제화시대 지방정부의 자치능력제고 방안연구”『지방행정연구』. 10(4).

郭先登. “한중간 도시경쟁과 협력, 양도시의 현실적 승리법”

곽태열. 2002. 7. “일본의 광역자치단체협의회에 대한 고찰: 關西廣域連携協議會를 중심으로", 『경남발전지』. 경남발전연구원.

광주광역시 국제협력팀. 2008. 5. [국제화비젼]

광주광역시. 2006. [광주비젼 2010].

구정모외. 2005. "지역경제의 국제화전략: 강원도의 환동해권 협력전략을 중심으로". 『동북아경제연구』. 17(1).

구정모 · 이현훈. 2001여름. "동북아 신지역주의: 상위지역협력과 하위지역협력간의 관계". 『국제지역연구』. 5(2).

국토연구원. 2008. 『글로벌시대의 국토정책과 동북아도시간 연계협력방안 연구세미나』군산시. 2008. 9. [군산시 내부자료].

권만학 외. 2005. 『동북아 지역통합과정에 관한 다차원적 분석』. 경희대학교출판국.

권용혁. 2003. "동아시아 공동체의 가능성 모색". 『사회와 철학』. 5.

권창기. 2008. 02. "울산광역시의 국제도시화 현황 및 과제". 『국토연구원세미나 자료집』.

권창기. 2008. [울산광역시의 도시국제화 현황과 과제]. 울산발전연구원.

금성근. 2008. "동북아도시간 협력 현황 및 전망-부산권과 후쿠오카권을 중심으로". 부산발전연구원.

길병옥. 2004 여름. "광역자치단체의 세계화정책 추진 문제점과 발전방향: 다면중첩형 세계화전략을 위한 소고", 『한독사회과학논총』. 14(1).

김관옥. 2004. "국제기구 역할에 관한 이론적 재고찰: 미국의 패권적 국제질서를 중심으로", 『대한정치학회보』. 12(1).

김도희. 2008. "한중문화교류의 현황과 사회적 영향" 『현대중국연구』. 9(2)

김동성. 1998. 『통상담당공무원의 전문화와 세계화 교육훈련 방안연구』. 경기개발연구원.

김병준. 1999. "세계화를 위한 중앙과 지방정부 및 민간의 역할", 『지방의 국제화』한국지방자치단체국제화재단.

김상준. 2000. "미국과 일본의 산업지역 비교연구", 『국제정치논총』. 40(3).

김성훈. 1997. 5. "지방정부 외국자본 유치활동 및 전략에 관한 연구", 『지방행정연구』 12(1).

김영일. 2001. "국제기구에 대한 연방주의적 접근:유럽연합의 예", 『21세기정치학회보』. 11(2).

김용훈. 1994. 8. "국가경쟁력, 그 신화와 실체", 『지방자치』.

김원배외. 2005a. 『환동해경제권 형성을 선도하기 위한 동해안지역의 대외전략』. 국토연구원.

김원배외. 2005b. 『한일해협권 통합지역경제 기반구축을 위한 전략』. 국토연구원

김원배외. 2007. 『베세토 비즈니스회랑 구축제안』. 국토연구원.

김종득. 2004. 6. "산학관 연계를 통한 전자무역 활성화방안". 『제1회 지역 e-Trade 전국순회포럼』. 한국통상정보학회.

김준현. 2008. 『경제적 세계화와 빈곤문제, 그리고 국가』. 집문당.

김진아. 2010. 1. "전국시도지사협의회, 지방자치단체 국제화사업 총괄", 『시도뉴스레터』. 전국시도지사협의회.

김진현. 1995. "21세기를 지향하는 한국의 세계화 지방화전략", 『세계화 시대의 지방

화』. 여의도연구소.

김철홍. 2002. "한·중지방정부간 국제교류 활성화방안",『정치·정보연구』. 5(1).

김태기외. 2000.『국가인적자원개발 비젼과 추진전략』.

김판석. 2000. "지방자치단체의 국제교류발전방향",『한국지방자치학회보』. 12(4).

대구경북연구원. 2005. 3. [내부자료: 환동해권발전계획 출장보고서].

동북아자치단체연합사무국·경상북도. 1998. 10.『동북아지역자체단체 연합총람』.

류동원. 2004. "중국의 다자안보협력에 대한 인식과 실천: 상하이협력기구(SCO)를 중심으로",『국제정치논총』. 44(4).

류지성외. 2006. 1.『대학혁신과 경쟁력』. 삼성경제연구소.

문장순. 1996. "지방정부의 다자간 국제교류",『부산정치학회보』.

박경국. 2005. 11. "한국지방외교정책의 발전방향".『세방화시대의 지방외교: 이론과 실제』.

박기홍외. 2004.『동북아 국가간 관광교류협력 방안(1):잠재력과 장애요인』. 통일연구원.

박명흠. 1998. 9/10. "한중일 지방도시의 국제화정책",『부산발전논단』.

박세일. 2004. "21세기 동북아시대의 국가, 시장, 시민사회". 한국동북아지식인연대 편.『동북아공동체를 향하여: 아시아지역통합의 꿈과 현실』.

박용길. 2003. "국제화와 지방정부의 대응: 강원도의 국제교류정책을 중심으로"『한국행정연구』. 12(2).

박용태. 1995. 8. "세계화와 한국의 과학기술정책", 한국세계지역연구협의회 세미나.『세계화의 도전과 한국의 과제』.

박응격. 1998.『IMF체제하에서의 지방행정 환경변화와 지속가능한 대응방안』.

박재영. 1998. "의사결정방식을 중심으로 본 주권국가와 국제기구와의 관계"『국제정치논총』. 38(2).

박재욱·류재현. 2002. "로컬거버넌스와 시장의 리더십,"『한국행정학회논문집』.

박재욱외. 2006가을. "동북아도시의 성장전략과 거버넌스 비교연구: 부산·오사카·상하이를 중심으로",『한국과 국제정치』. 22(3).

박제훈. 2002. "동북아 지역경제권과 동북아공동체".『사회과학논평』. 22.

박태균. 2006. 8. "박정희의 동아시아인식과 아시아태평양 공동사회구상".『역사비평』.

부산광역시·동북아시아지역자치단체연합사무국. 2006. 9. [제6차총회 자료집].

부산광역시. 2006. [부산통계연보].

서진영 편. 1998.『세계화시대의 사회통합』. 나남출판.

손열 편. 2007.『매력으로 엮는 동아시아:지역성의 창조와 서울컨센서스』. 지식마당.

송병록. 2002. "동아시아 공동체형성을 위한 분야별 협력방안".『국제정치논총』. 42(3).

쇼지 마리코. 2003. "한반도평화와 안보를 위한 국제기구들: 일본의 시각"『평화연구』. 11(3).

쑨꺼 저 류준필외 역. 2003.『아시아라는 사유공간』. 창작과 비평사.

신범식. 2005. 11. "동북아시아 지역협력체 결성과 남북러 삼각협력",『한국정치학회 논문집』.

신용철. 2000. "동북아지역의 문화공동체 구상-동북아지역의 문화와 조선족을 통한 문화적 교류협력", 『동양학연구』. 6.

심익섭. 1992. "독일통일과정에서 지방자치의 역할: 동서독 지방정부간 교류관계를 중심으로", 『한국행정학보』. 25(4).

심익섭 편저. 2006. 『한국 지방정부 외교론』. 오름.

안성호. 1998. "지방자치외교의 성격". 『한국행정학보』. 32(4).

안성호. 1999. "지방자치외교의 영역과 진로". 『한국지방자치학회논문집』.

양기호외. 1999. 『시민사회운동-이론적 배경과 국제적 사례』. 법문사.

양기호. 2002. 7. "1990년대 지방분권의 한일비교" 『민주사회와 정책연구』

양기호. 2003. 『일본의 지방정부와 정책과정』. 서울대출판부.

양기호. 2004. "한국지방자치단체 국제화 평가와 분석모형", 한국지방자치단체국제화재단. 『지방의 국제화』.

양기호. 2004. 12. "동북아공동체 형성을 위한 대안으로서 한중일 지방간 국제교류" 『일본연구논총』. 20.

양기호. 2005. 11. "한중일 지방정부간 교류활성화방안". 한국지방자치학회주최 특별세미나 발표문. 한국지방자치국제화재단(2005) 『지방외교』에 게재.

양기호. 2006. "고이즈미 정부의 외자유치전략과 지방사례". 김형국·윤영미외. 『지방자치단체와 글로벌 투자유치전략』. 혜민.

양기호. 2008. 06. "지방외교와 다자간 국제기구: 유럽형 vs 동아시아형 비교를 중심으로", 『한국지방자치학회 논문집』.

양기호. 2008. 12. "환동해권 지역에 있어서 한·일 지방정부간 국제협력-정체요인의 탐색을 중심으로", 『일본연구논총』. 28.

양기호·大橋健一공저. 2009. 『교육을 주제로 한 관광상품화방안』. 문화체육관광부.

양선모. 2007. 10. [한러자치단체 교류협력활성화 세미나 보고서]. 한국지방자치단체국제화재단.

연합사무국·경상북도. 1998. 10. 『동북아지역자체단체 연합총람』.

오기평. 1988. "국제기구 연구시각의 변천에 관한 고찰", 『국제정치논총』.

오명석외. 2004. 『동북아 문화공동체 형성을 위한 협력적 아시아인식의 모색』. 통일연구원.

와다 하루키(和田 春樹)저 이원덕역. 2004. 『동북아시아 공동의 집』. 일조각.

왕후이(汪暉)저 이욱연외 역. 2003. 『새로운 아시아를 상상한다』. 창작과 비평사.

울산광역시청. 2009. [국제화추진협의회 회의자료]

울산광역시청. 2007. 4. [울산국제도시화 과제별 추진시책]

유재형. 2006. "국제기구에 의한 영역관리의 법적 측면에 관한 연구", 『법학논집』.

윤재선. 1997. "일본의 국제화대응유형과 지방자치단체의 국제화대응에 관한 연구", 『지방행정연구』. 12(2).

윤종설 외. 2004. 『동북아공동체의 행정조직 구축에 관한 연구: 유럽연합의 행정부인 집행위원회조직의 비교분석을 중심으로』. 통일연구원.

윤충원. 2004. 6. "무역전문인력 양성과 관련한 대학교육의 문제점과 대처방안", 『무역학회지』.

원구환. 2001. "지방정부 민자유치사업의 주체와 방식에 관한 연구", 『한국지방자치학회보』. 13(4).

이기성. 2004. "전문대학 교육의 국제화를 통한 글로벌 인력자원개발". 『직업교육 연구』. 2.

이동형. 2005. 11. 『동북아 교류협력 증진을 위한 동북아시아지역자치단체연합 사무국의 역할과 발전방향』. 대구경북연구원.

이상직 · 박기성. 2003. 『중국경제특구의 성과와 성공요인』. 인천발전연구원.

이수행. 2003. 『경기도와 중국주요성의 외자유치 활성화정책에 관한 비교연구』. 경기개발연구원.

이옥연. 2006. "연방제를 통한 통합과 분권의 구현: 캐나다의 경험을 중심으로", 『세계지역연구논총』. 24(1).

이윤식. 1994. "지방국제화의 현황과 과제의 실증적 분석과 행정대응방안", 『한국행정학보』. 28(4).

이은재. 1994. "지방자치단체의 국제화실태 및 과제에 관한 연구", 『한국행정학보』. 28(4).

이인제. 1995.11.16. "지방의 세계화를 위하여", 『지방의 세계화 세미나 발표』.

이정주 · 최외출. 2003. "지방자치단체의 국제교류효과분석을 통한 국제교류활성화 방안에 관한 연구", 『한국지방자치학회보』. 15(2).

이종수. 2004. "지방의 세계화현상에 대한 이론적 조망". 한국지방자치단체국제화재단. 『지방의 국제화』.

이종수. 1998. "분권화의 패턴 : 지방자치논의의 배경과 맥락에 대한 국가간 비교분석", 『한국정치학회보』. 32(2).

이진원. 2005. "일본지방자치단체의 국제화에 있어서 한국과 중국". 『일본학보』. 62.

이창우. 2005. 5. "지방자치단체와 국제기구간의 협력전략", 『지방행정』.

이철호. 2006. 5. "해양아시아의 부활: 동북아 지방간 월경협력과 항만도시 네트워크", 『21세기정치학회보』. 16(1).

이철호. 2007. 5. "동북아 물류체계 변화와 도시협력", 『21세기정치학회보』. 17(1).

이철호. 2007. 8. "동아시아국제관계의 공간적 변용과 해양아시아", 『동아연구』. 53.

이해두. 2006. 11. "동북아자치단체연합의 활동과 의의", 한국지방정치학회논문집. 『동북아공동체와 지방의 역할』.

이홍종. 2006. "국제기구로서 APEC와 EU의 비교연구", 『21세기정치학회보』. 16(3).

인천발전연구원. 2001. 5. 『한 · 중간 통상협력의 현황과 수출진흥방안 모색』.

인천발전연구원. 2002. 10. 『한중수교 10주년 기념 국제심포지움』.

인천발전연구원. 2003a. 『인천-중국 자매도시 우호관계 10주년 조망과 새로운 협력방안 모색』.

인천발전연구원. 2003b. 『인천과 중국의 경제교류 평가 및 전망』.

임양재. 2006. 『지역공동체 형성과 지방정부 국제협력: EU와 동아시아사례를 중심으로』. 대전대학교 박사학위논문.

장윤정. 2008. 『인천의 해외도시와의 국제협력』. 인천발전연구원.

전라남도. 2006. [2006년도 주요업무 시행계획].

전진호. 2003.6. "동북아 다자주의의 모색". 『일본연구논총』. 17.

전형권. 2006. "동북아 소지역협력과 지역거버넌스의 등장: 두만강유역개발계획 (TRADP)을 중심으로". 『국제정치논총』. 46(4).

정길자 · 이상직. 2001. 5. 『인천과 중국의 경제교류 평가 및 전망』. 인천발전연구원.

정두희 · Edward J. Shultz 편. 2003. 『한국사에 있어서 중앙과 지방』. 서강대학교출판부.

정문길 편저. 1996. 『동아시아, 문제와 시각』. 문학과 지성사.

정문길외. 2000. 『발견으로서의 동아시아』. 문학과 지성사.

정우탁. 2000. "국제기능기구의 정치적 분석을 위한 이론적 검토", 『국제지역연구』.

정정길. 1996. 6. "세계화와 지방자치". 『행정논총』. 34(1).

제주발전연구원 · 동아시아재단 공편. 2006. 『동북아공동체: 평화와 번영의 담론』. 연세대학교출판부.

제주특별자치도. 2007. [내부자료: 자매 · 우호도시 현황].

제주특별자치도. 2007. [국제자유도시본부 투자정책과].

조명래, 1999. 6. "해외자본유치를 위한 영국의 지방제도역량", 『지역사회개발연구』. 24(1).

조성호 · 박희정. 2004. "지방국제화 추진역량 평가에 대한 연구", 『지방행정연구』. 18(4).

조윤영. 2006. "글로벌 거버넌스와 국제제도: 유엔의 사례를 중심으로", 『세계지역연구논총』. 24(3).

최영종외. 2005. 『동아시아공동체: 비전과 전망』. 한양대학교출판부.

최용록. 2000. 『해외투자론』. 박영사.

최용록. 2004. 9. "외자유치 투자인센티브의 실효성분석과 생산성 강화방안", 『생산성논집』. 18(2).

최원식 편저. 1997. 『동아시아인의 동양인식: 19-20세기』. 문학과 지성사.

충청북도. 2003. 2. 『일본 야마나시현과 국제교류 10년사』.

포항시외. 2005. 10. 「환동해 국제심포지움 자료집」.

하영선외. 2000. 『국제화와 세계화: 한국 · 중국 · 일본』. 집문당.

한국개발연구원. 1994. 『지방의 국제화추진전략』

한국동북아지식인연대편. 2004. 『동북아공동체를 향하여:아시아지역통합의 꿈과 현실』. 동아일보사.

한국문화관광부 · 일본국토교통성. 2005. 11. [제20회 한일관광진흥협의회자료집].

한국문화관광부 · 일본국토교통성. 2007. 12. [제22회 한일관광진흥협의회자료집].

한국지방자치단체국제화재단. 2005. 6. [내부자료].

한국지방자치단체국제화재단. 2004. 『지방의 국제화』.

한국지방자치단체국제화재단. 2004. 7. 『지방자치단체 국제자매결연현황』.

한국지방자치단체국제화재단. 2006. 『지방외교: 이론과 실제연구』.

한국지방자치단체국제화재단. 2008. 3. 『2007 지방자치단체 국제교류백서』.

한국지방자치단체국제화재단. 2007. 2. 『한국지방자치단체국제화재단 자료집』.

한국지방자치단체국제화재단. 2007. 10. 『한국-러시아지방자치단체교류협력 활성화 전략 세미나』.

한국지방자치단체국제화재단. 2007. 11. [UCLG관련 기본자료집].

한국지방자치단체국제화재단. 2007. 11.『월간 지방의 국제화』.

한국지방자치단체국제화재단. 2008. [국제교류 우수사례집].

한국지방자치단체국제화재단. 2009. [국제교류 우수사례집].

한국지방행정연구원. 1996.『지방행정의 세계화 대응전략』

한승완. 2003. "민주주의의 심화와 동아시아 공동체",『사회와 철학』. 5.

한일문화교류회의. 2002. 9.『한일지방자치단체간 교류실태에 관한 보고서』한일문화
    교류회의.

한일문화교류회의. 2003.『한일지방자치단체간 교류실태에 관한 보고서』한일문화교
    류회의.

한일문화교류회의. 2007. 3.『한일지방자치단체간 교류실태 조사서』.

한일해협연안 시도현 지사교류회의 일순기념 백서발간위원회. 1999.『한일해협연안
    시도현 지사교류회의 일순기념 백서』.

한중지방정부 교류회의. 2006. 11. [한중지방정부 교류회의 자료집].

헌팅톤 외. 2001.『문화가 중요하다: Culture Matters』. 김영사.

홍기준. 2007. "동북아자치단체간 국제교류: 지방외교 담론을 중심으로",『한국지방
    정치학보』. 1(1).

홍석준. 2002. "한국에서의 동아시아 정체성 담론들에 대한 비판적 검토", [목포대학교
    민두기교수 기념문고 개설기념 학술심포지움 자료집].

홍하상. 2006.『이건희, 세계의 인재를 구하다』. 북폴리오.

▶ 일문 참고문헌

江橋崇. 1994. 7. "自治體と國際交流政策の方法".『都市問題研究』.

經濟企劃廳調整局. 1999.『外資誘致が地域經濟に与えるインパクト』.

經濟産業省. 2003. 3.『對日投資會議專門部會報告書』.

經濟産業省近畿經濟産業局, 2004. 10.『關西對日投資ガイドブック』.

高橋直子 編. 1997.『國際交流の理論』. 勁草書房.

菊池努. 2001. "東アジア地域主義の可能性".『國際問題』.

吉田均. 2001.『國際交流の理論』. 日本評論社.

吉田均. 2001.『地方自治體の國際協力』. 日本評論社.

吉野文雄. 2006.『東アジア共同体は本当に必要なのか』. 北星堂.

九州經濟産業局. 2004. [九州の經濟概況].

九州經濟産業局 國際部. 2007. [九州經濟國際化戰略]

大沼保昭編. 1990.『國際化: 美しい誤解が生む成果』. 東信堂.

大塚映二, 2003. 4. "都市再生プロジェクト",『都市政策』. 神戸都市問題研究所.

大阪府. 2005. 6.『大阪外國企業誘致センター(O-BIC)2004年度實績ならびに2005年度 事
    業計劃について』.

大阪商工會議所 國際ビジネス委員會. 2004. 6.『外國企業誘致促進に關する提言』.

東洋經濟新報社. 2005. 5.『外資系企業總攬 2005』.

藤原歸一. 2002.『デモクラシーの帝國:アメリカ, 戰爭, 現代世界』. 岩波書店.

マイケル・シューマン(Michael Shuman). 2001. 『自治體國際協力の時代』. 大學教育出版.

毛受俊浩. 2009. 12. "グローバル時代の自治体の國際化戰略への提言", 靜岡總合研究所.

木村朗編. 2005. 『核の時代と東アジアの平和』. 法律文化社.

民際外交10年史企劃編纂委員會編. 1990. 『民際外交の挑戰』. 日本評論社.

芳井研一. 2000. 『環日本海地域社會の變容』. 靑木書店.

福岡縣. 2005. 『福岡縣アジアビジネス特區の概要について』.

富野暉一郎. 1997. "グローかリズム時代における自治体の國際活動と國際秩序形成". 『環
　　日本海研究』.

濱下武志 外. 2008. 『海域世界のネットワークと重層性』. 桂書房.

山影進 編. 2003. 『東アジア地域主義と日本外交』. 日本國際問題研究所.

山下永子. 2008. 『地方の國際政策』. 成文堂.

石川縣. 2004. 3. [石川縣外資系企業誘致プラン調査報告書].

小泉格外編. 2004. 『日本海學の新世紀4: 危機と共生』. 角川書店.

小川雄平. 2006. 『東アジア地中海經濟圈』. 九州大學出版會.

新潟縣知事政策局國際交流課. 2006. 『新潟縣と韓國との交流概要』.

岩下明裕. 2003. 『中・ロ境界4000キロ』. 角川書店.

梁起豪. 2000. 10. [韓國の地方自治と東北アジアの經濟協力]. 環日本海學會.

羽貝正美・大津浩編. 1994. 『自治體外交の挑戰』. 有信堂.

宇野重昭・增田祐司編. 2002. 『21世紀北東アジアの地域發展』. 日本評論社.

宇野重昭外編. 2002. 『北東アジア世界の形成と展開』. 日本評論社.

伊東俊太郎外. 2004. 『日本海讀本』. 角川書店.

日・ロ沿岸市長會. 2005. 8. [第20回日・ロ沿岸市長會議議事錄].

日本貿易振興機構. 2005. 3. 『地方自治體における外資系企業誘致活動の實態調査報告書』.

日本貿易振興機構 經濟分析部. 2004. 5. 『第9回對日直接投資に關する外資系企業の意識
　　調査』.

日本貿易振興機構 對日投資部. 2005. 『2004年度外資系企業雇用調査』.

日本貿易振興機構 對日投資部. 2005. 3. 『日本統括據點を中心に對アジアビジネスを 展開
　　する外國企業事例調査報告書』.

日本自治體國際化協會. 2000. 10. [自治體國際交流セミナー2000].

日本自治體國際化協會. 2004. 3. 『自治體國際交流協力セミナー2003を終えて』.

日本學推進會議編. 2001. 『日本海學の新世紀』. 角川書店.

日韓自治體友好交流會議實行委員會. 2002. 9. 『日韓自治體友好交流會議報告書』.

自治大學校地方行政研究會. 1993. 『文化振興課, 國際交流課』. ぎょうせい.

倉澤進. 1994. 7. "國際化と自治體", 『都市問題研究』.

青木保外 共著. 2003. 『パワー:アジアの凝集力』. 岩波書店.

青柳正規・ロナルドトビ編. 2001. 『日本海學の新世紀:還流する文化と美』. 角川書店.

通商産業省國際企業課 編. 1996. 『外資系企業の動向』.

通商産業省國際企業課. 2000. 4. 『對日投資會議專門部會報告書』.

坂本義和. 1984. "地方の國際化", 長州一二他. 『自治體の國際交流』. 學陽書房.

香川縣外資誘致研究會・香川縣産業國際化連絡協議會. 2004. 3. 『香川縣における外資誘

致の 促進について』.

環日本海學會編. 2006. 『北東アジア事典』. 國際書院.

▶ 영문 참고문헌

A. Night, "Engineering Space in Global Governance: the emergence of Civil Society in Evolving New Multilateralism," in Schechter ed. *Future Multilaterlism: The Political and Social Framework*,(Tokyo: UN University Press, 1999), Alex Perry. *Falling off the edge: Travels through the Dark heart of Globalization* (Blumsberry, 2008)

Amin, A and Thrift, N, "Globalization, Institutional thickness and the local economy," in P. Healey (eds), *Managing Cities: the New Urban Context* (London: Wilely, 1995).

Andrew E. Jonas and David Wilson eds., *The Urban Growth Machine: Critical Perspectives Two Decades Later* (New York: State University of New York Press, 1999)

L. Jezierski, "Neighborhoods and Public-Private Partnership in Pittsburgh," *Urban Affairs Quarterly* 26 (1990)

R. H. Lurcott and J. A. Downing, "A Public-Private Support Systems for Community-Based Organizations in Pittsburgh," *Journal of the American Planning Association* 53 (1987).

Anthony Rowley(17 Dec 1992). "Coming Together". *Far Eastern Economic Review.* Institute of Southasian Studies.

C. Young and S. Kaczmarek, "Changing the perception of the post-socialist city: place promotion and imagery in Lodz, Poland," *The Geographical Journal* 165 (1999).

T. Herrschel, "From socialism to post-fordism: the local state and economic policies in Eastern Germany," T. Hall & P. Hubbard eds. *The Entrepreneurial City* (John Wiley: Chichester, 1998).

Chia Siow Yue. 2002. "East Asian Regionalism", K. Krumm, H. Kharas. ed. 田村勝省 譯(2003). 『東アジアの統合』. 東京: Springer.

Chia Siow Yue ed. 1997. *ASEAN and EU: Forging New Linkages and Strategic Alliances.* Singapore: Institute of SouthAsian Studies.

Dani Rodrik. "Sense and Nonsense in the Globalization Debate" *Foreign Policy* (Summer 1997)

Darel Paul, "The Local Politics of Going Global:Making and Unmaking Minneapolis-St Paul as a World City", *Urban Studies*, 42-12(Nov 2005).

David Dollar and Paul Collier, *Globalization, Growth, and Poverty: Building an Inclusive World Economy* (England: Oxford University Press, 2002)

Edward J. Lincoln(2004). *East Asian Economic Regionalism.* Washington D.C.:

Brookings Institution Press.

ERINA. 2005. 『北東アジア經濟データブック 2005』.

ERINA. Jan 2007. [ERINA REPORT]. Vol.73.

Gilbert Rozman. *Northeast Asia's Stunted Regionalism* (Cambridge University Press. 2004)

Gramise, S & Rees, G, "The role of institutional networks in local economic development: a new model of governance?", *Local Economy*, 12-2(1997).

Gummett, P. ed, *Globalization and public policy* (UK:Edward Elgar,1996).

Hans Peter Martin and Harald Schumann 강수돌 역. 2009. [세계화의 덫]. 영림카디널.

Heribert Dieter. (Jul 12, 2001). "East Asia's puzzling regionalism". *Far Eastern Economic Review*. Vol. 164.

Hobbs, H. H. *City Hall Goes Abroad: The Foreign Policy of Local Politics*. (London:Sage Publications, 1994)

Isin, E. ed., *Democracy, citizenship, and the global city* (London:Routledge, 2000).

James N. Rosenau, "Governance, Order, and Change in World Politics" James N. Rosenau and Ernst-Otto Czimpel, eds. *Governance Without Government Order and Change in World Politics* (Cambridge University Press, 1992.

Jerome Hodos, "Globalization, Regionalism, and Urban Restructuring, The Case of Philadelphia", *Urban Affairs Review*, 37-3(Jan 2002).

Joseph Nye. *Soft Power*. (NewYork: Public Affairs. 2004)

Kim Beng Phar. "Asia's informal diplomacy". *Harvard International Review* (Cambridge, Spring 2001). Vol.23.

Knox, P. L. and P. J. Taylor, eds. *World Cities in a world-system*, (NewYork: Cambridge Univ. Press, 1995)

Malcolm Waters. *Globalization* (NewYork: Roultlege, 1995).

Matthew Continetti. "The Pros lose to the Cons" *The Weekly Standard* (Washington, Oct. 13 2008)

Michael Porter. *Competitive Strategy: Techniques for Analyzing Industries and Competitors* (NewYork: The Fress Press, 1980)

Michael Porter. *The Competitive Advantage of Nations* (NewYork: The Fress Press, 1990)

Michael Samers, "Immigration and the Global City Hypothesis: Towards an Alternative Research Agenda", *International Journal of Urban and Regional Research*, 26-2 (Jun 2002).

Michel Chossudovsky. *The Globalization of Poverty: Impact of IMF and World Bank Reforms* (Zed Books Ltd., 1998)

Robert Zoellick. "A New kind of globalization". *Newsweek* (Dec.31 2008)

M. Mayer, "Urban Governance in the Post-Fordist City," P. Healey et al. *Managing Cities: The New Urban Context* (London: John Wiley and Sons, 1995).

S. Fainstein, I. Gordon & M. Harloe, *Divided Cities: New York and London in the*

476

Contemporary World (Oxford: U. K, 1992).

NIRA・E-Asia 研究チーム 編著. 2001.『東アジア回廊の形成』. 東京: 日本経済評論社.

Ohmae Kenichi. *The End of the Nation-State* (NewYork: The Free Press, 1995).

Park, Chang-Gun. Jun 2006. "Japan's Emerging Role in Promoting Regional Integration in East Asia: Towards an East Asian Integration Regime". *Journal of International and Area Studies*. Vol. 13. Seoul.

Paul Evans. *Between regionalism and regionalization: policy networks and the nascent East Asian Institutional identity*, 2005.

R. A. Scalapino, "The United States and Asia: Future Prospects" *Foreign Affairs*. Winter 1991/92.

Schep, G. J. et al. *Local Challenges to Global Change: A Global Perspective on Municipal International Cooperation,* (Hague: Sdu Publishers,1995).

Shuman, M. *Toward a Global Village: International Community Development Initiatives,* (London: Pluto Press, 1994).

T. Hall and P. Hubbard eds. *The Entrepreneurial City* (John Wiley:Chichester, 1998).

Theodore Levitt. "The Globalization of Markets", *Harvard Business Review* (May/June 1983, Vol 61)

UCLG EXECUTIVE BUREAU(2007.10).[*The 2nd UCLG World Congress in Jeju*]

UNCTAD, *World Investment Report* (UN:NewYork and Geneva, 2003).

Yang, Kee-Ho. 2010. "Going to Global City and Regional Governance in Korea" *Issues and Challenges in Regional Policies under Globalization*. Takasaki City University of Economics.

Yang, keeho & Park, sehoon "Institutional Frameworks" in *Collaborative Regional Development in Northeast Asia*, by edited Kim, Wonbae & Yeung, Yueman & Choe, Sangchuel (Hong Kong: The Chinese University Press, 2011)

World Economic Forum, *The Travel & Tourism Competitiveness Report*. 2007

▶ 홈페이지

부산시청 홈페이지 http://www.busan.go.kr

울산시청 홈페이지 http://www.ulsan.go.kr

일본국제교류기금 홈페이지
　　http://www.jpf.go.jp/j/japan_j/oversea/kunibetsu/2004/index.html
'각국일본어 교육실태'검색(검색일 2006.11.13.)

전남도청 홈페이지 http://www.jeonnam.go.kr '전남비전과 전략'검색(검색일 2006.11.10)

충남도청 홈페이지 http://www.chungnam.net/에서 인용(검색일: 2008.4.5)

한국관광공사 홈페이지 http://www.visitkorea.or.kr/ 후쿠오카(福岡)지사보고문(검색일: 2008.2.26).

한국무역협회 홈페이지 http://www.kita.net '지역별수출입'통계검색(검색일:

2006.11.19)
한일해협연안시도현지사 교류회의 홈페이지
http://www.info.japan-korea-strait8.org

▶ 신문보도

동아일보. 2006.11.20. 보도
매일경제신문. 2008.3.2. 보도
연합뉴스 2009.8.6. 보도
인천일보 2009.11.2. 보도
조선일보 1996.5.3. 보도
조선일보 2005.11.17. 보도
(株)リンクメディア,『報道資料』. 2003.1.27.
기타 각 언론의 다양한 다문화보도를 참조할 것.

다문화 참고문헌

▶ 국문 참고문헌

강재호. 2007. 12. "재일한일 지방참정권운동에 나타난 연대와 네트워크",『한일민족
　　문제연구』.
강주현. 2008. "해외다문화 사회통합 사례연구: 덴마크사례를 중심으로",『다문화사
　　회연구』(1)1. 숙명여대다문화통합연구소.
강형기. 2002, "자치단체의 외국인행정: 지방의 국제화와 정주외국인의 참정권"『지
　　방행정』. (16)23.
강형기. 2006. 1, "내향적 국제화와 지방자치단체의 역할",『월간 지방의 국제화』.
강휘원. 2006. "한국 다문화사회의 형성요인과 통합정책",『국가정책연구』20(2).
국가인권위원회. 2002,『국내거주 외국인노동자 인권실태조사』.
국가인권위원회. 2008.『미등록이주자 단속 및 외국인 보호시설 방문조사 결과』.
국경없는마을. 2007.『이주민 공동체의 문화다양성에 대한 조사연구』. 문화관광부.
국경없는 마을 학술토론회. 2007.『한국에서의 다문화주의--현실과 쟁점』.
권숙인. 2004. "일본사회의 변화와 민족문제의 새로운 전개",『일본연구논총』. 19.
김남국. 2005. "다문화시대의 시민: 한국사회에 대한 시론",『국제정치논총』. 45(5).
김복호. 2008, "경기도, 거주외국인 종합지원시스템 구축",『지방행정』.
김용훈. 1994.8. "국가경쟁력, 그 신화와 실체",『지방자치』.
김익식. 1996.『지방행정의 세계화 대응전략:세계화에 부응한 지방자치단체의 역할 증
　　대를 중심으로』. 한국지방행정연구원.
김판석. 2000. "지방자치단체의 국제교류발전방향",『한국지방자치학회보』. 12(4).
농림부. 2006. [농촌여성 결혼이민자 정착지원방안 용역보고서]
대전광역시. 2005. [국제교류센터 내부자료].
박세훈 · 양기호 외. 2009.『사회문화적 변동과 새로운 도시지역정책-외국인밀집지역

의 현황과 정책과제-』. 국토연구원.

박용길. 2003. "국제화와 지방정부의 대응: 강원도의 국제교류정책을 중심으로", 『한국행정연구』. 12(2).

박우서외. 2003. 『중국지방정부의 이해』. 대영문화사.

법무부출입국관리국. 2006. 『외국인 불법체류 동기근절을 위한 공청회 자료집』.

법무부출입국외국인정책본부. 2008.06. 『다문화통합사회 프로그램 구축방안 마련을 위한 공청회자료집』.

설동훈. 1999. 『외국인노동자와 한국사회』. 서울대학교출판부.

설동훈. 2005. "일본과 한국의 외국인노동자정책 비교", 『일본연구논총』. 21.

설동훈. 2009.6. "한국의 다문화사회 정책: 현재와 미래", 『한국이민정책재단자료집』.

송종호. 2006. "외국인노동자 지원단체의 현황과 활동", 『민족연구』28. 한국민족연구원.

안산시. 2006. [산업지원사업소 내부자료]

안산시. 2008. [안산시 거주외국인 인권증진에 관한 조례제정 공청회 자료집].

안성호. 1998. "한국지방자치외교의 성격"『한국행정학보』, 32(4):233-238

안성호. 1999. "지방자치외교의 영역과 진로", 『한국지방자치학회논문집』.

양기호. 2003. 『일본의 지방정부와 정책과정』. 서울대학교출판부.

양기호. 2006. 6. "지방정부의 외국인대책과 내향적 국제화", 『한국지방자치학회보』. 18(2).

양기호. 2008. 9. "한국정부의 다문화정책에 대한 비판적 검토," [한국다문화학회 세미나자료집]

양기호. 2008. 11. "중앙정부의 이민과 다문화정책 수립시 지역참여 방안" 부산다문화사회통합센터, 『다문화 사회통합을 위한 중앙정부와 지역간 협력강화 방안세미나』.

여박동. 2003. "일본의 교육국제화와 유학생정책", 『일본학보』. 55(2).

오경석외. 2007. 『한국에서의 다문화주의--현실과 쟁점』. 한울.

외국인정책위원회. 2008. [외국인정책기본계획 2009년도 지방자치단체 시행계획]

유길상외. 2004. 『외국인력제도의 국제비교』. 한국노동연구원.

윤인진. 2004. 『코리안 디아스포라』. 고려대학교출판부.

이선옥. 2007. "한국에서의 이주노동운동과 다문화주의"『한국에서의 다문화주의 -현실과 쟁점』.

이성순. 2008. "이민자의 사회통합프로그램 이수제 도입에 관한 고찰"『다문화 사회연구』(1)1. 숙명여대다문화통합연구소.

이시재. 2002, "일본 가와사키(川崎)시의 내부국제화 정책연구", 『한국사회학』. 36(6).

이시철. 2007. "지방국제화의 새 영역과 통합측정:시론적 모색", 『한국행정논집』. 19(3).

이유진외. 2007. 『다문화사회기반구축을 위한 사회통합교육 프로그램 개발』, 법무부보고서.

이혜경, "아시아 태평양지역의 외국인노동자 고용에 관한 연구", 『한국사회학논집』31(가을호)

장지표. 2008. 06. "다문화 사회통합프로그램 이수제"『다문화통합사회 프로그램 구축방안 마련을 위한 공청회자료집』

전경옥. 2010. "다문화사회와 학교내 다문화교육에 관한 연구". 경희대학교 인류사회 재건 연구원.

전광희. 2009.06. "한국이민정책의 동향과 발전방향", 『한국이민정책재단자료집』.

전우홍. 2009. 06. "한국의 다문화교육 정책", 『한국다문화학회자료집: 노동, 문화와 교육의 지구적 이동』.

조성호 · 박희정. 2004. "지방국제화 추진역량 평가에 대한 연구" 『지방행정연구』 18(4).

최동주. 2008. "기업전략 차원의 다문화 교육방향 탐색", 『다문화사회연구』. 1(1). 숙명여대 다문화통합연구소.

최 현. 2007. "한국인의 다문화시티즌십(multicultural citizenship): 다문화의식을 중심으로", 『시민사회와 NGO』. 5(2).

하영선외. 2000. 『국제화와 세계화: 한국 · 중국 · 일본』. 집문당.

한경구외. 2008. 『다문화사회의 이해』. 유네스코 아시아태평양 국제이해교육원.

한국다문화학회. 2009. 06. 『한국다문화학회자료집: 노동, 문화와 교육의 지구적 이동』.

한국여성개발원. 2003. 『외국인노동자 가족관련정책 비교연구』.

한국이민정책발전재단. 2009. 05. 『한국이민정책의 동향과 미래의 대응방향 자료집』.

한국지방자치단체국제화재단. 2003. 6. "기획특집: 외국인친화적인 지방도시 가꾸기", 『지방의 국제화』

한국지방자치단체국제화재단. 2004a. 『10주년기념 지방의 국제화포럼』

한국지방자치단체국제화재단. 2004b. 『지방의 국제화』.

한국지방자치단체국제화재단. 2004c. 『지방자치단체 국제자매결연 현황』.

한국지방자치단체국제화재단. 2004. 7. 『지방자치단체국제자매결연현황2004』.

한국지방자치학회특별세미나. 2005. 11. 『세방화시대의 지방외교: 이론과 실제』.

한국지방자치단체국제화재단. 2006. 1. "기획특집: 내향적 국제화와 지방자치단체의 역할", 『지방의 국제화』

한스 일리(Hans F. Illy). 2005. "도시간 파트너십-지방수준에서의 외교인가", 『세방화시대의 지방외교』

한승미. 2003. "일본의 내향적 국제화와 다문화주의의 실험", 『한국문화인류학』. 36(1).

한승준. 2009. 『아시아국가의 다문화사회 형성과정과 정책추진체계연구』. 한국여성정책연구원.

한영혜. 2005. 12. [일본의 사회통합]. 미래전략연구원.

헌팅톤외. 2001. 『문화가 중요하다/Culture Matters』. 김영사.

행정자치부. 2006. [지방자치단체거주 외국인현황].

홍성우 · 조담 · 이규용. 2001. "동아시아지역의 국제화와 노동자인권" 『산업관계연구』 11(2).

▸일문 참고문헌

高橋直子 編. 1997. 『國際交流の理論』. 勁草書房.

古田隆彦. 2001. 10. "873万名の移民がいる日本", 『中央公論』.

關根政美. 1996. "エスニシティと多文化主義", 初瀬龍平(編). 『國民國家と多文化主義』同 文館.

駒井洋 外. 1997. 『自治體の外國人政策』. 明石書店.

駒井洋. 2006. 『グローバル時代の日本型多文化共生社會』. 明石書店.

吉田均. 2001. 『地方自治體の國際協力』. 日本評論社.

大沼保昭 編. 1990. 『國際化: 美しい誤解が生む成果』. 東信堂.

大津浩. 2005. 8. "自治の補完外交と對抗外交", 『都市問題』.

獨立行政法人勞動調査研究・研修機構. 2007. [アジアにおける外國人勞働者の受け入れ 制 度と實態].

山脇啓造. 2003. 11. "地方自治体と外國人施策に關する批判的考察", 『明治大學社會科學 研究所』.

山脇啓造. 2007. 1. "地方自治体と多文化共生", 『自治体國際化フォーラム』.

手塚和彰 外. 1992. 『外國人勞働者と自治體』. 明石書店.

梁起豪. 2010. 3. "轉換期に立つ韓國の移民政策" 『GEMC journal』. 3. 日本東北大學 グ ローバルCOE編集委員會.

日本總務省. 2006. 3. 『多文化共生の推進に關する研究會報告書』.

日韓自治體友好交流會議實行委員會. 2002. 9. 『日韓自治體友好交流會議報告書』.

自治體國際化協會. 2000. 10. 『自治體國際交流セミナー2000』.

自治體國際化協會. 2005. 5. "神戸定住外國人支援センター", 『自治體國際化フォーラム』

自治體國際化協會. 2005. 10. "外國人の入國・在留現狀と出入國管理行政の展望", 『自治 體國際化フォーラム』

田中宏. 1991. "外國籍住民と自治體" 『自治體の國際交流』. 學陽書房.

坂本義和. 1984. "地方の國際化", 長州一二他. 『自治體の國際交流』. 學陽書房.

▸영문 참고문헌

Alger, C.F. "The World Relations of Cities: Closing the Gap between Social Science Paradigms and Everyday Human Experience", *International Studies Quarterly*, (1990). 34.

Böhning, W. R. and N. Oishi. "Is international economic migration spreading?", *International Migration Review,* (1995), 29(3).

Borja, J. and M. Castells. *Local and Global: Management of Cities in the Information Age* (London: Earthscan, 1997).

Darel Paul. "The Local Politics of Going Global:Making and Unmaking Minneapolis-St Paul as a World City", *Urban Studies,* (Nov 2005), 42(12).

Eugenia Ramirez Goicoechea. "Immigrants Contesting Ethnic Exclusion: Structures and Practices of Identity", *International Journal of Urban and Regional Research* (Sep 2005), 29(3).

Gummett, P. ed(1996), *Globalization and public policy* (UK:Edwad Elgar, 1996).

Habermas, Jürgen. Die Einbeziehung des Andern: Studien zur politischen Theorie. (1996). 황태연 역. 2000. 『이질성의 포용: 정치이론연구』. 나남출판.

Hobbs, H. H. City Hall Goes Abroad: The Foreign Policy of Local Politics, (London:Sage Publications, 1994)

Isin, E. ed. *Democracy, citizenship, and the global city*(London:Routledge, 2000)

J. Uitermark, U. Rossi & H. Houtum. "Reinventing Multiculturalism: Urban Citizenship and the Negotiation of Ethnic Diversity in Amsterdam" *International Journal of Urban and Regional Research,*(Sep 2005), 29(3).

Jerome Hodos, "Globalization, Regionalism, and Urban Restructuring, The Case of Philadelphia", *Urban Affiars Review*, (Jan 2002), 37(3).

Knox, P. L. and P. J. Taylor, eds. *World Cities in a world-system* (NewYork: Cambridge Univ. Press, 1995)

Kymlicka. W. & Wayne N. eds. *Citizenship in Diverse Societies.* (NewYork:Oxford Univ. Press, 2000).

Kymlicka. W. *Contemporary Political Philosophy: An Introduction.* 2nd ed.(New York: Oxford Univ. Press. 2002)

Kymlicka, W. & He, B(ed.). *Multiculturalism in Asia* (Oxford Univ. Press, 2005)

Malcolm Waters. *Globalization* (NewYork:Roultlege, 1995)

Michael Samers. "Immigration and the Global City Hypothesis: Towards an Alternative Research Agenda", *International Journal of Urban and Regional Research,* (Jun 2002), 26(2).

Rogers, A. "Citizenship, multiculturalism and the European City" G. Bridge and S. Watson eds. A Companion to the city, Blackwell, Oxford.

Schep, G. J. et al. *Local Challenges to Global Change: A Global Perspective on Municipal International Cooperation* (Hague:Sdu Publishers,1995).

Shuman, M. *Toward a Global Village: International Community Development Initiatives* (London:Pluto Press, 1994).

Walzer, Michael. *Spheres of Justice: A Defence of Pluralism and Equality,* 1983. 정원섭 외 옮김. 『정의와 다원적 평등: 정의의 영역들』(철학과 현실사, 1999).

Yamada, Takao. "The Relationship between the National and Local Governments on Policy Concerning Foreigners in Japan", Unpublished paper(Tokyo: Rikkyo University International Symposium on Differences and Convergences of Immigration Politics in Japan and Europe, 2000).

찾아보기

486